U0578591

宁夏文物考古研究所丛刊之二十六

宁夏明代长城
河东长城调查报告

宁夏文物考古研究所　编著

上　册

文物出版社

图书在版编目（CIP）数据

宁夏明代长城·河东长城调查报告/宁夏文物考古
研究所编著．--北京：文物出版社，2017.11
　　ISBN 978 - 7 - 5010 - 3964 - 7

　　Ⅰ．①宁…　Ⅱ．①宁…　Ⅲ．①长城 - 调查报告 -
宁夏 - 明代　Ⅳ.①K298.77

　　中国版本图书馆 CIP 数据核字（2014）第 007617 号

宁夏明代长城·河东长城调查报告

编　　著：宁夏文物考古研究所

责任编辑：冯冬梅
责任印制：张道奇

出版发行：文物出版社
社　　址：北京市东直门内北小街 2 号楼
网　　址：http：//www. wenwu. com
邮　　箱：web@ wenwu. com
经　　销：新华书店
制版印刷：北京荣宝燕泰印务有限公司
开　　本：889 × 1194 毫米　1/16
印　　张：48. 75　　插　页：33
版　　次：2017 年 11 月第 1 版
印　　次：2017 年 11 月第 1 次印刷
审 图 号：宁 S［2017］第 020 号
书　　号：ISBN 978 - 7 - 5010 - 3964 - 7
定　　价：780. 00 元

本书版权独家所有，非经授权，不得复制翻印

目 录

上 册

下　册

插图目录

附表目录

地图目录

彩图目录

铲山筑土建重关

——明代宁夏境内的长城（代前言）

罗　丰

一　导言

有明一代横亘中国北方的所谓万里长城最为引人注目，它东起辽宁虎山，西止嘉峪关，绵延万里，至今耸立。

宁夏是明代长城遗迹分布较多的省份，贯穿整个南北全境。虽然过去对于这些长城的大体走向，甚至具体结构，有一定程度的了解。但是这些了解都是建立在零星调查的基础上，一些重要的长城信息并不全面，有许多付阙，甚至错误。就连全区范围内明长城现存具体的长度，有多少业已消失，这样的资讯也众说纷纭。有赖于考古工作者花费几年时间的辛勤田野考古调查，现在这样的数据已经大体有一个眉目。

在国家文物局的统一部署下，从 2007 年开始，宁夏考古工作者组成五支田野调查队，对宁夏境内的河东长城、旧北长城、北长城、西长城、固原内边长城和"徐斌水新边"六条长城进行田野考古调查。调查范围涉及全区 4 市 18 县（市、区）和内蒙古自治区阿拉善左旗（部分）、甘肃省环县（部分）。2009 年田野调查基本结束后即转入室内整理。室内整理和报告编写经过五年多的持续工作，在 2014 年大体结束，本报告集反映的是我们田野调查、室内整理和一些粗浅研究的成果。报告集在涉及一些术语时如长城、边墙等时混合使用，并不作单一选择。不过还是有所侧重，在讨论历史文献材料时会尽量采用当时流行的名称，如边墙、墩台之类；在使用考古材料时则使用长城、烽火台这类约定俗成的称谓。本连续报告集在《宁夏明代长城》总标题下分《河东长城调查报告》《北长城调查报告》《西长城调查报告》《固原内边长城调查报告》分别出版。本前言从文献出发和结合考古材料，大致勾勒出宁夏明代长城的基本情况。

二　明代边防体系与宁夏、固原二镇

明人长城的修筑与整个北方的防御体系有密切关联。明政府为应付北方民族的南侵，在北方建立九个边防重镇，并在各自防区修筑长城，各镇长城贯为一体（彩图一）。《明史·兵志》称：

终明之世，边防甚重。东起鸭绿，西抵嘉峪，绵亘万里，分地守御。初设辽东、宣府、大同、延绥四镇，继设宁夏、甘肃、蓟州三镇，而太原总兵治偏头，三边制府驻固原，亦称二镇，是为九边[1]。

长城作为防御工事，在中国的兴起由来已久，最初是用于中原国家内部相互攻防。战国时期开始北方国家修筑长城，区隔北方的游牧民族与中原的农耕民族，将两种不同文明的人群，用一道人工修筑的长墙隔离。长城在地理环境的选择上，大体维持在北方地区的农牧分界线上，地理学家理查德·哈特向（R. Hartshorne）曾经说过，人们在本能上都有将地理界线划分得比自然所设定的更加分明的倾向[2]。长城的修筑大约是这种倾向最极端的表现，是人们对于游牧和农耕两种不同的生计方式认识相对简洁一些。

明代的长城遗址大体维持在秦汉长城总体范围内，由九边重镇总理。元朝灭亡后，蒙古残部并未远离北方，而是在北方地区聚集起来，伺机向中原进发，抢掠边境地区，有时甚至深入中原腹地，成为明统治者的心腹大患。为防御北方部族的内侵，北方相继在一些重点地区建设新的防御体系，宁夏地区的长城就是在这样的背景下修筑起来的。

明代初年，太祖朱元璋在北方辽西大宁、元上都天平、河北兴和、鄂尔多斯的东胜诸地设置重兵防守。甚至计划北伐蒙古余部，完全彻底地解决蒙古余部的威胁。不过，洪武五年（1372 年）大将徐达举兵北伐以失败告终，对朱元璋的信心打击很大。此后，他的边防政策多有调整，由进攻改为防守。并且，在沿北边设置许多卫所，卫所制度显然是延续元朝的军事体制[3]，扼险设防。另外所采取的防御政策，将原有出征和镇守重要军事要塞的职权由军事将领的手中收回，在沿边地区分封藩王，将军事主导权转移至朱姓藩王手中。有明一代北方防御前哨由藩王、亲王驻守御边，这样的计划显示了明太祖设险守御的决心。当有人提议将归附的北方民族内迁，以绝后患，朱元璋非常了解北方民族的习性，他说了这样一段话：

凡治胡虏，当顺其性。胡人所居习于苦寒，今迁之内地，必驱而南，去寒凉而即炎热，失其本性，反易为乱。不若顺而抚之，使其归就边地，择水草孳牧，彼得遂其生，自然安矣[4]。

朱元璋的想法虽然很好，但北方民族飘忽不定、叛服无常，给明廷带来了极大的困扰。朱元璋的遗训是："胡戎与西北边境，互相密迩，累世战争，必选将练兵，时谨备之"[5]。明成祖曾五次亲征大漠，有次曾亲率五十万大军出征。并迁都北京，重新部署防御，同时也将几个重要的防御重地，如大宁、东胜、开平、兴和的防守军力内移。关外弃防，是将天险拱手让人，也是以后诸朝修筑长城的直接原因。大宁弃防的直接诱因是兀良哈三卫内附，将辽阔的大宁地区让与兀良哈三卫，授之以官，统辖该地[6]。东胜，《明史·兵志》给出的解释是，"东胜孤远难守，调左卫于永平，右卫于遵化，而墟其地"[7]。将守边部队调至北京附近。明成祖篡位之初，蒙古残部退至漠北，兀良哈三卫内附，边疆无大患，拱卫北京安全，远比屯兵备防边疆显得更为重要。于是，成祖便关外弃防[8]。英宗亲征

---

〔1〕　（清）张廷玉：《明史》卷 91《兵志》，中华书局标点本，1974 年，第 2235 页。

〔2〕　参见［美］理查德·哈特向著、叶光庭译：《地理学的性质——当前地理学思想述评》，商务印书馆，1996 年，第 425 页。

〔3〕　参见于志嘉：《明代军制史研究的回顾与展望》相关论述，原载台湾大学《第一届民国以来国史研究的回顾与展望》，1992 年，后收入《卫所、军户与军役》，北京大学出版社，2010 年，第 333 页。

〔4〕　《明太祖实录》卷 59"洪武三年十二月戊午"，台北"中研院"历史语言研究所校印，1961 年，第 1147 页。

〔5〕　《皇明祖训》第 3 册，学生书局影印明刊本，第 1686～1687 页。

〔6〕　《明会典》卷 107"朝贡三"，万有文库本，商务印书馆，1936 年，第 1 页。

〔7〕　（清）张廷玉：《明史》卷 91《兵志三》"边防"，中华书局标点本，1974，第 2236 页。

〔8〕　关于明成祖关外弃防原因的讨论可参见吴缉华：《论明代北方边防内移及影响》，《新亚学报》第 13 卷，1980 年，第 364～409 页。

时，在土木堡全军覆没，他本人也被俘，明朝受到空前挫折。土木之变后，边境永无宁日，促成政府以九边重镇为重点的防御体系的建设。边患不断，成为日常，以宁夏为例在兵部主编的《九边图说》中称：

> 臣等谨按：宁夏，古朔方河西地也。东起盐场，西尽中卫，东南据河为险，北倚贺兰为固，在昔时称"四塞"焉。自虏入套以来，边患始剧。其在夏秋则用浑脱浮渡，以扰我边。严寒之时，则踏冰卒入。乘我不备，甚至取道贺兰山后，往来庄、凉，恬无忌惮[1]。

明季中叶，游牧民族定居水草肥美的河套地区，不断南侵，甚至抵达甘肃平凉、庄浪一带，已成常态。景泰年间以后九边重镇确立，具体为辽东、蓟州、宣府、大同、山西（偏头关）、延绥（榆林）、宁夏、固原（陕西）、甘肃九镇。

宁夏在明朝初年设立宁夏府，《宁夏志》云：

> 国朝初，立宁夏府。洪武五年（1372年）诏弃其地，徙其民于陕西。至洪武九年（1376年）复命长兴侯耿炳文弟耿忠为宁夏卫指挥，率谪戍之人及延安、庆阳骑士立宁夏卫，缮城郭以守之[2]。

宁夏镇的成立的时间似乎并不确定，洪武二十五年（1392年）三月置宁夏左、右、中三屯卫，二十八年设宁夏护卫。永乐四年（1406年）八月"命右军都督府左都督何福佩征虏前将军印，充总兵官前往镇陕西、宁夏等处，节制陕西都司、行都司，山西都司、行都司，河南都司官军"[3]。有学者认为至迟在此时宁夏镇已成立[4]。

宁夏镇设置巡抚都御史一员，镇守太监一员，镇守总兵官一员，协守宁夏副总兵一员，参将、游击将军等若干名，分驻宁夏及各地[5]。在这一体系中，只有总兵、镇守太监可称镇守，副总兵只称协守，参将驻他处则称分守，其属下称协同分守，用以保证镇守、分守的用兵权力[6]（图一）。

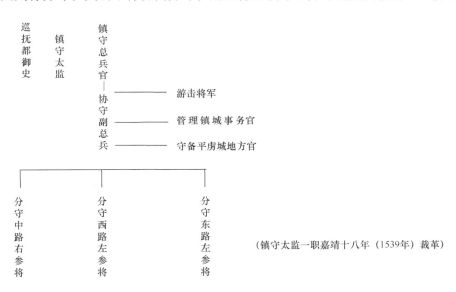

图一　明代边镇职官图

〔1〕《九边图说·宁夏镇图说》，明隆庆三年刻本，第121页。

〔2〕（明）朱旃撰修、吴忠礼笺证：《宁夏志笺证》卷上，宁夏人民出版社，1996年，第2页。

〔3〕《明太宗实录》卷11"永乐四年八月己未"，台北"中研院"历史语言研究所校印，1961年，第178页。

〔4〕参见肖立军：《明代中后期九边兵制研究》，吉林人民出版社，2001年，第80页。

〔5〕参见（明）魏焕：《皇明九边考》卷8"宁夏镇"，谢国桢影印嘉靖刻本，第4~7页。

〔6〕关于明代省镇兵营制度参见肖立军：《明代省镇营兵制度与地方秩序》，天津古籍出版社，2010年，第279~286页。

庆王封地，庆王名朱栴，朱元璋第十六子，初封庆阳，后移韦州，洪武三十五年（1402年）徙宁夏，置中护卫为扈从，正德五年（1510年）改中护为中屯，仍为五卫城。

设镇守宁夏太监关防一名，其职责皇帝敕谕中曾说：

今特命尔与总兵官都督同知张泰镇守宁夏地方，修理边墙城池，操练军马，遇有贼寇，相机守战。凡事须与总兵、巡抚等官公同计议停当而行，不许偏私执拗己见，有误事机。尔为朝廷内臣，受兹委托，尤宜奉公守法，表率将士。

嘉靖十八年（1539年）奉旨裁撤[1]。

总兵官，挂银铸"征西将军之印"，与太监并巡抚都御史及副总兵官一同镇守，平日操练兵马，修理城池，遇警敌犯便相机率兵守战。

副总兵官，有一些具体任务，遇敌来袭河套，便要前往花马池等处调度军马杀贼。每年夏初冬末，要两次亲临修补边墙崖砦等。

正统年间设游击将军，统兵三千，具体任务在清水营分布，如果遇花马池、灵州一带来敌进犯，便统兵前往策应。凡守战事宜，仍听镇守、总兵、巡抚官节制（图二）。

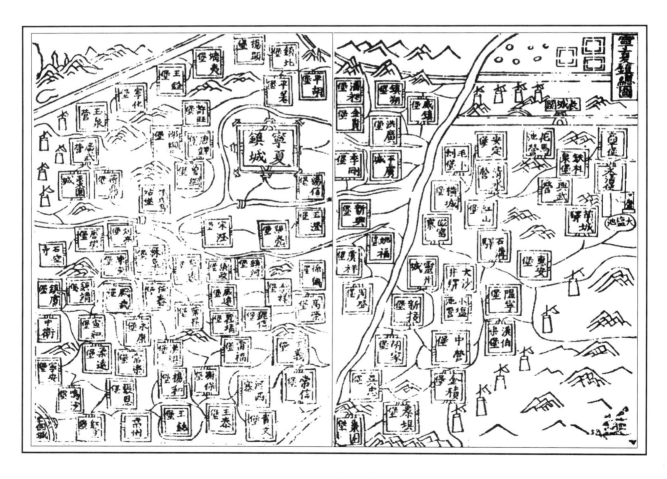

图二　《九边图说》载宁夏镇总图

〔1〕（明）胡汝砺编、（明）管律重修、陈明猷校勘：《嘉靖宁夏新志》卷1，宁夏人民出版社，1982年，第32页。

　　军镇下分设东路、西路、中路三路防御，分别镇守不同地方。东路参将，正统八年（1443 年）置花马池营，设右参将分守宁夏东路；西路参将，宁夏西路远在黄河之处与甘肃庄浪接壤，以左参将充任。主要任务平日是固守城池，遇敌则相机剿杀；中路参将，嘉靖八年（1529 年）改设灵武守备为中路参将，驻扎灵州，横城堡、清水营一带边堡悉听节制。

　　三路参将以下是协同。东路协同，成化五年（1469 年）设立，分守兴武营；西路协同，也是成化五年设立，分守广武营；南路与北路各置钦依守备，正德五年（1510 年）吏部尚书杨一清建议：

　　北自平虏城，南抵大坝，三百余里兵势不连，难于为御。奏以镇城以南地方属大坝守备，镇城以北地方属平虏城守备[1]。

　　南路驻大坝邵岗堡，"以邵岗视大坝为适中，守御实便，故驻扎焉"。领玉泉营[2]。北路驻平虏城，领威镇堡[3]。

　　另，宁夏镇有方面都指挥、坐营指挥，及宁夏东路管粮通判、西路管粮通判等职。又设把总、千总都指挥等。每两个把总所司军队，属一都指挥统领。

　　镇守总兵官亲自指挥的军队称正兵；协守副总兵官指挥夺兵；游击将军指挥游兵。三者任务各有不同，后两者与其主官职责密切相关。嘉靖以后巡抚、总兵亲统士兵被称为标兵，这些标兵是主力中的精锐，促进军事建置的正规化，也与普通营兵加速分离形成一套独特的规模。

　　明代初年的边镇防御主要依赖卫所，卫、守御千户所承担营、堡的防守职责。宁夏防区有五卫：宁夏卫、左屯卫、前卫、右屯卫、中屯卫。

　　宁夏卫，领五千户所，五十百户所；领潘昶堡、金贵堡、李祥堡、河西寨、杨和堡、王泰堡、王鋐堡、任春堡、叶升堡、汉坝堡、河中堡十一堡；并领镇守墩等四十二座烽堠。

　　宁夏左屯卫，领五千户所，五十百户所；领蒋鼎堡、陈俊堡、瞿靖堡、林皋堡、邵岗堡、李俊堡、王佺堡、林武马站堡、刘亮堡、魏信堡、张政堡、唐铎堡、许旺堡、王澄堡十四堡；领宁朔墩等五十三座烽堠。

　　宁夏前卫，领五千户所，五十百户所；领谢保堡、张亮堡、李纲堡、丁义堡、周澄堡、平虏城、威镇堡、宋澄堡、黄沙马寨堡九堡；领双山北旧墩等四十五座烽堠。

　　宁夏右屯卫，领五千户所，五十百户所；领大坝堡、靖夷堡、杨显堡、靖虏堡、威远堡、平胡堡、雷福堡、桂文堡、常信堡、洪广堡、高荣堡、姚皋堡、镇朔堡、杨信堡、镇北堡、平羌堡、新兴堡等十八堡；领石关儿墩等四十一座烽堠。

　　宁夏中屯卫，领五千户所，五十百户所；领虞祥堡、汉伯渠堡、金积堡、中营堡、镇河堡五堡；领大沟墩等七座烽堠。

　　宁夏镇官兵原额应为五万六千一百五十九名，但据杨守礼统计，嘉靖十九年（1540 年）实有二万五千六百二十一名[4]。这还不是最少的时候，有时仅有一万多人。

　　固原镇，也称陕西镇，洪武二年（1369 年）都督耿炳文守陕西，并置陕西行省，永乐初立镇后或废，宣德十年（1435 年）再立陕西镇，弘治十五年（1502 年）五月陕西总制移驻固原。固原城北朝

　　[1]　（明）胡汝砺编、（明）管律重修、陈明猷校勘：《嘉靖宁夏新志》卷1，宁夏人民出版社，1982 年，第 38 页。
　　[2]　（明）胡汝砺编、（明）管律重修、陈明猷校勘：《嘉靖宁夏新志》卷1，宁夏人民出版社，1982 年，第 84 页。
　　[3]　（明）胡汝砺编、（明）管律重修、陈明猷校勘：《嘉靖宁夏新志》卷1，宁夏人民出版社，1982 年，第 87 ~ 88 页。
　　[4]　（明）胡汝砺编、（明）管律重修、陈明猷校勘：《嘉靖宁夏新志》卷1，宁夏人民出版社，1982 年，第 80 ~ 81 页。关于本镇原额官兵记载并不一致，如魏焕《皇明九边考》卷 8 载，嘉靖年间原额马步、守城及冬操夏种舍余士兵并备守御官军共七万二百六十三名；实在三万五千一百四十四名。上报兵部的统计数据与实际所在仍有较大的出入。

隋唐为重镇，宋设镇戎军、州，元城废，属开城县辖。景泰二年（1451年）陕西苑马寺奏修固原城，景泰三年（1452年）在固原设守御千户所。成化三年（1466年）开城县徙治固原。弘治十五年升县为固原州。固原原来号称腹里，只有在黄河结冰时，游牧人才踏冰而来。但明中期以后，除冬季结冰时入掠，也会在黄河不封冻的季时乘虚浮来犯，并成常态[1]（图三）。

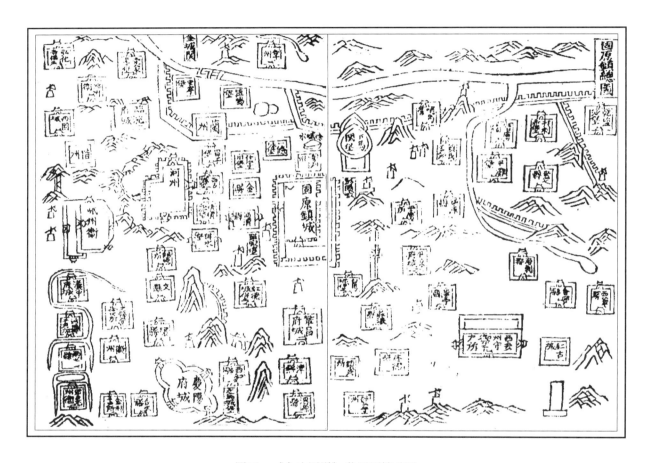

图三　《九边图说》载固原镇总图

从弘治十年（1497年），尤其弘治十四年（1501年）火筛部大举由花马池入寇平凉、凤翔、临、巩昌等府州，十五年（1502年）兵部建议设大臣一员，开府固原，总制延绥、宁夏、甘肃、陕西四镇军务，成为常设职务。三边总制，后称三边总督，又称提督，其职责是总理三边军务，一般的职衔是巡抚陕西右副都御史，或右都御史，同时有太监监督军务。也有以尚书衔总督三边。其职权甚大，范围很广，职级上也高于巡抚。"四镇兵马钱粮，一应军务，从宜处置，镇、巡以下悉听节制。军前不用命者，都指挥以下听军法从事"[2]。《广阳杂记》：

明三边总制，驻劄固原。军门为天下第一，堂皇如王者。其照墙，画麒麟一，凤凰三，虎九。以象一总制，三巡抚，九总兵也。河西巡抚驻兰州，河东巡抚驻花马池，陕西巡抚驻西安。甘、凉、肃、西、宁夏、延绥、神道岭、兴安、固原各一总兵[3]。

〔1〕　《九边图说·固原镇图说》，隆庆三年刻本，第140页。

〔2〕　万历《大明会典》卷209"督察院一·督抚建置"，万有文库本，商务印书馆，1963年，第7页。

〔3〕　《广阳杂记》卷1，中华书局，1957年，第35页。

根据吴廷燮《明督抚年表》统计，从弘治十年（1497 年）到崇祯十七年（1644 年）的 147 年间，共有 61 人担任过三边总督（制）。其中著名人物有王越、杨一清、王琼、唐龙、石茂华、洪承畴、孙传庭等[1]。

巡抚陕西地方赞理军务都御史一员，驻陕西省城西安，负责全省军政事务。

镇守总兵官一员，驻扎固原城，负责操练军马，抚恤兵民，修理城池，防御贼寇。若遇有警则专领固原等处军队应迎。

固原镇防区，原有黑水、镇戎、平虏、红古、板井、彭阳等城；西安州、海喇都等营；环、庆则有走马川、青平山城、甜水等城堡；靖虏、兰州则有干盐池、打刺赤、一条城、十字川、西古城、积积滩等堡。固原镇设立后，以固（原）、靖（虏）、甘（州）、兰（州）四卫隶属。另设兵备五员，分别驻固原、岷州、兰州、庆阳、汉中五州府。依明制兵备守卫地城为一城一地，听总督、巡抚节制。

极冲地方设参将、游击或守备统领。固原镇有兰州参将一员、河州参将一员、固原镇游击二员、靖虏卫游击及守备各一员、西安千户所游击一员、红德（古）城游击一员、下马关守备一员、环县千户所守备一员。

次冲地方有洮州参将一员、岷州守备一员、阶州千户所守备一员、西固城千户所守备一员。

又次冲地方有陕西参将一员、汉中府守备一员[2]。

这样，固原镇防区大体相当于今宁夏中南部、甘肃中东部、陕西中南部等处。本镇官兵原据《九边图说》载，原额七万一千九百一十八名，实在五万五千二百六十七名[3]。《明会典》则作原额官军一十二万六千九百一十九名，具额九万四百一十二名。

官僚体系非常完整。在九边官员配置中固原、宁夏二镇属于中等偏下水平，大约只相当于蓟镇的少一半。固原镇明季中叶以后地位逐渐重要，除三边总制驻锡固原外，"套寇"的频繁入侵也是一个重要原因。随着军事形势的消长，军镇的职官防区设置均有所变动，以上二镇职官设置表现某一特定年代的配置，并不是终明一世设置。

三　宁夏、固原镇边墙的修筑

明代边镇的防御体系主要由城堡、边墙、烽火台等部分构成。城、堡是军事首脑指挥机关驻地，边墙是防御工事，烽火台则是警报传递系统。防御的建设围绕着以上系统修建，贯穿整个明代二百多年，成为明政府的国策，进而也使政府背有沉重的财政负担，成为导致灭亡的重要原因之一。

烽燧传递系统是一种古老的边境御敌方式，如边境遇敌来犯，便在烽燧上燃狼烟示警，接力传递，直至镇城或京师。明代初年首先重视建设的是烽火台系统。"边卫之设，所以限隔内外，宜谨烽火，远斥堠，控守要害，然后可以奢服胡虏，抚辑边氓"[4]。宁夏的烽燧体系明初基本上建立，但却不甚完备。天顺七年（1463 年）二月左副都御史王竑奏请在宁夏中卫、庄浪等处增立墩台，以严备边。这样的提议受到宁夏镇镇守、总兵、巡抚等地方大员的质疑："边外立墩举火，腹里移文驰报，自为定例，

---

[1]　参见（明）吴廷燮撰、魏连科点校：《明督抚年表》卷 3 "陕西三边"，中华书局，1982 年，第 200～221 页。
[2]　参见《九边图说·固原镇图说》，隆庆三年刻本，第 141～142 页。
[3]　参见《九边图说·固原镇图说》，隆庆三年刻本，第 142 页。
[4]　《明太祖实录》卷 148 "洪武十五年九月丁卯"，台北"中研院"历史语言研究所校印，1961 年，第 2339 页。

行之已久，未有不便。若腹里增设墩台，诚恐虏贼入境，炮烽四起，官军往之御者，无以适从。人民之散处者反致惊疑，是徒劳人力，无益边备也。"[1] 由于有这样的异议，腹里设墩传烽的意见没有被采纳。但到了成化年间类似的建议两次浮上台面，并获得支持。成化二年（1466 年），宁夏左中右三路虽然地居要冲，但中路灵州以南二百八十里原来并无墩台。因此，东、西二路营堡墩台相去甚远，无法相连通讯，给蒙古人留下很大的空档。兵部尚书王复奏议：

请以东路兴武营移至近里，与花马池、灵州东西对直各一百里。自花马池东南红山儿至环县等处，西南长流水至小盐池等处，西路自河北分水岭至固原半个城等处，及永安墩至靖虏等处，中路灵州至石沟儿一路往韦州、胡芦硖等处，一路接小盐池至萌城等处，每二十里添设墩台一座，共五十有八座……每墩拨给五人看守瞭望。庶几营堡相连，烽火相接，而易于应援[2]。

墩台的建立，保证了军警信讯的顺畅传递，墩台在以后年代成为边将修建、维护的重点。

明代长城的修筑始于蓟州、辽西，最初只是一些简陋的挡马墙，如宣德年间蓟州就有修口外长城拦马石墙的记载[3]。明初，宁夏防线的压力并不太大，随着放弃套内政策的实施，一些移居套内的蒙古部落毛里孩、小王子等逐渐壮大，频次内侵，宁夏、灵州乃至固原防线屡遭突破。宁夏一城远居河外，东西千里，仅凭墩台城堡守备，临边并无屏障可依托。有鉴于此，成化二年十一月兵部尚书王复与地方大员商议，北面沿边墩台空远者，增添三十四座，并且"随其形势，以为沟墙，必须高深，足以遮贼来路"[4]。

成化八年（1472 年）大臣叶盛、王越、余子俊与白玉、马文升等人屡次会议研究并上奏章讨论榆林、宁夏一带防务策略。提出"凡虏入寇，必至界石内方有居人，乃肆抢掠。后以守土职官私役官军，招引逃民于界石外，垦田营利，因而召寇。七年六月，因总兵、巡抚官之议，仍依界石一带山势，随其曲折，铲削如城，高二丈五尺，川口左右俱筑大墩，调军防守，以为一劳永逸之计……诏：'从其议，惟修筑边墙，其令本地官军以渐整理，不须借役于民'"[5]。成化十年（1474 年）东起清水营，西至宁夏花马池营界碑止，边墙东西长一千七百七十里一百二十步。宁夏巡抚徐廷章、总兵官范瑾在宁夏花马池界碑处接修边墙，向西直达黄河东岸的黄沙嘴，人称"河东墙"，共长三百八十七里，墙高阔一丈，壕口宽一丈，深八尺，共有七十一座墩台[6]。成化十五年（1479 年）宁夏筑沿河边墙，因为从宁夏东路自花马池至黄河，东至平山墩，西至黑山营，中间相去约二百里。原以为前有黄河，春夏可恃，冬季河冻，"套虏"踏冰逾河。"今欲沿河修筑边墙，使东西相接。其西路永安墩至西沙嘴，旧墙低薄颓坏，欲改筑高厚，庶可保障地方"。共用役一万人修筑[7]。河东墙与西长城形成东西两道屏障。

余子俊修边墙的本意是要通过边墙将"套虏"阻隔在中华之外，并不以专控扼要塞为唯一目标：

谓虏逐水草以为生者，故凡草茂之地，筑之于内，使虏绝牧；沙碛之地，筑之于外，使虏不庐，是故去边远而为患有常[8]。

---

〔1〕《明英宗实录》卷349"天顺七年二月壬戌"，台北"中研院"历史语言研究所校印，1961年，第7017页。

〔2〕《明宪宗实录》卷37"成化二年十二月己酉"，台北"中研院"历史语言研究所校印，1961年，第729~730页。

〔3〕《明宣宗实录》卷57"宣德四年八月癸未"条载：蓟州守备都督陈景先奏"六月淫雨，山水泛涨，山海、永平、蓟州口外长城、拦马石墙及建昌诸营，山海、永平诸卫城垣皆颓塌"。上谓工部臣曰："口外城墙及诸营堡俱边防要切，就令景先即督官军修之"。台北"中研院"历史语言研究所校印，1961年，第1358页。

〔4〕《明宪宗实录》卷36"成化二年十一月己丑"，台北"中研院"历史语言研究所校印，1961年，第716页。

〔5〕《明宪宗实录》卷102"成化八年三月庚申"，台北"中研院"历史语言研究所校印，1961年，第1997页。

〔6〕弘治《宁夏新志》卷1"边防"，1988年复制本，第38页；（明）胡汝砺编、（明）管律重修、陈明猷校勘：《嘉靖宁夏新志》卷1"边防"，宁夏人民出版社，1982年，第19页；魏焕：《皇明九边考》卷1"镇戍通考"，谢国桢影印嘉靖刻本，第8页。

〔7〕《明宪宗实录》卷197"成化十五年十一月丁未"，台北"中研院"历史语言研究所校印，1961年，第3471页。

〔8〕（明）胡汝砺编、（明）管律重修、陈明猷校勘：《嘉靖宁夏新志》卷1"边防"，宁夏人民出版社，1982年，第19页。

这样的深谋远虑，并不是每个守边将领所能理解的。所以有人感叹道："盖百年成之而不足，一日弃之而有余矣"。具体表现在施工上，如兴武营筑墙土沙相半，不堪保障[1]。

成化二十三年（1487年）陕西巡抚修筑宁夏中卫野鹊沟等处边墙与芦沟、深井等处营堡、墩台等[2]。

弘治年间，小王子率大军驻牧河套，引起明守军不安，宁夏巡抚王珣上奏增修河东墙，预计标准为墙厚三丈，高二丈，并在墙内外各挖掘深宽各三丈的沟堑，秦纮任三边总制后宁夏巡抚刘宪重提此议。秦纮考察后认为：

若使此墙果能阻贼，墙尽之处即黄河南岸，冬深河冻，可以履冰逾越，亦徒劳无益……（刘）宪欲西安等八府起夫五万修墙。宁夏、延绥其三百里，墙沟三道通计九百里[3]。

显然不可行。他的方案是花马池以北柳杨墩、红山墩以西二百里筑十堡，花马池至小盐池二百里间每二十增筑一小堡。兵部采纳了秦纮的方案。

河东边墙的大规模修筑、维修集中在嘉靖年间，《皇明九边考》记载：

内外二边之中，清水、兴武、花马、定边各营地方，又套虏充斥，纵横往来必由之路。总制王琼自黄河东岸横城起，迤东转南，抵定边营南山口，开堑一道，长二百一十里，筑墙一十八里。后总制唐龙改修壕墙四十里。总制王（琼）接修壕墙一百三十四里。总制杨（守礼）初修壕墙四十里，皆依前墙堑，止于定边营北……于是，套虏入内之路，有重险矣[4]。

王琼的修筑标准为"堑深二丈，口阔二丈，底阔一丈八尺；堑内筑垒，高一丈，底阔三丈，收顶一丈二尺；拦马墙高五尺。筑墙必高广皆二丈，垛墙高五尺"。这些防御设施被形象地称为"深沟高垒"[5]。所谓修边，除边墙以外，守将们用了很大的力量在挖深沟壕堑，墙、堑结合被认为是御敌良策。嘉靖至万历百余年间，历任宁夏巡抚都以维修河东墙为重任。

旧北长城，大约修筑于明成化年间。成化二十一年（1485年）五月丙子宁夏巡抚崔让等奏"请于平虏城枣儿沟增筑边墙一道，寨堡一座，墩台三座，兵部准其奏"[6]。这道边墙在北关门，由沙湖西至贺兰山之枣儿沟，有三十五里[7]。嘉靖年间人们对此边墙已所知甚少，《嘉靖宁夏新志》仅云："临山堡极北之地尽头山脚之下，东有边墙，相离平虏城五十余里。"[8]《皇明九边考》亦云："宁夏北，贺兰山黄河之间，外有旧边墙一道。嘉靖十年，总制王琼于内复筑边墙一道，官军遂弃外边不守，以致内地田地荒芜。"[9] 嘉靖十年（1531年）修筑北长城的建议实际出于金事齐之鸾，他在《朔方天堑北关门记》一文中写道：

至秋七月，工告成。由沙湖西至贺兰山之枣儿沟，凡三十五里，皆内筑墙，高厚各二丈；外浚堑，深广各一丈五尺有奇。墙有垛可蔽，有空可下视以击射。为关门二，东曰"平虏"，中曰"镇北"。其

〔1〕（明）胡汝砺编、（明）管律重修、陈明猷校勘：《嘉靖宁夏新志》卷1"边防"，宁夏人民出版社，1982年，第19～20页。

〔2〕《明宪宗实录》卷293"成化二十三年八月癸未"，台北"中研院"历史语言研究所校印，1961年，第4975页。

〔3〕《明孝宗实录》卷196"弘治十六年二月己亥"，台北"中研院"历史语言研究所校印，1961年，第3610页。

〔4〕（明）魏焕：《皇明九边考》卷一"镇戍通考"，第8～9页。文中所阙"王□""杨□□"据张雨《边政考》卷7"北虏河套·沿革"条补，第581～582页。

〔5〕（明）胡汝砺编、（明）管律重修、陈明猷校勘：《嘉靖宁夏新志》卷1"边防条"，宁夏人民出版社，1982年。王琼：《北虏事迹》载"乃于花马池一路长三百里为之深沟高垒，以立大险，限隔华夷"，《王琼集》，山西古籍出版社，1991年，第82～83页。

〔6〕《明宪宗实录》卷266"成化二十一年五月丙子"，台北"中研院"历史语言研究所校印，1961年，第4511页。

〔7〕（明）张雨：《边政考》卷3"宁夏卫"，《中华文史丛书》第14册，（台北）华文书局，1969年，第132页。

〔8〕（明）胡汝砺编、（明）管律重修、陈明猷校勘：《嘉靖宁夏新志》卷1"宁夏总镇"条《杨守礼上疏》，宁夏人民出版社，1982年，第92页。

〔9〕（明）魏焕：《皇明九边考》卷8"宁夏镇·保障考"，谢国桢影印嘉靖刻本，第4页。

上皆为堂，若干楹，其下各增城三面，为二堡……沙湖东至黄河凡五里，水涨则泽；竭则墙，虏可窃出。皆为墙，高厚一丈五尺，堑深广一丈，以旁室其间道。于是，宁夏河山如故，而扼塞之险一新[1]。

其实，北关长城的修筑实属无奈，因平虏城以北孤危难守，供饷不便，守军逃散，有名无实，才迫使守将出此下策，在平虏城北十里处筑此边墙[2]。原选址并不在这里，由于前者工程浩大，费役甚众，才改线于此。

西长城，"自靖虏芦沟界迤北，接贺兰山。山四百一十一里，迤北接北长城。自西而东三十里，接黄河"[3]。成化九年（1473年）开始从甘肃靖远起至宁夏黄河两岸，修筑扼塞，防止"套虏"伺机渡河。先在"双山南起至广武界，长一百余里修边墙"。成化十五年（1479年）镇守宁夏太监龚荣奏"其西路永安墩至西沙嘴，旧墙低薄颓坏，欲改筑高厚"，遂使役一万人筑墙[4]。西边墙主要部分，是北自赤木口（今三关口），南抵大坝堡，八十余里。嘉靖十年（1531年）金事齐之鸾上书总制王琼维修边墙，"初闻是议，父老以为不可，将士以为不可，制府亦以为不可"，齐之鸾力排众议，使役丁万余人，费时六月方成。但因此地风沙漫天，壕堑数日悉平，需时加挑浚，然随挑随淤，军民苦不堪言[5]。西边墙防御中赤木口关是重点，嘉靖十九年（1540年）杨守礼等主持大修，称贺兰山"盖山势到此散缓，蹊口可容百马，其南抵峰厌经通虏窟者，不可胜塞。山麓有古墙，可蹑两倾也"。用三月之功，砌成石关，并向南北两山延展筑墙[6]。万历、天启年间西边墙获得进一步的维修和加固。

固原镇的长城主要指固原内边墙，又称固原内边。弘治十四年（1501年）朝廷起用已经退休的南京户部尚书秦纮为代理固原三边总制。弘治十五年，总制尚书秦纮奏筑固原边墙，自徐斌水起，西至靖虏营（今靖远）花儿岔止六百余里，向东至饶阳界止三百里，这就是固原内边[7]。当年"三月起至八月止，共修砦堡、崖穴、关隘一万四千一百九十处，铲过山崖三千七百余里"[8]。嘉靖九年（1530年）三边总制王琼维修秦纮所筑固原内边，西起靖虏卫花儿岔，东至饶阳界，"开堑、斩崖、筑墙，各因所宜"[9]。具体是"挑挖响石沟至下马房旧堑三十里，俱深二丈，阔二丈五尺，南面堑土筑墙，连沟共高三丈。又修理下马房西接平虏、镇戎、红古城、海喇都、西安州五堡坍塌边墙一百二十五里，随山就崖，铲削陡峻。又于干盐池地名沙岘铲挑沟，长四十里，深险壮固，以绝西入临巩之路"[10]。固原内边，除维修边墙外，主要采用挖壕设堑、铲削山险墙，经修缮的固原内边，被称为"关中重险"。

"徐斌水新边"是依托固原内边修筑的一道长城。它沿着罗山西麓的徐斌水向北至中宁县鸣沙镇

〔1〕（明）胡汝砺编、（明）管律重修、陈明猷校勘：《嘉靖宁夏新志》卷1"宁夏总镇"齐之鸾《朔方天堑北关门记》，宁夏人民出版社，1982年，第90页。

〔2〕（明）胡汝砺编、（明）管律重修、陈明猷校勘：《嘉靖宁夏新志》卷1"宁夏总镇"条《杨守礼上疏》，宁夏人民出版社，1982年，第92页。

〔3〕（清）张金诚修、（清）杨浣雨纂：《乾隆宁夏府志》卷2"地理·边界"，宁夏人民出版社，1992年，第68页。

〔4〕《明宪宗皇帝实录》卷197"成化十五年十一月丁未"，台北"中研院"历史语言研究所校印，1961年，第3471页。

〔5〕（明）胡汝砺编、（明）管律重修、陈明猷校勘：《嘉靖宁夏新志》卷1"宁夏总镇"，宁夏人民出版社，1982年，第85页。

〔6〕（明）胡汝砺编、（明）管律重修、陈明猷校勘：《嘉靖宁夏新志》卷1"宁夏总镇"，宁夏人民出版社，1982年，第85～86页。

〔7〕（明）魏焕：《皇明九边考》卷1"镇戍通考"，谢国桢影印嘉靖刻本，第8页。

〔8〕（明）秦纮编：《秦襄毅公自订年谱》，第40册，北京图书馆馆藏珍本年谱丛刊，北京图书馆出版社，2001年，第107页。

〔9〕（明）魏焕：《皇明九边考》卷1"镇戍通考"，谢国桢影印嘉靖刻本，第8页。

〔10〕（明）王琼撰、单锦珩辑校：《设险守边图说》，《王琼集》，山西人民出版社，1991年，第93～95页。另详见（明）王琼：《设重险以固封守奏议》，《嘉靖·万历固原州志》卷2"奏议"，宁夏人民出版社，1982年，第125～126页。

黄河南岸修筑。嘉靖年间三边总督刘天和上奏道：

> 惟西路自徐斌水至黄河岸六百余里，地势辽远，终难保障。今红寺堡东南起徐斌水至鸣沙州河岸可百二十里。总兵任杰议于此地修筑新边一道，迁红寺堡于边内。撤旧墩军士使守新边，舍六百里平漫之地，守百二十里易据之险，又占水泉数十处。断胡马饮牧之区，而召军佃种，可省馈饷，计无便于此矣[1]。

此议遭到给事中朱隆熹等人的强烈反对，依祖宗之制，河套属中国，余子俊修边之后，等于不以黄河为界，才使河套为虏所据。王琼弃镇远关，修新边，才使延、宁两镇腹背受敌，今又要旧边不守，直接将红寺堡五百里地尽弃胡中。嘉靖皇帝斥责"擅兴妄议"，并处分宁夏总兵任杰。

虽然没有得到中央政府的批准，刘天和的计划实际上得到实施。《皇明九边考》载：

> 红寺堡直北稍东，总制刘天和新筑横墙二道，以围梁家泉，直北稍西旧有深险大沟一道。受迤东磲（罗）山之水流于黄河，长一百二十五里。总制刘天和堑崖筑堤一百八里五分，筑墙堡一十六里八分，自大边自此，重险有四道矣[2]。

《固原州志》亦载："嘉靖十六年，总制刘天和修干沟涧六十余里，挑筑壕堤各一道。复自徐斌水迤鸣沙州黄河岸修一百二十五里，增葺女墙始险峻。"[3] 隆庆年间成书的《九边图说》中即绘有下马关至黄河岸的徐斌水新边[4]。

至此宁夏长城防御的几条主干线路得以确立，虽然此后的修缮、维护一直在延续，甚至在万历年间一度掀起重要关堡砖石甃筑的高潮，但大规模的修边活动基本结束。上述有明确历史记载的宁夏南北修边里程共计达三千余里，剔除重复修缮及出宁夏境部分，仍有两千余里。事实上，出于邀功心态及统计方式的不同，史料所载的修边活动，更为惊人。弘治年间，秦纮在边三年，即修边达数千里，修筑城堡关隘一万四千余处。

以上我们用简略篇幅勾画出明代宁夏、固原二镇边墙修筑的大致情况（图四；地图二）。关于修筑边墙的一些细节，包括主张修筑和反对派意见显然不能一一呈现。突发的事件亦会影响主将及朝廷的决策，毕竟修边需要动员大量的人力物力，加重民众负担，亦会激起民变。例如，正德年间，杨一清任三边总制，大举发丁修边，宁夏、西安等二十四卫所四万余人，加上西安等七府的五万人，共九万余人。修筑徐廷章等成化年间所筑旧边，计划高宽各二丈，另在墙上修盖暖铺九百间，挑浚旧堑深宽亦各二丈，准备四个月时间完工。正德二年（1507年）四月兴工，起自横城向东筑墙三十里后，人众聚集，汲爨艰难，又皆露宿，风雨无所避，多生疾病，"人心怨怼，遂折杆悬旗呼噪，欲溃散。管工官令骑兵围而射之，乃止。一清知众情难久，下令：筑完花马池城完即放散。五日而城完，乃散归"[5]。

边墙修筑的质量与所投入人力有很大的关联，大量的人力投入，意味着更大的财政支出。修边支出从明季中叶起占财政收入的比例逐渐上升，造成直接上级主管部门户部与兵部关系紧张，相互攻击。最后成为两难，边墙破旧，不堪防御，敌人可肆意入侵，修筑边墙堡寨、壕堑更加重财政负担。有人推算嘉靖十年（1531年）边镇编列的银两是336万余两，万历十年（1582年）暴增至827万余两。而

〔1〕《明世宗实录》卷203"嘉靖十六年八月庚申"，台北"中研院"历史语言研究所影印本，1961年，第4252页。

〔2〕（明）魏焕：《皇明九边考》卷8《宁夏考》"保障考"，谢国桢影印嘉靖刻本，第4页。

〔3〕《万历固原州志》上卷，《嘉靖万历固原州志》，宁夏人民出版社，1985年，第114页。

〔4〕《九边图说》"固原镇图说"，隆庆三年刻本，第144页。

〔5〕（明）王琼撰、单锦珩辑校：《北虏事迹》，《王琼集》，山西人民出版社，1991年，第64~65页。

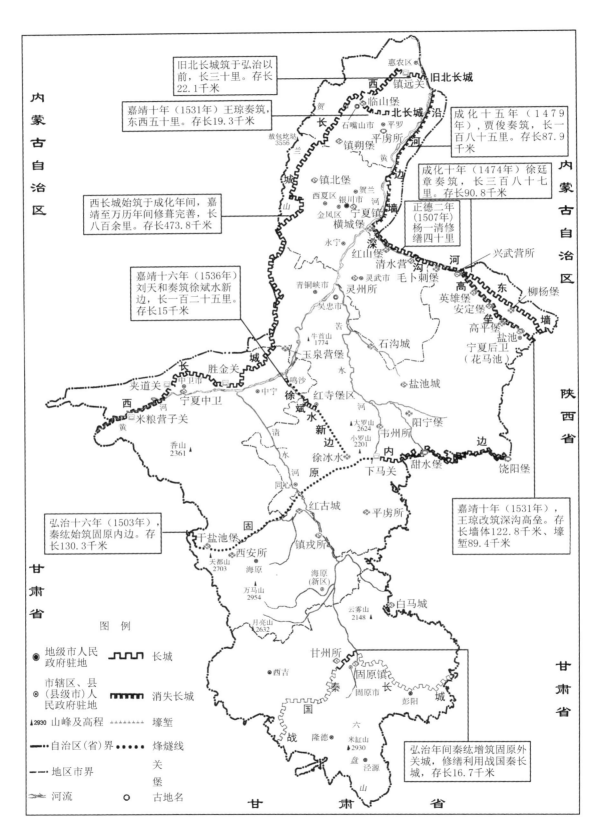

图四　宁夏明长城分布示意图

这827万两边镇军费，是万历六年（1578年）国库收入367万余两的2.25倍[1]。这样财政状况的政府可以支撑多久，是显而易见的。难怪前人说过明朝亡于修边。虽然，明代边墙修筑的得失教训总结并非本书所担负的目标，但是历史文献中所提供的全面信息却是研究者不应忽略的。

四　考古调查所见的长城

田野长城调查的对象，有长城本体、附属设施以及相关遗迹等等，涉及长城防御体系中的各类遗迹。不过，镇城、堡寨等规模较大城池由于远离长城现址并不在调查的范围之内。

长城本体

包括长城墙体及墙体上的设施，如敌台等。墙体是长城建筑的基本形式，由于全区境内地理环境复杂，基本上按照地形的变化修筑，平地夯土筑墙。山谷与山谷之间修成山险墙。部分重点地区用石头垒砌。墙体剖面的形状一般是上小下大呈梯形。有的墙上有垛口，并间隔一定距离有敌台、铺舍。

敌台，又称敌楼。墙体上间距一定距离，修筑一方形高台，前、后、高三面出墙体，用于驻军防御。敌台又分实心和空心两种。实心敌台，上面没有建筑，但可利用凸出部分射击墙下敌人；空心敌台上面有一层或两层建筑，可以驻守墙兵士，亦可存放物资。有的敌台单独建设，形状有方形、圆形和不规则等形。这类敌台之间的距离最短的有40～50米，有的则长达几百米，甚至几千米才有一个敌台。

长城附属设施

与长城相关的附属设施有关堡、烽火台。

营堡，一般沿长城内侧修筑，是长城防御的指挥机构，防守长城的官兵驻地，较大城的规模为小。平面多呈方形或长方形，一般在墙的中部开有城门。四角设有角楼，墙上有马面，城门处有保护城门的瓮城，城墙外有壕堑。城池的功能齐全。

烽火台又称墩台、烽燧，是用于报警的高土台。大多建设在较高的山阜之上，或在地势平坦的开阔处。台体用黄土夯筑而成，上小下渐大，呈覆斗状。高约10米，有的四边有女墙。烽火台大部分建筑在长城外侧，也有修筑在长城内侧。当然，长城与烽火台的修筑，也许有时间先后的关系，可惜这一点我们仅凭考古调查无从了解。烽火台之间的距离从几百米到几千米都有，根据实际需要来决定台体间的距离。除方形，另有圆形、长方形和不规则形等类型。烽火台上备置有烽火炬品，夜燃烽火，昼焚狼烟，视敌情不同而变化。烽火台下是守兵住所和仓储之地，周围有围墙。

长城的相关遗迹

长城的相关遗迹包括壕沟、铺舍、挡马墙、品字窖、驿站、居住遗址等。

壕沟是明代长城的重要组成部分。一般来说用挖沟的土在沟南侧筑墙，墙前形成深深沟堑，用来阻挡敌人的进攻。原来壕沟深在5～6米，由于数百年来风沙堆积，有的地方已夷为平地，但相当多的地方长城外还能看出低凹的情况。

铺舍，依长城内侧修建，用土筑一台，上有房屋之类的建筑，周围地表上有砖、瓦之类的建筑材料分布。

---

〔1〕　关于边镇所费粮饷的研究，以往有许多研究推测，最近较为完整的研究可参见赖建诚：《边镇粮饷——明代中后期的边防经费与国家财政危机（1531～1602）》，联经出版公司，2008年，尤其是第311～323页。

品字窖，也称品坑，长方形坑，每三个成一组，呈品字状排列。设置在长城外侧地势较平坦的开阔地带，用于防御敌人骑兵靠近。

1. 河东长城

河东长城分布在宁夏黄河以东地区，包括今银川兴庆区、灵武市及吴忠市盐池县。所修筑的长城有河东墙（二道边）、"深沟高垒"（头道边）、"沿河墙"（陶乐长堤）和河东壕堑四部分。其中"河东壕堑"在下面述及。

二道边长城（河东墙）

由陕西省定边县苟池西畔村进入宁夏盐池县花马池镇双井子村。然后由东南向西北经夏家墩村、潘记梁等十二个自然村，西北行到达兴武营村后，与头道边（"深沟高垒"）墙体逐渐靠近并行。在张家边壕村出盐池县境，向西进入灵武市清水营村后与头道边（"深沟高垒"）墙体交汇。至此，二道边（"河东墙"）沿途经过二十个自然村，墙体长度为90.8千米。二道边（河东墙）始筑时到清水营后向西至黄河岸边的横城，后为"深沟高垒"所沿用，大约有32千米。

二道边（河东墙）现存墙体低矮窄小。墙体以自然地面为基础，用黄土版筑夯成，墙垣内外均无敌台之类设施。基宽3.5~4米，高3.5~4米。大部分墙体风化坍塌，有的仅存墙基，有的由于墙两侧积沙，只留下略高出地面几十厘米的一道沙梁。有的甚至已消失，仅凭地面观察竟难辨墙体走向。当然保存较好的地方如盐池高沙窝镇红圪瘩村，墙高3.8米。沿墙体共有烽火台52座，基本没有敌台。

头道边（"深沟高垒"）

头道边其实二道边向内收缩后修筑的所谓"深沟高垒"。宁夏境内起点东起盐池县与定边县307国道分界处。由东南转向西北入盐池县花马池镇东郭庄村，经东门村穿307国道，在其北侧西北行，到达红沟梁村又大体呈南北走向。在此弯曲呈"S"形迤逦北行。绕经安定堡，西北行至达兴武营与二道边（河东墙）逐渐靠近，并至兴武营时两道长城合二为一，经红山堡过横城至黄河东岸。沿线经过34个自然村，调查墙体51段，全线总长122.8千米。

头道边（"深沟高垒"）墙体高大，防御设施完备，一般现存高度4~6米，顶部宽1~3米。保存较好的地方，墙高达7~8米，顶部宽4~5米，墙基在10米以上。墙顶外侧有垛墙，内侧有女墙。墙的内外侧有的地方还能见到人工挖成的壕堑遗迹，虽然被风沙填淤成凹槽。墙外侧依墙而建的夯土敌台一字排开，间距大约有200米。敌台总数有521座，已消失的有13座，现存508座。敌台高出长城2~3米。在红山堡长城的外侧约50米处，发现品字窖的绊马坑。品字窖南北共有三排。坑壁较直，长方形，1.2~1.3×0.9，深约1.2米[1]。《弘治宁夏新志》记载，宁夏巡抚张祯叔、王珣在河东墙外相机置挖"品坑"四万四千多个[2]。墙体沿线有烽火台27座。

沿河长城（沿河边墙）

因为墙体低矮被后人误认为是河堤，今人亦称"陶乐长堤"。墙体遗迹沿着黄河东岸向北方向延续，起自灵武横城，止于内蒙古巴音陶亥农场黄河岸边，隔河与对面旧北长城相望。

沿河长城（沿河边墙）调查长度87.9千米，实际仅以水渠、河堤得以留存3小段，不足8千米。有一段建筑在南北走向的沙梁上，用黄土及少量石块混筑，形如堤坝，最宽处竟达42米，窄处也有20多米，顶宽8米左右，高约4米。墙体沿线仅存3座敌台，其余已消失殆尽。另有10座烽火台存在。

---

〔1〕 关于品字窖的发掘情况参见宁夏文物考古研究所等：《宁夏灵武市古长城调查与试掘》，《考古与文物》2006年第2期。

〔2〕 《弘治宁夏新志》卷1"边防·品坑"条。

2. 关于所谓隋长城问题（河东壕堑）

在明长城进入盐池东牛毛井处，在县城北头道边与二道边长城之间，又有一条长达25千米与明长城走向基本平行的长城遗迹，原以为是所谓的隋长城[1]。通过调查发现，这道长城遗迹从陕西定边陕宁交界处进入宁夏境内。墙体处于头道边长城北侧数十米处，与之并行向西北方向延伸。经红沟梁一带与"头道边"长城交汇，向西一直到灵武市清水营附近。全线调查墙体27段，分布有敌台11座，全长89.4千米。这道长城的修筑采用墙体外侧挖壕，内侧堆土的筑墙方式。墙体外陡内缓，两侧有壕堑。墙体断面呈梯形或三角形。从发掘的墙体断面上未发现清晰的夯层，与"头道边"、"二道边"长城明显叠层夯筑区别显著，而基本符合壕堑的堆挖方式。应当是王琼修筑所谓"深沟高垒"河东壕堑及其继任者维修改筑壕墙后的遗迹，而与所谓的隋长城无关。

3. 旧北长城与北长城

旧北长城今俗称红果子长城，位于宁夏石嘴山惠农区，大约修筑于成化年间。主要依托贺兰山、黄河等自然天险和镇远关、黑山营等人工工事构成防御体系。

旧北长城东起石嘴山惠农区黄河西岸的惠农农场，向西经红果子镇，到达贺兰山东麓扁沟山脚，全长22.1千米。惠农农场—红果子镇12.8千米已经消失，红果子镇以西至贺兰山扁沟脚尚残存5.8千米主墙、4.7千米壕堑，保存较好，又被称为"红果子长城"。因地形与地势所限，沿线设有土墙、石墙、山险墙、壕堑等多种防御形态，其中在沿山向上有一段石墙用不规则石块垒砌而成，顶宽1.2、底宽3.5米，残高3.8~5米，有一处地方上下错位达1米，应该是地震所致，是一处著名的地震错位遗迹。调查中还发现与此段长城相关的敌台2座、烽火台2座、关堡2座。

北长城又称北关门墙或大武口长城。西起平罗县高庄乡金星村（俗称边墙头子），向西经惠威村等，逾包兰铁路，再经大武口区兴民等村，止点在贺兰山枣儿沟的临山墩，全长19.3千米。实地调查12段，地表有长城痕迹者约12.1千米。均为夯筑土墙，保存情况较差，残存墙体多坍塌成斜坡状。沿线残存有敌台6座、关堡1座。

4. 西长城

西长城主要是指宁夏西境沿贺兰山东麓向南修筑的长城防御设施。它北面连接北长城，随贺兰山山势向南，向南至广武营、中宁石空寺，逾胜金关，沿腾格里沙漠边缘环卫中卫城，再向东南行，在沙城头水库峡口跨黄河，至南岸芦沟堡，沿黄河南岸穿黑山峡至甘肃境。沿线有宁夏镇城、中卫城等重要城池，胜金关、赤木关、镇远关及贺兰山三十三隘口等主要关隘，全长有八百多里。

西长城，由于系分段筑成，田野调查也依修筑年代、自然地形和墙体构筑特点等，从北向南大致分为五段进行。经调查统计，西长城全长473.8千米，沿线调查敌台89座、烽火台190座、关堡16座。

第一段从惠农区红果子镇西北旧北长城西端与贺兰山相接处开始，沿贺兰山山体向南经平罗、贺兰、银川等市县和数十处贺兰山口，最后抵达三关口的头道关处截止。

该段长城基本沿贺兰山山间行进，充分利用山体的高耸陡峭、攀爬不易等地形优势，在山体连续无法通行处不修墙体，利用山险；在可通行的山沟之间，修建一些封闭山口的短墙。墙体有土墙、石墙或土石混筑三类，长则千米，短的只有30米左右。沿线筑有烽火台，每隔一段还有戍守的关堡等。

第二段从三关口至青铜峡市大柳木皋东。起自永宁县黄羊滩西北的三关口，沿贺兰山东麓的山前冲积台地向西南，经永宁、青铜峡和数道贺兰山沟口，至青铜峡市邵岗镇、大柳木皋东西的两道长城交汇处。此段长城亦是今内蒙古、宁夏两省区界线。

---

〔1〕 参见宁夏文物考古研究所等：《宁夏盐池县古长城调查与试掘》，《考古与文物》2000年第3期。

　　贺兰山在此处山体相对低矮，落差不大，不便直接利用山险，而改在山前台地前构筑墙体。墙体以土墙为主，个别地方有山险和石墙。在墙体之外尚有其他土墙、石墙、壕堑作为本体的附墙。有时，这些附墙远离土墙，延伸甚远，与其他长城设施敌台、烽火台或关堡相连，构成综合防御屏障。

　　其中三关口地带的三道长城最引人注目，经实地调查的三道长城，分别约为 2000 米、1300 米、2400 米，与以往文献记载出入较大。墙体充分利用河谷山体地形，土筑、石砌或劈山作险，虽彼此独立，但相互呼应，自成一体。不过，三关口长城的扼险关隘已经不存在了[1]。

　　第三段从大柳木皋至中宁与中卫交界处的胜金关。该段长城北起青铜峡市邵刚镇甘泉村以西、大柳木皋东南侧山脚下两道长城交汇处，继续沿贺兰山东麓的山前台地向东南，基本纵跨青铜峡、中宁两市县，沿途经过贺兰山柳石沟、双河子沟、沙沟后，再沿台地向西折，继续沿台地向西南，经红井沟、井沟、阴湾沟、双疙瘩沟、碳井子湾、口子门沟、芦沟湖等诸多山沟，至中宁县渠口农场西北的南湖子沟沟口后，进入贺兰山山间，开始沿山间向西南辗转，从中宁石空大佛寺沟出山，再沿北山台地向西至中宁与中卫市交界处的胜金关处。全长 105 千米。沿线敌台计 12 座、烽火台 70 座、关堡 2 座。

　　胜金关以西中卫市境内的"西长城"以黄河为界分为南北两段，基本呈东西走向。墙体总长 125.9 千米，消失 25.9 千米，现存墙体 100 千米，分土墙、石墙、挡路塞、山险墙三类。沿线调查敌台 22 座、烽火台 15 座、关堡 4 座。

　　第四段从胜金关至黑林，即黄河北段。该段墙体东起与中宁县交界的镇罗镇胜金村胜金关隘，胜金关地处黄河北岸高地，傍山临河，路通一线，地势险要。此处长城墙体渐近消失，唯存关墙遗迹。长城遗迹盘桓于胜金关以北由东向西延伸至凯歌村，在凯歌以西上九塘，蜿蜒向北经李园、关庄、郑口、金沙，沿卫宁北山西行进入东园镇的郭滩、新星、黑山、柔新、红武、新滩，穿农林牧场达迎水桥镇的姚滩村。沿腾格里沙漠的东部边缘转折向西南行进至夹道村，包兰铁路在此东西横穿而过，此后长城继续复由东向西延伸经过黑林村，最终至迎水桥镇黑林村位于黄河北岸之边的分水岭~西沙嘴。调查墙体 15 段，全长 50.8 千米，其中消失墙体 26.4 千米。除 1.4 千米石墙外，其余皆为土墙。土墙墙体基础多为自然基础，黄土夹杂沙粒、砾石夯筑，大部分墙体采取分段版筑，夯层平均厚度约 0.12~0.2 米。石墙墙体以毛石干垒，缝隙间夹杂粗砂石粒、碎石块及黄土，壁面较平整。沿线调查敌台 17 座、烽火台 11 座、关堡 4 座。

　　第五段从下河沿至南长滩甘宁省界，即黄河南段。该段墙体东起中卫市沙坡头区常乐镇下河沿村煤矿厂区，沿黄河向西经上河沿村折南而行，穿大湾村烟洞沟、小湾村冰沟，蜿蜒曲折盘旋下山至大柳树村下园子，又由大柳树上园子西行进入上游村，山险墙盘桓起伏于上游村岔河口大钻洞子、小钻洞子、岔沟、风石湾、米粮营子达迎水桥镇下滩村黄石漩。然后南折西行经下滩村榆树台子、鱼嘴沟、河对坝子、榆树沟、高崖沟、下木头沟、上木头沟，继而穿越上滩村沟口子、苇子坑，经北长滩茶树沟继续沿黄河西行至南长滩枣刺沟、夹巴沟，最终抵于甘肃省靖远县与中卫的交界点——观音崖（又名小观音），开始进入甘肃境内的黑山峡。黄河南段调查墙体 52 段，总长 75.1 千米。墙体由土墙、山口石墙、山险墙三类组成，其中土墙长 6.6 千米，山险墙长 68.3 千米，包括山口短石墙 55 处。该段长城是利用黄河之阻，在山势陡峻之处劈山削石形成峭壁；山沟峡谷跨越处采用山石垒砌形成短墙；平缓的山岗则就地取材，利用黄沙土夯筑墙体。部分铲削墙多位于山沟间或墙体险要地段的外侧。山口石墙（挡路塞）两端连接在山体陡崖之上，距离多不长。调查关堡 3 座、敌台 5 座、烽火台 4 座。

---

　　[1]　参见周赟等：《明代宁夏镇三关口关墙考辨》，《宁夏社会科学》2013 年第 3 期。

5. 固原内边长城

明代固原镇长城防御主要依托包括旧边、新边、固原城附近修缮过的早期长城以及辖区内大量修建的烽燧、关堡体系。内边长城主线始筑于弘治十五年（1502 年），由总制尚书秦纮创修，自饶阳堡起西至徐斌水三百余里，自徐斌水西至靖虏花儿岔止，长六百余里，为关中重险。分别由固原卫及靖虏卫负责修筑与守御。到嘉靖九年（1530 年）王琼对这道边墙又再次重修完善。墙体类型主要为山险墙壕堑，饶阳堡至下马关遗迹可辨，以西仅海原县干盐池附近有少量墙体遗迹，现存部分调查长度 130.3 千米。墙体类型分土墙、山险墙、山险三类。其中山险近 83.2 千米，各类人工墙体约 46.8 千米。烽燧线长约 130 千米。沿线调查烽火台 78 座、关堡 15 座。

徐斌水新边，嘉靖十六年（1537 年）由时任宁夏总兵官任杰及三边总督刘天和提议修筑，自徐斌水与固原内边相接，西北抵中宁鸣沙黄河东岸，长一百二十五里，堑崖筑堤一百八里五分，筑墙堡一十六里八分[1]，现调查墙体遗迹位于红寺堡附近的红柳沟河南岸，确认长度 15 千米，皆为夯筑土墙。墙体沿线及附近区域内还调查相关烽火台 15 座、关堡 5 座。

另外弘治年间秦纮三边总制任内增筑固原外关城，共修砦堡、崖穴、关隘一万四千一百九十处，铲过山崖三千七百余里，今固原城郊清水河西岸至西海子峡口调查发现明代修缮利用的战国秦长城调查长度 16.7 千米。烽火台 9 座、关堡 3 座。

自环县抵灵州（今宁夏灵武市）的古环灵道驿路烽燧线与"固原内边"在甜水堡－萌城段相交汇，该烽燧线自甜水堡东南侧大致沿现在的 211 国道西北行，经盐池县隰宁堡、惠安堡至盐池城与西南—东北走向的固原镇—花马池"防秋道"交汇，过盐池城经石沟城、大沙井城至灵州，此条烽燧线长近 150 千米，沿线调查烽火台 49 座、关堡 7 座。

自固原镇抵宁夏后卫花马池的"防秋道"驿路烽燧线长约 300 千米，与"固原内边"长城防线在下马关附近交汇，向北经宁夏群牧千户所（韦州城），在盐池城附近与环灵道烽燧线交汇，继续向北经铁柱泉、野狐井等城堡，达于宁夏后卫花马池城及其北边墙。本次从今同心县最南端的鲍地湾烽火台开始调查，北至盐池县花马池镇四墩子烽火台，沿线共计调查烽火台 64 座、关堡 8 座。

今宁夏境内（包括甘肃环县段）"固原内边"长城主线及附属新边、烽燧线等防御线路，共计调查墙体遗迹 162 千米、烽火台 215 座、敌台 1 座、关堡 38 座。

经统计，宁夏考古工作者经过数年努力，野外调查确认墙体 1067.9 千米，敌台、烽火台等附属设施 1134 处，关堡 136 座，即为本次调查的主要收获，也涵盖了宁夏境内明代长城修筑及分布的大致状况。以上数据通过国家文物局项目组认定以调查条目的形式向社会公布[2]。墙体类别依建筑材质及修筑方法可分夯筑土墙、堆筑壕墙、土筑包石、砌垒石墙、铲削山险墙、壕堑、自然山险等数种类型，可谓丰富多样（表一）。

表一　宁夏明长城墙体类别统计表

类别	土墙	石墙	山险墙	壕堑	山险	合计
合计（米）	551517.2	29975.5	99682.2	114937.2	271762.6	1067874.7
百分比（%）	51.6	2.8	9.3	10.8	25.4	100

---

〔1〕　（明）张雨：《九边考》卷 8《宁夏镇》"保障考"，《中华文史丛书》第 14 册，（台北）华文书局，1969 年，第 324～325 页。

〔2〕　见国家文物局文物保函〔2012〕942 号，《关于宁夏回族自治区长城认定的批复》及其附件《宁夏回族自治区长城认定表》。

　　总体而言，宁夏明长城以土墙居半，其余墙体类型合计居半。以修筑区段划分，河东长城、北长城、西长城三关口至中卫河北段，土墙占绝对主体，而西长城三关口以北段及固原内边响石沟以东段，山险为其大宗。而贺兰山以及中卫黄河南岸黑山峡诸沟口多以石墙砌堵，河东套地及山前平原地带也曾挖设壕堑。这种墙体建筑的类型布局，与墙体修筑地质与地貌条件息息相关，也与主政者因地制宜的修筑原则及防御策略有关。西长城凭依贺兰山，三关口以北段山峰高耸险峻，相对海拔在数百米乃至两三千米间，高耸连绵的山脉构成一道天然防御屏障，使得蒙古游骑很难畅通无阻地进出侵扰，山间仅有几道贯穿山体的山口可资通行，因而以山险为主，仅在山口砌筑多道较短石墙，设置关卡，依山戍守便可阻敌；而三关口以南段，由于山体渐低矮，形成高矮起伏的丘状台地，山口众多，仅凭天险已不足以遏敌，故此段长城不再继续沿贺兰山山体分布，而是改在贺兰山东麓的山前冲击台地上修筑夯土墙体。河东地带与银北平原，皆地形平漫，土脉深厚，适宜筑墙，虽然王琼等人也曾挑挖壕堑，皆因风沙弥漫以失败告终，而最终改筑土墙得以存留御敌。

　　从墙体类型分布区域看，河东灵盐台地及黄河平原地带，多修筑土墙，而贺兰山地及黄河峡谷，多筑土墙、石墙、山险墙，南部黄土高原地带多铲削山险墙及挖设壕堑，总之是充分利用地形地利条件。整体而言，大边的修筑质量及水平整体较内边、新边为高，这也符合当时修筑者的设防思路与修边策略。

　　宁夏明长城除固原内边、徐斌水新边及沿河边墙等最初就修筑草率或情况不明且所留遗迹不多的未全程计算，仅将调查中有墙体遗迹的部分或者消失原因明确的部分予以确认。本次调查业已确认墙体中，消失墙体及山险所占比例近半，如今地面可见的人工墙体仅剩 570 千米。女墙、垛口、水洞、暗门、品坑、石刻题记等墙体设施或相关遗迹虽存留不多，但调查中均有发现。相关的调查和记录为今后的保护与研究提供了条件和基础资料（表二）。

表二　宁夏明长城墙体保存状况统计表

单位：米

标准	较好	一般	较差	差	消失	合计
合计（米）	120547.4	545425.3	101998.4	74235.9	225667.7	1067874.7
百分比（%）	11.3	51.1	9.6	6.9	21.1	100

　　与墙体防御相关的单体建筑，诸如敌台、铺舍、烽火台调查有 1000 余座。皆因地而设，类型丰富多样，依形制有实心方形、圆形墩台，亦有空心圆形、多边形墩台；依材质及建筑方式有土筑、石砌、包石、土石混筑、土坯砌筑等多种形式，临墙而建的敌台铺舍及多数烽火台皆为覆斗形，台上有墩铺及防御通讯器械，方便戍卒戍守防御。河东墙安定堡一带万历年间还曾"效云中式"，临墙修建 4 座砖砌敌楼，现存八铺战台即为较好一处，是为宁夏唯一的砖石铺舍。贺兰山及河东灵武一带烽火台临墩多设置有数座石砌附墩，当为传递烽火信号与通告敌情的附属设施。这些敌台墩铺皆有定名，后代不断毁建增减，加之地名变迁，记载不全，至今多已不可考。

　　宁夏明代有记载关堡多达 100 余座，主要分军堡与屯堡两类。本次调查关堡 60 余座，调查以军堡为主，也有少量屯堡，占地面积从数百、数万至上百万平方米。根据其功能与规模，大致分为四级体系，第一级为九边重镇宁夏、固原城，次一级包括中卫、灵州、花马池等边防重地，第三级为清水营、兴武营、镇戎、平虏、西安州等千户所城以及下马关、白马城等御敌关堡路城，最后一级为一般堡寨及一些规模较小的临墙小堡。各堡墙多为土筑，至万历年间，除镇城、卫城及重要关堡外，对一些重要临边军堡如铁柱泉、安定堡及驿路沿线惠安堡等均进行了大规模的砖石砦固，宁夏、固原两镇包砖城池达二十余座，可惜无一座至今完整保存者（表三）。

宁夏境内长城分布在沙漠、丘陵、贺兰山和黄土高原的沟壑崂梁等地带，自然环境比较恶劣，保存状况不容乐观，许多长城墙体已经消失或损毁严重。除长期受风雨剥蚀、山洪冲刷、风沙淤漫等自然因素破坏以外，人为破坏的情况及原因更受调查人员关注。清代以前长城遭受的人为破坏因素主要为入侵者拆毁、填塞、焚烧等战争行为造成的蓄意破坏。清代以后，长城遭受战争破坏的因素减少，而由于沿线居民生产生活所造成的破坏成为主要因素。关堡为民居侵占，城墙包砌砖石因建房扒拆；墙体、墩堡因垦荒、种地、采矿、修路而被推毁侵占；墙体、墩台内掏挖窑洞，顶部及周围搭建其他设施；一些城堡、墩台被蓄意盗掘掏挖。新中国成立以来，虽然对包括长城在内的文物保护古迹保护力度不断加强，宁夏境内长城先后被公布为各级重点文物保护单位，得到了切实有效的保管维护。但近些年来随着城镇化与工业化不断发展，长城沿线城镇扩容、采矿及工业生产造成的地貌改观、环境污染对长城整体风貌造成的影响以及旅游、建设等过度开发造成的人为损毁正呈逐步加重的趋势，长城保护工作任重道远。

表三　宁夏明长城烽火台、敌台、铺舍、关堡建筑类型统计表

	夯土	包砖	包石	石砌	土坯	合计	百分比
敌台	595	0	2	25	0	622	49.0
烽火台	410	0	10	75	1	496	39.1
铺舍	8	8	0	0	0	16	1.2
关堡	122	14	0	0	0	136	10.7
合计	1135	22	12	100	1	1270	100
百分比（%）	89.4	1.7	0.9	7.9	0.1		

五　调查工作总结与检讨

2009 年 4 月 18 日，国家文物局和国家测绘局在北京八达岭长城联合举行明长城长度数据发布仪式，确认我国明长城东起辽宁虎山，西至甘肃嘉峪关，从东向西行经辽宁、河北、天津、北京、山西、内蒙古、陕西、宁夏、甘肃、青海十个省（区、直辖市）156 个县域，总长度为 8851.8 千米。其中宁夏段近 800 千米。由于这是基于调查认定墙体基础上全国范围内的长城长度的影像立体测量，涉及各省的调查数据并未完整公布。宁夏明长城最终的长度统计数据之所以与此前认定有较大出入，主要有以下几方面的变动：（1）原州区明代重修的战国秦长城及山险墙段长 16735.8 米，以前未统计；（2）红寺堡区 15036.2 米墙体公布数据时未调查，没计入；（3）河东壕堑 89498 米公布数据时未调查，没计入；（4）河东长城兴武营至清水营段内蒙古调查的头道边、二道边长城合计 82532 米；（5）西长城青铜峡赤木关至北岔口段内蒙古调查的大边、二边长城合计 79592 米[1]。以上 5 项合计增加长度

〔1〕　内蒙古自治区文化厅（文物局）、内蒙古文物考古研究所编著：《内蒙古自治区长城资源调查报告·明长城卷》，文物出版社，2013 年。

283134 米，除去增加部分，与上述最初的宁夏长城墙体长度数据基本相符。

另外需要指出的是，国家文物局与国家测绘局联合公布的全国明长城长度及各省长城长度为利用野外调查数据结合测绘技术按线路进行总体量测校正，对调查记录的资料并未逐段校正。由于手持 GPS 设备本身存在信号、校正等方面的误差，以及 GPS 两点间测量只能取直线距离的技术缺陷，因此野外调查逐段相加统计的墙体长度与测绘整体投影校正的长度数据并不相符，为了尽可能地消除误差与技术缺陷，在报告编写中，我们利用制作 1∶10000 比例墙体走向图的机会，根据实际墙体地形走向，利用测绘软件逐段对野外测量数据进行了校正，一般校正长度略长于原先的直线测量数据。

同时调查中出于工作要求及后期报告编写需要，在各级领导的大力支持下，我们还自行开展了以下几项工作：（1）组织补充调查了宁夏、内蒙古交界地带河东长城兴武营至清水营段、西长城青铜峡赤木关至北岔口两段原属内蒙古调查的长城墙体，补充完善了宁夏明长城墙体数据。（2）与天津大学建筑学院合作，用遥控无人机对宁夏明长城 20 余处重要关堡及墙体段落进行了航拍，利用航拍成果，制作了 360°空中全景环视动画视频资料。（3）购置 RTK 专业测绘仪器，对长城资源调查涉及的 60 余座关堡进行了考古测绘，绘制了较为准确的平剖面图。（4）与宁夏第二测绘院合作，按 1∶10000 比例，绘制了所调查现存长城墙体两侧 1 公里范围内墙体走向图 200 余幅。

通过长期的实地调查，培养了一批长城研究保护专业人员，通过他们的调查、保护、宣传以及研究工作，加深了社会各界对宁夏长城的关注及了解程度，纠正了以往一些错误认识，发现了新问题，带动了民众参与长城保护与研究的热情与积极性。通过长城调查建立了完善便捷的大数据记录分析系统及完整的长城记录保护档案，通过调查数据的统计分析，基本了解了宁夏长城的保存状况、存在病害等重要问题，为维修保护规划方案的制定完善及长城抢险加固工程顺利实施提供了大量基础的参考数据及重要调查依据。

当然，基于一项以现状、病害及保护为目的专项文物普查，距离最终完成一项严谨、科学的考古调查报告的要求相距甚远。尽管调查者具有相对专业的学术素养与训练，后期报告编写期间又做了必要的补充调查与学术补救，但工作不足与缺漏仍明显存在。

1. 调查全面性仍有缺漏

宁夏明长城调查缺漏主要存在以下几个方面：（1）长城资源调查工作开始阶段重点强调墙体的确认和量测，调查基本遵循以墙体为主线，辐射两侧数公里的路线设计，并未完全按照完整的长城防御体系开展工作，因此距离墙体较远的关堡、烽火台等设施未能完全顾及。虽然后期做了补充调查，但与地方文物普查、测绘影像等资料信息对照仍有遗漏。（2）由于宁夏部分长城处于省界地带，或者部分段落遗迹延伸入相邻省境，按照项目安排，由毗邻省份按分布地域划分段落分别开展调查工作，这也影响了对这一条连贯长城调查数据的整体把握。（3）受时间、经费影响，固原内边同心县以南至固原城区域内的长城相关遗迹并未细致全面开展调查工作，同样，按照长城防御体系的配置要求和标准，宁夏南部彭阳、西吉、隆德等县也有大量相关防御设施，由于没有墙体，本次也未全面开展调查工作。（4）对一些半途而废的长城工程以及废弃较早湮没无闻的长城遗迹缺乏深入研究与细致调查认定，实际调查中有所轻视忽略。譬如王琼主建因选址不当而改线的北长城废弃段、王珣主持修筑的"靖虏渠"防御工程，以及部分早年废弃拆毁长城沿线关堡，这些遗漏使得后来不断有新长城遗迹线索的发现，随着调查研究深入及报道宣传后，使调查工作出现亡羊补牢式的被动局面。

2. 墙体类型、保存状况等相关评判认定及标准仍有纰漏

由于明长城体量巨大，防御工程复杂多样，调查工作参与人员众多，各地情况复杂多变，虽然调查工作手册中规定了详细完善的各类遗迹认定依据及评价体系，并有前期的野外实践培训。但分析比

较调查资料，发现相关认定评判仍存在误差和异议。譬如修筑情况基本相似的西长城，由于分属两队调查，沙坡头区黄河峡谷段除土墙外，多认定为山险墙，其间小段石墙归为挡路塞；沙坡头区以北其余县区分别认定为为石墙、山险、山险墙、壕堑。关于长城墙体的性质判定盐池县东长城（包括头道边、二道边）两道人工土墙，共长 160141 米，评价标准认定中没有差段（内蒙古调查的二道边墙体长30701 米，保存差部分长 14035 米，头道边长 51831 米，保存差 2282 米）。

关于消失部分，沿河边墙有 80 千米为消失段，消失原因为黄河冲毁，现存仅 7.9 千米，史志记载这段墙体为防止水冲，墙外曾有包石，可见当时对此是十分重视并下了大气力修筑的。但这 80 千米是否尽已水毁无存，仍需做详细的地面勘察与调查访问，不排除流沙掩埋，改造利用为田埂、水渠等情况，断续发现墙体线索，这对了解这道墙体的具体走向与黄河近 500 年来改道变迁有重要参考意义。

关于山险与山险墙的认定。以山以河为险自古有之，山险对于贯通墙体走向，了解墙体修筑的地质、地形条件及设防思路变化有重要参考意义，因此，山险属于长城墙体的组成部分并无大的异议。但山险与山险墙虽一字之差，性质殊异。山险本质上属于利用自然地形，而山险墙明确为人工建筑，明代对于长城防线建设相当重视，山巅陡崖筑墙砌垒并不鲜见，河流冲沟设有水关、水洞，以使墙体连缀、保障无虞。因此大段的山险可能并不符合当时的实际。例如本次调查的西长城西夏区段近 40 千米皆为山险，史载贺兰山大口三十七、小口无算，当时皆有设防与守护，今辖属西夏区的贺兰口史志及摩崖题记明确记载沟口筑石墙、水关。究其原因，随着战乱损毁与自然破坏，历经 500 年的风雨，时间对于一些人工痕迹的销蚀，使得依山傍崖修筑的墙体销蚀损毁，尤其是铲削山险墙的辨认越发不确定与模糊，调查者只好将其归入山险，这些都有待以后更先进的调查条件与科学方法及更细致的开展工作来加以甄别确认。

3. 关于不同时代长城墙体的调查与认定

宁夏地处草原游牧文明与中原农耕文明交错地带，历史上一直是代表不同文明、发展阶段的民族间交流、融合、角逐的重要地域，大量长城遗迹正是这种较量与碰撞的历史产物与时代见证。由于史料有限，地面的长城遗迹主要靠文物考古调查人员依靠专业知识实地考察认定。经过大量艰苦的调查工作，我们考察认定了上述大量的长城遗迹及时代属性，当然纰漏也在所难免。根据一些学者的论述，宁夏在秦代、汉代、隋代甚至西周时期都修筑过长城，但本次调查主要认定的为战国秦及明代长城，至于其他时代长城墙体，并未在野外调查中得以确认。同时根据史书记载及以往调查，贺兰山主要沟口有西夏时期的防御设施，这些遗迹因与明代西长城关防叠压交错，具体区分并不容易。同样，战国秦长城在秦汉时期得以修缮利用也是事实，但在调查中如何区别辨认不同时代的修缮利用迹象仍有难度。根据史书记载，宋代时期，不但沿战国秦长城挖设"长城壕"，还曾沿宋夏边界一带挖设过"边壕"，根据长城防御体系来看，这些应属于长城遗迹无疑，但由于以往调查研究不足，遗迹保存情况不明，本次调查也未过多涉及。

4. 相关认识与研究有待深入

宁夏明长城旧北长城修筑历史及与北长城的关系，北长城与明代沙湖的位置关系等都有待深究。贺兰山主要沟口，譬如大武口、贺兰口、赤木关口，当时均设有内、中、外三重关卡，皆号称三关口。现在调查仅银川市三关口存在三道关墙，其余关口三道关墙情况均不甚明了。固原内边今同心县下马关西至海原县唐坡以东段长约 130 千米，红寺堡区确认的徐斌水新边墙体两端约 53 千米，因缺乏相关资料，沿线调查尚未发现人工墙体，只有烽燧、关堡等相关遗迹，目前按烽燧线认定，部分地段甚至走向都不能明确。宁夏明长城与墙体防御相关的 1100 余座单体建筑，诸如敌台、铺舍、烽火台，当时均有对应的名称，现调查资料很少能对照确认。关堡建筑重视堡墙马面等墙体设施的调查记录，部分忽略堡内建筑、历史沿革的调查考证。相较于文献记载的关堡单体名称数量，本次调查的相关遗迹仍有很多缺漏，尤其是对当时与长城防御息息相关且大量保存的宁夏平原屯堡设施以及草原山地马政堡寨是否应纳入长城防御体系予以调查认定，仍存在争议。对一些消失长城关堡建筑及遗迹未能详细记录和考证。一些关卡位置、墙体修筑时间，维修情况，长城防御设施的修筑技术与方法、防御设施日常运行与管理等与长城防御密切关联的重要问题，都有待以后更深入细致的调查研究工作。

尽管有以上缺憾，但作为对一项工作的阶段性总结，这套调查报告的内容是丰富客观的，也是目前宁夏涉及明长城最为全面的一套专项文物调查成果，为相关的研究提供了详实的基础资料。

由于野外调查及报告编写分组分册由各调查队独立完成，内容整合与综合研究必不可少，以上对明代宁夏境内的长城边防体系、修筑历史及本次调查情况略为陈述总结，希望此报告的出版，能推动相关研究的深入开展。

第一章
绪　言

第一节　河东明长城沿线的自然地理与环境

河东明长城位于宁夏回族自治区北部黄河以东的原陶乐县[1]、灵武市和盐池县境内（地图三）。其东北与内蒙古自治区鄂尔多斯市鄂托克前旗、鄂托克后旗相连，为银川平原东北部与鄂尔多斯高原相交接处的区域内，地貌由鄂尔多斯台地、黄河水域河滩地及侵蚀梁状丘陵山地组成。河东长城沿线地处灵盐台地，东与陕西省定边县接壤，北接毛乌素沙地。该地区的地貌为低山丘陵和缓坡丘陵相间分布，散布着流动和半流动沙地，土壤类型以沙土、灰钙土为主。整个地势为东南高西北低。沿线辖区属中温带大陆性干旱荒漠气候，气候特征为冬长夏短、春迟秋早、冬寒夏热、干旱少雨、风大沙多、日照充足、蒸发强烈和昼夜温差大。年平均气温 7.7℃～8.9℃，1 月份平均气温 -8.9℃，7 月份平均气温 22.3℃～23.7℃，年平均降水量由西北至东南依次为 180.7 毫米[2]、212 毫米[3] 和 296 毫米[4]，年平均蒸发量 2179.8～2250 毫米[5]。强烈的蒸发使土壤中水分大量散失，加剧了土壤的沙化、盐碱化。该地区西部以扬黄灌溉农业为主，主产小麦、玉米。东部为大面积牧地，以牧养滩羊为主。天然草场植被为荒漠草原类、草原化荒漠类、盐生植被及沙生植被四大类型[6]，草原面积约占 37.3%，草层高度一般在 20 厘米以上，覆盖率 30%～40%[7]。沙地植被广泛分布于其北部地区，对保护地表免遭风蚀和固沙有重要作用。植被以强旱生乔木为主，其次为小部分强旱生灌木，主要包括黑沙蒿、白草、苦豆子、干草、老瓜头、猫头刺、猫耳刺、沙珍、柠条、沙米蒿、骆驼蒿、沙棘草等。区域内的矿藏有煤、石油、天然气、陶瓷黏土、石灰岩等。

第二节　河东明长城沿线历史沿革

河东明长城即宁夏黄河以东长城。北部地区所属为南北狭长的原陶乐县境，东中部地区所属为灵

〔1〕　陶乐县县志编纂委员会、平罗县县志编纂委员会编：《陶乐县志·行政区划》，宁夏人民出版社，2006 年，第 46 页。
〔2〕　陶乐县县志编纂委员会、平罗县县志编纂委员会编：《陶乐县志·气候》，宁夏人民出版社，2006 年，第 68～70 页。
〔3〕　宁夏百科全书编纂委员会编：《宁夏百科全书》，宁夏人民出版社，1998 年，第 128 页。
〔4〕　宁夏百科全书编纂委员会编：《宁夏百科全书》，宁夏人民出版社，1998 年，第 139 页。
〔5〕　盐池县县志编纂委员会编：《盐池县志·气候》，宁夏人民出版社，1986 年，第 117 页。
〔6〕　灵武市志编纂委员会编：《灵武市志·生物》，宁夏人民出版社，1999 年，第 47 页。
〔7〕　盐池县县志编纂委员会编：《盐池县志·植被》，宁夏人民出版社，1986 年，第 128 页。

武市辖区，东南部为盐池县辖区。

河东明长城北部地区早在距今 7000～5000 年前就有人类活动[1]。已发现有高仁镇、程家湾、察罕堰遗址，是细石器时代文化遗存。春秋战国时期为北方少数民族游牧之地。秦为北地郡辖地，在今陶乐县南筑有"浑怀障"，为军事城障。西汉元朔二年（公元前 127 年），汉武帝遣卫青击匈奴于河套地区，浑怀障成为浑怀都尉治所，为北地郡富平县所属。北魏太和元年（477 年），迁徙山东历城移民十余万定居今陶乐县境，在浑怀障设历城郡。北周为历城郡建安县，西魏属临河郡。隋初属建安县，隋开皇三年（583 年）郡废，开皇十八年（598 年）改建安县为广闰县。隋仁寿元年（601 年）改广闰县为灵武县。五代十国时期，属灵盐节度辖区。北宋属灵州，西夏属怀远镇，元设宣慰司，明先后属蒙古东胜左卫、右卫。明时鞑靼、瓦剌部入居河套，被侮称"套房"，其地多湖滩，称"套房湖滩"。清时改称"陶乐湖滩"，属鄂托克旗。1929 年成立宁夏省陶乐设治局。1930 年为绥远省沃野设治局，1937 年复为陶乐设治局，属宁夏省。1941 年升为陶乐县，治高仁镇。1953 年县治迁马太沟。2004 年 1 月，经国务院批准撤销陶乐县建置[2]，原陶乐县南部的月牙湖乡、县农牧场、县林场划归银川市兴庆区，原陶乐县大部即高仁乡、马太沟镇、红崖子乡划归平罗县，原陶乐县城现划属平罗县陶乐镇。

河东明长城沿线东中部地区所属为灵武市，早在 3 万年前的原始社会，境内北部的水洞沟一带就有人类繁衍生息[3]。夏、商、周时期，灵武境内的部族谓之戎狄。春秋战国时期灵武为秦国北地郡辖地。秦统一全国推行郡县制，今灵武属北地郡富平县（今吴忠市西南）辖地。西汉惠帝四年（公元前 191 年）置灵州县[4]。三国时期，灵州县属雍州所辖。东晋十六国时，灵州先为前赵、后赵，继为前秦、后秦、大夏之地。大夏时期，赫连勃勃在灵州筑薄骨律城，是宁夏平原的军事重镇。南北朝时期，北魏统一北方，太延二年（436 年）改置灵州为薄骨律镇[5]，系北方军事重镇之一。孝昌二年（526 年），改薄骨律镇为灵州。北魏分裂后，灵州初属东魏，后属西魏。大同六年（540 年），西魏在原地复筑州城，改灵州为临河郡，下辖迴乐县，西魏大统十二年（546 年）恢复灵州。北周取代西魏后，置总管府，下辖普乐、怀远、临河、历城四郡。"隋大业元年（605 年），罢府为灵州，大业三年（607 年），又改为灵武郡"[6]，下辖迴乐、弘静、怀远、灵武、鸣沙、丰安六县，今之灵武县属迴乐县。隋末，灵州改为灵武郡，辖今银南地区、银川市、石嘴山市大部分地域。唐初，恢复灵州旧名，复置总管府，武德七年（624 年）改都督府，治迴乐。贞观元年（627 年）灵州属关内道。唐开元元年（713 年），建立朔方节度使，灵州即为朔方节度使治所。玄宗天宝元年（742 年），唐朝改"州"为"郡"，灵州为灵武郡[7]，盐州改为五原郡。天宝十四年（755 年），"安史之乱"爆发，玄宗逃往四川，太子李亨北赴灵武，于七月十二日在南门楼登基即位，为肃宗，升灵武郡为大都督府。乾元元年（758 年），复为灵州[8]。五代十国时期藩镇割据，灵州设置不变[9]，辖境缩小，但军事地位重要，始终为朔方军节度使驻地。宋初，政区设置沿袭后周制度，为州县二级制。宋开宝二年（969 年），废

〔1〕　钟侃：《宁夏陶乐县细石器遗址调查》，《考古》1964 年第 5 期。
〔2〕　陶乐县县志编纂委员会、平罗县县志编纂委员会编：《陶乐县志》，宁夏人民出版社，2006 年，第 44 页。
〔3〕　宁夏文物考古研究所编著：《水洞沟——1980 年发掘报告》，科学出版社，2003 年。
〔4〕　（汉）班固：《汉书·地理志下》，中华书局，1962 年，第 1616 页。
〔5〕　（北齐）魏收：《魏书·地形志上》，中华书局，1974 年，第 2504 页。
〔6〕　（唐）李吉甫：《元和郡县图志》关内道"灵州"条，中华书局，1983 年，第 91、92 页。
〔7〕　（唐）李吉甫：《元和郡县图志》关内道"灵州"条，中华书局，1983 年，第 93 页。
〔8〕　（唐）李吉甫：《元和郡县图志》关内道"灵州"条，中华书局，1983 年，第 93 页。
〔9〕　（宋）欧阳修：《新五代史·职方考》，中华书局，1974 年，第 719 页。

节度使存州，灵州领县——迥乐（州治），管八镇：清远、昌化、保安、保静、临河、怀远、定远、灵武[1]，其辖境为今之宁夏平原。咸平五年（1002 年），在夏州兴起的党项首领李继迁攻占灵州，改灵州为西平府，为其都城。宝元元年（1038 年），李元昊正式立国，史称"西夏"，迁都兴庆府（今银川市）。灵州为西夏第二大城，与兴庆府并称"东西两京"，并于灵州设置翔庆军司[2]，驻重兵 5万。元朝，仍为灵州，先后属西夏中兴路行省和宁夏府路。明朝，设置军政合一的卫所制，灵州改置千户所，属宁夏卫和陕西都指挥使司。下辖屯堡十三，城十。堡有枣园堡、吴忠堡、惠安堡、汉伯堡、金积堡、中营堡、秦坝关堡、夏家堡、河东关堡、红崖站堡、半个城（今同心县城旧城）、马家园堡、胡家堡[3]。城为大沙井城（约为今郭家桥乡沙江村）、石沟驿城（今白土岗乡）、盐池城（今盐池县马儿庄老盐池）、隰宁堡（今盐池惠安堡）、萌城（今盐池萌城）、磁窑寨、清水营、横城堡、红山堡（图一）、红寺堡（今同心县新庄集乡）[4]。洪武十六年（1383 年），置灵州河口守御千户所，属陕西都司，治所在唐代、元代灵州城内[5]。"（洪武）十七年，以故城为河水崩陷，唯遗西南一角。于故城北七里筑城"，"宣德三年（1428 年），城湮于河水，又去旧城东北五里筑之，景泰三年（1452 年），增筑新城"[6]，即今之灵武城。清初，政区设置沿袭明制。雍正三年（1725 年），废除卫所，改灵州千户所为灵州直隶州，隶属宁夏府，下辖花马池分州（今盐池县）与三十六堡。大致包括今灵武、同心、盐池三县全部和吴忠市部分地区。同治十二年（1873 年），将灵州之南金积堡析出改设宁灵厅，直属宁夏府。将同心堡、红寺堡析出改设平远县，属固原州。将花马池分州改为盐捕厅，灵州辖境缩小。民国 2 年（1913 年），改灵州为灵武县，属宁夏省，将灵武县东南之萌城、隰宁、惠安、盐积四堡划出并入盐池县，灵武县境进一步缩小。新中国成立之初，灵武县属宁夏省，政区分为一市（吴忠市）、六区。1950 年，吴忠市析出。1954 年，宁夏省撤销并入甘肃省，设河东回族自治区，灵武县属之。1958 年，成立宁夏回族自治区，灵武县属自治区管辖。1972 年，成立银南地区，灵武县为所辖七县市之一。1996 年 5 月，撤销灵武县，置灵武市（县级）属银南地区。1998年 5 月，撤销银南地区和县级吴忠市，设地级吴忠市，下辖利通区、中卫、中宁、同心、盐池四县及青铜峡、灵武两市。

河东长城东南部地区为盐池县辖地，约在 1 万年以前的旧石器时代，这里还是湖泊遍布、气候温和、草木葱茏，一派旖旎风光。1973 年在红井子乡发现一具完整的牛头骨化石，1982 年在高沙窝乡发现鸵鸟蛋化石，证明此时古生物众多。父系氏族时期（大约距今四五千年）的人类活动遗址县境内也多有发现，遗留文物有石斧、石刀、红陶及彩陶等[7]。夏、商至春秋战国时期，盐池为北方少数民族居地。西周有猃狁，也称戎或西戎。《通典》载："盐州，古戎狄居之"。东周居住着朐衍戎族。战国后期，属秦国势力范围。秦统一后，属北地郡朐衍县。据《括地志》记载："盐州戎狄居之，即朐衍戎之地，秦北地郡也"。西汉行政建置承袭秦制，汉初在今盐池地方设置了朐衍县，隶属北地郡。东汉时期实行郡国合并，朐衍县废，其地仍属北地郡。三国、两晋时期，盐池一带为匈奴、羌和汉族杂居地区。十六国时期，先后属前赵、后赵、前秦、后秦及赫连夏。北魏属西安州。西魏在州下置五原郡，

[1]　（宋）乐史：《太平寰宇记》卷 36 "灵州"条，光绪八年金陵书局刻本。
[2]　《宋史·夏国传上》，中华书局标点本，2011 年，第 13988 页。
[3]　（明）胡汝砺编、（明）管律重修、陈明猷校勘：《嘉靖宁夏新志》卷 3，宁夏人民出版社，1982 年，第 185 页。
[4]　（明）胡汝砺编、（明）管律重修、陈明猷校勘：《嘉靖宁夏新志》卷 3，宁夏人民出版社，1982 年，第 194～203 页。
[5]　（清）张廷玉等：《明史》卷 43《地理三》，中华书局标点本，1974 年，第 1012 页。
[6]　（明）胡汝砺编、（明）管律重修、陈明猷校勘：《嘉靖宁夏新志》卷 3，宁夏人民出版社，1982 年，第 181 页。
[7]　盐池县县志编纂委员会编：《盐池县志》，宁夏人民出版社，1986 年，第 71 页。

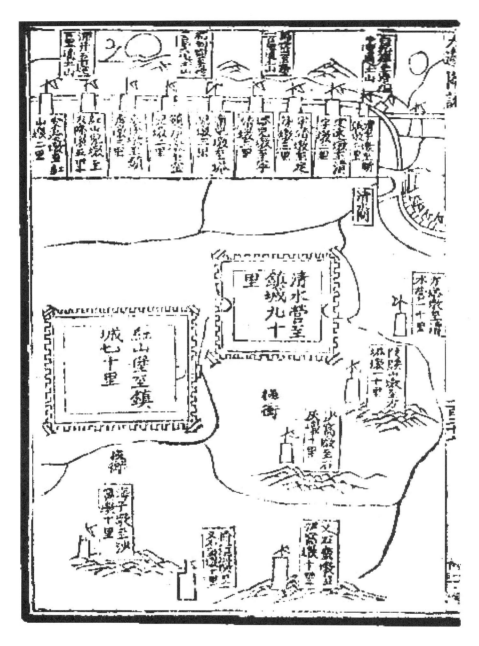

图一 《九边图说》清水营及红山堡

后改大兴郡。西魏恭帝元年（554年）改西安州为盐州。盐池大部仍属盐州五原郡，县西南部属灵州普乐郡（郡治在惠安堡附近）。隋开皇初，五原郡废。开皇三年（583年）普乐郡亦废。大业三年（607年）改盐州为盐川郡。唐武德元年（618年），改盐川郡为盐州，领五原、兴宁两县。贞观元年（627年）废盐州，五原县入灵州。次年复于旧城置盐州及五原、兴宁两县隶夏州都督府。是年，改隶灵州都督府。玄宗天宝元年（742年）唐朝改"州"为"郡"，盐州更名五原郡[1]。乾元元年（758年）复为盐州，辖五原、白池两县。贞元三年（787年）为吐蕃所据，贞元九年（793年）吐蕃离去，

----

〔1〕（唐）李吉甫：《元和郡县图志》关内道"灵州"条，中华书局，1983年，第93页。

盐池县分属灵州与盐州管辖，均为关内道。五代时期，盐池分属灵州温池县和盐州五原县，统属朔方节度使，先后为后梁、后唐、后晋所据。北宋时仍置盐州，北宋初属北宋，后属西夏。元代盐州并入环州。明正统八年（1443 年）置花马池营[1]（图二），弘治十五年（1502 年）又置花马池守御千户所，正德元年（1506 年）改千户所为宁夏后卫。又设兴武营千户所（图三）。今盐池县全境分属花马池、兴武营、灵州三个守御千户所管辖。清初沿袭明制，顺治三年（1646 年）置花马池营及兴武营两个军事据点。雍正三年（1725 年）废卫所改称府、州、县，置花马池分州，属灵州。民国 2 年

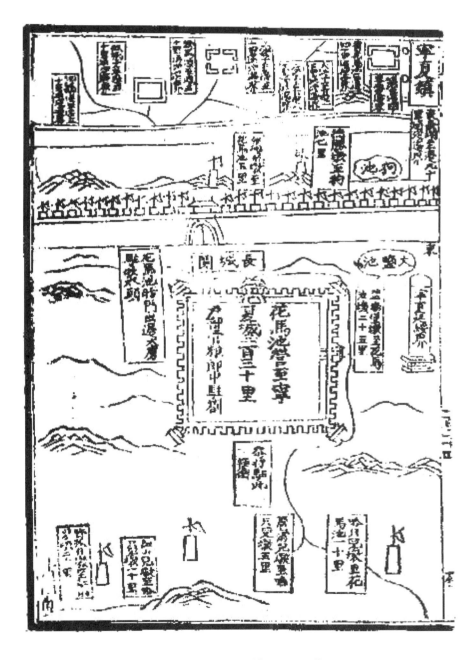

图二 《九边图说》花马池营

〔1〕（明）胡汝砺编、（明）管律重修、陈明猷校勘：《嘉靖宁夏新志》卷3，宁夏人民出版社，1982 年，第239～240 页。

（1913 年）设盐池县，隶朔方道，1929 年归属宁夏省。1936 年，中国工农红军解放盐池大部，成立县苏维埃政府，属陕甘宁边区政府领导。同时，民国盐池政府迁至惠安堡，红白两县并立[1]。1947 年盐池县城失陷，民国县政府又迁入盐池县城。1949 年 8 月中国人民解放军解放盐池，9 月宁夏解放，隶属宁夏省。1954 年 8 月宁夏省撤销，隶属甘肃省。1958 年 8 月成立宁夏回族自治区，盐池县隶属至今。

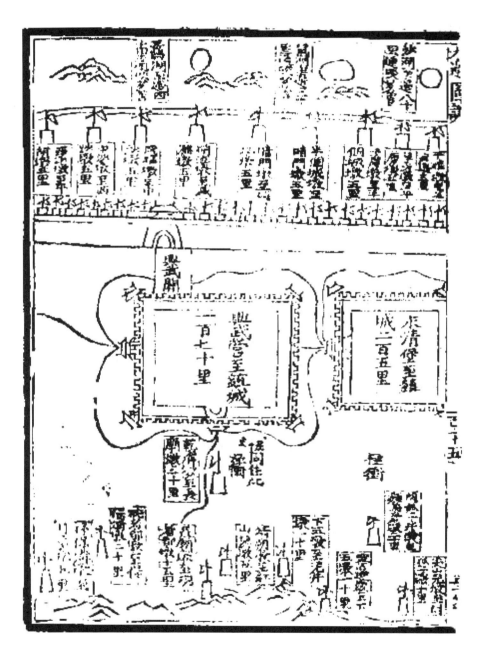

图三　《九边图说》兴武营

〔1〕　盐池县县志编纂委员会编：《盐池县志》，宁夏人民出版社，1986 年，第 73 页。

第三节　以往调查情况

20 世纪 60～70 年代，为宁夏文物考古工作的初步开展时期，对明长城没有进行过调查。

1979～1985 年以来，宁夏回族自治区文物部门及各县文物管理所业务人员，在第二次全国文物普查期间，对境内明长城及战国秦汉长城遗迹的局部段落进行了初步的实地调查。钟侃、许成、韩兆民、牛达生等先后在《宁夏古代历史纪年》[1]《宁夏古长城》[2]《宁夏考古史地研究论集》[3]《贺兰山文物古迹考察与研究》[4]及《中国长城遗迹调查报告集》[5]等论著中，分别对宁夏明长城和早期战国秦汉长城遗迹进行了介绍。

1997 年 9 月～1998 年 1 月，为配合西气东输天然气管道穿越盐池县花马池镇刘八庄村长城墙体，宁夏文物考古研究所派队员对该地点进行了考古发掘。此次发掘主要在管道穿越明长城"深沟高垒"（头道边）墙体地点进行。

2004 年 8 月，为配合内蒙古自治区鄂托克前旗敖（勒召其镇）银（川）公路建设，经国家文物局批准，在公路穿越明长城墙体豁口地点进行了考古试掘工作，并对该段墙体外侧的"品字窖"做了清理发掘[6]。

2005 年 6 月，为配合内蒙古自治区鄂托克前旗上海庙镇工业园区煤田基地及宁夏回族自治区河东能源重化工基地穿越明长城墙体的公路建设，宁夏文物局委托宁夏文物考古研究所派队员与内蒙古鄂托克前旗文化局，在灵武市文物管理所的配合下，在两省区交界处即灵武市临河镇张家窑村（自然倒塌的明长城豁口处）进行了考古试掘工作。

第四节　本次调查及整理工作情况

明长城资源调查是由国家文物局主持的长城保护工程（2005～2014 年）的一项基础性工作，为更好地完成长城资源调查工作，建立长城文物记录档案和长城资源管理信息系统，2006 年 10 月 26 日，国家文物局与国家测绘局达成了关于开展长城地理信息资源调查的合作协议，决定合作开展长城资源调查工作，争取用较短的时间摸清长城家底、建立健全相关法规制度、理顺管理体制，在统一规划的指导下，科学安排长城保护维修、合理利用等工作，并依法加强监管，从根本上遏止对长城的破坏，为保护长城管理工作的良性发展打下坚实基础。2007～2009 年宁夏文化厅、宁夏文物局、宁夏测绘局密切配合，在宁夏文物局的领导组织下，由宁夏文物考古研究所承担，开展了为时两年的明长城资源调查工作。

整个调查工作共分三个阶段：调查准备阶段、野外调查阶段、资料整理阶段。

---

〔1〕　钟侃：《宁夏古代历史纪年》，宁夏人民出版社，1988 年，第 190～240 页。
〔2〕　许成：《宁夏古长城》，宁夏人民出版社，1988 年。
〔3〕　许成：《宁夏考古史地研究论集》，宁夏人民出版社，1989 年，第 1～38 页。
〔4〕　牛达生、许成：《贺兰山文物古迹考察与研究》，宁夏人民出版社，1988 年。
〔5〕　文物编辑委员会：《中国长城遗迹调查报告集》，文物出版社，1981 年，第 45 页。
〔6〕　宁夏文物考古研究所等：《宁夏灵武市古长城调查与试掘》，《考古与文物》2006 年第 2 期。

一　调查准备阶段

根据《全国长城资源调查工作总体方案》《全国长城资源调查管理办法》的有关规定和要求，宁夏成立了宁夏长城资源调查工作领导小组和宁夏长城资源调查项目管理办公室，负责组织、协调开展宁夏明长城资源调查工作，确定宁夏长城资源调查工作的指导原则和工作方针，决策有关重大事项。

2007年4月，组建了第一调查队和第二调查队。2008年8月，为加快长城田野调查进度，先后又成立了第三调查队和第四调查队，成员分别来自宁夏文物考古研究所、银川市文物管理所、灵武市文物管理所、青铜峡市文物管理所、中卫市文物管理所和盐池县文物管理所，共四个调查队。其中，一队负责宁夏明长城——河东长城的调查工作，二队负责西长城和北长城的调查工作，三队负责城西长城的调查工作，四队负责固原内边的调查工作。

（1）调查的技术路线

按照国家文物局制定的长城资源调查规范标准，实行调查与测绘同步，严格数据整合程序的技术路线。长城资源调查以县级行政区域为调查和统计单元，并遵循《田野考古工作规程》，按照考古调查的方法。调查对象为长城本体、附属设施及相关遗存。

（2）调查记录方法

宁夏明长城资源田野考古调查，在采取传统的文物调查手段和方法的同时，还运用了地理信息技术和现代科学测量技术手段，对长城墙体、单体建筑、营堡及相关遗存进行了科学规范、认真严谨的测量，记录并采集了大量翔实的信息资料。本次调查分地面踏勘测量长城长度及长城墙体沿线附属军事设施单体建筑的敌台、铺舍、烽火台、城堡等遗存的保存现状、自然与人文环境、保护管理状况的详细记录和测量及遗物采集等几方面进行。宁夏测绘局先后组建了四个外业队和内业队，开展了野外数据采集、基本地形图测制、长城长度量算等工作，获取了长城墙体及其两侧各1000米范围内的基础地理信息数据和专题要素数据，利用1∶50000地形图，现场确认调查对象，并标绘到航摄片上，在1∶10000的地形影像调绘片上标注墙体走向及单体建筑遗迹的分布位置，首次完成了宁夏明代长城墙体长度的精确量测。根据长城资源调查长城墙体本体、附属设施的敌台、城堡、烽火台及相关遗存，现场记录、采集文物标本，在数据采集方面，本次调查充分利用GPS红外测距仪、数码相机、摄像机等设备进行数据采集。填写调查日志和条类登记表等工作。

二　野外调查阶段

宁夏河东明长城的野外调查工作从2007年4月22日开始，至2007年11月7日结束。调查工作由宁夏文物考古研究所陈晓桦领队负责执行。参加野外调查工作的同志有宁夏国土测绘院范玉平、银川市文物管理所张志军、灵武市文物管理所李晓亮和盐池县文物管理所马汉泽等。全面完成了宁夏境内银川市兴庆区、灵武市、盐池县、平罗县的野外调查。

三　资料整理阶段

第一阶段：2008年1月1日~2月1日。初步完成了宁夏明长城·河东长城的调查工作，将所有文字资料录入数据库系统。参加整理的工作人员有范玉平、李晓亮、陈晓桦等。

第二阶段：2008 年 6 月 4 日 ~ 12 月 31 日。主要完成了河东长城墙体、单体建筑遗迹及城堡的野外调查资料录入系统，填写长城资源调查登记表，整理绘制文物标本图、单体建筑遗迹平剖面图、墙体走向示意图、单体建筑遗迹位置分布图、城堡平面示意图，编辑整理录像资料及照相资料工作。先后参与室内整理工作的人员有陈晓桦、顾海婴、蒋祎、翟建峰、王晓阳等。

第三阶段：资料整理阶段。2009 年 1 ~ 4 月，主要完成了长城资源调查的墙体走向示意图、单体建筑及城堡登记表内文字资料的修改以及文物标本，录像资料及照相资料的编码工作。参加此年度室内资料整理验收阶段工作的有王晓阳、陈晓桦等。

第五节 报告中相关术语

宁夏河东明长城有两道墙体，一道是成化十年（1474 年），右金都御史徐廷章、都督范瑾奏筑的"河东墙"，俗称二道边。另一道是在嘉靖十年（1531 年），三边总制尚书王琼奏筑的"深沟高垒"墙体，俗称头道边。另有一道沿黄河东岸修筑的河东"沿河边墙"等（参见地图三）。

"河东墙"：成化十年（1474 年），"巡抚宁夏都御史徐廷章、镇守都督范瑾，奏筑河东边墙，自黄沙嘴起至花马池止，长三百八十七里。"[1]"河东墙"自黄河东岸的横城起东南行，经过水洞沟、横山四队进入灵武市宁东镇清水营等地，再由西向东南进入盐池县张记边壕村、东庄子村、兴武营村，最终在盐池县双井子村东与陕西省定边县周台子乡苟池西畔村的"大边外线"相接。该道墙体自清水营以东是"河东墙"的东段，史书上将横城黄河岸边起至花马池的这道边墙称之为"河东墙"，俗称二道边。

"深沟高垒"："自横城起至花马池止，长三百六十里。嘉靖十年（1531 年），总制尚书王琼弃其所谓河东墙而改置之者"[2]。嘉靖十年，总制尚书王琼奏筑新墙，将原来"河东墙"的西段即清水营以西墙体加高加宽，构筑敌台等，继续延用。自清水营以东开始向南移筑新墙，自清水营村由西向东进入盐池县高沙窝镇张记边壕村、徐庄子村、东庄子村、毛卜剌堡、兴武营，又东南经英雄堡（永清堡）、安定堡、高平堡，在花马池营东南出盐池县东郭庄村与陕西定边县谓之"大边内线"相接。史书上将横城黄河岸边起至花马池的这道长城墙体称之为"深沟高垒"，俗称头道边。

河东"沿河边墙"：位于宁夏回族自治区东北部黄河以东，原陶乐县境内（现区划属平罗县和银川市兴庆区月牙湖乡）。自灵武横城沿黄河东岸由南向北至内蒙古自治区巴音陶亥农场，是河东长城顺黄河向北的延续。这道长城的修筑，是为了防止河套的蒙古人在冬季黄河封冻时，西渡黄河进入银川平原。

河东壕堑：在盐池县"头道边"长城附近，从陕西省定边县进入宁夏境内，处于"头道边"长城北侧数十米，并行向西北方向延伸，在红沟梁一带与"头道边"交汇，并偏移至"头道边"长城南侧继续向西断续延伸至清水营附近。该线长城以前掌握长度约 25 千米，主要指盐池县城以东至红沟梁段。此次长城资源调查壕堑共 27 段，长 89.498 千米，盐池段长 79.308 千米，灵武段长 10.19 千米，其间分布敌台 11 座。除去其间消失段落，实存壕堑痕迹 48.855 千米。主要是明嘉靖年间由三边总制王琼，主持修筑"头道边"深沟高垒时挑挖完成的壕堑遗迹。

---

〔1〕（明）王琼撰、单锦珩辑校：《王琼集》，山西人民出版社，1991 年，第 64 页。

〔2〕（明）胡汝砺编、（明）管律重修、陈明猷校勘：《嘉靖宁夏新志》卷 1，宁夏人民出版社，1982 年，第 19 页。

品字窖：即陷马坑。设在墙体外侧 0.05 千米处，与墙体呈平行走向，用于防卫敌骑，呈品字形分布。

根据《长城资源调查工作手册》（长城资源调查名称使用规范）中对长城墙体类别、墙体设施、城堡设施、烽火台设施等主要调查对象所涉及的相关名称术语列表介绍如下。

墙体设施名称对照表

标准定名	其他用名及说明	说　　明
土墙		构筑时的墙体以土筑为主，经夯打筑成的墙体
垛墙	女口、雉堞、垛口墙	城墙顶部外侧连续凹凸的矮墙
女墙	宇墙、女儿墙	城墙顶上的矮墙，一般建于内侧
登城步道		修建于墙体内侧，供士兵上下城墙的阶梯
敌台	墩台敌楼、城台	骑墙而建，凸出于长城墙体外侧的夯土实心高台
登台踏步		修建在紧靠墙体内侧或墙体顶面，供士兵上下敌台的阶梯
铺舍	楼橹、铺房	依墙体内壁而建的夯土实心高台，其上原有建筑，供守城士兵巡逻放哨时遮风避雨的建筑物，也是戍卒休息和储备军用物品的场所
暗门	便门	置于墙体内外侧用于出入的小门

关堡设施名称对照表

标准定名	其他用名	说　　明
护城河		由人工挖凿，四周环绕关堡的防御用河
城门		在城墙上开设的供平时交通和战时攻敌出入的通道
角楼		修建于城墙四角，用于观察、射击的楼台建筑
角台		修建于城墙四角，凸出于城墙外侧的夯土实心墩台（其上有建筑者可称为角楼）
马面	城垛、墙台、墙垛	凸出于城墙内外的墩台，为实心的夯土台
瓮城	月城	城门外侧加筑的凸出于城墙外的城圈
楼台		关堡内的鼓楼、戏台、点将台等建筑物
水井		生产、生活用井

第六节　报告编写体例

本调查报告是对盐池县、灵武市、银川市兴庆区"河东墙"（二道边）、"深沟高垒"（头道边）、平罗县辖区内的河东"沿河边墙""河东壕堑"等明长城墙体及沿线相关设施考古调查的情况介绍。报告按照国家文物局长城资源调查项目组的统一要求，由东向西、由南向北的调查路线进行描述。报告将"河东墙"（二道边）明长城墙体及沿线相关设施列为第二章；将"深沟高垒"（头道边）明长城墙体沿线各营堡所属墙体段及相关设施的单体建筑遗迹列为第三章。在详细描述长城墙体的同时，将长城附属设施的敌台、铺舍、烽火台、营堡、品字窖等单体建筑及相关设施一并进行叙述，以期更好地复原当时的立体防御设施特点。将河东"沿河边墙"明长城墙体及沿线敌台、烽火台列为第四章。将"河东壕堑"列为第五章。河东明长城墙体遗迹综述及单体建筑遗迹相关设施和营堡的形制结构等在第六章的总结中讨论。

"深沟高垒"（头道边）明长城墙体起点为盐池县与陕西省定边县交界处（307 国道收费站）的东郭庄村，终点到兴庆区掌政镇横城村的黄河东岸。该道长城墙体呈东南—西北走向，分布有 508 座敌台（文中"D"表示长城墙体沿线的敌台。由起点至终点的工作顺序编号为 D001 ~ D508）。长城沿线内侧有铺舍建筑遗迹 16 座（文中用"P"表示铺舍遗址，由东南向西北的工作顺序编号为 P01 ~ P16）。"深沟高垒"（头道边）明长城沿线有烽火台 27 座（用"F"表示烽火台，由东南向西北的工作编号为 F01 ~ F27）。

河东"沿河边墙"明长城沿线保存敌台遗迹 3 座，由南至北的工作顺序编号为 D509 ~ D511。沿线保存烽火台 10 座，工作顺序编号为 F28 ~ F37。铺舍遗址 1 座，工作顺序编号为 P17。

"河东墙"（二道边）明长城墙体自盐池县与陕西定边县交界处的双井子村 01 点为起点（由东南—西北）至灵武市宁东镇清水营村的墙体。用"G"代表墙体属性分段的 GPS 点编号。墙体沿线分布有 52 座烽火台，工作顺序编号为 F38 ~ F89。

河东壕堑沿线共调查敌台 11 座，由东向西顺序编号 YD001 ~ YD011。

遗物采集是对散布在长城墙体沿线敌台、烽火台和营堡地表的瓷片、陶片及建筑饰件的捡拾筛选，选取具有代表性的作为标本，分别在所属遗迹单位后予以介绍。

第七节　河东明长城调查日志摘要

一　调查阶段

2007 年 3 月 9 ~ 21 日

国家文物局和国家测绘局在北京市居庸关举办了"全国明长城资源调查培训班"。宁夏回族自治区文物局、测绘局和国土测绘院选派专业人员参加了培训学习。参加人员有宁夏回族自治区文物局长城资源调查总领队姚蔚玲，宁夏回族自治区文物考古研究所陈晓桦、周赟、雷昊明，银川市文物管理所张志军，中卫市文物管理所孙学峰，宁夏回族自治区国土局郭建林，宁夏回族自治区国土测绘院曹爱民、王桂霞等。

2007 年 4 月 1 ~ 7 日

宁夏回族自治区文物局、文物考古研究所、测绘局及国土测绘院在盐池县举办"宁夏明长城资源调查启动仪式和调查人员培训实习班"。参加人员有宁夏回族自治区文物考古研究所陈晓桦、周赟、雷昊明，银川市文管所张志军，盐池县文管所马汉泽，宁夏回族自治区国土测绘院曹爱民、范玉平等。

4 月 22 日，多云，大风天气。原计划河东长城"深沟高垒"（头道边）明长城墙体调查应从盐池县与定边县交界点开始由东向西展开工作，但由于暂时未有盐池县长城沿线的航测资料片，所以调查先从灵武市宁东镇清水营村"深沟高垒"（头道边）和"河东墙"（二道边）长城墙体的分叉点开始由东向西进行调查。调查清水营长城墙体 1419 米。

参加野外调查的人员有陈晓桦、范玉平、张志军、李晓亮、马汉泽、王银等。

4 月 23 日，阴有小雨。在宁东镇驻地整理野外调查记录。

4 月 24 日，晴。早 7 点 50 分到达清水营城堡，测量和记录城堡四面墙垣、角台、马面及瓮城墙。

拍摄照片、采集城内遗物标本等。

4月25日，晴。调查清水营城堡西侧烽火台1座、长城墙体1606米、敌台6座。

4月26日，晴。调查宁东镇马跑泉村1段长城墙体1897米、敌台8座。

4月27日，多云见阴。灵武市文物管理所业务人员一同参加调查宁东镇马跑泉村长城1659米、敌台7座。

4月28日，沙土天。在宁东镇驻地整理野外调查记录。

4月29日，晴。早8点10分到达马跑泉村长城墙体地点，继续由东向西调查长城墙体1108米、敌台6座。

4月30日，大沙土尘天气，未能进行野外工作，在室内整理调查记录。

5月6日，晴。调查张家窑村长城墙体2480米、敌台14座。

5月7日，晴。调查张家窑村长城墙体2701米、敌台14座、铺舍1座、烽火台2座。

5月8日，沙土天。调查张家窑村长城墙体2786米、敌台14座、烽火台1座。

5月9日，上午晴，下午大风天气。早7点10分到达上桥村横山四队一段长城，调查墙体1817米、敌台9座、铺舍1座、烽火台1座。

5月14日，晴。调查上桥村横山四队墙体2833米、敌台14座、铺舍1座。晚上在临河镇驻地整理野外记录。

5月15日，沙土天。调查临河镇横山村水洞沟遗址区一段长城墙体2043米。水洞沟遗址区2段长城墙体897米，铺舍1座、敌台1座。

5月16日，沙土天。调查横城村一段墙体长2555米、敌台12座、铺舍2座、烽火台2座。

5月17日，晴。共调查横城村长城墙体6215米（报告将此段墙体分为两小段，即横城村2段墙体长3602米，横城村3段墙体长2613米）。

5月24日，晴，西北风5级。早7点10分开始对红山堡址进行调查，采集堡内文物标本等。

5月25日，天气晴朗。上午调查红山堡，采集文物标本。下午在横城灵陶园林场实地查看河东"沿河边墙"墙体位置及走向。

5月26日，晴。调查横城村陶灵园艺场段河东"沿河边墙"墙体2859米。

5月27日，晴。沿灵（武）陶（乐）公路东西两侧，由南向北调查红墩子烽火台、磨盘山烽火台、三道墩烽火台遗址和月牙湖乡治沙林场（长城渠）段河东"沿河边墙"墙体4693米。

5月28日，晴。调查横山四队长城墙体外侧的"品字窖"遗迹和横城堡。调查横城堡址。

5月29日，晴。调查横城堡址。下午宁夏回族自治区文物局、测绘局、国土测绘院和宁夏回族自治区文物考古研究所的领导实地检查工作，慰问调查队员。

5月30日，晴。在平罗县文化局吴泽同志和红崖子乡办公室主任金少青的协助下，调查红崖子乡境内的石墩子烽火台和"陶乐长堤"长城遗迹。下午入沙漠地带，调查单墩子烽火台、石桥梁烽火台和红墩子烽火台等。

5月31日，晴。宁夏回族自治区文物考古研究所副所长左长樱、马新田、高文霞、强华珍等来陶乐镇慰问调查队员。

6月5日，晴。转场入驻盐池县。

6月9日，多云。开始自宁（夏）陕（西）两省区交界地处的盐池县东郭庄村长城为起点，由东南向西北调查"深沟高垒"（头道边）墙体4197米、敌台15座。

6月10日，多云。调查盐池县花马池镇东门村长城墙体3817米、敌台13座。

6月11日，晴。调查盐池县北关社区长城墙体2348米、敌台2座。

6月12日，多云。调查花马池镇五堡村长城墙体3812米、敌台10座。

6月14日，多云。下午3点，国家长城资源调查项目组副组长杨招君、国家文物局文物保护与考古司原司长杨志军和国家基础地理信息中心有关专家一行4人，在宁夏文物局、宁夏测绘局、宁夏国土测绘院领导的陪同下来到盐池县，检查指导宁夏河东长城资源调查工作。中午内蒙古自治区阿拉善左旗长城调查队巴格那一行4人来盐池县进行工作交流。

6月18~22日，在盐池县驻地整理长城调查汇报资料。

6月25日，晴。宁夏回族自治区文物局、测绘局、国土测绘院、文物考古研究所领导及全体调查队员在银川市盛世花园大酒店，召开"宁夏明长城资源阶段性工作总结交流会"。

6月26日，晴。调查花马池镇八堡村长城墙体3408米、敌台1座。

6月27日，晴。调查花马池镇刘八庄村长城墙体2457米、敌台12座。

6月28日，多云。调查花马池镇高平堡段十六堡村长城墙体1959米、敌台8座。

6月29日，晴。调查花马池镇五堡村大墩梁烽火台和小墩子村烽火台。

6月30日，晴。调查盐池县左家庄村烽火台、李毛庄（二墩子）烽火台、深井村（三墩子）烽火台、四墩子村四墩子烽火台等。

7月1日，晴。调查高平堡段张记圈村长城墙体1452米、敌台4座，红沟梁村长城墙体1999米、敌台8座。

7月2日，晴。调查花马池镇高平堡段东牛毛井村长城墙体2533米、敌台10座，叶记豁子村长城2122米、敌台7座。

7月3日，晴。调查花马池镇南台村长城墙体2988米、敌台12座。

7月14日，晴。调查安定堡长城墙体2783米、敌台1座。

7月15日，晴。调查毛家庄村长城墙体2655米、敌台10座。

7月16~18日，"全国长城资源调查座谈会"在宁夏银川召开（彩图一）。

7月19日，多云转晴。调查青羊井村长城墙体3135米、敌台13座、铺舍2座。

7月20日，阴。调查叶记豁子村1号烽火台和叶记豁子村2号烽火台。

7月21日，多云。调查芨芨沟村1段长城墙体2047米、敌台10座和芨芨沟村烽火台（F14）。

7月23日，多云。继续调查芨芨沟村2段长城墙体1641米、敌台8座。

7月24日，多云。调查英雄堡村1段长城墙体3084米、敌台16座。

7月30日，晴。调查英雄堡村2段长城墙体2147米、敌台10座。

7月31日，多云。调查大疙瘩村长城墙体2935米、敌台10座。

8月1日，晴。调查二步坑村长城墙体2988米、敌台1座。

8月2日，晴。调查潘记梁村长城墙体2158米、敌台1座。

8月4日，晴转多云。调查安定堡。

8月5日，多云。调查兴武营1段长城墙体2680米、敌台12座，兴武营2段长城墙体1418米、敌台5座等。

8月6~7日，晴见多云。调查兴武营城堡。

8月12日，晴。调查英雄堡城址。

8月13日，晴。调查高平堡城址。

8月15日，晴。调查闵庄子村长城墙体2873米、敌台12座。

8月16日,晴。调查郭家坑村1段长城墙体2090米、敌台10座。

8月17日,晴,西北风4级。调查郭家坑村2段长城墙体3030米、敌台14座。

8月19日,多云见晴。调查东庄子村长城1段墙体1480米、敌台7座。

8月20日,多云见晴。调查东庄子村长城2段墙体1834米、敌台8座。

8月21日,晴。调查徐庄子村长城墙体3267米、敌台10座。

8月22日,多云。调查盐池县高沙窝镇张记边壕村长城墙体2833米、敌台1座。

8月23日,阴。调查灵武市宁东镇清水营村二队1段长城墙体1557米、敌台7座。

8月24日,阴。调查灵武市宁东镇清水营村二队2段长城墙体2577米、敌台1座。

8月25日,阴。接续调查灵武市宁东镇清水营村二队3段长城墙体1986米、敌台10座。

8月26~28日。整理长城资源调查阶段性资料。

8月29日~9月1日。"全国明长城资源调查阶段性工作会议"在内蒙古自治区呼和浩特市召开。宁夏回族自治区文物局局长陈坤,副局长姚蔚玲、吴德金,宁夏回族自治区文物考古研究所陈晓桦、樊军、周赟参加会议。

9月5日,晴。调查清水营村一队长城1段墙体2338米、敌台9座。

9月6日,阴。调查清水营村一队长城2段墙体2221米、敌台9座。至此,河东长城"深沟高垒"(头道边)墙体由盐池县的东郭庄起至兴庆区黄河东岸全部调查完毕。

9月8日,晴。调查毛卜剌城堡。

9月9日,多云。调查清水营东城。

9月10日,晴。调查盐池县张记边壕村录芒墩烽火台遗迹。

2007年9月14日~11月7日

调查"河东墙"(二道边)墙体及沿线单体建筑遗迹。参加野外调查人员有陈晓桦、范玉平、张志军、李晓亮、马汉泽、王银等。

9月14日,晴。调查花马池镇双井子村"河东墙"(二道边)墙体3358米。

9月15日,晴。调查花马池镇夏记墩村"河东墙"(二道边)墙体3309米、夏家墩村2号烽火台。

9月16日,晴。调查花马池镇宛记沟村"河东墙"(二道边)墙体3190米、宛记沟村1号烽火台和2号烽火台。

9月18日,晴。调查花马池镇北王家圈村"河东墙"(二道边)墙体3425米及北王家圈村烽火台。

9月19日,晴。调查花马池镇东冒寨子村"河东墙"(二道边)墙体4117米、东冒寨子1号烽火台和2号烽火台。

9月22日,晴。调查花马池镇上滩村"河东墙"(二道边)墙体3793米、上滩村1号烽火台和2号烽火台。

9月23~24日,晴。调查花马池镇杨记圈村"河东墙"(二道边)墙体5207米、杨记圈村烽火台3座。

9月25~26日,调查花马池镇黄记沙窝村"河东墙"(二道边)墙体5293米、黄记沙窝村烽火台4座。

10月10~11日,阴。调查花马池镇张记台村"河东墙"(二道边)墙体5203米、烽火台3座。

10月12日,阴。调查南圈村"河东墙"(二道边)墙体6209米、烽火台3座。

10 月 13 ~ 16 日，阴雨天气。在驻地整理野外调查记录。

10 月 17 日，晴。调查叶记场村"河东墙"（二道边）墙体 5384 米、烽火台 3 座。

10 月 18 日，晴。调查红疙瘩村"河东墙"（二道边）墙体 6724 米、烽火台 3 座。

10 月 19 日，晴。调查潘记梁村"河东墙"（二道边）墙体 3130 米、烽火台 3 座。

10 月 20 日，晴。调查兴武营村"河东墙"（二道边）墙体 3963 米。

10 月 21 日，晴。调查闵庄子村"河东墙"（二道边）墙体 3127 米、烽火台 3 座。

10 月 24 日，晴。上午调查"河东墙"（二道边）墙体沿线、花马池镇双井子村烽火台和夏记墩村 1 号烽火台。下午调查旧安定堡。

10 月 25 日，晴。调查花马池镇柳杨堡。

10 月 29 日，晴。调查盐池县花马池营。

11 月 1 日，晴。调查盐池县高沙窝镇郭家坑村"河东墙"（二道边）墙体 5334 米、烽火台 3 座。

11 月 2 日，晴。调查高沙窝镇东庄子村"河东墙"（二道边）墙体 2670 米、烽火台 2 座。

11 月 4 日，晴。调查高沙窝镇徐庄子村"河东墙"（二道边）墙体 3792 米、烽火台 3 座。

11 月 5 日，晴。调查盐池县高沙窝镇张记边壕村"河东墙"（二道边）墙体 2743 米、烽火台 1 座。

11 月 6 日，晴。调查灵武市宁东镇清水营村二队"河东墙"（二道边）墙体 5952 米、烽火台 3 座。

11 月 7 日，晴。调查宁东镇清水营村一队"河东墙"（二道边）墙体 4959 米、烽火台 2 座。该段墙体的终点在清水营村一队"深沟高垒"（头道边）墙体与"河东墙"（二道边）墙体的交汇处。至此，"河东墙"（二道边）墙体的野外调查工作全部完成。

二 室内整理工作

2008 年 1 月 1 ~ 31 日，初步完成了长城资源调查野外文字记录资料的录入工作。参加整理的人员有范玉平、李晓亮、陈晓桦等。

1 月 21 ~ 22 日，国家文物局文物保护与考古司世界遗产处副处长刘华彬、国家长城资源调查项目组副组长杨招君率有关专家，对宁夏明长城资源调查资料整理工作进行现场抽查和指导。

6 月 4 日，宁夏回族自治区文物局副局长沈自龙、姚蔚玲，宁夏回族自治区文物考古研究所所长罗丰、副所长孙昌盛与全体调查队员开会，决定开展明长城调查资料的整理工作。

6 月 4 日 ~ 11 月 5 日，开始进行室内整理工作。参加人员有顾海婴、蒋祎、翟建峰、王晓阳、陈晓桦等。完成了河东长城墙体、单体建筑遗迹及长城沿线城堡野外调查资料的录入工作。填写长城资源调查登记表，绘制文物标本图、单体建筑遗迹平剖面图、墙体走向示意图、单体建筑遗迹位置分布图、城堡平面示意图，整理编辑野外调查录像资料及整理文物标本等工作。

7 月 1 ~ 16 日，王仁芳协助室内整理工作。

11 月 6 ~ 12 日，宁夏回族自治区文物局组织专家及长城调查队队长和测绘系统专业人员组成的检查验收组，在宁夏回族自治区文物考古研究所对《长城资源调查墙体登记表》和《长城资源调查 GPS 登记表》进行全面检查验收。

11 月 13 ~ 14 日，国家长城资源调查项目组专家对宁夏明长城资源调查资料进行第一阶段的抽查验收工作。

2009 年 1～4 月，继续进行长城资源调查墙体走向示意图、单体建筑及城堡登记表中文字资料的修改以及文物标本、录像资料及照相资料的编码工作。参加后期验收整理工作的有王晓阳、陈晓桦等。

2009 年 4 月 24～25 日，长城资源调查项目组组长荣大为、副组长杨招君，辽宁省博物馆原馆长、研究员王绵厚，西北大学教授段清波，甘肃省文物局梁建宏等，率国家长城资源调查项目组工作人员及有关专家在宁夏工会大厦主持了宁夏明长城资源调查资料验收工作，专家组对各类调查资料进行全面检查验收。认为宁夏明长城资源调查资料合格，符合《长城资源调查资料全面检查验收规定》的要求，资料翔实，信息较为充分，采集文物登记表内容丰富，各项记录完备。宁夏明长城资源调查资料达到了验收标准。

2009 年 5 月 15 日，宁夏回族自治区文物局局长卫忠、副局长姚蔚玲，宁夏回族自治区文物考古研究所所长罗丰、副所长孙昌盛及宁夏长城资源各调查队队长，讨论明长城调查报告编写体例。

2011 年 1 月 12 日，宁夏回族自治区文物局副局长石学安、姚蔚玲，宁夏回族自治区文物考古研究所所长罗丰、副所长孙昌盛、研究员 钟侃 对宁夏明长城调查报告进行了审核并提出了修改意见和相关事宜。

2011 年 9～10 月，《宁夏回族自治区明长城资源调查报告》经 钟侃 先生审阅，最后又经编者多次修改、完善、定稿。

2012 年 2 月 9～29 日，宁夏回族自治区文物考古研究所陈晓桦和宁夏回族自治区国土测绘院的曹爱民、刘建华、王桂霞、任宏丽等，绘制河东长城墙体走向图及长城沿线单体建筑遗迹位置分布图。

2012 年 4 月 14～15 日，宁夏回族自治区文物考古研究所邀请文物出版社编辑来宁夏，对《宁夏明代长城·河东长城调查报告》进行了初审，并将报告交付文物出版社。

第二章

"河东墙"（二道边）明长城墙体及相关设施

　　"河东墙"俗称二道边，"自黄沙嘴起至花马池止，长三百八十七里，成化十年（1474 年），都御史余子俊奏筑，巡抚都御史徐廷章、总兵官范瑾力举而成之者"[1]。王琼《北虏事迹》载，"巡抚宁夏都御史徐廷章、镇守都督范瑾奏筑河东边墙"[2]。"河东墙"（二道边）在宁夏盐池县花马池镇与陕西榆林镇墙体相连接，从东到西将整个河套地区包围在内，形成了一个完整的军事防线。这道长城由陕西省定边县向西北方向进入宁夏盐池县花马池镇双井子村，与"深沟高垒"（头道边）明长城墙体的最大间距为 9.5 千米，最小间距约 0.045 千米。这两道长城墙体由东南向西北行至兴武营村，其间距逐渐缩小。"河东墙"（二道边）在兴武营段起由东向西逐渐与"深沟高垒"（头道边）墙体并行，呈平行走向。墙体由东向西经高沙窝镇的闵庄子村、郭家坑村、东庄子村、徐庄子村、张记边壕村，两者并行的间距大多在 0.045～0.1 千米。墙体由东向西出盐池县张记边壕村，进入灵武市宁东镇清水营村二队后，两道墙体间距 0.15～0.2 千米。墙体向西北行至清水营村一队时，其间距逐渐扩大到 0.6 千米，后又逐渐靠近，在清水营处与"深沟高垒"（头道边）墙体相汇合（即头道边和二道边墙体的分叉点）。从清水营起，向西到横城黄河岸边的这段"河东墙"，在嘉靖十年（1531 年）总制尚书王琼奏筑"深沟高垒"（头道边）墙体时，予以加高加宽，并构筑了敌台等设施（总图三）。

第一节　　"河东墙"（二道边）明长城墙体

1. 双井子村长城墙体

　　该段墙体起点位于盐池县花马池镇双井子村与陕西省定边县周台子乡苟池西畔村交界处(01)，止点位于花马池镇夏记墩村、盐（池）王（圈梁）公路穿越墙体的缺口 G012 点。长 3358 米。墙体用黄土夯筑而成，大致呈南—北走向。墙体低矮，外侧无敌台，沿线分布有较多的烽火台。根据墙体属性及保存特征点，利用 GPS 定点可分为 12 段（图四）。分述如下。

---

〔1〕（明）胡汝砺编、（明）管律重修、陈明猷校勘：《嘉靖宁夏新志》卷 1，宁夏人民出版社，1982 年，第 19 页。

〔2〕（明）王琼撰、单锦珩辑校：《王琼集》，山西人民出版社，1991 年，第 64 页。

第一段（起点01—G001）：墙体长472米。呈东南—西北走向，方向北偏西35°。所处地形为丘陵缓坡，地势由东南向西北逐渐走低。墙体用黄土夯筑而成，土质较硬，夯打较为结实，夯层厚14～17厘米。墙体内外两侧生长有低矮的杂草和少量的灌木等。整段墙体形如一道低矮的小土墙，坍塌损毁1/2～2/3。墙体高1.5～2、底宽约3、顶宽约0.9米（彩图二）。

第二段（G001—G002）：墙体长376米。墙体顶部及两侧夯土坍塌风化，雨水冲刷侵蚀较严重，呈低矮的小土墙，两侧地表沙土堆积较厚。墙体高2、底宽约3、顶宽0.4～1.1米。夯层厚14～19厘米。墙体西侧约0.8千米的山梁上有双井子村烽火台，当地称为"双井墩"。

第三段（G002—G003）：墙体长145米。所处地形为丘陵缓坡，地势由东南向西北逐渐走低，地表沙土堆积较厚，生长有低矮的杂草和少量的灌木。墙体用黄土夯筑而成，夯土较硬，土质纯净。墙体坍塌风化较严重。墙体高0.9～3.5、底宽约3.5米。夯层厚15厘米。G003点处墙体有3米宽的村路豁口（彩图三）。

第四段（G003—G004）：墙体长422米。所处地形为丘陵缓坡，地势由东南向西北逐渐走高，两侧生长有低矮的杂草和齐腰高的柠条等。墙体用黄土夯筑而成。墙体受风雨侵蚀坍塌较严重，呈低矮的小土梁。该段墙体大部分仅存墙基。墙体高0.4、底宽约3米。

第五段（G004—G005）：墙体长365米。所处地形为低山丘陵坡地，地势由东南向西北逐渐走高。墙体形如两面坡形的土梁，顶部坍塌成鱼脊形。墙体用黄土夯筑而成。高约1.7、底宽约3.5米。夯土略泛白，受雨水冲刷侵蚀夯层不清晰。

第六段（G005—G006）：墙体长35米。所处地形为丘陵缓坡，地势由东南向西北逐渐走高，两侧地面生长有低矮的杂草和齐腰高的柠条。墙体用黄土夯筑而成。墙体坍塌、风蚀损毁较严重，低矮窄小，略呈两面坡形的小土梁，损毁约4/5。墙基痕迹高0.7、宽约3米（彩图四）。

第七段（G006—G007）：墙体长220米。两侧地面生长有少量的柠条和低矮的杂草等。墙体大部分坍塌损毁，略呈两面坡形的土梁，高约0.5、底宽约4米；仅有较少部分墙体保存较好，高约4、底宽4、顶宽0.3～0.8米。夯土纯净，夯打结实，夯层厚12、15、17、18厘米。

第八段（G007—G008）：墙体长390米。所处地形为丘陵缓坡，地势由东南向西北逐渐走高。墙体大多仅存墙基。墙体高约0.6、底宽4米，部分墙体高3、顶宽0.5～0.8米。夯层厚15～17厘米（彩图五）。

第九段（G008—G009）墙体长365米。所处地势由东南向西北逐渐走高。墙体保存较差，雨水冲蚀损毁较严重，形如一道低矮的土梁。墙体高0.3～0.9米，仅有10米墙体高约3米。夯土中夹杂有白色料礓土颗粒，夯层厚10～17厘米。

第十段（G009—G010）：墙体长253米。所处地形为丘陵缓坡地带，地势由东南向西北逐渐走高。墙体坍塌风化、雨水冲刷侵蚀较严重；墙基大多被沙土掩埋，仅能看出墙体痕迹和走向；部分地段仅存有较少的夯土块，裸露地表。

第十一段（G010—G011）：墙体长172米。所处地形为低山丘陵缓坡地带，地势由东南向西北逐渐走低。墙体两侧沙土堆积较厚，最高约2、底宽约4米。墙体夯土较硬，夯打较结实，夯层清晰可见，夯层厚14、15、17厘米。部分墙体保存较差，坍塌风化严重，形如两面坡形的小土梁。墙体高0.7米。G011点段墙体因天然气管道穿过，约10米被挖毁不存（彩图六）。

第十二段（G011—G012）：墙体长143米。呈东南—西北走向，方向北偏西25°。所处地势由东南向西北逐渐走高，地面生长有低矮的杂草。墙体用黄土夯筑而成，较为低矮，形如两面坡形的土梁，高0.3～1.1米。G012点有盐（池）王（圈梁）公路穿越墙体，缺口宽9米，墙基被公路压埋。

2. 夏记墩村长城墙体

该段墙体起点位于盐池县花马池镇夏记墩村、盐(池)王(圈梁)公路缺口 G012 点，止点位于花马池镇杨寨子村东约 2.6 千米丘梁上 G022 点。长 3309 米。墙体表面因风化、雨水冲刷侵蚀、坍塌、羊群攀爬踩踏及人为挖墙修路等损毁较严重。墙体较低矮 呈土埂状。大部分仅存墙基。根据墙体特点，利用 GPS 点分为 11 段(图五)。分述如下。

第一段(G012—G013)：墙体长 278 米。大致呈南—北走向，方向北偏西 20°。墙体地处夏记墩村内，东西两侧有农田及村民房屋和猪圈。墙体用黄土夯筑而成。墙体坍塌、风化损毁较严重，保存较差，损毁约 2/3 ~ 4/5。墙体高 0.7 ~ 1.5、底宽约 2 米，部分段墙底宽约 3 米。夯层厚 15、16、20 厘米。

第二段(G013—G014)：墙体长 105 米。由东南向西北逐渐走高，两侧有村民的房屋和农田。墙体坍塌风化损毁较严重，略呈两面坡形的小土梁。墙体高 0.4 ~ 1.3、底宽约 3 米。夯层厚 12、15 厘米。

第三段(G014—G015)：墙体长 60 米。地处夏记墩村内，自然和人为破坏较严重。

墙体大多被人为取土挖毁，部分地段仅存墙基。墙体西侧约 0.335 千米处有夏记墩村 1 号烽火台，当地称为"夏记墩"。

第四段(G015—G016)：墙体长 303 米。墙体用黄土夯筑而成。墙体坍塌损毁较严重，损毁约 2/3 ~ 4/5。墙体高 0.7 ~ 2、底宽约 3.5 米。夯层厚 12、15、17 厘米。G015 点北侧 28 米有 5 米宽的村路豁口(彩图七)。

第五段(G016—G017)：墙体长 326 米。保存较差。大致呈南—北走向，地处低山丘陵坡地，东高西低。墙体较低矮，为两面坡形的土梁，墙体上遍布羊群踩踏的蹄迹，夯土酥碱严重，部分墙体仅存墙基。墙体高 0.5 ~ 1.5、底宽约 3.5 米。夯层厚 14、15 厘米。

第六段(G017—G018)：墙体长 256 米。大致呈南—北走向，方向北偏西 20°。墙体形如一道宽土埂，被雨水冲刷成高低不平的土梁。墙体高约 1、底宽 3 米。夯层厚 17 厘米。

第七段(G018—G019)：墙体长 490 米。墙体风化损毁严重，仅存高约 0.3、宽约 3.5 米的墙基。墙体西侧 0.132 千米有夏记墩村 2 号烽火台。

第八段(G019—G020)：墙体长 470 米。所处为丘陵缓坡地形，地势由东南向西北逐渐走高。大致呈南—北走向，方向北偏西 10° ~ 20°。墙体坍塌、风化，高低不平，损毁约 3/4，形如一道宽土埂。墙体高约 1、底宽约 3.5 米。

第九段(G020—G021)：墙体长 195 米。大致呈南—北走向，方向北偏西 10°。地处缓坡丘陵坡地，地势由东南向西北逐渐走高。两侧地表为荒滩地，地面生长有低矮的杂草。墙体坍塌、风化严重，大多呈两面坡形的土埂，顶部略呈鱼脊形。墙体高 1.5、底宽约 3.5 米。夯层厚 13、17、21 厘米。

第十段(G021—G022)：墙体长 308 米。地处丘陵缓坂地带，地势由东南向西北逐渐走高。墙体坍塌风化，雨水冲蚀较严重。墙体用黄土夯筑而成，低矮，时断时续，大多呈坡形的土埂状，高 0.7、底宽约 3.5 米，顶部呈鱼脊形，部分墙体仅存墙基。

第十一段(G022—G023)：墙体长 518 米。大致呈南—北走向。地处缓坡丘陵坡地，地势由东南向西北逐渐走高。墙体用黄土夯筑而成。墙体塌毁风蚀严重，略呈两面陡坡形。顶部坍塌风化呈鱼脊状，夯层模糊不清，部分墙体仅存墙基(彩图八)。墙体高 0.5 ~ 2.3、底宽约 3.5 米。

3. 宛记沟村长城墙体

该段墙体起点位于盐池县花马池镇杨寨子村东约 2.6 千米丘梁上 G023 点处，止点位于花马池镇宛记沟村烽火台西北 0.72 千米 G035 点处。墙体用黄土夯筑而成。长 3190 米。根据墙体保存状况，利用 GPS 点分为 12 段（图六）。分述如下。

第一段（G023—G024）：墙体长 397 米。大致呈南—北走向，方向北偏西 20°～30°。地处平滩地。墙体保存较差，坍塌风化、雨水冲刷较严重，损毁约 4/5，略呈一道坡形土梁。墙体高 0.3～0.7、底宽 3.5 米。两侧种植有大面积的柠条。

第二段（G024—G025）：墙体长 365 米。墙体用黄土夯筑而成。墙体呈土埂状，高 0.5～1.1、底宽约 3.5 米。夯层厚 14～15 厘米。墙体两侧柠条生长繁茂。

第三段（G025—G026）：墙体长 352 米。墙体用黄土夯筑而成，呈坡形土埂状，损毁约 4/5。墙体高 0.5～1.1、底宽约 4 米。墙体两侧种植有大面积的柠条（彩图九）。

第四段（G026—G027）：墙体长 250 米。呈东南—西北走向。地处荒滩地，地势由东南向西北逐渐低缓。墙体用黄土夯筑而成，土质疏松，夯打不结实。墙体坍塌损毁约 3/4，上部高低不平，略呈宽土埂状。墙体高 0.5～1.5、底宽约 4 米。夯层厚 12～15 厘米。G026 点段墙体内侧 0.028 千米处有宛记沟村 1 号烽火台（彩图一〇）。

第五段（G027—G028）：墙体长 240 米。呈东南—西北走向，方向北偏西 30°。墙体用黄土夯筑而成，坍塌风化略呈土梁状，高 1.5、底宽约 3.5 米。夯层厚 12～20 厘米。G028 点为墙体拐点。

第六段（G028—G029）：墙体长 70 米，自 G028 点起折转为北偏西 45°。地处丘陵草滩地带，地势由东南向西北逐渐低洼。墙体呈一道低矮的土梁，表面及两侧地面生长有茂密的杂草，坍塌风化损毁约 3/4。墙体高 0.3～1.5、底宽 3 米。

第七段（G029—G030）：墙体消失 185 米。地处草滩地，地势由南向北逐渐走低。地表杂草生长茂密，墙基不存。

第八段（G030—G031）：墙体长 540 米。呈东南—西北走向。地处丘陵草滩地，地势由南向北逐渐走低。墙体坍塌、雨水冲刷侵蚀损毁约 3/4，呈一道土埂状。墙体高 0.3～1.1、底宽约 3 米，夯土风化酥软，夯层模糊不清（彩图一一）。

第九段（G031—G032）：墙体长 304 米。G031 点为宛记沟村～李寨子村公路缺口，长 18 米。墙体保存较低矮，顶部高低不平，受雨水冲蚀损毁约 3/4。墙体高 0.3～1.1、底宽约 3 米。墙体表面及两侧地面杂草生长茂密。

第十段（G032—G033）：墙体长 160 米。两侧地面有较多的红沙土，地表植被稀少，仅生长有稀疏低矮的杂草。墙体用黄土夯筑而成。墙体坍塌损毁较严重，高 0.7～1.6、底宽约 3 米。夯土中夹杂有灰白色料礓土颗粒，夯层厚 16～20 厘米。墙体中段有 7 米宽的冲沟豁口。

第十一段（G033—G034）：墙体长 189 米。墙体消失 68 米，被雨水冲蚀损毁不存，坍塌损毁约 3/4。墙体高 0.7～1.6、底宽约 3 米。G034 点紧靠墙体内侧有宛记沟村 2 号烽火台。

第十二段（G034—G035）：墙体长 138 米。呈东南—西北走向。保存较差 88 米，墙体高 0.7～1.2、底宽约 2.7 米。夯层厚 13、15、17 厘米，夯土内掺杂有颗粒状的白色料礓土。G035 点段墙体消失 50 米。

4. 北王家圈村长城墙体

该段墙体起点位于盐池县花马池镇宛记沟村公路穿越长城墙体缺口西北 0.6 千米（北王家圈村烽火台西北 0.072 千米）G035 点处，止点位于花马池镇北王家圈村西北 1 千米村路穿墙缺口 G046 点处。墙体用黄土夯筑而成。墙体长 3425 米，其中消失 415 米。根据墙体保存状况，利用 GPS 点分为 11 段（图七）。分述如下。

第一段（G035—G036）：墙体长293米。呈东南—西北走向。墙体用黄土夯筑而成。墙体仅存41米，高0.9~1.3、底宽2.5米。夯层厚15、16、20厘米。其余段墙体损毁消失252米，墙基不存，地表种植有大面积的柠条（彩图一二）。

第二段（G036—G037）：墙体长390米。地处丘陵缓坡，高低不平，有较厚的黄沙土，两侧地面植被相对较好，生长有低矮的杂草和齐腰高的柠条。墙体坍塌损毁1/2~3/4，略呈坡形的土垄状，顶部高低不平。墙体高0.7~2.3、底宽约2.5米。夯层厚15~19厘米。

第三段（G037—G038）：墙体长196米。地处草滩地，地势相对较低，两侧地面生长有较多的杂草和柠条及小面积的灌木丛等。墙体坍塌损毁约4/5，仅存墙基，部分墙体裸露地表。墙体高0.5~1.1米，夯层厚14、18厘米。大部分地段仅存墙基，仅能看出一道低矮的坡形土梁。

第四段（G038—G039）：墙体长340米。墙体坍塌损毁约4/5。墙体高0.4~0.9、顶宽0.4~0.7米，墙基被掩埋在地表下，宽约3.5米（彩图一三）。

第五段（G039—G040）：墙体长336米。墙体坍塌损毁2/3。墙体高0.5~1.8、顶宽0.4~0.7米，夯层厚15、16、17厘米。部分墙体仅存墙基，高约0.3米。

第六段（G040—G041）：墙体长394米。墙体高0.5~1.5、底宽1.7米，夯层厚14、18、20厘米。墙体两侧地势较平缓，种植有大面积的柠条。G040点墙体内侧5米处有北王家圈村烽火台。

第七段（G041—G042）：墙体长287米。墙体坍塌损毁约2/3。墙体高0.7~1.5、顶宽0.3~0.7米。夯层厚15~18厘米。墙体消失30米，无墙基痕迹。

第八段（G042—G043）：墙体长357米。墙体坍塌损毁约2/3。墙体高0.7~1.6、底宽约2.5、顶宽0.5~0.9米（彩图一四）。

第九段（G043—G044）：墙体长262米。地处缓坡丘陵的低洼地带，有沙丘堆积，东南向西北逐渐走低。墙体坍塌损毁2/3~4/5。墙体高0.7~1.6、底宽约2.5米。部分墙体被沙土掩埋，沙土堆积厚约1米。

第十段（G044~G045）：墙体长295米。地处丘陵低洼地带，东南向西北逐渐走低。墙体高0.9~1.9、底宽1.8米。夯层厚13、14、15、17厘米。墙体消失82米，其余被沙土掩埋，墙基不存。

第十一段（G045—G046）：墙体长275米。呈东南—西北走向。地处丘陵山地的低洼地带。墙体坍塌损毁约4/5。墙体高0.7、底宽约1.7米，两侧地面沙土堆积较厚，生长有少量的柠条和沙棘草等。墙体中段消失51米，无墙基痕迹。G046点处墙体有3米宽的村路缺口。

5. 东冒寨子村长城墙体

该段墙体起点位于盐池县花马池镇北王家圈村西约1千米的村路穿墙缺口G046点处，止点位于花马池镇东冒寨子村北1千米，盐（池）北（大池）公路穿越墙体缺口G058点处。墙体用黄土夯筑而成。墙体长4117米，其中消失989米。根据墙体保存状况，利用GPS点分为12段（图八）。分述如下。

第一段（G046—G047）：墙体长302米。地处缓坡丘陵草滩地带，地势高低起伏，有较多固定沙丘，地面杂草生长茂密。墙体用黄土夯筑而成，坍塌损毁2/3~4/5，高0.7~1.6、底宽约3、顶宽1.7~2米。两侧沙土堆积较厚，G046点处墙体有3米宽的村路缺口。

第二段（G047—G048）：墙体长438米。地处丘陵缓坡地带，地势由东南向西北逐渐走高，生长有较多的杂草。G047点墙体有一道南北向的洪水沟，宽11、深3米。墙体近乎消失，时隐时现，高于地表约0.3米，仅能看出墙体遗迹及走向（彩图一五）。

第三段（G048—G049）：墙体长194米。仅有36米露出地表，略呈低矮的小土梁。墙体高约0.9、底宽约 3 米。其余段墙体消失 158 米，无墙基痕迹。

第四段（G049—G050）：墙体长 258 米。呈东南—西北走向。墙体坍塌损毁约 3/4 ~ 4/5，高 0.5 ~ 1.2、底宽约 3.5 米（彩图一六）。其余段墙体消失 27 米，无墙基痕迹。

第五段（G050—G051）：墙体长 146 米。墙体坍塌损毁约 3/4。墙体高约 0.5 ~ 1.4、底宽约 3.5、顶宽 0.8 米，夯层厚 16 ~ 21 厘米（彩图一七）。

第六段（G051—G052）：墙体长 259 米。呈东南—西北走向。墙体用黄土夯筑而成，坍塌损毁 2/3 ~ 4/5，高 0.7 ~ 1.4、顶宽 0.8 米，墙基底部被沙土掩埋，宽约 3.5 米。G051 点墙体内侧 0.156 千米处丘梁上有东冒寨子村 1 号烽火台。

第七段（G052—G053）：墙体长 197 米。两侧地面有较厚的沙土，种植有大面积的柠条。墙体坍塌损毁约 2/3 ~ 4/5，高 0.8 ~ 1.5、底宽约 2、顶宽约 2 米，夯层厚 16 ~ 19 厘米。墙体两侧沙土堆积较厚（彩图一八）。

第八段（G053—G054）：墙体长 356 米。墙体坍塌损毁约 2/3，底部被沙土掩埋。墙体高 1.5 ~ 1.9、底宽 2.1、顶宽 0.3 ~ 0.7 米。土质纯净，夯层厚 13 ~ 17 厘米。G054 点墙体段保存较差，长 98 米，高 0.5 ~ 0.9 米，略呈斜坡土梁。

第九段（G054—G055）：墙体长 495 米。自起点起方向由北偏西 50° 拐折为北偏西 40°。墙体坍塌损毁约 4/5，略呈低矮弧背形的土梁，高于地面 0.2 ~ 0.5 米。

第十段（G055—G056）：墙体长 327 米。墙体呈一道弧坡形的土梁，损毁约 4/5，高于地表 0.3 ~ 0.7 米。部分段墙体底宽约 2.1、底宽约 3 米，两侧沙土堆积较厚，夯层厚 13、17 厘米。G056 点处墙体消失 19 米，无墙基痕迹。

第十一段（G056—G057）：墙体长 842 米。大多被开垦荒地取土挖毁，为耕地，消失 771 米。其余墙体仅有较少段尚存墙基痕迹，呈坡形小土梁。墙体高 0.5 米。

第十二段（G057—G058）：墙体长 303 米。呈东南—西北走向。地处丘陵缓坡地带，地势由东南向西北逐渐走低。墙体坍塌损毁约 5/6，时隐时现，断断续续露出地表，保存差，大部分仅存墙基痕迹，呈一道低矮的小土梁。墙体高 0.2 ~ 0.6 米。G057 点紧靠墙体内侧有东冒寨子村 2 号烽火台，G058 点墙体有 19 米宽的柳（杨堡）北（大池）公路穿墙豁口。

6. 上滩村长城墙体

该段墙体起点位于盐池县花马池镇东冒寨子村北 0.65 千米的柳（杨堡）北（大池）公路穿墙豁口 G058 点，止点位于花马池镇上滩村西北约 1.5 千米的 302 省道穿墙缺口 G064 点处。墙体长 3793 米，其中消失 1985 米。墙体采用版筑法，黄土分段夯筑而成。墙体坍塌损毁严重，原因为夯土酥碱风化、雨水冲刷侵蚀、羊群攀爬踩踏、啮齿类动物掏挖洞穴及人为挖墙修路损坏等。根据墙体保存状况，利用 GPS 点分为 6 段（图九）。分述如下。

第一段（G058—G059）：墙体长 1830 米。呈东南—西北走向，方向北偏西 40°。地处低山丘陵的低洼地带。墙体因坍塌、雨水冲蚀损毁较严重，仅存 53 米，高于地面 0.2 米，仅能看出墙体走向及墙基痕迹。其余墙体大部分被取土挖毁，开垦为耕地，消失 1777 米，无墙基痕迹。

第二段（G059—G060）：墙体长 293 米。呈东南—西北走向，方向北偏西 50°。保存差 175 米，呈一道土埂，墙体高约 0.3 ~ 0.7、底宽约 2.7 米；其余消失 118 米，无墙基痕迹。墙体北侧山梁上有上滩村 2 号烽火台。

第三段（G060—G061）：墙体长 517 米。呈东南—西北走向。保存一般的 50 米，墙体高 1.8、底宽约 3.5、顶宽约 0.3 米，夯层厚 17、18、20 厘米。467 米保存较差，坍塌风化、雨水冲毁较严重，墙体高 0.4 ~ 0.7、底宽约 3 米，略呈坡形土梁（彩图一九）。

第四段（G061—G062）：墙体长 270 米。保存一般的 20 米，墙体高 0.5 ~ 1.7 米（彩图二〇）。保存较好的 145 米，墙体高 2 ~ 2.7 米。消失 105 米。墙体夯土纯净、较硬、夯打结实，版长 1.2 米，夯层厚 12、15、16、19、20 厘米。G061 点墙体南侧 0.24 千米处的梁峁上有上滩村 1 号烽火台。

第五段（G062—G063）：墙体长 325 米。保存一般的 199 米，墙体高 0.4 ~ 1.5、宽 2 米，夯层厚 15 ~ 18 厘米。保存差的 126 米，墙体呈一道坡形小土梁，高 0.2 ~ 0.5 米。

第六段（G063—G064）：墙体长 558 米。呈东南—西北走向。保存差的 513 米，墙体高 1.7、宽 2 米。柳（杨堡）鄂（托克前旗）公路（302 省道）穿越长城墙体，缺口宽 45 米。

7. 杨记圈村长城墙体

该段墙体起点位于盐池县花马池镇上滩村北 1.7 千米的 302 省道穿墙缺口 G064 点处，止点位于花马池镇杨记圈村西北 2.5 千米 G079 点（杨记圈村 5 号烽火台）处。墙体用黄土和红沙土分层夯筑而成。墙体长 5207 米，其中消失 728 米。主要病害为自然坍塌风化、雨水冲刷侵蚀、羊群攀爬踩踏、夯土酥碱、啮齿类动物掏挖洞穴以及人为挖墙修路等，损毁较严重。呈东南—西北走向，方向北偏西 55° ~ 65°。根据墙体保存状况，利用 GPS 定点分为 15 段（图一〇）。分述如下。

第一段（G064—G065）：墙体长 350 米。呈东南—西北走向，方向北偏西 50°。G064 点处有 302 省道穿越墙体形成 9 米宽的缺口。杨记圈村路至 302 省道由西北向东南穿过墙体，有 4 米宽的豁口。墙体用黄土夯筑而成。保存较差的 137 米，墙体高 0.2 ~ 1.1、顶宽 0.3 ~ 0.7 米，夯层厚 13、19、25 厘米。墙体消失 213 米，无墙体痕迹（彩图二一）。

第二段（G065—G066）：墙体长 325 米。地处低山丘陵坡地，地势西南高东北低。墙体用黄土和红沙土分层夯筑而成，夯土内夹杂有灰白色碎块，土色略泛白。墙体保存一般的 85 米，内侧沙土堆积较厚，基本与墙顶平齐；外侧沙土堆积较少，高 0.9 ~ 2.7、基宽约 1.8、顶宽 0.4 ~ 0.7 米，夯层厚 12 ~ 14 厘米。保存较差的 240 米，墙体呈土梁，仅存墙基痕迹。紧靠墙体内有杨记圈村 1 号烽火台，当地称为"龙家墩"（彩图二二）。

第三段（G066—G067）：墙体长 317 米。墙体用黄土夯筑而成，土质较硬，夯打结实，版长 1.2 米，夯土内包含有颗粒状的硬土块，土色略泛白。墙体坍塌风化严重，顶部呈高低不平的驼峰状，内壁风蚀坍塌严重，外壁保存相对较好。保存一般的 87 米，墙体高约 2.1、底宽 3.5、顶宽 0.2 ~ 0.5 米。保存较差的 135 米，墙体高 0.5 ~ 1.6 米（彩图二三）。保存差的 95 米，仅存墙基痕迹。

第四段（G067—G068）：墙体长 315 米。地处丘陵地带平滩地。保存较差，墙体高 0.4 ~ 1.4、宽约 2、墙基痕迹宽约 3 米。墙体北距张家场村约 1.5 千米，西距杨记圈村约 0.75 千米（彩图二三）。

第五段（G068—G069）：墙体长 259 米。地处丘陵山地间的草滩地，地势由东南向西北逐渐走低。墙体坍塌、雨水冲蚀损毁约 4/5，呈一道低矮的弧坡形土梁。墙体高于地面 0.4 ~ 0.9、底宽约 2、墙基痕迹宽约 3 米。消失墙体长 34 米，无墙体迹象。

第六段（G069—G070）：墙体长 273 米。地势较平缓，两侧是未开垦的荒滩草地。墙体坍塌、雨水冲蚀损毁约 4/5，呈一道弧坡形土梁，顶部被雨水冲刷成低矮的漫坡。墙基痕迹高于地面 0.4 ~ 0.7、宽约 3.5 米（彩图二四）。墙体南侧 0.057 千米处有杨记圈村 2 号烽火台，当地称为"倒墩子"。

第七段（G070—G071）：墙体长 305 米。地处丘陵地带平滩地，墙体外侧为荒滩地，生长有少量的柠条，内侧多为农田，种植有少量的糜子等。墙体坍塌损毁约 4/5，呈一道弧坡形宽土梁，高约 0.5 米，两侧沙土堆积较厚。

第八段（G071—G072）：墙体长 388 米。保存较差的 90 米，高 1.4 米。保存差的 151 米，仅存墙基痕迹。其余为消失段，长147米，墙基被流沙掩埋。

第九段（G072—G073）：墙体长282米。保存较差的37米，墙体高0.5～1.5米。保存差的245米，墙体高于地面约0.2米，仅能看出有3米多宽的墙基痕迹露出地表（彩图二五）。

第十段（G073—G074）：墙体长328米。地处低山丘陵地带的平滩地，地面杂草低矮，生长茂密。呈东南—西北走向。墙体坍塌风蚀损毁约5/6，略呈低矮的土埂状。墙体高于地面0.2～0.5、宽约1米。部分墙体虽被沙土掩埋，尚能看出走向。G072点墙体南侧0.066千米处有杨记圈村3号烽火台，当地俗称"杨记墩"。

第十一段（G074—G075）：墙体长315米。地处低山丘陵坡地，地势由东南向西北逐渐走高。墙体两侧为荒滩草地，生长有低矮稀疏的杂草。墙体坍塌损毁较严重，高0.2～0.5米，部分墙体仅能看出走向及墙基痕迹。墙体西半段消失157米，地表无墙体痕迹（彩图二六）。

第十二段（G075—G076）：墙体长530米。地处缓坡丘陵平滩地，地势南高北低。墙体用黄土和红沙土分层夯筑而成，保存较差，时隐时现，断断续续露出地表，高0.2～1.1、底宽约2.5米。

第十三段（G076—G077）：墙体长405米。墙体翻过丘陵山地，地处丘陵缓坡地带，地势由东南向西北逐渐走低。墙体用红沙土和黄土分层夯筑而成。由东南至西北，墙体第一小段长117米，高2～2.5、底宽2.5米，版缝明显，版长1.5米；第二小段长134米，高0.6～1.4米，夯层厚13～16厘米；第三小段消失，长154米，墙基不存。G076点处墙体内侧有杨记圈村4号烽火台，北距墙体0.048千米，当地俗称"红墩子"。

第十四段（G077—G078）：墙体长388米。地处平滩地。方向由北偏西50°拐折为北偏西60°。墙体保存较差，高0.3～1.5米。后段墙体消失，长23米，无墙基痕迹。

第十五段（G078—G079）：墙体长427米。呈东南—西北走向。墙体用黄土和红沙土分层夯筑而成。保存一般的24米，墙体高1.7米，夯层厚14、16厘米。保存较差的403米，墙体呈一道坡形小土梁，高0.3～0.7米。G079点处墙体内侧有杨记圈村5号烽火台，距墙体0.046千米。

8. 黄记沙窝村长城墙体

该段墙体起点位于盐池县花马池镇杨记圈村西北约2.5千米的G079点（杨记圈村5号烽火台）处，止点位于花马池镇黄记沙窝村西北2.6千米G092点（黄记沙窝村6号烽火台）处。方向北偏西45°～65°。墙体用黄土夯筑而成，部分用黄土和红沙土分层夯筑而成。墙体长5293米，其中消失868米。墙体破坏较严重，损毁原因有雨水冲蚀、风化、自然坍塌、根部掏蚀、羊群攀爬踩踏及植物根系生长破坏等。根据墙体保存状况，利用GPS定点分为13段（图一一）。分述如下。

第一段（G079—G080）：墙体长406米。大致呈东—西走向，方向北偏西65°。墙体两侧沙土堆积较厚。保存较差的332米，墙体坍塌风化严重，略呈坡形土梁，高0.3～0.6米。其余墙体消失，长74米，地表杂草生长茂密，墙基不存。

第二段（G080—G081）：墙体长300米。保存较好的228米，墙体高3.5、底宽2.5、顶宽0.2～0.5米。部分段墙体裂缝较大，块状崩塌，根部掏蚀凹进。版筑缝隙明显，版长1.1、1.6、1.8米。从坍塌的块状夯土测其夯层厚15、18～20厘米，夯窝直径6～9、深1厘米（彩图二七）。

第三段（G081—G082）：墙体长481米。大致呈东—西走向，方向北偏西65°。其中保存较差的447米，墙体坍塌损毁约4/5，略呈低矮的土埂状。墙体高0.2～0.5米。部分墙体仅存墙基痕迹，宽3.5米。墙体消失34米，墙基被沙土掩埋（彩图二八）。

第四段（G082—G083）：墙体长184米。呈东南—西北走向。地处丘陵缓坡地带，两侧种植少量柠条。墙体保存较差，呈时断时续的土堆状，仅有较少部分墙体露出地表，高约0.9米。其余部分仅存墙基痕迹，被沙土掩埋。墙体南侧 0.045 千米处有黄记沙窝村 1 号烽火台。

第五段（G083—G084）：墙体长 792 米。地处丘陵缓坡地带，由东南向西北逐渐走高，两侧长满杂草和少量的柠条等。墙体坍塌损毁严重，略呈低矮的土埂状，高 0.2 ~ 0.5 米。部分墙体基本损毁不存，仅存墙基痕迹，仅能看出走向，墙体底宽约 3.5 米。

第六段（G084—G085）：墙体长 492 米。地处丘陵缓坡地带，地势由东南向西北逐渐走高，为荒滩草地，生长有稀疏的杂草和少量的柠条等。墙体保存较差，坍塌损毁约 5/6，呈弧坡形土梁，表面长满杂草，损毁严重。墙体大多高 0.4 ~ 0.7 米（彩图二九）。墙体内侧 G084 点处有黄记沙窝村 2 号烽火台。

第七段（G085—G086）：墙体长 303 米。地处丘陵缓坡草滩地，地势由东南向西北逐渐走高，两侧地形高低不平，有较多的沙丘，地面生长有稀疏的杂草和少量的柠条等。墙体保存较差，损毁、风化严重，略呈弧坡形土梁，表面长满杂草，沙土覆盖较厚。部分段墙体露出红沙土的基础痕迹，高于地面约 0.5 米。

第八段（G086—G087）：墙体长 448 米。地处丘陵缓坡地带，地势由东南向西北逐渐走高。保存较差的 187 米，墙体用红沙土夯筑而成，仅存基础痕迹，部分段墙基用红砂岩石块垒砌而成，石块长 40 ~ 60、宽 25 ~ 40、厚 20 ~ 30 厘米（彩图三〇）。部分段墙体所处地势内高外低，内侧沙土堆积较厚，相对内侧地面高 0.5 ~ 1.5 米；外侧地势较低，相对高 2.5 ~ 3、宽约 2 米，夯层厚 15、17、19、21 厘米。消失 261 米。

第九段（G087—G088）：墙体长 420 米。地处丘陵缓坡地带，地势由东南向西北逐渐走低，两侧为荒地。墙体坍塌、风化较严重，保存一般，呈坡形土梁，顶部风化成鱼脊状，夯土酥碱严重，夯层不清晰。墙体高 1 ~ 1.5 米（彩图三一）。墙体内侧约 0.101 千米处有黄记沙窝村 3 号、4 号烽火台，当地称为"双墩子"。

第十段（G088—G089）：墙体长 325 米。地处丘陵山地间的低洼地带。墙体高 2.3 ~ 3.5、底宽 3.5、顶宽 0.4 米，夯层厚 17、18 厘米。

第十一段（G089—G090）：墙体长 338 米。地处丘陵山地间的沙滩地，生长有大面积的沙柳等。墙体用黄土和红沙土分层夯筑而成。墙体坍塌、风雨侵蚀较严重，呈低矮的土梁。墙体高于地面约 0.2、底宽约 2 米。消失 176 米。G089 点墙体内侧 0.1 千米处有黄记沙窝村 5 号烽火台。

第十二段（G090—G091）：墙体长 320 米。地处低山丘陵高低起伏的沙滩地带，两侧生长有较多的沙柳等灌木。墙体用红沙土夯筑而成。墙体呈低矮的土埂状，高于地面 0.2、底宽约 2 米。部分段仅存墙基痕迹或消失。

第十三段（G091—G092）：墙体长 484 米。地处低山丘陵沙滩地带，地势由东南向西北逐渐走高，两侧生长有较多的黑沙蒿和沙棘草等。墙体用红沙土夯筑而成。墙体坍塌损毁约 3/4，两侧被黄沙掩埋约 2/3。墙体内侧相对高 0.5 ~ 1.1、外侧相对高 1.6 米（彩图三二）。部分墙体时隐时现或仅存墙基痕迹。G092 点墙体内侧 0.057 千米处有黄记沙窝村 6 号烽火台。

9. 张记台村长城墙体

该段墙体起点位于盐池县花马池镇黄记沙窝村西北 2.6 千米的 G092 点处，止点位于花马池镇张记台村墙体缺口 G099 点处。墙体用黄土和红沙土分层夯筑而成。墙体长 5203 米，保存较差，其中消失 2226 米。墙体表面风化、风雨侵蚀及羊群踩踏等自然和人为破坏较严重。呈东南—西北走向，方向北偏西 35° ~ 55°。根据墙体保存状况，利用 GPS 点分为 7 段（图一二）。分述如下。

第一段（G092—G093）：墙体长 625 米。呈东南—西北走向，方向北偏西 35°。地处缓坡丘陵坡梁低洼地带，地势由东南向西北逐渐走低。墙体用红沙土夯筑而成，夯土内含有红砂岩碎石。墙体坍塌、风化损毁严重，呈坡形土埂，顶部风化成低矮弧坡。墙体高于地面 0.3 ~ 0.7、宽 2 米。墙体南侧 0.09 千米处有一口水井（彩图三三）。

第二段（G093—G094）：墙体长 352 米。墙体用黄土夯筑而成。墙体坍塌风蚀损毁约 3/4，两侧被沙土掩埋呈坡形。墙体高 0.5 ~ 1.3、底宽约 2.5 米，夯层厚 14、18 厘米。部分墙体被取土挖毁，仅存墙基痕迹。

第三段（G094—G095）：墙体长 556 米。地处低山丘陵平滩地，生长有低矮的杂草。墙体坍塌损毁约 4/5，保存较差，略呈弧坡形土梁，高于地表约 0.5 米，墙基痕迹宽约 3 米。

第四段（G095—G096）：墙体长 654 米。地处缓坡丘陵坡地，地势由东南向西北逐渐走高。墙体用黄土夯筑而成。墙体东段消失 153 米，其余 531 米大多被沙土掩埋或被雨水冲毁，仅能看出墙基痕迹和走向。G095 点处有张记台村 1 号烽火台。

第五段（G096—G097）：墙体长 790 米。地处低山丘陵坡地，地势由东南向西北逐渐走高，地面杂草茂密。墙体用红沙土夯筑而成，夯土颗粒较大。墙体仅存东段 151 米，低矮，略呈弧坡形的土梁，顶部被雨水冲蚀成斜坡，高于地表约 0.3 米（彩图三四）；其余 639 米墙体坍塌、风化消失。墙体所处为丘陵山地，地势高低起伏，沙土堆积较厚，难以辨明墙体走向和所处具体位置。G097 点墙体内侧 0.2 千米处有张记台村 2 号烽火台。

第六段（G097—G098）：墙体消失，长 1984 米。地处缓坡丘陵的沙丘草滩地带，地势高低起伏。墙体坍塌、风化损毁不存，墙基被沙土掩埋，难以辨明具体位置。G098 点处紧靠墙体内侧有张记台村 3 号烽火台。

第七段（G098—G099）：墙体消失，长 242 米。地处缓坡丘陵坡梁下的草滩地带，地势高低起伏，坑洼不平，杂草丛生，沙柳灌丛生长较高，有较多的沙丘。墙体坍塌损毁不存，难以辨明墙体走向、位置。

10. 南圈村长城墙体

该段墙体起点位于盐池县花马池镇张记台村西南约 0.5 千米，公路穿越长城墙体缺口的 G099 点处，止点位于花马池镇陈记梁村北约 1.5 千米，村路穿越墙体缺口的 G111 点处。呈东南—西北走向。墙体用黄土和红沙土分层夯筑而成。墙体长 6209 米，其中消失 611 米。根据保存状况，利用 GPS 点分为 12 段（图一三、一四）。分述如下。

第一段（G099—G100）：墙体长 376 米。地处丘陵地带平滩地，地势平缓。呈东南—西北走向。墙体用黄土夯筑而成。G099 点处墙体因公路穿越有 9 米宽的缺口，墙基被压埋在路基下。墙体因坍塌、风蚀、雨水冲刷损毁较严重，仅能看出墙体走向及墙基痕迹。墙体高于地面 0.3、基痕迹宽约 3 米。

第二段（G100—G101）：墙体长 461 米。地处丘陵坡地，由东向西逐渐走高。保存差的 30 米，仅存墙基痕迹。其余消失，长 431 米，墙体被雨水冲刷、风蚀沙埋，无墙基迹象。

第三段（G101—G102）：墙体长 318 米。墙体用黄土夯筑而成。地处丘陵缓坡地带，由东向西逐渐走高。墙体坍塌损毁较严重，保存差的 151 米，成为土梁。墙基痕迹高于地面约 0.6、宽约 3 米（彩图三五）。墙体西半段消失，长 167 米，无墙体迹象。

第四段（G102—G103）：墙体长 432 米。地处丘陵地带的平滩地，生长有低矮的黑沙蒿草。墙体用黄土夯筑而成。墙体坍塌损毁严重，仅存墙基痕迹，地面散落有少量的白色石块。墙基痕迹高于地面约 0.3、宽 3.5 米。G102 点处紧靠墙体内侧有南圈村 1 号烽火台，当地称为"龙记墩"。

第五段（G103—G104）：墙体长510米。地势由东南向西北逐渐走低。保存较差的406米，墙体高0.5～1.5、底宽约4米。保存差的104米，墙体高0.5米。G104点处墙体有4米宽的村路豁口。

第六段（G104—G105）：墙体长400米。保存较差。墙体坍塌严重，损毁约3/4，被雨水冲蚀呈斜坡状，整体略呈坡形土梁。墙体高1.4、底宽约3.5米。

第七段（G105—G106）：墙体长556米。保存较差。地处丘陵坡地，地势由东南向西北逐渐走高，两侧地表生长有低矮的黑沙蒿草。墙体用黄土夯筑而成。墙体坍塌损毁约2/3，顶部被雨水冲蚀成弓背弧形，呈坡形土梁。墙体高1.5、底宽3.5米。

第八段（G106—G107）：墙体长615米。墙体坍塌损毁约2/3，顶部被雨水冲蚀成鱼脊形，呈坡形土梁。墙体高约1.6、底宽约3.5米。夯土风化酥软，呈粉状剥落，夯层不甚清晰，能辨明夯层厚11、15、18厘米。G106点处紧靠墙体内侧有南圈村2号烽火台，当地称为"黄孝墩"。

第九段（G107—G108）：墙体长573米。地处丘陵缓坡地带，地势由东南向西北逐渐走低。墙体坍塌损毁较严重，顶部被雨水冲蚀成鱼脊形，呈一道坡形土梁。墙体高约1.6、底宽约3.5米。夯土风化、酥软呈粉状剥落，夯层模糊不清。墙体上部生长有较多的芨芨草等（彩图三六）。

第十段（G108—G109）：墙体长585米。保存较差。墙体内侧地势高于外侧，相对内侧地面高0.5～1、相对外侧地面高约2米。

第十一段（G109—G110）：墙体长735米。地处低山丘陵间的平滩地，地势较平缓。墙体两侧是未开垦的荒地，生长有低矮的杂草。墙体坍塌、风化严重，内侧地势高于外侧，呈坡形土梁，相对内外两侧地面高0.9、1.6米。G109点处墙体南侧0.27千米梁峁上有西圈村3号烽火台，当地称为"孙记墩"。

第十二段（G110—G111）：墙体长648米。地处丘陵山地间的平滩地，两侧为平缓的荒草地，生长有黑沙蒿草。墙体用黄土夯筑而成。墙体走势为一条直线，坍塌损毁约3/4，顶部风化成鱼脊形，呈漫坡形宽土梁。墙体高1.3、底宽约3.5米。夯土风化酥软呈粉状剥落，夯层模糊不清，表面长满黑沙蒿草和芨芨草等。当地村民在墙体内侧开挖石膏，场房紧靠墙体内侧而建。G111点处有4米宽的村路豁口。

11. 叶记场村长城墙体

该段墙体起点位于盐池县花马池镇南圈村南约0.6千米，村路穿墙缺口G111点处，止点位于盐池县高沙窝镇陈记壕村东北约1千米，高（沙窝）苏（步井）公路穿越墙体缺口G124点处。墙体长5384米。墙体用黄土夯筑而成。墙体因坍塌风化、雨水冲蚀、羊群踩踏及人为挖墙修路，损毁较严重。呈东南—西北走向，大致呈"S"形。根据墙体保存状况，利用GPS点分为13段（图一五、一六）。分述如下。

第一段（G111—G112）：墙体长359米。墙体用黄土夯筑而成，坍塌损毁约3/4，顶部被雨水冲蚀成鱼脊形，形如斜坡形土梁。墙体高1.5～2.3、底宽约3.5米，表面生长有较多的芨芨草（彩图三七）。

第二段（G112—G113）：墙体长408米。墙体保存较差，成为土梁，顶部坍塌风化呈鱼脊形。墙体高1.5～2、底宽3.5米。中段有3米宽的村路缺口，墙体表面生长有较多的芨芨草等。

第三段（G113—G114）：墙体长654米。地处丘陵缓坡地带，地势由东南向西北逐渐走高。墙体保存较差，两侧被沙土掩埋成斜坡状，呈一道宽土梁。墙体高1.5～2、底宽约3.5米。

第四段（G114—G115）：墙体长377米。两侧种植有大面积的柠条。墙体坍塌损毁约3/4，顶部被雨水冲蚀成弧背形，形如斜坡状的宽土梁。墙体高1.5～2、底宽约4米。墙体上部栽有电线杆，表面长满黑沙蒿草，中部有5米宽的村路缺口。G114点紧靠长城墙体内侧有叶记场村1号烽火台。

第五段（G115—G116）：墙体长 423 米。呈东南—西北走向，方向北偏西 40°。地处丘陵缓坡地带，两侧为农田。墙体用黄土夯筑而成。墙体坍塌损毁约 3/4，顶部被雨水冲蚀成漫坡形，形如坡形的宽土梁。墙体高 1.5、底宽约 3.5 米。墙体表面长满黑沙蒿和芨芨草等。

第六段（G116—G117）：墙体长 380 米。地处丘陵缓坡地带，地势由东南向西北逐渐走高。方向自 G116 点起拐折为北偏西 20°。墙体两侧被沙土堆积成漫坡状，顶部因风雨侵蚀呈缓坡形鱼脊状。墙体高 1.1、底宽约 3.5 米。墙体中段有村路穿墙，形成 9 米宽的缺口。

第七段（G117—G118）：墙体长 532 米。外侧地势较低洼，成为一道壕沟。墙体壁面陡直，夯层清晰可见，夯土较硬，土质纯净，夯打较结实。墙体高 1.7～3.9、底宽 3.5、顶宽 0.3～1.6 米，版长 1.6、2.2 米，夯层厚 14、16、18、20 厘米（彩图三八）。墙体外侧种植有大面积的柠条。

第八段（G118—G119）：墙体长 222 米。走向由北偏西 20°拐折向北偏西 30°。墙体用黄土夯筑而成。墙体内侧沙土堆积较厚，基本接近墙体顶部；外侧被沙土掩埋约 2/3。墙体高 1.3～2.3、底宽 3.5、顶宽约 0.3 米，夯层厚 11、16、17、19 厘米。墙体中部有 3 米宽的豁口。墙体内侧 0.08 千米处有叶记场村 2 号烽火台，当地称为"曹记墩"。

第九段（G119—G120）：墙体长 532 米。地处丘陵缓坡地带，地势由东南向西北逐渐走低。G119 点内有 30 米墙体被沙土掩埋。其余段墙体塌塌、风化严重，上部有较多锯齿状的冲沟小豁口。墙体高 1.7～2.1、底宽约 3.5、顶宽约 0.4 米，夯层厚 15～19 厘米（彩图三九）。

第十段（G120—G121）：墙体长 446 米。保存较差。地处丘陵缓坡地，地势由东南向西北逐渐走低。墙体坍塌损毁约 2/3，顶部坍塌风化成鱼脊形，成为坡形土梁。墙体高 1.5～2 米。墙体中段有 5 米宽的村路豁口。

第十一段（G121—G122）：墙体长 319 米。保存较差。地处丘陵缓坡地带，地势由东南向西北逐渐走高。墙体高 1、底宽约 3.5 米。G121 点段墙体有宽 64 米的冲沟，墙体消失。

第十二段（G122—G123）：墙体长 443 米。基部被沙土掩埋，外壁陡直平整，内壁根部风蚀凹进。墙体高 3.5、底宽约 3、顶宽 1.6 米，夯层厚 16、17、18 厘米，版长 2.3 米。G122 点紧靠墙体内侧有叶记场村 3 号烽火台，当地称为"冯记墩"（彩图四〇）。

第十三段（G123—G124）：墙体长 289 米。呈东南—西北走向，方向北偏西 40°。保存较好。墙体高 3.5、底宽 3、顶宽 1.6 米，夯层厚 13、16、17 厘米。部分墙体顶部坍塌严重，宽 0.2 米。G123 点处墙体有 15 米宽的村路豁口（彩图四一、四二）。

12. 红圪瘩村长城墙体

该段墙体起点位于盐池县高沙窝镇陈记壕村东北约 1 千米，高沙窝镇至苏步井村公路缺口 G124 点处，止点位于高沙窝镇红圪瘩村西北约 1 千米的 G139 点处。呈东南—西北走向，方向北偏西 40°～60°。墙体用黄土夯筑而成，长 6724 米。主要损毁原因为表面风化、雨水冲刷、沙土掩埋、羊群攀爬踩踏及人为修路破坏等。根据墙体保存状况，利用 GPS 点分为 15 段（图一七、一八）。分述如下。

第一段（G124—G125）：墙体长 341 米。呈东南—西北走向。墙体底部被沙土掩埋约 1/3，两侧壁面陡直，相对内外两侧地面高 2.5～3.8 米。墙体底宽 3、顶宽 0.7 米，夯层厚 13、15、18 厘米。G124 点处有高沙窝镇至苏步井村的公路穿越墙体，缺口宽 17 米。

第二段（G125—G126）：墙体长 500 米。呈东南—西北走向，方向北偏西 50°。G125 点段墙体有 24 米自然坍塌和雨水冲毁的豁口。墙体顶部及壁面夯土坍塌较多，两侧壁面略呈陡坡形，损毁约 1/2。墙体高 2～2.7、底宽约 3、顶宽 0.2 米，夯层厚 0.15～0.19 米（彩图四三）。G125 点西北 0.067 千米处墙体有拐点，由北偏西 40°呈弧线形转为北偏西 50°。

第三段（G126—G127）：墙体长 402 米。墙体两侧沙土堆积较厚，上部坍塌损毁严重，因风雨侵蚀呈高低不平的锯齿状。墙体高 1.7～2、底宽 3、顶宽 0.2 米，版长 1.9 米，夯层厚 15、18 厘米。G126 点墙体内侧 78 米处有红圪瘩村 1 号烽火台。

第四段（G127—G128）：墙体长 453 米。呈东南—西北走向，方向北偏西 50°。地处丘陵地带平滩地。墙体保存一般，顶部因风雨侵蚀略呈凹凸不平的锯齿状。墙体高 1.7、底宽 3、顶宽 0.2 米，版长 1.9 米，夯层厚 19～21 厘米。

第五段（G128—G129）：墙体长 403 米。地处丘陵地带平滩地，地势较平缓。墙体两侧被沙土掩埋约 1/2。墙体高 1.1～2 米，夯层厚 15、17 厘米。墙体中部有两处冲沟豁口。墙体宽 14、9 米，豁口处仅存墙基痕迹。墙体两侧表面及地面生长有黑沙蒿草。

第六段（G129—G130）：墙体长 350 米。地处丘陵坡地，地势由东南向西北逐渐走高。墙体保存一般，坍塌损毁约 1/2，时断时续，成为一道坡形土梁，顶部有较多冲沟豁口。墙体高约 1.8、底宽约 3 米。

第七段（G130—G131）：墙体长 452 米。方向北偏西 55°。地处丘陵地带平滩地，两侧为荒滩沙地，生长有低矮稀疏的杂草。墙体保存差，存墙基痕迹，仅能看出走向。墙体高于地表约 0.2、底宽约 3 米。紧靠墙体内侧有红圪瘩村 2 号烽火台。

第八段（G131—G132）：墙体长 388 米。墙体用黄土夯筑而成。墙体顶部及壁面夯土坍塌损毁过半，壁面被雨水冲刷侵蚀呈陡坡状；顶部高低不平，有较多略呈锯齿状的冲沟豁口。墙体高 1.7～2.5、底宽 3 米，夯层厚 13、15、16 厘米（彩图四四）。

第九段（G132—G133）：墙体长 546 米。呈东南—西北走向，方向北偏西 60°。保存一般，墙体有较多的冲沟豁口。墙体高 3、底宽 3.5、顶宽 0.6～1.4 米，版长 1.3～1.4 米，夯层厚 16～18 厘米。G132 点西北 0.114 千米处墙体有 19 米宽的豁口。

第十段（G133—G134）：墙体长 642 米。墙体保存一般，两侧被沙土掩埋约 1/2，高 2～3 米。G133 点处墙体内侧有红圪瘩村 3 号烽火台，当地称为"五墩子"，北距墙体 0.015 千米。G133 点西北 0.182 千米处墙体有 3 米宽的村路豁口。

第十一段（G134—G135）：墙体长 456 米。两侧为农田，地势平缓，生长有黑沙蒿和芨芨草等。墙体被沙土掩埋约 1/3。墙体高约 3 米，部分段高 1.1～2.4 米，顶宽 0.4～1.4 米，夯层厚 13、15、16、18 厘米，版长 1.4、1.8 米（彩图四五）。G135 点处墙体有 6 米宽的村路豁口。

第十二段（G135—G136）：墙体长 434 米。保存较好。墙体用黄土夯筑而成。墙体被沙土掩埋约 2/3，两侧因沙土堆积呈斜坡状，生长有茂密的黑沙蒿草等。墙体壁面陡直，成一条直线，顶部平整，部分段顶部外缘被风雨侵蚀成一道凸棱。墙体高 4、顶宽 1.2 米，版长 1.9 米，夯层厚 0.13～0.17 米（彩图四六）。

第十三段（G136—G137）：墙体长 287 米。保存较好的 256 米，墙体高 4、顶宽 1.1 米，夯层厚 12、13、16、18 厘米。保存一般的 31 米，墙体高 0.6～2.7、底宽 3.5 米（彩图四七）。

第十四段（G137—G138）：墙体长 435 米。地处丘陵地带的平滩地。保存较好的 203 米，墙体夯土较硬，夯打较结实，土质细密纯净，墙体高 4、底宽 3.5、顶宽 0.9 米，夯层厚 13～15 厘米（彩图四八）。保存一般的 197 米，墙体高 2 米。墙体有两处豁口，一处为取土挖毁 30 米，另一处在 G137 点西北 0.245 千米处，为 5 米宽的村路豁口。G137 点墙体内侧 0.02 千米处有一座烽火台，当地称为"四墩子"，20 世纪 80 年代初被平田整地取土挖毁，夷为平地。

第十五段（G138—G139）：墙体长 635 米。呈东南—西北走向，方向北偏西 60°。保存较好的 42

米，墙体高 3.2、顶宽 0.5 米，夯层厚 14、15、18 厘米（彩图四九）。保存一般的 593 米，墙体高
1.3～2、底宽 3.5 米。G138 点西北 0.249 千米处墙体有 6 米宽的村路豁口。

13. 潘记梁村长城墙体

该段墙体起点位于盐池县高沙窝镇潘记梁村东约 2.1 千米，红圪瘩村西北约 1.1 千米 G139 点处，
止点位于高沙窝镇潘记梁村西北约 1.2 千米，兴武营村东南约 1.3 千米 G146 点处。呈东南—西北走
向，方向北偏西 60°。墙体用黄土夯筑而成，长 3130 米。根据墙体保存状况，利用 GPS 点分为 7 段
（图一九）。分述如下。

第一段（G139—G140）：墙体长 491 米。墙体顶部平整，呈一条直线。保存较好的 457 米，墙体
高 3.5～4、底宽 3.5、顶宽 0.5 米，夯层厚 14～20 厘米。保存一般的 34 米，墙体顶部及两侧坍塌损毁
严重，略呈两面坡形的鱼脊状，高 2.3 米，顶部生长有芨芨草，两侧被坍塌的夯土及沙土掩埋成斜坡
状，生长有较多的黑沙蒿草。墙体两侧 50 米外为旱作农田。

第二段（G140—G141）：墙体长 345 米。保存较好。地处丘陵地带平滩地。内侧有人工种植的大
面积柠条，外侧为荒滩地。夯土较硬，土质纯净，夯打较结实，两侧壁面陡直。墙体高 4、底宽 3.5、
顶宽 0.5～1.3 米，夯层厚 14～18 厘米（彩图五〇）。部分墙体两侧沙土掩埋过半，表面长满杂草。
G140 点处紧靠墙体内侧有潘记梁村 1 号烽火台，当地称为"三墩子"。

第三段（G141—G142）：墙体长 315 米。地处丘陵地带的平滩地，地势较平缓。墙体内侧种植大
面积的柠条，外侧是未开垦的荒地，地面植被稀疏，生长有低矮的杂草。墙体用黄土夯筑而成。墙体
两侧壁面陡直，夯土剥落损坏较轻，被沙土掩埋，呈高 1～2 米的斜坡状。墙体高 4、底宽 3.5、顶宽
0.5～1.1 米，夯层厚 14、16、18 厘米。墙体中部有 4 米宽的村路豁口（彩图五一）。

第四段（G142—G143）：墙体长 355 米。G142 点处墙体有 5 米宽的村路缺口。墙体内侧种植有大
面积的柠条，生长茂盛，外侧为荒滩草地，地面生长有黑沙蒿草和沙棘草等。墙体两侧壁面陡直，沙
土掩埋约 1/2。墙体高 3.5、底宽 4、顶宽 0.5 米，夯层厚 13～20 厘米。

第五段（G143—G144）：墙体长 583 米。墙体内外两侧地势较平缓，种植有大面积的柠条。墙体
因风雨侵蚀，夯土剥落，两侧沙土掩埋呈齐腰的斜坡状。墙体高 3.2、底宽 4、顶宽 0.5 米，夯层厚
14～20 厘米。G143 点处墙体段有 4 米宽的村路豁口，墙体内侧 6 米处有潘记梁村 2 号烽火台。

第六段（G144—G145）：墙体长 421 米。地处丘陵地带平滩地。墙体用黄土夯筑而成。G144 点处
墙体有 14 米宽的村路豁口。保存较好的 96 米，墙体高 3.5 米。保存一般的 325 米，墙体高 1.5～2.9、
底宽 4、顶宽 0.4 米（彩图五二）。

第七段（G145—G146）：墙体长 620 米。地处缓坡丘陵草滩地带，地势由东向西逐渐走低，地面杂
草丛生，植被较好。墙体用黄土夯筑而成。墙体两侧被沙土掩埋成斜坡状，上部坍塌风化略呈鱼脊形，
有锯齿状的冲沟小豁口。墙体高 2.2、底宽 4 米，夯层厚 14～16、19 厘米（彩图五三）。G146 点墙体南
侧 0.104 千米的山梁上有兴武营村 1 号烽火台。

14. 兴武营村长城墙体

该段墙体起点位于盐池县高沙窝镇兴武营村东南约 1.3 千米的 G146 点处，止点位于高沙窝镇兴武营
村西北 1.4 千米，闫庄子村路穿墙缺口 G155 点兴武营村 2 号烽火台处。墙体呈东南—西北走向，方向在
北偏西 40°～80°～70° 间变化。墙体用黄土夯筑而成。墙体长 3963 米，消失 818 米。根据墙体保存状况，
利用 GPS 点分为 9 段（图二〇）。分述如下。

第一段（G146—G147）：墙体长 982 米。地处丘陵山地的低洼地带，地势由东向西逐渐走低，两
侧为荒滩草地，杂草生长繁茂。呈东南—西北走向，方向北偏西 40°。墙体用黄土夯筑而成。墙体因坍

塌、雨水冲蚀损毁约 1/2，顶部高低错落，断断续续，有多处冲沟豁口，壁面被雨水冲蚀风化成陡坡形。墙体高 0.9～2、底宽约 3.5 米。G147 点处墙体有 9 米宽的村路缺口。

第二段（G147—G148）：墙体长 466 米。墙体用黄土夯筑而成。墙体顶部坍塌风蚀雨蚀略呈鱼脊形，高 1.4～2、底宽约 3.5、顶宽 0.4 米。部分墙体被沙土掩埋（彩图五四），中部有 6 米宽的村路豁口。

第三段（G148—G149）：墙体长 387 米。G148 点处墙体有 6 米宽的村路豁口，西北 296 米处墙体有 8 米宽的村路豁口。墙体上部有较多的固定沙丘，沙丘高 2～4 米，表面长满沙棘草。未被沙土掩埋的部分墙体略呈坡形土梁；部分墙体被取土挖毁，高 1.3～1.6 米。

第四段（G149—G150）：墙体消失 584 米。地处低山丘陵地带的平滩地，地面杂草生长茂盛。墙体人为损毁较严重，大多被开垦为农田，无墙基痕迹。

第五段（G150—G151）：墙体长 195 米。南侧为农田，北侧为沙滩草地，野草生长茂密。墙体大多被取土挖毁，仅存部分，高约 1.5 米（彩图五五）。南距"深沟高垒"（头道边）墙体 0.14 千米。G151 点南 0.14 千米处"深沟高垒"（头道边）墙体上的兴武营村 12 号敌台下有宁夏、内蒙古两省区水泥界碑一块。

第六段（G151—G152）：所处地段杂草生长繁茂，墙体被村民取土挖毁，无墙基痕迹，消失 214 米。

第七段（G152—G153）：墙体长 501 米。大致呈东—西走向，方向北偏西 70°。地处丘陵缓坡地带平滩地，地势较平缓。墙体用黄土夯筑而成。墙体坍塌风化损毁约 4/5，大部分仅存高 0.2～0.5 米的基础部分，夯土酥软，土色略泛白，碱性较大，生长有茂密的芨芨草等。部分段墙体高 1.1～1.6、底宽约 3.5 米。

第八段（G153—G154）：墙体长 422 米。地处丘陵山地间的碱滩平地，生长有低矮的杂草。墙体用黄土夯筑而成。墙体坍塌风化损毁约 3/5，略呈坡形土梁，顶部略呈鱼脊形，夯土风化、酥软，呈粉状剥落，土色略泛白。顶部有较多的沙土堆积，生长有较多的芨芨草。墙体高 1～1.7 米。G153 点处墙体有 3 米宽的缺口（彩图五六）。

第九段（G154—G155）：墙体长 212 米。内侧为丘陵地带的碱滩平地，外侧有较多的固定沙丘。墙体高 1 米，顶部略呈鱼脊形土垄状，上部有较多的沙土堆积。G155 点处墙体消失 20 米，墙基不存（彩图五七）。

15. 闵庄子村长城墙体

该段墙体起点位于盐池县高沙窝镇闵庄子村东北约 2 千米，兴武营西北 1.4 千米的村路缺口 G155 点及兴武营 2 号烽火台处，止点位于高沙窝镇闵庄子村西北约 2.1 千米的村路缺口及闵庄子村 2 号烽火台（G161 点）处。墙体用黄土夯筑而成。墙体长 3127 米，其中消失 70 米。根据墙体保存状况，利用 GPS 点分为 6 段（图二一）。分述如下。

第一段（G155—G156）：墙体长 615 米。两侧有较多的固定沙丘，南距"深沟高垒"（头道边）0.1 千米，两道墙体平行。呈东—西走向，方向北偏西 80°。墙体用黄土夯筑而成，土色略泛白。墙体保存较差，时断时续，形如坡形土梁，顶部被雨水冲蚀成弧形顶，大多被沙土覆盖，生长有茂密的芨芨草。有少部分墙体露出，高 1.4～2 米（彩图五八）。G155 点处墙体内侧有兴武营村 2 号烽火台。

第二段（G156—G157）：墙体长 445 米。地处低山丘陵坡地，地势由东向西逐渐走高，南距"深沟高垒"（头道边）墙体 0.05 千米，两道墙体平行。呈东—西走向。墙体两侧地面生长有较多的黑沙蒿草，顶部及两侧壁面坍塌损毁约 4/5，两侧被沙土掩埋呈斜坡状，顶部风化呈鱼脊形。墙体高 1.1～

2.2、底宽3.5、顶宽0.5米。夯土泛白，夯层厚14、15厘米（彩图五九）。G157点处墙体消失70米，无墙基痕迹。

第三段（G157—G158）：墙体长612米。地处丘陵坡地，地势由东向西逐渐走高，南距"深沟高垒"（头道边）墙体0.05千米。墙体壁面陡直，夯土较硬，土质纯净，夯层清晰。墙体高1.1～2.9、底宽3.5、顶宽0.2～0.7米，夯层厚18、20厘米，版距2.4～2.8米。

第四段（G158—G159）：墙体长418米。地处丘陵地带平滩地，两侧地面植被较好，沙棘草和黑沙蒿草生长茂盛。墙体因坍塌、风蚀雨蚀损毁1/2～3/4。墙体高1～2、底宽3.5、顶宽0.2～0.7米，夯层厚13、18、20厘米。G158点处紧靠墙体内侧有闵庄子村1号烽火台。

第五段（G159—G160）：墙体长580米。保存一般的570米，墙体高1.3～2、底宽3.5、顶宽0.2～0.5米，夯层厚15、17厘米。G159点处墙体有10米宽的冲沟豁口，豁口处仅存墙基痕迹（彩图六〇）。

第六段（G160—G161）：墙体长457米。所处地势较平缓，两侧植被稀疏，生长有低矮的黑沙蒿等沙生植物。大致呈东—西走向，方向北偏西70°。保存一般，墙体因坍塌、风雨侵蚀损毁1/2～3/4。墙体高1～2、顶宽0.2～1米（彩图六一）。G161点处紧靠墙体内侧有闵庄子村2号烽火台。

16. 郭家坑村长城墙体

该段墙体起点位于盐池县高沙窝镇郭家坑村东北约3.5千米，闵庄子村西北约2.1千米的村路缺口G161点闵庄子村2号烽火台处，止点位于高沙窝镇东庄子村1号烽火台东约0.055千米墙体村路缺口处。墙体长5334米。墙体用黄土夯筑而成。主要损毁原因为自然坍塌、风雨侵蚀及人为挖墙修路毁坏等。南与"深沟高垒"（头道边）墙体平行，相距0.05～0.12千米。大致呈东—西走向，方向北偏西约70°。根据墙体保存状况，利用GPS点分为9段（图二二）。分述如下。

第一段（G161—G162）：墙体长382米。大致呈东—西走向，方向北偏西70°。墙体用黄土夯筑而成。墙体因坍塌、雨水冲蚀损毁过1/2，两侧壁面陡直，顶部略呈鱼脊形，有较多锯齿状的冲沟豁口，高1.5～2.5、底宽3.5米（彩图六二），夯层厚14、17～19厘米。G161点处有3米宽的村路缺口。

第二段（G162—G163）：墙体长413米。自G162点西北0.066千米处起有38米消失，其余375米保存一般。墙体壁面有较多的风蚀孔洞，夯层清晰。墙体高1.6～3.5、底宽3.5米，顶部略呈锯齿状，宽0.2～0.5米，夯层厚13～19厘米。

第三段（G163—G164）：墙体长533米。墙体用黄土夯筑而成。保存较好的100米，墙体两侧壁面陡直，高约3.5、底宽3.5～4、顶宽0.2～0.9米，夯层厚10～16厘米，版距2.6～3米（彩图六三）。保存一般的433米，顶部凹凸不平，有较多锯齿状的冲沟豁口，根部风蚀掏空凹进，有孔洞。墙体高约1.5米。

第四段（G164—G165）：墙体长538米。自G164点起有5米宽的村路豁口。墙体因坍塌、雨水冲蚀损毁过2/3，顶部高低不平，略呈坡形鱼脊状，形如坡形土梁，高0.5～1.5、底宽约3.5、顶宽0.2米。夯层厚14、16、20厘米。G164点西约0.1千米处墙体内侧有郭家坑村1号烽火台。

第五段（G165—G166）：墙体长836米。地处丘陵山地。墙体低矮，时断时续，形如一道坡形土梁，顶部略呈鱼脊形。墙体高约1.5、底宽约3.5米。部分墙体仅存墙基痕迹，中段有60米坍塌损毁，被沙土掩埋。G165点西北0.18千米处墙体有5米宽的村路豁口。

第六段（G166—G167）：墙体长716米。所处地势平缓，两侧有较多的固定沙丘，生长有茂密的黑沙蒿等。大致呈东—西走向，方向北偏西75°。保存较差。墙体因坍塌、风雨侵蚀损毁约5/6，形如一道低矮的小土梁。墙体高约 0.6 米，部分墙体仅存墙基痕迹。G166 点西北 0.271 米处墙体有 3 米宽的村路豁口。

第七段（G167—G168）：墙体长 689 米。所处地势由东向西逐渐走高，两侧有较多的沙丘，植被稀少，仅生长有低矮的黑沙蒿草。南距"深沟高垒"（头道边）墙体约 0.045 千米。自 G167 点起墙体消失 38 米，其余保存较差。墙体大多坍塌风化成一道坡形土梁，顶部被雨水冲刷侵蚀呈鱼脊状。墙体高 0.7～1.5、底宽约 3.5 米（彩图六四）。紧靠墙体内侧有郭家坑村 2 号烽火台。

第八段（G168—G169）：墙体长 582 米。保存较差的 502 米，墙体高 1～1.7 米。保存较好的 50 米，壁面直立，墙体高 3.5、顶宽 1.1 米；夯层厚 15、17、22 厘米。消失 30 米。墙体中部 G168 点西北 0.244 千米处有 4 米宽的村路豁口（彩图六五），G169 点处墙体有 4 米宽的村路豁口。

第九段（G169—G170）：墙体长 645 米。两侧地势平缓，地面植被稀少，仅生长有低矮的黑沙蒿草。大致呈东—西走向，方向北偏西 70°。墙体用黄土夯筑而成。墙体东半段如一道坡形土梁，高约 1 米，大多被沙土掩埋；西段保存较好，壁面直立，夯层清晰，墙脚沙土堆积较厚，顶部风雨侵蚀有较多略呈锯齿状的冲沟小豁口。墙体高 1.1～2.4、底宽 3.6、顶宽 0.2～1.1 米，夯层厚 15、16、21 厘米。

17. 东庄子村长城墙体

该段墙体起点位于盐池县高沙窝镇东庄子村东北约 1.1 千米村路穿越墙体缺口的 G170 点处，止点位于高沙窝镇东庄子村西北约 2.1 千米的 G175 点及东庄子村 3 号烽火台处。墙体用黄土夯筑而成。墙体长 2670 米，其中消失 28 米。根据墙体保存状况，利用 GPS 点分为 5 段（图二三）。分述如下。

第一段（G170—G171）：墙体长 330 米。地处丘陵地带平滩地，有较多的小沙丘，植被稀少，仅生长有低矮的黑沙蒿草。墙体用黄土夯筑而成。墙体顶部及两侧壁面有不同程度的坍塌和损毁，顶部高低不平，有较多略呈锯齿状的冲沟豁口，壁面有较多的风蚀孔洞及蜜蜂巢穴孔洞等。墙体高 0.5～3.5、底宽 3.5、顶宽 0.2～1.2 米，夯层厚 14、16、17、19 厘米。G170 点处墙体有 7 米宽的村路豁口，西 0.055 千米处紧靠墙体内侧有东庄子村 1 号烽火台。

第二段（G171—G172）：墙体长 715 米。所处地势由东向西逐渐走高，两侧有较多的小沙丘，地表植被稀少，仅生长有低矮的黑沙蒿草。大致呈东—西走向，方向北偏西 70°。墙体用黄土夯筑而成。保存较差，因坍塌、雨水冲蚀损毁过 2/3，顶部高低不平，形如一道时断时续的小土堆。墙体高 0.5～1.7、底宽约 3.5、顶宽 0.2～1 米，夯层厚 18、21 厘米。

第三段（G172—G173）：墙体长 292 米。呈东南—西北走向，方向北偏西 50°。墙体用黄土夯筑而成。墙体因坍塌、雨水冲蚀损毁过 3/4，顶部损毁不堪，形如一道时断时续的土堆，高约 0.9 米。墙体两侧及上部有较多的沙丘，中部有 3 米宽的冲沟豁口。G173 点东南 0.036 千米处墙体有 4 米宽村路豁口，紧靠墙体内侧有东庄子村 2 号烽火台。

第四段（G173—G174）：墙体长 693 米。保存一般的 428 米，墙体高 2.5、顶宽约 1.1 米。保存较差的 237 米，墙体大多被沙土掩埋，部分墙体顶部坍塌风化呈鱼脊形，墙体高 0.7～1.9、底宽 3.5、顶宽约 0.2 米，夯层厚 14、17 厘米（彩图六六）。墙体中部消失 28 米。

第五段（G174—G175）：墙体长 640 米。保存较差。呈东南—西北走向，方向北偏西 50°。墙体时断时续，因风蚀雨侵损坏较严重，呈坡形土梁，大多被沙土覆盖。部分墙体高 1.1～1.9 米，夯层厚 18、22 厘米（彩图六七）。G174 点处墙体有 5 米宽的村路豁口。G175 点处墙体南侧 0.055 千米处有东庄子村 3 号烽火台。

18. 徐庄子村长城墙体

该段墙体起点位于盐池县高沙窝镇徐庄子村东北约 2.5 千米的东庄子村 3 号烽火台（G175 点）

处，止点位于高沙窝镇徐庄子村西北 2.8 千米及张记边壕村 1 号烽火台（G182 点）处。墙体用黄土夯筑而成。墙体长 3792 米，其中消失 35 米。根据墙体保存特点，利用 GPS 点分为 7 段（图二四）。分述如下。

第一段（G175—G176）：墙体长 617 米。地处低山丘陵坡地，地势由东向西逐渐低缓，两侧植被稀疏，生长有低矮的杂草。呈东—西走向。墙体用黄土夯筑而成。墙体因坍塌、雨水冲蚀损毁约 2/3，顶部高低不平。墙体高 0.6 ~ 2.9、底宽约 3.5、顶宽 0.2 ~ 0.9 米，夯层厚 14、17、19 厘米。墙体中部有 4 米宽的村路豁口。

第二段（G176—G177）：墙体长 321 米。呈东—西走向。南与毛卜剌堡北墙呈东—西平行走向。墙体下半部是黄土夯筑的"河东墙"（二道边），其上是后来修筑的"深沟高垒"（头道边），是用红土加高加宽的墙体。墙体顶部风蚀坍塌成坡形的鱼脊状，上部有较多 3 ~ 5 米宽的冲沟凹槽，壁面被坍塌的夯土及沙土堆积成坡状，墙体高约 5 米。夯土内有较多碎石，夯层厚 0.15 米。G177 点处墙体有 4 米宽的村路豁口。

第三段（G177—G178）：墙体长 902 米。呈东南—西北走向，方向北偏西 65°。墙体保存较差，壁面坍塌风化成坡状，顶部略呈鱼脊形。墙体高 1.1 ~ 2.2、底宽 3.5 米，夯层厚 14、17 厘米。墙体风化酥软，生长有茂密的杂草。G178 点处紧靠墙体内侧有徐庄子村烽火台。

第四段（G178—G179）：墙体长 292 米。呈东南—西北走向。墙体顶部高低不平，有较多驼峰状的冲沟小豁口，表面有较多的风蚀孔洞。墙体高 0.9 ~ 2.7、底宽 3.5 米。有一小段墙体保存较好，墙壁陡直，高约 4 米，夯层清晰，夯层厚 15、16、18 厘米。墙体消失 35 米。G178 点西北 0.14 千米处墙体被挖开 4 米宽的水沟豁口。

第五段（G179—G180）：墙体长 623 米。自 G179 点起墙体有 17 米的冲沟豁口，豁口处仅存墙基痕迹。保存较好的 332 米，墙体高 3.5、顶宽 0.5 ~ 0.8 米，夯层厚 10 ~ 18 米，版长 1.6 ~ 1.7 米，墙体表面风化严重，有较多的蜂窝洞穴。保存较差的 274 米，墙体顶部有较多的冲沟豁口，高 0.2 ~ 2 米，中部有 4 米宽的村路豁口。

第六段（G180—G181）：墙体长 415 米。所处地势平缓，两侧有较多的固定沙丘。呈东南—西北走向，自 G180 点起，方向由北偏西 50°拐折为北偏西 70°。墙体保存较差，坍塌损毁较严重，略显低矮，形如坡形土梁；顶部被雨水冲刷成鱼脊形，表面及两侧地表生长有低矮的杂草。墙体高 0.7 ~ 1.5、底宽约 3.5 米（彩图六八、六九）。

第七段（G181—G182）：墙体长 622 米。墙体用黄土和红土分层夯筑而成。墙体壁面陡直，夯层清晰，根部堆土呈斜坡状，顶部平整。保存较好的 382 米，夯土内有少量的红土夯层，墙体高 3.8、底宽 4.5、顶部最宽 0.8 米。保存一般的 240 米，墙体高 2 米，夯层厚 13、15、18 米。中部有 5 米宽的村路豁口（彩图七○）。

19. 张记边壕村长城墙体

该段墙体起点位于盐池县高沙窝镇张记边壕村东 2.1 千米，徐庄子村西北约 2.8 千米的 G182 点处，止点位于张记边壕村西北约 1 千米的 G187 点（灵武市、盐池县界碑）处。墙体用黄土夯筑而成。墙体长 2743 米，其中消失 80 米。大致呈东—西走向。根据墙体保存状况，利用 GPS 点分为 5 段（图二五）。分述如下。

第一段（G182—G183）：墙体长 612 米。地处低山丘陵坡地，墙体中段地势相对较低，地面有较多固定小沙丘。大致呈东—西走向，方向北偏西 75°。墙体用黄土夯筑而成。墙体表面及两侧地表生长有低矮的杂草，因坍塌、雨水冲刷损毁过 2/3。顶部有较多驼峰状的冲沟小豁口，表面雨水冲蚀，夯土风化严重，夯层模糊不清。墙体高 1.5～2 米。G182 点紧靠墙体内侧有张记边壕村 1 号烽火台。

第二段（G183—G184）：墙体长 512 米。地处低山丘陵坡地，地势由东向西逐渐走低，两侧有较多的固定沙丘。墙体表面及两侧地表生长有低矮的杂草，因坍塌、雨水冲蚀损毁约 1/2。墙体上半部夯土坍塌略呈鱼脊状，两侧被坍塌的夯土及沙土堆积呈坡形，顶部有较多驼峰状的冲沟豁口。墙体高 1.6～2.5、宽大多 2 米。夯土风化剥落较重，夯层厚 10～15 厘米（彩图七一）。

第三段（G184—G185）：墙体长 410 米。墙体因坍塌、风雨侵蚀损毁约 2/3，略呈坡形土梁；顶部因雨水冲蚀，高低不平，有较多驼峰状的冲沟豁口，夯土酥碱、剥落严重。墙体高 1.6～1.9 米。G185 点处紧靠墙体内侧有张记边壕村 2 号烽火台。

第四段（G185—G186）：墙体长 1006 米。地处低山丘陵坡地，地势由东向西逐渐走高。墙体坍塌损毁 1/2～4/5，大多呈坡形土梁；顶部长满杂草，有较多的冲沟凹槽。墙体高 0.7～1.9、底宽约 3.6 米，夯层厚 17、20 厘米（彩图七二）。墙体内侧有小窑洞，窑洞西侧墙体被取土挖毁消失 80 米。G185 点西北 0.321 千米处墙体有 4 米宽的村路豁口。

第五段（G186—G187）：墙体长 203 米。呈东南—西北走向，方向北偏西 65°。墙体用黄土夯筑而成，夯土内有红砂岩和青砂岩碎块。墙体坍塌损毁 1/2～2/3，大多坍塌风化成坡形土梁；顶部高低不平，有较多的冲沟凹槽。墙体高 1.7～2.7、底宽约 3.5 米。G186 点处墙体有 3 米宽的村路豁口。

20. 清水营村二队长城墙体

该段墙体起点位于盐池县高沙窝镇张记边壕村西北约 1 千米的 G187 点（盐池县、灵武市界碑）处，止点位于灵武市宁东镇清水营村二队北约 1.5 千米的 G198 点处。地处低山丘陵平滩地及固定沙丘地带。墙体用黄土夯筑而成。墙体长 5952 米。根据墙体保存状况，利用 GPS 点分为 11 段（图二六、二七）。分述如下。

第一段（G187—G188）：墙体长 302 米。地处丘陵平滩地，地势由东向西逐渐走低。呈东南—西北走向，方向北偏西 65°。墙体用黄土夯筑而成，夯土内有红砂岩和青砂石碎块。墙体坍塌损毁较严重，因壁面倒塌、雨水冲蚀大多呈坡形土梁，顶部有较多波浪状的冲沟凹槽。墙体表面及两侧地面生长有低矮的黑沙蒿草。墙体高 1.5～2.7 米。G188 点处墙体南侧约 0.045 千米处有清水营村 3 号烽火台。

第二段（G188—G189）：墙体长 518 米。所处地势较平缓，植被稀疏，地表生长有低矮的杂草。墙体用黄土夯筑而成。墙体壁面陡直，顶部高低不平，有较多的冲沟豁口，豁口宽 1～2 米。墙体高 1.5～3.5、底宽 3.7、顶宽 0.5～0.8 米。夯土夯打结实，内有红砂岩和青砂岩碎块，夯层厚 15～20 厘米（彩图七三）。

第三段（G189—G190）：墙体长 380 米。墙体壁面较直，夯层清晰，整体损坏较轻。墙体高 1.5～3.5、底宽 4、顶宽 0.5～0.9 米，夯层厚 15、16 厘米。墙体中部有两处 4 米宽的村路豁口。

第四段（G190—G191 点）：墙体长 820 米。墙体坍塌损毁 1/2～4/5，大多被风雨侵蚀成一道坡形土梁，顶部有较多波浪形的冲沟凹槽。墙体两侧沙丘堆积较高，表面长满杂草。墙体高 0.7～2.7、顶宽约 0.3 米。G190 点处墙体有 7 米宽的村路豁口。墙体中段即 G190 点西北 0.323 千米处有 4 米宽的村路豁口。

第五段（G191—G192）：墙体长 498 米。大致呈东—西走向，方向北偏西 75°。保存较好的 50 米，墙体高 3.4、底宽 3.5、顶部最宽 1.2 米。保存较差的 448 米，墙体顶部坍塌风化成鱼脊形，部分墙体被沙土掩埋，墙体高 1.9 米，夯层厚 11、15～17 厘米。G191 点处墙体有 6 米宽的村路豁口，G192 点紧靠墙体内侧有清水营村 4 号烽火台。

第六段（G192—G193）：墙体长 613 米。地处丘陵坡地，地势由东向西逐渐走低。墙体两侧地面及上部有较多的固定沙丘，顶部及两侧地面生长有较多的黑沙蒿草和沙棘草等。墙体因坍塌、沙土侵袭损毁约 2/3，呈土垄状。墙体高 1.6、底宽 3.5 米。

第七段（G193—G194）：墙体长 515 米。大致呈东—西走向，方向北偏西 75°。墙体坍塌损毁较严重，大多被取土挖毁，略呈低矮、散乱、连续堆积的小土包。墙体略高于地表 0.5、底宽约 4 米。部分墙体被雨水冲毁，墙基消失。

第八段（G194—G195）：墙体长 467 米。墙体东段保存较差，坍塌损毁严重，大多被雨水冲毁，仅存墙基痕迹，呈低矮的断断续续的小土梁，墙体高约 0.5 米。西段墙体高 1.5～2.3 米，略呈坡形土梁，夯土酥碱、疏松，夯层模糊不清。

第九段（G195—G196）：墙体长 549 米。地处丘陵缓坡地带，地势由东向西逐渐走高。墙体略呈低矮的宽土梁。墙体高 0.5～1.1、底宽约 4 米，部分段仅存墙基痕迹。

第十段（G196—G197）：墙体长 720 米。大致呈东—西走向，方向北偏西 55°～75°。墙体保存较差，呈坡形土梁状，高 1.1～1.6 米。G196 点墙体南侧 0.045 千米处有清水营村 5 号烽火台。

第十一段（G197—G198）：墙体长 570 米。地处丘陵缓坡地带，地势由东南向西北逐渐走低，呈东南—西北走向。墙体坍塌损毁约 3/4，呈一道土梁，顶部被雨水冲刷侵蚀呈鱼脊形，墙体表面长满沙蒿和沙棘草等。墙体高 0.5～1.3、底宽约 4 米（彩图七四）。

21. 清水营村一队长城墙体

墙体起点位于灵武市宁东镇清水营村二队北约 1.5 千米的 G198 点处，止点位于宁东镇清水营村一队北西北约 2.4 千米的"深沟高垒"（头道边）墙体与"河东墙"（二道边）墙体分叉点处 G207 点处。墙体用黄土夯筑而成。墙体长 4959 米，其中消失 29 米。根据墙体保存状况，利用 GPS 点分为 9 段（图二八）。分述如下。

第一段（G198—G199）：墙体长 518 米。呈东南—西北走向，方向北偏西 55°。墙体因倒塌、雨水冲刷损毁较严重，成为一道宽土埂。墙体高 0.4～1.3 米。墙体两侧有铁丝网防护栏，G198 点处墙体有 4 米宽的村路豁口。

第二段（G199—G200）：墙体长 602 米。地处缓坡丘陵平滩地，两侧生长有较多的芨芨草和黑沙蒿草等。墙体坍塌损毁严重，大多被洪水冲毁，仅存墙基痕迹。墙体高 0.7～1.1、基宽约 4 米。

第三段（G200—G201）：墙体长 308 米。保存差。G200 点为拐点，方向由北偏西 55°拐折为北偏西 20°。墙体坍塌风化损毁较严重，呈时断时续的小土丘，部分墙体仅存墙基痕迹。墙体高 0.7～1.1 米。墙体两侧有铁丝网防护栏。

第四段（G201—G202）：墙体长 229 米。保存较差。G201 点为拐点，方向由北偏西 20°拐折为北偏西 40°。墙体破损不堪，大多被洪水冲毁，仅存墙基痕迹，略呈低矮的断断续续、散乱不堪的的宽土梁。墙体高 0.3～0.9、底宽约 4 米。

第五段（G202—G203）：墙体长 514 米。保存较差。G202 点为拐点，呈东南—西北走向，由北偏西 40°拐折为北偏西 25°。墙体呈土梁状，顶部被雨水冲刷侵蚀呈鱼脊形。墙体高 1.5～2.3、底宽约 4 米。夯土酥软、疏松，夯层模糊不清。

第六段（G203—G204）：墙体长 357 米。墙体略呈坡形土梁状，顶部坍塌严重，被雨水冲刷侵蚀呈鱼脊形，夯土酥碱，土质疏松，长满杂草。墙体高 1.3～2.1、底宽约 4 米。G204 点处紧靠墙体内侧有清水营村 6 号烽火台。

第七段（G204—G205）：墙体长 662 米。呈东南—西北走向，方向北偏西 40°。墙体用黄土夯筑而成。墙体保存差，损毁严重，大多被洪水冲毁，基本与地面平，只能看出墙体走向及痕迹。部分墙体高 0.3 ~ 0.9、底宽约 4 米。

第八段（G205—G206）：墙体长 862 米。呈东南—西北走向。其中，保存一般的 276 米，墙体高约 3 米；保存较差的 522 米，墙体高 1.3 ~ 2.1 米（彩图七五）；保存差的 64 米，仅存墙基痕迹。G206 点处紧靠墙体内侧有清水营村 7 号烽火台。

第九段（G206—G207）：墙体长 907 米。G206 点西北 0.104 千米处为拐点，墙体走向由北偏西 45°拐向北偏西 80°，即由呈东南—西北走向转呈东—西走向，西与"深沟高垒"（头道边）墙体交汇。其中保存较好的 340 米，墙体高 3 ~ 3.5、底宽约 3.5、顶宽 0.5 米，夯层厚 11、12、16、20 厘米；保存一般的 231 米，墙体高 2 米，夯层厚 15 ~ 18 厘米；保存较差的 247 米，墙体高 0.7 ~ 1.5 米；部分墙体坍塌损毁严重，仅存墙基痕迹。G207 点为"深沟高垒"（头道边）墙体与"河东墙"（二道边）墙体的分叉点（彩图七六、七七）。

第二节 "河东墙"（二道边）明长城墙体沿线相关设施

一 "河东墙"（二道边）明长城墙体沿线烽火台 52 座（F38 ~ F89）

"河东墙"（二道边）墙体自盐池县花马池镇双井子村起，由东南向西北到灵武市宁东镇清水营止，沿线共有 52 座烽火台（附表一），大多修建在丘陵缓坡地势较高、视野开阔的墙体内侧 0.015 ~ 0.15 千米处，部分紧靠墙体内侧，仅有一座烽火台修建在墙体外侧约 1.6 千米的梁峁上。墙体沿线烽火台由东南向西北编号为 F38 ~ F89。

1. 双井子村烽火台（F38）

该烽火台位于盐池县花马池镇双井子村长城墙体西约 0.7 千米的山峁上，所处地势较高，视野开阔，东北距长城墙体 0.615 千米（参见图六）。台体用黄土夯筑而成，呈覆斗形，实心，夯层厚 19 ~ 21 厘米。保存较差。以东壁为基轴，方向北偏东 20°。台体坍塌成坡状，底部东西 12、南北 11 米，顶部高低不平，坍塌成不规则的土丘，东西约 2、南北 5 米，高 5 米，东壁、南壁下半部略呈土丘状（彩图七八）。周围地表散布有少量明代青花瓷碗底部残片及黑、灰、酱、褐釉瓷罐残片等。

2. 夏记墩村 1 号烽火台（F39）

该烽火台位于盐池县花马池镇夏记墩村西 0.28 千米，盐（池）王（记梁）公路西北约 0.22 千米的"河东墙"（二道边）长城墙体内侧，地势平坦，视野开阔，东北距长城墙体约 0.11 千米。台体用黄土夯筑而成，呈覆斗形，实心。以东壁为基轴，方向北偏东 20°。保存一般。台体东壁损毁，夯土块状塌落，由里及表坍塌厚约 2 米，底部夯土堆积呈低矮的土丘状；南壁呈底大顶小的梯形，西半部坍塌较重，东半部呈小土台；西壁立面略呈半椭圆形，底部有近代小窑洞，西北角和西南角坍塌损毁较严重，南北两侧坍塌严重，被雨水冲刷成凹凸不平的圆弧形；北壁立面陡直呈梯形，顶部东高西低，略向西倾斜；顶部北半部基本平整，南半部高低不平。台体底部东西 10、南北 13 米，顶部东西 6、南北 7 米，高 7 米；夯层厚 14 ~ 16 厘米。周围地表散布明代褐釉、黑釉瓷缸残片，青白釉酒盅底部残片，灰胎青灰釉、青花、灰胎白釉瓷碗底部残片，夹砂灰胎黑褐釉、黑釉、米黄胎青绿釉、夹砂灰胎棕褐釉瓷罐残片等（彩图七九）。

3. 夏记墩村2号烽火台（F40）

该烽火台位于盐池县花马池镇夏记墩村西北约0.7千米处，所处地势较高，视野开阔，东西两侧为低山缓坡滩地，南侧是丘陵山地，东距长城墙体0.132千米，东北距长城墙体0.121千米，西北距宛记沟村1号烽火台约3千米。当地称为"老庄墩"（参见图五）。台体用黄土夯筑而成，呈覆斗形，实心，平面呈长方形，剖面呈梯形。方向正南北。保存一般。台体东壁、北壁塌落风化成圆锥形的土丘状，表面生长有稀疏的杂草；南壁略呈喇叭形，下半部夯土堆积成土丘状，上部呈长梯形土墩，表面有风蚀孔洞；西壁及西北角坍塌成斜坡状。台体底部东西16、南北14米，顶部高低不平，东西1.5、南北2.5米，高约9米；夯层厚14、15、19厘米（图二九；彩图八〇）。周围地表散布明代青釉、白釉及青花瓷片、棕褐釉瓷缸残片等。

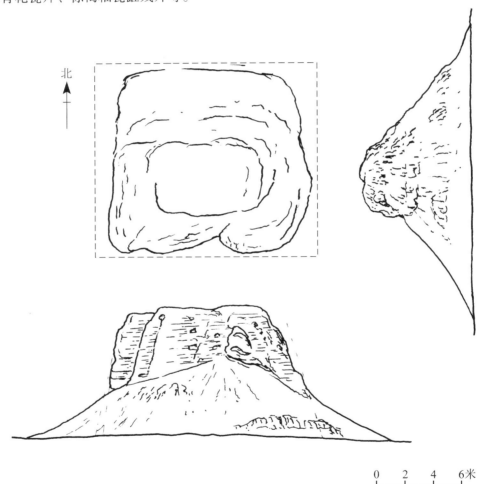

0　2　4　6米

图二九　夏记墩村2号烽火台（F40）平、立面图

4. 宛记沟村1号烽火台（F41）

该烽火台位于盐池县花马池镇宛记沟村南1千米的长城墙体内侧，地处丘陵山地间的草滩地，地势相对平坦，视野开阔，东北距长城墙体0.028千米，东距长城墙体0.032千米，西北距宛记沟村2号烽火台约1.9千米。台体用黄土夯筑而成，呈覆斗形，实心，平面呈长方形，立面呈梯形。方向正南北。保存较差。台体东壁、北壁坍塌成斜坡状；南壁陡直，底部有小窑洞，下半部倒塌呈斜坡状；西壁有裂隙，坍塌风化损毁严重。台体底部东西16、南北15米，顶部高低不平，东西4.5、南北6

米，高9米（图三〇；彩图八一）。夯层厚13～15厘米，夯窝直径9、深1.5厘米。周围地表散布明代青釉碗底残片、黑釉瓷片、褐釉粗瓷片及青花瓷碗底残片等。

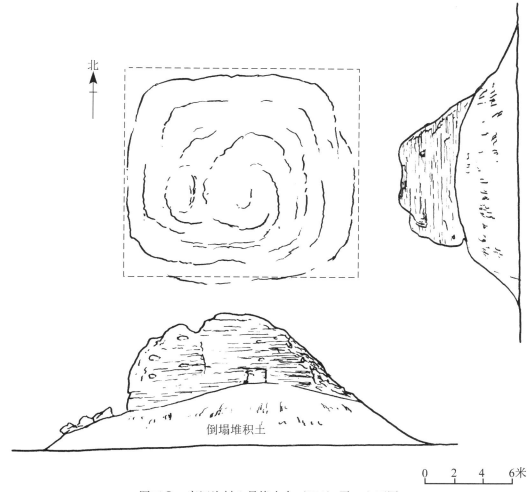

图三〇 宛记沟村1号烽火台（F41）平、立面图

5. 宛记沟村2号烽火台（F42）

该烽火台位于盐池县花马池镇宛记沟村西约0.7千米处，所在地势平坦，视野开阔，东北距长城墙体0.005千米，西北距北王家圈村烽火台约1.4千米。台体依"河东墙"（二道边）墙体内侧而建，黄土夯筑而成，土质纯净，呈覆斗形，实心，平面呈长方形，剖面呈梯形，四壁逐渐收分。以东壁为基轴，方向北偏东35°。保存一般。台体东壁呈凹字形，夯土塌落，雨水冲刷较严重，中部自上而下有一道宽约0.2～3米的水蚀沟槽，底部有坍塌的夯土堆积；南壁呈凸字形，壁面坍塌厚约1米，有较多的风蚀孔洞；西壁陡直，立面呈梯形，壁面基本平整，上部坍塌损毁较重，底部夯土堆积较高，有近代小窑洞；北壁立面呈长梯形，壁面夯土剥落，损毁轻微，底部有小窑洞。台体底部东西20、南北18米，顶部高低不平，东西8、南北8.5米，高约11米。顶部北侧有长6.5米的女墙，东南角女墙长2.5、宽0.7、高0.5米，西侧女墙塌落不存。夯层厚15、16、19、21厘米。台体顶部有木碳灰烬、鸡骨及青花瓷片等，四周地表散布明代青黑釉瓷蒺藜残块、青花瓷碗底部残片、黑釉瓷缸残片、青釉酱釉瓷片、米白釉碗底瓷片（图三一；彩图八二）。

6. 北王家圈村烽火台（F43）

该烽火台位于花马池镇北王家圈村南约1.7千米山梁上，所处地势较高，视野开阔，西北距东冒

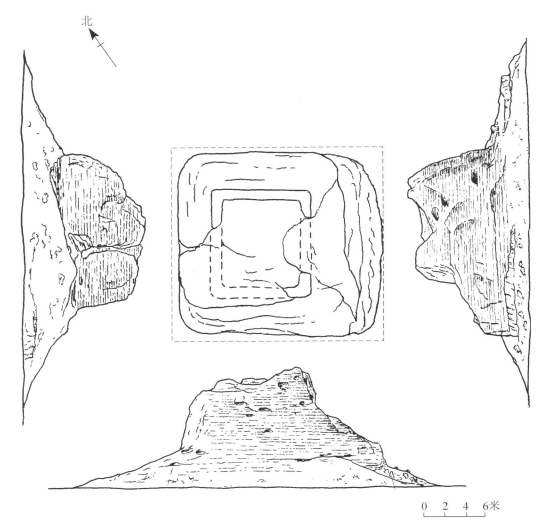

图三一　宛记沟村2号烽火台（F42）平、立面图

寨子村1号烽火台约3.1千米，北距长城墙体0.018千米。台体用黄土和红土分层夯筑而成，呈覆斗形，实心。以东壁为基轴，方向北偏西45°。保存较差。台体坍塌严重，东壁坍塌厚约3米，呈斜坡状，上部崩裂，有1~2米宽的凹槽；南壁立面呈梯形，东南角夯土块状塌落，略向东倾斜，底部夯土块状堆积；西壁呈梯形，壁面崩裂，高低错落，有较宽的裂缝和雨水冲落形成的凹槽，自上而下有2米宽的水蚀凹槽；北壁损毁严重，底大顶尖，表面有较宽的水蚀凹槽。台体底部东西16、南北18米，顶部东西3、南北2米，高11米，夯层厚17、19、20厘米。地表散布有少量明代青釉瓷缸腹部残块、青绿釉及棕褐釉瓷缸残块、青花白釉及瓷碗残片、黑釉瓷盆残块及酱釉瓷罐残片等（图三二；彩图八三）。

7. 东冒寨子村1号烽火台（F44）

该烽火台位于盐池县花马池镇东冒寨子村东南1.9千米的低山梁峁上，所在地势较高，视野开阔，北距长城墙体0.156千米，西北距东冒寨子村2号烽火台约2.2千米。台体用黄土和红土分层夯筑而成，土质纯净，呈覆斗形，实心。以东壁为基轴，方向北偏西25°。保存较差。台体东壁、北壁底部夯土及沙土堆积较高，略呈低矮的土丘，上部残存凸起的小土墩；南壁、西壁坍塌厚约3米，根部风蚀，濒临倒塌。台体底部边长14米，顶部东西1.5、南北2.5米，高7米，夯层厚13、16、18厘米。周围

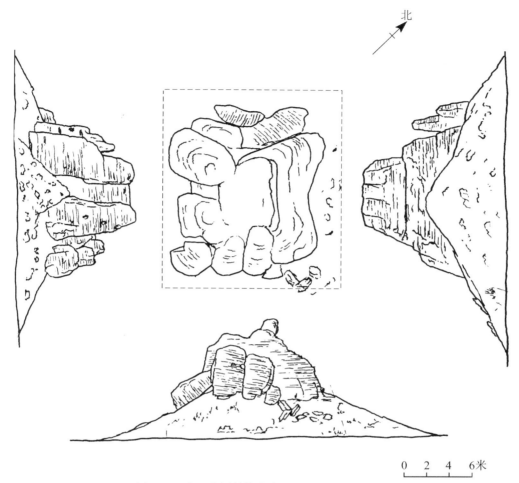

图三二 北王家圈村烽火台（F43）平、立面图

地表散布有少量灰釉瓷缸残片、青花瓷碗底部残片和黑釉、灰釉瓷罐残片、灰胎酱釉、棕褐釉瓷罐残片等（彩图八四）。

8. 东冒寨子村 2 号烽火台（F45）

该烽火台位于盐池县花马池镇东冒寨子村北约 0.4 千米处，所在地势较高，视野开阔，西北距柳（杨堡）北（大池）公路约 0.27 千米、距长城墙体 0.014 千米。台体依长城墙体内侧而建，黄土夯筑而成，土质纯净，呈覆斗形，实心，四壁有收分。以东壁为基轴，方向北偏西 30°。保存一般。台体东壁立面呈梯形，壁面凹凸不平，坍塌厚约 2 米；南壁陡直呈梯形，夯层清晰，有风蚀孔洞和鸟窝洞穴等；西壁陡直，基本平整，夯层清晰，自上而下被雨水冲刷形成宽 0.3 ~ 0.7 米的水蚀冲沟凹槽，西北角底部夯土塌落、风蚀凹进；北壁陡直平整，呈窄梯形，壁面剥落损坏相对较轻。台体底部东西 12、南北 14 米，顶部东西 2.5、南北 1.5 米，高 10 米，夯层厚 13 ~ 15 厘米（彩图八五）。周围地表散布有少量灰釉瓷缸残片、青花瓷碗底残片和黑釉、灰釉、酱釉、棕褐釉瓷罐残片等。

9. 上滩村 1 号烽火台（F46）

该烽火台位于盐池县花马池镇上滩村北 1 千米的长城墙体内侧，所在地势平坦，视野开阔，南距长城墙体 0.218 千米，西距盐（池）鄂（前旗）公路（省道 302）0.6 千米。台体用黄土夯筑而成，土质纯净，呈覆斗形，实心，剖面呈梯形，四壁有收分。方向北偏西 40°。保存一般。台体东壁上部风化成圆弧形，中部坍塌严重，因雨水冲刷有 1 ~ 4 米宽的弧形凹槽，底部有塌落的夯土堆积；南壁立面呈梯形，顶部略凸，版筑缝隙被雨水冲出宽 0.2 米的凹槽，底部堆土较高；北壁坍塌风化成半椭圆形，版缝开裂被雨水冲刷出宽 0.3 米的沟槽，版距 1.6、2.2 米。台体底部东西 16、南北 15 米，顶部东西 3.5、南北 2.5 米，高 11 米，夯层厚 15、18 厘米（彩图八六）。

　　台体存夯土围墙基础。围墙用黄土夯筑而成，边长 63 米，门朝南开，位于南墙中部，宽不详。围墙内地面高于围墙外地面 0.5～1.2 米，东墙、南墙存墙基痕迹高约 0.2 米。北墙高 0.5～1.6 米，西墙高 0.5 米，东墙墙基痕迹宽约 2 米，西北角、西南角不存。周围地表散布有少量青釉瓷缸腹部粗瓷片、灰胎青绿釉粗瓷片、青花瓷碗口沿残片、白釉瓷片及黑釉瓷罐残片等（图三三）。

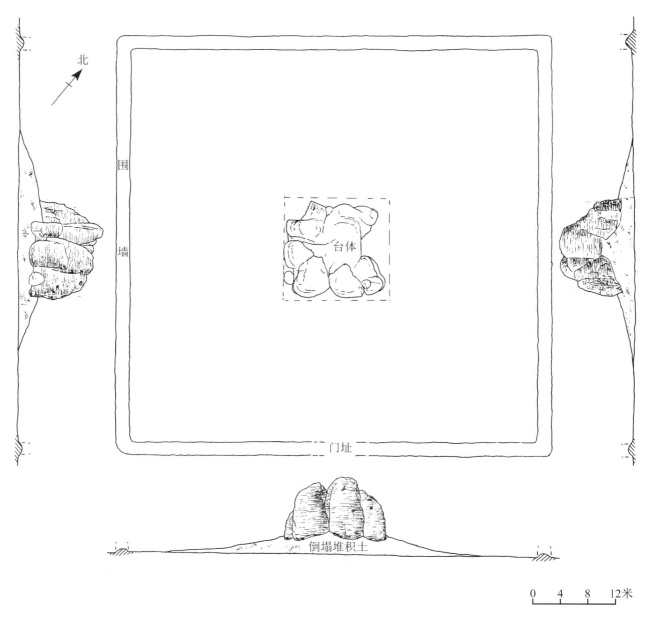

图三三　上滩村 1 号烽火台（F46）平、立面图

10. 上滩村 2 号烽火台（F47）

该烽火台位于盐池县花马池镇上滩村北约 2.4 千米的"河东墙"（二道边）墙体外侧山峁上，所在地势高亢，视野开阔，周围远近环境一览无余，西南距长城墙体约 1.58 千米，当地称为"蔡记墩"。台体用黄土夯筑而成，呈覆斗形，实心。以东壁为基轴，方向北偏西 30°。保存较差。台体东南角、东北角坍塌损毁约 1/4，南壁、北壁坍塌损毁约 1/3；西壁自上而下有两道宽裂缝，有风蚀孔洞等。台体底部东西 14、南北 12 米，顶部东西 5、南北 2.2 米，高 12 米，夯层厚 13～15、17 厘米。圆形桩木平夯在台体内，上下共 3 层，上下间距 2 米，左右间距 0.5～0.4 米，桩木直径 11～12 厘米。周围地表散布有少量明代灰釉瓷缸残片、青花瓷碗底部残片和黑釉、灰釉、酱釉、棕褐釉瓷罐残片等（图三四；彩图八七）。

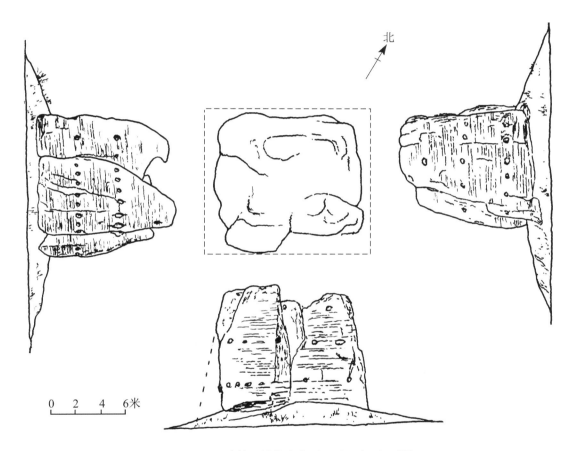

图三四 上滩村 2 号烽火台（F47）平、立面图

11. 杨记圈村 1 号烽火台（F48）

该烽火台位于盐池县花马池镇杨记圈村东南 1.8 千米的墙体内侧低山梁峁上，所在地势较高，东距盐（池）鄂（托克前旗）公路约 0.28 千米，当地称"龙家墩"。台体紧靠长城墙体内侧而建，黄土夯筑而成，呈覆斗形，实心。台体内有圆形桩木，直径 12 厘米。以东壁为基轴，方向北偏西 40°。保存一般。台体东壁陡直，中部自上而下有两道水蚀沟槽将东壁一分为三，根部风蚀飕空，底部有小窑洞；南壁、西壁自上而下有雨水冲刷的冲沟凹槽，坍塌损毁严重；北壁陡直呈梯形，壁面平整，夯土剥落较轻，自上而下有裂缝。台体底部东西 12、南北 13 米，顶部高低不平，东西 4、南北 3.5 米，高 10 米，夯层厚 12、14、17 厘米。周围地表散布有少量明代灰釉瓷缸残片、青花瓷碗底部残片，黑釉、灰釉、酱釉、棕褐釉瓷罐残片等（图三五；彩图八八）。

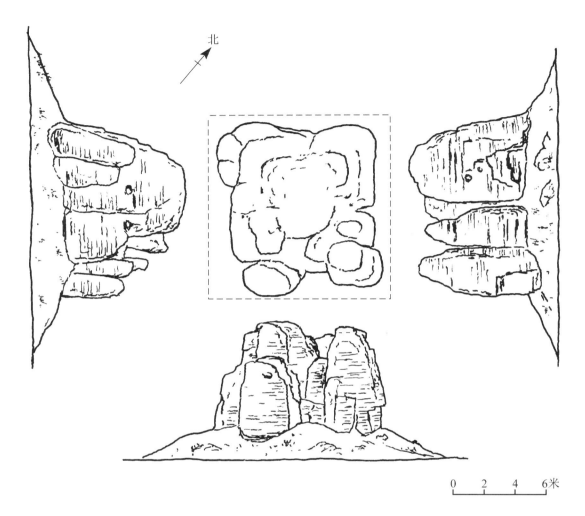

图三五　杨记圈村 1 号烽火台（F48）平、立面图

12. 杨记圈村 2 号烽火台（F49）

该烽火台位于盐池县花马池镇杨记圈村东 0.6 千米处，地处平滩地，地势相对较高，视野开阔，东北距长城墙体 0.057 千米，北距张家场村约 1.5 千米，西北距杨记圈村 3 号烽火台约 1.1 千米，当地称"倒墩子"。台体用黄土和红沙土分层夯筑而成，夯土内有白色碎石，呈覆斗形，实心。以东壁为基轴，方向北偏西 30°。保存一般。台体坍塌风化成坡形，顶部基本平整，底部周围堆积较高。台体底部东西 14、南北 15 米，顶部边长 6 米，相对地面高约 6 米，夯层厚 17、19、21 厘米。周围有草原防护栏，地表散布有少量绿釉、灰釉瓷缸残片，青花瓷碗底部残片，黑釉、灰釉、酱釉、棕褐釉瓷罐残片等（彩图八九）。

13. 杨记圈村 3 号烽火台（F50）

该烽火台位于盐池县花马池镇杨记圈村西北 0.6 千米处，西北距杨记圈村 4 号烽火台约 1.15 千米，东北距张家场村约 1.5 千米、距长城墙体 0.06 千米，当地称"杨记墩"。台体用黄土夯筑而成，土质纯净，呈覆斗形，实心，平面呈正方形，剖面呈梯形，四壁有收分。保存一般。方向北偏西 35°。台体东壁陡直，剖面呈梯形，壁面有风蚀凹进的孔洞，底部有小窑洞；南壁立面呈梯形，中间自上而下被雨水冲蚀出宽约 0.4、深约 2 米的凹槽，底部风蚀凹进；西壁陡直呈梯形，受雨水冲蚀凹凸不平，夯土剥落严重；北壁呈半椭圆形，自上而下有雨水冲刷的凹槽，根部风蚀飕空凹进，底部有堆土。台体底部东西12、南北14米，顶部边长6米，高9米。台体表面有直径14厘米的桩木孔洞，桩木平行排列，间距1～2米，夯层厚17、20、21厘米。

　　台体有围墙，黄土夯筑而成。围墙边长36米，仅存北墙、东墙部分夯土基础，墙基高0.7～1.1、宽3米；南墙、西墙被沙土掩埋，仅存东北角、东南角墙基部分。以东墙为基轴，方向北偏东35°。周围地表散布有少量绿釉、灰釉瓷缸残片、青花瓷碗底部残片和黑釉、灰釉、酱釉、棕褐釉瓷罐残片等（图三六；彩图九〇）。

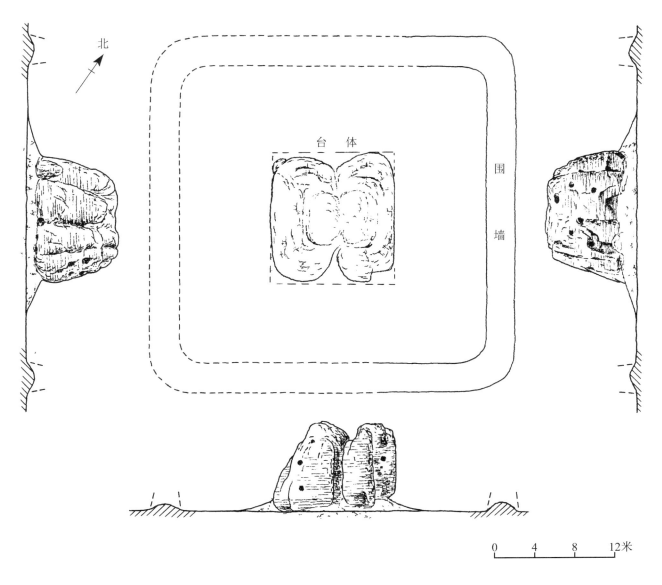

图三六　杨记圈村3号烽火台（F50）平、立面图

14. 杨记圈村4号烽火台（F51）

　　该烽火台位于盐池县花马池镇杨记圈村西北1.7千米的墙体内侧，地势较高，视野开阔，东北距

长城墙体 0.048 千米，西北距杨记圈村 5 号烽火台约 1.2 千米，北距张家场村约 1.5 千米，当地称
"红墩子"。台体用黄土和红土分层夯筑而成，土质纯净，呈覆斗形，实心。方向北偏东 30°。保存一
般。台体东壁、西壁塌落呈斜坡梯形，下半部呈土丘状，上部存长梯形的夯土台；南壁立面呈梯形，
中部自上而下被雨水冲刷成宽约 3、深约 1 米的凹槽；北壁呈斜坡梯形，风化成平顶的土丘状。台体底
部边长 16、顶部边长 6、高 7 米，夯层厚 16、24、27 厘米。周围地表散布有少量绿釉、灰釉瓷缸残
片、青花瓷碗底部残片和酱釉、棕褐釉瓷罐残片等（图三七；彩图九一）。

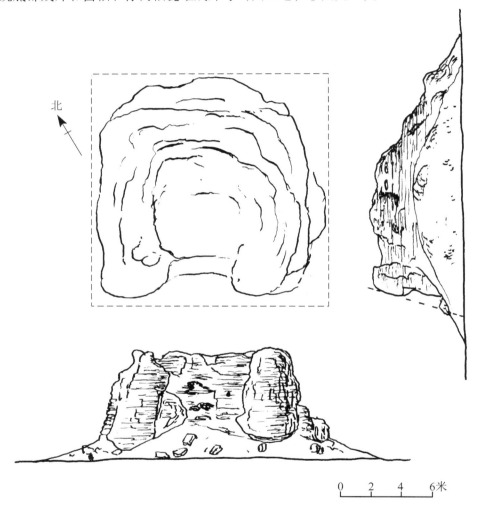

北

0　　2　　4　　6米

图三七　杨记圈村 4 号烽火台（F51）平、立面图

15. 杨记圈村 5 号烽火台（F52）

该烽火台位于盐池县花马池镇杨记圈村西北约 2.6 千米处，西北距黄记沙窝村 1 号烽火台约 1.2 千
米，东北距张家场村 1.7 千米、距长城墙体 0.046 千米，当地称"皮墩子"。台体平地起建，黄土夯筑而
成，土质纯净，呈覆斗形，实心。以东壁为基轴，方向北偏东 30°。保存较差。台体坍塌风化成土丘，顶
部保存较少，凹凸不平。台体底部边长 14 米，顶部东西 3、南北 2 米，高 6 米，夯层厚 15、17、19 厘米。
周围地表散布有少量明代青花瓷碗底部残片、黑釉瓷片、酱釉瓷缸残片、棕褐釉瓷罐残片等。

16. 黄记沙窝村 1 号烽火台（F53）

该烽火台位于盐池县花马池镇黄记沙窝村东南 1 千米处，地处丘陵缓坡地带，地势相对较低，西北

距黄记沙窝村 2 号烽火台约 1.3 千米，东北距长城墙体 0.045 千米。台体用黄土夯筑而成，土质纯净，呈覆斗形，实心。方向北偏东 20°。保存一般。台体东壁坍塌风化成斜坡，夯土酥软；南壁立面呈梯形，正中自上而下被雨水冲刷塌落成宽 2.4、深约 1 米的凹槽；西壁立面呈梯形，裂缝较多，西南角坍塌损毁较严重。台体底部边长 15 米，顶部东西 6、南北 4 米，高约 8 米，夯层厚 15、18、20 厘米。周围地表散布有少量绿釉瓷缸残片、青花瓷碗底部残片和黑釉、酱釉、棕褐釉瓷罐残片等（图三八；彩图九二）。

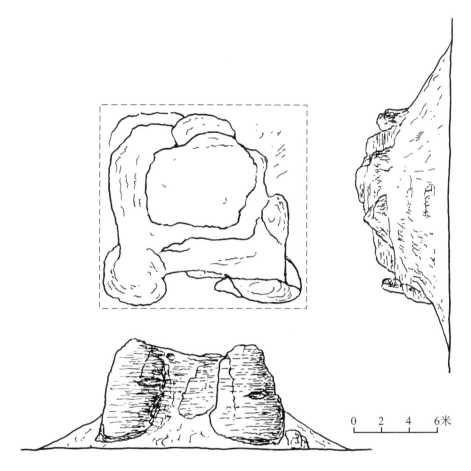

图三八 黄记沙窝村 1 号烽火台（F53）平、立面图

17. 黄记沙窝村 2 号烽火台（F54）

该烽火台位于盐池县花马池镇黄记沙窝村北约 0.3 千米，G084 点西北 0.086 千米处，地势较高，视野开阔，西北距黄记沙窝村 3 号烽火台约 0.73 千米。台体紧靠长城墙体内侧而建，黄土夯筑而成，土质纯净，呈覆斗形，实心。以东壁为基轴，方向北偏东 50°。保存较差。台体坍塌风化较严重，东壁、南壁坍塌成土丘，顶部呈凸形；西壁立面呈近梯形，损毁严重；北壁及西北角被取土挖毁；顶部保存较少。台体底部东西约 18、南北约 15 米，顶部东西 4、南北 3.5 米，高 8 米，夯层厚 15、17 厘米。周围地表散布有少量明代绿釉、灰釉瓷缸残片、青花瓷碗底部残片和黑釉、灰釉、酱釉、棕褐釉瓷罐残片等（图三九；彩图九三）。

18. 黄记沙窝村 3 号烽火台（F55）

该烽火台位于盐池县花马池镇黄记沙窝村西北 1.2 千米的低矮山梁上，地势相对较高，视野开阔，

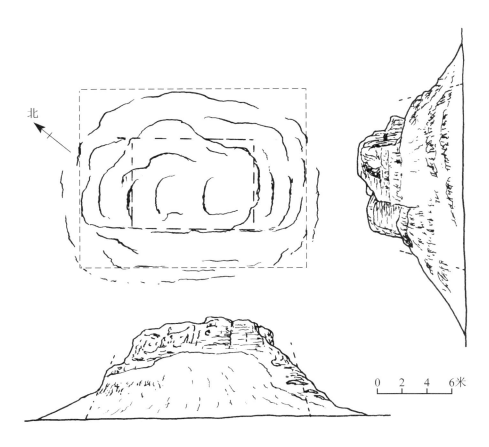

图三九　黄记沙窝村 2 号烽火台（F54）平、立面图

西距黄记沙窝村 4 号烽火台 0.15 千米。黄记沙窝村 3 号、4 号烽火台当地俗称"双墩子"。台体紧靠长城墙体内侧而建，黄土夯筑而成。方向北偏西 40°。整体保存一般。台体东壁陡直，立面呈近半圆形，顶部因雨水冲蚀呈锯齿状，壁面块状塌落，裂隙严重，东北角坍塌缺失；南壁陡直，立面呈梯形，表面凹凸不平，有水蚀凹槽和裂缝等，东南角坍塌严重，底部有塌落的夯土堆积；西壁陡直呈梯形，有两道宽裂缝，西北角坍塌损毁严重，底部有啮齿类动物的洞穴；北壁陡直，立面呈半圆形，底部有动物洞穴等。东、南、北壁底部 16 米，顶部东西 6、南北 7 米，高约 7 米。夯层厚 14～16、18 厘米。周围地表散布有少量明代灰釉瓷缸残片、青花瓷碗底部残片和黑釉、酱釉、褐釉瓷罐残片等（图四〇；彩图九四）。

19. 黄记沙窝村 4 号烽火台（双墩子）（F56）

该烽火台位于盐池县花马池镇黄记沙窝村西北 1.2 千米长城墙体内侧的低矮山梁上，所处地势较高，视野开阔，与黄记沙窝村 3 号烽火台一起俗称"双墩子"，东北距长城墙体 0.154 千米。台体用黄土夯筑而成，呈覆斗形，实心。方向正南北。保存较差。台体坍塌风化损毁严重，整体风化成四面坡形的土台。台体底部边长 14、顶部边长 4、高 3 米。周围地表散布有少量明代青绿釉瓷缸残片、青花瓷碗底部残片和黑釉、酱釉、褐釉瓷罐残片等。

20. 黄记沙窝村 5 号烽火台（F57）

该烽火台位于盐池县花马池镇黄记沙窝村西北 1.9 千米，长城墙体内侧地势较高的土台上，地势相对低洼，西北距黄记沙窝村 6 号烽火台约 0.78 千米，东北距长城墙体 0.1 千米。台体用

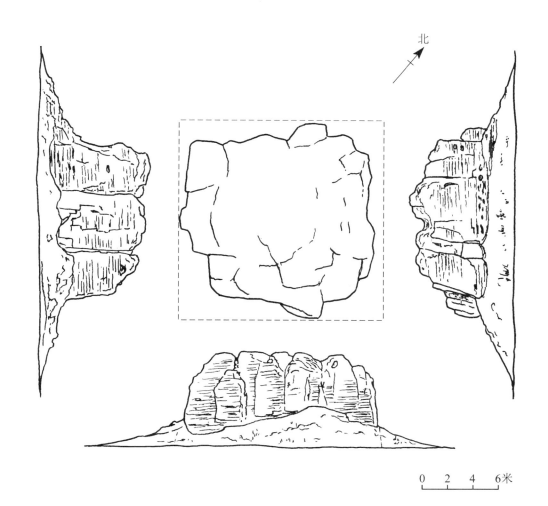

北

0 2 4 6米

图四〇 黄记沙窝村3号烽火台（F55）平、立面图

黄土和红沙土分层夯筑而成，呈覆斗形，实心。以东壁为基轴，方向北偏西20°。保存一般。台体东壁高大，坍塌风化成漏斗形，下半部呈土丘状，上部凸起，表面杂草生长茂密；南壁、西壁立面略呈小平顶的三角形，壁面陡直平整，夯层清晰；北壁立面呈梯形，底部夯土堆积较多，长满杂草，顶部凸起。台体底部边长14、顶部边长1.5、高约13米。夯层厚15、16厘米。周围地表散布有少量明代青绿釉瓷缸残片、青花瓷碗底部残片、灰釉瓷缸残片和酱釉、褐釉瓷罐残片等（彩图九五）。

21. 黄记沙窝村6号烽火台（F58）

该烽火台位于盐池县花马池镇黄记沙窝村西北3.2千米的长城墙体内侧梁峁上，所处地势高亢，视野开阔，北距长城墙体0.06千米。台体用黄土夯筑而成，土质纯净，呈覆斗形，实心。方向正南北。台体东壁立面呈近半椭圆形，壁面上部雨水冲刷剥蚀较严重，自上而下有一道宽0.5～3米的凹槽；南壁立面呈梯形，壁面凹凸不平，自上而下有多处裂缝，西南角和东南角夯土块状塌落严重，底部有小窑洞等；西壁陡直呈梯形，底部有两孔小窑洞；北壁呈梯形，壁面塌落厚约1米，顶部高低不平。台体底部东西17、南北16米，顶部东西5、南北6米，高约11米。夯层厚17～19、23厘米（图四一；彩图九六）。

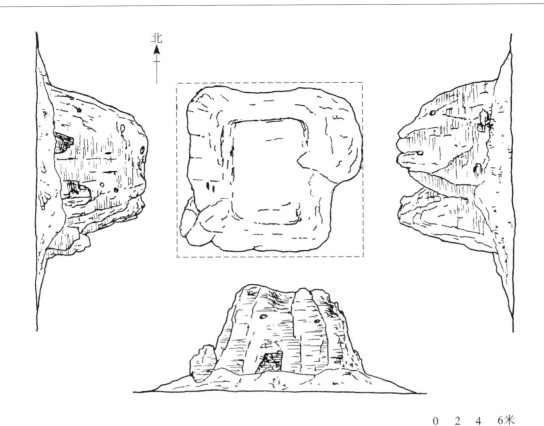

北

0　2　4　6米

图四一　黄记沙窝村6号烽火台（F58）平、立面图

22. 张记台村1号烽火台（F59）

该烽火台位于盐池县花马池镇张记台村东南约3千米处，地处丘陵滩地，地势较平缓，视野开阔，西北距张记台村2号烽火台约1.5千米，北距长城墙体0.01千米。台体用黄土夯筑而成，呈覆斗形，实心，剖面呈梯形。以东壁为基轴，方向北偏西40°。保存较差。台体坍塌成低矮的土丘，夯土酥碱，四周沙土堆积成斜坡；顶部有现代圆形窑洞，深1.6、直径3米，窑壁用青砖砌筑，有青灰色的烧结面。台体底部边长15米，顶部东西4、南北5米，高3米。夯层厚18厘米。周围地表有少量明代青绿釉瓷缸残片、青花瓷碗底部残片和黑釉、酱釉、褐釉瓷罐残片等（彩图九七）。

23. 张记台村2号烽火台（F60）

该烽火台位于盐池县花马池镇张记台村东南约1.6千米的山梁上，所处地势高亢，视野开阔，西北距张记台村3号烽火台约1.98千米，东北距长城墙体0.2千米。台体用黄土夯筑而成，呈覆斗形，实心。方向正南北。保存一般。台体东壁立面略呈凹字形，中部自上而下有一道2米多宽的冲蚀凹槽，底部堆土呈斜坡状，东北角坍塌严重；南壁立面呈梯形，顶部高低不平，壁面有多处裂缝，自上而下有雨水冲刷形成的凹槽，根部侵蚀凹进，夯土堆积较多；西壁、北壁陡直，壁面裂隙严重，有风蚀孔洞。台体底部东西约15、南北14米，顶部边长6米，高8米。夯层厚16、18厘米（图四二；彩图九八）。

24. 张记台村3号烽火台（F61）

该烽火台位于盐池县花马池镇张记台村西南约1千米，地处丘陵滩地，地势平坦，视野开阔，西北距李华台村路缺口0.242千米。台体紧靠长城墙体内侧而建，黄土夯筑而成，呈覆斗形，实心。以

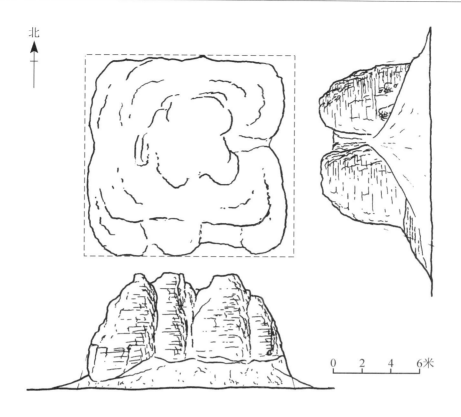

北

图四二 张记台村 2 号烽火台（F60）平、立面图

东壁为基轴，方向北偏西 40°。保存较差。台体四壁坍塌成斜坡，顶部因雨水冲蚀损毁较严重。台体底部边长 14 米，顶部东西 3、南北 2 米，高 5 米。夯层厚 17、18 厘米（图四三；彩图九九）。

25. 南圈村 1 号烽火台（F62）

该烽火台位于盐池县花马池镇南圈村东南约 1 千米，张记台村西南 1.2 千米。所处地势平坦，视野开阔，西北距南圈村 2 号烽火台 1.9 千米，南距安定堡旧城约 0.5 千米，北距长城墙体 0.005 千米。台体用黄土夯筑而成，呈覆斗形，实心。以东壁为基轴，方向北偏西 40°。保存一般。台体东壁坍塌风化呈半椭圆形，北半部自上而下被雨水冲刷有宽 2、深约 1 米的凹槽，底部夯土堆积呈斜坡状；南、西、北三壁立面呈梯形，壁面基本平整，台体根部有风蚀凹槽，表面有裂缝和风蚀孔洞；南壁底部有三孔小窑洞。台体底部东西约 15、南北 14 千米，顶部高低不平，东西 4、南北 3 米，高 11 米。夯层厚 15、16、18、20 厘米。周围地表有少量灰釉瓷缸残片、青花瓷碗底部残片和黑釉、酱釉、褐釉瓷罐残片等（图四四；彩图一○○）。

26. 南圈村 2 号烽火台（F63）

该烽火台位于盐池县花马池镇南圈村西 1 千米处，所处地势较高，视野开阔，当地称"黄孝墩"，南距南圈村公路缺口 0.7 千米，西北距南圈村 3 号烽火台约 1.7 千米，北距长城墙体 0.016 千米。台体用黄土夯筑而成，呈覆斗形，实心。以东壁为基轴，方向北偏东 40°。保存较差，损毁严重。台体东壁坍塌成斜坡状；南壁上部坍塌损毁严重，壁面有较多的风蚀孔洞；西壁保存甚少，底部有小窑洞；北壁坍塌损毁严重，壁面呈西高东低的斜坡状。台体底部东西 14、南北 7 米，顶部东西 3、南北 5 米，高 5 米。夯层厚 15、16 厘米。周围地表有少量绿釉瓷缸残块、青花瓷片、黑釉瓷碗底部残片及白釉瓷碗口沿残片等（彩图一○一）。

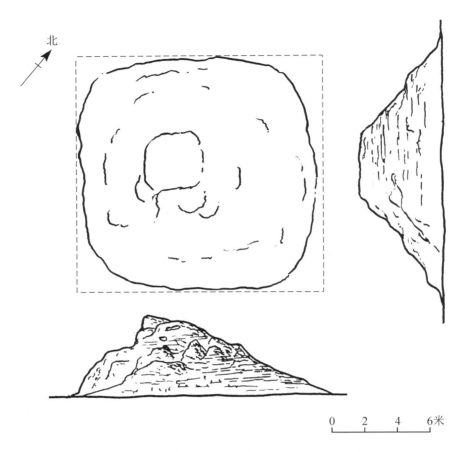

图四三　张记台村 3 号烽火台（F61）平、立面图

27. 南圈村 3 号烽火台（F64）

该烽火台位于盐池县花马池镇南圈村西北 2.3 千米，三道弯村东南约 2 千米，长城墙体西南约 0.26 千米处的山梁上，所处地势高亢，视野开阔，当地称"孙记墩"，西距陈记梁村约 1.7 千米。台体用黄土夯筑而成，呈覆斗形，实心。以东壁为基轴，方向北偏西 55°。保存一般。台体顶部基本平整，四壁夯土剥落，裂缝较多，整体坍塌风化成平顶的土丘状；东、南、北三壁保存较好，壁面平整呈圆角梯形，但南壁夯土剥落，有较多的风蚀孔洞；西壁底部风蚀有凹槽。台体底部东西约 16、南北 14 米，顶部基本平整，边长 5 米，高 8 米。夯层厚 14、15、19、20 厘米。

台体四周保存围墙基础。围墙用黄土夯筑而成，边长 48 米，夯层厚 14、22 厘米。门向南开，位于南墙中部，宽不详。围墙所处地势内高外低，墙体外侧地势呈斜坡状，相对外侧地面高 2.2 米；墙体坍塌风化成低矮的土埂状，底宽 1.5 米，东墙仅存墙基痕迹，南墙高 0.7、底宽 1.5 米，西墙相对外侧地面高 1.1 米，北墙底宽 1.5、高 0.5 米。台体位于围墙中央，东墙距台体 16 米，南墙距台体 18 米。周围地表散布有少量青绿釉瓷盆口沿残片、青花瓷碗底部残片、黑釉粗瓷片、酱釉瓷片及褐釉瓷片等（图四五；彩图一〇二）。

28. 叶记场村 1 号烽火台（F65）

该烽火台位于盐池县花马池镇叶记场村东南 0.8 千米处，所处地势平坦，视野开阔，西北距叶记场村 2 号烽火台约 1.7 千米。台体依长城墙体内侧而建，黄土夯筑而成，呈覆斗形。以东壁为基轴，

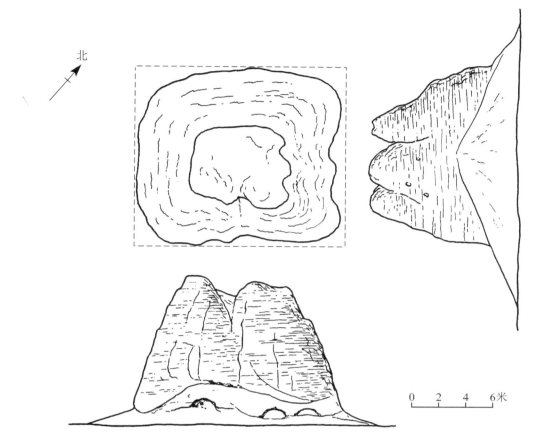

北

0 2 4 6米

图四四 南圈村 1 号烽火台（F62）平、立面图

方向北偏东 40°。保存较差。台体坍塌成土丘，四周夯土堆积较厚；南壁有两孔小窑洞，壁面坍塌成斜坡状；东壁坍塌成斜坡状，底部有小窑洞。台底东西 14、南北 12 米，顶部损毁严重，东西 4、南北 3 米，高 5 米。周围地表散布有少量青绿釉瓷缸、青花瓷碗底部残片和黑釉、酱釉、棕褐釉瓷罐等残片（图四六）。

29. 叶记场村 2 号烽火台（F66）

该烽火台位于盐池县花马池镇叶记场村西北约 1 千米的山梁上，所处地势高亢，视野开阔，东北距长城墙体 0.08 千米，西北距叶记场村 3 号烽火台约 1.5 千米。台体用黄土夯筑而成，呈覆斗形，实心，平面呈长方形，剖面呈梯形，四壁有收分。以东壁为基轴，方向北偏东 5°。保存一般。台体东壁陡直，立面呈梯形，壁面夯土剥落损毁较轻，底部有两孔小窑洞；南壁底部风蚀飕空，夯土块状塌落，雨水冲刷侵蚀较严重，自上而下有两道宽裂缝；西壁呈梯形，自上而下有一道冲沟裂缝，底部有小窑洞，顶部有较宽的水蚀沟槽；北壁夯土剥落损毁较轻，立面呈平顶的半椭圆形，有风蚀孔洞。台体底部东西 12、南北 11 米，顶部高低不平，东西 3、南北 4 米，高约 8 米。夯层厚 14、15 厘米。周围地表散布有少量青釉瓷缸残片、青白釉碗底部残片、黑釉瓷片及浅褐釉瓷罐残片等（图四七；彩图一〇三）。

30. 叶记场村 3 号烽火台（F67）

该烽火台位于盐池县花马池镇叶记场村西北 1.8 千米，陈记壕村东北约 0.8 千米处，所处地势平坦，视野开阔，当地称"冯记墩"，西北距苏步井公路缺口约 0.6 千米。台体紧靠长城墙体内侧而建，黄土夯筑而成，土质纯净，呈覆斗形，实心。以东壁为基轴，方向北偏东 40°。保存较差。台体坍塌风

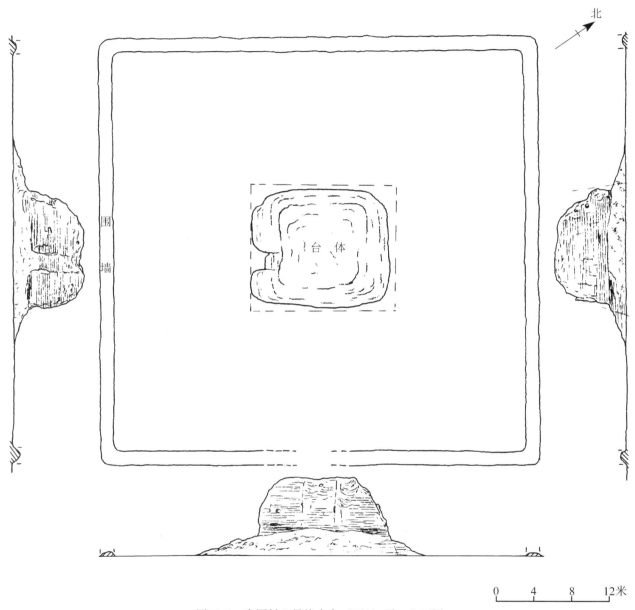

图四五　南圈村 3 号烽火台（F64）平、立面图

化成土丘。台体底部东西约 16、南北约 12 米，顶部高低不平，东西 3、南北 2 米，高 6 米，夯层厚 16、19 厘米。周围地表散布有少量青绿釉瓷缸粗瓷片、青花瓷碗底部残片及黑釉瓷碗底部残片等（图四八）。

31. 红圪瘩村 1 号烽火台（F68）

该烽火台位于盐池县高沙窝镇冯记油房村东北约 1.2 千米、陈记壕村北约 0.8 千米处，所处地势平坦，视野开阔，东南距苏步井公路穿墙缺口约 0.8 千米，西北距红圪瘩村 2 号烽火台约 1.6 千米，东北距长城墙体 0.078 千米。台体用黄土夯筑而成，呈覆斗形，实心，剖面呈梯形。方向北偏东 40°。保存较差。台体坍塌风化成斜坡。台体底部边长 11 米，顶部基本平整，东西 4、南北 5 米，高 5 米。

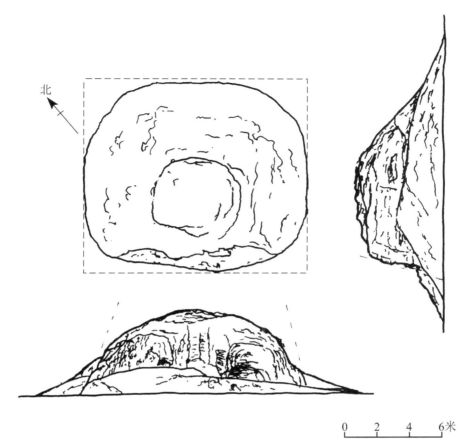

北

0　2　4　6米

图四六　叶记场村 1 号烽火台（F65）平、立面图

夯土因雨水冲刷酥碱严重，夯层不清晰。周围地表散布有少量青绿釉瓷缸粗瓷片，青花、黑釉瓷碗底部残片和墨绿釉瓷缸口沿残片及瓷蒺藜残片等。

32. 红圪瘩村 2 号烽火台（F69）

该烽火台位于盐池县高沙窝镇冯记油房村北约 1.4 千米，红圪瘩村东南约 2.7 千米处，所处地势平坦，视野开阔，西北距红圪瘩村 3 号烽火台约 1.4 千米。台体紧靠长城墙体内侧而建，黄土夯筑而成，呈覆斗形，实心。方向北偏东 45°。保存较差。台体坍塌损毁严重，略呈土丘状。台体底部东西 11、南北 12 米，顶部高低不平，东西 3、南北 2 米，高 5 米，夯层厚 21、22 厘米（彩图一〇四）。周围地表散布有少量青釉瓷缸残片、白釉瓷片、青白釉碗底部残片、黑釉瓷片及浅褐釉瓷罐残片等。

33. 红圪瘩村 3 号烽火台（F70）

该烽火台位于盐池县高沙窝镇红圪瘩村东南约 1.4 千米。所处地势平坦，视野开阔，当地称"五墩子"。西北距潘记梁村 1 号烽火台约 3.4 千米，东北距长城墙体 0.015 千米。台体用黄土夯筑而成，呈覆斗形，实心，四壁有收分。以东壁为基轴，方向北偏东 30°。保存一般。台体东壁立面呈近圆角梯形，壁面凹凸不平，夯土块状剥落，坍塌厚约 1 米；南壁立面呈梯形，东西两侧坍塌风化成圆弧形，中部自上而下有 1 米多宽的沟槽；西壁立面呈梯形，夯土剥落，有数道裂缝；北壁立面呈近圆角长方形，底部有小窑洞。台体底部东西 14、南北 12 米，顶部基本平整，东西 4、南北 4~6 米，高约 8 米。夯层厚 16、19 厘米。周围地表散布有少量明代白釉瓷碗残片、青绿釉瓷缸残片、青花瓷碗底部残片、黑釉瓷碗口沿残片、酱釉瓷蒺藜残块及褐釉瓷片等（图四九；彩图一〇五）。

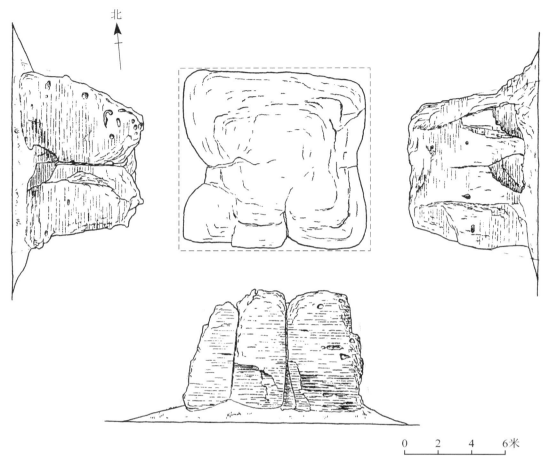

北

0　2　4　6米

图四七　叶记场村 2 号烽火台（F66）平、立面图

34. 潘记梁村 1 号烽火台（F71）

该烽火台位于盐池县高沙窝镇潘记梁村东约 1.7 千米处，所处地势平坦，视野开阔，当地称"三墩子"，西北距潘记梁村 2 号烽火台约 1.1 千米。台体紧靠长城墙体内侧而建，黄土夯筑而成，呈覆斗形，实心，四壁有收分。以东壁为基轴，方向北偏东 25°。保存一般。台体东壁及东南角被雨水冲刷成凹凸不平的斜坡状；南壁立面呈梯形，夯土剥落，有较多的风蚀孔洞；西壁呈梯形，有水蚀沟槽及风蚀孔洞；北壁立面呈梯形，依长城墙体而建，坍塌成斜坡。台体底部东西 8、南北 10 米，顶部凹凸不平，东西 4、南北 2~4 米，高 6 米。夯层厚 16、17 厘米（彩图一〇六）。周围地表散布有少量黑釉、酱釉瓷片及浅棕釉瓷片等。

35. 潘记梁村 2 号烽火台（F72）

该烽火台位于盐池县高沙窝镇潘记梁村东北约 0.8 千米处，所处地势平坦，视野开阔，当地称"二墩子"，西北距兴武营村 1 号烽火台约 1.7 千米，北距长城墙体 0.005 千米。台体用黄土夯筑而成，夯打较结实，呈覆斗形，四壁有收分。以东壁为基轴，方向北偏东 30°。保存较好。台体东壁陡直平整，自上而下有雨水冲刷形成的水蚀沟槽，壁面上部有圆形孔洞及鸟窝洞穴，底部有小窑洞；南壁立面呈梯形，自上而下有雨水冲蚀形成的沟槽和风蚀孔洞等，西南角底部风蚀凹进，夯土块状塌落；西壁有风蚀的孔洞和裂缝，西北角和西南角底部坍塌内收；北壁立面呈梯形，有风蚀的孔洞和灰黑色的苔藓；顶部基本平整，生长杂草。台体底部边长 13 米，顶部东西 4.5、南北 4 米，高约 9.5 米。夯层厚 18、20

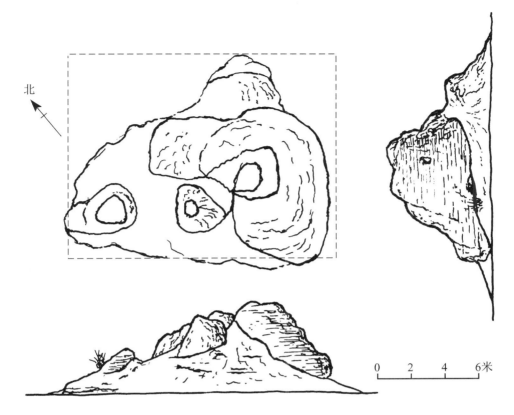

图四八　叶记场村 3 号烽火台（F67）平、立面图

厘米。四周地表有明代白釉碗底瓷片和青花瓷片等（图五〇；彩图一〇七、一〇八）。

36. 兴武营村 1 号烽火台（F73）

该烽火台位于盐池县高沙窝镇兴武营村东南 1.3 千米的 G146 点南（参见图一九），所处地势高亢，视野开阔，当地称"一墩子"，北距长城墙体约 0.104 千米。台体用黄土和红沙土分层夯筑而成，夯土内夹杂有红砂岩碎块，呈覆斗形，实心。方向北偏东 40°。保存较差。台体外壁用黄土夯筑，内部用红沙土和红砂岩碎块土逐层填充夯筑而成。台体相对较大，四壁坍塌成斜坡，南壁坍塌风化，中部有较宽的斜坡凹槽。台体底部边长 17 米，顶部东西 9、南北 10 米，高约 6 米；夯层厚 16、17 厘米（图五一；彩图一〇九）。

37. 兴武营村 2 号烽火台（F74）

该烽火台位于盐池县高沙窝镇兴武营村西北 1.4 千米的 G155 点处，所处地势平坦，为丘陵滩地，视野开阔，西北距闵庄子村 1 号烽火台约 1.7 千米。台体紧靠长城墙体内侧而建，黄土夯筑而成，呈覆斗形，实心，平面呈正方形，剖面呈梯形。以东壁为基轴，方向北偏东 20°。保存较差。台体坍塌风化成坡形土丘，夯土酥碱，杂草生长较多。台体底部东西 18、南北 17 米，顶部坍塌风化成尖圆状，东西 0.3、南北 0.4 米，高 6 米。

38. 闵庄子村 1 号烽火台（F75）

该烽火台位于盐池县高沙窝镇闵庄子村北 1.3 千米 G158 点处，所处地势较高，视野开阔，西北距闵庄子村 2 号烽火台约 1.45 千米。台体紧靠长城墙体内侧而建，黄土夯筑而成，土质纯净，呈覆斗形，实心。以东壁为基轴，方向北偏东 20°。保存较差。东壁立面呈矮梯形，上部有较宽的水蚀凹槽，下半部坍塌风化成斜坡；南壁立面略呈凸字形，下半部坍塌风化成斜坡；西壁立面略呈底大顶小的斜

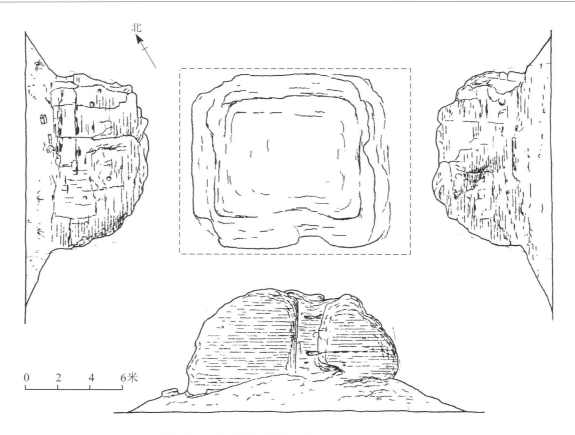

图四九　红圪瘩村 3 号烽火台（F70）平、立面图

坡梯形；北壁立面略呈斜坡梯形，坍塌厚约 2 米。台体底部东西 10、南北 11 米，顶部东西 1~2、南北 2 米，高 7 米。夯层厚 18 厘米（彩图一一〇）。四周地表有少量明代黑釉瓷片、棕褐釉瓷罐残片、绿釉瓷缸残片和青花瓷片等。

39. 闵庄子村 2 号烽火台（F76）

该烽火台位于盐池县高沙窝镇闵庄子村西北 2.1 千米 G161 点处，西北距郭家坑村 1 号烽火台约 1.45 千米，西南距郭家坑村 2 号烽火台约 0.9 千米。台体紧靠"河东墙"（二道边）墙体内侧而建，黄土夯筑而成，呈覆斗形。方向北偏东 20°。保存较差。台体东壁立面呈底大顶小的半椭圆形，底部堆土较高；南、西、北三壁坍塌风化成底大顶尖的斜坡，南壁有小窑洞。台体底部边长 14 米，顶部东西 0.2、南北 0.3 米，高 7 米。夯层厚 16 厘米。四周地表散布黑釉、绿釉瓷缸残片等（彩图一一一）。

40. 郭家坑村 1 号烽火台（F77）

该烽火台位于盐池县高沙窝镇郭家坑村东北约 2.6 千米处，西北距郭家坑村 2 号烽火台约 2.15 千米，东南距"深沟高垒"（头道边）墙体内侧的郭家坑村 1 号烽火台约 0.6 千米。台体紧靠"河东墙"（二道边）墙体内侧而建，黄土夯筑而成，呈覆斗形，实心。以东壁为基轴，方向北偏东 20°。保存较差。台体坍塌成土丘，东壁、北壁坍塌风化成底大顶尖的斜坡状，表面夯土酥碱松软，有较多的水蚀沟槽；南壁、西壁坍塌成陡坡，表面长满杂草。台体底部东西 13、南北 15 米，顶部凹凸不平，东西 3、南北 3.5 米，高 7 米。夯层厚 15、17 厘米（彩图一一二）。

41. 郭家坑村 2 号烽火台（F78）

该烽火台位于盐池县高沙窝镇郭家坑村西北约 2.3 千米的低山梁峁上，所处地势较高，视野开阔，

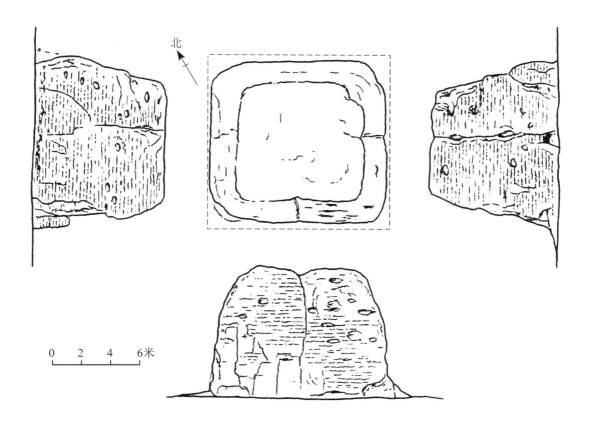

图五〇 潘记梁村2号烽火台（F72）平、立面图

西北距东庄子村1号烽火台约1.85千米。台体紧靠"河东墙"（二道边）墙体内侧而建，黄土夯筑而成，呈覆斗形，平面呈长方形。以东壁为基轴，方向北偏东20°。保存较差。台体坍塌成坡形土丘，夯土疏松，长满杂草。台体底部东西约11、南北15米，顶部东西1.5、南北3米，高7米（彩图一一三）。

42. 东庄子村1号烽火台（F79）

该烽火台位于盐池县高沙窝镇东庄子村东北1.3千米的"河东墙"（二道边）墙体内侧G170点西北0.055千米处，所在地势较高，视野开阔。西北距东庄子村2号烽火台约1.3千米。台体紧靠长城墙体内侧而建，黄土夯筑而成，土质纯净，呈覆斗形。方向北偏东25°。保存一般。台体东壁立面呈长梯形，壁面凹凸不平，夯层清晰，坍塌厚约1米；南壁立面呈长梯形，壁面中部自上而下有宽4米的水蚀斜坡凹槽；西壁立面呈梯形，壁面夯土剥落内凹；北壁立面呈长梯形，保存相对较好；顶部凹凸不平。台体底部东西11、南北14米，顶部东西6、南北5米，高7米。夯层厚21厘米（彩图一一四）。

43. 东庄子村2号烽火台（F80）

该烽火台位于盐池县高沙窝镇东庄子村西北约0.8千米的"河东墙"（二道边）墙体内侧G173点处，所处地势平坦，视野开阔，西北距东庄子村3号烽火台约1.35千米。台体紧靠"河东墙"（二道边）墙体内侧而建，黄土和红沙土分层夯筑而成，呈覆斗形，实心。方向北偏东10°。保存较差。台体坍塌较严重，周围夯土堆积较厚，底部被沙土掩埋，整体坍塌成斜坡土丘。台体底部东西约11、南

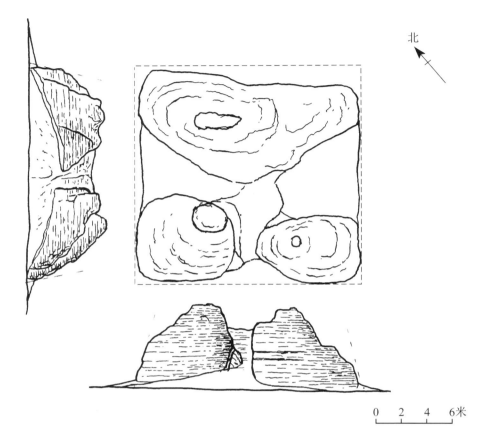

图五一　兴武营村 1 号烽火台（F73）平、立面图

北 13 米，顶部坍塌风化呈南北向土垄状，东西 1、南北 4 米，高 5 米。夯层厚 21 厘米。

44. 东庄子村 3 号烽火台（F81）

该烽火台位于盐池县高沙窝镇徐庄子村北 2.6 千米的"河东墙"（二道边）墙体和"深沟高垒"（头道边）墙体之间，G175 点南 0.055 千米处，北距"河东墙"（二道边）墙体 0.045 千米，南距"深沟高垒"（头道边）墙体约 0.035 千米，西距毛卜刺堡约 0.7 千米，西北距徐庄子村烽火台约 1.85 千米。台体用黄土夯筑而成，土质纯净，呈覆斗形，实心，平面呈长方形，剖面呈梯形。以东壁为基轴，方向北偏东 20°。保存较差。台体坍塌严重，东壁坍塌成低矮的陡坡，表面长满杂草；南壁呈长梯形，西半部有宽 3 米的斜坡凹槽；西壁坍塌风化成低矮的长梯形，壁面凹凸不平，有水蚀沟槽，底部夯土堆积较高；北壁较低矮，表面长满杂草。台体底部东西 15、南北 18 米，顶部东西 13、南北 14 米，高约 3 米。夯层厚 17、19 厘米（彩图一一五）。

45. 徐庄子村烽火台（F82）

该烽火台位于盐池县高沙窝镇徐庄子村北 1.7 千米的 G178 点处，所处地势平坦，视野开阔，东距毛卜刺堡 0.9 千米。台体紧靠"河东墙"（二道边）墙体内侧而建，黄土夯筑而成，土质纯净，呈覆斗形。以东壁为基轴，方向北偏东 20°。保存较差。台体东壁呈长梯形，壁面被雨水冲刷侵蚀坍塌成陡坡，坍塌厚约 1 米（彩图一一六）；南壁中部自上而下被雨水冲刷侵蚀塌落有斜坡状的沟槽，上部风蚀孔洞较多，下部坍塌成斜坡；西壁大部被坍塌的夯土掩埋成陡坡；北壁略呈底大顶小的斜坡状，坍塌厚约 2 米，夯土疏松，长满杂草；顶部南半部基本平整。台体底部边长 10 米，顶部东西 1~4、南北 4

米，高6米。夯层厚15厘米。

台体东、西、南三面有围墙遗迹，东墙、西墙依"河东墙"（二道边）墙体内侧而建；围墙用黄土和红沙土分层夯筑而成，夯土内有细小碎石，仅存墙基。以东墙为基轴，方向北偏东20°。围墙东墙长29米，呈鱼脊形的土埂状，高0.5～0.9米；南墙长60米，高0.9～1.4米；西墙长29米，高0.7～1.4、底宽约2米。四周地表散布明代褐釉粗瓷片、棕褐釉瓷碗残片、青绿釉瓷缸粗瓷片和青花瓷碗口沿残片等。

46. 张记边壕村1号烽火台（F83）

该烽火台位于盐池县高沙窝镇张记边壕村东（北）2.1千米的G182点处，西北距张记边壕村2号烽火台约1.55千米。台体紧靠"河东墙"（二道边）墙体内侧而建，土质较纯净，夯打结实，呈覆斗形，实心，平面呈正方形。以东壁为基轴，方向北偏东10°。保存一般。台体东壁陡直呈梯形，壁面夯土剥落较轻，有少量的风蚀孔洞及水蚀沟槽；南壁呈梯形，壁面中部自上而下有宽1～1.4米的水蚀凹槽，有较多的风蚀孔洞；西壁有较多的风蚀孔洞，中部自上而下有一道宽裂缝；北壁自上而下有一道水蚀凹槽；东壁、西壁保存相对较好，壁面陡直，基本平整。台体底部边长10米，顶部基本平整，东西4、南北3.5～5米，高7米。夯层厚14、15厘米。

台体东、西、南三面有围墙遗迹。东墙、西墙依"河东墙"（二道边）墙体内侧而建，黄土夯筑而成，仅存墙基痕迹。以东墙为基轴，方向北偏东10°。东墙、西墙距台体18米，南墙距台体35米。东墙长45米，地势内高外低，墙体相对内侧地面高0.5～1.1、相对外侧地面高1.6米；南墙长45米，高0.9～1.4米，中部偏西开门，门宽2米；西墙长45米，高0.9～1.4、底宽约2.5米。四周地表散布褐釉粗瓷片和灰胎白瓷片等（彩图一一七）。

47. 张记边壕村2号烽火台（F84）

该烽火台位于盐池县高沙窝镇张记边壕村东北约0.8千米的G185点处，西北距清水营村3号烽火台约1.55千米。台体紧靠"河东墙"（二道边）墙体内侧而建，黄土夯筑而成，土质纯净，呈覆斗形，实心。以东壁为基轴，方向北偏东10°。台体坍塌风化成坡形土丘，东壁、南壁底部有小窑洞，窑洞内宽2.4、进深4、顶高1.1～1.5米。台体底部东西14、南北13米，顶部坍塌成小平顶，东西2、南北约4米，高5米。夯层厚17厘米。四周地表散布青釉、黑釉瓷碗底残片、褐釉瓷片及青花瓷碗残片等。

48. 清水营村3号烽火台（F85）

该烽火台位于灵武市宁东镇清水营村二队东北约2.1千米G188点南0.045千米处，所处地势高亢，视野开阔，西北距清水营村4号烽火台约2.2千米，北距长城墙体0.045千米。台体建在"深沟高垒"（头道边）与"河东墙"（二道边）墙体之间，黄土夯筑而成，土质纯净，夯打较结实，呈覆斗形，实心。方向正南北。保存一般。台体东壁呈长梯形，坍塌厚1～2米，中部坍塌向内凹进，底部有啮齿类动物洞穴；南壁立面呈梯形，自上而下被雨水冲刷塌落有宽3、深2～4米的斜坡状沟槽；西壁立面呈长梯形，夯土剥落，凹凸不平，裂缝较多，底部风蚀凹进；北壁呈长梯形，上部坍塌严重，有较宽的水冲蚀凹槽和风蚀孔洞等，底部夯土堆积较厚，东北角塌落严重；顶部高低不平。台体底部东西约13、南北18米，顶部边长6米，高7米。夯层厚14、15、17、19厘米。四周地表散布有少量黑釉、灰釉瓷缸粗瓷片、棕褐釉瓷罐粗瓷片、白釉碗底瓷片、青花瓷片和青绿釉瓷缸粗瓷片等（彩图一一八）。

49. 清水营村4号烽火台（F86）

该烽火台位于灵武市宁东镇清水营村二队西北1.4千米山梁上的G192点处，地势高亢，视野开阔，西北距清水营村5号烽火台约2.1千米。台体紧靠"河东墙"（二道边）墙体内侧而建，黄土夯筑而成，土质纯净，呈覆斗形，实心，剖面呈梯形，四壁有收分。以东壁为基轴，方向北偏东15°。保存较差。台体坍塌风化成坡形土丘，东壁坍塌风化成矮梯形，底部沙土堆积较高；南壁坍塌风化，雨水冲蚀较重，上部高低错落形似驼峰；西壁坍塌风化成底大顶小的斜坡，南侧略呈棒槌形的夯土体；北壁呈低矮的长梯形，顶部自上而下有较宽的水蚀沟槽；西壁、南壁雨水冲刷坍塌损毁严重，四周沙土堆积较厚。台体底部边长8、顶部边长2、高5.5米（彩图一一九）。

50. 清水营村5号烽火台（F87）

该烽火台位于灵武市宁东镇清水营村二队西北3千米的丘陵梁峁上，G196点南0.045千米处。地势高亢，视野开阔。北距"河东墙"（二道边）墙体0.045千米，南距"深沟高垒"（头道边）墙体0.12千米。台体黄土夯筑而成，土质纯净，呈覆斗形。以东壁为基轴，方向北偏东30°。保存较差。台体崩裂坍塌严重，东壁较陡呈窄梯形，坍塌厚约2米；南壁立面呈窄梯形，东半部自上而下夯土块状崩塌成凹槽，宽2~4、深1~3米，底部有较多的块状夯土堆积；西壁陡直，立面呈长方形，底部风蚀飕空有凹槽，壁面中部自上而下有一道宽裂缝；北壁立面呈方形，夯土剥落相对较轻，雨水冲刷侵蚀有风蚀孔洞，东侧底部有块状夯土堆积。台体底部东西7、南北9米，顶部基本平整，边长4米，高5.5米。夯层清晰，厚19厘米。四周地表散布黑釉、褐釉粗瓷片、青釉瓷碗残片、白釉碗底瓷片、青花瓷片及青绿釉瓷缸粗瓷片等（彩图一二〇）。

51. 清水营村6号烽火台（F88）

该烽火台位于灵武市宁东镇清水营村一队西北1.2千米G204点处，西北距清水营村7号烽火台约1.52千米。台体紧靠长城墙体内侧而建，黄土夯筑而成，土质纯净，呈覆斗形，实心。方向北偏东50°。保存较差。台体坍塌成坡形土丘，夯土风化疏松，长满杂草；顶部北高南低，凹凸不平，中央有测绘部门立的水泥坐标点。台体底部东西11、南北13米，顶部东西3、南北4米，高5米。四周地表散落有青绿釉、褐釉粗瓷片和青花瓷片等。

52. 清水营村7号烽火台（F89）

该烽火台位于灵武市宁东镇清水营村一队西北约2千米处，地处平滩地，地势平坦。西距"河东墙"（二道边）墙体与"深沟高垒"（头道边）墙体交汇点0.818千米，北距"河东墙"（二道边）长城墙体0.005千米。台体用黄土夯筑而成，土质纯净，呈覆斗形，实心。保存一般。以东壁为基轴，方向北偏东40°。台体东壁呈梯形，夯土剥落，风雨侵蚀较严重，有较多的风蚀孔洞，底部有小窑洞，东北角上部坍塌严重；南壁陡直，立面呈梯形，损毁相对较轻，因雨水冲刷侵蚀有风蚀孔洞，底部有风蚀凹槽；西壁立面呈半椭圆形，有较多的风蚀孔洞；北壁及西北角坍塌损毁严重，壁面略呈凸字形，中部自上而下有宽0.5米的水冲沟槽。台体底部边长13米，顶部高低不平，边长4米，高约10米。夯层厚15~19厘米。四周地表散布黑釉、棕褐釉粗瓷片、黑釉瓷缸粗瓷片、白釉碗底瓷片和青花瓷片等（彩图一二一）。

二　"河东墙"（二道边）明长城墙体沿线城堡

1. 柳杨堡

柳杨堡位于盐池县城北12千米的柳杨堡村。明弘治七年（1494年）筑城[1]，现为柳杨堡小学。

---

〔1〕　盐池县县志编纂委员会编：《盐池县志》，宁夏人民出版社，1986年，第73页。

堡东侧有盐（池）鄂（托克前旗）公路（302 国道）经过。堡周边为低山丘陵缓坡地带，土壤为灰钙土和固定沙土。地表草原沙生植被属中亚白草群落及油蒿群落。

柳杨堡平面呈长方形，坐西朝东，无瓮城。周长 708 米，面积 28320 平方米。堡墙用黄土夯筑而成。保存差。东墙、北墙被取土挖毁不存，仅存西墙、南墙。堡门位于东墙中部，东墙被拆除，现为学校红砖院墙。北墙损毁不存，仅存西北角痕迹。西墙长 177 米，西北角角台保存较少，墙体内侧被倒塌的夯土堆积成斜坡，顶宽 0.6 ~ 1.7、高 1 ~ 4 米，夯层厚 20 厘米。南墙长 159 米，顶宽 3 ~ 3.5 米，墙基底部未发掘，宽约 7、高约 4.5 米。

据《嘉靖宁夏新志》卷 3："柳杨堡，在旧长城之南。今隔于沟垒之外，遂为废城。北虏潜伏，反滋其患。此亦花马池之一累也"[1]。又据《读史方舆纪要》卷 62："杨柳堡，在卫东北三十里。本杨柳墩，弘治七年制臣秦纮增筑，其相近者有石臼墩，俱墩径也。嘉靖初寇从此入，官军败之。寇退走，伏兵又败之于青羊岭。岭在卫东北邅墙外"[2]。

2. 旧安定堡

旧安定堡位于盐池县城西北 25 千米。东北距张记台村约 1.3 千米，北距"河东墙"（二道边）、南圈村烽火台约 0.45 千米，东北距张记台村 3 号烽火台约 0.68 千米。堡东侧有盐（池）苏（步井）乡村公路穿越墙体，公路东侧有农田，堡西侧为荒地，地势由东向西逐渐走高。地处丘陵缓坡地带、荒滩草地及固定沙丘地带，土壤为灰钙土和沙土。

堡平面呈正方形，无瓮城。以东墙为基轴，方向北偏东 20°。堡墙坍塌风化严重，较低矮，门位置不详。保存较差。堡墙用黄土夯筑而成，夯土内夹杂有碎石及白石灰土，墙体风化成弧坡形。堡内荒芜，无人居住，野草生长茂密，地势北高南低，中部及东南角地势较低。

堡周长 924 米，面积 53360 平方米。东墙长 230 米，坍塌风化成土梁，顶部呈弧形，相对高约 3 米。南墙长 232 米，内外两侧被沙土掩埋，宽约 4、高 1.5 ~ 2.5 米，呈土梁状。西墙长 230 米，顶部略呈弧坡形，底宽约 7、高约 3 米。北墙长 232 米，顶部风化成弧坡，呈土梁状，高 2.5 米。堡内东南部有一口水井，深 2 米，水较少。

堡内散落明代青花瓷片、白釉瓷片和黑釉、酱釉粗瓷片等，器形为碗、盆、缸和罐等。该堡是"河东墙"（二道边）所属城堡，嘉靖年间，王琼修筑"深沟高垒"（头道边）墙体向南移 5 千米，新筑安定堡城，旧城遂弃。

---

〔1〕（明）胡汝砺编、（明）管律重修、陈明猷校勘：《嘉靖宁夏新志》卷 3，宁夏人民出版社，1982 年，第 243 页。

〔2〕（清）顾祖禹：《读史方舆纪要》卷 62，中华书局，2005 年，第 2959 页。

第三章

"深沟高垒"（头道边）明长城墙体及相关设施

据《嘉靖宁夏新志》卷1"边防"载："深沟高垒……自横城起至花马池止，长三百六十里。嘉靖十年（1531年），总制尚书王琼弃其所谓河东墙（二道边）而改置之者。"嘉靖十年，兵部尚书王琼以"城离军营远，贼至不即知"为由，上奏朝廷，放弃了原来的"河东墙"（二道边），重新在黄河东岸自横城起，东至花马池修筑时名为"深沟高垒"的墙体。历经4年，于嘉靖十四年（1535年）秋修筑完毕。其西段从横城到清水营沿用了成化年间的旧墙体，进行了加高加宽，并在城墙的外侧挖成壕堑（已淤为平地）。其东段自清水营以东，废弃原来的"河东墙"，往南另筑了这道新墙体。这段从横城至花马池的墙体称为"深沟高垒"，俗称头道边。

经实地调查，这道长城墙体的走向及行经路线，自今盐池县花马池镇东郭庄村开始，由东南向西北经东门村，过盐池县城北，继而向西北行，经刘八庄村、十六堡村，进入红沟梁村，由南向北行，沿安定堡东、北、西墙外侧绕行，转而折向西北。经毛家庄村、青羊井村、苙苙沟村、英雄堡、大疙瘩村到达潘记梁村，经兴武营、闵庄子村、郭家坑村、东庄子村、徐庄子村，于张记边壕村出盐池县境，进入灵武市，在清水营与"河东墙"汇合西行，经马跑泉、蒋家窑村、张家窑村、横山村，过水洞沟后，继续向西北行至横城村，最终到达横城村黄河东岸。

长城墙体沿线内侧每隔一定的距离就修筑一座营堡，有花马池营、高平堡、安定堡、英雄堡（永清堡）、兴武营、毛卜刺堡、清水营东城堡、清水营、红山堡、横城堡10座（附表六）。这些营堡都是守卫长城军队驻扎和储备军需的大小兵营，以管辖守备附近一段长城和若干敌台、烽火台（附表二~四），执行长城沿线的防卫任务。

第一节　花马池营段明长城墙体及相关设施

一　花马池营段明长城墙体（001起点—D066）

花马池营段明长城墙体自陕西省定边县盐场堡乡进入宁夏回族自治区盐池县花马池镇东郭庄村。由东南向西北经东门村、县城北关社区、五堡村、八堡村及刘八庄村。该段墙体共有敌台66座、铺舍遗址 1 座，分布在墙体两侧的烽火台有 8 座，另有花马池营等军事设施。

1. 东郭庄村长城墙体

东郭庄村"深沟高垒"（头道边）墙体起点位于宁夏回族自治区盐池县东郭庄村与陕西省定边县交界的 307 国道收费站南约 0.16 千米（G001 点）处，止点位于盐池县东郭庄村西北约 1.6 千米的东郭庄村 15 号敌台（D015）处。墙体呈东南—西北走向，方向北偏西 45°。墙体用黄土和红土分层夯筑而成，为自然基础，所用夯土为就地取材，部分夯土内夹杂有红砂岩碎块。墙体被风雨侵蚀以及人为破坏较严重，大多坍塌风化成两面坡形的土梁，未被掩埋的墙体受损较严重（墙体外侧有与之呈平行走向的另一道明代垒墙遗迹）。墙体长 4197 米，其中消失 82 米。根据墙体保存状况及敌台分布情况分为 15 段（图五二）。分述如下。

东郭庄村起点（G001 点）—东郭庄村 1 号敌台（D001）

墙体起点位于宁夏回族自治区盐池县与陕西省定边县交界处，307 国道收费站南约 0.16 千米（起点 G001），西北至东郭庄村 1 号敌台。墙体长 95 米。呈东南—西北走向。地处丘陵平滩地，地势由东向西逐渐走高，地表多为黄沙土，植被较差，生长有稀疏低矮的杂草。墙体用黄土和颗粒状的红胶土夯筑而成。墙体坍塌损毁严重，顶部风化成鱼脊状，形如两面坡的土梁，高约 4、底宽约 8 米。夯土风化酥软，土质疏松，呈粉状剥落，夯层不清晰。

东郭庄村 1 号敌台（D001）—东郭庄村 2 号敌台（D002）

墙体长 292 米。东北距 307 国道盐（池）定（边）段 0.018 千米。所处地势较平缓，地表生长有低矮稀疏的杂草。呈东南—西北走向。墙体用黄土和红土分层夯筑而成。墙体被黄沙掩埋约 3/4，顶部及两侧大多被沙土覆盖。墙体相对高约 5 米，夯层厚 12～17 厘米。

东郭庄村 2 号敌台（D002）—东郭庄村 3 号敌台（D003）

墙体长 297 米。所处地势较平缓，地表为沙化的草滩地，生长有低矮稀疏的沙蒿草。墙体因坍塌风化、雨水冲刷损毁过半，夯土酥软呈粉状剥落，夯层模糊不清。墙体两侧被沙土掩埋，形如两面坡的土梁，高 3～4、底宽约 8 米。墙体东侧有通讯铁塔。

东郭庄村 3 号敌台（D003）—东郭庄村 4 号敌台（D004）

墙体长 295 米。呈东南—西北走向，方向北偏西 40°。墙体两侧有村民的红砖平房及牛羊圈舍。墙体损毁严重，人为取土破坏较严重，两侧沙土堆积较厚，顶部高低不平，高约 5 米。敌台依长城墙体而建，凸出于长城墙体。东郭庄村 3 号敌台东壁与墙体接合部位被村民取土挖毁，有 10 米长的缺口。敌台北侧有电力部门栽设的水泥杆。

东郭庄村 4 号敌台（D004）—东郭庄村 5 号敌台（D005）

墙体长 154 米。墙体坍塌风化成斜坡形土梁，顶部受雨水冲刷侵蚀高低不平，两侧沙土堆积较厚。墙体高 3～5 米，夯层厚 11～19 厘米。墙体外侧依长城墙体而建的敌台坍塌风化成土丘。

东郭庄村 5 号敌台（D005）—东郭庄村 6 号敌台（D006）

墙体长 302 米。所处地势由东向西逐渐走低，两侧地表生长有低矮稀疏的杂草。墙体被雨水冲刷侵蚀成坡形土梁，顶部呈高低不平的鱼脊形。东郭庄村 6 号敌台东壁与墙体接合部位因盐（池）中（宁）高速公路施工被挖开宽 4 米多的豁口，墙体内壁被铲挖、砌筑厕所等，人为损毁较严重。

东郭庄村 6 号敌台（D006）—东郭庄村 7 号敌台（D007）

墙体长 155 米。地处丘陵地带的平滩地，地面植被较差，生长有低矮稀疏的杂草。自然坍塌及人为损毁较严重，形如一道两面坡的土梁。墙体高约 4 米，中段因盐（池）中（宁）高速公路穿越挖毁 60 米。

东郭庄村 7 号敌台（D007）—东郭庄村 8 号敌台（D008）

墙体长 289 米。地处平滩地，地势较平缓，外侧相对较低，内侧地表有较厚的黄沙土，墙体表面及两侧地表长有低矮的杂草。墙体用黄土和红土分层夯筑而成，夯土从临近处挖取。墙体高约 7 米，顶部坍塌风化成鱼脊状，底宽约 9 米。墙体外侧约 60 米处有与之呈平行走向的明代垒墙遗迹。

东郭庄村 8 号敌台（D008）—东郭庄村 9 号敌台（D009）

墙体长 579 米，高 6 米，夯层厚 14～15 厘米。东郭庄村 8 号敌台西北 0.245 千米（G002 点）处墙体有宽 52 米的冲沟豁口，豁口处原有一座敌台，现不存。墙体被洪水冲毁，呈一道泄洪浅沟。豁口处有东郭庄村呈西南—东北走向通往 307 国道的村庄小路，豁口东段墙体南壁下部有解放战争时期驻军宿营掏挖的 17 孔窑洞。

东郭庄村 9 号敌台（D009）—东郭庄村 10 号敌台（D010）

墙体长 278 米。墙体用黄土夯筑而成，夯土疏松，夯层不清晰。东郭庄村 9 号敌台北有 30 米墙体被取土挖毁不存。其余墙体坍塌风化，被雨水冲刷侵蚀成土梁。依长城墙体而建的敌台坍塌风化成底大顶圆的土丘。墙体高约 5、顶宽 0.7 米。敌台及长城墙体夯土酥软呈粉状剥落，生长有稀疏的杂草。

东郭庄村 10 号敌台（D010）—东郭庄村 11 号敌台（D011）

墙体长 301 米。墙体顶部呈斜坡鱼脊状，夯土风雨侵蚀，夯层模糊不清，能辨明的夯层厚 14 厘米。墙体外侧 10 米处为宁鲁石化炼油厂，有废油排放在墙体下，油污对墙体的侵蚀较严重。墙体高约 5、底宽约 8 米，顶部呈两面坡形。凸出于墙外的敌台坍塌风化成低矮的土丘。

东郭庄村 11 号敌台（D011）—东郭庄村 12 号敌台（D012）

墙体长 300 米。所处地势平缓，地面黄沙堆积较厚，植被贫乏，两侧是未开垦的荒地。墙体两侧坍塌呈斜坡状，顶部受风雨侵蚀，高低不平，表面生长有低矮的杂草。墙体高约 3～5 米，夯层厚 20 厘米。凸出于墙体外侧的敌台坍塌风化成土丘。

东郭庄村 12 号敌台（D012）—东郭庄村 13 号敌台（D013）

墙体长 287 米。地处荒地，由东南至西北逐渐走高。墙体用黄土夯筑而成，呈坡形土梁状，顶部被雨水冲刷呈鱼脊状，两侧沙土堆积较厚。墙体高约 5、顶宽约 0.7 米，夯层厚 13～14 厘米。

东郭庄村 13 号敌台（D013）—东郭庄村 14 号敌台（D014）

墙体长 281 米。所处地势由东南向西北逐渐走低。墙体黄土和红土夯筑而成。墙体顶部坍塌，两侧被塌落的夯土及沙土堆土掩埋约 3/4。墙体高约 5、底宽约 10、顶宽 0.5～1 米。

东郭庄村 14 号敌台（D014）—东郭庄村 15 号敌台（D015）

墙体长 292 米。所处地势较平缓，两侧地面生长有低矮稀疏的杂草。墙体用黄土和红土夯筑而成。墙体顶部坍塌成鱼脊状，两侧沙土堆积较厚。墙体高 6、顶宽约 1、底宽约 9 米，夯层厚 11、12 厘米。

2. 东门村长城墙体

该段墙体起点位于盐池县花马池镇东门村东约 2.7 千米，东郭庄村西北约 1.6 千米的东郭庄村 15 号敌台处，止点位于盐池县工业园区公路穿墙缺口东南约 0.12 千米，东门村西北约 2.6 千米的东门村 13 号敌台处。墙体长 3817 米。呈东南—西北走向。墙体为自然基础，黄土和红土分层夯筑而成，所用夯土为就地取材。墙体两侧被倒塌的夯土和沙土掩埋约 1/2，未被掩埋的墙体表面有较多的风蚀孔洞。墙体大多高约 5 米，部分高约 3 米，最高 8 米。墙体顶宽 0.5～2.7、底宽约 11 米，夯层厚 11、12、17、18 厘米。根据墙体保存状况和敌台分布情况分为 13 段（图五三）。分述如下。

东郭庄村 15 号敌台（D015）—东门村 1 号敌台（D016）

墙体长 292 米。所处地势由东向西逐渐走高。墙体用黄土和红土分层夯筑而成。两侧沙土堆积较厚，顶部受雨水冲刷倾圮严重，高低不平，有较多的槽。墙体高约 6、底宽约 9、顶宽 0.6~1.4 米，夯层厚 11~12 厘米。

东门村 1 号敌台（D016）—东门村 2 号敌台（D017）

墙体长 289 米。墙体因风雨侵蚀坍塌严重，两侧大多被倒塌的夯土及沙土掩埋，呈斜坡状，相对内外两侧地面高约 5 米。夯土风化呈粉状脱落，夯层不甚清晰，能辨明夯层厚 14、16、18 厘米。墙体上的两座敌台坍塌风化成底大顶尖的土丘。

东门村 2 号敌台（D017）—东门村 3 号敌台（D018）

墙体长 283 米。所处地势基本平缓，地面有较厚的黄沙土，生长有低矮的杂草。墙体剖面呈梯形，坍塌成坡形土梁，顶部风化呈鱼脊状。墙体高 6~8 米。夯土酥碱呈粉状剥落，夯层不清晰。依墙体外侧而建的敌台风化成土丘。

东门村 3 号敌台（D018）—东门村 4 号敌台（D019）

墙体长 280 米。地处较平缓的滩地，地表沙土较厚，杂草生长稀疏，植被较差。墙体用黄土和红土分层夯筑而成。墙体坍塌风化严重，两侧沙土堆积较厚，呈低矮的土梁。墙体高 1.5~4 米。夯土酥碱，雨水冲刷严重，夯层模糊不清。依墙体外侧而建的敌台坍塌风化成土丘。

东门村 4 号敌台（D019）—东门村 5 号敌台（D020）

墙体长 290 米。墙体风化坍塌损毁严重，两侧被流沙掩埋。墙体最低 0.8 米，呈一道低矮的土埂，最高约 4 米。夯土松软呈粉状脱落，能辨明夯层厚 15~17 厘米。依墙体外侧而建的敌台坍塌风化成 4~5 米高的土丘。

东门村 5 号敌台（D020）—东门村 6 号敌台（D021）

墙体长 303 米。墙体两侧被塌落的夯土和沙土掩埋成两面斜坡，顶部呈鱼脊状。墙体高 3~5 米。夯土酥软，夯层不清晰。依墙体而建的敌台坍塌风化成高约 4 米的土丘。东北约 1.3 千米的山梁上有一座烽火台。

东门村 6 号敌台（D021）—东门村 7 号敌台（D022）

墙体长 303 米。两侧地势较平缓，地表植被贫乏，生长有低矮的杂草等。墙体用黄土和红土分层夯筑而成。墙体因坍塌、风雨侵蚀损毁严重，两侧坍塌，被沙土掩埋成斜坡，顶部高低不平，呈弧坡形。墙体高约 5、底宽约 8 米。部分墙体夯层清晰，夯层厚 11~13、19、20 厘米。依墙体外侧而建的敌台坍塌风化成底大顶圆的土丘。

东门村 7 号敌台（D022）—东门村 8 号敌台（D023）

墙体长 284 米。墙体两侧被塌落的夯土和沙土堆积成斜坡，顶部高低不平。东门村 8 号敌台东侧墙体有 3 米多宽的冲沟豁口，墙体南侧有小型炼油厂，废油排污池靠近墙体，对墙体侵蚀较严重。墙体高 4~6、底宽约 9 米，夯层厚 12~13 厘米。墙体外侧的敌台坍塌风化成土丘。

东门村 8 号敌台（D023）—东门村 9 号敌台（D024）

墙体长 286 米。两侧地势平缓，地面植被较差，生长有少量的杂草。墙体用黄土和红土分层夯筑而成，夯土较硬，夯打较为结实。墙体剖面呈梯形，顶部因雨水冲刷坍塌损毁严重。墙体高约 6、宽 1.1~2.1 米，夯层厚 13~15 厘米。

东门村 9 号敌台（D024）—东门村 10 号敌台（D025）

墙体长 331 米。墙体顶部坍塌风化较为严重，两侧被塌落的夯土和沙土掩埋约 1/2，顶部及两侧塌落成陡坡。墙体高约 6、底宽 11、顶宽约 1 米。东门村 10 号敌台东侧墙体因水泥厂修路被挖开 17 米宽的豁口。墙体上种植松树，植物根系生长发育对墙体破坏极严重。

东门村 10 号敌台（D025）—东门村 11 号敌台（D026）

墙体长 333 米。墙体两侧被倒塌的夯土及沙土掩埋，上半部坍塌严重，风化成坡形鱼脊状。墙体高约 6 米，夯层厚 7、11、13、15、17 厘米。墙体南北两侧为宁鲁石化厂区，墙体及敌台上部栽种有松柏树，根系生长发育对墙体破坏严重。东门村 12 号敌台东侧墙体被银马水泥厂挖开 7 米宽的公路豁口，断面用青砖护砌。

东门村 11 号敌台（D026）—东门村 12 号敌台（D027）

墙体长 285 米。墙体坍塌损毁过半，呈陡坡土梁。墙体高 3~5、底宽约 10、顶宽约 1 米，夯层厚 14、17 厘米。

东门村 12 号敌台（D027）—东门村 13 号敌台（D028）

墙体长 258 米。墙体两侧被倒塌的夯土及沙土堆积成陡坡，顶部高低不平，有较多的冲沟凹槽。墙体高 5 米，夯层厚 12~13 厘米。依墙体外侧而建的敌台坍塌风化成斜坡土丘，东门村 13 号敌台东壁与墙体接合部位有 8 米宽的豁口。

3. 盐池县城北关社区长城墙体

该段墙体起点位于盐池县花马池镇东门村西北约 2.6 千米的东门村 13 号敌台处，止点在盐池县城民族北街汽车修理厂（原食品厂）院内的北关社区 5 号敌台处。呈东南—西北走向。墙体用黄土夯筑而成，部分用黄土和红胶土夯筑而成。墙体长 2348 米。因地处县城北关居民区，城镇建设等人为损毁较严重，断点豁口较多（图五四）。根据墙体保存状况及敌台分布情况分段叙述如下。

东门村 13 号敌台（D028）—北关社区 1 号敌台（D029）

墙体长 281 米。墙体两壁较陡，表面风化有较多的冲沟凹槽和风蚀孔洞。墙体高约 6.5、顶宽 0.7~1.5 米，夯层厚 19 厘米。墙体中段被盐池县工业园区挖开 59 米宽的公路豁口。

北关社区 1 号敌台（D029）—拐点

墙体长 273 米。呈东南—西北走向。保存较好。墙体用黄土夯筑而成。墙体高约 8、底宽约 10、顶宽 0.6~3.2 米；夯层薄厚不均，厚 9~24 厘米；版缝明显，版距 1.6、2.3 米。部分墙体两侧被沙土掩埋过半，顶部高低不平，高约 6 米。墙体底部有 10 余座近现代墓葬。

拐点—北关社区 2 号敌台（D030）

墙体长 336 米。呈南—北走向。墙体高约 7、底宽 11、顶宽约 0.7 米，夯层厚 14、16、17、24 厘米。墙体有三处豁口，其中盐池县花马池镇东门村 307 国道穿墙缺口宽 94 米，盐池县石油公司段损毁墙体 169 米。

北关社区 2 号敌台（D030）—北关社区 3 号敌台（D031）

墙体长 289 米。大致呈南—北走向，方向北偏西 30°。墙体用黄土夯筑而成，土质纯净。墙体高 5~7、顶宽约 1 米。夯层清晰，夯层厚 14、16、17 厘米。墙体中部有 69 米宽的豁口，部分墙体被铲挖辟为院墙。

北关社区 3 号敌台（D031）—断点

墙体长 395 米。呈东南—西北走向，方向北偏西 30°。盐池县北园子石油公司段墙体长 254 米，人为铲挖破坏较严重，其余墙体长 141 米，被取土挖毁。墙体高约 1.2 米。

拐点—北关社区 4 号敌台（D032）

墙体长 208 米。呈东南—西北走向。墙体黄土夯筑而成。墙体穿行于盐池县城北关社区民居密集区，铲挖劈墙损毁较严重。墙体高约 5、底宽约 7、顶宽 1~5 米，夯层厚 11、12 厘米。

北关社区 4 号敌台（D032）—北关社区 5 号敌台（D033）

墙体长 566 米。保存 3 小段。第一段保存一般，长 299 米，墙体用黄土和红黏土分层夯筑而成，夯土内夹杂有红砂岩碎片，穿行于县城居民区中，两侧有较多的民居，北关东路有 4 米宽的道路穿墙豁口，墙体高 5、底宽约 7 米，红黏土夯层厚 18~21 厘米，黄土夯层厚 8~10 厘米。第二段长 167 米，因城市建设不存。第三段长 100 米，保存一般，穿行于县城民居宅院，高约 3 米。

4. 五堡村长城墙体

该段墙体起点位于盐池县城民族街北关社区汽车修理厂（原食品厂）内的北关社区 5 号敌台处，止点位于花马池镇五堡村西北约 1.2 千米的五堡村 10 号敌台处。北距盐（池）定（边）高速公路约 0.09 千米，西北距高速公路断口 0.24 千米。保存较差。因城镇开发建设、挖墙修路、建房、取土等损毁较严重。墙体长 3812 米，其中消失 1313 米。呈东南—西北走向。墙体用黄土和红胶土夯筑而成（图五五）。根据墙体保存状况及敌台分布情况分段叙述如下。

北关社区 5 号敌台（D033）—断点

该段墙体长 1126 米。由东南向西北穿行于盐池县城北关社区居民住宅区。仅存两小段。第一段长 103 米，起点位于城关镇北关北路，墙体高 1.5~3、顶宽约 1 米，夯层厚 10~14 厘米。第二段起点位于盐池县城（盐林公路）西二环路东 0.115 千米处，长 67 米，墙体高约 4、底宽 10、顶宽 3 米，夯层厚 19、20 厘米。其余 956 米消失或仅存墙基痕迹。

断点—五堡村 1 号敌台（D034）

墙体长 309 米，其中消失 158 米。墙体用黄土和红胶土夯筑而成。根据墙体保存状况分为两小段。第一段长 40 米，保存较差，墙体高 2、顶宽 0.5 米，夯层厚 17、18、21 厘米。第二段长 111 米，保存一般，墙体高 5、底宽约 10 米。

五堡村 1 号敌台（D034）—五堡村 2 号敌台（D035）

墙体长 477 米。墙体因风雨侵蚀以及人为破坏损毁较严重，顶部有较多的冲蚀小豁口。墙体东段两侧被倒塌的夯土掩埋呈斜坡状，部分墙体夯土大多被取土挖毁，壁面内凹，顶部坍塌风化成坡形。墙体高约 6 米，夯层厚 18、19 厘米。墙体中段有 60 米被利用修成防洪堤坝，西段因开挖排洪沟消失 126 米。依墙体外侧而建的敌台坍塌风化成土丘。

五堡村 2 号敌台（D035）—五堡村 3 号敌台（D036）

墙体长 230 米。墙体高 6、底宽约 9、顶宽 0.7~2.2 米，夯层厚 13~18 厘米。五堡村 2 号敌台以西墙体被取土挖毁形成 40 米宽的豁口，五堡村 3 号敌台边侧墙体有 4 米宽的村路豁口，墙体两侧有许多房屋及牛羊圈舍，村民随意取土、掏挖窑洞对敌台破坏较严重。

五堡村 3 号敌台（D036）—五堡村 4 号敌台（D037）

墙体长 230 米。墙体高约 5、顶宽 0.5~2，夯层厚 16、17、19 厘米。墙体两侧有房舍和农田、猪圈、厕所，敌台东壁、南壁有窑洞等。墙体顶部被雨水冲刷侵蚀成高低不平的坡状。

五堡村 4 号敌台（D037）—五堡村 5 号敌台（D038）

墙体长 290 米。墙体高约 7、底宽约 9、顶宽约 2 米。五堡村 4 号敌台西北 0.074 千米以西墙体被取土挖毁，有 33 米宽的村路豁口；其余墙体大多被开垦为农田，两侧修建有猪圈，敌台东壁、南壁有窑洞等。

五堡村 5 号敌台（D038）—五堡村 6 号敌台（D039）

墙体长 174 米。墙体高约 5.5、底宽约 9、顶宽大多 1.6 米。墙体两侧房屋较密集，院墙紧靠墙体，村民在墙体顶部栽置木杆，拉设铁丝围栏等。

五堡村 6 号敌台（D039）—五堡村 7 号敌台（D040）

墙体长 232 米。墙体用黄土夯筑而成，夯土掺杂有颗粒状的白色料礓石。墙体坍塌较严重，两侧沙土堆积较厚，顶部高低不平，部分墙体根部掏蚀凹进。墙体高 6、底宽 9 米，版筑缝清晰可见，版距 1.3、1.5 米，夯层厚 18、20、25 厘米。五堡村 7 号敌台呈不规则土丘状，墙体内侧有一座铺舍夯土台基遗址。

五堡村 7 号敌台（D040）—五堡村 8 号敌台（D041）

墙体长 229 米。墙体两侧被坍塌的夯土及沙土掩埋约 3/4，夯土风化酥软，生长有杂草。有 70 米墙体保存较好，顶部基本平整，最宽 3.2 米。其余保存一般，墙体高约 6、顶宽 0.8~1.6 米。五堡村 8 号敌台坍塌风化成低矮的土丘。

五堡村 8 号敌台（D041）—五堡村 9 号敌台（D042）

墙体长 230 米。墙体两侧被塌落的夯土及沙土掩埋成斜坡。墙体高约 5、顶宽大多 1.6 米，夯层厚 16、18、22 厘米，版距 2.4、2.7 米。

五堡村 9 号敌台（D042）—五堡村 10 号敌台（D043）

墙体长 285 米。呈东南—西北走向。北距高速公路 0.09 千米。墙体顶部高低不平，高 6、底宽 9、顶宽约 2 米，夯层厚 19、20 厘米，版距 1.6 米。

5. 八堡村长城墙体

该段墙体起点位于盐池县花马池镇八堡村北约 1.2 千米，高速公路穿越墙体断点东侧的五堡村 10 号敌台处，止点位于花马池镇刘八庄村 1 号敌台处。墙体长 3408 米，大致呈东南—西北走向。所处地势由东南向西北逐渐走高。墙体用黄土夯筑而成，部分夯土中夹杂有石块和红胶土。墙体外侧被坍塌的夯土及流沙掩埋呈陡坡状，内壁坍塌较重，墙基根部掏蚀凹进。主要损毁原因有表面风化酥碱、人为破坏、植物根系生长发育及啮齿类动物破坏等。根据墙体保存状况及敌台分布情况分为 11 段（图五六）。分述如下。

五堡村 10 号敌台（D043）—八堡村 1 号敌台（D044）

墙体长 598 米。呈东南—西北走向。墙体中部原有一座敌台，高速公路穿越墙体，将敌台及墙体铲挖了 140 米。五堡村 10 号敌台至高速公路断点处长 240 米的墙体被倒塌的夯土及沙土掩埋成坡形，顶部被雨水冲刷侵蚀坍塌成鱼脊状，高约 7、底宽 11 米。公路穿墙缺口断面用水泥板包砌，将墙体用黄土夯筑加固修整。墙体高 6.2、底宽 11、顶宽 3.8 米，盐池县文化局在此设立"重修墙体记事碑"一块；其余墙体坍塌严重，顶部及两侧被塌落的夯土和沙土掩埋成斜坡状，形如一道高大的土梁（彩图一二二）。

八堡村 1 号敌台（D044）—八堡村 2 号敌台（D045）

墙体长 297 米。西南距高速公路约 0.13 千米。所处地势由东南向西北逐渐走高，外侧地表生长有茂密的杂草，内侧植被相对较好，有较多的灌木。八堡村 1 号敌台西北 0.087 千米处墙体有 4.5 米宽的村路豁口。墙体坍塌严重，顶部被雨水冲蚀高低不平，有较多的冲沟凹槽，部分墙体内侧根部有风蚀凹槽。墙体高 6~7 米，夯层清晰，夯层厚 16 厘米（彩图一二三）。墙体自八堡村 1 号敌台起至东牛毛井村 2 号敌台止，有一段长约 11500 米的明代垒墙遗迹。

八堡村 2 号敌台（D045）—八堡村 3 号敌台（D046）

墙体长 241 米。地处丘陵地带的平滩地，地势由东南向西北逐渐走高，外侧地表生长有茂密的杂草，内侧植被相对较好，有较多的灌木。墙体两侧被坍塌的夯土及沙土掩埋约 3/4，裂隙严重，顶部有较多的冲蚀小豁口。墙体高 5~6、底宽约 9、顶宽 0.8~2 米，夯层厚 12 厘米。

八堡村 3 号敌台（D046）—八堡村 4 号敌台（D047）

墙体长 283 米。所处地势较为平缓，外侧是未开垦的荒地，生长有稀疏低矮的杂草，内侧种植有灌木。墙体内外两侧被塌落的夯土和沙土掩埋至墙腰处，顶部有多条冲沟豁口。墙体高约 5～6、顶宽 0.8～3 米，夯层厚 12～14 厘米。

八堡村 4 号敌台（D047）—八堡村 5 号敌台（D048）

墙体长 283 米。所处地势较平缓，外侧地表生长有低矮的杂草及少量的柠条和灌木等。墙体用黄土和少量红土分层夯筑而成。墙体顶部及两侧坍塌严重，大多被塌落的夯土和沙土掩埋约 1/2。墙体高约 5、底宽约 10、顶宽 0.6～3 米。夯层清晰，土质纯净，夯打较结实，夯层厚 14、16、18 厘米。八堡村 5 号敌台坍塌风化成一座低矮的土丘，东壁与墙体接合部位有 4 米宽的村路豁口。

八堡村 5 号敌台（D048）—八堡村 6 号敌台（D049）

墙体长 276 米。所处地势由东南向西北逐渐走高，外侧地势相对较低，地表生长有少量的柠条，内侧种植有大面积的柠条和灌木等。墙体两侧被沙土掩埋呈坡状，顶部雨水冲刷侵蚀凹凸不平。墙体高 3～5、顶宽 1～4 米；夯层厚 12、14 厘米（彩图一二四）。

八堡村 6 号敌台（D049）—八堡村 7 号敌台（D050）

墙体长 274 米。外侧为农田，内侧地势相对较低，植被较好，种植有大面积的柠条和灌木等。墙体两侧被坍塌的夯土和沙土掩埋呈斜坡状，顶部高低不平，有较多的冲沟小豁口。墙体高约 5、顶宽 0.8～3 米。夯层明显，搀杂有少量碎石，夯层厚 14 厘米。八堡村 7 号敌台与墙体接合部位有 3 米多宽的村路豁口。

八堡村 7 号敌台（D050）—八堡村 8 号敌台（D051）

墙体长 285 米。所处地势基本平整，地表生长有低矮的杂草，内侧地面植被较好，种植有柠条和灌木。墙体两侧被塌落的夯土和沙土掩埋呈漫坡状，表面长满杂草，顶部受雨水冲刷侵蚀高低不平。墙体高约 5、底宽约 10、顶宽约 2 米。

八堡村 8 号敌台（D051）—八堡村 9 号敌台（D052）

墙体长 304 米。墙体用红土夯筑而成。墙体两侧被坍塌的夯土和沙土掩埋呈斜坡状，掩埋约 3/4，仅露出顶部较少部分，表面长满杂草。墙体高 6～7、顶宽约 2 米（彩图一二五）。

八堡村 9 号敌台（D052）—八堡村 10 号敌台（D053）

墙体长 275 米。所处地势较平缓，外侧地表生长有低矮的杂草，内侧植被较好，种植有大面积的杨树。墙体两侧被倒塌的夯土及沙土掩埋呈斜坡状，顶部高低不平。墙体高约 7、底宽约 10、顶宽 1～2.5 米，夯层厚 14、20 厘米（彩图一二六）。

八堡村 10 号敌台（D053）—刘八庄村 1 号敌台（D054）

墙体长 292 米。西南距高速公路约 0.26 千米。所处地势较平缓，内侧 20 米外种植有大面积的杨树，外侧地势相对较低，地面基本平整，生长有少量的柠条等。墙体用黄土夯筑而成，土色略泛红。墙体内外两侧被坍塌的夯土和沙土掩埋呈陡坡状，夯土风化疏松呈粉状剥落。墙体表面生长有低矮稀疏的杂草，顶部高低不平，有较多的冲沟小豁口。墙体高约 6、顶宽 0.8～3 米，夯层厚 12、20 厘米。刘八庄村 1 号敌台东壁与墙体接合部位有 4 米宽的村路豁口，内侧根部有风蚀凹槽。

6. 刘八庄村长城墙体

该段墙体起点位于盐池县花马池镇刘八庄村东北约 0.8 千米处，止点位于花马池镇刘八庄村西北约 1.9 千米的刘八庄村 13 号敌台处。墙体长 2457 米。墙体用黄土和红土夯筑而成。墙体两侧大多被坍塌的夯土及沙土掩埋，呈陡坡土梁状。根据墙体保存状况及敌台分布情况分为 12 段（图五七）。分述如下。

刘八庄村 1 号敌台（D054）—刘八庄村 2 号敌台（D055）

墙体长 156 米。大致呈东—西走向，方向北偏西 55°。所处地形平缓，地势由东南向西北逐渐走高，外侧为农田，内侧是未开垦的荒地，地面生长有稀疏的杂草和少量柠条等。墙体两侧被塌落的夯土及沙土掩埋成坡形土梁，顶部呈鱼脊形。墙体高 4~5、顶宽 0.7~1.6 米，夯层厚 14、16 厘米（彩图一二七）。

刘八庄村 2 号敌台（D055）—刘八庄村 3 号敌台（D056）

墙体长 240 米。墙体外侧 30 米外为农田，地表生长杂草，地势由南向北逐渐走高，内侧种植有大面积的柠条。墙体用黄土和红土分层夯筑而成。墙体顶部及两壁坍塌损毁约 1/2，两侧被塌落的夯土和沙土掩埋呈斜坡状，顶部高低不平，有较多的冲沟小豁口。墙体高 3.5~5、底宽 9 米、顶宽 0.5~1.6，夯层清晰，夯层厚 14、16 厘米。刘八庄村 2 号敌台西壁和刘八庄村 3 号敌台东壁与墙体接合部位有 4 米宽的村路豁口。

刘八庄村 3 号敌台（D056）—刘八庄村 4 号敌台（D057）

墙体长 239 米。所处地势较平坦，两侧 0.03 千米外种植有大面积的柠条。墙体保存较差，坍塌损毁过半，略显低矮，顶部凹凸不平，有较多的沟槽，两侧被沙土掩埋成斜坡。墙体高 3~5、底宽约 9 米，夯层厚 14、15 厘米。

刘八庄村 4 号敌台（D057）—刘八庄村 5 号敌台（D058）

墙体长 154 米。所处地势较平缓，柠条生长繁茂。墙体两侧被坍塌的夯土及沙土掩埋成斜坡，表面生长杂草，呈斜坡土梁状；上部坍塌残毁严重，损毁约 1/2，大多坍塌风化成鱼脊状。墙体高 3~5、底宽 12、顶宽 1~2 米，夯层厚 14、15 厘米。刘八庄村 5 号敌台东侧 0.05 千米处墙体有 5 米宽的村路豁口。

刘八庄村 5 号敌台（D058）—刘八庄村 6 号敌台（D059）

墙体长 226 米。两侧 30 米外种植有大面积柠条。墙体保存较差，坍塌风化损毁过半，呈斜坡土梁，顶部因雨水冲刷略呈鱼脊形，表面生长杂草。墙体高 3~4 米，夯层厚 16、18 厘米。

刘八庄村 6 号敌台（D059）—刘八庄村 7 号敌台（D060）

墙体长 222 米。所处地势较平缓，柠条生长繁茂。墙体呈坡形土梁状，两侧沙土堆积较厚，顶部塌落呈鱼脊形，部分墙体根部风蚀凹进。墙体高 3~5 米，夯层厚 14、16 厘米。

刘八庄村 7 号敌台（D060）—刘八庄村 8 号敌台（D061）

墙体长 164 米。所处地势较平缓，两侧地表生长有繁茂的柠条。墙体用黄土和红土夯筑而成。墙体坍塌损毁过半，顶部及两侧被雨水冲刷侵蚀成斜坡，底部沙土堆积较厚，夯土风化酥软呈粉状剥落，长满杂草。墙体高约 4 米，夯层厚 16、18 厘米。刘八庄村 8 号敌台东壁与墙体接合部位有 4 米宽的村路豁口。

刘八庄村 8 号敌台（D061）—刘八庄村 9 号敌台（D062）

墙体长 302 米。所处为丘陵平滩地，两侧地面柠条生长繁茂。墙体用黄土夯筑而成，土色略泛红。墙体顶部及两侧被坍塌的夯土和沙土掩埋成坡形土梁，表面长满杂草。墙体高 4~6、顶宽约 0.5 米。刘八庄村 9 号敌台东侧 22 米处墙体被天然气管道穿越，被挖开 7 米宽的豁口。

刘八庄村 9 号敌台（D062）—刘八庄村 10 号敌台（D063）

墙体长 137 米。呈东南—西北走向。所处地势较为平缓。外侧 0.03 千米外为新开垦的农田。墙体用红夯土夯筑而成，剖面呈梯形。墙体坍塌损毁过半，顶部及两侧坍塌风化成斜坡土梁，夯层模糊不清。墙体西半段坍塌损毁较严重，呈坡形土梁。墙体高 3~5 米。

刘八庄村 10 号敌台（D063）—刘八庄村 11 号敌台（D064）

墙体长 221 米。所处地势较为平缓，内外两侧地面为荒地，生长有低矮的杂草。墙体被雨水冲刷侵蚀坍塌成坡形土梁，夯土风化酥软呈粉状脱落；西半段墙体坍塌风化更为严重，略呈一道低漫的坡形土梁。墙体高 3～4 米。

刘八庄村 11 号敌台（D064）—刘八庄村 12 号敌台（D065）

墙体长 238 米。呈东南—西北走向。两侧地势较平缓，外侧 0.05 千米外为新开垦的农田，地表生长有低矮稀疏的杂草和少量的柠条等。西南距高速公路约 0.06 千米。墙体坍塌严重，顶部坍塌风化成鱼脊状，形如一道高隆的土梁，两侧沙土堆积成斜坡状。墙体高 3～4 米。夯土风化酥软呈粉状剥落，夯层模糊不清。刘八庄村 12 号敌台东壁边侧墙体坍塌风化成低矮的土梁。

刘八庄村 12 号敌台（D065）—刘八庄村 13 号敌台（D066）

墙体长 158 米。所处地势基本平缓，地表生长有低矮的杂草和少量的柠条等，外侧 0.1 千米外为农田。墙体用黄土夯筑而成，土色略泛红。墙体坍塌损毁严重，顶部及两侧垮塌风化成斜坡土垄状，大多被沙土覆盖。墙体高约 4 米。

二 花马池营段明长城墙体沿线敌台（D001～D066）

1. 东郭庄村 1 号敌台（D001）

该敌台位于宁夏回族自治区盐池县与陕西省定边县 307 国道交界处（中石油盐池分公司）西南约 0.15 千米，西距花马池镇东郭庄村约 2.3 千米，东南距长城墙体起点 0.095 千米，西北距东郭庄村 2 号敌台 0.292 千米。台体依长城墙体而建，黄土和红土分层夯筑而成，呈覆斗形，实心，平面呈正方形，剖面呈梯形，四壁有收分，凸出于长城墙体外侧。保存一般。台体受风雨侵蚀较严重，被沙土掩埋约 2/3，周围流沙堆积呈缓坡状。台体东、西、北三壁有风蚀雨蚀的横向凹槽，东壁有小窑洞。台体底部南北外凸，边长约 9 米，顶部基本平整，东西约 5、南北约 4 米，高约 10 米。夯层清晰可见，夯打较为结实，夯层厚 14～20 厘米（彩图一二八）。

2. 东郭庄村 2 号敌台（D002）

该敌台位于盐池县花马池镇东郭庄村东 2 千米，北距 307 国道 0.19 千米，东南距东郭庄村 1 号敌台 0.292 千米，西北距东郭庄村 3 号敌台 0.297 千米。台体用红土夯筑而成，土质纯净，夯打较为结实，平面呈正方形，剖面呈梯形，整体呈覆斗形，实心，凸出于长城墙体外侧，四壁有收分。台体底部被沙土掩埋，顶部塌落保存较少，风化成坡形。台体底部边长约 9 米，顶部受风雨侵蚀凹凸不平，东西 2.8、南北 4.5 米，高约 9 米，夯层清晰，夯层厚 14～20 厘米（彩图一二九）。

3. 东郭庄村 3 号敌台（D003）

该敌台位于盐池县花马池镇东郭庄村东 1.7 千米，北距 307 国道 0.19 千米，东南距东郭庄村 2 号敌台 0.297 千米，西北距东郭庄村 4 号敌台 0.295 千米，西北 10 多米处有中国移动架设的水泥杆。台体依长城墙体而建，黄土夯筑而成，呈覆斗形，实心，凸出于长城墙外侧。保存一般。台体人为损毁严重，壁面生长杂草，有风蚀孔洞；东壁、北壁有小窑洞，东壁被铲挖开垦为农田；东北角、西北角被取土挖毁约 1/4；西壁坍塌成斜坡状，与长城墙体接合部位有一处 5 米宽的村路豁口。台体坍塌风化成不规则形，底部凸出于长城墙体，东西 13、南北约 12 米，顶部凹凸不平，东西约 5、南北约 3 米，高 7 米，夯层不明显（彩图一三〇）。

4. 东郭庄村 4 号敌台（D004）

该敌台位于盐池县花马池镇东郭庄村东约 1.5 千米，北距 307 国道 0.18 千米，东南距东郭庄村 3 号敌台 0.295 千米，西北距东郭庄村 5 号敌台 0.154 千米。台体用黄土和红胶土夯筑而成，整体呈覆斗形，剖面呈梯形，实心，凸出于墙体外侧。保存一般。台体坍塌风化成土丘，大部分被沙土掩埋，表面生长有杂草。因植物根系生长破坏和雨水冲刷损毁严重，四壁坍塌风化成斜坡状；顶部平整，风蚀坍塌成土垄状。台体底部东西约 11、南北 9 米，顶部东西约 1、南北 0.5 米，高 6 米。夯层厚 20 厘米。

5. 东郭庄村 5 号敌台（D005）

该敌台位于盐池县花马池镇东郭庄村东约 1.3 千米处，东南距东郭庄村 4 号敌台 0.154 千米，西北距东郭庄村 6 号敌台 0.302 千米。台体骑长城墙体而建，红土夯筑而成，呈覆斗形。台体因风雨侵蚀损毁严重，底部被沙土掩埋，四壁坍塌风化成斜坡状，表面生长杂草，有风蚀孔洞。台体底部边长 14 米，顶部东西 1、南北约 4 米，高 7 米。夯层不甚明显，能辨明夯层厚 15、20 厘米。

6. 东郭庄村 6 号敌台（D006）

该敌台位于盐池县花马池镇东郭庄村东约 1 千米处，北距 307 国道约 0.18 千米，西北距盐（池）中（宁）高速公路高架桥约 0.085 千米、距东郭庄村 7 号敌台 0.155 千米。台体依长城墙体而建，黄土和红土分层夯筑而成，呈覆斗形，实心，凸出于长城墙体外侧。保存较差。台体人为挖掘破坏严重，东壁与长城墙体接合部位被挖开 6 米宽的豁口；整体坍塌风化成不规整的方台；东壁被挖掘取土损毁较重，东南角坍塌成凹槽；北壁坍塌风化成陡坡，有风蚀孔洞；西壁及西北角被沙土堆积呈斜坡状；南壁与长城墙体接合部位被削成斜坡和台面，上部有窑洞，窑洞门高 1.7、宽 0.9 米，窑洞进深 3、东西宽 3 米。台体底部东西约 12、南北约 11 米，顶部西高东低，凹凸不平，东西约 0.4、南北约 4 米，高约 8 米。夯层清晰，厚 18～20 厘米。

7. 东郭庄村 7 号敌台（D007）

该敌台位于盐池县花马池镇东郭庄村东约 0.85 千米处，北距 307 国道 0.18 千米，东南距盐（池）中（宁）高速公路高架桥约 0.07 千米、距东郭庄村 6 号敌台 0.155 千米，西北距东郭庄村 8 号敌台 0.289 千米。台体依长城墙体而建，黄土和红土分层夯筑而成，呈覆斗形，实心，凸出于长城墙外体侧。保存一般。台体四壁呈坡形，被沙土掩埋约 2/3，东壁呈陡坡状，底部沙土堆积较厚，表面生长有茂密的沙棘草。台体底部东西约 10、南北约 9 米，顶部呈土垄状，东西约 2、南北约 1 米，高约 3 米。夯土风化酥碱严重，夯层不明。

8. 东郭庄村 8 号敌台（D008）

该敌台位于盐池县花马池镇东郭庄村东北约 1 千米处，北距 307 国道 0.175 千米，西北距东郭庄村 9 号敌台 0.579 千米。台体用黄土夯筑而成，土质纯净，呈覆斗形，四壁有收分。台体坍塌风化成土丘，顶部保存较少，较平整，表面生长杂草，四周流沙堆积较高。台体底部东西约 14、南北约 11 米，顶部东西 1、南北 3 米，高 6 米。台体表面被雨水冲刷侵蚀风化、酥碱，夯层不明显。

9. 东郭庄村 9 号敌台（D009）

该敌台位于盐池县花马池镇东郭庄村东北约 0.8 千米处，北距 307 国道约 0.17 千米，东北距 307 国道约 0.24 千米，西北距东郭庄村 10 号敌台 0.278 千米。台体用黄土夯筑而成，呈覆斗形，实心，凸出于长城墙体外侧。保存一般。台体被雨水冲刷成底大顶小的土丘，底部被黄沙掩埋，四壁呈缓坡状。台体底部东西约 13、南北约 11 米，顶部东西约 3、南北约 1 米，高约 7 米。夯土风化酥碱严重，夯层不明显。周围地表散布有少量瓷碗残片等。

标本 D009：1，深酱釉瓷碗残片。圈足底，残半，浅斜腹，浅黄胎，内壁施灰白釉，外壁施深酱釉，内底有宽涩圈，圈足底无釉。底径6.3、高3、足高0.8厘米（图五八；彩图一三一）。

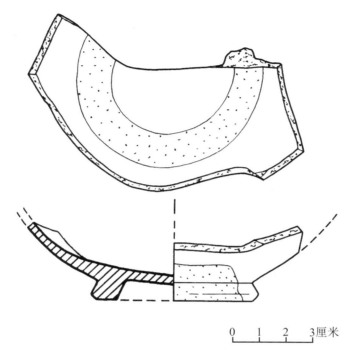

0　1　2　3厘米

图五八　东郭庄村 9 号敌台（D009）文物标本
深酱釉瓷碗残片（标本 D009：1）

10. 东郭庄村 10 号敌台（D010）

该敌台位于盐池县花马池镇东郭庄村北约1.1千米处。北距宁鲁石化工厂0.015千米，西北距东郭庄村 11 号敌台0.301千米。台体用黄土夯筑而成，呈覆斗形，实心，凸出于长城墙体外侧。保存较差。台体坍塌风化略呈土丘状。台体东壁与长城墙体接合部位被取土挖毁，北壁、西壁坍塌风化成斜坡状，西北角因雨水冲蚀垮塌，损毁约1/4。台体底部东西约13、南北约9米，顶部边长2米，高约6米。台体表面杂草生长较多，夯层模糊不清。

11. 东郭庄村 11 号敌台（D011）

该敌台位于盐池县花马池镇东郭庄村北约1.5千米处。北距307国道约0.18千米，东北距宁鲁石化工厂约0.05千米，西北距东郭庄村 12 号敌台0.3千米。台体用黄土夯筑而成，呈覆斗形，实心，凸出于长城墙体外侧。保存一般。台体因风沙侵袭严重，四周流沙堆积较高，四壁风蚀坍塌成斜坡状，整体略显低矮。台体底部边长11米，南北外凸，顶部坍塌，南高北低，东西约6、南北约4米，高约6米。台体表面生长杂草，夯土被风蚀、雨蚀，酥碱严重，夯层不明显。

12. 东郭庄村 12 号敌台（D012）

该敌台位于盐池县花马池镇东郭庄村北约1.6千米处，北距307国道约0.18千米，西北距东郭庄村 13 号敌台0.287千米。台体用黄土夯筑而成，土质纯净，呈覆斗形，实心，凸出于长城墙体外侧。保存一般。台体底部被沙土掩埋，四壁坍塌成斜坡状，整体呈土丘状；顶部坍塌成土垄状，表面生长杂草，植物根系生长对台体破坏严重。台体底部东西约12、南北约8.5米，顶部东西3、南北2米，高约6米，夯层厚20厘米。

13. 东郭庄村 13 号敌台（D013）

该敌台位于盐池县花马池镇东郭庄村北 1.7 千米处，北距 307 国道约 0.17 千米，西北距东郭庄村 14 号敌台 0.281 千米。台体用黄土夯筑而成，土质纯净，呈覆斗形。保存一般。台体风化成土丘，四壁风蚀成斜坡状。台体底部东西约 14、南北约 10 米，顶部东西约 2.5、南北约 2 米，高约 7 米。夯土酥碱，长有杂草，夯层厚 20 厘米。

14. 东郭庄村 14 号敌台（D014）

该敌台位于盐池县花马池镇东郭庄村北 1.9 千米处，北距 307 国道约 0.15 千米，西北距东郭庄村 15 号敌台 0.292 千米。台体依长城墙体外侧而建，黄土夯筑而成，呈覆斗形，实心，平面呈长方形。保存一般。台体四周被黄沙掩埋约 3/4，四壁坍塌风化成斜坡形，北壁自上而下有雨水冲刷的冲沟凹槽，西壁沙土堆积较高，南壁坍塌风化成斜坡状，顶部高于长城墙体约 2 米，高低不平，有雨水冲刷的凹槽。台体底部东西约 16、南北 13 米，顶部东西 4、南北 2.5 米，高约 7 米。夯层厚 17 厘米。周围地表散布有少量的酱釉粗瓷片和灰陶板瓦残片等。

15. 东郭庄村 15 号敌台（D015）

该敌台位于盐池县花马池镇东郭庄村长城墙体上，南距东郭庄村约 2.2 千米，北距 307 国道约 0.14 千米，西北距东门村 1 号敌台 0.292 千米。台体用黄土夯筑而成，土质纯净，呈覆斗形，凸出于长城墙体外侧。台体四壁被雨水冲刷风化成斜坡状，北壁有雨水冲蚀的凹槽。顶部基本平整，表面生长杂草，植物根系生长发育对敌台破坏严重。台体底部东西约 13、南北 12 米，顶部东西约 3、南北约 2.5 米，高约 7 米。夯层厚 18 厘米。

16. 东门村 1 号敌台（D016）

该敌台位于盐池县花马池镇东门村长城墙体上，西北距东门村 2 号敌台 0.289 千米，西南距东门村约 2.1 千米，南距东郭庄村约 2.4 千米。台体用黄土夯筑而成，土质纯净，呈覆斗形，实心，四壁有收分，凸出于长城墙体外侧。保存一般。台体顶部基本平整，生长有芨芨草等，植物根系生长发育对敌台破坏严重；四壁被雨水冲刷成四面斜坡状，北壁雨水冲蚀有凹槽。台体底部东西约 15、南北约 12 米，顶部东西约 6、南北 5 米，高约 7 米。夯层模糊不清。周围地表散布有褐釉粗瓷残片、灰胎内黑釉外褐釉粗瓷罐残片及青花瓷片等。

17. 东门村 2 号敌台（D017）

该敌台位于盐池县花马池镇东门村东北约 2 千米处，北距 307 国道约 0.12 千米，西北距东门村 3 号敌台 0.283 千米。台体依长城墙体而建，黄土夯筑而成，呈覆斗形，凸出于长城墙体外侧。台体坍塌损毁严重，底部四周被黄沙掩埋，四壁风蚀成斜坡状，顶部风化成凸圆状，整体呈土丘状。台体底部边长约 10 米，顶部东西 4、南北 3 米，高约 5 米。

18. 东门村 3 号敌台（D018）

该敌台位于盐池县花马池镇东门村东北约 2 千米处，西北距东门村 4 号敌台 0.28 千米。台体用黄土夯筑而成，呈覆斗形，凸出于长城墙体。保存一般。台体四壁被雨水冲刷风化成四面坡形，顶部基本平整，西壁底部沙土堆积成漫坡状。台体底部东西约 11、南北约 9 米，顶部东西 7、南北 5 米，高约 6 米。夯土酥碱严重，杂草生长，夯层模糊不清。

19. 东门村 4 号敌台（D019）

该敌台位于盐池县花马池镇东门村东北约 1.9 千米处，北距德胜墩村烽火台约 1.2 千米，西北距东门村 5 号敌台 0.29 千米。台体用黄土夯筑而成，土质纯净，呈覆斗形，实心，凸出于长城墙体外侧。保存一般。台体底部被倒塌的夯土及沙土掩埋，四壁风蚀坍塌成四面坡形，顶部杂草生长较多。

台体底部东西 11、南北 9 米，顶部东西约 2、南北 5 米，高约 7 米。夯土风化酥碱严重，夯层不明显。四周地表散布有黑釉瓷片、青花瓷片、黄褐胎内黑釉外青釉粗瓷碗残片、夹砂黑陶罐残片、灰陶板瓦及残砖等。

20. 东门村 5 号敌台（D020）

该敌台位于盐池县花马池镇东门村东北约 1.9 千米处，西北距东门村 6 号敌台 0.303 千米。台体用黄土夯筑而成，呈覆斗形，实心，凸出于长城墙体外侧。保存一般。台体坍塌风化成馒头状，四壁坍塌，因雨水冲刷风化呈四面坡形，南壁与长城墙体顶部被雨水冲刷风化成陡坡。台体底部东西约 14、南北约 10 米，顶部东西 6、南北约 5 米，高约 7 米。夯层不甚明显，能辨明夯层厚 15～18 厘米。

21. 东门村 6 号敌台（D021）

该敌台位于盐池县花马池镇东门村东北约 1.8 千米处，西北距东门村 7 号敌台 0.303 千米。台体用黄土夯筑而成，呈覆斗形，实心，凸出于长城墙体外侧。台体因风雨侵蚀坍塌较严重，底部四周被坍塌的夯土及沙土掩埋。台体东壁、西壁坍塌损毁严重；北壁坍塌成陡坡状，有风蚀的孔洞；南壁与长城墙体顶部有较宽的水蚀冲沟凹槽。台体四壁风化坍塌成四面陡坡形，顶部保存较少，整体呈凸形，长有杂草，植物根系生长对台体破坏较严重。台体底部东西约 12、南北约 9 米，顶部东西约 2.4、南北约 2 米，高 8 米。夯层厚 15、18 厘米。周围地表散布有褐釉粗瓷片、灰胎内褐釉外青釉粗瓷片、黑釉瓷片、褐釉瓷碗底部残片、青花瓷片及灰陶板瓦残块等。

22. 东门村 7 号敌台（D022）

该敌台位于盐池县花马池镇东门村北约 1.7 千米处，西北距东门村 8 号敌台 0.284 千米。台体用黄土夯筑而成，呈覆斗形，凸出于长城墙体外侧。保存一般。台体四壁坍塌风化成斜坡形，东壁雨水冲蚀有凹槽，顶部高于长城墙体约 2 米，被雨水冲刷成西高东低的陡坡形。台体底部东西约 12、南北约 10 米，顶部东西 5、南北 1.5 米，高约 8 米。夯土因风化酥软，夯层模糊不清，能辨明夯层厚 15、18 厘米。四周地表散布有褐釉粗瓷残片及黑釉瓷罐底部残片等。

23. 东门村 8 号敌台（D023）

该敌台位于盐池县花马池镇东门村北约 1.7 千米处，东北距德胜墩村烽火台约 1.16 千米，西北距东门村 9 号敌台 0.286 千米。台体依长城墙体而建，黄土夯筑而成，土质纯净，夯打较为结实，呈覆斗形，实心，凸出于长城墙体外侧。台体四壁坍塌风化成陡坡状，东壁、北壁有风蚀凹进的孔洞及啮齿类动物洞穴等，顶部呈凸形，高于长城墙体约 2.5 米，四壁被坍塌的夯土及沙土掩埋成斜坡状。台体底部东西约 13、南北约 11 米，顶部东西 2、南北约 1.5 米，高 8 米。四周地表散布有少量的褐釉粗瓷残片、灰胎黑釉罐底残片等。

24. 东门村 9 号敌台（D024）

该敌台位于盐池县花马池镇东门村北约 1.8 千米处，西北距东门村 10 号敌台 0.331 千米，西距宁鲁石化水泥厂区约 0.15 千米。台体用黄土夯筑而成，呈覆斗形，实心，四壁陡直有收分，凸出于墙体外侧。保存较好，形制基本完整。台体底部被沙土掩埋呈斜坡状，上半部保存基本较好，南壁高于长城墙体约 2.5 米，顶部基本平整，东、北壁有风蚀凹进的孔洞和雨水冲刷的冲沟凹槽。台体底部东西约 13、南北约 9 米，顶部东西 5、南北 3 米，高约 8 米。夯层厚 14～18 厘米。周围地表散布有少量棕褐釉瓷片及黑釉瓷罐底部残片等。

25. 东门村 10 号敌台（D025）

该敌台位于盐池县花马池镇东门村林场北约 0.8 千米处，北距宁鲁石化厂物流场区约 0.02 千米，西北距东门村 11 号敌台 0.333 千米，南距宁鲁石化厂区约 0.025 千米。台体用黄土夯筑而成，土质纯净，呈覆斗形，凸出于长城墙体外侧。保存一般。台体四壁坍塌风化严重呈斜坡状；顶部雨水冲蚀坍塌严重，风化成土丘。石化厂职工在台体及长城墙体上部种植松树并埋设水管，植物根系生长发育对长城墙体破坏极为严重，台体东壁与长城墙体接合部位有 15 米宽的公路豁口。台体底部东西约 13、南北约 11 米，顶部东西约 1、南北约 3 米，高约 8 米。

26. 东门村 11 号敌台（D026）

该敌台位于盐池县花马池镇东门村林场北约 0.8 千米处，西北距东门村 12 号敌台 0.285 千米。台体用黄土夯筑而成，土质纯净，呈覆斗形，实心，凸出于长城墙体外侧。台体四壁被雨水冲刷风化成斜坡状，顶部北高南低。台体底部东西 15、南北 10 米，顶部东西 7、南北 5 米，高约 8 米。夯土酥碱、松散，长满杂草，夯层不明显。周围地表散布有少量褐釉粗瓷残片、灰胎黑釉罐底残片及黑釉罐口沿残片等。

标本 D026：1，黑釉罐口沿残片。矮直领，丰肩，肩部有别釉宽带纹，少数带纹上有叠烧粘连痕迹。夹砂浅黄胎，外壁带纹以下为黑釉，口沿及内壁施浅青酱釉。口径 9.8、高 4.4 厘米（图五九；彩图一三六）。

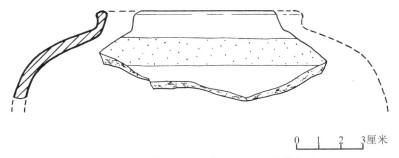

图五九　东门村 11 号敌台（D026）遗物标本
黑釉罐口沿残片（标本 D026：1）

27. 东门村 12 号敌台（D027）

该敌台位于盐池县花马池镇东门村林场北约 0.6 千米处，西北距东门村 13 号敌台 0.258 千米。台体用黄土夯筑而成，土质纯净，呈覆斗形，实心，凸出于长城墙体外侧。保存一般。台体四壁坍塌风化成斜坡状，顶部雨水冲蚀坍塌严重，保存较少，呈圆锥形土丘，生长有杂草。台体底部东西约 13、南北约 9 米，顶部东西约 1、南北约 6 米，高 8 米。夯层厚 18、20 厘米。周围地表散布有少量黑釉瓷罐腹片及褐釉瓷碗残片等。

28. 东门村 13 号敌台（D028）

该敌台位于盐池县工业园区公路缺口东南 0.12 千米处，西北距北关社区 1 号敌台 0.281 千米。台体用黄土夯筑而成，呈覆斗形，凸出于长城墙体外侧。保存一般。台体四壁坍塌，被风蚀成斜坡状，表面长有少量的沙蒿草，顶部因雨水冲刷损毁严重，北壁有雨水冲刷的冲沟凹槽。台体底部东西约 14、南北外凸约 12 米，顶部东西约 5、南北约 4 米，高约 7 米。夯层厚 17～18 厘米。

29. 北关社区 1 号敌台（D029）

该敌台位于盐池县工业园区公路穿越墙体缺口西北约 0.11 千米处，西北距北关社区 2 号敌台 0.609 千米，北距 307 国道约 0.08 千米。台体用黄土夯筑而成，土质纯净，呈覆斗形，实心，凸出于长成墙体外侧。台体上半部因风雨侵蚀坍塌严重，夯土块状剥落；东壁底部被坍塌的夯土堆积成斜坡状，上部有雨水冲刷形成的水蚀凹槽和风蚀孔洞等；北壁、西壁上半部坍塌成内收的两层台面，有较宽的水蚀冲沟凹槽；顶部凹凸不平，被雨水冲刷成北高南低的斜坡；整体呈底大顶小的凸形。台体底部东西约9、南北约11米，顶部为不规则的小土墩，东西4、南北5米，高约9米。夯层厚13、14厘米。

30. 北关社区2号敌台（D030）

该敌台位于盐池县城北关社区，西北距北关社区3号敌台0.289千米。台体依长城墙体外侧而建，黄土夯筑而成，呈覆斗形，实心。保存较差。台体损毁较严重，四壁有较多的水蚀冲沟凹槽，整体坍塌成不规则形。台体底部东西约12、南北约10米，顶部东西4、南北5米，高9米。

31. 北关社区3号敌台（D031）

该敌台位于盐池县城北关社区石油公司油库围墙附近，西北距北关社区4号敌台约0.603千米。保存较差。台体人为损毁严重，仅存基础部分，基础上部有石油公司用红砖砌筑的值班岗楼。台体底部东西16、南北7、高1.5~2.5米。

32. 北关社区4号敌台（D032）

该敌台位于盐池县城民族街北约0.14千米（北关社区居民院内）处，西北距北关社区5号敌台0.566千米（其间应有一座敌台损毁不存）。台体用黄土夯筑而成，土质纯净，夯打较为结实，呈覆斗形，实心，四壁陡直有收分，凸出于长城墙体外侧。保存较好。台体南壁被雨水冲蚀形成凹槽；西壁及西北角上部夯土块状剥落厚约1米；北壁陡直平整，底部有两孔小窑洞；顶部基本平整，生长有灌木。台体底部东西14、南北13米，顶部东西11、南北10米，高9米。夯层厚14、18厘米。

33. 北关社区5号敌台（D033）

该敌台位于盐池县城北关汽车修理厂院内，西北距五堡村1号敌台1.435千米（其间应有5座敌台损毁不存）。台体用黄土夯筑而成，土质纯净，呈覆斗形，实心。保存较好。台体损毁较轻，北壁陡直，底部有小窑洞；东壁、西壁陡直，壁面凹凸不平；南壁紧靠居民房舍，与其相连接的长城墙体被人为挖毁不存；顶部被雨水冲刷侵蚀成西高东低的斜坡状，生长有灌木，植物根系生长对台体破坏严重。台体底部东西13、南北11米，顶部东西6、南北5米，高7米。夯层清晰，夯层厚10~12厘米。

34. 五堡村1号敌台（D034）

该敌台位于盐池县城西二环路西北约0.23千米处，西北距五堡村2号敌台0.477千米。台体用黄土夯筑而成，呈覆斗形，凸出于长城墙体外侧。保存一般。台体东、北、西三壁被取土挖毁凹凸不平，东壁有小窑洞，南壁与长城墙体接合部位坍塌风化成斜坡状，顶部风蚀坍塌成凸起的土垄状，整体形似土丘。台体底部东西14、南北11米，顶部东西2、南北2.5米，高7米。夯层厚13~15厘米。周围地表散布有少量灰陶板瓦、褐釉瓷片、黑釉及青釉瓷片等。

35. 五堡村2号敌台（D035）

该敌台位于盐池县花马池镇五堡村东南约0.4千米处，北距盐（池）定（边）高速公路约0.7千米，南距307国道0.47千米，西北距五堡村3号敌台0.23千米。台体用黄土夯筑而成，土质纯净，呈覆斗形，实心，凸出于长城墙体外侧。保存一般。台体四壁被倒塌的夯土及沙土掩埋成斜坡状，北壁底部有小窑洞，西壁与长城墙体接合部位有电力部门架设的水泥杆，南壁与长城墙体顶部坍塌风化成斜坡状，顶部风蚀坍塌成凸起的土垄状，整体呈土丘状。台体底部东西约13、南北约9米，顶部东西3.5、南北2米，高约7米。夯层清晰，夯层厚20厘米。

36. 五堡村3号敌台（D036）

该敌台位于盐池县花马池镇五堡村东南约0.2千米，五堡村4号敌台东南0.23千米处，北距盐（池）定（边）高速公路约0.62千米，南距307国道约0.48千米。台体依长城墙体而建，黄土夯筑而成，土质纯净，呈覆斗形，凸出于长城墙体外侧。保存一般。台体人为损毁较严重，北壁及西北角取土挖毁约1/4，北壁、西壁有窑洞，顶部损毁呈圆丘形的土垄状，杂草生长茂密。台体底部东西15、南北约10米，顶部东西约5、南北约4米，高8米。夯层厚12、13厘米。

37. 五堡村4号敌台（D037）

该敌台位于盐池县花马池镇五堡村内，北距盐（池）定（边）高速公路约0.62千米，南距307国道约0.52千米，西北距五保村5号敌台0.29千米。台体依长城墙体而建，黄土夯筑而成，呈覆斗形，实心，凸出于长城墙体外侧。台体人为损毁严重，坍塌风化呈不规则形，北壁、西壁被铲挖厚约2米，东壁有窑洞，南壁边侧砌筑有猪圈，顶部凹凸不平，北高南低。台体底部东西约13、南北约9米，顶部东西约5、南北4.5米，高8米。夯层厚18厘米。

38. 五堡村5号敌台（D038）

该敌台位于盐池县花马池镇五堡村内，北距高速公路约0.5千米，西北距五堡村6号敌台0.174千米。台体用黄土夯筑而成，土质纯净，呈覆斗形，实心，凸出于长城墙体外侧。保存一般。台体人为损毁严重，东壁、北壁有小窑洞，顶部凸起呈土垄状，整体坍塌风化呈土丘状。台体底部东西12、南北9米，顶部东西2.5、南北2米，高8米。夯层厚15、18厘米。

39. 五堡村6号敌台（D039）

该敌台位于盐池县花马池镇五堡村西北约0.2千米处，北距高速公路约0.46千米，西北距五堡村铺舍0.202千米、距五堡村7号敌台0.232千米，南距307国道约0.56千米。台体依长城墙体而建，黄土夯筑而成，土质纯净，夯土较硬，夯打结实，呈覆斗形，凸出于墙体外侧。保存一般。台体坍塌严重，四壁被倒塌的夯土及沙土堆积成斜坡，表面有雨水冲蚀形成的冲沟凹槽，整体呈平顶的土丘状，表面长有杂草。台体底部东西12、南北11米，凸出于墙体外侧，顶部东西5、南北2.5米，高7米。夯土酥碱严重，夯层不清。

40. 五堡村7号敌台（D040）

该敌台位于盐池县花马池镇五堡村西北约0.4千米处，北距高速公路约0.39千米，西北距五堡村8号敌台0.229千米，东南距长城墙体内侧的五堡村铺舍夯土台基0.03千米。台体依长城墙体而建，黄土和红土分层夯筑而成，呈覆斗形，实心，凸出于长城墙体外侧。保存一般。台体东壁因取土铲挖损毁厚约2米；北壁夯土剥落厚约1米，表面有风蚀孔洞；西壁坍塌成斜坡。台体底部东西约8、南北约7米，顶部东西0.5、南北约5米，高约8米。因雨水冲刷严重，夯层不甚明显，能辨明夯层厚11、13厘米。

41. 五堡村8号敌台（D041）

该敌台位于盐池县花马池镇五堡村西北约0.63千米处，北距高速公路约0.31千米，西北距五堡村9号敌台0.23千米。台体用黄土夯筑而成，土质纯净，呈覆斗形，实心，凸出于长城墙体外侧。保存一般。台体底部及四壁坍塌成斜坡；顶部损毁较重，呈圆锥形。台体底部东西13、南北9米，顶部东西1、南北1.5米，高7米。夯土酥碱严重，夯层不明显。

42. 五堡村9号敌台（D042）

该敌台位于盐池县花马池镇五堡村西北约0.9千米处，北距高速公路约0.2千米，西北距五堡村10号敌台0.285千米。台体用黄土夯筑而成，土质纯净，呈覆斗形，实心，凸出于长城墙体外侧。保存一般。台体四壁坍塌成斜坡状，顶部受雨水冲刷侵蚀严重，整体呈馒头状。台体底部东西约13、南北约10米，顶部东西约3、南北约2.5米，高7米。夯土酥碱严重，杂草生长较多，夯层模糊不清。

43. 五堡村10号敌台（D043）

该敌台位于盐池县花马池镇五堡村西北1.2千米处，西北距高速公路缺口0.24千米、距八堡村1

号敌台 0.598 千米（长城墙体中部的一座敌台因修建公路被挖毁）。台体依长城墙体而建，黄土夯筑而成，呈覆斗形，实心，凸出于长城墙体外侧。保存一般。台体四壁坍塌风蚀成斜坡状；顶部坍塌、雨水冲蚀严重，风化成土垄状。台体底部东西约 11、南北约 12 米，顶部东西 1、南北约 3 米，高约 8 米。夯层厚 13~15 厘米。

44. 八堡村 1 号敌台（D044）

该敌台位于盐池县花马池镇八堡村北约 1.2 千米处，西北距八堡村 2 号敌台 0.297 千米。台体用黄土和红土分层夯筑而成，土质纯净，呈覆斗形，凸出于长城墙体外侧。保存一般。台体四壁坍塌风化成斜坡形，顶部基本平整，南壁与长城墙体顶部坍塌风化成斜坡状。台体底部东西约 14、南北约 11 米，顶部东西约 5、南北约 3 米，高 7 米。夯层厚 12~18 厘米（彩图一三二）。

45. 八堡村 2 号敌台（D045）

该敌台位于盐池县花马池镇八堡村西北约 1.3 千米处，西北距八堡村 3 号敌台 0.241 千米。台体用黄土和红土分层夯筑而成，土质纯净，呈覆斗形，实心，凸出于长城墙体外侧。保存较好。台体东壁、西壁被沙土掩埋成斜坡状，掩埋约 1/2，有雨水冲蚀的冲沟凹槽等，底部有风蚀凹槽；南壁与长城墙体顶部坍塌风化成低矮的漫坡形；北壁陡直，剖面呈梯形，有雨水冲蚀的凹槽和风蚀孔洞等；顶部被雨水冲刷成中间凸起四边渐低的斜坡状，有正方形灶坑，坑内有草木灰烬遗迹，灶坑边长 0.2、深 0.2 米。台体底部东西 11.6、南北 10 米，顶部东西约 7、南北约 4 米，高 7 米。夯层厚 12~16 厘米（彩图一三三）。

46. 八堡村 3 号敌台（D046）

该敌台位于盐池县花马池镇八堡村北约 1.4 千米处，西北距八堡村 4 号敌台 0.283 千米。台体依长城墙体而建，黄土和红土分层夯筑而成，土质纯净，呈覆斗形，实心，凸出于长城墙体外侧。保存一般。台体东壁、西壁坍塌风化成斜坡状，顶部坍塌被雨水冲蚀成凸起状；北壁陡直，凹凸不平；南壁与长城墙体顶部坍塌风化成斜坡状。台体底部东西约 14、南北 10 米，顶部北高南低，东西约 5、南北约 2.5 米，高约 8 米。夯层厚 14~18 厘米（彩图一三四）。

47. 八堡村 4 号敌台（D047）

该敌台位于盐池县花马池镇八堡村西北约 1.55 千米处，西北距八堡村 5 号敌台 0.283 千米。台体用黄土和红沙土分层夯筑而成，土质纯净，呈覆斗形，实心。保存一般。台体四壁坍塌风化成陡坡状，顶部坍塌成圆锥形，整体呈土丘状，表面有较多的风蚀孔洞和啮齿类动物的洞穴等。台体底部东西 13、南北约 12 米，顶部东西约 2、南北 1.5 米，高 9 米。夯层清晰，夯层厚 10~20 厘米。

48. 八堡村 5 号敌台（D048）

该敌台位于盐池县花马池镇八堡村西北约 1.75 千米处，南距高速公路约 0.18 千米，西北距八堡村 6 号敌台 0.276 千米。台体用黄土和少量红土夯筑而成，夯土内夹杂有少量碎石，呈覆斗形，实心，凸出于长城墙体外侧。保存较好。台体东壁夯土块状坍塌，损毁较轻，壁面陡直凹凸不平，底部有倒塌的夯土堆积，边侧有 4 米宽的村路豁口；北壁凹凸不平，夯土剥落成陡坡状；西壁上部陡直有雨水冲蚀的冲沟凹槽和风蚀孔洞，下半部被坍塌的夯土堆积成斜坡状，有啮齿类动物的洞穴等；南壁与长城墙体顶部较陡直；顶部基本平整，高于长城墙体约 2 米。台体底部东西约 13.5、南北 12 米，顶部东西 4、南北 5 米，高 8 米。台体外部夯筑结实，内部夯土相对疏松，夯土夹杂有碎石，土色略泛红，夯层清晰，夯层厚 18、20 厘米（彩图一三五）。

49. 八堡村 6 号敌台（D049）

该敌台位于盐池县花马池镇八堡村西北约 2.1 千米处，南距高速公路约 0.19 千米，西北距八堡村 7 号敌台 0.274 千米。台体用黄土和红土分层夯筑而成，土质纯净，土色略泛红，呈覆斗形，实心。

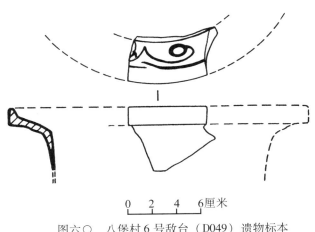

图六〇　八堡村 6 号敌台（D049）遗物标本
黄褐釉瓷盆口沿残片（标本 D049：1）

保存较好。台体东壁陡直，底部有雨水冲刷塌落的夯土堆积，东南角与长城墙体结合部位被雨水冲蚀有较宽的冲沟凹槽；北壁陡直，夯土片状剥离损毁较轻，底部风蚀凹进，东北角坍塌成圆角；西壁夯土呈片状剥离，有较多的风蚀孔洞和雨水冲刷的冲沟凹槽；顶部中间较高，呈凸起的圆弧形。台体底部东西 12、南北 7.4 米，顶部东西约 1、南北约 4 米，高约 9 米。夯层厚 8～10 厘米。西壁与长城墙体接合部位有 4 米宽的村路豁口。周围地表散布有酱釉瓷罐残片、黑釉瓷片及折腹盆口沿残片等。

标本 D049：1，黄褐釉瓷盆口沿残片。尖唇，敞口，折腹，下腹弧收。浅灰胎，外壁沿下施黄褐釉，釉层较薄，口沿及内壁施白釉，内壁腹部绘黄褐彩卷草纹。口径 24.8、高 5.5 厘米（图六〇；彩图一三七）。

50. 八堡村 7 号敌台（D050）

　　该敌台位于盐池县花马池镇八堡村西北约 2.2 千米处，南距高速公路约 0.23 千米，西北距八堡村 8 号敌台 0.285 千米。台体依长城墙体而建，黄土夯筑而成，土质纯净，呈覆斗形，实心。保存较好。台体东、北、西三壁陡直，剖面呈梯形，夯土坍塌损毁较轻，有雨水冲刷的冲沟凹槽；南壁与长城墙体顶部坍塌成陡坡；东壁与长城墙体接合部位有 4 米宽的村路豁口；顶部夯土坍塌较严重。台体底部东西约 14、南北约 11 米，顶部东西 5、南北 2 米，高 8 米。夯层厚 18、20 厘米。

51. 八堡村 8 号敌台（D051）

　　该敌台位于盐池县花马池镇八堡村西北约 2.48 千米处，南距高速公路约 0.2 千米，西北距八堡村 9 号敌台 0.304 千米。台体用黄土和红土分层夯筑而成，呈覆斗形，实心，凸出于长城墙体外侧。保存一般。台体四壁及顶部坍塌风蚀严重，东壁、西壁坍塌成斜坡状；北壁上半部坍塌严重，下半部被倒塌的夯土堆积成斜坡状；南壁与长城墙体接合部位坍塌成斜坡状；顶部坍塌成圆弧形的土垄状。台体底部东西约 13、南北约 10.5 米，顶部东西约 2、南北约 1 米，高约 8.5 米。夯层厚 10～12 厘米。

52. 八堡村 9 号敌台（D052）

　　该敌台位于盐池县花马池镇八堡村西北约 2.6 千米处，西北距八堡村 10 号敌台 0.275 千米。台体用黄土和红土分层夯筑而成，呈覆斗形，实心，凸出于长城墙体外侧。保存一般。台体四壁被坍塌的夯土及沙土掩埋成陡坡状，东壁凹凸不平，有较多的风蚀孔洞，底部沙土堆积较厚；南壁与长城墙体接合部位坍塌成斜坡状；顶部坍塌损毁略呈凸起的土丘。台体底部东西 15、南北 10 米，顶部东西约 2.5、南北约 1 米，高约 9 米。夯层清晰，夯土内含有碎石，夯层厚 18～20 厘米。台体东侧长城墙体有 7 米宽的村路豁口。

53. 八堡村 10 号敌台（D053）

　　该敌台位于盐池县花马池镇八堡村西北约 2.8 千米处，西南距刘八庄村约 0.9 千米，南距高速公路约 0.2 千米，西北距刘八庄村 1 号敌台 0.292 千米。台体用黄土和红沙土分层夯筑而成，土质纯净，呈覆斗形，实心。保存一般。台体坍塌损毁较轻，东壁、西壁被坍塌的夯土及沙土掩埋成斜坡状；北壁陡直，壁面夯土呈片状剥离，有雨水冲刷的冲沟凹槽和风蚀孔洞，底部有啮齿类动物的洞穴等；顶部坍塌风化成土垄状。台体底部东西约 11、南北约 9.6 米，顶部东西约 4、南北约 5 米，高 8 米。夯层清晰，夯层厚 14 厘米。

54. 刘八庄村 1 号敌台（D054）

该敌台位于盐池县花马池镇刘八庄村东北约 0.8 千米，西北距刘八庄村 2 号敌台 0.156 千米，北距刘八庄村烽火台约 0.19 千米。台体用黄土夯筑而成，夯打结实，夯土内夹杂有碎石，呈覆斗形，实心，凸出于长城墙体外侧。保存一般。台体东壁陡直，表面凹凸不平，坍塌厚约 1 米，与长城墙体接合部位有 4 米宽的村路豁口；北壁雨水冲刷有凹槽；西壁上部呈陡坡状，底部被坍塌的夯土及沙土堆积呈斜坡状；南壁与墙体顶部坍塌呈陡坡形。台体底部东西 13.5、南北约 11 米，顶部因风雨侵蚀损毁较重，高低不平，东西约 5、南北约 4 米，高 8 米。夯层清晰，夯层厚 15、20 厘米。周围地表散布有黄釉、黑釉瓷罐口沿残片、灰釉瓷碗底残片及青花瓷片等。

标本 D054：1，黑釉瓷碗底残片。斜弧腹，高圈足，圈足外撇，夹砂浅黄胎，圈足及内底无釉，其余大部分施黑釉。底径 5.4、高 3.3、足高 1.3 厘米（图六一：1；彩图一三八）。

标本 D054：2，白釉瓷碗底残片。圈足底，存四分之一，斜腹，圈足，浅灰胎，内外壁施白釉，足圈无釉，圈足及内底施一层浅灰色化妆土。底径 10.8、高 2.8 厘米（图六一：2；彩图一三九）。

标本 D054：3，黑釉瓷罐口沿残片。矮直领，丰肩，长（圆）腹，最大腹径在肩部，肩部有剔釉宽带纹，少数带纹上残留有叠烧粘连痕迹。夹砂浅黄胎，内外壁施黑釉，外壁口沿部釉面皴裂。口径 9.4、高 3 厘米（图六一：3；彩图一四〇）。

标本 D054：4，黄褐釉瓷罐口沿残片。侈口，圆唇，束颈，肩部以下残。夹砂灰红胎，内外壁施黄褐釉。口径 12.2、高 6.1 厘米（图六一：4）。

55. 刘八庄村 2 号敌台（D055）

该敌台位于盐池县花马池镇刘八庄村东北约 0.7 千米，西北距刘八庄村 3 号敌台 0.24 千米，北距刘八庄村烽火台约 0.15 千米。台体用黄土夯筑而成，夯土内夹杂有较多碎石，土色略泛红，呈覆斗形，实心，凸出于长城墙体外侧。保存一般。台体四壁陡直，壁面夯土片状剥落；东壁、西壁被雨水冲刷形成冲沟凹槽和风蚀孔洞，底部被坍塌的夯土堆积呈斜坡状；西壁与长城墙体接合部位有 4.5 米宽的村路豁口；北壁陡直有雨水冲刷的冲沟凹槽；南壁与长城墙体顶部坍塌呈弧坡形；顶部北高南低。台体底部东西 9.6、南北 11 米，顶部东西 4、南北 6.5 米，高 8 米。夯层清晰，夯层厚 8~11 厘米。

56. 刘八庄村 3 号敌台（D056）

该敌台位于盐池县花马池镇刘八庄村北约 0.7 千米，西北距刘八庄村 4 号敌台 0.239 千米。台体用黄土和红土分层夯筑而成，土质纯净，呈覆斗形，实心。保存一般。台体顶部坍塌呈凸起的土垄状，底部被坍塌的夯土堆积呈斜坡状；东、北、西三壁陡直，壁面夯土剥落，凹凸不平，东壁与长城墙体接合部位有 4 米宽的村路豁口；南壁与长城墙体顶部坍塌呈陡坡状。台体底部东西 13.5、南北 12 米，顶部边长约 1 米，高 8 米。夯层厚 9~11 厘米。周围地表散布有酱釉瓷罐残片、黑釉瓷片、泥质灰陶板瓦、灰陶筒瓦、泥质灰陶碗底残片等（彩图一四三）。

57. 刘八庄村 4 号敌台（D057）

该敌台位于盐池县花马池镇刘八庄村北约 0.7 千米处，西北距刘八庄村 5 号敌台 0.154 千米。台体用黄土夯筑而成，夯打结实，夯土内掺杂少量碎石，呈覆斗形，实心。保存一般。台体坍塌风化呈底大顶小的土丘，四壁被倒塌的夯土及沙土掩埋呈斜坡状，上部坍塌略呈凸起的土垄状。台体底部东西约 15、南北外凸约 11 米，顶部东西约 3、南北约 2 米，高 8 米。夯层厚 14、15 厘米。周围地表散布有酱黄釉、酱釉瓷罐残片、黑釉瓷片及青花瓷片等。

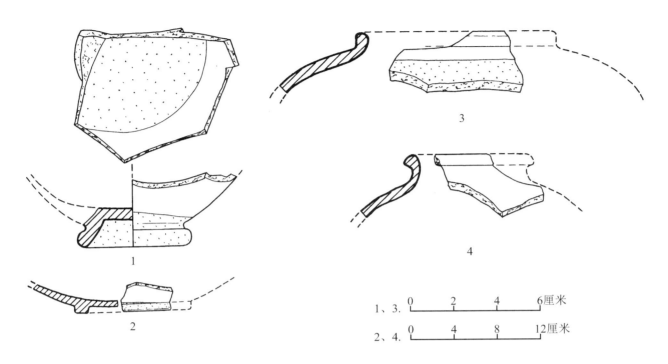

图六一　刘八村 1 号敌台（D054）遗物标本

1. 黑釉瓷碗底残片（标本 D054∶1）　　2. 白釉瓷碗底残片（标本 D054∶2）
3. 黑釉瓷罐口沿残片（标本 D054∶3）　　4. 黄褐釉瓷罐口沿残片（标本 D054∶4）

58. 刘八庄村 5 号敌台（D058）

该敌台位于盐池县花马池镇刘八庄村北约 0.65 千米处，西北距刘八庄村 6 号敌台 0.226 千米，南距高速公路约 0.1 千米。台体用黄土夯筑而成，呈覆斗形，实心。台体四壁较陡，凹凸不平，有雨水冲蚀形成的冲沟凹槽；底部被坍塌的夯土掩埋成斜坡状，周围灌木生长茂密，植物根系生长发育对台体破坏严重；台体北壁表面夯土呈片状剥落；东、西壁有风蚀凹进的孔洞和动物洞穴等，西壁夯土塌落，坍塌厚约 2 米；南壁与长城墙体顶部坍塌呈低矮的斜坡状，顶部基本平整。台体底部东西 11、南北 12 米，顶部高低不平，东西 2、南北约 4 米，高约 8 米。夯层厚 9 厘米。

59. 刘八庄村 6 号敌台（D059）

该敌台位于盐池县花马池镇刘八庄村北约 0.7 千米处，西北距刘八庄村 7 号敌台 0.222 千米，南距高速公路约 0.09 千米。台体用黄土夯筑而成，呈覆斗形，实心。台体四壁坍塌成斜坡，顶部呈圆弧形的土垄状，整体略呈土丘状。保存一般。台体底部东西约 13、南北约 10 米，顶部东西约 0.5、南北约 1 米，高 7 米。夯土酥碱严重，夯层不清晰。周围地表散布有黑釉瓷罐残片、灰陶板瓦残片、泥质灰陶罐残片、夹砂黑釉瓷罐口沿残片等。

60. 刘八庄村 7 号敌台（D060）

该敌台位于盐池县花马池镇刘八庄村西北约 0.8 千米处，西北距刘八庄村 8 号敌台 0.164 千米，南距高速公路约 0.08 千米。台体依长城墙体而建，黄土夯筑而成，呈覆斗形，实心，凸出于长城墙体外侧。台体高大，四壁坍塌风化呈坡形，底部被坍塌的夯土和沙土掩埋呈斜坡状。台体底部东西 18、南北 10.5 米，顶部东西 4、南北 3 米，高 7 米。夯层厚 20 厘米。周围地表散布有夹砂灰胎内酱釉外黑釉瓷片、青釉瓷罐残片、灰胎酱釉瓷片、灰陶板瓦残片、夹砂灰胎黑釉罐腹片、黑釉瓷片、泥质灰陶罐口沿残片及夹砂灰胎酱釉瓷罐口沿残片等。

标本 D060∶1，泥质灰陶罐口沿残片。圆唇，直领，丰肩，最大腹径在肩部。口径 20.8、高 4 厘米。（图六二∶1；彩图一四一）

标本 D060∶2，棕褐釉双耳罐口沿残片。夹砂灰陶。圆唇，直腹，外施棕褐釉，内施黑褐釉。口径 16、高 6 厘米。（图六二∶2；彩图一四二）

标本 D060∶3，灰青釉瓷碗底残片。圈足，底部残缺，斜腹，圈足。浅青胎，内外壁通施灰青釉。底径 5.1、高 2.5、足高 0.5 厘米。（图六二∶3）

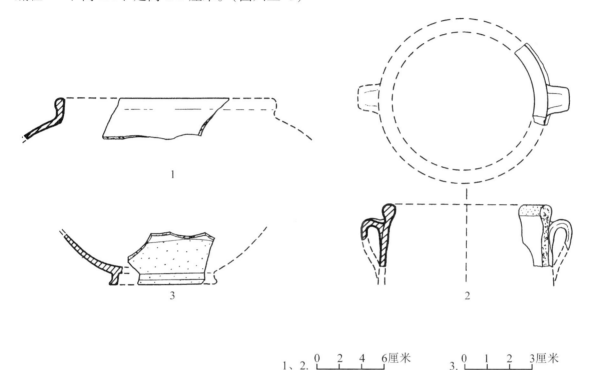

图六二　刘八庄村 7 号敌台（D060）文物标本

1. 泥质灰陶罐口沿残片（标本 D060∶1）　2. 棕褐釉双耳罐口沿残片（标本 D060∶2）3. 灰青釉瓷碗底残片（标本 D060∶3）

61. 刘八庄村 8 号敌台（D061）

该敌台位于盐池县花马池镇刘八庄村西北约 1 千米处，西北距刘八庄村 9 号敌台 0.302 千米，南距高速公路约 0.076 千米。台体用黄土和红土分层夯筑而成，呈覆斗形，实心，四壁有收分，凸出于长城墙体外侧。台体坍塌损毁约 2/5，呈土丘状，南壁与长城墙体顶部坍塌呈斜坡状。台体底部东西约 13、南北 12 米，顶部呈土丘状，东西约 1.5、南北约 2 米，高 7 米。夯土酥碱严重，夯层模糊不明显。周围地表散布有青釉碗底瓷片，黑釉、酱釉瓷片，灰陶板瓦残片，黄绿釉瓷片及青花瓷片等。

62. 刘八庄村 9 号敌台（D062）

该敌台位于盐池县花马池镇刘八庄村西北约 1.2 千米处，西北距刘八庄村 10 号敌台 0.137 千米，南距高速公路约 0.07 千米，东距压埋在长城墙体下的输气管道 0.022 千米。台体依长城墙体而建，黄土夯筑而成，呈覆斗形，实心。台体东、西壁被坍塌的夯土和沙土掩埋呈斜坡状；北壁夯土风化剥离严重，呈陡坡形；整体风化成土丘。台体底部东西约 15、南北 14 米，顶部呈不规则土丘状，东西约

3、南北约 1 米，高 8 米。夯层厚 8~10 厘米。周围地表散布有青釉瓷罐残片、青釉瓷碗残片、灰陶瓦残片、酱釉瓷罐残片及夹砂灰胎褐釉瓷缸口沿残片等。

63. 刘八庄村 10 号敌台（D063）

该敌台位于盐池县花马池镇刘八庄村西北约 1.4 千米处，西北距刘八庄村 11 号敌台 0.221 千米，南距高速公路约 0.065 千米。台体用黄土夯筑而成，土质纯净，呈覆斗形，实心。保存一般。台体四壁坍塌风蚀呈斜坡状，东、北壁夯土剥离严重呈陡坡形，整体呈土丘状。台体底部东西 17、南北 11 米，顶部高低不平，东西 5、南北 3 米，高 8 米。夯土酥碱严重，夯层厚 15 厘米。周围地表散布有青釉瓷碗底残片、青釉瓷缸口沿残片、灰陶瓦残片、黑釉瓷残片及青釉、黑釉瓷片等。

64. 刘八庄村 11 号敌台（D064）

该敌台位于盐池县花马池镇刘八庄村西北 1.55 千米处，西北距刘八庄村 12 号敌台 0.238 千米，南距高速公路 0.06 千米。台体用黄土夯筑而成，土质纯净，呈覆斗形，实心，凸出于长城墙体外侧。保存一般。台体坍塌风化成土丘，顶部高于长城墙体约 2.5 米，因坍塌、风雨侵蚀呈弧形。台体底部东西约 11、南北外凸约 13.8 米，顶部风化呈圆凸形，边长约 1 米，高 6 米。夯土酥碱严重，夯层模糊不清。周围地表散布有青釉碗底残片及灰陶板瓦残片等。

65. 刘八庄村 12 号敌台（D065）

该敌台位于盐池县花马池镇刘八庄村西北约 1.8 千米处，西北距刘八庄村 13 号敌台 0.158 千米，南距高速公路约 0.07 千米。台体用黄土和红沙土夯筑而成，呈覆斗形，实心。台体东、北壁坍塌风化呈陡坡形；西壁上部风化呈弧坡形，底部沙土堆积较高；南壁与长城墙体顶部坍塌呈斜坡状；东壁与长城墙体接合部位有 4 米宽的村路豁口。台体底部边长 13 米，顶部基本平整，东西 2、南北 4 米，高 7 米。周围地表散布有许多灰陶板瓦残块、黑釉瓷罐残片及少量青花瓷片等。

66. 刘八庄村 13 号敌台（D066）

该敌台位于盐池县花马池镇刘八庄村西北约 1.9 千米处，西北距十六堡村 1 号敌台 0.316 千米，南距高速公路约 0.075 千米。台体用黄土和红土分层夯筑而成，夯土内有灰白色的黏沙土，呈覆斗形，实心。保存一般。台体坍塌风化成斜坡，顶部风化成圆弧形的土垄状。台体底部东西 15、南北 11 米，顶部东西约 4、南北 3 米，高 6 米。夯土酥碱严重，夯层厚 10~12 厘米。

三　花马池营段明长城墙体沿线铺舍

花马池营段明长城墙体沿线存铺舍夯土台基一座。

五堡村铺舍（P01）

该铺舍位于盐池县花马池镇五堡村西北约 0.5 千米处，西北距五堡村 7 号敌台 0.03 千米，东南距五堡村 6 号敌台 0.202 千米，北距高速公路约 0.39 千米，南距 307 国道约 0.6 千米。台基依长城墙体而建，黄土夯筑而成，呈覆斗形，实心，凸出于长城墙体内侧，平面呈长方形，剖面呈梯形，四壁有收分。方向北偏东 40°。保存一般。台基上无建筑遗迹，南壁陡直呈长梯形，底部被塌落的夯土堆积成斜坡，壁面腰部风蚀有凹槽；东、西壁坍塌呈斜坡状；顶部基本平整，与长城墙体同高。台基底部东西 13、南北 11 米，顶部边长 8 米，高约 6 米。夯层厚 11、12 厘米。周围地表散布有少量明代灰胎褐釉瓷片、黑釉瓷罐底部残片、青釉瓷片、灰胎外褐釉内黑釉瓷片、青釉瓷碗残片及青花瓷碗底残片等（图六三；彩图一四四）。

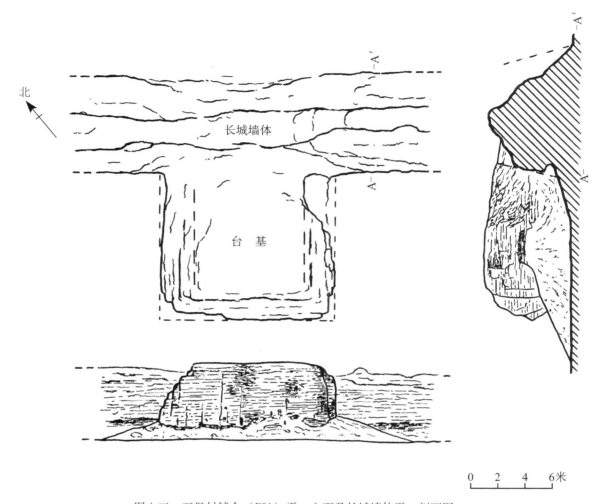

图六三　五堡村铺舍（P01）平、立面及长城墙体平、剖面图

四　花马池营段明长城墙体沿线烽火台（F01～F08）

花马池营段明长城墙体沿线内外两侧分布有烽火台8座。其中，F01～F04位于墙体外侧，F05～F08分布在墙体内侧。

1. 德胜墩村烽火台（F01）

该烽火台位于盐池县花马池镇德胜墩村东南约1.5千米的低山峁梁上，所处地势高亢，视野开阔，当地称"德胜墩"（与明代墩名同），西距古（窑子）王（圈梁）高速公路约1.5千米。台体用黄土和红土分层夯筑而成，土质纯净，呈覆斗形，实心，四壁有收分。以东壁为基轴，方向正南北。保存一般。台体坍塌风化成底大顶小的喇叭形，下半部被坍塌的夯土堆积成斜坡，上部呈凸字形。台体东壁上部剖面呈斜梯形，壁面由表及里坍塌厚约3米；南壁上半部为正方形土墩，底部被塌落的夯土和沙土堆积成斜坡；西壁坍塌成陡坡，夯土坍塌厚约2米；北壁似底大顶小的漏斗，上部坍塌厚约2米。台体底部东西约14、南北约10米，顶部东西2、南北4米，高8米。夯层厚13、15、17厘米（彩图一四五）。

台体四周有围墙，东西32、南北35米。门向南开，位于南墙中部，宽不明。墙体底高0.3～0.5、宽约2米（图六四）。地表散布有明代酱釉瓷片、内褐釉外青釉瓷片、褐釉粗瓷片、黑釉瓷片、褐釉瓷缸残片、白釉瓷碗残片、泥质夹砂红陶碗底残片和一件旗杆石等。

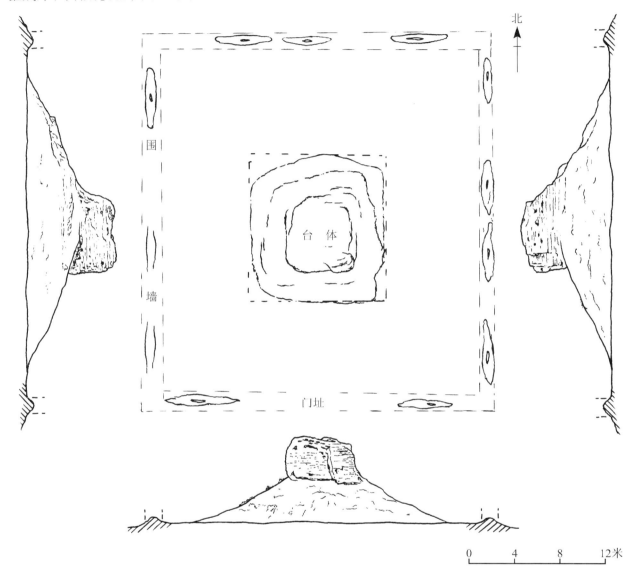

图六四　德胜墩烽火台（F01）平、立面图

标本F01：1，曲腹碗腹部残片。腹部弧曲，细白瓷，白胎，内壁施青白釉，外壁釉上青花绘成组的梳齿状图案。碗外壁沿裂缝有5个半透小孔，其中2孔内有铁箍钉。口径17.5、底径6、高7.4厘米（图六五：1）。

标本F01：2，夹砂泥质红陶碗残片。残圈足底，腹底微折。底径5.8、高2.4、足高0.8厘米（图六五：2）。

标本F01：3，正方形旗杆石座。青石质，石面底部凿刻成倒置的凹形，中部有插旗杆的圆形孔洞，正面有凿刻的斜纹。石座外边长52、宽49、高15、凹槽深5～6、旗杆孔洞直径6厘米（图六五：3；彩图一四七）。

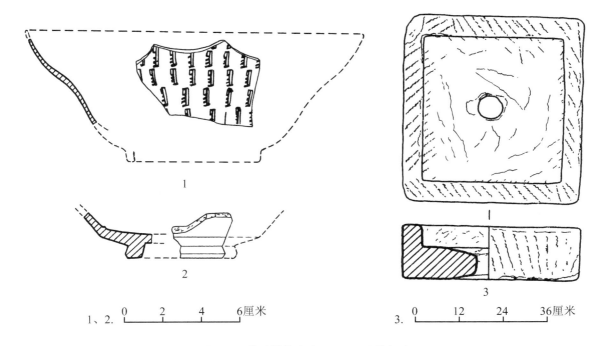

图六五 德胜墩烽火台（F01）文物标本

1. 曲腹碗腹部残片（标本 F01：1） 2. 红陶碗残片（标本 F01：2） 3. 旗杆石座（标本 F01：3）

2. 小墩村烽火台（F02）

该烽火台位于盐池县花马池镇小墩村西南 2.3 千米处，西北距大墩梁烽火台约 1.5 千米。地处高低不平的草滩地，当地称"小墩子"。台体用黄土和红土分层夯筑而成，土质纯净，呈覆斗形，实心，四壁有收分。以东壁为基轴，方向北偏东 10°。保存较差。台体东壁坍塌风化成底大顶小的凸字形，有风蚀孔洞，底部被坍塌的夯土堆积成斜坡；南壁立面略呈梯形，有两道宽裂缝，顶部高低错落，坍塌开裂成驼峰状；西壁坍塌损毁严重，立面窄小陡直，顶部塌落成山尖状；北壁呈梯形，顶部因坍塌、雨水冲刷侵蚀成高低错落的锯齿状。台体底部边长约 10 米，顶部东西 0.2～0.8、南北 2 米，高约 8 米。夯层厚 12～16 厘米（彩图一四六）。四周地表散布有少量明代青釉、黑釉瓷片、白釉瓷碗残片和青花瓷片等。

3. 五堡村大墩梁烽火台（F03）

该烽火台位于盐池县花马池镇五堡村东北 3.5 千米处，地处丘陵峁梁地带，地势高亢，视野开阔，当地称"大墩梁"，东南距小墩村烽火台约 1.3 千米。台体高大，用黄土和红土分层夯筑而成，土质纯净，呈覆斗形，实心，四壁有收分。以东壁为基轴，方向北偏东 25°。保存较好。台体东壁陡直，立面呈长梯形，受雨水冲刷侵蚀有水蚀凹槽和风蚀孔洞等，东北角坍塌厚约 2 米；南壁陡直，立面呈梯形，壁面受雨水冲刷有较多风蚀孔洞，底部有塌落的夯土堆积；西壁陡直，立面呈梯形，壁面正中夯土塌落，西北角用红土夯筑；北壁立面略呈半椭圆形，壁面中部自上而下有宽约 1 米的水蚀冲沟凹槽，顶部基本平整，边缘部分受风雨侵蚀呈圆弧形。台体底部东西 23、南北 25 米，顶部边长 11 米，高 12 米。夯层厚 12～16、22 厘米（彩图一五一）。

台体四周有围墙痕迹。围墙平面呈回字形。墙体用黄土夯筑而成，因严重的自然破坏，墙基呈土埂状。北墙长 80、高 0.2～0.5、底宽 1.5 米；南墙东段长 49 米，西段被沙土掩埋；西墙被黄沙掩埋；东墙长 81、高 0.9～1.6、底宽 3 米。门在东墙中部，宽 2.5 米。台体四周地表散布有内青釉外黑釉、青釉瓷片、米白釉瓷碗残片、泥质灰陶罐口沿残片和青花瓷碗残片等（图六六）。

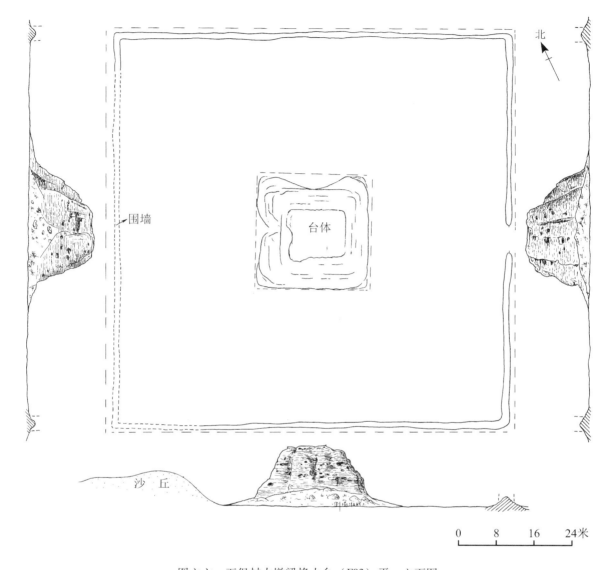

图六六　五堡村大墩梁烽火台（F03）平、立面图

标本 F03：1，夹砂灰陶罐口沿残片。直口，方唇，圆肩，口沿下有穿孔，外壁浅灰色。口径 14.3、高 4.8 厘米（图六七；彩图一四八）。

4. 刘八庄村烽火台（F04）

该烽火台位于盐池县花马池镇刘八庄村北约 1 千米处，地处丘陵滩地，地势较平缓，视野开阔，南距"深沟高垒"（头道边）墙体约 0.15 千米。台体用黄土夯筑而成，土质纯净，呈覆斗形，实心，四壁有收

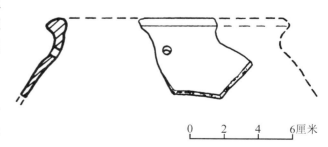

图六七　五堡村大墩梁烽火台（F03）文物标本
夹砂灰陶罐口沿残片（标本 F03：1）

分。以东壁为基轴，方向北偏东 35°。保存较好。台体东壁陡直呈梯形，东南角夯土块状塌落；南壁底部有窑洞，东侧有一孔低矮的窑洞；西壁立面陡直，壁面正中偏下部有窑洞窗口；

北壁坍塌厚约 1 米，底部有塌落的夯土堆积。台体底部边长 8、顶部边长 3、高 8 米。夯层厚 13、15 厘米（彩图一五二）。

5. 左家庄村烽火台（F05）

该烽火台位于盐池县城西约 2 千米，左家庄村西北约 0.5 千米处，地处丘陵滩地，地势平坦，视野开阔，周围为耕地，当地称"一墩子"，西距下李毛庄村烽火台约 2.5 千米。台体用黄土夯筑而成，土质纯净，呈覆斗形，实心。以东壁为基轴，方向北偏东 10°。保存较好。台体东壁立面陡直呈梯形，壁面上部正中有雨水冲刷形成的冲沟凹槽，底部风蚀凹进，壁面有风蚀孔洞等；南壁陡直呈梯形，有雨水冲刷形成的凹槽，版筑缝明显，底部有小窑洞；西壁陡直塌落呈凸字形，北侧上部夯土块状塌落，表面有风蚀孔洞，底部有塌落的夯土；北壁立面呈梯形，壁面被雨水冲刷呈斜坡状。台体底部边长 10 米，顶部凹凸不平，东西 6、南北 3 米，高约 6 米。夯层厚 11~14 厘米。

台体四周有围墙，墙体用黄土夯筑而成。北墙西段基本消失，仅存西北角、东北角墙基痕迹；东墙、西墙长 27 米，坍塌略呈鱼脊状，高 0.2~0.5、底宽 2.5 米，西墙基本消失，仅存西南角、西北角墙基残迹；南墙、北墙长 32 米，坍塌风化成断续隆起的土丘状，仅存西南角、东南角部分墙基痕迹，高 1.2 米。门向不明。台体周围地表散布有少量明代白釉瓷片和黑釉、褐釉瓷缸底残块及灰陶板瓦残片等（图六八；彩图一五三）。

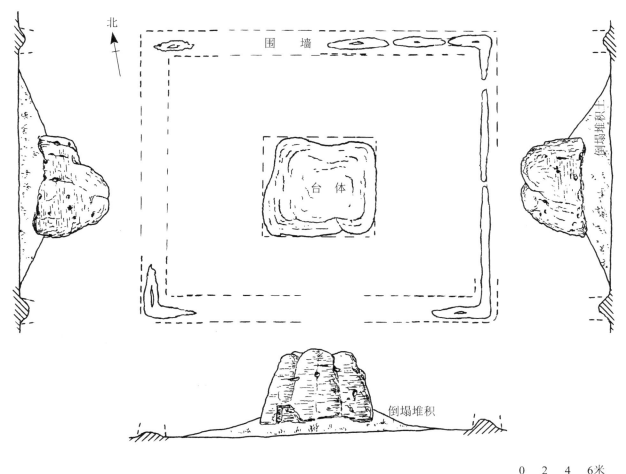

图六八　左家庄村烽火台（F05）平、立、剖面图

6. 下李毛庄村烽火台（F06）

该烽火台位于盐池县花马池镇下李毛庄村北 1 千米处，西南距深井村烽火台约 2 千米，地处平滩地，地势平坦，视野开阔，当地称"二墩子"。台体用黄土夯筑而成，土质纯净，呈覆斗形。保存较好。台体东壁陡直呈梯形，壁面基本平整，有风蚀孔洞，底部有雨水冲刷剥落的夯土堆积；南壁陡直呈梯形，两侧有雨水冲刷形成的冲沟凹槽，壁面中部呈鼓肚状，根部风蚀凹进，底部有少量的堆土；西壁陡直呈梯形，雨水冲刷侵蚀有多道水蚀凹槽，上部有鸟窝洞穴，底部有塌落的夯土堆积，根部风蚀内凹；北壁陡直呈梯形，壁面被雨水冲刷剥落呈鼓肚状，有多道水蚀凹槽，底部有塌落的夯土堆积。台体底部边长 9 米，顶部基本平整，边长 5 米，高约 7 米。夯层厚 12～15 厘米。

台体四周有围墙。以东墙为基轴，方向北偏西5°。墙体用黄土夯筑而成，边长 22 米，东墙坍塌风化严重，略呈低矮的土埂状，高 0.2～0.3、底宽 2 米；门位于南墙中部，门宽不详，墙体坍塌风化成断断续续的小土丘，高 1.2、底宽约 2 米；西墙西北角、西南角墙基高 0.9～1.2、宽 2 米；北墙高 0.5～0.8、底宽 2 米。台体四周地表散布有少量白釉瓷片及灰陶板瓦残片等（图六九；彩图一五四）。

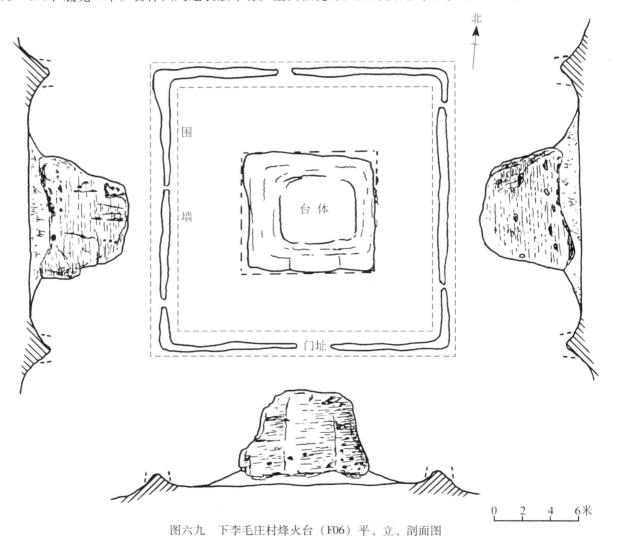

图六九　下李毛庄村烽火台（F06）平、立、剖面图

7. 深井村烽火台（F07）

该烽火台位于盐池县花马池镇深井村西南约 1.5 千米处，西南距四墩子村烽火台约 2.6 千米，地处平

滩地，地势平坦，视野开阔，当地称"三墩子"。台体用黄土夯筑而成，土质纯净，呈覆斗形，实心。以东壁为基轴，方向北偏东5°。保存一般。台体东壁立面呈梯形，上部夯土剥落较严重，有风蚀孔洞和鸟窝洞穴等，底部夯土堆积较厚；南壁被雨水冲刷成底大顶圆的半椭圆形，壁面圆鼓，有风蚀孔洞和水蚀凹槽等，顶部被雨水冲刷成圆弧状，根部风蚀内凹，台壁略向南倾斜，底部夯土堆积高约2米；西壁夯土剥落，有较多的风蚀孔洞；北壁立面呈底大顶圆的半椭圆形，顶部被雨水冲刷成圆弧状，壁面凹凸不平，有风蚀的孔洞和水蚀凹槽，底部堆土高约3米；顶部北高南低，凹凸不平。台体底部边长8米，顶部东西2.5、南北3.5米，高约5米。夯层厚10、11、13、15厘米（彩图一五五、一五六）。

台体四周有围墙，墙体用黄土夯筑而成，东西22、南北24米。东墙高0.2~0.5、相对外侧地面高约1.2米；北墙呈鱼脊状，底宽2、相对外侧地面高约1.2米，夯层厚15厘米；西墙西北角、西南角基高0.5~1.1米；南墙呈鱼脊状，西段高1.1、东段高1.5、底宽2米，门朝南开，门宽不详。台体四周地表散布有明代白釉瓷片、青花瓷碗底残片、褐釉瓷片及黑釉瓷片等（图七〇）。

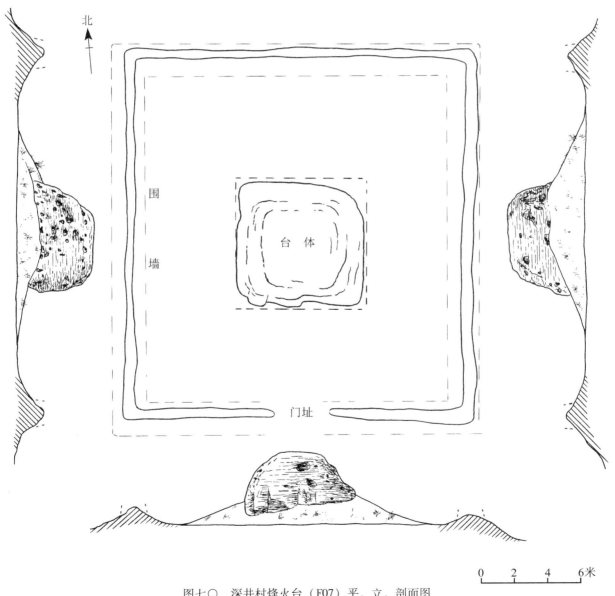

图七〇 深井村烽火台（F07）平、立、剖面图

标本F07∶1，青花瓷碗口沿残片。弧腹，窄高圈足。内外壁施白釉，釉上有青花图案，内底双线内绘一组蝌蚪纹，外壁绘带状纹，足墙上部及外底有双线纹。底径8、高5.1、足高1.4厘米（图七一；彩图一四九）。

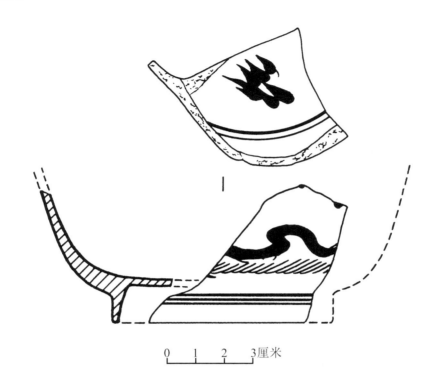

0　　1　　2　　3厘米

图七一　深井村烽火台（F07）文物标本
青花瓷碗口沿残片（标本F07∶1）

8. 四墩子村烽火台（F08）

该烽火台位于盐池县城西南约9千米，四墩子村东约0.5千米处，东北距深井村烽火台约2.6千米，地处平滩地，地势平坦，视野开阔，当地称"四墩子"。保存差。台体被夷为平地，仅存高约2米的夯土台基，台基四周有夯土围墙遗迹，以东墙为基轴，方向北偏西20°。台基四周墙基高0.3~0.5、宽0.5米。围墙边长22、高0.2~0.5米，东墙高0.2~0.3、西墙高0.3~0.5、南墙高0.2米。台基四周散布有明代白釉青花、灰胎黑釉褐釉瓷碗残片及泥质灰陶罐口沿残片等。

标本F08∶1，棕褐釉瓷碗残片。敞口，斜腹，圈足，挖足过肩。夹砂灰白胎，内外壁施棕褐釉，内底有宽涩圈，外壁施半截釉，有开片流釉。口径15.8、底径7.2、高5.7、足高0.9厘米。（图七二∶1；彩图一五〇）

标本F08∶2，青花盏残片。圈足底，内底及外壁绘青花缠枝花叶纹，青花呈色浓艳，外底心双线内有款识残字。底径4.6、高2.2、足高0.7厘米（图七二∶2）。

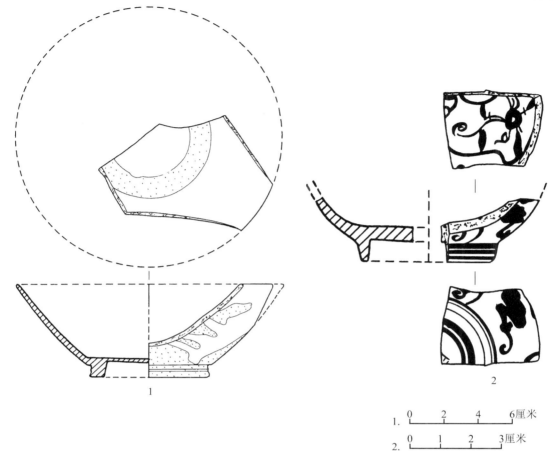

图七二　四墩子村烽火台（F08）文物标本
1. 棕褐釉瓷碗残片（标本 F08∶1）　2. 青花盏残片（标本 F08∶2）

五　花马池营

1. 位置与现状

花马池营即盐池县城所在地。营城平面呈长方形，周长 4193 米，面积 1179930 平方米。有北、东、南 3 座城门和 3 座瓮城。北瓮城已毁，东、南瓮城仅存部分墙体残迹。花马池营西墙无门，中部原建有二层楼，为玉皇阁，早年已毁。营城四隅角台亦毁，存有 2 座城门和 2 座瓮城。以营城东墙为基轴，方向北偏东 30°。

2. 历史沿革

花马池营，据明《英宗睿皇帝实录》载："正统元年（1436 年）九月乙巳，宁夏总兵官都督同知史昭奏：宁夏城池、屯堡、营墩俱在黄河之外，备御西北一带，其河道迤东至察罕脑儿直抵绥德，沙漠旷远，并无守备。拟于来春相地于花马池筑立哨马营，增设烟墩，直接哈剌兀速马营。从之。"[1]
而后在正统六年（1441 年）、八年（1443 年）的《英宗睿皇帝实录》中均出现过花马池营的记载：

---

〔1〕　参见《明实录宁夏资料辑录》所辑《英宗睿皇帝实录》卷 22 "正统元年九月乙巳"，宁夏人民出版社，1988 年，第 102 页。

"正统六年五月辛酉，命陕西花马池营哨备官军粮料俱于定边营仓关支。先是花马池粮料于宁夏关支，至是，宁夏总兵官都督史昭言定边稍近，关给不劳，故有是命。"[1]"正统八年九月辛未，镇守延安、绥德都督佥事王桢奏：乞与宁夏分画地界于花马、定边二营之中，各认分守，有警不致推调。"[2]

　　然而在《嘉靖宁夏新志》中有记载：正统八年，置花马池营，调在西安等卫官军更番操守，为宁夏东路，设右参将分守其地[3]。以及《读史方舆纪要》中"正统九年（1444 年）设营"之说显然都是记载的失误。因此，可以确定花马池营始建于正统二年（1437 年）。其次，关于花马池营升为花马池守御千户所，在《明实录》中有载，即"弘治七年（1494 年）八月甲子，增设花马池守御千户所正副千户各一员，百户十员，所镇抚一员，吏目一员。"[4]但在《嘉靖宁夏新志》中却有不同的说法："弘治六年（1493 年）巡抚、都御史韩文奏置花马池守御千户所。召募甲军，改调宁夏并中卫、灵州羡余指挥，千、百户领之。"[5]此两种说法并不互相矛盾，应该是弘治六年奏请批示，并正式设置花马池守御千户所，而直至弘治七年（1494 年）才派官的。此后不久的正德元年（1506 年），花马池守御千户所升为卫。这个时间出现在《明史·地理三》中"正德元改卫"[6]以及明《孝宗敬皇帝实录》："正德元年九月戊戌，总制陕西都御史杨一清言……宜将花马池守御千户所改置宁夏后卫，兴武营添设守御所……诏是之，而从其议。"[7]

　　花马池有旧城一座，其"城在长城外，花马池北，孤悬寡援。"[8]因此，在天顺（1457～1464 年）中期，另筑新城一座，建城于边墙之内。

　　《花马池志》"城池堡寨第四"载："城门有二，东曰永宁、北曰威胜。万历三年（1575 年）开南门，曰广惠。八年（1580 年）巡抚萧大亨甃以砖石……门楼三座、角台四座"[9]，国朝乾隆六年（1741 年）重修10。并于城南部展筑，开设南门，后砖石多被拆除，仅存夯土城垣。保存尚好。雍正三年（1725 年）废卫所改称府、州、县，宁夏后卫废除，置花马池分州属灵州。1913 年改置盐池县，花马池城为县政府驻地（图七三）。

　　花马池营四面墙体保存一般，黄土夯筑而成，外部包砖被拆毁不存，墙体内外两侧有居民区、学校、工厂及企事业单位等。城中以钟鼓楼为中轴线，分东西、南北两条主要街道，钟鼓楼 1964 年被拆除。盐池县城建设花马池大街，东西贯穿花马池营东、西墙及瓮城东墙，东墙中段因街道穿墙有缺口，缺口宽 69 米。花马池西大街和文化街东西向横穿西墙，有 4 处较大的豁口，其中两处豁口宽 37、11 米，其余两处豁口位于花马池西大街缺口南北两侧的西墙北段、南段中部，豁口宽 24、19 米。西墙内外两侧为居民区，墙体内外两侧有小窑洞。南、北墙中段有南北贯通的盐州南、北路和鼓楼南、北路缺口。北墙有 5 处较大的豁口，盐州北路、鼓楼北路、永清北路南北纵穿北墙，豁口宽 37、60、10

〔1〕　参见《明实录宁夏资料辑录》所辑《英宗睿皇帝实录》卷 79"正统六年五月辛酉"，宁夏人民出版社，1988 年，第 129 页。

〔2〕　参见《明实录宁夏资料辑录》所辑《英宗睿皇帝实录》卷 108"正统八年九月辛未"，宁夏人民出版社，1988 年，第 140 页。

〔3〕　（明）胡汝砺编、（明）管律重修、陈明猷校勘：《嘉靖宁夏新志》卷 3，宁夏人民出版社，1982 年，第 239 页。

〔4〕　参见《明实录宁夏资料辑录》所辑《孝宗敬皇帝实录》卷 91"弘治七年八月甲子"，宁夏人民出版社，1988 年，第 362 页。

〔5〕　（明）胡汝砺编、（明）管律重修、陈明猷校勘：《嘉靖宁夏新志》卷 3，宁夏人民出版社，1982 年，第 239～240 页。

〔6〕　（清）张廷玉等：《明史》卷 42《地理三》，中华书局，1974 年。

〔7〕　参见《明实录宁夏资料辑录》所辑《孝宗敬皇帝实录》卷 17"正德元年九月戊戌"，宁夏人民出版社，1988 年，第 437 页。

〔8〕　（明）胡汝砺编、（明）管律重修、陈明猷校勘：《嘉靖宁夏新志》卷 3，宁夏人民出版社，1982 年，第 239 页。

〔9〕　盐池县县志编纂委员会：《花马池志》（翻印本）"城池堡寨第四"，第 12 页。

〔10〕　（清）张金城修、（清）杨浣雨纂、陈明猷点校：《乾隆宁夏府志》卷 5"城池"，宁夏人民出版社，1992 年，第 128 页。

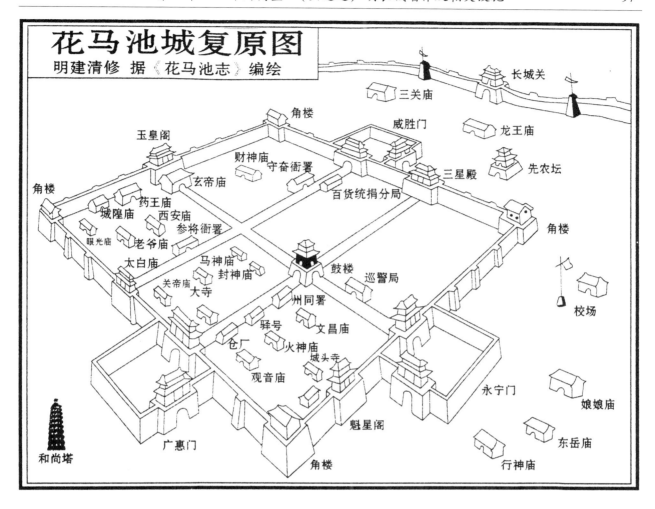

图七三 花马池城复原图

米，其余两处豁口宽175、76米。

近年来盐池县委县政府积极宣传文物保护法，文物部门加大了对遗址的保护督察和管理力度。2001年将南墙东段墙体用青砖重新包砌，回收原城墙旧砖平铺城墙顶部。2007年6月，福建省援宁扶贫办项目组将花马池营南门及瓮城进行维修，将南墙东段、南门洞、瓮城及城门用青砖包砌，面貌焕然一新，在瓮城南墙中部新开城门（原瓮城门开在东墙中部），墙体顶部用青砖砌筑垛口墙和女墙。

3. 平面形制

花马池营平面呈近正方形。原有东、北两门，带瓮城，东瓮门南开，名"永宁"，北瓮门东开，名"威胜"，此后又修建了南门，南瓮城门东开，名"广惠"。北瓮城早年已毁，东、南瓮城墙体仅保存部分痕迹。花马池营西墙无门，建有二层楼，为玉皇阁，早年已毁，四角台亦毁。以城中钟鼓楼为中轴，分东西、南北两条主要街道。存有两座城门和两座瓮城（图七四）。

（1）城墙

东墙长1107米。保存相对较好。墙体用黄土夯筑而成，外侧包砖损毁不存。墙体高9～12、底宽10、顶宽4～5米。夯层厚17、18厘米（彩图一五七、一五八）。

南墙长913米。大部分重新修复，用青砖包砌。修复后墙体高11、底宽13、顶宽10米，顶部修建垛墙和女墙。南墙西段倒塌毁坏严重，未经修复，顶部受雨水冲刷损毁严重，有较多的冲沟凹槽，

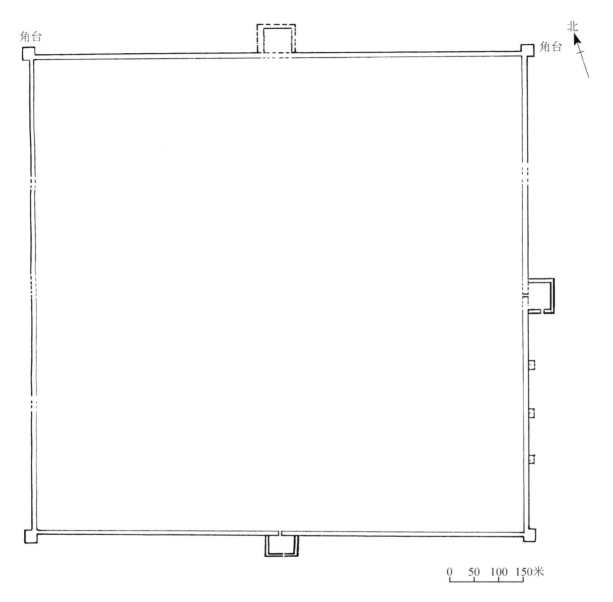

图七四　花马池城址平面图

墙体高 8～10、底宽 10、顶宽 0.5～5 米。

西墙长 1110 米。保存一般。墙体用黄土夯筑而成，外侧包砖被拆除，墙体内外为居民区，两侧有小窑洞。墙体高 5～7、底宽 7～10 米。夯层厚 17～18 厘米。有 4 处较大的豁口，花马池西大街和文化街东西横穿西墙，豁口宽 37、11 米，其余两处豁口位于花马池西大街南北两侧西墙北段、南段中部，豁口宽 24、19 米（彩图一五九）。

北墙长 1063 米。墙体高 9、底宽 11 米。夯层厚 7～17 厘米。有 5 处较大的豁口，盐州北路、鼓楼北路、永清北路南北纵穿北墙，豁口宽 37、60、10 米，其余两处豁口宽 175、76 米（彩图一六〇、一六一）。

（2）城门 3 座

南门位于南墙中部，损毁不存，2007 年 6 月对营城南门及南瓮城进行了维修，修复后的南墙东段及南门洞用青砖包砌，南门洞为半圆形券顶，东西宽 7、顶高 4、进深 11 米。东门、北门损毁不存。南瓮城门原在瓮城北墙中部，新修建的瓮城门开在南墙中部。

（3）角台

花马池营城形制规整，四角有角台。台体用黄土夯筑而成，仅存夯土台基。角台呈覆斗形，实心，顶部原有建筑损毁不存，外侧包砖被拆毁。

东北角台仅存夯土台基，底部东西 15、南北 20 米，凸出于墙体外 6 米，顶部东西 11、南北 9 米，高 11 米。台基壁面平整，夯打结实，夯层厚 10～13 厘米。东南角台仅存夯土台基，底部东西 18、南北 20 米，顶部东西 12、南北 15 米，高 13 米，凸出于墙体 6 米。西南角台仅存夯土台基，底部东西 17、南北 20、高 10 米。西北角台仅存夯土台基，呈覆斗形，平面呈长方形，底部东西 18、南北 16 米，顶部东西 11、南北 9 米，高 8 米。

（4）马面

东墙南段有 3 座马面，其余损毁不存。台体呈覆斗形，平面呈正方形，黄土夯筑而成。底部东西 11、南北 15 米，顶部东西 7、南北 12 米，高 11 米。

（5）瓮城

瓮城有 3 座，东瓮城位于主城东墙中部，南、北墙依主城东墙夯筑而成，平面呈长方形，墙体内外两侧有居民房屋。北墙保存 30 米，其余被取土挖毁，墙体高 9、底宽 11、顶宽 5 米，夯土结实，土质坚硬，夯层厚 12～14 厘米。东墙长 58、高 11、底宽 11、顶宽 6 米。由于街道建设、挖墙修路、东大街东西纵穿瓮城东墙，造成墙体消失 28 米。南墙长 42、高 11、底宽 11、顶宽 6 米。

南瓮城平面呈长方形，东、西墙依主城南墙夯筑而成。东、西、南墙重新修复，用青砖包砌，修复后的墙体高 11、底宽 11、顶宽 7 米，顶部新修垛墙和女墙。东、西墙长 40、南墙长 55 米。瓮城门新开于南墙中部，门洞用青砖砌筑，与主城门洞南北在一条中轴线上，门洞内宽 7、顶高 4、进深 s11 米。

北瓮城损毁不存。

（6）护城壕

护城壕被淤土填平。20 世纪 70 年代初，东瓮城墙体外侧尚有护城壕痕迹，现无遗迹可寻。

第二节　高平堡段明长城墙体及相关设施

一　高平堡段明长城墙体（D066—D116）

高平堡段明长城墙体呈东南—西北走向，经过花马池镇十六堡、张记圈、红沟梁、东牛毛井、叶记豁子、南台六个村。依长城墙体外侧分布有敌台 49 座、烽火台 2 座及墙体内侧的高平堡。

1. 十六堡村长城墙体

该段墙体起点位于盐池县花马池镇十六堡村南约 1.6 千米处，止点位于十六堡村西南约 1.4 千米（十六堡村 8 号敌台）处。东南与刘八庄村 13 号敌台相连接。墙体长 1959 米，大致呈东南—西北走向，方向北偏西 45°～50°。地处丘陵平滩地带，地势由东南向西北逐渐走高。墙体用黄土夯筑而成，坍塌严重，大多被塌落的夯土及沙土掩埋过半，外侧60米处有与之平行走向的垒墙遗迹。根据墙体保存状况和敌台分布情况分为8段（图七五）。分述如下。

刘八庄村13号敌台（D066）—十六堡村1号敌台（D067）

墙体长316米。两侧地势较平坦，外侧有荒地和农田，内侧种植有少量的柠条。墙体用黄土和红土分层夯筑而成。墙体坍塌成一道斜坡土梁。墙体高3～5、底宽约9米。夯土风化酥软，夯层模糊不清。

十六堡村1号敌台（D067）—十六堡村2号敌台（D068）

墙体长250米。地处低山丘陵平滩地，外侧是未开垦的荒地，0.1千米外为平整的农田，内侧基本平整，种植有大面积的柠条。墙体上部坍塌成鱼脊状，壁面塌落成陡坡状，夯土风化酥软，剥落严重。墙体高约1.5～5米，夯层模糊不清，顶部有电力部门的水泥杆。

十六堡村2号敌台（D068）—十六堡村3号敌台（D069）

墙体长183米。所处地势由南向北逐渐走高，内侧种植有大面积的柠条，外侧地势相对低洼，是未开垦的荒地，地面生长有低矮的杂草和少量的柠条等。墙体顶部坍塌风化成鱼脊状，两侧被塌落的夯土及沙土掩埋成斜坡形，长满杂草，被羊群踩踏，夯土呈粉状剥落。墙体高2.5～6、底宽约9、顶宽约1米。夯层模糊不清。

十六堡村3号敌台（D069）—十六堡村4号敌台（D070）

墙体长255米。两侧生长有大面积的柠条等。墙体用黄土夯筑而成，土质纯净，土色略泛红。墙体大多坍塌风化成一道坡形土梁，顶部坍塌严重，被雨水冲刷侵蚀成鱼脊状，部分墙体壁面相对陡直。十六堡村3号敌台西75米处墙体有9米宽的村路豁口，十六堡村村路由东北向西南穿越墙体高速公路桥洞，西南与307国道相接。十六堡村4号敌台东侧墙体被雨水冲毁，有10多米宽的冲沟豁口。墙体高6、底宽11米。夯层厚16、18厘米。

十六堡村4号敌台（D070）—十六堡村5号敌台（D071）

墙体长244米。地处缓坡丘陵平滩地，内侧地势平坦，外侧低洼，两侧生长有大面积的柠条。呈东南—西北走向。墙体用黄土夯筑而成，所用夯土在墙体外侧挖取。墙体顶部塌落严重，被雨水冲刷侵蚀呈鱼脊状，两侧呈斜坡状，夯土酥碱呈粉状剥离。墙体高3～6、顶宽约0.2～1.3米。部分墙体壁面陡直，内侧根部有风蚀凹槽。

十六堡村5号敌台（D071）—十六堡村6号敌台（D072）

墙体长160米。内侧地势平整较高，外侧地势低洼，两侧种植有大面积的柠条。墙体用黄土夯筑而成，所用夯土在墙体外侧挖取，夯土中掺杂有少量白石灰土。墙体大多坍塌风化成斜坡鱼脊状，顶部高低不平，有较多冲沟凹槽。墙体高4、底宽约9、顶宽0.6米。夯土呈粉状脱落，夯层模糊不清，能辨明夯层厚12、20厘米。

十六堡村6号敌台（D072）—十六堡村7号敌台（D073）

墙体长267米。地处丘陵缓坡地带的平滩地，内外两侧柠条生长繁茂。墙体用黄土夯筑而成。墙体坍塌风化成斜坡，顶部高低不平，被雨水冲刷侵蚀、风化成鱼脊状。墙体高5、顶宽0.6～1.5米。地表散布有明代黑釉、褐釉瓷缸口沿残片及少量砖瓦残块等。

十六堡村7号敌台（D073）—十六堡村8号敌台（D074）

墙体长284米。内侧地势相对较高，基本平整，外侧地势低洼，高低不平。因筑墙在墙体外侧大量取土，尚能看出一道宽约30米的浅壕沟，两侧种植有大面积的柠条灌丛，生长繁茂。墙体用黄土和红土分层夯筑而成，土质纯净较硬，夯打较结实。墙体上部坍塌严重，壁面陡直，剖面呈梯形。墙体高 4 ~ 7、顶宽 0.8 ~ 2.1 米。夯层厚 16 厘米。

2. 张记圈村长城墙体

该段墙体起点位于盐池县花马池镇张记圈村东南约 1.2 千米处，止点位于张记圈村西南约 1.1 千米张记圈村 6 号敌台处。东南接十六堡村 8 号敌台，西南距高平堡 0.3 千米。所处地势较平缓，由东南向西北逐渐走高。墙体长 1452 米。墙体用黄土夯筑而成，呈东南—西北走向。根据墙体保存状况及敌台分布情况分为 5 段（参见图七五）。分述如下。

十六堡村 8 号敌台（D074）—张记圈村 1 号敌台（D075）

墙体长 320 米。西南距高平堡约 0.35 千米，地处丘陵平滩地，两侧种植有大面积的柠条。墙体用黄土和红沙土夯筑而成。墙体顶部及两侧坍塌严重，呈坡形土梁。墙体高约 6、顶宽 0.6 ~ 1.8 米。夯层厚 16 厘米。部分段墙体内侧根部风蚀凹进。

张记圈村 1 号敌台（D075）—张记圈村 2 号敌台（D076）

墙体长 263 米。西南距高平堡约 0.35 千米，地处丘陵缓坡地带。墙体用黄土和红沙土夯筑而成。墙体内外两侧有壕沟，为筑墙取土所致，顶部受雨水冲刷有较多的冲沟小豁口。墙体高 3 ~ 5、顶宽 0.8 ~ 2.4 米。夯层厚 16 厘米。张记圈村 2 号敌台与墙体接合部位有 6 米宽的村路豁口。村路由东北向西南穿越长城墙体，经高平堡，穿过高速公路桥洞，西南与 307 国道相接。

张记圈村 2 号敌台（D076）—张记圈村 3 号敌台（D077）

墙体长 300 米。南距高平堡约 0.34 千米，外侧地势较低，地处丘陵缓坡地带的低洼地，内侧地势相对较高，高低起伏变化不大。两侧植被较好，地面生长有柠条和低矮的杂草等。墙体坍塌较严重，顶部因雨水冲刷侵蚀有较多的冲沟小豁口，呈鱼脊形土梁。墙体高 2 ~ 5、顶宽 0.6 ~ 1.5 米（彩图一六二）。

张记圈村 3 号敌台（D077）—张记圈村 4 号敌台（D078）

墙体长 287 米。地处丘陵缓坡地带，地势由南向北逐渐走高，内侧地势开阔平整，植被较好，生长有茂密的柠条，外侧为丘陵缓坡地带的低洼地。墙体呈"S"形。墙体两侧被坍塌的夯土及沙土掩埋约 3/4，呈坡形土梁，顶部坍塌成鱼脊状，墙体高 2 ~ 4、顶宽 0.6 ~ 1.5 米。部分墙体根部风蚀凹进。张记圈村 4 号敌台东壁与墙体接合部位有 5 米宽的村路豁口，东壁有两孔现代小窑洞，北壁有两孔坍塌的小窑洞。

张记圈村 4 号敌台（D078）—张记圈村 5 号敌台（D079）

墙体长 282 米。地处丘陵缓坡地带，地势由南向北逐渐走高。墙体自张记圈村 5 号敌台起拐向西呈"S"形分布。墙体略显低矮，两侧被坍塌的夯土及沙土掩埋呈陡坡状，顶部呈断断续续的土垄状，有许多驼峰状的冲沟小豁口。墙体高 2 ~ 4 米。夯层厚 18 厘米。

3. 红沟梁村长城墙体

该段墙体起点位于盐池县花马池镇红沟梁村东南约 0.9 千米的张记圈村 5 号敌台处，止点位于花马池镇红沟梁村西约 1.2 千米的红沟梁村 8 号敌台处。地处丘陵缓坡地带，地势由东南向西北逐渐走高。墙体长 1999 米。墙体用黄土夯筑而成。呈东南—西北走向。根据墙体保存状况及敌台分布情况分为 8 段（图七六）。分述如下。

张记圈村 5 号敌台（D079）—红沟梁村 1 号敌台（D080）

墙体长 295 米。内侧地势开阔平坦，外侧相对较低，生长有大面积的沙蒿草。呈东南—西北走向，方向北偏西 65°。墙体顶部坍塌损毁有多处冲沟小豁口，两侧被坍塌的夯土及沙土掩埋成斜坡状，内侧根部风蚀有凹槽。墙体高约 6、底宽约 9、顶宽 0.9 ~ 1.6 米。夯层厚 16 厘米。红沟梁村 1 号敌台东壁与墙体接合部位有 4 米宽的村路豁口，依墙体内侧而建的敌台坍塌风化成土丘（彩图一六三）。

红沟梁村 1 号敌台（D080）—红沟梁村 2 号敌台（D081）

墙体长 301 米。地处丘陵缓坡地带，地势由东南向西北逐渐走高，两侧植被较好，生长有低矮的杂草。墙体用黄土和红土分层夯筑而成。墙体损毁约 1/3，大多被倒塌的夯土及沙土掩埋成斜坡状，顶部坍塌成鱼脊状，有较多 1～2 米宽的冲沟小豁口。部分墙体内壁陡直，根部风蚀凹进，表面有较多的风蚀孔洞等。墙体高 5、底宽约 10 米。夯层明显，夯层厚 25 厘米。

红沟梁村 2 号敌台（D081）—红沟梁村 3 号敌台（D082）

墙体长 285 米。地处低山丘陵坡地，地势由南向北逐渐走高，两侧杂草生长茂密。墙体坍塌损毁约 2/5，两侧被倒塌的夯土及沙土掩埋成斜坡状，表面长满杂草，顶部坍塌成鱼脊状，有较多锯齿状的冲沟小豁口。墙体高约 5、底宽约 11、顶宽 0.8～2 米。夯土风化、酥软，呈片状剥落，夯层模糊不清，部分墙体版筑清晰，版长 1.3、1.4、1.5 米（彩图一六四、一六五）。红沟梁村 3 号敌台东壁与墙体接合部位有 3 米多宽的穿墙豁口。

红沟梁村 3 号敌台（D082）—红沟梁村 4 号敌台（D083）

墙体长 156 米。地处丘陵缓坡地带，由南向北逐渐走高，两侧长满杂草。墙体坍塌损毁约 1/2，两侧被倒塌的夯土及沙土掩埋成坡形土梁，顶部因雨水冲刷侵蚀有较多锯齿状的冲沟小豁口。墙体高 4.5、顶宽 0.6～1 米。夯层厚 12 厘米。红沟梁村 4 号敌台东壁与墙体接合部位有 4 米宽的村路豁口（彩图一六六）。

红沟梁村 4 号敌台（D083）—红沟梁村 5 号敌台（D084）

墙体长 237 米。地处丘陵缓坡地带，地势由南向北逐渐走高，两侧生长有低矮的杂草。呈东南—西北走向，方向北偏西 35°。墙体坍塌损毁约 2/3，两侧被倒塌的夯土及沙土掩埋成坡形鱼脊状，顶部有较多锯齿状的冲沟小豁口。墙体高约 4、顶宽 0.6～1.3 米。夯层厚 12 厘米（彩图一六七）。墙体中部有依墙而建夯而便弃的敌台，呈小土丘状，高 3 米，夯层厚 12 厘米。

红沟梁村 5 号敌台（D084）—红沟梁村 6 号敌台（D085）

墙体长 234 米。地处丘陵缓坡地带，地势逐渐走高。墙体呈"S"形分布，两侧生长有低矮的杂草。墙体坍塌损毁约 2/5，两侧被倒塌的夯土及沙土掩埋成斜坡状，顶部呈鱼脊状，有较多锯齿状的冲沟小豁口。墙体高约 5、顶宽 0.8～2.3 米。夯层厚 18 厘米。

红沟梁村 6 号敌台（D085）—红沟梁村 7 号敌台（D086）

墙体长 243 米。地处丘陵缓坡地带，地势由南向北逐渐走高，沿丘陵山地蜿蜒而上，地表植被较差，仅生长有低矮的杂草。方向北偏西 75°～50°。墙体用黄土夯筑而成，夯土内有少量的白色料礓石颗粒。墙体坍塌损毁约 1/3，两侧被倒塌的夯土及沙土掩埋至墙腰。部分墙体内侧基础掏蚀凹进。墙体高 3～4、顶宽 0.6～1.5 米。夯层厚 22 厘米。红沟梁村 6 号敌台顶部中间有圆筒形窑址，窑坑直径 3.3、深 2 米，内壁有红烧土及青灰色的釉结面，窑坑内有青砖残块。红沟梁村 6 号敌台西侧 50 米处墙体被挖开 1 米多宽的小豁口。红沟梁村 7 号敌台东侧墙体有 4 米宽的村路豁口（彩图一六八）。

红沟梁村 7 号敌台（D086）—红沟梁村 8 号敌台（D087）

墙体长 248 米。南距高速公路约 0.84 千米，地处丘陵缓坡地，地势由东南向西北逐渐走高，地面生长有低矮的小草。呈东南—西北走向。墙体用黄土夯筑而成，夯土内有少量的白色料礓石颗粒。墙体坍塌严重，保存较差，成为坡形土梁。墙体高约 1.5～3.5、顶宽 0.8～1.7 米。

4. 东牛毛井村长城墙体

该段墙体起点位于盐池县王乐井乡东牛毛井村东南约 1.7 千米的东牛毛井村 1 号敌台处，止点位于王乐井乡东牛毛井村东北约 0.8 千米的东牛毛井村 10 号敌台处。墙体长 2533 米。东牛毛井村 1~3 号敌台墙体呈"S"形走势。墙体用黄土夯筑而成，土色略泛红，部分墙体夯土内掺杂有白礓土及小石块。墙体内外两侧被坍塌的夯土及沙土掩埋成斜坡形，顶部夯土坍塌严重。根据墙体保存状况及敌台分布情况分为 10 段（参见图七六）。分述如下。

红沟梁村 8 号敌台（D087）—东牛毛井村 1 号敌台（D088）

墙体长 226 米。地处丘陵缓坡地，地势由南向北逐渐走高，两侧植被贫乏，生长有低矮的杂草等。大致呈东南—西北走向，方向北偏西 40°。墙体用黄土夯筑而成，夯土内夹杂有少量碎石。墙体顶部被雨水冲刷侵蚀，有较多的冲沟小豁口。墙体高约 4~6、顶宽约 0.8~2 米。夯层厚 16、20 厘米。

东牛毛井村 1 号敌台（D088）—东牛毛井村 2 号敌台（D089）

墙体长 276 米。地处低山丘陵坡地的最高处，地势由南向北沿丘陵山地逐渐走低，地表生长有低矮的小草。墙体自东牛毛井村 1 号敌台起向西北行 0.11 千米拐折呈南—北走向，沿丘陵山地蜿蜒而下（在此撇开原来垒墙遗迹）。墙体坍塌损毁较严重，顶部夯土坍塌成鱼脊状，有较多的冲沟小豁口，两侧被塌落的夯土和沙土掩埋到墙腰，呈陡坡状。墙体高 3~4、顶宽 0.6~2.5 米。夯层厚 20 厘米（彩图一六九、一七〇）。

东牛毛井村 2 号敌台（D089）—东牛毛井村 3 号敌台（D090）

墙体长 298 米。地处丘陵山地坡梁下的低洼地带，地势由南向北逐渐走低，内侧地势较外侧略高，两侧植被较差，生长有低矮的杂草。自东牛毛井村 2 号敌台起由南—北走向拐折呈东南—西北走向。墙体坍塌风化损毁严重，顶部被雨水冲刷侵蚀成鱼脊状，呈坡形土梁。墙体高 3~4 米。夯层厚 20 厘米。东牛毛井村 3 号敌台地处低山丘陵山地最低处。

东牛毛井村 3 号敌台（D090）—东牛毛井村 4 号敌台（D091）

墙体长 295 米。地处丘陵缓坡地带，地势由南向北逐渐走高，两侧地势高低起伏，大部分是未开垦的荒地，植被较差，生长有低矮的小草。呈东南—西北走向。墙体两侧被坍塌的夯土及沙土掩埋成斜坡状，顶部略成鱼脊状，整体呈坡形土梁。墙体高 3~4 米（彩图一七一）。

东牛毛井村 4 号敌台（D091）—东牛毛井村 5 号敌台（D092）

墙体长 308 米。两侧植被较少，生长有低矮的杂草，沿丘陵坡地由南向北蜿蜒而上，地处低山丘陵的坡梁。由东南—西北走向拐折呈大致南—北走向。墙体两侧大多被坍塌的夯土及沙土掩埋，顶部风蚀坍塌略呈鱼脊状，成为低矮的土梁，夯土酥碱严重，长满杂草。墙体高 3~5 米。部分段墙体尚能看清夯层，夯层厚 14、20 厘米。

东牛毛井村 5 号敌台（D092）—东牛毛井村 6 号敌台（D093）

墙体长 285 米。地处丘陵缓坡地带，地势由南向北逐渐走高。大致呈南—北走向。墙体用黄土和红沙土夯筑而成，夯土内掺杂有碎石。墙体两侧大部分被沙土覆盖，顶部受雨水冲刷侵蚀高低不平，有较多的冲沟小豁口。墙体略显低矮，相对高约 4、底宽约 9 米。夯层厚 11、15、17 厘米。

东牛毛井村 6 号敌台（D093）—东牛毛井村 7 号敌台（D094）

墙体长 250 米。地处低山丘陵缓坡地带，地势自南向北逐渐走低，两侧为荒地，生长有低矮的杂草。大致呈南—北走向。墙体风蚀坍塌成斜坡，顶部坍塌、风化成鱼脊状。墙体内部用较多的红沙土夯筑，外部用黄土和红沙土分层平夯。墙体高约 5 米。夯层厚 11、13 厘米。

东牛毛井村 7 号敌台（D094）—东牛毛井村 8 号敌台（D095）

墙体长 253 米。地处低山丘陵平滩地带，地势较平缓，两侧植被稀少，杂草生长覆盖率不足 20%，东距叶记豁子村 1 号烽火台约 1.2 千米。呈南—北走向。保存较差。墙体用黄土和红沙土分层夯筑而成，坍塌损毁严重，成为坡形土梁，顶部垮塌成鱼脊状，表面长满杂草。墙体高 2 ~ 3.5 米，中部有 9 米宽的村路豁口。

东牛毛井村 8 号敌台（D095）—东牛毛井村 9 号敌台（D096）

墙体长 177 米。所处为丘陵平滩地带，地势内高外低，地表沙化严重，植被贫乏，仅生长有少量的杂草。呈南—北走向。墙体用黄土和红土分层夯筑而成，夯土内夹杂有少量白色碎石，基础部分大多用红土夯筑，基础以上多用黄土和少量红土夯筑而成。墙体两侧被沙土掩埋呈漫坡状，顶部略呈低矮的鱼脊形。墙体高 4 ~ 5 米。夯层厚 22、24 厘米。

东牛毛井村 9 号敌台（D096）—东牛毛井村 10 号敌台（D097）

墙体长 165 米。地处丘陵缓坡地带，地表沙化严重，植被贫乏，仅生长有少量的杂草。墙体用黄土和红土分层夯筑而成。墙体两侧沙土堆积较厚，坍塌损毁约 2/3 ~ 3/4，大多被沙土掩埋，呈漫坡形。墙体高约 3 米。墙体内部用红土夯筑而成，夯层相对较薄，夯层厚 17、19 厘米；外部用黄土夯筑而成，夯层厚 24、30 厘米。墙体北段坍塌风化成低矮的弧坡，两侧沙土漫过顶部，最高约 2 米。

5. 叶记豁子村长城墙体

该段墙体起点位于盐池县花马池镇叶记豁子村西南约 1.1 千米的东牛毛井村 10 号敌台处，止点位于花马池镇叶记豁子村西北约 1.2 千米的叶记豁子村 7 号敌台处。墙体长 2122 米。大致呈南—北走向，方向北偏西 5° ~ 17°。墙体用黄土夯筑而成，部分段墙体用黄土和红沙土分层夯筑，夯土就地取材。墙体坍塌严重，大多被沙土掩埋成坡形土梁；顶部略呈鱼脊形，有较多锯齿状的冲沟小豁口。根据墙体保存状况和敌台分布情况分为 7 段（图七七）。分述如下。

东牛毛井村 10 号敌台（D097）—叶记豁子村 1 号敌台（D098）

墙体长 325 米。地处低山丘陵平滩地，内侧地势略高于外侧，地表沙化严重，植被贫乏，仅生长有少量的杂草。呈南—北走向。墙体坍塌风化较严重，两侧被倒塌的夯土及沙土掩埋过半，部分墙体顶部被沙土全部覆盖。墙体高 4 ~ 6、底宽约 9、顶宽 2.3 米。夯层厚 13、15、20、25 厘米。墙体中部有 4 米宽的冲沟豁口。

叶记豁子村 1 号敌台（D098）—叶记豁子村 2 号敌台（D099）

墙体长 163 米。地处低山丘陵平滩地，内侧地势平坦，地表植被贫乏，生长有低矮的杂草，外侧地面凹凸不平，东南距叶记豁子村 1 号烽火台约 1.55 千米。台体用黄土夯筑而成，夯土颗粒较大，土质疏松，夯打不结实。墙体坍塌风化损毁约 2/3，被倒塌的夯土及沙土掩埋成斜坡土梁，夯土风化酥软，杂草生长较多。墙体高 4 ~ 5 米。夯层厚 18、19、22 厘米。

叶记豁子村 2 号敌台（D099）—叶记豁子村 3 号敌台（D100）

墙体长 151 米。地处黄土梁峁上的平滩地，内侧地势相对略高。呈南—北走向。墙体坍塌风化损毁约 3/5，两侧被倒塌的夯土及沙土掩埋成斜坡形，顶部坍塌成鱼脊形。墙体高 3 ~ 5 米。夯土风化酥软呈粉状剥落，长满杂草，夯层模糊不清（彩图一七二）。

叶记豁子村 3 号敌台（D100）—叶记豁子村 4 号敌台（D101）

墙体长 663 米。南北两端地势较高，中间为缓坡丘陵的低洼地带，西高东低。呈南—北走向。墙体相对外侧地面高约 11、相对内侧地面高约 6 米，夯层厚 10、15、16、18 厘米。叶记豁子村 3 号敌台北约 0.1 千米处墙体有 4 米宽的村路豁口，墙体东侧约 1.6 千米的山梁上有叶记豁子村 2 号烽火台。

叶记豁子村 4 号敌台（D101）—叶记豁子村 5 号敌台（D102）

墙体长 204 米。地处低山丘陵缓坡地，地势西高东低，西侧地表种植有少量的柠条，东侧地表生长有低矮的杂草，东南距叶记豁子村 2 号烽火台约 1.8 千米。呈南—北走向。墙体翻越丘陵山地，地势由南向北逐渐走低。墙体用黄土夯筑而成。墙体上部坍塌风化严重，两侧堆土较厚。墙体相对内侧地面高 6.5、相对外侧地面高约 9 米，底宽约 10、顶宽 0.5～2 米，夯层厚 12～18 厘米。

叶记豁子村 5 号敌台（D102）—叶记豁子村 6 号敌台（D103）

墙体长 351 米。地处低山丘陵坡地，地势西高东低，由南向北逐渐走低，内侧地表种植有大面积的柠条，外侧地势低洼，地表生长有沙蒿草和芨芨草等。墙体用黄土夯筑而成，土色略泛红。墙体两侧被坍塌的夯土及沙土掩埋约 1/3，顶部因雨水冲刷侵蚀有较多的冲沟小豁口。墙体相对外侧地面高 7～8、相对内侧地面高约 6、顶宽 0.5～1.7 米。夯层厚 13～18 厘米。

叶记豁子村 6 号敌台（D103）—叶记豁子村 7 号敌台（D104）

墙体长 265 米。所处地势平坦，内侧地面种植有大面积的柠条，东南距叶记豁子村 2 号烽火台约 2.2 千米。墙体坍塌风蚀严重，夯土风化酥软，两侧堆土较厚，顶部高低不平，受雨水冲刷侵蚀有较多的冲沟小豁口。墙体高 7、顶宽 0.2～1.5 米。夯层厚 12～15 厘米。

6. 南台村长城墙体

该段墙体起点位于盐池县花马池镇南台村西南约 0.8 千米的叶记豁子村 7 号敌台处，止点位于盐池县王乐井乡安定堡南约 0.55 千米的安定堡 1 号敌台处。墙体长 2988 米。呈南—北走向。墙体用黄土夯筑而成，夯土中含有少量红沙土。根据墙体保存状况及敌台分布情况分为 12 段（参见图七七）。分述如下。

叶记豁子村 7 号敌台（D104）—南台村 1 号敌台（D105）

墙体长 257 米。地处丘陵缓坡地带，地势西高东低，生长有低矮的杂草。内侧生长有少量的柠条。墙体用黄土和红沙土分层夯筑而成，所用夯土大多取自墙体外侧。墙体坍塌风蚀严重，表面长满杂草，两侧被坍塌的夯土及沙土掩埋约 1/2，顶部坍塌成坡形鱼脊状，有较多的冲沟小豁口。墙体高 4～6、顶宽 0.2～0.9 米。夯层厚 13、15、20 厘米。

南台村 1 号敌台（D105）—南台村 2 号敌台（D106）

墙体长 210 米。地处丘陵缓坡地带，地势由南向北逐渐走低，西侧地势较高，东侧地势低洼，地表有较厚的流动沙土，生长有杂草和少量柠条等。呈南—北走向。墙体坍塌风化损毁严重，顶部有较多的冲沟豁口，成为断断续续的土丘，部分墙体顶部坍塌风化成低弧坡，墙体被羊群踩踏，夯土酥软呈粉状脱落。墙体高约 6 米，相对内侧地面高 4 米。夯层厚 16、17 厘米。

南台村 2 号敌台（D106）—南台村 3 号敌台（D107）

墙体长 196 米。地处丘陵坡地，地势西高东低，东侧为低洼的草滩地，杂草生长茂密；西侧地面沙化严重，有 2 米高的沙丘。呈南北—走向。墙体上半部损毁严重，被雨水冲刷侵蚀成凹凸不平的驼峰状；下半部呈斜坡土梁。部分墙体顶部被沙土覆盖，表面生长有少量的芨芨草、沙棘草和野生枸杞等。墙体高约 5 米。夯层厚 16、17、20 厘米。

南台村 3 号敌台（D107）—南台村 4 号敌台（D108）

墙体长 296 米。所处地势平缓，地面杂草生长茂密。呈南—北走向。墙体坍塌损毁约 3/4，上部坍塌风蚀成低矮的土梁，顶部受雨水冲刷侵蚀呈鱼脊状，表面杂草生长较多，墙体被羊群踩踏，夯土风化酥碱呈粉状脱落。墙体高 3～4.5、底宽约 9、顶宽 0.5～0.9 米。夯层厚 23、24 厘米。墙体中部有 4 米宽的村路豁口。

南台村 4 号敌台（D108）—南台村 5 号敌台（D109）

墙体长 226 米。地处丘陵缓坡地带，西南部平缓，东北部逐渐走高，地表生长有低矮的杂草和少量的柠条等。大致呈南—北走向。墙体坍塌风化成坡形土梁，两侧散落有许多小砾石。墙体高 4 ~ 5 米。墙体被羊群踩踏，夯土呈粉状剥落，夯层模糊不清。

南台村 5 号敌台（D109）—南台村 6 号敌台（D110）

墙体长 226 米。地处缓坡丘陵平滩地，地势平缓，地表生长有低矮的杂草等。墙体坍塌风化成坡形土梁，损毁约 2/3。墙体高约 5 米。墙体被羊群踩踏，夯土呈粉状剥落，夯层模糊不清。

南台村 6 号敌台（D110）—南台村 7 号敌台（D111）

墙体长 256 米。地势由南向北沿丘陵坡地逐渐走低，两侧地表生长有低矮的杂草和少量的芨芨草等。墙体用黄土夯筑而成，夯土中掺杂有灰白色料礓土颗粒。墙体两侧被塌落的夯土及沙土掩埋过半，表面长满杂草，略呈坡形土梁。部分墙体高约 8、底宽约 11、顶宽约 2 米。夯层厚 17、20 ~ 22 厘米。

南台村 7 号敌台（D111）—南台村 8 号敌台（D112）

墙体长 256 米。所处地势较为平坦，两侧杂草生长茂密，植被相对较好。墙体两侧被塌落的夯土及沙土掩埋过半，顶部高低不平，有较多的冲沟小豁口。墙体高 4 ~ 6 米，夯层厚 13、14、16、21、22 厘米。南台村 8 号敌台南壁与墙体接合部位有 4 米宽的冲沟豁口。

南台村 8 号敌台（D112）—南台村 9 号敌台（D113）

墙体长 262 米。所处地势平坦，地表杂草生长茂密，植被相对较好。墙体用黄土夯筑而成，土质纯净，夯土中夹杂有少量石块。墙体两侧被塌落的夯土及沙土掩埋约 1/2，上半部坍塌，风蚀、雨水冲刷严重，顶部高低不平，成为一道宽土梁。部分墙体版缝明显，版长 2.4 米，夯层清晰，夯层厚 15、17、18 厘米。部分墙体顶部基本平整，顶宽 3.7 米。南台村 9 号敌台南壁与墙体接合部位有 2 米多宽的冲沟豁口。

南台村 9 号敌台（D113）—南台村 10 号敌台（D114）

墙体长 271 米。两侧地势较平缓，地表生长有低矮的杂草。墙体两侧被坍塌的夯土及沙土掩埋过半，上部坍塌，风雨侵蚀较严重，顶部风化成弧背形，成为一道高大的土垄，表面长满杂草，被羊群踩踏。墙体高 5、底宽约 10 米。部分墙体壁面陡直，版筑明显，版长 2.4 米，夯层厚 17、19 厘米。

南台村 10 号敌台（D114）—南台村 11 号敌台（D115）

墙体长 264 米。北距安定堡约 0.9 千米。呈南—北走向。墙体被沙土掩埋，成为坡形沙土梁，坍塌损毁约 1/2，顶部露出。墙体高 4、顶宽 4.5 米。夯层厚 12、13、17 厘米。墙体东侧山梁上有安定堡 1 号、2 号烽火台（彩图一七三）。

南台村 11 号敌台（D115）—安定堡村 1 号敌台（D116）

墙体长 268 米。地处丘陵缓坡地带，地势由南向北逐渐低缓，北距安定堡约 0.55 千米。呈南—北走向。墙体用黄土和红土分层夯筑而成，夯土颗粒较大，掺杂有小石块。墙体损毁约 2/3，顶部及两侧坍塌，被雨水冲刷侵蚀成坡形土梁，略显低矮，表面长满杂草。夯土风化疏松，呈粉状脱落。墙体高约 4 米，夯层厚 15、16 厘米。

二　高平堡段明长城墙体沿线敌台（D067 ~ D115）

1. 十六堡村 1 号敌台（D067）

该敌台位于盐池县花马池镇十六堡村南约 1.5 千米处，西北距十六堡村 2 号敌台 0.25 千米，南距高速公路约 0.075 千米。台体依长城墙体而建，用黄土和红土分层夯筑而成，夯土较硬，夯打结实，呈覆斗形，实心，凸出于长城墙体外侧。台体四壁坍塌成陡坡，南壁与长城墙体结合部位被雨水冲刷侵蚀成斜坡状；西北角沙土堆积较高；顶部中间凸起，四周向外低缓有斜坡面。台体底部东西约12、南北约11米，顶部东西0.3、南北约2米，高7米。夯层厚15厘米（图七八）。

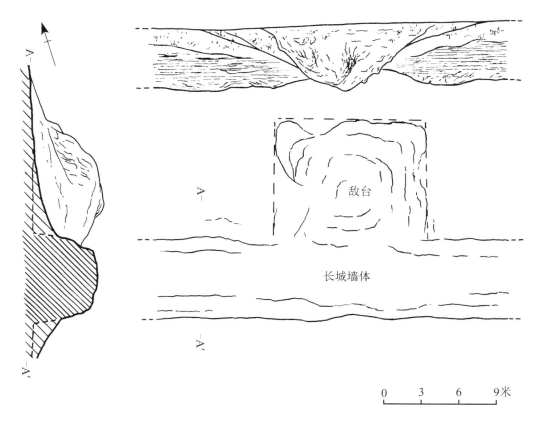

图七八 十六堡村1号敌台（D067）平、立面及长城墙体平、剖面图

2. 十六堡村2号敌台（D068）

该敌台位于盐池县花马池镇十六堡村南约1.5千米处，西北距十六堡村3号敌台0.183千米，南距高速公路约0.08千米。台体依长城墙体而建，用黄土和红土分层夯筑而成，土质纯净，呈覆斗形，实心，凸出于长城墙体外侧。台体四壁坍塌严重，整体风化成斜坡状的土丘；顶部中间凸起，四周渐低。台体底部东西约15、南北约11米，顶部边长约3米，高6米。夯层厚9～10厘米。

3. 十六堡村3号敌台（D069）

该敌台位于盐池县花马池镇十六堡村南约1.3千米处，西北距十六堡村4号敌台0.255千米，南距高速公路约0.11千米。台体依长城墙体而建，用黄土和红土分层夯筑而成，呈覆斗形，实心，凸出于长城墙体外侧。台体坍塌风化严重，北壁呈梯形，东、西壁沙土积较高，东北角、西北角风化成圆角形，顶部凸起。台体底部东西约16、南北9米，顶部东西约5、南北约4米，高约6米。夯土较硬，夯打较为结实，夯层厚9～10厘米。

4. 十六堡村4号敌台（D070）

该敌台位于盐池县花马池镇十六堡村南约1.5千米处，西北距十六堡村5号敌台0.244千米，南距高速公路约0.13千米。台体用黄土和红土分层夯筑而成，土质纯净，呈覆斗形，实心。台体东北角、西北角坍塌风化成圆角形，顶部高于长城墙体约 2 米，南壁与长城墙体接合部位坍塌风化成斜坡状。台体底部东西约 14、南北约 12 米，顶部东西 1.7、南北约 4 米，高 7 米。夯层厚 15 厘米。周围地表散布有黑釉瓷罐残片、灰陶板瓦残片、泥质灰砂浅灰陶罐腹部残片、夹砂黑釉瓷罐口沿残片等。

　　标本 D070：1，泥质夹砂浅灰陶罐腹部残片。表面有连续横向"S"形卷云纹，内壁有凹点方格纹。腹面有一圆孔。腹片宽 7.6、高 7.1 厘米（图七九；彩图一七四）。

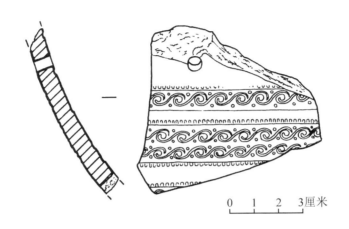

0　1　2　3厘米

图七九　十六堡村 4 号敌台（D070）文物标本
泥质夹砂浅灰陶罐腹部残片（标本 D070：1）

5. 十六堡村 5 号敌台（D071）

　　该敌台位于盐池县花马池镇十六堡村南约 1 千米处，西北距十六堡村 6 号敌台 0.16 千米，南距高速公路约 0.17 千米。台体依长城墙体而建，黄土和红土分层夯筑而成，夯土内夹杂有少量碎石，呈覆斗形，实心，凸出于长城墙体外侧。保存较差。台体坍塌损毁较严重，东壁上半部坍塌厚约 3 米，下半部被塌落的夯土及沙土掩埋成斜坡状，台体顶部呈土垄状。台体底部东西约 13、南北 17 米，顶部东西约 1、南北 6 米，高 8 米。夯层厚 10～11 厘米。周围地表散布有少量青釉瓷碗残片和黑釉、褐釉、酱釉瓷片及灰陶板瓦残片等。

6. 十六堡村 6 号敌台（D072）

　　该敌台位于盐池县花马池镇十六堡村西南约 1.4 千米处，西北距十六堡村 7 号敌台 0.267 千米，南距高速公路约 0.2 千米。台体用黄土和红土分层夯筑而成，土质纯净，呈覆斗形，实心，凸出于长城墙体外侧。保存一般。台体东壁坍塌风化成斜坡状；南壁与长城墙体顶部坍塌风蚀成斜坡状，西、北壁坍塌成底大顶圆的半椭圆形，底部沙土堆积较高；顶部被水蚀冲刷成北高南低、凹凸不平的弧坡形。台体表面杂草生长较多。台体底部东西约 14、南北约 12 米，顶部东西约 5、南北 4 米，高 6 米。夯层厚 16、20 厘米。周围地表散布有青釉瓷碗残片、泥质灰陶板瓦残片、黑褐釉瓷罐残片、泥质红陶粗瓷缸口沿残片、黑釉粗瓷缸残片及青花瓷碗残片等。

7. 十六堡村 7 号敌台（D073）

　　该敌台位于盐池县花马池镇十六堡村西南约 1.2 千米处，西北距十六堡村 8 号敌台 0.284 千米。台体依长城墙体而建，用黄土和红土分层夯筑而成，呈覆斗形，实心。台体损毁较严重，底部被坍塌的夯土及沙土掩埋成斜坡状。台体东壁坍塌厚约 3 米，有小窑洞；南壁与长城墙体结合部位坍塌风蚀成斜坡状；西壁损毁较轻，被沙土掩埋成斜坡状；北壁凹凸不平成陡坡形；顶部被雨水冲刷风蚀成北高南低的斜坡状，表面长有杂草。台体底部东西16、南北15米，顶部坍塌成不规则形，东西3、南北约7米，高8米。夯层厚8～12厘米。周围地表散布有黑褐釉瓷罐残片、青釉瓷缸残片、土黄胎黑褐釉瓷罐残片、褐釉瓷缸口沿残片、黑釉粗瓷缸残片、茶色釉罐口沿残片、酱釉瓷盆口沿残片、白釉蓝边纹青花瓷碗残片及青花瓷碗残片等。

标本D073：1，茶色釉罐口沿残片。敞口，尖唇，矮直领，肩部以下残，夹砂黄褐胎，内外壁施茶叶末色釉。口径10.4、高6.6厘米（图八〇：1；彩图一七五）。

标本D073：2，酱釉瓷盆口沿残片。卷沿，扁唇，腹部斜直有突棱，腹部以下残。浅褐胎，酱釉，内壁釉色略浅，口沿部无釉。口径21.3、高7厘米（图八〇：2；彩图一七六）。

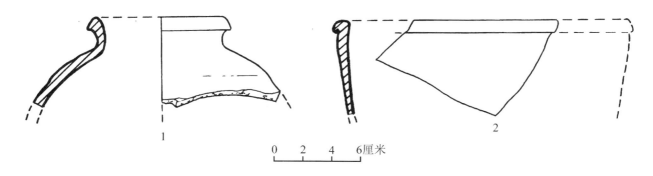

图八〇　十六堡村7号敌台（D073）文物标本
1. 茶色釉罐口沿残片（标本D073：1）　2. 酱釉瓷盆口沿残片（标本D073：2）

8. 十六堡村8号敌台（D074）

该敌台位于盐池县花马池镇十六堡村南约1.1千米处，西北距张记圈村1号敌台0.32千米，南距高速公路约0.33千米。台体骑长城墙体而建，黄土和红土分层夯筑而成，夯土内夹杂有少量碎石，呈覆斗形，实心，凸出于长城墙体外侧。保存较差。台体东南角与长城墙体接合部位被雨水冲刷坍塌，有3米宽的冲沟凹槽；东壁陡直，有较多的风蚀孔洞；北壁夯土剥落损毁较轻；西壁因风雨侵蚀坍塌成斜坡，表面杂草生长较多。台体底部东西约14、南北约10米，顶部呈不规则形，东西约5、南北约2.5米，高约9米。夯层厚13、18、20厘米。周围地表散布有青花瓷碗口沿残片、灰胎褐釉瓷蒺藜残块、灰胎内青釉外黑釉瓷碗残片、灰色陶瓦残片、夹砂浅黄胎褐釉瓷缸残片等。

标本D074：1，青花瓷碗口沿残片。白胎，石青白色釉，外有三角形点缀，仅存口沿部分。口径12、高3.4厘米（图八一；彩图一七七）。

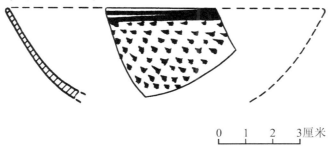

图八一　十六堡村8号敌台（D074）文物标本
青花瓷碗口沿残片（标本D074：1）

9. 张记圈村1号敌台（D075）

该敌台位于盐池县花马池镇张记圈村南约0.9千米处，西北距张记圈村2号敌台0.263千米，西南距高平堡约0.35千米，南距高速公路0.4千米。台体用黄土和红土分层夯筑而成，土质纯净，呈覆斗形，实心。保存一般。台体底部被坍塌的夯土堆积成斜坡状；东壁夯土塌落厚约2米，表面有风蚀孔洞；南壁及东南角与长城墙体接合部位被雨水冲刷成斜坡凹槽；北壁夯土剥落较严重，壁面陡直略显高大；西壁坍塌成斜坡状；顶部基本平整，长有稀疏的杂草。台体底部东西16、南北约10米，顶部风蚀坍塌呈不规则形，东西约2.5、南北约4米，高约13米。夯层厚10～12厘米。周围散见灰胎黑釉罐口沿残片、泥质灰陶罐残片、夹砂黑釉瓷罐口沿残片、青釉瓷碗残片、灰色陶瓦残片、灰陶板瓦残片及黑褐釉瓷缸口沿残片等。

10. 张记圈村2号敌台（D076）

该敌台位于盐池县花马池镇张记圈村西南约0.75千米处，西北距张记圈村3号敌台0.3千米，西南距高平堡约0.31千米，南距高速公路约0.47千米。台体用黄土和红土分层夯筑而成，夯土内夹杂有少量碎石，呈覆斗形，实心。台体四壁坍塌风化，整体略呈坡形土丘，表面有风蚀孔洞和鸟类巢穴等；顶部呈凸起的弧形；东壁与长城墙体接合部位有5米宽的村路豁口。台体底部东西17、南北14米，顶部垮塌呈不规则的土垄状，东西约3、南北约2米，高约11米。夯层厚16厘米。周围散见灰胎黑釉罐残片、泥质灰陶罐残片、夹砂黑釉瓷罐口沿残片、青釉碗底瓷片、灰色陶板瓦残片、黑褐釉瓷缸口沿残块等。

标本D076：1，黑釉瓷罐口沿残片。矮直领，丰肩，长（圆）腹，最大腹径在肩部，肩部有剔釉宽带纹，残留有叠烧粘连痕迹。夹砂浅黄胎，肩部胎体较厚，外壁黑釉，内壁酱釉。口径9.3、高4.5厘米（图八二：1）。

标本D076：2，黑釉瓷碗底残片。口沿残，弧腹，圈足，夹细砂黄褐胎，内壁施淡青色釉，内底有宽涩圈，底心微凹，外壁施黑釉，釉层较厚，釉色光亮，圈足无釉。底径6.3、高2.6、足高0.6厘米（图八二：2）。

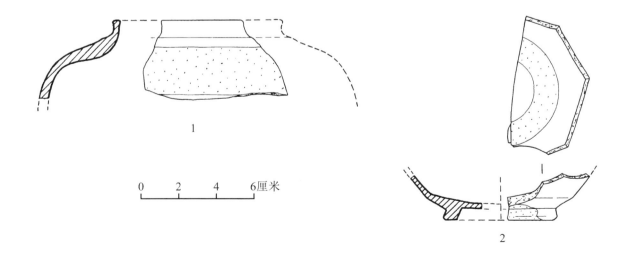

1

0　　2　　4　　6厘米

2

图八二　张记圈村2号敌台（D076）文物标本

1. 黑釉瓷罐口沿残片（标本 D076：1）　2. 黑釉瓷碗底残片（标本 D076：2）

11. 张记圈村 3 号敌台（D077）

该敌台位于盐池县花马池镇张记圈村西南约 0.85 千米，西北距张记圈村 4 号敌台 0.287 千米，南距高平堡约 0.39 千米、距高速公路约 0.55 千米。台体用黄土和红土分层夯筑而成，呈覆斗形，实心。保存一般。台体四壁陡直有收分，东壁夯土呈片状剥落，壁面凹凸不平，自上而下有多处雨水冲刷的冲沟凹槽，底部有 3 孔小窑洞，中间窑洞较大，进深 3、内宽 2、顶高 1.6 米，门宽 1、高 1.4 米，两侧窑洞较小，门宽 0.9、高 1 米，进深 2 米；南壁与长城墙体顶部坍塌风化成低矮的斜坡状；北壁陡直呈梯形，夯土片状剥落，损毁较轻，底部有两孔小窑洞；西壁沙土堆积较高，保存相对较好；东壁与长城墙体接合部位有 5 米宽的村路豁口。台体底部东西 10、南北约 13 米，顶部因雨水冲刷侵蚀凹凸不平，略呈长方形，东西约 5、南北约 7 米，高约 8 米。夯层清晰可见，夯层厚 13 ~ 15 厘米。周围散布有少量黑釉瓷罐残片、夹砂黑釉瓷罐口沿残片、青釉瓷碗残片、灰陶板瓦残片、褐釉瓷缸口沿残片及青花瓷碗残片等。

12. 张记圈村 4 号敌台（D078）

该敌台位于盐池县花马池镇张记圈村西南约 0.93 千米处，西北距张记圈村 5 号敌台 0.282 千米，东南距高平堡约 0.62 千米，南距高速公路约 0.59 千米。台体用黄土和红土分层夯筑而成，呈覆斗形，实心，凸出于长城墙体外侧。保存一般。台体四壁风化成四面坡形，顶部因雨水冲刷北高南低，南壁与长城墙体顶部被水蚀冲刷成斜坡状，顶部高于墙体约 2.5 米。台体底部东西约 16、南北约 12 米，顶部边长 3 米，高约 9 米。夯层厚 20 厘米。周围散见灰胎黑釉、夹砂黑釉瓷罐口沿残片、青釉瓷碗底部残片、黑褐釉瓷缸口沿残片及青花瓷碗残片等。

13. 张记圈村 5 号敌台（D079）

该敌台位于盐池县花马池镇张记圈村西南约 0.8 千米处，西北距红沟梁村 1 号敌台 0.295 千米，东南距高平堡约 1.1 千米，南距高速公路约 0.59 千米。台体依长城墙体而建，黄土夯筑而成，呈覆斗形，实心，凸出于长城墙体外侧。保存一般。台体顶部边缘夯土塌落严重，被雨水冲蚀成斜坡状；东、西、北三壁下半部较陡直，底部沙土堆积厚约 2 米；东、西壁有风蚀孔洞和雨水冲刷的沟槽；南壁与长城墙体顶部坍塌风化成斜坡状；北壁陡直，壁面夯土片状剥离；顶部呈弧形。台体底部边长 10 米，顶部东西约 2、南北约 3 米，高 8 米。夯层厚 14 ~ 15 厘米。周围地表散布有灰胎黑釉瓷罐残片、夹砂黑釉瓷罐口沿残片、黑褐釉瓷缸口沿残片及青花瓷碗残片等。

14. 红沟梁村 1 号敌台（D080）

该敌台位于盐池县花马池镇红沟梁村南约 0.7 千米处，西北距红沟梁村 2 号敌台 0.301 千米。台体依长城墙体而建，黄土夯筑而成，呈覆斗形，实心，凸出于长城墙体外侧，四壁陡直有收分。保存一般。台体四壁坍塌风化成四面斜坡状，顶部坍塌呈凸起的土垄状，整体呈底大顶尖的土丘，东壁与长城墙体接合部位有 4.5 米宽的村路豁口。台体底部南北凸出，东西 16、南北 14 米，顶部东西 3、南北约 5 米，高 8 米。夯土酥碱严重，夯层不明显，能辨明夯层厚 8 ~ 15 厘米。周围地表散布有青花瓷碗残片、青釉瓷碗残片、灰色陶瓦残片、黑褐釉瓷缸口沿残片、黑釉瓷罐残片等。

15. 红沟梁村 2 号敌台（D081）

该敌台位于盐池县花马池镇红沟梁村南约 0.6 千米处，西北距红沟梁村 3 号敌台 0.285 千米。台体用黄土夯筑而成，夯土内夹杂有少量碎石，呈覆斗形，实心，凸出于长城墙体外侧。保存一般。台体四壁坍塌损毁较重，上半部坍塌成凸形，下半部被塌落的夯土及沙土掩埋成斜坡状，东、西壁坍塌厚约 2 米，南壁与长城墙体顶部坍塌成陡坡状，北壁陡直有较多的风蚀孔洞和雨水冲刷的水蚀沟槽。

台体底部南北外凸，东西 14、南北 10 米，顶部凸起，东西 4、南北 2 米，高 10 米。夯层厚 11、12、20 厘米。周围地表散布有青釉瓷碗残片、灰陶板瓦残片、黑褐釉瓷缸口沿残块等。

16. 红沟梁村 3 号敌台（D082）

该敌台位于盐池县花马池镇红沟梁村西南约 0.58 千米处，西北距红沟梁村 4 号敌台 0.156 千米。台体依长城墙体而建，黄土夯筑而成，夯土内夹杂有少量碎石，呈覆斗形，实心，凸出于长城墙体外侧。保存一般。台体东、西壁坍塌严重，被雨水冲刷侵蚀成斜坡状，东南角坍塌成凹槽形；北壁损毁较轻，壁面夯土剥落呈陡坡形。台体底部东西约 15、南北约 14 米，顶部坍塌风化损毁严重，东高西低不规则，东西 6、南北 5.5 米，高约 9 米。夯层厚 15、16、20 厘米。周围地表散布有青釉瓷碗残片、灰陶板瓦残块及黑褐釉瓷缸口沿残片等。

17. 红沟梁村 4 号敌台（D083）

该敌台位于盐池县花马池镇红沟梁村西南约 0.62 千米处，西北距红沟梁村 5 号敌台 0.237 千米。台体用黄土夯筑而成，土质纯净，呈覆斗形，实心，凸出于长城墙体外侧，四壁陡直有收分。保存一般。台体东壁陡直呈梯形，夯土片状剥落，有风蚀孔洞和雨水冲蚀的凹槽，底部有风蚀凹槽，东南角与长城墙体接合部位有 3 米宽的村路豁口；南壁与长城墙体顶部坍塌风蚀成低矮的斜坡状；西壁陡直呈梯形，夯土块状剥落；北壁夯土片状剥离，凹凸不平，底部夯土堆积成斜坡状；顶部中间平整，四周边沿被雨水冲刷成斜坡状。台体底部边长 11 米，顶部东西 4、南北 7 米，高 9 米。夯层清晰，夯层厚 10、15、16 厘米。周围地表散布有青釉、褐釉瓷片、黑釉瓷罐残片及青花瓷片等。

18. 红沟梁村 5 号敌台（D084）

该敌台西北距红沟梁村 6 号敌台 0.234 千米处，台体用黄土夯筑而成，夯土内夹杂有少量碎石，呈覆斗形，实心，四壁陡直逐层收分。台体四壁坍塌风化成斜坡形，顶部被雨水侵蚀、风化成土垄状；南壁与长城墙体顶部坍塌成斜坡状，北壁塌落风化成圆锥形。台体底部东西约 13、南北约 15 米，顶部东西 0.3、南北约 1 米，高 9 米。夯层厚 10 厘米。周围地表散布有青釉瓷残片、灰色陶瓦残片、绿釉瓷缸口沿残块及黑褐釉瓷残片等（图八三；彩图一八〇）。

19. 红沟梁村 6 号敌台（D085）

该敌台位于盐池县花马池镇红沟梁村西南约 0.9 千米处，西北距红沟梁村 7 号敌台 0.234 千米。台体用黄土夯筑而成，呈覆斗形，四壁陡直有收分。保存较差。台体四壁坍塌风化成斜坡形，南壁与长城墙体顶部塌陷成斜坡状；北壁因塌落、人为取土损毁较严重，正中有宽 4、深 3 米的斜坡凹槽；顶部有直径 3.3 米的圆形窑坑，深 2 米，窑壁有 0.01 米厚的火烧釉面痕迹，窑室地面平铺青砖。台体底部东西 14、南北 13 米，顶部东西 5、南北 4 米，高 7 米。夯层厚 14～20 厘米。周围地表散布有青釉、黑褐釉瓷片及青花瓷片等（彩图一八一）。

20. 红沟梁村 7 号敌台（D086）

该敌台位于盐池县花马池镇红沟梁村西约 1.1 千米处，西北距红沟梁村 8 号敌台 0.248 千米。台体用黄土夯筑而成，呈覆斗形，实心，四壁陡直有收分。保存一般。台体东、西壁坍塌厚约 3 米，底部夯土堆积成斜坡状；东壁有较多的风蚀孔洞，东壁与长城墙体接合部位有 4 米宽的村路豁口；南壁凹凸不平，塌落成陡坡形；北壁呈凸形，东北角、西北角坍塌较重，上部受雨水冲刷塌落厚约 1 米。台体底部东西 11、南北 13 米，顶部东西 2.5、南北 5 米，高 10 米。夯层明显，夯层厚 10～20 厘米。墙体边侧有电力部门架设的水泥杆。周围地表散布有青釉瓷器残片和黑釉、褐釉瓷缸口沿残块及青花瓷片等。

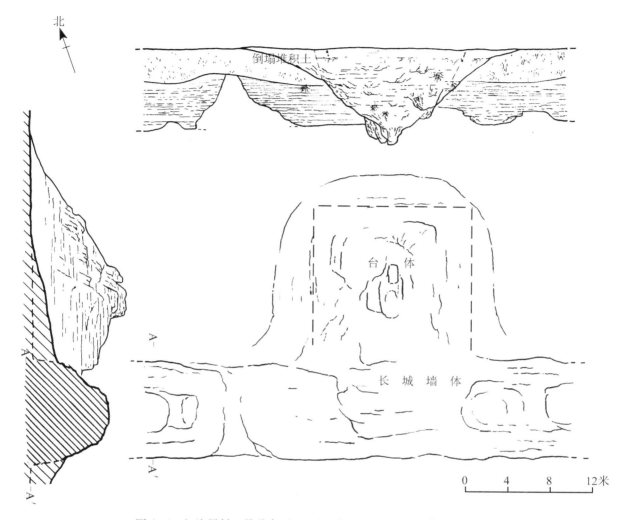

图八三 红沟梁村 5 号敌台（D084）平、立面及长城墙体平、剖面图

21. 红沟梁村 8 号敌台（D087）

该敌台位于盐池县花马池镇红沟梁村西约 1.3 千米处，西北距东牛毛井村 1 号敌台 0.226 千米。外侧地势低平。台体用黄土夯筑而成，土质纯净，呈覆斗形，实心，四壁陡直呈梯形。台体高大，东、西壁上部坍塌厚约 2 米，底部夯土堆积较高，东壁有风蚀孔洞和鸟窝洞穴等；北壁陡直，壁面夯土片状剥落，底部夯土堆积呈陡坡形。台体底部东西 11、南北 16 米，顶部基本平整，东西 3、南北 6 米，高 8 米。夯层厚 14、15、18 厘米。周围地表散布有黑釉、酱釉瓷罐残片、青釉瓷片及少量石块和砖等。

22. 东牛毛井村 1 号敌台（D088）

该敌台位于盐池县王乐井乡东牛毛井村东南约 1.7 千米处，西北距东牛毛井村 2 号敌台 0.276 千米。台体用黄土夯筑而成，呈覆斗形，实心，形制基本保存。台体东、北壁夯土块状塌落，底部夯土堆积较高，上部有较多的风蚀孔洞和雨水冲刷的沟槽；顶部被雨水冲刷风蚀成弧形土垄状；南壁塌落成陡坡形，有较多的水蚀沟槽；西壁与长城墙体顶部坍塌成低矮的斜坡状；西北角因雨水冲蚀坍塌有 4 米宽的斜坡沟槽；西壁北侧坍塌宽约 4 米，底部被塌落的夯土和沙土堆积成斜坡状；顶部坍塌风化凸起，四周被雨水冲刷成斜坡面。台体底部东西 18、南北 16 米，顶部东西 7、南北 5 米，高 8 米。夯层厚11～14厘米。周围地表散布有青釉、黑釉瓷碗残片及青花瓷片等。

23. 东牛毛井村2号敌台（D089）

该敌台位于盐池县王乐井乡东牛毛井村东南约1.55千米处，西北距东牛毛井村3号敌台0.298千米，东北距叶记豁子村1号烽火台约1.37千米。台体用黄土夯筑而成，土质纯净，呈覆斗形，实心，凸出于长城墙体外侧。保存一般，台体高大，形制基本保存。四壁坍塌风化成斜坡状；东壁呈梯形，夯土塌落有较宽的水蚀凹槽和风蚀孔洞，底部坍塌的夯土堆积成斜坡状；南壁与长城墙体顶部被雨水冲刷成凹凸不平的斜坡；西北角坍塌成斜坡，底部夯土和沙土堆积较高；顶部风化成圆弧形的土垄，表面生长杂草。台体底部东西15、南北11米，顶部东西约2、南北约5米，高9米。夯层厚18、20厘米。周围地表散布有少量青花瓷碗底残片、灰陶板瓦残片、黑褐釉瓷残片及石块等。

标本D089：1，青花瓷碗底残片。残底，斜腹，窄圈足，内底双线内绘青花团花图案，外壁近底有连续的卷草纹。底径6.2、高2.8、足高0.9厘米（图八四；彩图一七八、一七九）。

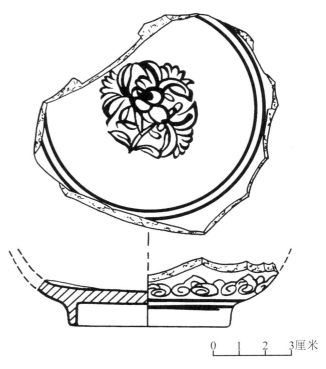

0　1　2　3厘米

图八四　东牛毛井村2号敌台（D089）文物标本
青花瓷碗底残片（标本D089：1）

24. 东牛毛井村3号敌台（D090）

该敌台位于盐池县王乐井乡东牛毛井村东南约1.24千米处，西北距东牛毛井村4号敌台0.295千米，东北距叶记豁子村1号烽火台约1.3千米。台体用黄土夯筑而成，呈覆斗形，实心。保存一般。台体高大，四壁坍塌风化成斜坡形；东壁呈梯形，底部夯土堆积成陡坡形，有风蚀孔洞和啮齿类动物洞穴，表面有多处水蚀沟槽；南壁与长城墙体顶部坍塌成斜坡；西壁呈梯形，上部塌落成陡坡，底部夯土及沙土堆积较高；北壁呈梯形，夯土剥落损毁较轻。台体底部东西16、南北约14米，顶部基本平整，东西5、南北3米，高约10米。夯层厚18厘米。

25. 东牛毛井村4号敌台（D091）

该敌台位于盐池县王乐井乡东牛毛井村东南约1.08千米处，西北距东牛毛井村5号敌台0.308千米，东北距叶记豁子村1号烽火台约1.24千米。台体用黄土夯筑而成，夯土内夹杂有少量碎石，呈覆斗形，凸出于长城墙体外侧。保存较好，形制基本完整，表面长有少量杂草。台体东壁、西壁夯土剥落，底部被坍塌的夯土掩埋成斜坡状，上部陡直，有多处裂缝，底部有小窑洞；西南角及长城墙体上部坍塌成陡坡；北壁夯土剥落较轻，基本平整。台体底部东西16、南北12米，顶部较平整，边长7米，高9米。夯层厚9～16厘米（彩图一八二）。

26. 东牛毛井村5号敌台（D092）

该敌台位于盐池县王乐井乡东牛毛井村东南约0.62千米处，北距东牛毛井村6号敌台0.285千米，东北距叶记豁子村1号烽火台约1.19千米。台体骑长城墙体而建，黄土夯筑而成，呈覆斗形，实心，凸出于长城墙体外侧。保存一般。台体南壁夯土坍塌、开裂，有风蚀孔洞，底部基础风蚀凹进；

西壁与长城墙体顶部坍塌成斜坡状；东壁及东北角坍塌严重，被倒塌的夯土和沙土堆积成陡坡；北壁塌落成陡坡。台体底部东西外凸，东西约13、南北约8米，顶部凹凸不平，东西2.5、南北1.5米，高约9米。夯层厚8～16厘米。

27. 东牛毛井村6号敌台（D093）

该敌台位于盐池县王乐井乡东牛毛井村东南约0.54千米处，北距东牛毛井村7号敌台0.25千米，东北距叶记豁子村1号烽火台约1.16千米。台体依长城墙体而建，黄土夯筑而成，呈覆斗形，凸出于长城墙体外侧。台体南壁坍塌成圆锥形，顶部塌落被雨水冲蚀成尖圆状，四壁坍塌风蚀成斜坡状。台体底部东西外凸，东西约14、南北16米，顶部东西约5、南北约1米，高约8米。夯层厚14厘米（图八五；彩图一八三）。

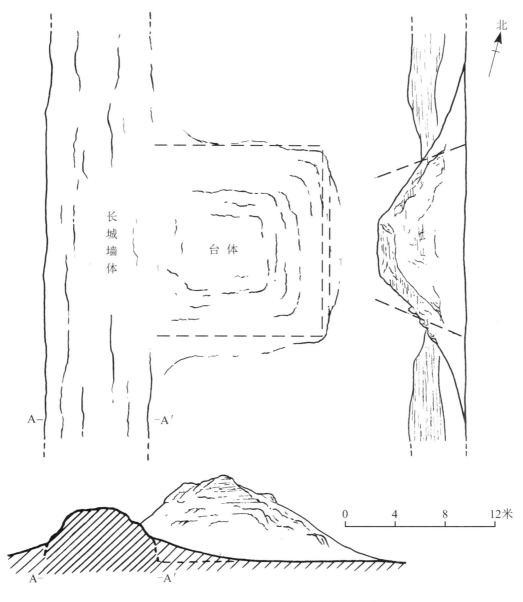

图八五　东牛毛井村6号敌台（D093）平、立面及长城墙体平、剖面图

28. 东牛毛井村 7 号敌台（D094）

该敌台位于盐池县王乐井乡东牛毛井村东约 0.4 千米处，北距东牛毛村 8 号敌台 0.253 千米，东距叶记豁子村 1 号烽火台约 1.13 千米。台体用黄土和红沙土分层夯筑而成，土质纯净。整体呈覆斗形，实心，四壁陡直有收分，凸出于长城墙体外侧。保存较好。台体高大，南壁夯土块状剥落，凹凸不平，有风蚀孔洞；东壁陡直，上半部夯土剥落严重，底部被坍塌的夯土掩埋成斜坡状；北壁宽大呈长梯形，壁面坍塌成陡坡状；西壁与长城墙体顶部坍塌成陡坡，表面生长有少量的杂草。台体底部东西约 13、南北约 11 米，顶部保存部分基本平整，东西约 7、南北约 3 米，高约 8 米。夯层厚 13、20 厘米。

29. 东牛毛井村 8 号敌台（D095）

该敌台位于盐池县王乐井乡东牛毛井村东北约 0.5 千米处，北距东牛毛井村 9 号敌台 0.177 千米，东南距叶记豁子村 1 号烽火台约 1.16 千米。台体用黄土夯筑而成，呈覆斗形，实心，凸出于长城墙体外侧。保存一般。台体南壁坍塌严重，凹凸不平，有较多的风蚀孔洞，底部有风蚀的横向凹槽；东壁基本平整；北壁呈梯形，上半部陡直基本平整，下半部被沙土掩埋；西壁与长城墙体顶部坍塌成陡坡形，顶部高于长城墙体约 2 米。台体底部东西约 11、南北约 13 米，顶部保存部分基本平整，东西约 7、南北约 3 米，高约 10 米。夯层厚 10、11 厘米（彩图一八四）。

30. 东牛毛井村 9 号敌台（D096）

该敌台位于盐池县王乐井乡东牛毛井村东北约 0.62 千米处，北距东牛毛井村 10 号敌台 0.165 千米，东南距叶记豁子村 1 号烽火台约 1.19 千米。台体骑长城墙体而建，黄土夯筑而成，呈覆斗形，实心，剖面呈梯形，凸出于长城墙体外侧。保存较好。台体被沙土掩埋约 3/5，上部受风雨侵蚀较重；南壁上部被雨水冲刷风化成圆弧形；东壁上部有两处较宽的水蚀沟槽，夯土片状剥离，坍塌损坏较轻；北壁上部保存较好；西壁与长城墙体顶部坍塌成斜坡状，表面生长有稀疏的杂草。台体底部边长约 14 米，顶部基本平整，边长 8 米，高约 7 米。夯层厚 10～20 厘米。

31. 东牛毛井村 10 号敌台（D097）

该敌台位于盐池县王乐井乡东牛毛井村东北约 0.64 千米处，北距叶记豁子村 1 号敌台 0.325 千米。台体依长城墙体而建，黄土和红沙土夯筑而成，呈覆斗形，实心，凸出于长城墙体外侧。保存一般。台体下半部用黄土夯筑，上半部用红土和黄土分层夯筑而成。台体被沙土掩埋约 1/2，东、南壁夯土块状剥落，有雨水冲刷侵蚀的沟槽；北壁陡直呈梯形，表面长有杂草。台体底部东西约 10、南北约 13 米，顶部基本平整，东西 5、南北 6 米，高 7 米。夯层清晰可见，厚 7～14 厘米。

32. 叶记豁子村 1 号敌台（D098）

该敌台位于盐池县花马池镇叶记豁子村南约 0.67 千米处，北距叶记豁子村 2 号敌台 0.163 千米，东南距叶记豁子村 1 号烽火台约 1.39 千米，东北距叶记豁子村 2 号烽火台约 1.55 千米。台体用黄土夯筑而成，呈覆斗形，实心。保存一般。台体底部沙土堆积较厚；东壁较直呈梯形，壁面夯土剥离，凹凸不平，有多处裂缝；南壁呈梯形，夯土块状塌落，有雨水冲刷的凹槽和风蚀孔洞，西南角与长城墙体接合部位被雨水冲刷侵蚀有较宽的冲沟豁口；西壁与长城墙体顶部塌落风化成斜坡状；北壁上部被雨水冲刷侵蚀成斜坡状，底部沙土堆积较高，表面长有稀疏的杂草；顶部受风雨侵蚀呈凸起的土垄状。台体底部东西约 11、南北约 15 米，顶部被雨水侵蚀，凹凸不平，东西 3、南北 1 米，高 8 米。夯层厚 12～14 厘米。周围地表有少量青釉瓷碗残片、灰色陶瓦残片及黑褐釉瓷缸口沿残片等。

33. 叶记豁子村 2 号敌台（D099）

该敌台位于盐池县花马池镇叶记豁子村西南约 0.45 千米处，北距叶记豁子村 3 号敌台 0.151 千米，东南距叶记豁子村 1 号烽火台约 1.5 千米，东北距叶记豁子村 2 号烽火台约 1.6 千米。台体依长城墙体而建，黄土夯筑而成，呈覆斗形，实心，凸出于长城墙体外侧。保存一般。台体底部大多被沙土掩埋，四壁及顶部有不同程度的坍塌和损毁；南壁陡直，有风蚀孔洞和凹槽，西南角被雨水冲刷坍塌，有 4 米宽的斜坡凹槽；东壁陡直呈梯形；北壁陡直，上部被雨水冲刷侵蚀，凹凸不平，被沙土掩埋约 2/3；西壁与长城墙体顶部坍塌成斜坡状；顶部被雨水冲蚀，中部凸起，边缘坍塌成斜坡状。台体底部东西 12、南北 13 米，顶部东西约 1、南北约 2 米，高 8 米。夯层厚 17～20 厘米。周围地表有青釉瓷碗残片、灰色陶瓦残片及黑褐釉缸口沿残片等。

34. 叶记豁子村 3 号敌台（D100）

该敌台位于盐池县花马池镇叶记豁子村西南约 0.46 千米处，北距叶记豁子村 4 号敌台 0.663 千米，东南距叶记豁子村 1 号烽火台约 1.7 千米，东距叶记豁子 2 号烽火台约 1.6 千米。台体依长城墙体外侧而建，黄土夯筑而成，夯打较结实，呈覆斗形，实心，四壁陡直有收分，台体高大，形制基本保存。台体南壁呈梯形，上部夯土塌落，因雨水冲蚀有较多的风蚀孔洞和水蚀沟槽；东壁陡直呈长梯形，夯土片状剥离，损毁较轻，壁面基本平整；北壁基本平整，底部沙土堆积较厚；西壁与长城墙体顶部被雨水冲刷坍塌成斜坡状。台体底部东西约 11、南北 16 米，顶部基本平整，东西约 6、南北 4 米，高 9 米。夯层厚 14～16 厘米。地表散布有青釉瓷碗残片、灰色陶瓦残片、酱白釉瓷碗残片、青花瓷片茶色釉瓷罐残片及少量砖瓦残块等（彩图一八五）。

标本 D100：1，茶色釉瓷罐口沿残片。矮直领，丰肩，长（圆）腹，最大腹径在肩部，肩部有剔釉宽带纹，少数带纹上残留有叠烧粘连痕迹。夹砂浅黄胎，内外壁施茶叶末釉，内壁釉面粗糙。口径 10.9、腹径 18.7、高 13 厘米（图八六：1；彩图一八六）。

标本 D100：2，青白釉瓷碗底残片。残半，弧腹，高圈足，足外撇，浅土灰胎。内外壁上部施青白釉，近底部及圈足施酱釉，有剔釉弦纹，足根无釉。底径 5.8、高 3、足高 1.1 厘米（图八六：2；彩图一八七）。

35. 叶记豁子村 4 号敌台（D101）

该敌台位于盐池县花马池镇叶记豁子村西北约 0.46 千米处，北距叶记豁子村 5 号敌台 0.204 千米，东南距叶记豁子村 2 号烽火台约 1.7 千米。台体用黄土夯筑而成，呈覆斗形，实心。保存一般。台体坍塌损毁严重，底部堆土较高；南壁坍塌，有风蚀孔洞和啮齿类动物洞穴；东壁呈梯形，夯土片状剥落严重，底部夯土及沙土堆积较厚；北壁坍塌风化成陡坡形，大多被沙土掩埋；顶部坍塌风化成圆弧形的土垄状，凹凸不平，生长有杂草。台体底部东西 13、南北 16 米，顶部东西 5、南北 4 米，高 11 米。夯层厚 15、20 厘米。周围地表散布青釉瓷碗残片、灰色陶瓦残片及黑褐釉缸口沿残片等。

36. 叶记豁子村 5 号敌台（D102）

该敌台位于盐池县花马池镇叶记豁子村西北约 0.62 千米处，北距叶记豁子村 6 号敌台 0.351 千米。台体用黄土夯筑而成，土质纯净，呈覆斗形，实心。保存较差。台体南、北壁坍塌风化成斜坡状，东壁南北两侧及顶部坍塌严重，顶部坍塌风化成鱼脊状，整体呈土丘状，表面生长有稀疏的杂草。台体底部东西约 13、南北约 16 米，顶部东西约 6、南北 1 米，高 8 米。夯层厚 15、20 厘米。周围地表散布有黑釉瓷罐残片、青釉瓷碗残片、黄绿釉粗瓷缸口沿残块及青花瓷片等。

37. 叶记豁子村 6 号敌台（D103）

该敌台位于盐池县花马池镇叶记豁子村西北约 0.91 千米处，北距叶记豁子村 7 号敌台 0.265 千米。台体用黄土夯筑而成，土质纯净，呈覆斗形，实心，剖面呈梯形，四壁陡直有收分，凸出于长城

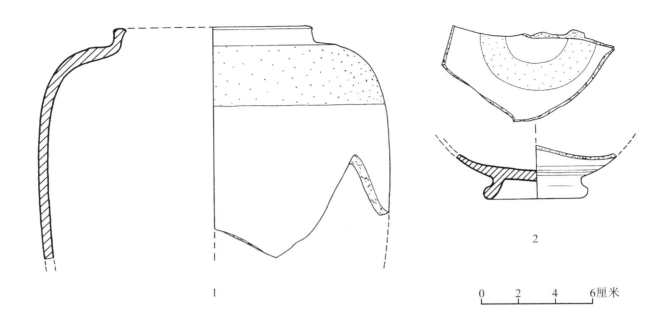

图八六　叶记豁子村 3 号敌台（D100）文物标本

1. 茶色釉瓷罐口沿残片（标本 D100∶1）　　2. 青白釉瓷碗底残片（标本 D100∶2）

墙体外侧。保存较好。台体南壁夯土块状剥落，有风蚀孔洞，底部堆土较厚；东壁陡直呈梯形，夯土块状剥落，表面有风蚀孔洞及鸟巢洞穴，底部有塌落的夯土堆积和啮齿类动物洞穴等；北壁保存较好，因雨水冲刷侵蚀有沟槽；顶部基本平整，长有稀疏的杂草。台体底部东西约 13、南北约 15 米，顶部边长 8 米，高 9 米。夯层厚 13 ~ 15 厘米（图八七）。

38. 叶记豁子村 7 号敌台（D104）

该敌台位于盐池县花马池镇叶记豁子村西北约 1.1 千米处，北距南台村 1 号敌台 0.257 千米。台体用黄土夯筑而成，呈覆斗形，实心，剖面呈梯形，四壁陡直有收分。保存较差。台体坍塌损毁严重，底部沙土堆积较高，顶部坍塌成土垄状，整体坍塌风化成低矮的土丘，表面生长有芨芨草及野生灌木等。台体底部东西约 8、南北约 10 米，顶部东西 3、南北 1 米。台体大多被沙土掩埋，露出部分高约 4 米。夯层厚 11、14、16 厘米。

39. 南台村 1 号敌台（D105）

该敌台位于盐池县花马池镇南台村西约 0.8 千米处，北距南台村 2 号敌台 0.21 千米。台体依长城墙体而建，黄土夯筑而成，呈覆斗形，实心，凸出于长城墙体外侧。保存较差。台体坍塌风化严重，大部被沙土掩埋，露出部分被雨水冲刷侵蚀、风化成低矮的土丘。台体底部东西约 13、南北约 15 米，顶部坍塌风化成尖圆状，东西 1、南北约 0.3 米，高约 7 米。周围地表散布有少量酱釉瓷蒺藜残块等。

标本 D105∶1，酱釉瓷蒺藜残块。圆球形，空腹，外壁捏接有锥形尖刺。器表锥刺存 11 根，刺尖残断。夹砂浅灰胎，器表施酱釉。直径约 12 厘米（彩图一八八）。

40. 南台村 2 号敌台（D106）

该敌台位于盐池县花马池镇南台村西北约 0.8 千米处，北距南台村 3 号敌台 0.196 千米。台体依长城墙体外侧而建，黄土夯筑而成，呈覆斗形，实心，凸出于长城墙体外侧。保存较差。台体坍塌风

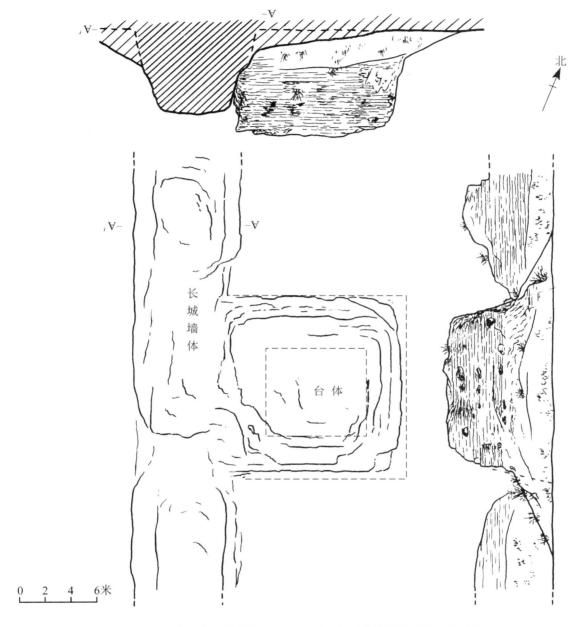

图八七　叶记豁子村 6 号敌台（D103）平、立面及长城墙体平、剖面图

化严重，大部被沙土掩埋。台体被雨水冲刷侵蚀、风化成圆锥形土丘。台体底部东西约 9、南北约 13 米，顶部东西约 1、南北约 0.7 米，高约 5 米。夯层厚 15、18 厘米。

41. 南台村 3 号敌台（D107）

该敌台位于盐池县花马池镇南台村西北约 0.9 千米处，北距南台村 4 号敌台 0.296 千米。台体骑长城墙体而建，黄土夯筑而成，呈覆斗形，实心，凸出于长城墙体外侧，四壁陡直有收分。保存一般。台体底部沙土堆积较高，四壁坍塌风化成斜坡状，顶部坍塌较为严重，杂草生长较多。台体底部东西约 11、南北约 14 米，顶部东西约 3、南北约 2 米，高 6 米。夯土酥碱风化严重，夯层模糊不清。

42. 南台村 4 号敌台（D108）

该敌台位于盐池县花马池镇南台村西北约 1.2 千米处，北距南台村 5 号敌台 0.226 千米。台体依长城墙体而建，黄土夯筑而成，呈覆斗形，实心，凸出于长城墙体外侧。台体四壁坍塌风化，整体呈土丘状，顶部坍塌成尖圆状，南壁与长城墙体坍塌风化成斜坡状，顶部及北壁表面生长有灌木。台体底部东西外凸，东西约13、南北约15米，顶部边长约1米，高8米。夯土酥碱呈粉状剥落，夯层厚15厘米（图八八）。周围地表散布有青釉瓷碗残片、灰陶板瓦残片及黑釉、褐釉瓷片等。

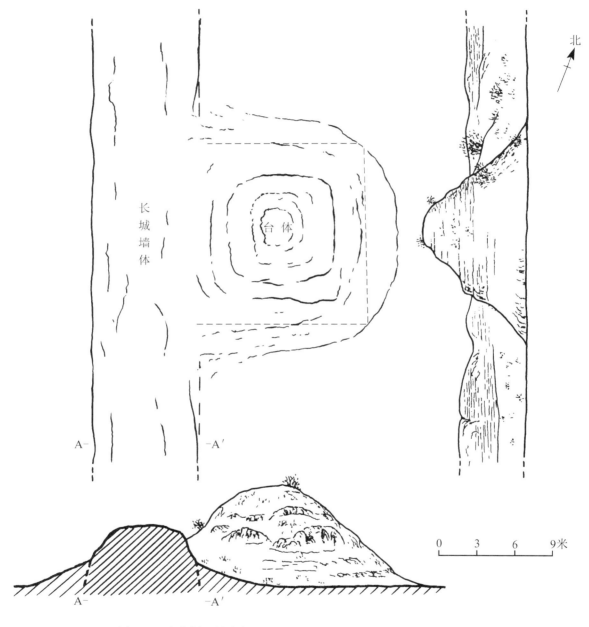

图八八　南台村4号敌台（D108）平、立面及长城墙体平、剖面图

43. 南台村5号敌台（D109）

该敌台位于盐池县花马池镇南台村西北约1.4千米处，北距南台村6号敌台0.226千米。台体用黄土夯筑而成，呈覆斗形，实心，四壁陡直有收分。保存较差。台体坍塌风化严重，被雨水冲刷侵蚀成低矮的土丘；南壁与长城墙体顶部塌落成斜坡状，表面生长有芨芨草及灌木，植物根系生长发育对

台体破坏较严重；顶部坍塌风化，被雨水冲刷成圆凸状。台体底部东西约 11、南北 13 米，顶部东西 1.5、南北 1 米，高 4 米。夯土酥碱严重，夯层厚 18 厘米。周围地表散布有青釉瓷碗残片、黑釉瓷罐口沿残片、褐釉瓷缸口沿残块及青花瓷片等。

44. 南台村 6 号敌台（D110）

该敌台位于盐池县花马池镇南台村西北约 1.55 千米处，北距南台村 7 号敌台 0.256 千米。台体依长城墙体而建，黄土夯筑而成，呈覆斗形，实心。保存较差。台体四壁坍塌风化，被雨水冲刷侵蚀成斜坡，底部沙土堆积较高，顶部坍塌成尖状土丘。台体底部边长约 12 米，顶部东西 1、南北 0.4 米，高 4 米。周围地表散布有少量的青釉瓷碗残片、灰色陶瓦残片、黑褐釉缸口沿残片及石块等。

45. 南台村 7 号敌台（D111）

该敌台位于盐池县花马池镇南台村西北约 1.7 千米处，北距南台村 8 号敌台 0.256 千米、距安定堡村 2 号烽火台约 1.27 千米，东北距安定堡村 1 号烽火台约 1 千米。台体依长城墙体而建，黄土夯筑而成，夯土内夹杂有少量碎石，呈覆斗形，实心，凸出于长城墙体外侧。台体坍塌损毁较重，底部被坍塌的夯土及沙土掩埋；南壁坍塌较严重，壁面损毁较甚，有风蚀凹进的孔洞、沟槽；东壁损毁较轻，壁面陡直，东北角被沙土掩埋约 1/4；西壁沙土堆积较高，露出较少。台体底部东西外凸约 9、南北约 12 米，顶部较平整，东西 2、南北 3 米，高 7 米。夯层厚 11~14 厘米。周围地表散布有青釉瓷碗残片及黑褐釉瓷缸口沿残片等。

46. 南台村 8 号敌台（D112）

该敌台位于花马池镇南台村西北约 1.9 千米处，北距南台村 9 号敌台 0.262 千米、距安定堡村 2 号烽火台约 1 千米，东北距安定堡村 1 号烽火台约 0.85 千米。台体骑长城墙体而建，黄土夯筑而成，呈覆斗形，实心，凸出于长城墙体外侧。保存较好，形制基本完整。台体底部沙土堆积较高；南壁风化成斜坡状；东壁夯土剥落较轻，立面陡直呈梯形，壁面基本平整，有小窑洞，底部沙土堆积较厚；北壁立面呈梯形，底部沙土堆积较高，上部凹凸不平，有雨水冲刷侵蚀的沟槽；西壁与长城墙体顶部坍塌风化较严重，被雨水冲刷侵蚀成低矮的斜坡；台体表面生长有茇茇草。台体底部东西约 10、南北 12 米，顶部东西 4、南北 5 米，高 6 米。夯层厚 14、17 厘米。

47. 南台村 9 号敌台（D113）

该敌台位于盐池县花马池镇南台村西北约 2.2 千米处，北距南台村 10 号敌台 0.271 千米。台体用黄土夯筑而成，呈覆斗形，实心。台体被沙土掩埋约 3/4，四壁坍塌成斜坡状；南壁有较多的风蚀孔洞，表面杂草生长较多，植物根系生长对台体破坏较为严重；顶部基本平整，四周风蚀雨蚀损毁呈斜坡状。台体底部边长约 10 米，顶部东西 3、南北 4 米，高约 5 米。夯层厚 11~16 厘米。

48. 南台村 10 号敌台（D114）

该敌台位于盐池县花马池镇南台村西北约 2.4 千米处，北距南台村 11 号敌台 0.264 千米。台体依长城墙体而建，黄土夯筑而成，呈覆斗形，四壁陡直有收分。保存一般。台体被沙土掩埋约 3/4，外露部分较少；西、北、南三壁坍塌风化成低矮的斜坡状；东壁塌落成陡坡形，底部沙土堆积较高，表面杂草生长茂密。台体底部东西约 9、南北约 12 米，顶部东西 3、南北 5 米，高 4 米。夯层厚 20、23 厘米。

49. 南台村 11 号敌台（D115）

该敌台位于盐池县花马池镇安定堡村东南约 2.2 千米处，北距安定堡村 1 号敌台 0.268 千米、距安定堡城址约 0.84 千米，东距安定堡村 1 号烽火台约 0.65 千米，东北距安定堡村 2 号烽火台约 0.4 千米。台体骑长城墙体而建，黄土夯筑而成，呈覆斗形，实心，凸出于长城墙体外侧。台体坍塌损毁严重，底部堆土较厚；南壁夯土块状塌落，底部有风蚀凹槽、孔洞；东壁夯土剥落损毁较轻，壁面陡直凹凸不平，裂隙严重，底部沙土堆积成斜坡状；北壁被沙土掩埋约 2/3，壁面凹凸不平，有水蚀冲沟小豁口，表面长有杂草。台体底部东西约 10、南北 12 米，顶部基本平整，东西约 7、南北 6 米，高约 7 米。夯层厚 15、16 厘米。

三　高平堡段明长城墙体沿线烽火台（F09～F10）

1. 叶记豁子村 1 号烽火台（F09）

该烽火台位于盐池县王乐井乡东牛毛井村东 1.5 千米的梁峁上，所处地势较高，视野开阔，北距叶记豁子村 2 号烽火台 1.44 千米，西距"深沟高垒"（头道边）墙体约 1.2 千米。保存一般。台体用黄土夯筑而成，夯土中夹杂有白色碎石，呈覆斗形，实心。方向正南北。台体四壁陡直，底部有塌落的夯土堆积；东壁立面呈梯形，夯土剥落有裂缝；南壁立面呈正方形，壁面正中塌落宽约 2 米，壁面上部因雨水冲刷有约 1 米宽的水蚀凹槽，底部有塌落的夯土堆积；西壁立面略呈正方形，坍塌厚约 1 米，两侧有宽裂缝，底部夯土堆积较高；北壁陡直，立面呈梯形，上部有鸟窝洞穴，底部有小窑洞。台体底部边长 10、顶部边长 7、高约 9 米。夯层厚 11～14 厘米。台体顶部中间低凹，四周边缘夯筑有女墙，女墙宽 0.9、高 0.5 米（图八九；彩图一八九）。

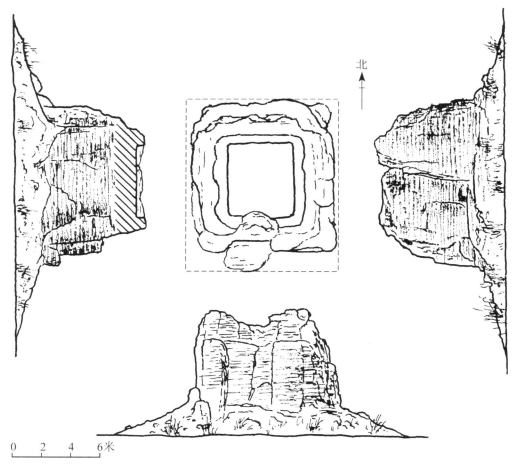

0　　2　　4　　6米

图八九　叶记豁子村 1 号烽火台（F09）平、立面图

台体四周残存夯土围墙基址。围墙平面呈回字形，墙体坍塌成低矮的土埂，边长 30、高 0.2～0.5 米。西、北墙损毁较重，仅存墙基痕迹。

台体四周地表散布有明代青白釉瓷碗底残片、黑釉瓷缸口沿残片、褐釉黑釉瓷片及酱釉瓷缸口沿残片等。

标本 F09：1，牙黄釉瓷碗底部残片。口沿残，仅余底部。弧腹，圈足，挖足过肩，浅灰胎，牙黄釉，釉层较厚，内底局部因窑变呈浅灰色，圈足无釉。底径 6.8、高 3.6、足高 0.9 厘米（图九〇；彩图一九一）。

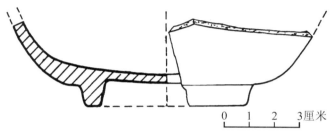

图九〇 叶记豁子村 1 号烽火台（F09）文物标本
牙黄釉瓷碗底残片（标本 F09：1）

2. 叶记豁子村 2 号烽火台（F10）

该烽火台位于盐池县花马池镇叶记豁子村东 1 千米的山峁上，所处地势高亢，视野开阔，当地称"叶记墩"，西距长城墙体（叶记豁子村 3 号敌台）约 1.6 千米，南距东牛毛井村烽火台 1.2 千米。台体用红沙土和黄土分层夯筑而成，夯土内夹杂有白色料礓石碎块，呈覆斗形，实心。保存一般，但形制基本保存。以东壁为基轴，方向正南北。台体东壁立面呈长梯形，中部有宽 1～2 米的沟槽；南壁陡直呈梯形，上部有雨水冲刷的水蚀凹槽，有较多的风蚀孔洞和鸟类巢穴等，底部西侧有小窑洞；西壁陡直呈长梯形，因夯土剥落、雨水冲刷侵蚀有内收的台棱、风蚀孔洞、鸟类洞穴等；北壁立面陡直呈梯形，顶部被雨水冲刷成驼峰状。台体底部东西 15、南北 16 米，顶部凹凸不平，东西 5、南北 7 米，高 9 米。夯层厚 18、19 厘米。

台体四周有双道围墙，墙体用红土和黄土分层夯筑而成，夯土内夹杂有红砂岩碎块。内外围墙平面呈回字形，台体位于围墙中央。内围墙地面较平整，高于外围墙地面约 1 米，两道围墙间距 10 米，内围墙距台体 8 米。

外围墙东墙损毁严重，仅存东北角、东南角墙基痕迹；南墙损毁较重，墙基痕迹基本与地面齐平，长 44 米；西墙长 40 米，墙基痕迹高于地表 0.2 米，夯土内夹杂有红砂岩碎块；北墙损毁较重，仅存墙基痕迹，夯土酥碱，夯土内夹杂有红砂岩碎块，仅存 38 米，底宽不详。

内围墙东墙消失，仅存东北角、东南角墙基痕迹；南墙坍塌损毁较重，墙基痕迹基本与地面齐平，长 26 米；西墙长 29、墙基痕迹高 0.2～0.3 米；北墙仅存墙基痕迹，长 26 米。围墙门向不明，底宽不详（图九一；彩图一九〇）。

烽火台四周地表散布有明代青白釉瓷碗底残片、黑褐釉瓷缸口沿残片及酱釉瓷缸口沿残片等。

标本 F10：1，青花瓷碗底残片。口沿残，弧腹，窄圈足。白釉，内外壁釉上有青花图案。内底双线内绘交股禾穗纹，外壁存窄条形草叶纹，底心双线内绘方形豆腐块状款识。底径 6.5、高 4.7、足高 0.7 厘米（图九二；彩图一九二、一九三）。

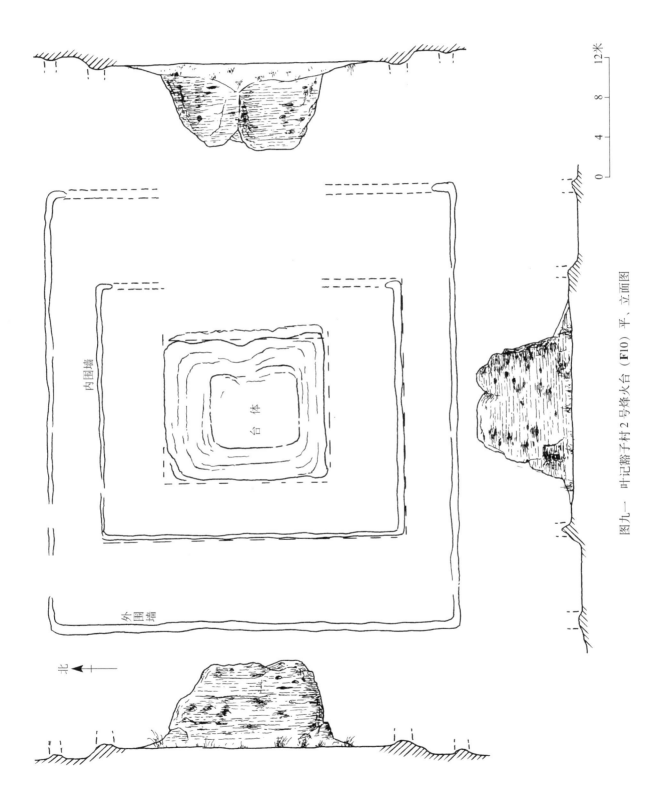

图九一　叶记豁子村 2 号烽火台（F10）平、立面图

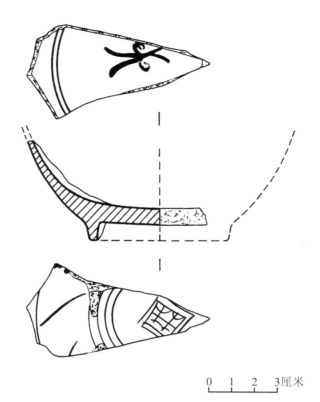

0　1　2　3厘米

图九二　叶记豁子村2号烽火台（F10）文物标本
青花瓷碗底残片（标本F10：1）

四　高平堡

1. 位置与现状

高平堡位于盐池县城西北12千米，张记圈村南约1.3千米处，西南距古（窑子）王（圈梁）高速公路0.02千米，南距307国道0.185千米，北距"深沟高垒"（头道边）长城墙体0.31千米。堡东南侧有一条乡村简易公路，由东北向西南穿过高速公路桥洞后与307国道连接（彩图一九四）。地处丘陵缓坡地带，地势西北高、东南低，大多为缓坡滩地，土质为黄土和红沙土。地表草原带沙生植被属中亚白草群落及油蒿群落，有猫头刺、黑沙蒿、苦豆子、枝儿条、甘草等。

高平堡始筑于嘉靖十年（1531年）。平面呈正方形，整体保存一般。堡内荒芜，内高外低，遍布残砖碎瓦，无人居住。堡墙及角台基本保存，用黄土和红黏土夯筑而成。城门及瓮城墙体基本损毁消失，瓮城墙仅存部分遗迹。墙体坍塌，夯土酥碱剥离严重，因风雨侵蚀根部掏空，外侧表面有较多风蚀凹进的孔洞，有被人为取土破坏的痕迹，墙体上部有较多的冲沟豁口。堡轮廓清楚，墙体基本保存，周长532米，占地面积17689平方米。根据调查情况，堡墙、城门、角台、瓮城及房屋基址分述如下。

2. 平面形制

（1）堡墙

堡平面呈正方形，边长133米，周长532米，面积17689平方米。坐朝东南，堡门开在东墙中部。

以东墙为基轴，方向北偏东50°。堡由主城和瓮城两部分组成，瓮城位于主城东墙外（图九三；彩图一九五）。

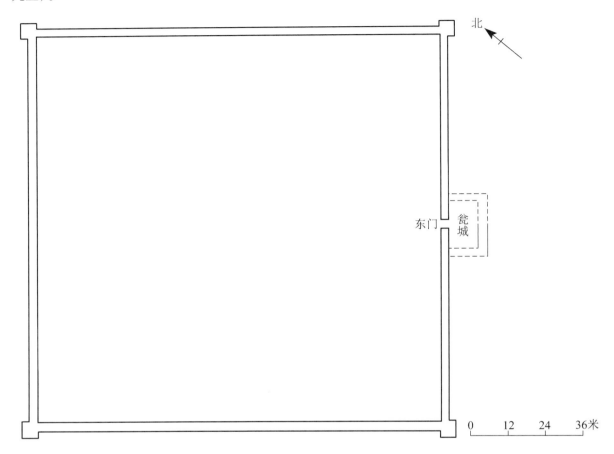

图九三　高平堡城址平面图

堡东墙用黄土和红沙土分层夯筑而成，两侧被倒塌的夯土掩埋成斜坡状，高3～5、底宽约9、顶宽0.5～1.1米，夯层厚12～15厘米。南墙内侧大部分被倒塌的夯土和沙土掩埋，顶部有较多的冲沟小豁口，墙体高约6、顶宽5米，夯层厚12、14、15厘米，东段墙体顶部女墙宽0.3、高0.9米。西墙两侧被倒塌的夯土掩埋成斜坡状，顶部风化成鱼脊状，墙体高6米，夯层厚10、14厘米。北墙保存较差，西段高4.5米，两侧被倒塌的夯土掩埋成斜坡状，顶部坍塌风化成鱼脊状，宽0.5～2.5米；东段保存差，高0.7～1.9米，墙体上半部雨水冲刷坍塌风化较严重，有三处2～3米宽的冲沟豁口。城门开在东墙中部，损毁不存，现为7米宽的豁口。

（2）角台

该堡形制规整，有4座角台。角台用黄土和红沙土分层夯筑而成，顶部建筑无存，呈覆斗形，平面呈正方形，剖面呈梯形。东北角台底部东西9、南北10米，顶部边长2米，高7米。东南角台底部东西12、南北15米，顶部平整，东西3、南北5米，高8米。西南角台底部东西15、南北12米，顶部边长6米，高8米，夯层厚12、16厘米（彩图一九六）。西北角台保存基本完好，底部东西8、南北11米，顶部东西4、南北3米，高8米，有0.5～1.5米宽的冲沟凹槽。

（3）瓮城

瓮城位于堡东墙中部。南、北墙依堡东墙外侧而建，门开在北墙中部。南墙长 13 米，东、北墙由于大量取土毁坏较重，东墙长 8 米，北墙消失。

（4）庙宇建筑遗址

堡东墙外侧约 0.1 千米处有两座庙宇建筑遗迹，仅存夯土台基（由北向南编号为 1 号和 2 号）。

1 号台基东西 19、南北 11、高 3 米，上部散布有较多残砖碎瓦及建筑饰件的花纹砖等；2 号台基东西 16、南北 14、高 3 米。

3. 遗物

标本：1，高平堡城内采集，石球。圆形。褐色砂岩，球体表面有 3 个指窝小坑。直径 15、深 0.5 ~ 1 厘米（图九四；彩图一九七）。

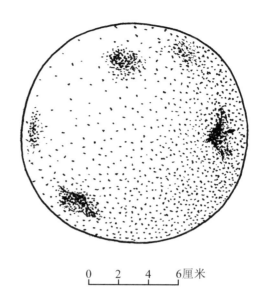

0　2　4　6厘米

图九四　高平堡文物标本
石球（标本：1）

第三节　安定堡段明长城墙体及相关设施

一　安定堡段明长城墙体（D116—D168）

安定堡段明长城墙体由南向北环绕安定堡东、北墙，向西北行，经过安定堡、毛家庄、青羊井、茇茇沟四个村。墙体外侧分布有 53 座敌台、4 座烽火台、4 座铺舍遗址和墙体内侧的安定堡等军事设施。

1. 安定堡村长城墙体

该段墙体起点位于盐池县王乐井乡安定堡南约 0.55 千米的安定堡村 1 号敌台处，止点位于王乐井乡安定堡西约 1 千米的安定堡村 12 号敌台处，墙体长 2783 米。由南向北沿安定堡东墙北行至东北角再折向西，环绕北、西墙，转而向西北行。墙体用黄土夯筑而成。根据保存状况及敌台分布情况分为 12 段（图九五）。分述如下。

安定堡村 1 号敌台（D116）—安定堡村 2 号敌台（D117）

墙体长 270 米。地处丘陵缓坡地，地势由南向北逐渐走低，东侧地势略高于西侧，地表杂草生长茂密。呈南—北走向。墙体坍塌损毁约 2/3，两侧坍塌成斜坡状，顶部夯土块状坍塌成坡形土埂状，夯土风化酥软，长满杂草。墙体相对内外两侧地面高 4 ~ 6 米，夯层厚 14、15 厘米。

安定堡村 2 号敌台（D117）—拐点

墙体长 293 米。所处地势较为平缓，地表杂草生长茂密，草原植被相对较好。呈南—北走向。墙体用黄土夯筑而成。墙体损毁约 2/3，坍塌成斜坡状，两侧沙土堆积较厚，顶部坍塌风化较严重，成为坡形土梁，有多处较宽的冲沟豁口。墙体高约 4 米（彩图一九八）。

拐点—安定堡村 3 号敌台（D118）

墙体长 43 米。环绕安定堡南墙和东南拐角，由南—北走向拐折呈西—东走向。墙体坍塌风化酥碱严重，成为斜坡形土梁，顶部风化成弧坡形。墙体高约 5、底宽约 11 米。敌台与墙体之间有 2 米多宽的冲沟豁口（参见彩图一九八）。

安定堡村 3 号敌台（D118）—安定堡村 4 号敌台（D119）

墙体长 464 米。呈南—北走向，与安定堡东墙呈南北平行走向。墙体两侧有沙丘呈斜坡状，顶部高低不平，夯土风化酥碱呈粉状剥落。墙体高 5 ~ 7、顶宽 1.2 ~ 2.1 米，夯层厚 15 ~ 17 厘米。安定堡村 3 号敌台北侧墙体有 6 米宽的村路豁口，豁口底宽 11 米。安定堡村 3 号敌台北侧 0.239 千米处墙体有 7 米宽的冲沟豁口。

安定堡村 4 号敌台（D119）—安定堡村 5 号敌台（D120）

墙体长 238 米。位于安定堡北墙外侧的低山丘陵南坡下，地势北高南低。安定堡村 4 号敌台为长城墙体拐点，由南北向直角转向西绕城堡北墙西行。墙体两侧地面及表面生长有野沙蒿、野生枸杞等植物。呈东—西走向。墙体两侧被坍塌的夯土及沙土掩埋，形如两面坡形的土梁。墙体外侧沙土堆积较厚，地势相对较高，墙体高约 4 米；内侧地势较低，墙体相对高约 7 米。夯层厚 13、14、17、18 厘米。

安定堡村 5 号敌台（D120）—安定堡村 6 号敌台（D121）

墙体长 223 米。位于安定堡北墙外侧 0.08 千米的低山丘陵南坡下，地势北高南低。墙体顶部及两侧壁坍塌损毁严重，形如一道宽大的土梁，两侧被坍塌的夯土及沙土掩埋成斜坡形，顶部大多被黄沙覆盖，两侧地面及表面生长有黑沙蒿草，高约 4 米。

安定堡村 6 号敌台（D121）—安定堡村 7 号敌台（D122）

墙体长 205 米。墙体绕安定堡西墙南行，地处西高东低的缓坡。墙体外侧沙土堆积较厚，高约 4 米；内侧地势较低，高约 7 米。呈东北—西南走向。依墙体而建的敌台坍塌风化成低矮的土丘。安定堡村 7 号敌台北侧墙体有 12 米宽的冲沟豁口。墙体外侧约 0.6 千米的山梁上有安定堡村 3 号烽火台。

安定堡村 7 号敌台（D122）—安定堡村 8 号敌台（D123）

墙体长 204 米。墙体绕安定堡西墙南行。呈东北—西南走向。墙体用黄土夯筑而成，夯土内有较多碎石。墙体坍塌损毁严重，两侧被坍塌的夯土及沙土掩埋成斜坡形，顶部大多被沙土覆盖，成为一道宽大的土梁，两侧地面及表面长有黑沙蒿草。墙体内侧地势相对较低，高约 7 米；外侧沙土堆积较厚，高约 4 米。夯层厚 10、12、15 厘米。

安定堡村 8 号敌台（D123）—安定堡村 9 号敌台（D124）

墙体长 207 米。墙体由东北—西南走向拐呈东南—西北走向。地处丘陵缓坡地带，位于安定堡西墙外侧，北距安定堡村 3 号烽火台约 0.6 千米。墙体用黄土夯筑而成，夯土内掺杂有较多碎石。墙体被倒塌的夯土及沙土掩埋约 3/4，成为斜坡形土梁。墙体高约 4 米。夯土风化酥碱严重，生长有较多的杂草。

安定堡村 9 号敌台（D124）—安定堡村 10 号敌台（D125）

墙体长 215 米。地处丘陵缓坡地带，地势由东南向西北逐渐走低。内外两侧地面及墙体表面生长有茂密的杂草。呈东南—西北走向。墙体顶部及两侧坍塌成斜坡状的土梁，两侧被沙土掩埋过半，上部因雨水冲刷有驼峰状的冲沟小豁。墙体高约 7、底宽约 9 米。夯层厚 21、23 厘米。依墙体而建的敌台坍塌风化成圆锥形土丘。

安定堡村 10 号敌台（D125）—安定堡村 11 号敌台（D126）

墙体长 211 米。地处丘陵缓坡地带，地势由东南向西北逐渐走低，表面及两侧地面生长有茂密的杂草，两侧被倒塌的夯土和沙土掩埋过半，上部因雨水冲刷侵蚀凹凸不平，有较多锯齿状的冲沟小豁口。墙体高 6～7 米。夯层厚 16～18 厘米。

安定堡村 11 号敌台（D126）—安定堡村 12 号敌台（D127）

墙体长 210 米。墙体表面及内外两侧地面生长有茂密的杂草。呈东南—西北走向。墙体顶部及两侧被雨水冲刷侵蚀成鱼脊状，呈斜坡形土梁，上部有电线杆。墙体高 6 米。夯层厚 18、19、24 厘米。依墙体而建的敌台坍塌风化成低矮的土丘。

2. 毛家庄村长城墙体

该段墙体起点位于盐池县王乐井乡安定堡村北 0.7 千米的安定堡村 12 号敌台处，止点位于王乐井乡毛家庄村西北约 1.5 千米的毛家庄村 10 号敌台处。墙体长 2655 米。呈东南—西北走向，方向北偏西 60°。墙体用黄土和红沙土分层夯筑而成。墙体内部有底宽 1.8、高 2.6 米的夹心墙。根据墙体保存状况及敌台分布情况分为 10 段（参见图九五）。分述如下。

安定堡村 12 号敌台（D127）—毛家庄村 1 号敌台（D128）

墙体长 267 米。地处低山丘陵缓坡平滩地，地表杂草生长茂密。呈东南—西北走向。墙体坍塌成斜坡状，外侧大多被沙土掩埋，部分墙体顶部有沙丘，表面杂草生长茂密，呈斜坡土梁。墙体高 5～7、底宽 10 米。夯层厚 17、18 厘米。墙体中段有 4 米宽的村路豁口（彩图一九九）。

毛家庄村 1 号敌台（D128）—毛家庄村 2 号敌台（D129）

墙体长 243 米。地处缓坡丘陵南坡地带，地势北高南低，墙体两侧有较多的固定沙丘，地表杂草生长茂密，植被较好。墙体两侧被流沙掩埋，呈斜坡土梁，部分墙体两侧沙丘漫过顶部，表面杂草生长较多。墙体高 4～6 米。夯层厚 18、21、25 厘米。墙体两侧 30 米外有草原铁丝防护网，东西纵向延长，对防止羊群踩踏墙体起到了保护作用。

毛家庄村 2 号敌台（D129）—毛家庄村 3 号敌台（D130）

墙体长 246 米。周边地表生长有苦豆、野沙蒿等植被。呈东南—西北走向。墙体顶部坍塌成鱼脊状，两侧沙土堆积成斜坡形。墙体高约 5 米。夯层厚 15、18、23 厘米。依墙体而建的敌台坍塌风化成不规则土丘，大部分被沙土掩埋。

毛家庄村 3 号敌台（D130）—毛家庄村 4 号敌台（D131）

墙体长 252 米。地处丘陵坡地，地势由东南向西北逐渐走低。墙体用黄土夯筑而成，部分墙体内部用黄土和红土分层夯筑。墙体被黄沙掩埋成斜坡土梁，表面生长杂草。墙体高 5～7、底宽约 9～10、顶宽约 2 米。夯层清晰，厚 11～23 厘米。墙体中部有 5 米宽的村路豁口（彩图二〇〇）。

毛家庄村 4 号敌台（D131）—毛家庄村 5 号敌台（D132）

墙体长 240 米。地处丘陵坡地，地势由东南向西北逐渐走高，两侧生长杂草。墙体用黄土夯筑而成，土质纯净，土色略泛白，夯土较硬，夯打较结实。墙体两侧被沙土掩埋成斜坡状，整体呈一道高大的土梁；外侧沙土堆积接近顶部，有较多高低不平的冲沟小豁口。墙体高约 7、顶宽约 2 米。夯层厚 13、15 厘米。

毛家庄村 5 号敌台（D132）—毛家庄村 6 号敌台（D133）

墙体长 239 米。地处低山缓坡丘陵平滩地，地势由东北向西南逐渐走低，地表黄沙土堆积较厚，杂草生长茂密。墙体用黄土夯筑而成，土色略泛白。墙体坍塌损毁约 3/4，两侧大多被沙土掩埋成斜坡状，整体呈低矮的土梁状；顶部高低不平，有较多的沟槽。夯层厚 14～20 厘米。毛家庄村 5 号敌台西北 0.116 千米处墙体有 4 米宽的村路豁口。

毛家庄村 6 号敌台（D133）—毛家庄村 7 号敌台（D134）

墙体长 464 米。地处缓坡丘陵平滩地。墙体被坍塌的夯土及沙土掩埋成弧坡土梁，部分墙体顶部保存垛墙遗迹。墙体高约 7、顶宽 4.5 米，夯层厚 8～10 厘米。墙体中段有 4 米宽的村路豁口，南侧 0.015 千米有毛家庄村 1 号铺舍夯土台遗迹，内侧有水井一口（彩图二〇一）。

毛家庄村 7 号敌台（D134）—毛家庄村 8 号敌台（D135）

墙体长 245 米。地处丘陵缓坡地带，地势基本平缓，地面有较厚的黄沙土堆积。呈东南—西北走向。墙体两侧被坍塌的夯土及沙土掩埋成斜坡，顶部几乎被沙土覆盖。墙体高 5～6、顶宽约 4 米。

毛家庄村 8 号敌台（D135）—毛家庄村 9 号敌台（D136）

墙体长 248 米。地处低山丘陵沙滩地带，地表黄沙堆积较厚，沙化较严重，地表生长有较多的杂草等。墙体大部被流沙覆盖，顶部距两侧地表 1～2 米。

毛家庄村 9 号敌台（D136）—毛家庄村 10 号敌台（D137）

墙体长 211 米。地处低山缓坡沙滩地带，地表流沙堆积较高。呈东南—西北走向。墙体被黄沙覆盖成沙土梁，部分墙体顶部露出，夯土中有较多碎石。毛家庄村 9 号敌台西北 0.177 千米处墙体内侧有毛家庄村 2 号铺舍夯土台遗迹。

3. 青羊井村长城墙体

该段墙体起点位于盐池县王乐井乡毛家庄村西北 1.5 千米的毛家庄村 10 号敌台处，止点位于盐池县花马池镇青羊井村 13 号敌台处，墙体长 3135 米。呈东南—西北走向，方向北偏西 35°～60°。墙体用黄土夯筑而成，土质纯净。墙体大多被沙土掩埋，仅露出顶部较少部分。部分墙体保存较好，夯打结实，墙体高 4～7、底宽 11 米。根据墙体保存状况和敌台分布情况分为 13 段（图九六）。分述如下。

毛家庄村 10 号敌台（D137）—青羊井村 1 号敌台（D138）

墙体长 200 米。地处丘陵沙滩地带，地势由东南向西北逐渐走高，地面沙化严重，有较大面积的固定和流动沙丘，两侧植物生长茂盛，有柠条、苦豆子及沙蒿等。墙体坍塌损毁过半，其余大部分被流沙掩埋。

青羊井村 1 号敌台（D138）—青羊井村 2 号敌台（D139）

墙体长 234 米。地处丘陵沙滩地带，地势由东南向西北逐渐走低，地面有大面积的固定和流动沙丘，地表植被较好，生长有柠条和沙蒿草等。呈东南—西北走向。墙体大多被流沙覆盖，顶部有流动沙丘，呈一道宽大的沙土梁，顶部沙丘高于两侧地面约 2～3 米。

青羊井村 2 号敌台（D139）—青羊井村 3 号敌台（D140）

墙体长 246 米。地处缓坡丘陵沙滩地带，地表流沙堆积较厚，地势由东南向西北逐渐走低，两侧地面生长有大面积的柠条等。墙体被流沙掩埋，顶部有沙丘，高低起伏、连绵不断，呈一道宽大的沙土梁，顶部沙丘高于两侧地面约 3 米。

青羊井村 3 号敌台（D140）—青羊井村 4 号敌台（D141）

墙体长 188 米。地处丘陵沙滩地带，地表黄沙堆积较厚，两侧种植有大面积的柠条。墙体被流动沙丘覆盖，呈宽大的沙土梁。顶部沙丘高于两侧地面约 3 米。墙体内侧有青羊井村 1 号铺舍夯土台，内侧约 0.05 千米处有南北向一字排列的 4 座残砖和夯土堆积成的圆形烽火台土丘遗迹。烽火台土丘间距 2、直径 3、高 0.5～1 米。

青羊井村 4 号敌台（D141）—青羊井村 5 号敌台（D142）

墙体长 298 米。地势由东南向西北逐渐走低，呈东南—西北走向。墙体顶部被沙土覆盖，呈宽大的沙土梁，因流沙堆积，高低起伏、连绵不断，沙丘高于墙体两侧地面约 3 米。

青羊井村 5 号敌台（D142）—青羊井村 6 号敌台（D143）

墙体长 165 米。地处流动沙丘地带，地势由东南向西北逐渐走低，两侧地面种植有大面积的柠条。墙体顶部被流沙覆盖，呈一道宽大的沙丘土梁，高低起伏，沙丘高于墙体两侧地面约 2 米。

青羊井村 6 号敌台（D143）—青羊井村 7 号敌台（D144）

墙体长 142 米。地处缓坡丘陵平滩地，地势平缓，两侧生长有沙蒿等沙生植物。墙体坍塌风化严重，被沙土掩埋；顶部沙丘连绵不断，呈一道沙土梁。相对两侧地面高约 4 米。

青羊井村 7 号敌台（D144）—青羊井村 8 号敌台（D145）

墙体长 582 米。所处地势由东南向西北逐渐走低。呈东南—西北走向。墙体两侧被流沙掩埋约 2/3。墙体夯土纯净细密，夯打结实。墙体高 5~6、底宽约 11、顶宽 4 米。夯层厚 12、13、14、17 厘米。青羊井村 7 号敌台西北侧墙体有 8 米宽的村路豁口。墙体内侧有青羊井村 2 号铺舍夯土台遗迹，当地称为"八步战台"。

青羊井村 8 号敌台（D145）—青羊井村 9 号敌台（D146）

墙体长 203 米。墙体两侧被沙土掩埋约 2/3，顶部基本平整，剖面呈梯形。墙体夯土纯净细密，夯打较结实。墙体内部夯筑有夹心墙，夯筑墙体时首先夯筑内部的夹心墙，再夯筑外部墙体。夹心墙外部墙体夯层均匀，土质较硬，夯打较结实；夹心墙行夯较轻，夯打不结实。墙体保存较好。墙体高约 6.5、底宽 10、顶部最宽 5 米，夯层厚 16、18、19 厘米，保存垛墙痕迹。青羊井村 8 号敌台边侧墙体坍塌严重，顶部被雨水冲刷侵蚀成凹槽。

青羊井村 9 号敌台（D146）—青羊井村 10 号敌台（D147）

墙体长 234 米。地处丘陵平滩地，地面黄沙堆积较厚，生长有茂密的沙蒿。呈东南—西北走向，方向北偏西 30°。墙体两侧被黄沙掩埋约 4/5，相对两侧地面高约 6.5 米，部分墙体顶宽 1.6~4.5 米，夯层厚 13、14 厘米。

青羊井村 10 号敌台（D147）—青羊井村 11 号敌台（D148）

墙体长 219 米。地处缓坡丘陵流动沙滩地，地表沙丘较高，两侧地面沙蒿生长茂密。墙体被流沙侵袭掩埋约 4/5，顶部露出，高低不平，部分墙体顶部被沙土掩埋。墙体高约 7、顶宽 3.7 米，夯层厚 15、18 厘米。

青羊井村 11 号敌台（D148）—青羊井村 12 号敌台（D149）

墙体长 215 米。墙体两侧地面沙蒿生长茂密，两侧大多被流动沙丘掩埋，顶部有沙丘，高低起伏，呈波浪形的沙土梁。部分墙体顶部未被沙土完全覆盖，顶宽 3 米，墙体两侧沙土堆积较高，墙高约 6 米。

青羊井村 12 号敌台（D149）—青羊井村 13 号敌台（D150）

墙体长 209 米。地处低山丘陵沙滩地带，地表沙丘较高，两侧地面生长有茂密的沙蒿和杨树等。墙体两侧被流沙掩埋约 2/3，部分墙体顶部未被沙土完全覆盖，露出部分风化成弧背土梁，顶宽约 2.7 米，部分墙体顶部被流动沙丘掩埋。墙体高 5~6 米。夯层厚 12、13、15 厘米。

4. 芨芨沟村 1 段长城墙体

该段墙体起点位于盐池县花马池镇青羊井村西南约 1.2 千米的青羊井村 13 号敌台处，止点位于花马池镇芨芨沟村 10 号敌台处。墙体长 2047 米。大致呈东南—西北走向，方向北偏西 40°~60°。墙体用黄土和红沙土分层夯筑而成，底宽约 10 米，大部分被沙土掩埋成斜坡状，未被掩埋的部分墙体损毁较严重。主要损毁原因为自然坍塌、风雨侵蚀、根部掏蚀凹进、啮齿类动物掏洞及人为破坏等。根据墙体保存状况及敌台分布情况分为 10 段（图九七）。分述如下。

青羊井村 13 号敌台（D150）—茇茇沟村 1 号敌台（D151）

墙体长 200 米。地处缓坡丘陵平滩地，地势平缓，两侧地面植被较好，生长有少量的茇茇草和大面积的沙蒿等。墙体东半段被沙土覆盖，西半段保存相对较好，顶部基本平整，未被沙土全部掩埋。墙体高 6、顶宽约 4.5 米。夯层厚 12、13 厘米。

茇茇沟村 1 号敌台（D151）—茇茇沟村 2 号敌台（D152）

墙体长 208 米。地处缓坡丘陵平滩地带，地势较为平缓，两侧地面生长有少量的茇茇草和茂密的沙蒿。呈东南—西北走向。保存较好。墙体剖面呈梯形，两侧被沙土掩埋约 2/3，顶部基本平整，部分墙体顶部被雨水冲刷侵蚀有较多的沟槽。墙体高 6 ~ 7、底宽约 10、顶宽 2 ~ 4.5 米。茇茇沟村 1 号敌台西北 0.027 千米处墙体有 5 米宽的村路豁口。

茇茇沟村 2 号敌台（D152）—茇茇沟村 3 号敌台（D153）

墙体长 206 米。地处平滩地，两侧植被较好，沙蒿等植被生长茂盛。呈东南—西北走向。保存较好。墙体两侧被沙土掩埋过半，顶部基本平整，表面生长有低矮稀疏的杂草，顶宽约 4.5 米；部分墙体顶部被雨水冲刷侵蚀有多处冲沟小豁口，高 6 ~ 7、顶宽约 1.3 米。夯层厚 17、20 厘米（彩图二〇二）。

茇茇沟村 3 号敌台（D153）—茇茇沟村 4 号敌台（D154）

墙体长 205 米。地处丘陵缓坡地带，地势由东南向西北逐渐走高。墙体两侧被沙土掩埋过半，顶部坍塌，有多处锯齿状的冲沟小豁口。保存较好者大多宽 3.5 米，部分顶宽仅 1 米，夯层厚 15 ~ 17、20、23 厘米。茇茇沟村 3 号敌台西 0.035 千米处墙体有 5 米宽的村路豁口，墙体中段有一处 5 米宽的村路缺口。

茇茇沟村 4 号敌台（D154）—茇茇沟村 5 号敌台（D155）

墙体长 200 米。墙体两侧被流沙掩埋成斜坡状，掩埋约 4/5，外侧沙土堆积较内侧高，上部未被沙土掩埋部分高 1.5 ~ 2 米，内侧夯土塌落较多。墙体高 7、顶宽 0.5 ~ 2.3 米。夯层厚 17、18、21 ~ 23 厘米（彩图二〇三）。

茇茇沟村 5 号敌台（D155）—茇茇沟村 6 号敌台（D156）

墙体长 206 米。地处丘陵缓坡地带，地势由东南向西北逐渐走高。墙体两侧被流沙掩埋约 2/3，外侧沙土堆积较内侧高，上部被雨水冲蚀有多处冲沟小豁口。墙体高约 7、顶宽 0.5 ~ 1.7 米。茇茇沟村 6 号敌台与墙体接合部位有 6 米宽的村路豁口。

茇茇沟村 6 号敌台（D156）—茇茇沟村 7 号敌台（D157）

墙体长 209 米。地处丘陵缓坡地带，地面植被较好。大致呈东—西走向。墙体两侧被沙土掩埋成斜坡状，东段墙体坍塌风化成斜坡形的土梁，表面生长有低矮的杂草和较高的茇茇草；西半段保存相对较好，壁面陡直，呈一条直线。墙体高 7 米，顶部基本平整，宽 3.3 ~ 4.5 米。夯层厚 10、15、17 厘米。保存垛墙遗迹，垛墙高 0.1 ~ 0.3、底宽 0.6 米。部分墙体内壁因雨水冲蚀塌落凸凹不平。

茇茇沟村 7 号敌台（D157）—茇茇沟村 8 号敌台（D158）

墙体长 203 米。地处丘陵缓坡地带，地势平缓。墙体用黄土和红沙土分层夯筑而成。墙体东半段坍塌风化成坡形土梁，表面生长有低矮的杂草和较多的茇茇草等；西半段保存相对较好，剖面呈梯形，两侧被流沙掩埋过半，顶部基本平整。墙体高约 7、底宽 9、顶宽约 4 米，顶部垛墙高 0.2、宽 0.6 米。夯层厚 14、15、17 厘米（彩图二〇四）。

茇茇沟村 8 号敌台（D158）—茇茇沟村 9 号敌台（D159）

墙体长 205 米。所处地势平缓，地面植被较好。墙体用黄土和红沙土分层夯筑而成，剖面呈梯形。保存较好。墙体两侧壁面陡直，被流沙掩埋成斜坡状，掩埋约 2/3，表面生长有较多的芨芨草。墙体露出部分高约 2、顶宽 4 米。保存垛墙遗迹，垛墙底宽约 0.7、高约 0.1～0.3 米。夯层厚 10、14、16～18 厘米（彩图二〇五）。

芨芨沟村 9 号敌台（D159）—芨芨沟村 10 号敌台（D160）

墙体长 205 米。地处丘陵缓坡地带，为荒漠化草原地貌。墙体两侧被沙土掩埋至腰部，两侧及顶部生长有低矮的杂草。保存较好。墙体高 7、底宽约 10、顶宽 1.5～4.5 米。夯层厚 14、18、20 厘米。部分墙体顶部尚存女墙遗迹，女墙高 0.3、宽 0.6 米。芨芨沟村 9 号敌台西北 0.055 千米处墙体有 6 米宽的村路豁口（彩图二〇六）。

5. 芨芨沟村 2 段长城墙体

该段墙体起点位于盐池县花马池镇芨芨沟村西约 0.9 千米的芨芨沟村 10 号敌台处，止点位于花马池镇芨芨沟村西北约 2.2 千米的芨芨沟村 18 号敌台处。大致呈东南—西北走向，方向北偏西 55°～30°～20°。墙体长 1641 米。墙体为自然基础，黄土和红土分层夯筑而成，夯土夹杂有红砂岩碎块，夯打较结实。根据墙体保存状况及敌台分布情况分为 8 段（参见图九七）。分述如下。

芨芨沟村 10 号敌台（D160）—芨芨沟村 11 号敌台（D161）

墙体长 203 米。地处丘陵平滩地带。呈东南—西北走向，方向北偏西 55°。墙体用黄土和红沙土分层夯筑而成，夯土内的红土颗粒较大，夹杂有白礓石和红砂岩碎块。墙体底部被倒塌的夯土和沙土掩埋成斜坡形，掩埋约 1/3，表面及两侧地面生长有杂草。墙体高 6.5、顶宽 1.2～4.3 米。黄土夯层厚 14、16、17 厘米，红沙土夯层厚 8 厘米。部分墙体上部被雨水冲刷侵蚀垮塌严重，有多处 1～4 米宽的冲沟凹槽，墙体高 4 米。芨芨沟村 10 号敌台西北 0.018 千米处墙体有 6 米多宽的村路豁口（彩图二〇七、二〇八）。

芨芨沟村 11 号敌台（D161）—芨芨沟村 12 号敌台（D162）

墙体长 211 米。地处丘陵缓坡地带，地势由东南向西北逐渐走低。墙体用黄土和红沙土分层夯筑而成。保存一般。墙体顶部及两侧生长有较多的杂草和芨芨草等。墙体顶部基本平整，部分墙体坍塌严重，顶部有多处 1.5～3 米宽的沟槽，表面有较多的宽裂缝，两侧被倒塌的夯土和沙土掩埋过半。墙体高约 6.5、顶宽 0.5～4 米。夯层薄厚不一，黄土夯层厚 14、16、17、21、22 厘米，红沙土夯层厚 8 厘米。墙体上有小窑洞。

芨芨沟村 12 号敌台（D162）—芨芨沟村 13 号敌台（D163）

墙体长 198 米。地处丘陵缓坡地带，地势由东南向西北逐渐走高。墙体保存较差。墙体表面及两侧地面生长有沙蒿草和少量的芨芨草等，两侧被倒塌的夯土和沙土掩埋成陡坡状，墙体高约 6.5 米。部分墙体坍塌损毁严重，顶部有较多驼峰状的冲沟小豁口，墙体高 2、宽 0.2～2 米。墙体中段有 4 米宽的沟槽，芨芨沟村 13 号敌台东壁与墙体接合部位有 6 米宽的沟槽。

芨芨沟村 13 号敌台（D163）—芨芨沟村 14 号敌台（D164）

墙体长 208 米。地处丘陵缓坡地带，地势由东南向西北逐渐走低。墙体保存较差。墙体表面及两侧地面生长有沙蒿草和芨芨草等，两侧被倒塌的夯土和沙土掩埋成斜坡状，呈脊形土梁；顶部有较多锯齿状冲沟小豁口。墙体高 4.5～5.5 米。部分墙体顶部未被沙土全部掩埋，露出部分高 0.9～2 米，下部被倒塌的夯土及沙土掩埋成斜坡状。

芨芨沟村 14 号敌台（D164）—芨芨沟村 15 号敌台（D165）

墙体长 202 米。地处丘陵缓坡地带，地势由东南向西北逐渐走高，两侧地面植被较好，地表生长有大面积的杂草，外侧种植有小面积的杨树等。墙体南侧约 1 千米处有芨芨沟村烽火台。墙体用黄土夯筑而成，夯土内夹杂有青砂石碎块。墙体保存较差，因雨水冲刷侵蚀垮塌严重，顶部及两侧坍塌毁坏约 3/4，呈低矮的土埂状，两侧被塌落的夯土及沙土掩埋成漫坡形。墙体有两处村路豁口，芨芨沟村 14 号敌台西北 0.035 千米处墙体有 10 米宽的冲沟豁口，芨芨沟村 15 号敌台东南 0.068 千米处墙体有 6 米宽的村路豁口。

芨芨沟村 15 号敌台（D165）—芨芨沟村 16 号敌台（D166）

墙体长 208 米。地处丘陵缓坡地带，地势由东南向西北逐渐走高。墙体用黄土和红沙土分层夯筑而成，夯土内有较多碎石。墙体保存一般，墙体表面及两侧地面生长有茂密的沙蒿和少量的芨芨草等。两侧大多被塌落的夯土和沙土堆积掩埋约 2/3，部分墙体未被沙土全部掩埋，露出 0.7～1.6 米，顶部塌落损毁严重。墙体高 5～6、顶宽 3.6～0.5 米。夯层厚 11、13、16 厘米。

芨芨沟村 16 号敌台（D166）—芨芨沟村 17 号敌台（D167）

墙体长 204 米。地处丘陵缓坡地带，地势由东南向西北逐渐走高，两侧是未开垦的荒滩地，生长有稀疏的杂草，内侧种植有少量的杨树等。呈东南—西北走向，方向北偏西 55°。墙体用黄土和红沙土分层夯筑而成，夯土内有碎石。墙体坍塌严重，被倒塌的夯土和沙土掩埋成斜坡，损毁约 1/2，顶部被雨水冲刷侵蚀，呈高低不平的土垄状。墙体高 5～6、顶部最宽 2.5 米。夯层厚 12～14 厘米。芨芨沟村 16 号敌台西北 0.074 千米处墙体有 4.5 米宽的村路豁口，芨芨沟村 17 号敌台东壁与墙体接合部位有 6 米宽的冲沟豁口（彩图二〇九）。

芨芨沟村 17 号敌台（D167）—芨芨沟村 18 号敌台（D168）

墙体长 207 米。地处丘陵缓坡地带。方向由北偏西 55°拐向北偏西 20°。墙体用黄土和红沙土分层夯筑而成，夯土内有红砂石碎块。墙体两侧被倒塌的夯土和沙土掩埋约 3/4，根部风蚀凹进。墙体高 5.5～6.5、顶宽 1.6～3 米。夯层厚 14、17 厘米。

二　安定堡村段明长城墙体沿线敌台（D116～D168）

1. 安定堡村 1 号敌台（D116）

该敌台位于盐池县王乐井乡安定堡南约 0.55 千米，安定堡村 2 号敌台南 0.27 千米处，东距安定堡村 2 号烽火台约 0.3 千米。台体依长城墙体而建，黄土夯筑而成，土质纯净，呈覆斗形，实心，凸出于长城墙体外侧，四壁有收分。台体坍塌风蚀成斜坡状，表面长有杂草。台体底部东西外凸约 11、南北约 14 米，顶部坍塌损毁较重，东西约 3、南北约 4 米，高约 6 米。夯土酥碱严重，生长有较多的杂草。周围地表散布有少量青釉瓷碗残片、灰色陶瓦残片、黑褐釉及青绿釉瓷缸口沿残块等。

2. 安定堡村 2 号敌台（D117）

该敌台位于盐池县王乐井乡安定堡南约 0.34 千米，北距安定堡村 3 号敌台 0.296 千米，东南距安定堡村 2 号烽火台约 0.4 千米。台体骑长城墙体而建，黄土夯筑而成，夯土内夹杂有白色石块，呈覆斗形，实心，凸出于长城墙体外侧，四壁陡直有收分。保存一般。台体因坍塌、风化侵蚀呈土丘状，四壁被流沙和坍塌的夯土掩埋呈缓坡状，顶部被雨水冲刷侵蚀呈尖圆状。台体底部东西外凸，东西约 13、南北约 14 米，顶部保存较少，东西 5、南北 3 米，高 7 米。夯土酥碱松散，夯层模糊不清。周围地表有黑釉瓷碗残片、褐釉瓷罐口沿残片及黑釉瓷罐残片等。

3. 安定堡村 3 号敌台（D118）

该敌台位于盐池县王乐井乡安定堡东南的长城墙体转角处，北距安定堡村 4 号敌台 0.518 千米。台体依长城墙体而建，黄土夯筑而成，土质纯净，呈覆斗形，实心，凸出于长城墙体东侧，四壁有收分。保存一般。台体坍塌风化成土丘，北壁与长城墙体接合部位有 5.5 米宽的村路豁口。台体底部东西 13、南北 12 米，顶部东西 4、南北 0.5 米，高约 5 米。夯土酥碱严重，表层土质疏松，夯层模糊不清。

4. 安定堡村 4 号敌台（D119）

该敌台位于盐池县王乐井乡安定堡东北 0.1 千米的长城墙体转角处，南距安定堡村 3 号敌台 0.518 千米，西距安定堡村 5 号敌台 0.238 千米。台体依长城墙体而建，黄土夯筑而成，土质纯净，呈覆斗形，实心，凸出于长城墙体外侧，四壁有收分。保存较差。台体东壁中部有人为掏挖的圆形坑，顶部坍塌风化成圆锥形土丘。台体底部东西 10、南北 9 米，顶部东西约 1、南北约 0.2 米，高 4 米。夯层厚 15、17 厘米。

5. 安定堡村 5 号敌台（D120）

该敌台位于盐池县王乐井乡安定堡北约 0.11 千米的长城墙体上，与安定堡北墙中部马面南北对应，西北距安定堡村 6 号敌台 0.223 千米。台体依长城墙体而建，黄土夯筑而成，土质纯净，呈覆斗形，实心，凸出于长城北侧，四壁有收分。保存较差。台体四壁塌毁较重，被流沙和坍塌的夯土掩埋成缓坡状，整体风化成圆锥形土丘。台体底部边长 10、顶部边长 2、高 5 米。夯土酥碱严重，夯层模糊不清。

6. 安定堡村 6 号敌台（D121）

该敌台位于盐池县王乐井乡安定堡西北约 0.1 千米的长城墙体转角处，西南距安定堡村 7 号敌台 0.205 千米，西北距安定堡村 3 号烽火台约 0.6 千米。台体依长城墙体而建，黄土和红沙土分层夯筑而成，土质纯净，呈覆斗形，实心，四壁有收分。台体四壁坍塌风化，被流沙和坍塌的夯土掩埋成陡坡形，顶部被雨水冲刷侵蚀坍塌损毁较重，呈圆弧形，整体呈土丘形，表面生长有芨芨草。台体底部南北外凸，东西 13、南北约 8 米，顶部东西约 2、南北约 4 米，高 7 米。夯土酥碱严重，呈粉状剥落，夯层模糊不清。

7. 安定堡村 7 号敌台（D122）

该敌台位于盐池县王乐井乡安定堡西北 0.08 千米的长城墙体外侧，西南距安定堡村 8 号敌台 0.204 千米，西北距安定堡村 3 号烽火台约 0.67 千米。台体依长城墙体而建，黄土和红沙土分层夯筑而成，土质纯净，四壁有收分。台体四壁坍塌风蚀成斜坡状，四周沙土堆积较厚，顶部被雨水冲刷侵蚀坍塌成圆锥形土丘。台体底部东西约 11、南北 13 米，顶部东西约 2、南北约 1 米，高 5 米。夯土风化严重，夯层不清晰。

8. 安定堡村 8 号敌台（D123）

该敌台位于盐池县王乐井乡安定堡西 0.17 千米的长城墙体转弯处，西距安定堡村 9 号敌台 0.207 千米、距安定堡村约 1.3 千米，北距安定堡村 3 号烽火台约 0.78 千米。台体依长城墙体而建，黄土夯筑而成，土质纯净，呈覆斗形，实心，四壁有收分。保存一般。台体四壁坍塌风蚀成斜坡状，南壁与长城墙体顶部坍塌风蚀成弧坡，顶部保存较少，整体坍塌风化成圆锥形土丘，四周沙土堆积较厚。台体底部东西 10、南北约 12 米，顶部东西 4、南北 5 米，高 6 米。夯层厚 14、17 厘米。周围地表散布有少量青釉、黑釉瓷碗残片、黑釉瓷罐残片及青花瓷片等。

标本 D123∶1，黑釉瓷碗口沿残片。侈口，斜弧腹，下腹及底残，灰白胎，内壁及外壁上部施黑釉，外壁下部无釉，色灰白。口径20、高4.4厘米（图九八）。

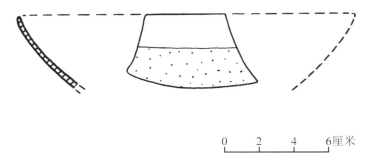

0　　2　　4　　6厘米

图九八　安定堡村8号敌台（D123）文物标本
黑釉瓷碗口沿残片（D123∶1）

9. 安定堡村9号敌台（D124）

该敌台位于盐池县王乐井乡安定堡村东北约1.1千米处，西北距安定堡村10号敌台0.215千米，东距安定堡0.34千米，北距安定堡村3号烽火台约0.8千米。台体用黄土夯筑而成，呈覆斗形，实心，凸出于长城墙体外侧。台体东壁呈梯形，上部有鸟巢洞穴，底部沙土堆积较厚，有啮齿类动物洞穴等；南壁被沙土掩埋约3/4；西壁底部被倒塌的夯土及沙土掩埋成斜坡状，上部塌落成陡坡形，有水蚀沟槽；北壁立面呈底大顶圆的半椭圆形，底部堆土呈斜坡状。台体底部东西约13、南北约11米，顶部基本平整，东西4、南北约3米，高5米。夯层厚11、15厘米。

10. 安定堡村10号敌台（D125）

该敌台位于盐池县王乐井乡安定堡村东北约1.1千米处，西北距安定堡村11号敌台0.211千米，东距安定堡0.55千米，北距安定堡村3号烽火台约0.77千米。台体依长城墙体而建，黄土夯筑而成，呈覆斗形，实心，凸出于长城墙体外侧，四壁陡直有收分。保存较差。台体坍塌风化成低矮的土丘，顶部风蚀坍塌成圆锥形的土丘。台体底部南北外凸，东西约15、南北约11米，顶部东西0.2、南北约1米，高约6米。夯层不清晰。周围地表散布有少量青花瓷碗底残片及酱白釉瓷碗底残片等。

标本D125∶1，青花瓷碗底残片。存圈足底，白釉，内外壁釉上有青花图案，内底双线内绘写意蟋蟀状图案，外底心内有一写意窑口标识。底径6.6、高2.9、足高0.8厘米（图九九；彩图二一〇、二一一）。

11. 安定堡村11号敌台（D126）

该敌台位于盐池县王乐井乡安定堡村东北约0.9千米处，西北距安定堡村12号敌台0.21千米，东距安定堡约0.73千米。台体用黄土夯筑而成，呈覆斗形，实心，凸出于长城墙体外侧，四壁有收分。保存差。台体仅存基础部分，四周被坍塌的夯土和沙土掩埋成缓坡状，台体坍塌风化呈低矮的土垄状，表面长有杂草。台体底部东西约12、南北约10、高约2米。夯土粉状剥落，夯层模糊不清。

12. 安定堡村12号敌台（D127）

该敌台位于盐池县王乐井乡安定堡村东北约0.8千米处，西北距毛家庄村1号敌台0.267千米，东距安定堡约0.9千米，东北距安定堡村3号烽火台约0.78千米。台体依长城墙体而建，黄土夯筑而成，夯土内夹杂有碎石，呈覆斗形，实心。保存较差。台体四壁坍塌风化成斜坡状，呈低矮的土丘，顶部被风雨侵蚀成土垄状，表面杂草生长繁茂。台体底部东西约15、南北约10米，顶部东西约3、南北约2米，高约6米。夯层模糊不清，土质松散，夯打不结实。

13. 毛家庄村 1 号敌台（D128）

该敌台位于盐池县王乐井乡毛家庄村东北约 0.85 千米处，西北距毛家庄村 2 号敌台 0.243 千米。台体依长城墙体而建，黄土夯筑而成，夯土内夹杂有白色碎石，呈覆斗形，实心，凸出于长城墙体外侧。保存一般。台体损毁较严重，四壁坍塌风化成斜坡形；南壁与长城墙体顶部坍塌风化成斜坡状，表面长满杂草；顶部坍塌风化成圆锥形，南侧沙丘较高。台体底部东西约 13、南北约 11 米，顶部东西 0.5、南北约 2 米，高 8 米。夯层厚 17、18 厘米。

14. 毛家庄村 2 号敌台（D129）

该敌台位于盐池县王乐井乡毛家庄村东北约 0.8 千米处，西北距毛家庄村 3 号敌台 0.246 千米。台体依长城墙体而建，黄土夯筑而成，夯土内夹杂有白色碎石。整体呈覆斗形，实心，凸出于长城墙体北侧，四壁有收分。保存较差。台体被黄沙掩埋约 3/4，顶部呈土垄状，台体表面生长有灌木，植物根系生长对台体破坏较严重。台体高约 4 米。周围地表散布有少量酱釉瓷蒺藜残块等。

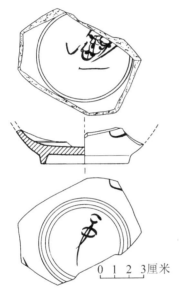

图九九　安定堡村 10 号敌台（D125）文物标本
青花瓷碗底残片（标本 D125：1）

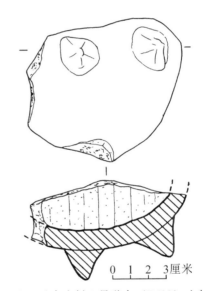

图一〇〇　毛家庄村 3 号敌台（D130）文物标本
酱黑釉瓷蒺藜残块（D130：1）

15. 毛家庄村 3 号敌台（D130）

该敌台位于盐池县王乐井乡毛家庄村东北约 0.8 千米处，西北距毛家庄村 4 号敌台 0.252 千米。台体用黄土夯筑而成，呈覆斗形，实心，凸出于长城墙体外侧。保存较差。台体四壁及顶部坍塌损毁严重，被沙土掩埋约 3/4，上部坍塌成不规则形，北壁有小窑洞。台体表面长满灌木，植物根系生长对敌台破坏较为严重。台体大多被流沙掩埋，顶部出露呈土垄状，底部尺寸不祥，夯层不详，台体高约 6 米。周围地表散布有少量砖瓦残块及瓷蒺藜残块等。

标本 D130：1，酱黑釉瓷蒺藜残块。圆球形，空腹，外壁捏接有锥形尖刺，器表锥刺残存 3 根。夹砂浅黄胎，外壁施酱黑釉，釉层较厚，釉面光亮。残块形状不规则，长 9.5、宽 8、厚 1.2 厘米（图一〇〇；彩图二一二）。

16. 毛家庄村 4 号敌台（D131）

该敌台位于盐池县王乐井乡毛家庄村东北约 0.8 千米处，西北距毛家庄村 5 号敌台 0.24 千米。台体依长城墙体而建，黄土夯筑而成，呈覆斗形，实心。保存较好。台体东壁夯土剥落，有风蚀孔洞，底部被坍塌的夯土掩埋成斜坡状；西壁上部夯土塌落，断面呈凸形；北壁下半部被沙土掩埋成斜坡状，雨水冲刷侵蚀有沟槽；南壁与长城墙体顶部坍塌成斜坡状；顶部较平整，表面生长有沙蒿草，植物根系生长对台体破坏较为严重。台体底部东西 13、南北约 8 米，顶部东西 6、南北 4 米，高 7 米。夯层清晰，夯打较结实，夯土较硬，夯层厚 11、12、15 厘米。

17. 毛家庄村 5 号敌台（D132）

该敌台位于盐池县王乐井乡毛家庄村东北约 0.85 千米处，西北距毛家庄村 6 号敌台 0.239 千米。台体依长城墙体而建，黄土夯筑而成，呈覆斗形，实心。保存一般。台体东、北、西壁被沙土掩埋约 3/4；东壁呈梯形，被沙土掩埋成斜坡状，仅露出较少部分；北壁立面呈梯形，被沙土掩埋约 3/4，露出部分高约 3 米，表面有风蚀孔洞和啮齿类动物洞穴；西壁大部被沙土掩埋，露出较少；南壁与长城墙体顶部被坍塌的夯土及沙土掩埋成斜坡状；台体上部被雨水冲刷侵蚀坍塌成北高南低的斜坡状，顶部风化成土丘。台体表面及四周杂草生长茂密。台体底部边长约 12 米，顶部东西约 4、南北约 2 米，高约 6 米。夯土风化严重，夯层不明显，能辨明夯层厚 14、16 厘米。

18. 毛家庄村 6 号敌台（D133）

该敌台位于盐池县王乐井乡毛家庄村北约 1.1 千米处，西距毛家庄村 1 号铺舍夯土台基 0.19 千米，西北距毛家庄村 7 号敌台 0.464 千米。台体骑长城墙体而建，黄土夯筑而成，呈覆斗形，实心，剖面呈梯形，凸出于长城墙体北侧，四壁陡直有收分。保存相对较好。台体底部堆土较厚，东、西壁被沙土掩埋约 3/4，露出部分高约 2.5 米，顶部略呈北高南低的斜坡；西壁西南角与长城墙体接合部位因人为取土有 3 米宽的凹坑；南壁与长城墙体顶部被倒塌的夯土堆积成陡坡状；北壁陡直有收分，被沙土掩埋约 3/4，露出部分高约 3 米，夯土剥落不平整；顶部被雨水冲刷成北高南低的斜坡，表面生长有灌木及野沙蒿等，植物根系生长对台体破坏较为严重。台体底部边长约 11 米，顶部东西约 4、南北约 2 米，高 6 米。夯层清晰，夯层厚 13、18 厘米。

19. 毛家庄村 7 号敌台（D134）

该敌台位于盐池县王乐井乡毛家庄村北约 1.2 千米处，东南距毛家庄村 1 号铺舍夯土台基约 0.27 千米，西北距毛家庄村 8 号敌台 0.245 千米。台体依长城墙体而建，黄土夯筑而成，呈覆斗形，实心，剖面呈梯形，凸出于长城墙体外侧，四壁有收分。台体坍塌损毁不严重，东壁陡直呈梯形，约 1/2 被沙土掩埋，顶部露出部分夯土剥落较轻；北壁保存较好，壁面陡直呈梯形，下半部被沙土掩埋，露出部分高约 3 米，夯土剥落，有雨水冲蚀的凹槽和风蚀孔洞等；西壁表面有风蚀孔洞，西北角坍塌成斜坡，有雨水冲刷的沟槽；南壁与长城墙体顶部坍塌成斜坡状；顶部基本平整。台体表面及四周杂草和灌木生长茂密，植物根系生长对台体破坏较严重。台体底部南北外凸，东西约 12、南北约 10 米，顶部东西 5、南北 5.5 米，高约 9 米。夯层清晰，夯层厚 10、14 厘米。

20. 毛家庄村 8 号敌台（D135）

该敌台位于盐池县王乐井乡毛家庄村西北约 1.4 千米处，西北距毛家庄村 9 号敌台 0.248 千米。台体依长城墙体而建，黄土夯筑而成，土质细密，夯土较硬，夯打较结实。整体呈覆斗形，实心，凸出于长城墙体北侧，四壁有收分。台体壁面平整，坍塌风蚀较轻，底部被沙土掩埋成斜坡；东壁立面呈梯形，基本平整；北壁陡直，保存较好，下半部被沙土掩埋，露出部分高约 3 米，壁面夯土片状剥离，损毁较轻；西壁陡直，有风蚀孔洞和鸟巢洞穴等；南壁与长城墙体顶部坍塌，被雨水冲蚀成斜坡状；顶部基本平整。台体表面及四周生长有灌木及茂密的杂草等，植物根系生长对台体破坏较严重。台体底部南北外凸，东西约 13、南北约 10 米，顶部东西 9、南北 7 米，高约 9 米。夯层清晰，夯层厚 10～15 厘米（彩图二一八、二一九）。

21. 毛家庄村 9 号敌台（D136）

该敌台位于盐池县王乐井乡毛家庄村西北约 1.6 千米处，西北距毛家庄村 2 号铺舍夯土台基约 0.18 千米、距毛家庄村 10 号敌台 0.211 千米。台体依长城墙体而建，黄土夯筑而成，呈覆斗形，实心，凸出于长城墙体外侧。台体坍塌成土丘，四壁被坍塌的夯土和沙土掩埋成斜坡状，露出部分高约 3 米；顶部风蚀成圆弧形土垄状。台体四周沙丘堆积较高，夯土风化酥软，表面沙土堆积较厚，生长有茂密的杂草。台体底部尺寸不详，顶部边长约 2 米，高约 6 米。

22. 毛家庄村 10 号敌台（D137）

该敌台位于盐池县王乐井乡毛家庄村西北约 1.7 千米处，东南距毛家庄村 2 号铺舍夯土台基约 0.34 千米，西北距青羊井村 1 号敌台 0.2 千米。台体用黄土夯筑而成，夯土内有少量的白礓石，土质较硬，土色略泛白，夯打结实，呈覆斗形，实心，四壁有收分。保存较好。台体被沙土掩埋，露出部分较少，风化损毁较轻；南壁与长城墙体顶部被沙土掩埋；顶部被雨水冲刷成圆弧状，形似倒置的锅底。台体底部东西约 13、南北约 9 米，顶部东西 8、南北 5 米，台体露出高约 2、相对地面高约 9 米。夯层清晰，夯层厚 10、16、20 厘米。

23. 青羊井村 1 号敌台（D138）

该敌台位于盐池县花马池镇青羊井村东南约 1.9 千米处，西北距青羊井村 2 号敌台 0.234 千米。台体依长城墙体而建，凸出于长城墙体外侧。台体被黄沙掩埋成高凸隆起的大沙丘。

24. 青羊井村 2 号敌台（D139）

该敌台位于盐池县花马池镇青羊井村东南约 1.7 千米处，西北距青羊井村 3 号敌台 0.246 千米。台体依长城墙体而建，黄土夯筑而成，夯土内夹杂有白色石块，呈覆斗形，实心，凸出于长城墙体外侧，四壁有收分。保存较差。台体四周沙土堆积较高，被流沙掩埋约 4/5，顶部风化成土丘，表面土质疏松。台体底部边长约 5、高约 2.6 米。台体表面灌木生长繁茂，植物根系生长对台体破坏较严重。

25. 青羊井村 3 号敌台（D140）

该敌台位于盐池县花马池镇青羊井村东南约 1.5 千米处，西距青羊井村 1 号铺舍夯土台基约 0.07 千米，西北距青羊井村 4 号敌台 0.188 千米。台体依长城墙体而建，黄土夯筑而成，土质纯净，呈覆斗形，实心，凸出于长城墙体外侧。台体大部分被沙土掩埋，四周沙土堆积较高，顶部露出高约 1.6 米，被雨水冲刷成中间高凸的椭圆形小土丘，表面长满杂草。台体底部尺寸不详，顶部夯土较硬，夯打结实，夯层厚 10、16、20 厘米。

26. 青羊井村 4 号敌台（D141）

该敌台位于盐池县花马池镇青羊井村东南约 1.3 千米处，东南距青羊井村 1 号铺舍夯土台基约 0.12 千米，西北距青羊井村 5 号敌台 0.298 千米。台体用黄土夯筑而成，呈覆斗形，实心，凸出长城墙体外侧。保存较差。台体大部分被沙土掩埋，仅露出较少部分，形似倒置的锅，台体高约 1 米。台体表面长满杂草，散布砖、砾石块等。

27. 青羊井村 5 号敌台（D142）

该敌台位于盐池县花马池镇青羊井村南约 1.1 千米处，西北距青羊井村 6 号敌台 0.165 千米。台体用黄土夯筑而成，呈覆斗形，实心。台体四周沙土堆积较高，露出部分高约 4 米。台体东壁呈梯形，有多处裂缝，夯层清晰均匀，夯土较硬，夯打较结实；北、西壁坍塌剥落严重，夯土风化松散，呈底大顶尖圆的斜坡状，表面生长杂草，灌木生长较高，植物根系生长对台体破坏较严重；南壁与长城墙体顶部被沙土掩埋成低矮的斜坡状。台体大部分被黄沙掩埋，顶部基本平整，东西约 4、南北 3 米。夯层厚 9~11 厘米。

28. 青羊井村 6 号敌台（D143）

该敌台位于盐池县花马池镇青羊井村南约 1 千米处，西北距青羊井村 7 号敌台 0.142 千米。台体骑长城墙体而建，黄土夯筑而成，夯土较硬，夯层清晰，夯打结实，呈覆斗形，实心，剖面呈梯形，凸出于长城墙体外侧，四壁陡直有收分。台体被流沙掩埋约 4/5，露出部分高约 1.6 米。台体底部尺寸不详，保存较好，顶部基本平整，雨水侵蚀损坏较轻，东西约 5、南北 4 米。夯层厚 9～11 厘米。

29. 青羊井村 7 号敌台（D144）

该敌台位于盐池县花马池镇青羊井村南约 0.9 千米处，西北距青羊井村 2 号铺舍夯土台基约 0.232千米、距青羊井村 8 号敌台 0.582 千米。台体依长城墙体而建，黄土夯筑而成，呈覆斗形，实心，凸出于长城墙体外侧。保存一般。台体被沙土掩埋约 4/5，外露部分高约 2 米；顶部被雨水冲刷风蚀成圆鼓状的土丘，表面杂草生长茂密。台体底部尺寸不详，顶部东西 2、南北约 4 米。夯土风化酥碱疏松，夯层不清晰。

30. 青羊井村 8 号敌台（D145）

该敌台位于盐池县花马池镇青羊井村西南约 0.7 千米处，西北距青羊井村 9 号敌台 0.203 千米，东南距青羊井村 2 号铺舍夯土台基约 0.25 千米。台体依长城墙体而建，黄土夯筑而成，呈覆斗形，实心，凸出于长城墙体外侧。保存较好。台体宽大，底部堆土呈斜坡状；台体东壁夯土剥落成底大顶尖的陡坡状，坍塌厚约 1 米，底部沙土堆积较厚；北壁较直呈长梯形，底部黄沙堆积较厚，上部基本平整，有雨水冲刷侵蚀的沟槽，整体损毁较轻；西壁夯土剥落，凹凸不平，表面有风蚀孔洞和鸟窝洞穴等；南壁与长城墙体顶部坍塌风化成斜坡状。台体底部南北外凸，东西 18、南北 11 米，顶部北高南低，东西 10、南北 4 米，高 8 米。夯层厚 14～18 厘米（彩图二二〇）。台体顶部散落有羊骨、鸡骨和黑釉瓷片、青绿釉瓷碗底残片及砖瓦残片等。

31. 青羊井村 9 号敌台（D146）

该敌台位于盐池县花马池镇青羊井村西南约 0.6 千米处，西北距青羊井村 10 号敌台 0.234 千米。台体用黄土夯筑而成，土质纯净。整体呈覆斗形，实心，四壁有收分。台体底部沙土堆积较高，坍塌损毁较轻；台体东、西壁保存较好，夯土剥落、雨水冲蚀损毁较轻，表面有风蚀孔洞及鸟窝洞穴等；北壁宽大呈梯形，夯土剥离较轻，雨水冲刷有凹槽及风蚀孔洞；南壁陡直，骑长城墙体而建，顶部高于长城墙体约 2.5 米，表面杂草生长较多；顶部中间高凸呈土垄状。台体底部南北外凸，东西 15、南北 11 米，顶部高凸不平，东西 10、南北约 9 米，高 9 米。夯层厚 13、16 厘米。

32. 青羊井村 10 号敌台（D147）

该敌台位于盐池县花马池镇青羊井村西南约 0.7 千米处，西北距青羊井村 11 号敌台 0.219 千米。台体依长城墙体外侧而建，黄土夯筑而成，呈覆斗形，实心；底部周围沙土堆积较高，坍塌风化损毁较轻；东壁陡直，北侧及东北角自上而下坍塌成凹槽，底部有啮齿类动物洞穴和夯土堆积，壁面上部及顶部被雨水冲蚀形成凹槽；北壁较直呈梯形，夯土剥落较轻，表面风蚀有孔洞，壁面中部及西北角生长有灌木，植物根系生长对台体破坏较严重；西壁底部有小窑洞；南壁与长城墙体顶部坍塌风化成陡坡。台体底部南北外凸，东西 20、南北约 15 米，顶部东西 9、南北 8 米，高约 9 米。夯层厚 13、15厘米（图一〇一）。

33. 青羊井村 11 号敌台（D148）

该敌台位于盐池县花马池镇青羊井村西南约 1 千米处，西北距青羊井村 12 号敌台 0.215 千米。台体骑长城墙体而建，黄土夯筑而成，凸出于长城墙体外侧。保存较好。台体高大，四周沙土堆积较厚，四壁坍塌损毁较轻；台体东、西壁陡直，西北角坍塌较重，自上而下因雨水冲刷侵蚀呈斜坡凹槽，表

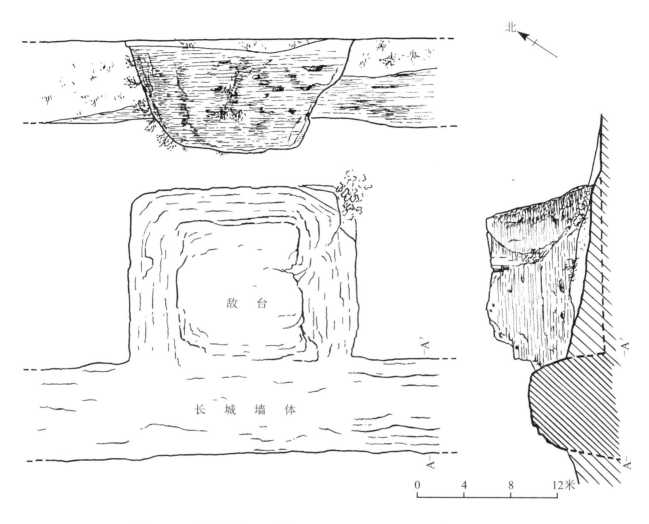

图一〇一 青羊井村10号敌台（D147）平、立面及长城墙体平、剖面图

面有风蚀孔洞和鸟窝洞穴等，底部被倒塌的夯土及沙土掩埋成斜坡状；北壁夯土剥落，有雨水冲刷的沟槽；顶部高低不平，生长有灌木，中间有红烧土痕迹和草木灰烬等。台体底部南北外凸，东西16、南北10米，顶部东西7、南北5米，高7米。夯层厚12、13厘米。

34. 青羊井村12号敌台（D149）

该敌台位于盐池县花马池镇青羊井村西南约1.2千米处，西北距青羊村13号敌台0.209千米。台体依长城墙体外侧而建，黄土夯筑而成，呈覆斗形，实心，四壁陡直有收分。台体四周沙土堆积较高，东壁保存较好，夯土剥落损毁较轻，有风蚀孔洞和鸟巢洞穴等，台体东南角与长城墙体接合部位因沙土堆积呈斜坡状；北、西壁被沙土掩埋。台体犹如坐落在沙丘围成的圆坑内，夯土剥落较轻。台体底部东西约13、南北15米，顶部基本平整，边长5米，高7米。夯层厚13~17厘米。

35. 青羊井村13号敌台（D150）

该敌台位于盐池县花马池镇青羊井村西南约1.3千米处，西北距茇茇沟村1号敌台0.2千米。台体依长城墙体而建，黄土夯筑而成，土质较硬，呈覆斗形，剖面呈梯形，凸出于长城墙体外侧，四壁有收分。保存较好。台体损毁较轻，四周沙土堆积较高，被沙土掩埋约2/3；东壁夯土剥落，有风蚀孔洞，底部有风蚀凹槽，表面及顶部灌木生长繁茂，植物根系生长对台体破坏严重；南壁夯土剥落，有雨水冲蚀凹槽，底部被黄沙掩埋；北壁基本平整，下半部被黄沙掩埋。台体底部东西约16、南北约13米，顶部东西6、南北4米，高约9米。夯层厚13、14厘米。

36. 苂苂沟村1号敌台（D151）

该敌台位于盐池县花马池镇苂苂沟村东南约1.1千米处，西北距苂苂沟村2号敌台0.208千米。台体依长城墙体外侧而建，黄土夯筑而成，土质纯净，呈覆斗形，实心，四壁有收分。保存较好。台体周围沙土堆积较高，地势高低不平，野草丛生。台体东壁陡直，夯土剥落，壁面凹凸不平，有较多的风蚀孔洞和雨水冲刷的沟槽，底部有夯土及沙土堆积；西壁夯土坍塌厚约1米，底部有啮齿类动物的洞穴；北壁呈长梯形，上部夯土剥落严重，底部被雨水冲刷成陡坡，有雨水冲蚀的沟槽和风蚀孔洞；南壁与长城墙体顶部塌落成斜坡状。台体底部南北外凸，东西17、南北12米，顶部基本平整，东西约10、南北4米，高约9米。夯层厚12、14、16厘米。周围地表散落有少量砖瓦残块、黑釉瓷罐底残片、浅褐釉瓷片、青白釉瓷碗底残片、青花瓷碗口沿残片和黄绿釉、外青釉内褐釉瓷罐口沿残片、青釉瓷缸口沿残块及酱釉瓷蒺藜残块等。

标本D151:1，灰白釉瓷碗底残片。存底部。弧腹，下腹略垂，圈足，足外撇。浅灰胎，灰白釉，内底有宽涩圈，外壁下腹及圈足无釉。底径6、高3.2、足高0.6厘米（图一〇二:1；彩图二一三）。

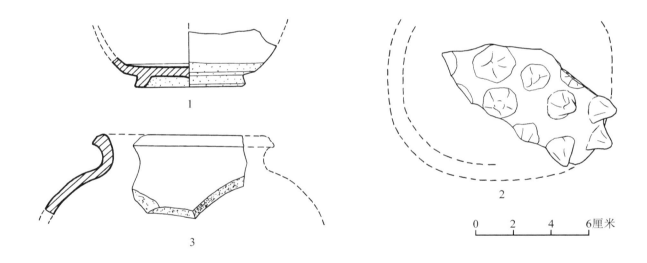

图一〇二　苂苂沟村1号敌台（D151）遗物标本
1. 灰白釉瓷碗底残片（D151:1）　2. 酱釉瓷蒺藜残块（D151:2）　3. 黄绿釉瓷罐口沿残片（D151:3）

标本D151:2，酱釉瓷蒺藜残块。圆球形，空腹，外壁捏接有乳丁状的锥形尖刺。尖刺残存9根。夹砂浅灰胎，表面施酱釉，表面施釉不到底。直径约12、壁厚0.8厘米（图一〇二:2；彩图二一四）。

标本D151:3，黄绿釉瓷罐口沿残片。卷沿，圆肩，肩部以下残。夹砂灰胎，器表施黄绿釉，内施棕褐釉。口径9.9、高4.6厘米（图一〇二:3；彩图二一五）。

37. 苂苂沟村2号敌台（D152）

该敌台位于盐池县花马池镇苂苂沟村东南约0.9千米处，西北距苂苂沟村3号敌台0.206千米。台体用黄土夯筑而成，土质纯净，呈覆斗形，实心，凸出于长城墙体外侧，四壁有收分。保存一般。台体被坍塌的夯土及沙土掩埋约1/2；南壁坍塌厚约1～3米，壁面损毁严重；北壁呈斜梯形，底部沙土堆积较高，上部夯土风化剥蚀较严重，有风蚀孔洞；东壁呈长梯形，底部沙土堆积较厚，壁面陡直有雨水冲刷的沟槽和风蚀孔洞；西壁与长城墙体顶部坍塌风化成斜坡状。台体底部东西外凸，东西约8、南北约14米，顶部东高西低，东西约5、南北约10米，高约9米。夯层厚11、12、14厘米。

38. 荕荕沟村3号敌台（D153）

该敌台位于盐池县花马池镇荕荕沟村东南约0.7千米处，西北距荕荕沟村4号敌台0.205千米。台体用黄土夯筑而成，被沙土及坍塌的夯土掩埋约1/3；东壁上部坍塌、风蚀、雨水冲蚀较重，壁面凹凸不平，有较宽的水蚀沟槽；北壁夯土块状剥离，有风蚀孔洞和水蚀沟槽等，底部夯土堆积成陡坡形；西壁立面呈长梯形，夯土剥落，坍塌损毁严重，上部有风蚀孔洞及鸟窝洞穴，顶部基本平整；南壁与长城墙体顶部坍塌成断崖状。台体底部南北外凸，东西14、南北11米，顶部北高南低，东西约5、南北7米，高6米。夯层厚13厘米（彩图二二一）。周围地表散布有黑釉瓷罐残片、泥质灰陶罐残片、夹砂黑釉瓷罐口沿残片、青釉瓷碗残片、灰色陶板瓦残片及黑褐釉瓷缸残片等。

39. 荕荕沟村4号敌台（D154）

该敌台位于盐池县花马池镇荕荕沟村东南约0.6千米处，西北距荕荕沟村5号敌台0.21千米。台体用黄土夯筑而成，呈覆斗形，实心，四壁有收分。保存一般。台体坍塌损毁较严重，底部沙土堆积较厚；东壁呈梯形，壁面凹凸不平，损毁严重，有多处水蚀沟槽；北壁呈梯形，夯土坍塌剥离较严重，上部坍塌严重，有水蚀凹槽和风蚀孔洞，底部沙土堆积较厚；西壁上部北侧坍塌成斜坡，表面有风蚀孔洞，底部被沙土掩埋，有啮齿类动物的洞穴等；顶部高于长城墙体约3米。台体底部南北外凸，东西15、南北11米，顶部坍塌不规则，边长约5米，高8米。夯层厚11、14厘米。周围地表有黑釉瓷罐残片、夹砂黑釉瓷罐口沿残片、青釉瓷碗底残片、黑褐釉瓷缸口沿残片及青花瓷碗残片等。

40. 荕荕沟村5号敌台（D155）

该敌台位于盐池县花马池镇荕荕沟村南约0.5千米处，西北距荕荕沟村6号敌台0.206千米。台体依长城墙体外侧而建，黄土夯筑而成，呈覆斗形。台体东壁坍塌较重，被雨水冲蚀坍塌为宽约7、内凹约5米的斜坡凹槽，底部夯土堆积成斜坡状；北壁陡直平整呈梯形，夯土剥落较轻，有雨水冲刷的浅凹槽，壁面上部生长杂草，表面有风蚀孔洞，底部有啮齿类动物的洞穴；西南角与长城墙体接合部位坍塌，有水蚀沟槽；南壁与长城墙体顶部坍塌风化成凹凸不平的斜坡状。台体底部南北外凸，边长11米，顶部损毁严重，东西约5、南北约3米，高约8米。夯层厚19、20厘米。周围沙土堆积较厚，荕荕草生长茂密。

41. 荕荕沟村6号敌台（D156）

该敌台位于盐池县花马池镇荕荕沟村南约0.4千米处，西北距荕荕沟村7号敌台0.209千米。台体骑长城墙体而建，黄土和红沙土分层夯筑而成，土质纯净，呈覆斗形，实心，凸出于墙体外侧，四壁有收分。保存基本完整。台体底部被沙土掩埋约1/3，周围地表荕荕草生长茂密，整体坍塌风化成土丘状；东壁风蚀坍塌，被雨水冲刷凹凸不平，有较宽的水蚀沟槽，底部有风蚀凹槽；北壁立面呈梯形，夯土剥落凹凸不平，有风蚀孔洞和水蚀凹槽等；西壁底部沙土堆积成斜坡状，夯土剥落有雨水冲刷的沟槽；南壁与长城墙体顶部坍塌成陡坡形，东南角与长城墙体接合部位有3米宽的冲沟豁口。台体底部南北外凸，东西12、南北约9米，顶部凹凸不平，东西4、南北约6米，高8米。夯层厚8、14厘米。周围地表散布有黑釉瓷罐残片、泥质灰陶罐残片、夹砂黑釉瓷罐口沿残片、青釉瓷碗底残片、灰色陶板瓦残片和黑褐釉瓷缸口沿残片等。

42. 苤苤沟村 7 号敌台（D157）

该敌台位于盐池县花马池镇苤苤沟村南约 0.4 千米处，西北距苤苤沟村 8 号敌台 0.203 千米。台体依长城墙体而建，黄土夯筑而成，呈覆斗形，实心，四壁有收分。保存一般。台体东壁及东南角被雨水冲蚀垮塌严重，东壁被雨水冲毁有宽约 7、斜高约 6 米的陡坡沟槽，东壁北部有风蚀孔洞及鸟巢洞穴等，根部有风蚀凹槽等；北壁呈梯形，夯土坍塌剥落严重，有较多的风蚀孔洞；西壁及西南角坍塌损毁较严重，有较宽的冲沟凹槽和风蚀孔洞等；顶部西高东低，坍塌风蚀不规则。台体底部南北外凸，东西 15、南北约 12 米，顶部东西约 7、南北约 2 米，高约 9 米。夯层厚 11、14 厘米。周围地表散布有少量残砖碎瓦、白釉瓷片及青花瓷片等。

43. 苤苤沟村 8 号敌台（D158）

该敌台位于盐池县花马池镇苤苤沟村南约 0.4 千米处，西北距苤苤沟村 9 号敌台 0.205 千米。台体依长城墙体而建，黄土和红土分层夯筑而成，呈覆斗形，凸出于长城墙体外侧，四壁有收分。保存较好，形制基本完整。台体东壁呈梯形，夯土剥落凹凸不平，有雨水冲刷形成的水蚀沟槽和风蚀孔洞，底部有风蚀凹槽，东南角与长城墙体接合部位被雨水冲刷坍塌有 3 米宽的斜坡凹槽；北壁较直呈梯形，夯土剥落，有风蚀孔洞和雨水冲刷的沟槽等，底部有风蚀凹槽和塌落的夯土堆积；西壁立面呈梯形，夯土剥离，有风蚀孔洞和鸟巢洞穴，西北角底部坍塌成凹腰形，西南角与长城墙体接合部位被沙土掩埋成斜坡状。台体底部东西 15、南北 13 米，顶部基本平整，东西 9、南北 8 米，高 11 米。黄土夯层厚 11、13、16 厘米，红沙土夯层厚 5 厘米（彩图二二二、二二三）。

44. 苤苤沟村 9 号敌台（D159）

该敌台位于盐池县花马池镇苤苤沟村西约 0.5 千米处，西北距苤苤沟村 10 号敌台 0.205 千米。台体依长城墙体外侧而建，黄土夯筑而成，呈覆斗形，实心，四壁有收分。保存较好。台体东壁陡直呈梯形，壁面夯土块状塌落，有风蚀孔洞和鸟窝洞穴等，底部夯土堆积较厚，东北角垮塌成陡坡凹槽，东南角与长城墙体接合部位被雨水冲刷成斜坡沟槽；北壁较直呈梯形，夯土剥离，表面凹凸不平，有风蚀孔洞，底部堆土较厚；西壁剖面呈梯形，夯土呈块状塌落，有风蚀孔洞，底部沙土堆积较厚。台体顶部高于墙体约 2 米。台体底部南北外凸，东西 18、南北 14 米，顶部基本平整，东西 9、南北 7 米，高约 11 米。夯层厚 16 厘米。

45. 苤苤沟村 10 号敌台（D160）

该敌台位于盐池县花马池镇苤苤沟村西约 0.7 千米处，地处丘陵平滩地，西北距苤苤沟村 11 号敌台 0.203 千米。台体依长城墙体外侧而建，黄土夯筑而成，土质纯净，夯土较硬，夯打结实，呈覆斗形，实心，四壁有收分。台体宽大，形制基本完整，损毁较轻。台体东、西壁剖面呈梯形，雨水冲刷侵蚀形成冲沟凹槽和风蚀孔洞，底部有坍塌的夯土堆积；北壁呈长梯形，夯土剥落凹凸不平；南壁高于长城墙体 3 米，坍塌风蚀成陡坡状。台体底部南北外凸，东西 20、南北 12 米，顶部基本平整，东西 11、南北 7 米，高约 9 米。夯层厚 15、17 厘米（彩图二二四、二二五）。周围地表散布有黑釉瓷罐残片、泥质灰陶罐残片、夹砂黑釉瓷罐口沿残片、青釉瓷碗残片、灰色陶板瓦残片及黑褐釉瓷缸残片等。

46. 苤苤沟村 11 号敌台（D161）

该敌台位于盐池县花马池镇苤苤沟村西约 0.9 千米处，西北距苤苤沟村 12 号敌台 0.211 千米。台体依长城墙体而建，黄土和红土分层夯筑而成，土质纯净，呈覆斗形，实心，平面呈长方形，剖面呈梯形，四壁有收分。台体宽大，东壁呈长梯形，东南角与长城墙体接合部位被取土挖毁，底部有两孔小窑洞，窑洞之间有门互通，窑洞内东西进深 2.5~3、南北宽 2 米；北壁呈长梯形，夯土剥落严重，有较宽的沟槽、风蚀孔洞及鸟窝洞穴等，底部有塌落的夯土堆积；北壁底部有两孔窑洞，窑洞之间有门互通，东侧窑洞门高2、宽1.1米，西侧窑洞门高1.7、宽1米，南北进深2、东西宽2、顶高2米；西壁剖面呈梯形，上部有风蚀孔洞，底部有塌落的夯土堆积。台体底部南北外凸，东西18、南北14米，顶部基本平整，东西11、南北10米，高8米。夯层厚11、19厘米。周围地表散布有黑釉瓷罐残片、泥质灰陶罐残片、夹砂黑釉瓷罐口沿残片、青釉瓷碗残片、灰色陶板瓦残片及黑褐釉瓷缸残片等。

47. 芨芨沟村12号敌台（D162）

该敌台位于盐池县花马池镇芨芨沟村西约1.1千米处，西北距芨芨沟村13号敌台0.198千米。台体用黄土夯筑而成，夯土内夹杂有碎石，呈覆斗形，实心。台体东壁坍塌严重，有宽约7、斜高约5米的斜坡凹槽；北壁东侧坍塌严重，底部有小窑洞；西壁窑洞坍塌，壁面夯土块状崩裂塌落，底部被倒塌的夯土堆积成斜坡；南壁与长城墙体顶部坍塌成斜坡状；顶部东半部塌毁严重，西半部基本平整。台体底部东西13、南北11米，顶部东西5、南北7米，高8米。夯层厚14～17厘米。周围地表散落有少量酱白釉瓷碗残片及浅黄褐釉瓷罐口沿残片等。

标本D162:1，浅黄褐釉瓷罐口沿残片。卷沿，圆肩，肩部以下残。夹砂土黄胎，表面施浅黄褐釉。口径16.2、高5.8厘米（图一〇三；彩图二一六）。

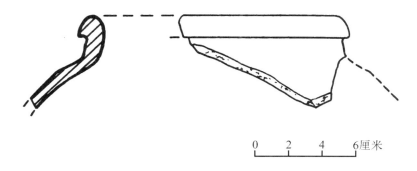

0 2 4 6厘米

图一〇三 芨芨沟村12号敌台（D162）文物标本

浅黄褐釉瓷罐口沿残片（标本D162:1）

48. 芨芨沟村13号敌台（D163）

该敌台位于盐池县花马池镇芨芨沟村西约1.3千米处，西北距芨芨沟村14号敌台0.208千米。台体依长城墙体外侧而建，黄土夯筑而成，呈覆斗形，实心，剖面呈梯形，凸出于长城墙体外侧，四壁有收分。保存较差。台体四壁坍塌风化成斜坡状，被雨水冲刷侵蚀成土丘，表面芨芨草生长茂盛。台体底部东西约15、南北约12米，顶部东西约2、南北约3米，高6米。夯土酥碱严重，夯层模糊不清。周围地表散布有少量黑釉瓷罐残片、泥质灰陶罐残片、夹砂黑釉瓷罐口沿残片、青釉瓷碗残片、灰陶板瓦残片及黑褐釉瓷缸残片等。

49. 芨芨沟村14号敌台（D164）

该敌台位于盐池县花马池镇芨芨沟村西北约1.5千米处，西北距芨芨沟村15号敌台0.202千米。台体用黄土夯筑而成，呈覆斗形，实心，凸出于长城墙体外侧，四壁陡直有收分。保存较差。台体坍塌损毁严重，四壁被雨水冲蚀风化成缓坡，整体略呈土丘状，表面生长杂草。台体底部东西约14、南北约10米，顶部风化成圆弧形，东西约3、南北约2米，高约5米。夯层厚14厘米。周围地表散布有黑釉瓷罐口沿残片、泥质灰陶罐残片、青釉瓷碗残片、灰色陶板瓦残片、黑褐釉瓷缸口沿残片及少量白釉瓷片等。

50. 苨苨沟村 15 号敌台（D165）

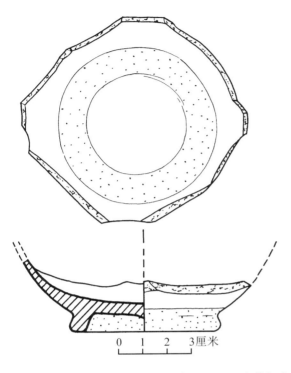

图一〇四　苨苨沟村 15 号敌台（D165）文物标本
白釉青酱釉瓷碗底残片（D165：1）

该敌台位于盐池县花马池镇苨苨沟村西北约 1.7 千米处，西北距苨苨沟村 16 号敌台 0.208 千米。台体用黄土夯筑而成，呈覆斗形，凸出于长城墙体外侧。保存一般。台体东壁有两孔小窑洞，窑洞门高 1～1.6、宽 0.8～1.1 米，洞进深 2.5～3、南北宽 2 米，东北角坍塌较重，有雨水冲刷形成的冲沟凹槽，东南角与长城墙体接合部位被取土挖毁；北壁陡直呈梯形，坍塌厚约 2 米，上部有多处宽裂缝；西壁陡直平整呈梯形，有雨水冲蚀的冲沟凹槽和风蚀孔洞；南壁与长城墙体顶部坍塌成断崖状，底部有两孔小窑洞。台体底部东西约 10、南北 11 米，顶部基本平整，东西 5、南北 9 米，高约 8 米。夯层 16、18、20 厘米。周围地表散布有黑褐釉瓷片、白釉青酱釉瓷碗底残片及灰陶板瓦残片等（彩图二二六）。

标本 D165：1，白釉青酱釉瓷碗底残片。残圈足底，斜弧腹，内底微塌，足心有鸡心丁。浅黄胎，内白釉，外壁上部施白釉，近底施一圈青酱釉纹带，内底有涩圈。底径 6.5、高 3.3、足高 0.8 厘米（图一〇四；彩图二一七）。

51. 苨苨沟村 16 号敌台（D166）

该敌台位于盐池县花马池镇苨苨沟村西北约 2 千米处，西北距苨苨沟村 17 号敌台 0.204 千米，南距苨苨沟村烽火台约 1 千米。台体依长城墙体而建，黄土夯筑而成，呈覆斗形，实心，凸出于长城墙体外侧。台体东、西壁坍塌损毁严重，被雨水冲刷、风蚀成斜坡。台体内部行夯较轻，夯打不结实，土质较疏松；外部夯土相对较硬，夯打结实，表面生长较多的苨苨草。北壁宽大，东西两侧坍塌严重，上部坍塌风蚀成圆弧形，表面有风蚀孔洞，底部有坍塌的夯土堆积，野草生长繁茂；南壁与长城墙体顶部坍塌成北高南低的漫坡。台体底部南北凸出，东西 15、南北约 13 米，顶部东西约 7、南北约 6 米，高约 8 米。夯层厚 14、18、24 厘米。周围地表散布有少量的黑釉瓷片及青花瓷片等。

52. 苨苨沟村 17 号敌台（D167）

该敌台位于盐池县花马池镇苨苨沟村西北约 2.2 千米处，西北距苨苨沟村 18 号敌台 0.207 千米，南距苨苨沟村烽火台约 1.2 千米。台体依长城墙体而建，黄土夯筑而成，土质纯净，呈覆斗形，实心，凸出于长城墙体外侧。保存较好，形制基本完整。台体东壁较直呈梯形，夯土片状剥离严重，有三孔小窑洞，门洞高分别为 0.8、1.4、宽 0.6、洞进深 2.5～3、南北宽 2、顶高 2 米，有较多的野蜂巢穴、鸟窝洞穴、风蚀孔洞和雨水冲刷的水蚀凹槽等；北壁陡直呈梯形，夯土剥落较轻，壁面中部有窑洞窗口，壁面高处有鸟巢洞穴，有雨水冲刷形成的水蚀凹槽等；西壁陡直，底部沙土堆积较厚，上部雨水冲刷严重，有较宽的水蚀凹槽及风蚀孔洞；南壁与长城墙体顶部坍塌损毁严重；顶部基本平整，生长有低矮的杂草。台体底部边长 12 米，顶部东西 7、南北 8 米，高 8 米。夯层厚 10～15 厘米。周围地表散布有黑釉瓷片及少量的青砖残块等。

53. 芨芨沟村 18 号敌台（D168）

该敌台位于盐池县花马池镇芨芨沟村西北约 2.3 千米处，西北距英雄堡村 1 号敌台 0.21 千米，南距芨芨沟村烽火台约 1.4 千米。台体依长城墙体而建，黄土和红土分层夯筑而成，呈覆斗形，实心。保存一般。台体南壁夯土片状剥离，有多处裂缝和雨水冲刷的沟槽，底部有两孔小窑洞；东壁底部正中有小窑洞，窑洞边侧有狗窝洞等；北壁陡直呈梯形，夯土片状剥离，有雨水冲刷的沟槽和宽裂缝等；西壁与长城墙体接合部位坍塌成陡坡状，底部沙土堆积较厚；顶部较平整，表面生长有灌木和芨芨草等。台体底部东西外凸约 9、南北 12 米，顶部东西约 6、南北约 4 米，高约 7 米。夯层厚 9~12 厘米。周围散布有黑釉瓷罐残片、泥质灰陶罐残片、夹砂黑釉瓷罐口沿残片、青釉瓷碗残片、灰色陶板瓦残片及黑褐釉瓷缸残片等。

三 安定堡段明长城墙体沿线铺舍（P02~P05）

1. 毛家庄村 1 号铺舍（P02）

该铺舍位于盐池县王乐井乡毛家庄村长城（D133~D134）墙体北侧 0.15 千米处，西北距毛家庄村 2 号铺舍约 0.9 千米、距毛家庄村 7 号敌台 0.27 千米，东南距安定堡约 2.6 千米，当地称为"四铺战台"。保存较差。台体呈覆斗形，夯筑而成，内部青砖砌筑窑洞式砖室，窑顶为拱形；窑室平面呈半椭圆形，后壁为半圆形。台体底部东西 13、南北 11 米，顶部边长 8 米，高约 6 米。夯层厚 11、12 厘米。窑洞砌筑在台体内部，坐北朝南，东西 2.5、南北进深 4.5 米。台体四周被倒塌的夯土和残砖堆积成斜坡，窑室外部用黄土夯筑，条砖包筑，包砖厚 1 米，顶部用砖平铺封顶。台体四壁及窑室墙砖被拆毁，上部东西两侧坍塌成土垄状。台基夯层厚 17、19 厘米。

铺舍四周有围墙。北墙与长城墙体平行，方向北偏东 30°。包砖被拆毁，仅存墙基和碎砖等。围墙边长 20、高 0.3~0.5、底宽 2 米。门向不明（彩图二二七）。

2. 毛家庄村 2 号铺舍（P03）

该铺舍位于盐池县王乐井乡毛家庄村长城（D136~D137）墙体内侧，北距长城墙体 0.01 千米，西北距青羊井村 1 号铺舍约 0.8 千米、距毛家庄村 10 号敌台 0.034 千米，当地称为"六铺战台"。保存较差。台体呈覆斗形，内置窑洞式砖室，窑室外部用黄土和红沙土夯筑加固成台体，用条砖包砌，厚 1 米，青砖平铺封顶。台体包砖、窑洞墙砖及顶部券顶砖被拆毁。台体底部边长 9、顶部边长 7、高 4 米。夯层厚 11、12、17 厘米。四周有倒塌的夯土和砖堆积。铺舍坐北朝南，平面呈半椭圆形，窑室内宽 2.5、进深 4.5 米。

铺舍四周有围墙，铺舍位于围墙中部。以东墙为基轴，方向北偏东 30°。围墙边长 20 米。墙体用黄土夯筑而成。门向不明。墙体底宽 2、高 0.2~0.3 米，北墙与长城墙体平行。铺舍周围散布有明代夹砂灰胎内酱釉外黑釉、夹砂灰胎内酱釉外青釉粗瓷片、灰胎酱黄釉瓷缸残片、灰胎黑釉粗瓷片、筒瓦及板瓦残片等（彩图二二八）。

3. 青羊井村 1 号铺舍（P04）

该铺舍位于盐池县花马池镇青羊井村南约 1.7 千米的青羊井村长城（D140~D141）墙体内侧，东距长城墙体 0.03 千米，西北距青羊井村 4 号敌台 0.116 千米，当地称为"七铺战台"。保存较差。铺舍为窑洞式砖券结构，砖室窑洞建在覆斗形夯土台体内，坐东北朝西南。夯土台基四壁的包砖、窑洞墙砖及顶部券顶砖被炸毁（彩图二二九），仅存夯土部分。台基平面呈正方形，底部边长 10、顶部边长 7、高 4 米。铺舍东、西墙长 4、宽 1.5 米。夯层厚 15 厘米。

铺舍四周有围墙，黄土夯筑而成，仅存东墙基础痕迹。以东墙为基轴，方向北偏东 45°。东墙残存 10、底宽 2.5、高 0.7 米。夯层厚 14、20 厘米。门向不明。铺舍四周碎砖瓦堆积较多，地表散布有明代夹砂灰胎内酱釉外黑釉、夹砂灰胎内酱釉外青釉粗瓷片、灰胎酱黄釉瓷缸残片、灰胎黑釉粗瓷片和筒瓦及板瓦残片等。

4. 青羊井村 2 号铺舍（P05）

该铺舍位于盐池县花马池镇青羊井村长城（D144～D145）墙体内侧，北距长城墙体 0.022 千米，当地称为"八铺战台"。保存一般。铺舍夯筑台体原高 20、底宽 15 米，顶部四周有垛口，垛口之下开箭窗，每壁 3 孔。台体内分 3 层，底层为拱券形砖箍门洞直达北墙，进门开始有斜坡台阶踏步登至半腰，中间是穹隆顶空心室，室内正中有过道，沿墙四周修筑房屋，除北边留一通道外，其余每面 3 间，有小房屋 10 间，门皆向内开，窗向外开（即箭窗）。空心室东北角有踏步可登顶部，顶部铺砖，垛口砖砌。这座战台早年一直保存完整，1964 年兴修水利时将外部两层砖拆去使用，1968 年战台被炸毁，仅存 10 余米高的土筑台体。该铺舍东"深沟高垒"（头道边）墙体内侧还有 3 座战台，间距约 0.9 千米。形制与四铺、六铺战台相同。

铺舍夯土台呈覆斗形，内筑窑洞式砖室，砖室为拱顶，窑室平面呈半椭圆形，后壁平面呈圆弧形，四壁砖墙外为用黄土夯筑成的台体。铺舍坐北朝南，四壁砖墙及顶部券砖大多被炸毁。台体底部边长 13、顶部边长 10、高约 8 米，砖室夯土台基高 4 米。铺舍用青砖砌筑而成，东、西壁长 4、厚 0.6 米，铺舍半圆形拱券门洞宽 2.4 米，窑室宽 2.5、进深 5 米。铺舍砖墙外郭夯土壁厚 1.5、外壁护墙厚 1 米。台体四壁护墙砖和顶部墙砖被拆毁，四壁被倒塌的夯土和残砖掩埋约 1/2；四壁平整，有夯筑铲平台体壁面的痕迹。夯层清晰，夯层厚 13、14 厘米。

铺舍四周有围墙，黄土夯筑而成。以东墙为基轴，方向北偏东 60°。东墙长 30、高 1.2～2.7、底宽 2.5 米；南墙长 30、高 1.6～2.7、底宽 2.5 米。从墙体断面看，首先用灰礓土夯筑宽 1.1、夯层厚 11、12 厘米的夹心墙，然后再用黄土夯筑内外两侧墙体。夹心墙行夯较轻，土质较松软，外部夯土坚硬，夯打较为结实。西墙长 30、高 0.5～2.8、底宽 2.5、顶宽 0.5 米，墙体西北角保存较好；南墙中部辟门，宽不详，为缺口。北墙长 30、高 0.5～1.6、底宽 2.5、顶宽 0.5 米。围墙四周有壕沟，被沙土淤平。周围地表散布有夹砂灰胎内酱釉外黑釉、夹砂灰胎内酱釉外青釉粗瓷片、灰胎酱黄釉瓷缸残片、灰胎黑釉粗瓷片、筒瓦及板瓦残片等（彩图二三〇～二三六）。

四　安定堡段明长城墙体沿线烽火台（F11～F14）

安定堡段明长城墙体所属烽火台有 4 座，安定堡村 1～3 号烽火台（F11～F13）位于头道边墙体外侧地势较高、视野开阔的梁峁上，荩荩沟村烽火台（F14）位于墙体内侧。

1. 安定堡村 1 号烽火台（F11）

该烽火台位于盐池县王乐井乡安定堡东南约 1 千米的梁峁上，所处地势较高，视野开阔，当地称为"高记墩"（明代称"高粱墩"），西距长城墙体约 0.66 千米，西北距安定堡村 2 号烽火台 0.527 千米。台体用黄土夯筑而成，呈覆斗形，实心。以东壁为基轴，方向正南北。保存一般。台体东壁立面陡直呈梯形，底部有窑洞，东南角塌落严重，底部有 2 米高的夯土堆积，南侧有宽裂缝；南壁陡直，西侧有小窑洞，东南角有坍塌，底部堆土高约 3 米；西壁立面陡直呈梯形，底部南北两侧有小窑洞，壁面中部自上而下有一道宽裂缝；北壁陡直，立面呈梯形，夯土片状剥落，夯层清晰，表面有黑色霉斑苔藓；顶部凹凸不平，西高东低。台体底部东西 12、南北 13 米，顶部东西 5、南北 4 米，高约 9 米。夯层厚 18、20 厘米（图一〇五；彩图二三七）。四周地散布有明代青花、白釉、青釉、黑釉瓷片、夹砂红陶碗底残片及灰陶板瓦残片等。

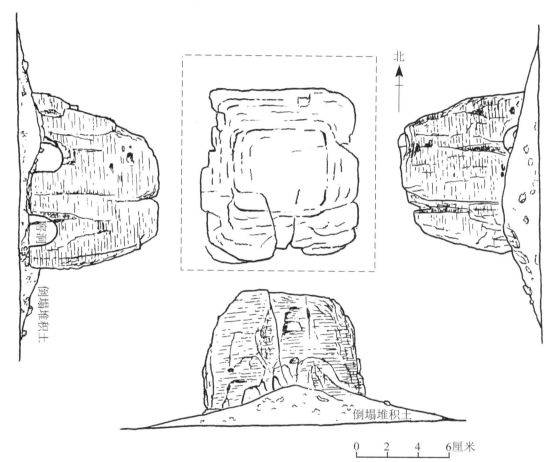

图一〇五 安定堡村 1 号烽火台（F11）平、立面图

2. 安定堡村 2 号烽火台（F12）

该烽火台位于盐池县王乐井乡安定堡东南约 0.7 千米的丘陵梁峁上，所处地势较高，视野开阔，当地称"何家墩"，西距长城墙体约 0.3 千米，东南距安定堡村 1 号烽火台 0.527 千米。台体用黄土夯筑而成，呈覆斗形，实心，有围墙。以东壁为基轴，方向正南北。保存较好，基本完整。台体东壁立面呈长梯形，壁面陡直，基本平整，夯土剥落损毁较轻，壁面上部有雨水冲刷形成的沟槽；南壁呈长梯形，夯土剥落，有风蚀孔洞和雨水冲刷形成的水蚀凹槽等，西南角底部夯土块状塌落，向内凹进；西壁陡直，立面呈长梯形，夯土剥落，凹凸不平，有风蚀孔洞和鸟窝洞穴及雨水冲刷形成的水蚀沟槽等，南侧底部有小窑洞，西南角夯土块状塌落；北壁陡直，呈长梯形，壁面基本平整，表面有黑色霉斑苔藓，西侧底部有小窑洞；顶部基本平整。台体底部东西 17、南北 16 米，顶部东西 9、南北 10 米，高 8 米。夯层厚 18、20 厘米。

台体围墙夯筑而成。东墙长 34 米，略呈断断续续的鱼脊状，高 0.5、底宽 1.5 米；南墙长 37

米，坍塌损毁严重，高 0.7 ~ 1.2、底宽 1.5 米；西墙长 34、高 0.7 米，西北角高 0.2 ~ 0.3、底宽 1.5 米；北墙长 37、高 0.4、底宽 1 米。门向南开，位于南墙中部，宽不详。四周地表散布有明代青花瓷片，白釉瓷碗残片，青釉、黑釉瓷片，夹砂红陶碗底残片及灰陶板瓦残块等（图一〇六；彩图二三八）。

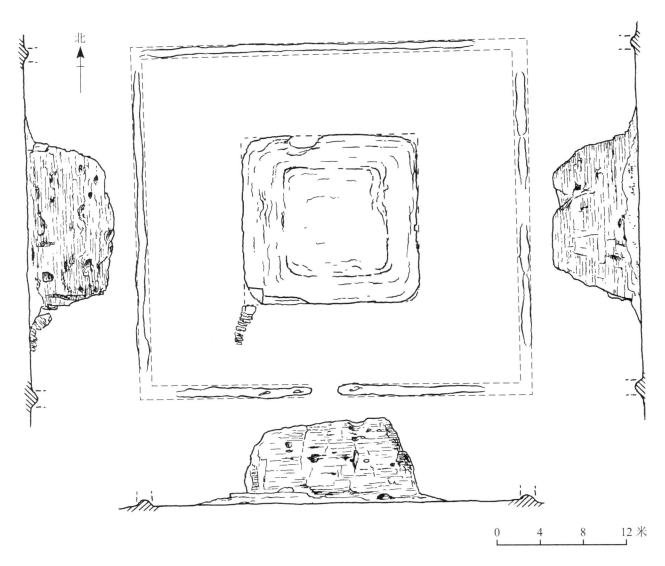

图一〇六　安定堡村 2 号烽火台（F12）平、立面图

3. 安定堡村 3 号烽火台（F13）

该烽火台位于盐池县王乐井乡安定堡村东北约 1.8 千米，安定堡西北 0.6 千米的梁峁上，所处地势较高，视野开阔，当地称为"料马墩"（明代称为"瞭马山墩"），东南距安定堡村 6 号敌台 0.64 千米。台体用黄土夯筑而成，土质纯净，夯打较结实，呈覆斗形，实心。四周有夯土围墙，以东墙为基轴，方向北偏东 25°。保存较好，形制基本完整。台体东壁立面陡直呈梯形，壁面夯土剥落，雨水冲刷严重，有水蚀凹槽和裂缝，顶部被雨水冲刷成北高南低的斜坡，底部有夯土堆积；南壁陡直呈梯形，西南角上部坍塌残缺，壁面有风蚀孔洞和裂缝；西壁立面陡直呈梯形，壁面有风蚀孔洞，西北角上部

坍塌成内收的斜坡台面；北壁陡直呈梯形，壁面夯土剥落厚约 1 米。台体底部边长 15、顶部边长 6、高 9 米。夯层厚 18、20 厘米。

　　台体围墙用红沙土和黄土分层夯筑而成，夯层厚 10、15 厘米。东、南、北墙外侧地势较低，低于内侧地面约 1.6 ~ 2 米。南、北墙长 30、高 1.4 ~ 2、底宽 2 米；东、西墙长 26 米，保存较差，高 0.6 ~ 1.5、西北角高 0.5 ~ 1.1、底宽 2 米；南墙保存相对较好，高 1.4 ~ 2 米。门开在南墙中部，宽不详（图一〇七；彩图二三九、二四〇）。

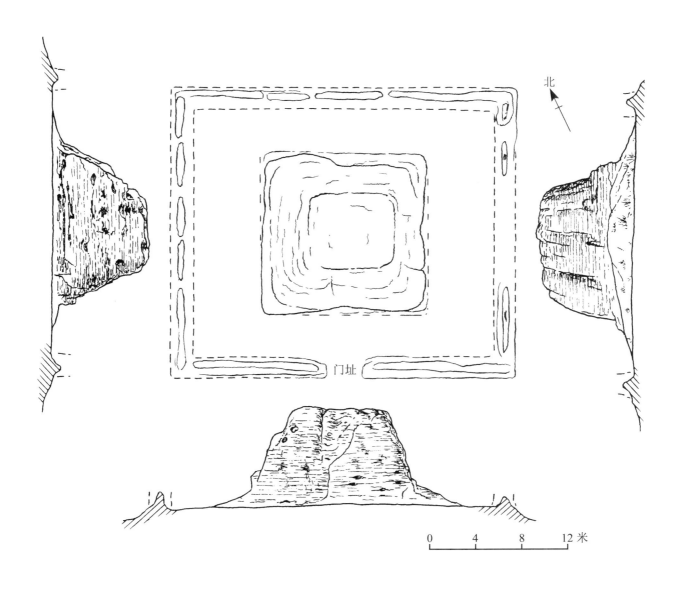

图一〇七　安定堡村 3 号烽火台（F13）平、立面图

　　四周地表散布有明代青花瓷碗底残片、青釉瓷碗残片、夹砂米黄胎黑褐釉瓷缸残片、褐釉黑釉瓷片及青砖等。

　　标本 F13:1，青花瓷碗底残片。圈足底，内底绘青花蕉叶纹图案，外底心有草书"大明年造"款识。底径 2.9、高 1.1、足高 0.6 厘米（图一〇八；彩图二四一）。

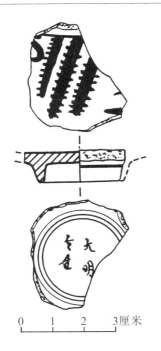

图一〇八　安定堡村 3 号烽火台（F13）文物标本
青花瓷碗底残片（标本 F13:1）

4. 苁苁沟村烽火台（F14）

　　该烽火台位于盐池县花马池镇苁苁沟村西南约 2 千米，地处丘陵平滩地，视野开阔，当地称为"毛家墩"，北距长城墙体约 0.1 千米。台体用黄土夯筑而成，土质纯净，呈覆斗形，实心。方向正南北。保存较差。台体坍塌损毁开裂严重，四壁坍塌成垂直的方柱形。台体东壁陡直，立面呈窄梯形，有 1~2 米宽的沟槽，底部夯土堆积较厚；西、南壁开裂坍塌较严重，濒临分体倒塌的危险，南壁陡直，立面呈梯形，东南角坍塌损毁严重，裂缝较多；西壁南半部坍塌损毁较重，有较多的宽裂缝底部风蚀凹进，濒临坍塌；顶部高低错落。台体底部东西 8.5、南北 8 米，顶部东西 6、南北 3 米，高 8 米。夯层厚 15、17 厘米（图一〇九；彩图二四四、二四五）。四周地表散布明代青花碗底瓷片、白釉瓷碗底残片、陶纺轮及夹砂米黄胎黑褐釉瓷缸残片等。

　　标本 F14:1，白釉瓷碗底残片。圈足残底，残半，内白釉，外壁白釉上红彩绘花叶纹图案。底径 6.3、高 2.6、足高 1 厘米（图一一〇:1；彩图二四二）。

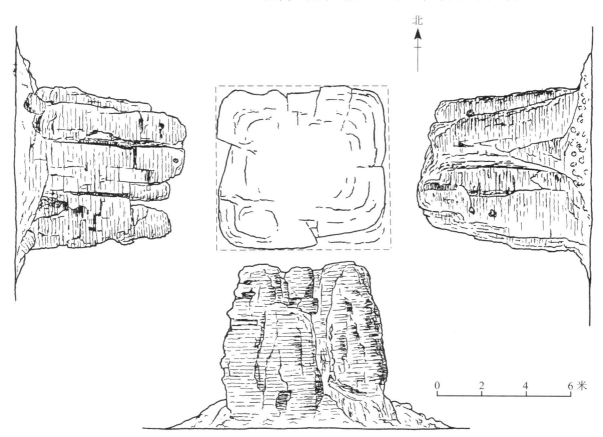

图一〇九　苁苁沟村烽火台（F14）平、立面图

标本 F14：2，陶纺轮。灰陶板瓦打磨而成，扁圆形，边缘较粗，中心有一直径约 0.5 厘米的穿孔。直径 4.3~4.9、厚 1.6 厘米（图一一〇：2；彩图二四三）。

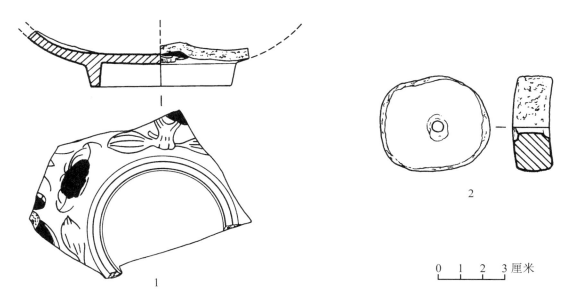

图一一〇 芨芨沟村烽火台（F14）文物标本

1. 白釉瓷碗底残片（标本 F14：1） 2. 陶纺轮（标本 F14：2）

五 安定堡

1. 位置与现状

安定堡位于盐池县城西北 25 千米王乐井乡安定堡村，东、北、西三面被长城环绕，所处地势较低，有较多的固定沙丘（彩图二四六）。地表草原带沙生植被属中亚白草群落及油蒿群落，有猫头刺、黑沙蒿、沙蒿白草、苦豆子、枝儿条、黄草刺、甘草。

据《嘉靖宁夏新志》卷 3 "宁夏后卫" 之 "领堡寨三" 载："安定堡，在城西六十里。分后千户所官吏、印信，皆在此，兵马五百员名，操守官一员，掌所官一员。"[1]

安定堡平面呈长方形，周长 1417 米，面积 122071 平方米。由主城和瓮城两部分构成，堡门开在南墙中部，瓮城位于主城南墙外部（图一一一；彩图二四七），瓮城东、西墙依堡南墙夯筑而成，门开在东墙中部。堡墙、角台及马面用黄土夯筑而成，堡内地面高于堡外地面，地势东高西低，东南角地势相对较高；堡内遍布碎砖瓦，房屋基址被挖毁，杂草生长茂密；堡外壕堑宽约 8 米，大多被沙土淤平，仅存痕迹。堡坐北向南，以东墙为基轴，方向北偏东 10°。保存一般。堡墙、角台、北墙马面保存较好，堡门及瓮城门损毁不存，人为破坏较为严重。墙体内壁无包砖，外侧包砖被拆毁；墙体有坍塌，风雨侵蚀有较多的冲沟豁口，夯土酥碱严重，根部风蚀凹进，外壁有较多风蚀孔洞。堡东南山梁上有安定堡村 1 号、2 号烽火台，西北 0.6 千米山梁上有安定堡村 3 号烽火台（彩图二四八）。堡墙、城门、角台、马面、瓮城调查情况分述如下。

---

[1] （明）胡汝砺编、（明）管律重修、陈明猷校勘：《嘉靖宁夏新志》卷 3，宁夏人民出版社，1982 年，第 242 页。

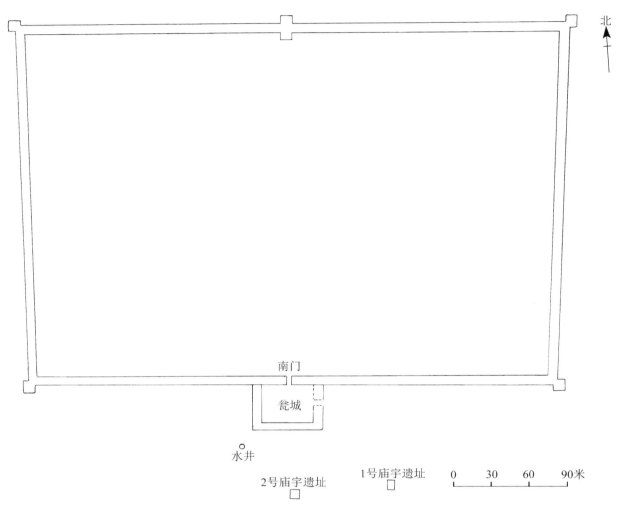

图一一一　安定堡城址平面图

2. 平面形制

（1）堡墙

东墙长 293 米，高 4 米。夯土风化酥碱严重，略呈斜坡形土梁，墙体外侧有大量的碎砖，夯层厚 12、15 厘米；有四处豁口，其中较大的豁口有两处，中部豁口宽 8 米，另一处豁口宽 4 米，其余两处豁口宽 2 米。

南墙长 409 米，高 5 米。顶部基本平整，宽 3.5～5 米，墙体坍塌严重，内侧被倒塌的夯土及沙土掩埋成斜坡状；墙体用黄土夯筑而成，内有夹层砖，夯层厚 12、14、15 厘米。

西墙长 286 米。保存较好。墙体内侧被倒塌的夯土及沙土掩埋成斜坡状；顶部外高内低，宽 3.6 米，相对内侧地面高 4～6、相对外侧地面高 7、底宽约 7 米。墙体包砖被拆毁，仅存基槽痕迹，墙壁陡直，内有夹层砖，夯层厚 10、13、17、19 厘米。西墙北段顶部存垛墙，垛墙高 0.4、宽 0.5 米，顶部存铺地砖，墙体北段有两处 2～4 米宽的冲沟豁口。

北墙长 429 米。墙体顶部基本平整，高约 7 米，西段顶宽约 1.5～4 米；东段保存相对较差，顶部宽窄不一，高低不平，有三处 3 米宽的冲沟豁口。

（2）堡门

堡门位于南墙中部，现为 4 米宽的豁口。

（3）角台

角台位于堡四角，共有 4 座。台体用黄土夯筑而成，呈覆斗形，平面呈正方形，上部建筑损毁不存，外包砖被拆毁。东北角台东、西壁坍塌风化成斜坡状，底部边长 11、顶部边长 4 米；东南角台保存较差，底部东西 8、南北 10 米，顶部东西 3、南北 6 米（彩图二四九）；西南角台底部东西 9、南北 11 米，顶部被风雨侵蚀，西高东低，东西 7、南北 9 米，凸出于墙体外 4 米，夯层厚 7～10 厘米（彩图二五〇）；西北角台呈覆斗形，剖面呈梯形，北壁坍塌损毁约 1/2，顶部东北高西南低，西南角坍塌约 1/4，台体底部边长 9 米，顶部东西 5.5、南北 5 米，高约 6 米（彩图二五一）。

（4）马面

马面有一座，位于堡北墙中部，凸出于墙体内外两侧，与墙体同高，呈覆斗形。凸出于墙体外侧部分底部东西 12、南北 11 米，凸出于墙体内侧部分底部东西 8、南北 6 米，高 9 米，顶部存铺地砖（彩图二五二～二五四）。

（5）瓮城

瓮城位于堡南墙外侧，东、西墙依堡南墙而建。平面呈长方形。西墙长 28 米，高约 4 米，顶部坍塌风化成斜坡状；东墙长 28 米，损毁较重，顶部坍塌成斜坡状，高约 3 米；南墙长 35 米，坍塌风化成斜坡状。瓮城门开在东墙中部，现为 16 米宽的豁口。

（6）水井

水井位于堡南墙外侧，北距堡墙 0.089 千米。井深约 4、水深 2 米（彩图二五五）。

（7）庙宇夯土台基 2 座，由东向西编为 1 号、2 号。

1 号庙宇夯土台基东西 5、南北 10、高 3 米，台基上有较多的碎砖瓦、建筑构件及花纹砖等。2 号庙宇夯土台基东西 25、南北 38 米，台基上分布有较多的碎砖瓦、建筑构件及花纹砖等。两座庙宇夯土台北距堡南墙约 0.1 千米，东西相距 0.05 千米。

3. 遗物

堡内地面散布有较多的青花、白釉瓷片和黑釉、酱釉粗瓷片。器形大多为碗、盆、缸、罐及建筑构件等。

标本：1，青花瓷盘底残片。存少部，圈足，细白胎，内底为青花彩绘圆形粗带纹，内绘鱼鳞图案。底径 18、高 1.8、足高 1.2 厘米（图一一二：1；彩图二五六）。

标本：2，白釉瓷大海碗残片。敞口，口沿及上腹残，近底部呈斜弧腹，圈足，挖足过肩，足心较薄。青灰胎，底面施黄色化妆土，其上施白釉，釉面发青，外壁施釉不到底，局部有釉泪，内壁釉上褐彩绘圆圈及草叶纹。底径 9.6、高 4.1、足高 1.1 厘米（图一一二：2；彩图二五七）。

标本：3，白釉瓷碗底残片。侈口，弧腹，腹底折收，圈足，足外撇，夹砂浅灰胎，白釉，釉色泛青，内施满釉，外施半釉，局部有釉斑。口径 14.5、底径 6.9、高 2.1、足高 0.7 厘米（图一一二：3；彩图二五八）。

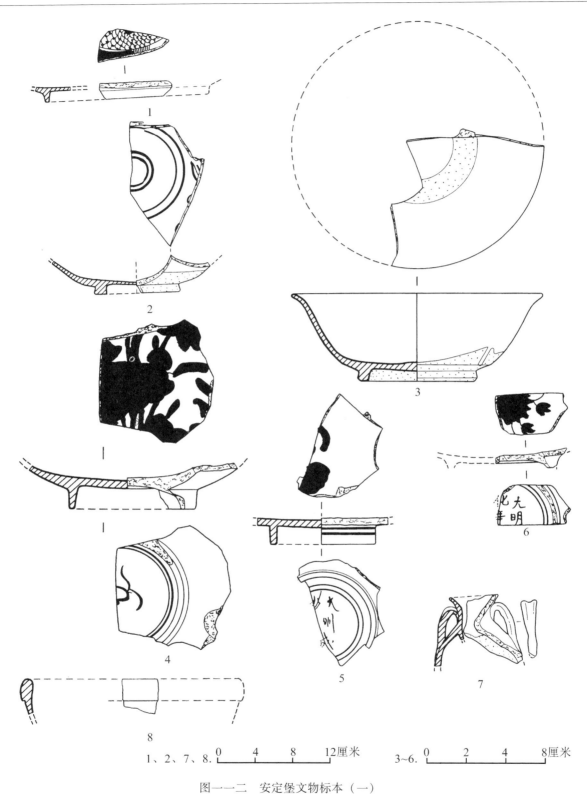

图一一二　安定堡文物标本（一）

1. 青花瓷盘底残片（标本：1）　2. 白釉瓷大海碗残片（标本：2）　3. 白釉瓷碗底残片（标本：3）　4. 青花瓷碗底
残片（标本：4）　5. 青花瓷碗底残片（标本：5）　6. 青花瓷盘底残片（标本：6）
7. 黑釉瓷罐口沿残片（标本：7）　8. 黑釉瓷盆口沿残片（标本：8）

标本：4，青花瓷碗底残片。斜腹，圈足，内底青花，绘写意荷叶图案，颜色浓艳，圈足底心双线内有写意符号。底径 6.5、高 2.4、足高 1.2 厘米（图一一二：4）。

标本：5，青花瓷碗底残片。斜腹，圈足碗，内底有荷叶纹，外底心有草书"大明成化……"铭文，底径 5.4、高 1.5、足高 1 厘米（图一一二：5；彩图二五九）。

标本：6，青花瓷盘底残片。存四分之一圈足，内底有小写意青花团花纹，外底心双线内存"大明（成）化年"款识。底径约 5.7、高 1 厘米（图一一二：6；彩图二六〇）。

标本：7，黑釉瓷罐口沿残片。小口，尖唇，口沿外撇，矮领，丰肩，领肩部存一桥形立耳，内壁沿部存双层胎体，夹砂灰胎，外壁及内壁施黑釉。口径 5.6、高 7.7 厘米（图一一二：7；彩图二六一）。

标本：8，黑釉瓷盆口沿残片。叠唇，口沿微敛，存口沿。夹砂灰胎，内外壁施黑釉。口径约 24.6、高 4 厘米（图一一二：8）。

标本：9，兽面纹滴水。泥质灰陶。滴面呈弧边三角形，模印兽面纹图案，兽头隆起，鼻梁高凸，两侧为纽眉，眉梢有斜立卷筒瓦，眉下两目圆鼓，张口，吐舌，两侧獠牙外龇，脸颊及颌下垂须。后端板瓦残失。滴面宽 13.7、高 10 厘米（图一一三：1；彩图二六二）。

标本：10，兽面纹滴水。泥质灰陶。滴面呈弧边三角形，模印兽面纹图案。隆眉，翘鼻，圆眼，眉梢为筒形斜立耳，张口，吐舌，两侧犬齿出露，两腮胡须向上卷起。后端板瓦残存少部，滴面有一层白灰浆痕迹，脑门及两眉之间有模印的王字。滴面宽 12.9、高 11 厘米（图一一三：2；彩图二六三）。

标本：11，兽面纹滴水。泥质灰陶。滴面呈弧边三角形，模印兽面纹图案。滴面垂尖损断，兽面为隆鼻，蹙眉，圆目，张口，吐舌，两侧獠牙斜龇，腮部有卷须，后端板瓦残断。滴面宽 13.5、高 9.5、厚 2.3 厘米（图一一三：3；彩图二六四）。

标本：12，弧边三角形滴水。滴面呈弧边三角形，夹砂灰陶，模印花卉纹图案。后端有板瓦残痕。滴面下端尖部残缺，滴面为一朵盛开的重花瓣花卉纹，两侧有窄条形叶片相衬。滴面宽 14.5、高 5.8、厚 2 厘米（图一一三：4）。

标本：13，兽面纹瓦当。泥质灰陶。当面圆形，当面兽纹平压，额头微隆，细短眉，圆颊，小圆眼，塌鼻，张嘴，两侧獠牙斜龇，唇下垂须，两侧胡须上卷，当面后接筒瓦存少部。当面直径 10.8、厚 1.4 厘米（图一一三：5）。

标本：14，套兽残块。泥质灰陶。合模制作，内空。额顶及下颌失。大嘴微张，上唇上翘，唇沿上有穿孔鼻环，眼珠圆鼓外凸，眼睑外翻。颌下有卷须，腮后有小立耳，颈部鬃毛上卷。残长 29、宽 9～12、残高 21 厘米（图一一三：6；彩图二六五）。

标本：15，套兽残块。泥质灰陶。合模制作，内空。额顶及下颌残损。张嘴、翘唇、露齿，两目圆鼓，前颈有小圆耳，颈部鬃毛后卷。残长 27、宽 11、残高 12.8 厘米（图一一三：7；彩图二六六）。

标本：16，套兽残块。泥质灰陶。合模制作，内空。龙首形，张口露齿，犬牙外龇，上唇前凸上翘，后面唇环，圆眼凸鼓，腮部较平，饰有圆形泥片，表面戳刺圆孔，腮后圆耳侧立，颈部有尖状鬃毛，龙形躯体后端残断，表面刻饰鳞纹。残长 34、宽 9～10、残高 19 厘米（图一一三：8；图二六七）。

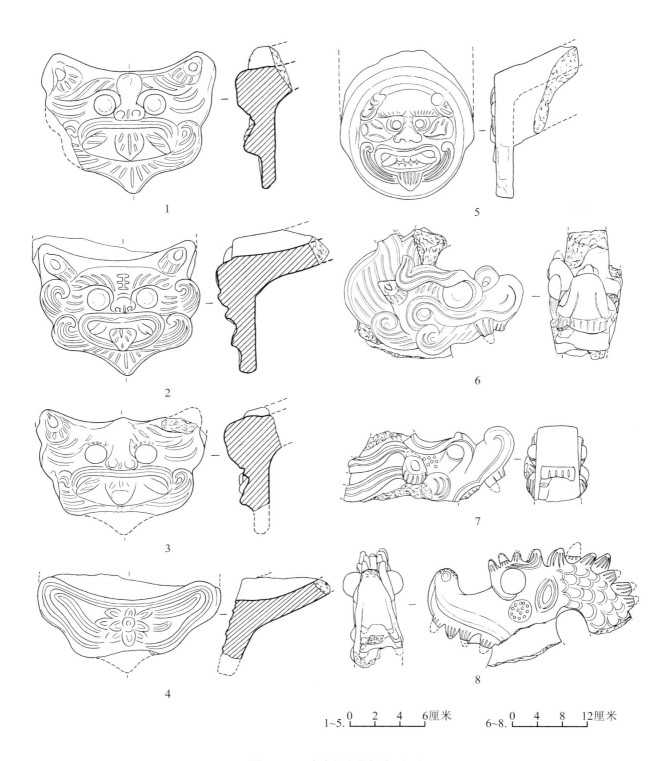

1~5.　0　2　4　6厘米
6~8.　0　4　8　12厘米

图一一三　安定堡文物标本（二）

1~3. 兽面纹滴水（标本：9~11）　4. 弧边三角形滴水（标本：12）

5. 兽面纹瓦当（标本：13）　6~8. 套兽残块（标本：14~16）

第四节 英雄堡（永清堡）段明长城墙体及相关设施

一 英雄堡（永清堡）段明长城墙体（D168—D215）

英雄堡（永清堡）段明长城墙体沿线经过英雄堡、大疙瘩、二步坑三个村。墙体外侧分布有46座敌台，内侧有英雄堡（永清堡）址等。

1. 英雄堡村1段长城墙体

该段墙体起点位于盐池县花马池镇英雄堡东南约2.6千米的芨芨沟村18号敌台处，止点位于花马池镇英雄堡西北约0.3千米的英雄堡村16号敌台处。墙体由东南向西北经英雄堡。墙体长3084米。大致呈东南—西北走向，方向在北偏西30°~45°~30°内变化。墙体用黄土夯筑而成，部分墙体用黄土和红沙土分层夯筑而成，夯土内夹杂有红砂岩碎块。根据墙体保存状况及敌台分布情况分为16段（图一一四）。分述如下。

芨芨沟村18号敌台（D168）—英雄堡村1号敌台（D169）

墙体长210米。地处丘陵平滩地带，地势平坦，地面黄沙堆积较厚，两侧植被较好，生长有沙蒿草、沙柳灌丛及小面积杨树等。大致呈南—北走向，方向北偏西30°。墙体用黄土和红沙土夯筑而成，夯土内夹杂有红砂岩碎块。墙体南半段保存一般，两侧被倒塌的夯土和沙土掩埋约3/4，顶部被雨水冲刷高低不平，宽0.9~2.1米；北半段墙体保存相对较好，剖面呈梯形，顶部基本平整，土质纯净，夯土较硬，墙体高约7、顶部最宽3.5米，夯层厚10~14厘米（彩图二六八）。芨芨沟村18号敌台北壁与墙体接合部位有5米宽的冲沟豁口。

英雄堡村1号敌台（D169）—英雄堡村2号敌台（D170）

墙体长192米。地处丘陵缓坡地带，地势东高西低，两侧地表生长有黑沙蒿、芨芨草及少量的沙柳和杨树等。大致呈南—北走向，方向北偏西35°。墙体用黄土和红沙土分层夯筑而成，夯土内有红砂岩碎块。墙体大多被沙土掩埋，上部被黄沙覆盖，顶部杂草生长茂盛，被羊群踩踏，夯土酥碱严重。墙体高约7、顶宽3~3.5米。夯层厚12~15厘米。

英雄堡村2号敌台（D170）—英雄堡村3号敌台（D171）

墙体长195米。呈东南—西北走向，方向北偏西45°。墙体用黄土和红沙土夯筑而成。墙体顶部大多被流沙掩埋，顶部及两侧地面生长有沙蒿和沙柳。部分墙体顶部未被沙土掩埋，顶部呈凹字形，顶宽4.2米，顶部两侧存女墙和垛墙遗迹，内侧女墙高0.6、宽0.4米，女墙和垛墙间夹道宽约1.2米，墙体相对内外两侧地面高约6.5米。

英雄堡村3号敌台（D171）—英雄堡村4号敌台（D172）

墙体长215米。呈东南—西北走向。墙体用黄土夯筑而成，夯土内夹杂有少量红砂岩碎块，夯筑方法较为特别，墙体内部夯层间用芨芨草编织的草绳呈方格状平铺夯打在内，夯土较硬，夯打结实。墙体被倒塌的夯土及沙土掩埋近1/2，两侧壁面坍塌、风蚀严重，有孔洞；顶部及两侧生长有沙蒿草，有羊群踩踏的痕迹，夯土酥软呈粉状剥落。墙体高约7、顶宽2.4~3.4米。

英雄堡村4号敌台（D172）—英雄堡村5号敌台（D173）

墙体长163米。地处丘陵缓坡地带，地势由东南向西北逐渐走低。呈东南—西北走向。墙体用黄土夯筑而成，夯土内夹杂有少量红砂岩碎块，被流沙掩埋过半，顶部高低不平，略呈锯齿状。墙体高约6.5、顶宽1.2～3.2米。墙体上部被羊群踩踏，夯土酥软呈粉状脱落。英雄堡村5号敌台与墙体接合部位有2米宽的冲沟豁口，英雄保村4号敌台西北0.093千米处墙体有3米宽的村路豁口（彩图二六九）。

英雄堡村5号敌台（D173）—英雄堡村6号敌台（D174）

墙体长167米。地处缓坡丘陵的沙漠地带，地势由东南向西北逐渐走低。墙体用黄土夯筑而成。墙体两侧沙丘高低起伏，顶部大多被黄沙掩埋成斜坡形沙土梁，地面沙化较为严重，生长有沙蒿草和小片杨树等。部分墙体顶部露出，有多处2～3米宽的沟槽。墙体高6、顶宽1.2～2.5米。夯层厚13、14、18、20、22厘米。

英雄堡村6号敌台（D174）—英雄堡村7号敌台（D175）

墙体长180米。地面生长有茂密的沙蒿、苦豆草和少量的沙柳灌丛和杨树等植被。墙体用黄土夯筑而成，土质纯净，夯打较为结实。墙体两侧被沙土掩埋过半，顶部高低不平，有雨水冲刷侵蚀形成的冲沟豁口，两侧壁面有风蚀孔洞。墙体高约7、顶宽大多0.5～4.5米。夯层清晰，夯层厚12～14厘米。英雄堡村6号敌台西北0.083千米处墙体有底宽4、口宽约8米的村路穿墙缺口（彩图二七○）。

英雄堡村7号敌台（D175）—英雄堡村8号敌台（D176）

墙体长151米。两侧地面生长有较多的沙蒿、苦豆草和小片杨树等。呈东南—西北走向。墙体用黄土和红沙土分层夯筑而成。墙体腰部以下被塌落的夯土和沙土掩埋，东半段保存较差，上部坍塌损毁较严重，呈土垄状，表面长满杂草；西半段保存相对较好，剖面呈梯形，两侧壁面夯土塌落，顶部基本平整。墙体高5.5～7、宽1.2～2米。夯层厚13～15厘米。

英雄堡村8号敌台（D176）—英雄堡村9号敌台（D177）

墙体长153米。保存较差。墙体用黄土和红沙土分层夯筑而成。墙体风化成斜坡形土梁。墙体高3.5～4.5、顶宽0.7～1.6米。黄土夯层厚14、16、17厘米，红沙土夯层厚8厘米。墙体中部有11米宽的冲沟豁口。英雄堡村9号敌台东壁有牧羊人掏挖的两孔窑洞，东壁与长城墙体被铲挖辟为院墙（彩图二七一）。

英雄堡村9号敌台（D177）—英雄堡村10号敌台（D178）

墙体长150米。墙体用黄土和红沙土分层夯筑而成。墙体上部坍塌严重，被倒塌的夯土和沙土掩埋成斜坡形土垄，顶部及两侧地面生长有茂盛的野沙蒿草和少量的芨芨草等。墙体高4、顶宽1.2～4.3米。夯层清晰，夯层厚13、14厘米。墙体中部有5米多宽的村路豁口，英雄堡村10号敌台东南0.035千米处墙体有6米宽的村路豁口。

英雄堡村10号敌台（D178）—英雄堡村11号敌台（D179）

墙体长176米。地处低山丘陵平滩地。保存较好。墙体用黄土夯筑而成，夯土内有灰白色的料礓石块。墙体两侧被流沙掩埋近1/2，顶部基本平整。墙体高6.5、底宽约10、顶宽4.5米。尚存垛墙，垛墙底宽0.9、高0.9米。墙体表面及两侧地面生长有杂草和少量的芨芨草等（彩图二七二）。

英雄堡村11号敌台（D179）—英雄堡村12号敌台（D180）

墙体长174米。保存一般。墙体两侧被流沙掩埋成齐腰的斜坡，顶部因风雨侵蚀高低起伏，有多处沟槽。墙体两侧壁面夯土垮塌严重，夯土风化、酥软，表面生长有芨芨草。墙体高6、顶宽2.5米。夯层厚15、21厘米。英雄堡村11号敌台西北0.081千米处墙体有6米宽的村路豁口（彩图二七三）。

英雄堡村12号敌台（D180）—英雄堡村13号敌台（D181）

墙体长166米。地处低山缓坡沙滩地带，地势由南向北逐渐走低。呈东南—西北走向。墙体东半段保存相对较差，呈一道斜坡形土梁，顶部及两侧长满沙蒿草和少量芨芨草等；西半段保存相对较好，两侧壁面陡直，沙土堆积较厚。墙体剖面呈梯形，高约6.5、顶宽2～3米。夯层厚15、21厘米。墙体中部有6米宽的村路豁口（彩图二七四）。

英雄堡村13号敌台（D181）—英雄堡村14号敌台（D182）

墙体长246米。地处低山缓坡沙滩地带，地势由南向北逐渐走低。墙体保存较差，两侧沙土堆积较高，表面及两侧地面生长有较多的沙蒿草等，覆盖率约65%。墙体坍塌损毁较严重，大多被沙土掩埋，略显低矮，呈一道高低不平的土梁；顶部雨水冲刷侵蚀、风化酥软，表面生长有较多的沙蒿草和少量沙柳灌丛等。墙体高4～5、顶宽2～3米。

英雄堡村14号敌台（D182）—英雄堡村15号敌台（D183）

墙体长236米。地处低山丘陵缓坡沙滩地带，地势东高西低。呈东南—西北走向。墙体两侧沙土堆积较高，大部被沙土掩埋成斜坡形土梁。露出部分坍塌损毁严重，略显低矮，呈斜坡土梁；顶部夯土风化酥软，表面生长有较多的沙蒿草和少量沙柳灌丛等。墙体外侧高4、内侧高约6、顶部最宽约3米。墙体上部遭羊群攀爬踩踏，夯土酥碱粉状剥落，夯层模糊不清。墙体中部有7米宽的豁口。

英雄堡村15号敌台（D183）—英雄堡村16号敌台（D184）

墙体长310米。地处缓坡丘陵坡地的低洼地带，地势由南向北逐渐走低。大致呈南—北走向。墙体坍塌损毁较严重，顶部高低不平，有多处冲沟小豁口，两侧沙土堆积较高。墙体南段地势由南向北沿丘陵坡地逐渐走低，两侧被流沙掩埋约3/4，未被沙土掩埋的墙体高3.5～6、顶部最宽4.5米。夯土纯净，夯层厚22、25厘米。英雄堡村16号敌台东南0.035千米处墙体有37米宽的豁口，高6、底宽13米；豁口西北至英雄堡村16号敌台墙体长30米，坍塌风化成斜坡土梁，夯土酥软粉状剥落（彩图二七五）。墙体内侧0.15千米处有一口水井，东南距英雄堡（永清堡）约0.1千米，水量较大，当地村民常用此井水。

2. 英雄堡村2段长城墙体

该段墙体起点位于盐池县花马池镇英雄堡村16号敌台处，止点位于花马池镇英雄堡村西北约1.5千米的大疙瘩村1号敌台处。墙体长2147米。墙体高大，基础宽厚。墙体用黄土夯筑而成，夯土内夹杂有红砂岩碎块，夯打较结实。墙体大部分被沙土掩埋成斜坡状，未被掩埋的部分墙体顶部损毁较严重。主要损毁原因是墙体根部掏蚀凹进、坍塌、羊群攀爬踩踏及人为破坏等。根据墙体保存状况及敌台分布情况分为10段（图一一五）。分述如下：

英雄堡村16号敌台（D184）—英雄堡村17号敌台（D185）

墙体长162米。地处缓坡丘陵沙滩地带，地势较平缓。两侧沙土堆积略呈波浪形。呈东南—西北走向。墙体保存较差，顶部坍塌、风雨侵蚀有5处较大的冲沟豁口，豁口宽7～10米。墙体呈斜坡土梁，高4～5米，表面遍布羊群踩踏痕迹，夯土酥软呈粉状剥落，夯层模糊不清。

英雄堡村17号敌台（D185）—英雄堡村18号敌台（D186）

墙体长168米。地处丘陵缓坡地带的沙滩地，地势由东南向西北逐渐走高，两侧地面植被较差，覆盖率不足30%，为荒漠化草原。墙体保存较差，两侧被沙土掩埋约2/3，坍塌风化损毁严重，顶部有多处冲沟豁口，部分墙体顶部被黄沙掩埋堆积成沙丘。墙体高4～6、顶宽约1米。夯层厚13、15、21厘米。

英雄堡村18号敌台（D186）—英雄堡村19号敌台（D187）

墙体长180米。墙体两侧被沙土掩埋过半，坍塌较严重。墙体高约5、部分墙体高约7、顶部最宽4.6米。保存垛墙，垛墙底宽0.6、高0.8米。夯层厚13、15厘米。英雄堡村19号敌台东约0.02千米处墙体有 6 米宽的村路豁口。

英雄堡村 19 号敌台（D187）—英雄堡村 20 号敌台（D188）

墙体长 167 米。大致呈南—北走向。墙体保存一般，两侧被流沙掩埋约 2/3，上部坍塌有较多的冲沟小豁口。墙体顶宽 0.9 ~ 1.2、高 4 ~ 5.5 米。夯层厚 16、18、21 厘米。英雄堡村 20 号敌台南约 0.044 千米处墙体有 4 米宽的村路缺口。

英雄堡村 20 号敌台（D188）—英雄堡村 21 号敌台（D189）

墙体长 160 米。地处丘陵缓坡地带，地势由南向北逐渐走高。大致呈南—北走向。墙体两侧被倒塌的夯土及沙土掩埋约 3/4，露出部分高约 2 米；顶部大多保存较好，基本平整，较少部分墙体顶部坍塌成锯齿状冲沟小豁口。墙体顶宽 4 米，夯层厚 17、20、23 厘米。

英雄堡村 21 号敌台（D189）—英雄堡村 22 号敌台（D190）

墙体长 145 米。地处丘陵缓坡地带，地势由南向北逐渐走高。大致呈东南—西北走向。墙体两侧被倒塌的夯土及流沙掩埋约 3/4，部分墙体顶部被雨水冲蚀垮塌，较窄。墙体高约 6.5、顶宽 1.2 ~ 4 米，夯层厚 14 ~ 19 厘米。部分墙体顶部存垛墙，垛墙高 0.3、底宽 0.6 米。英雄堡村 22 号敌台东侧墙体有 7 米宽的村路豁口（彩图二七六、二七七）。

英雄堡村 22 号敌台（D190）—英雄堡村 23 号敌台（D191）

墙体长 301 米。所处地势由南向北逐渐走低。呈东南—西北走向。墙体用黄土夯筑而成，夯土内含有红砂岩碎块及白色料礓石块。墙体保存较好，两侧被流沙掩埋约 2/3，顶部平整。墙体高约 7、底宽 9、顶宽 1.5 ~ 4.8 米。墙体外壁陡直，呈一条直线，顶部保存垛墙和女墙，垛墙高 0.8、底宽 0.9 米，女墙高 0.3、宽 0.4 ~ 0.9 米，垛墙和女墙间夹道宽约 1.3 米。墙体中部有 5 米宽的村路豁口，从豁口断面看，墙体内部夯土疏松，夯土颗粒较大，夯打不结实；外部土质纯净、细腻，行夯较重，夯打结实，夯层厚 15、18 ~ 20 厘米。墙体中部有 5 米宽的村路豁口，英雄堡村 23 号敌台与墙体接合部位有 8 米宽的村路缺口（彩图二七八）。

英雄堡村 23 号敌台（D191）—英雄堡村 24 号敌台（D192）

墙体长 285 米。地处缓坡丘陵沙滩地带，地势较平缓，两侧地面沙土堆积较高，沙化严重。墙体两侧被流沙和坍塌的夯土掩埋过半，部分墙体顶部坍塌，宽窄不一，凹凸不平，有较多的冲沟小豁口。墙体高约 7、顶宽约 3.5 米，夯层厚 15、17、20 厘米。英雄堡村 23 号敌台西侧墙体有 3 米宽的冲沟豁口。

英雄堡村 24 号敌台（D192）—英雄堡村 25 号敌台（D193）

墙体长 277 米。所处地势由东南向西北逐渐走低。呈东南—西北走向。墙体两侧被沙土掩埋约 2/3，上部坍塌严重，凹凸不平，被雨水冲刷侵蚀有多处冲沟小豁口，顶宽 1 ~ 2.7 米。墙体南半段保存相对较好，墙体高 6 ~ 8、顶部最宽约 4 米，夯层厚 13 ~ 20 厘米。

英雄堡村 25 号敌台（D193）—大疙瘩村 1 号敌台（D194）

墙体长 302 米。地处丘陵缓坡地带，地面生长有茂盛的沙蒿及柠条等，地势由东向西逐渐走低。墙体两侧被流沙掩埋过半，顶部基本平整，保存垛墙和女墙。墙体高 7、顶宽 4 ~ 4.5 米，顶部垛墙高 0.5、宽 0.7 米，女墙高 0.4、宽 0.4 米，夯层厚 15、16、18 厘米。墙体中段有 4 米宽的村路豁口。

3. 大疙瘩村长城墙体

该段墙体起点位于盐池县高沙窝镇大疙瘩村 1 号敌台处，止点位于高沙窝镇二步坑村南约 0.8 千米的大疙瘩村 11 号敌台处。墙体长 2935 米。墙体高大，剖面呈梯形，两侧大多被坍塌的夯土及流沙掩埋成斜坡状；部分墙体顶部坍塌严重，凹凸不平，有较多的冲沟豁口。墙体主要损毁原因为风化、基础掏蚀凹进、多种裂隙、坍塌及挖墙修路等。根据墙体保存状况和敌台分布情况分为10段（参见图一一五）。分述如下。

大疙瘩村1号敌台（D194）—大疙瘩村2号敌台（D195）

墙体长292米。地处丘陵缓坡地带，地势东南高西北低，落差5米，两侧地面种植有大面积的柠条。呈东南—西北走向。墙体两侧被倒塌的夯土和沙土掩埋约2/3，内侧坍塌严重，顶部有较多的冲沟豁口。墙体高6～8、底宽11、顶部最宽4.8米。尚存垛墙，垛墙高0.4～1.1、底宽0.7米，顶部内侧女墙存高0.7、宽0.6米，夯层厚16～19厘米。大疙瘩村1号敌台西0.035千米处墙体有3米宽的村路穿墙缺口（彩图二七九）。

大疙瘩村2号敌台（D195）—大疙瘩村3号敌台（D196）

墙体长294米。地处低山缓坡平滩地带，地势由东南向西北逐渐走低，两侧地面种植有大面积的柠条。墙体两侧被倒塌的夯土和沙土掩埋约3/4，顶部有多处冲沟小豁口；部分墙体顶部保存较好，基本平整，最宽4.7米。存垛墙和女墙，垛墙高0.4、宽约0.7米，女墙高0.5、宽0.4米。墙体高约7.5米，夯层厚14～16厘米。

大疙瘩村3号敌台（D196）—大疙瘩村4号敌台（D197）

墙体长292米。地处丘陵缓坡地带，地势由东南向西北逐渐走高。墙体用黄土和红沙土分层夯筑而成。墙体两侧沙土堆积成陡坡形，内侧壁面边缘夯土被取土挖毁，破坏较严重，顶部基本平整。墙体高约7、宽约3.8米。存垛墙和女墙，垛墙时断时续，呈土埂状，高0.6、底宽0.8米；女墙高0.4、底宽0.6米，夯层厚14～16、19厘米。大疙瘩村3号敌台西北0.167千米处墙体有5米宽的村路豁口。

大疙瘩村4号敌台（D197）—大疙瘩村5号敌台（D198）

墙体长294米。地处低山丘陵坡地，地势由南向北逐渐走低，高差14米。墙体用黄土和红沙土分层夯筑而成。墙体两侧被倒塌的夯土及沙土掩埋成陡坡状。墙体高约6、顶宽2.5米，夯层厚23、27厘米，版长1.3、1.7米。墙体有两处约3～6米宽的冲沟豁口，内壁夯土被取土挖毁，破坏严重。

大疙瘩村5号敌台（D198）—大疙瘩村6号敌台（D199）

墙体长312米。地处丘陵缓坡地带，地势由东南向西北逐渐走低，内侧种植有大面积的柠条；外侧为农田，种植有荞麦、马铃薯等。呈东南—西北走向。墙体用黄土和红沙土分层夯筑而成。墙体两侧被塌落的夯土及沙土掩埋约2/3，两侧堆土呈陡坡形，顶部坍塌有锯齿状的冲沟小豁。墙体高6～7、顶宽0.5～3米，红土夯层厚16米，黄土夯层厚20厘米。

大疙瘩村6号敌台（D199）—大疙瘩村7号敌台（D200）

墙体长281米。地处丘陵缓坡地带，地势由东南向西北逐渐走高，外侧农田种植有糜子、荞麦等，内侧地面生长有大面积的柠条等。墙体用黄土和红土分层夯筑而成，夯土内夹杂有灰白色碎石块。墙体顶部及两侧大多坍塌风化成斜坡形，部分墙体上部被雨水冲刷侵蚀有较多的冲沟小豁口。墙体高约6.5、顶宽1～2.5米，夯层厚13、16、17厘米。大疙瘩村7号敌台南壁与墙体接合部位有10米宽的村路豁口。

大疙瘩村7号敌台（D200）—大疙瘩村8号敌台（D201）

墙体长295米。地处丘陵缓坡地带，两侧为农田，种植有少量的马铃薯和糜子等。墙体用黄土和红沙土分层夯筑而成，夯土内夹杂有灰白色的料礓石块和红砂岩碎块。墙体两侧被倒塌的夯土和沙土掩埋约3/4，呈两面斜坡状；顶部雨水冲刷侵蚀，有较多的冲沟小豁口。墙体高7米，中部有3米宽的冲沟豁口，外侧有两孔小窑洞。大疙瘩村7号敌台东南0.03千米处墙体有4米宽的村路豁口。

大疙瘩村8号敌台（D201）—大疙瘩村9号敌台（D202）

墙体长 293 米。地处丘陵缓坡地带，地势较平缓，两侧农田种植有糜子、马铃薯和荞麦等。墙体用黄土和红沙土分层夯筑而成。墙体两侧被坍塌的夯土和沙土掩埋约 3/4，堆土呈斜坡状，表面生长有茂密的杂草。墙体顶部坍塌，因雨水冲刷侵蚀有较多呈锯齿状的冲沟小豁口，部分墙体顶部坍塌风化成鱼脊状。墙体高 7、顶宽 0.5~2.5 米，夯层厚 16、18、20 厘米。

大疙瘩村 9 号敌台（D202）—大疙瘩村 10 号敌台（D203）

墙体长 292 米。地处丘陵缓坡地带，地势由东向西逐渐走高。墙体用黄土和红土夯筑而成，红土较粗。墙体坍塌成斜坡土梁，顶部被雨水冲刷有较多锯齿状的冲沟小豁口，表面生长有较多的芨芨草和其他杂草，部分墙体未被沙土完全掩埋。墙体顶宽 0.5~2.5 米，夯层厚 14、15、18 厘米。大疙瘩村 9 号敌台西壁与墙体接合部位有底宽 3、口宽约 6 米的冲沟凹槽。

大疙瘩村 10 号敌台（D203）—大疙瘩村 11 号敌台（D204）

墙体长 290 米。呈东南—西北走向。墙体用黄土和红沙土分层夯筑而成。墙体两侧被倒塌的夯土及沙土掩埋成斜坡形，顶部夯土塌落。墙体高约 7、大多宽 1.5 米；部分墙体顶部存垛墙，垛墙高 0.4、底宽 0.7 米，夯层厚 10~16 厘米。墙体表面生长有较多的芨芨草。大疙瘩村 10 号敌台与墙体接合部位有 5 米宽的冲沟凹槽，大疙瘩村 11 号敌台东南 0.021 千米处墙体有苏步井至高沙窝镇 15 米宽的公路缺口。

4. 二步坑村长城墙体

该段墙体起点位于盐池县高沙窝镇二步坑村南约 0.8 千米的大疙瘩村 11 号敌台处，止点位于苏（步井）（蔡家）梁公路穿墙缺口西北的潘记梁村 1 号敌台处。墙体长 2988 米。呈东南—西北走向。墙体用黄土和红沙土分层夯筑而成，顶部及两侧壁面被倒塌的夯土和沙土掩埋成斜坡状。墙体主要损毁原因为风化、坍塌、雨水冲刷侵蚀、根部掏空凹进、羊群攀爬踩踏以及挖墙修路破坏等。根据墙体保存状况及敌台分布情况分为 11 段（图一一六）。分述如下。

大疙瘩村 11 号敌台（D204）—二步坑村 1 号敌台（D205）

墙体长 289 米。地处丘陵缓坡地带，地势由东南向西北逐渐走高。呈东南—西北走向。墙体用红沙土和黄土分层夯筑而成，红沙土夯层较薄，夯层厚 5 厘米；黄土夯层稍厚，夯层厚 12、14、15、17 厘米。墙体顶部及两侧壁面坍塌成斜坡土梁，表面生长有茂密的杂草，顶宽约 1.2 米。墙体北半段塌落严重，顶部呈鱼脊形，底宽约 10、顶宽约 0.5、高约 6.5 米。墙体外侧有小窑洞，二步坑村 1 号敌台东南 0.149 千米处墙体有 14 米宽的村路豁口。

二步坑村 1 号敌台（D205）—二步坑村 2 号敌台（D206）

墙体长 290 米。地处丘陵缓坡地带，地势由东南向西北逐渐走低。墙体用黄土和红土分层夯筑而成，黄土夯层厚 14、15、23 厘米；红土夯层相对较薄，夯层厚 8 厘米。墙体坍塌成两面斜坡状，被塌落的夯土和沙土掩埋约 3/4，露出部分高约 2 米，被雨水冲刷侵蚀有较多呈锯齿状的冲沟凹槽。墙体高约 6、顶宽约 0.5~1.2 米。墙体两侧斜坡堆土上生长有茂密的苦豆草、沙棘草和少量的芨芨草，因被羊群踩踏，夯土酥碱粉状脱落（彩图二八〇）。

二步坑村 2 号敌台（D206）—二步坑村 3 号敌台（D207）

墙体长 292 米。地处缓坡丘陵平滩地，内侧地表种植有大面积的柠条。墙体内部多用红土、外部用黄土夯筑而成。墙体两壁被沙土掩埋成斜坡状，掩埋约 3/4，部分墙体根部风蚀凹进。墙体高约 6 米，夯层厚 12、14、16 厘米，夯窝直径 10、14 厘米。二步坑村 2 号敌台西壁与墙体接合部位有 5 米宽的村路缺口，二步坑村 3 号敌台东壁与墙体接合部位有 3 米宽的村路豁口（彩图二八一）。

二步坑村 3 号敌台（D207）—二步坑村 4 号敌台（D208）

墙体长 293 米。沿线 30 米内为长城墙体保护范围的隔离带，两侧有林业部门拉设的铁丝防护网，两侧地势较平整，大多为旱作农田，种植有少量的糜子和荞麦等。墙体用黄土和红沙土分层夯筑而成。墙体被塌落的夯土和沙土掩埋约 2/3，裸露部分高约 2.5 米，墙体顶部及两壁坍塌成两面坡的土梁，顶部被雨水冲刷侵蚀成鱼脊形。墙体顶宽约 0.5、部分墙体顶宽约 1.7、高 7 米。夯层厚 15、16 厘米（彩图二八二）。

二步坑村 4 号敌台（D208）—二步坑村 5 号敌台（D209）

墙体长 294 米。地处丘陵缓坡地带，地势由东南向西北逐渐走低，两侧地表生长有低矮的杂草。墙体顶部及两侧壁面塌落成斜坡鱼脊状，顶部高低不平有较多的冲沟小豁口。墙体内部用红土、外部用黄土夯筑而成，表面生长有较多的杂草和芨芨草等。墙体高 6~7、底宽约 9、顶宽 0.2~1.7 米。夯层厚 14、16~18 厘米。二步坑村 4 号敌台西北 0.076 千米处墙体有 3 米宽的村路豁口。

二步坑村 5 号敌台（D209）—二步坑村 6 号敌台（D210）

墙体长 291 米。地处丘陵缓坡地带，地势由东南向西北逐渐走低，内侧是未开垦的荒地，外侧地面种植有大面积的柠条。墙体用黄土和红沙土分层夯筑而成。墙体顶部及两侧壁面坍塌严重，呈斜坡土梁；上部因雨水冲刷侵蚀，有较多锯齿状的冲沟小豁口。墙体高约 6、底宽约 9、顶宽 0.1~1 米。黄土夯层厚 6 米，红土夯层厚 12 厘米。墙体顶部及两侧斜坡堆土上生长有茂密的苦豆草和芨芨草等。

二步坑村 6 号敌台（D210）—二步坑村 7 号敌台（D211）

墙体长 303 米。地处丘陵缓坡地带，地势由东南向西北逐渐走低，内侧大多是未开垦的荒地，外侧 50 米外种植有大面积的柠条。墙体用黄土和红土分层夯筑而成，坍塌成斜坡土梁，表面黄沙堆积较厚，高约 6 米。

二步坑村 7 号敌台（D211）—二步坑村 8 号敌台（D212）

墙体长 296 米。地处丘陵缓坡地带的平滩地，地势较为平缓，两侧为荒地，植被较差，仅生长有稀疏低矮的杂草。墙体用黄土和红土分层夯筑而成。墙体顶部及两侧壁面坍塌严重，成为斜坡土梁，有较多凹凸不平的冲沟小豁口。墙体高约 6、底宽约 10 米。夯层厚 11、12、15 厘米。二步坑村 7 号敌台西北 0.03 千米处墙体有 3 米宽的村路豁口。

二步坑村 8 号敌台（D212）—二步坑村 9 号敌台（D213）

墙体长 212 米。所处地势较平缓，两侧是未开垦的荒地，地面生长有低矮稀疏的杂草。墙体坍塌严重，上部被雨水冲刷侵蚀损毁严重，顶部有较多的冲沟小豁口，夯土风化、酥软，夯层模糊不清。墙体高 4~6、底宽 11 米。墙体中部有供电部门的水泥杆，二步坑村 8 号敌台西北 0.1 千米处墙体有 3 米宽的村路豁口。

二步坑村 9 号敌台（D213）—二步坑村 10 号敌台（D214）

墙体长 214 米。地处丘陵缓坡地带，地势由东南向西北逐渐走高。墙体两侧被塌落的夯土和沙土掩埋过半，顶部及两侧壁面坍塌严重，有较多冲沟豁口，较大豁口宽约 3 米。墙体略显低矮，高 3~5 米，夯层厚 17、19、20 厘米。

二步坑村 10 号敌台（D214）—潘记梁村 1 号敌台（D215）

墙体长 214 米。所处地势较平缓。呈东南—西北走向。墙体坍塌严重，保存较低矮，成为斜坡土梁，高 2.5~4 米。夯土酥碱严重，夯层厚 16、19、25 厘米。二步坑村 10 号敌台西北 0.149 千米处墙体有苏步井村至蔡家梁村 14 米宽的公路豁口，依墙体外侧而建的敌台坍塌风化成斜坡土丘。

二　英雄堡（永清堡）段明长城墙体沿线敌台（D169～D214）

1. 英雄堡村 1 号敌台（D169）

该敌台位于盐池县花马池镇英雄堡东南约 2.4 千米处，西北距英雄堡村 2 号敌台 0.192 千米。台体依长城墙体而建，用黄土和红土分层夯筑而成，呈覆斗形，实心，凸出于长城墙体外侧。保存较差。台体南壁上部坍塌风化成缓坡状，约 3/4 被沙土掩埋；东壁被黄沙掩埋约 1/2，露出部分被雨水冲刷逐层内收有台棱；北壁坍塌成东高西低的斜三角形；西南角与长城墙体顶部坍塌成斜坡状；顶部坍塌，被雨水冲刷成不规则斜坡，表面生长有沙蒿和芨芨草等。台体底部东西外凸约 9、南北约 10 米，顶部东西约 1、南北约 5 米，高 5 米。夯层厚 14、18 厘米。

2. 英雄堡村 2 号敌台（D170）

该敌台位于盐池县花马池镇英雄堡东南约 2.2 千米处，西北距英雄堡村 3 号敌台 0.195 千米。台体骑长城墙体而建，黄土夯筑而成，夯土内夹杂有少量碎石，呈覆斗形，实心。台体大部分被黄沙掩埋，南、北壁外露部分高 1～2 米，东壁外露部分斜高约 3 米。台体被沙土掩埋较深，底部尺寸不详；顶部风化成斜坡状，东西约 7、南北约 5 米。夯层厚 11 厘米。

3. 英雄堡村 3 号敌台（D171）

该敌台位于盐池县花马池镇英雄堡东南约 2 千米处，西北距英雄堡村 4 号敌台 0.215 千米。台体依长城墙体而建，用黄土和红沙土分层夯筑而成，夯土内夹杂少量碎石，夯土较硬，夯打结实，夯层清晰，呈覆斗形，实心，剖面呈梯形，凸出于长城墙体外侧，四壁有收分。保存较好。台体被黄沙掩埋约 2/3，北、东、南壁外露部分高 1～4 米。台体四壁被雨水冲刷有沟槽，西壁与长城墙体顶部坍塌成北高南低的斜坡状；顶部中间平整，四周边缘因风雨侵蚀呈斜坡状。台体底部东西约 10、南北外凸约 9 米，顶部东西 6、南北 7 米，高约 5 米。夯层厚 15、20、24 厘米（彩图二八三）。

4. 英雄堡村 4 号敌台（D172）

该敌台位于盐池县花马池镇英雄堡东南 1.8 千米处，西北距英雄堡村 5 号敌台 0.163 千米。台体依长城墙体外侧而建，黄土夯筑而成，土质纯净，呈覆斗形，实心，四壁陡直有收分。保存较好。被沙土掩埋约 2/3，外露部分高 2～3 米。台体顶部中间呈弧形，四周渐低，呈馒头状，表面生长杂草。台体底部边长 14 米，顶部东西约 3、南北约 6 米，高约 7 米。夯层厚度不详。周围地表散布有黑釉、褐釉、白釉、青花瓷片和灰陶板瓦残块等。

5. 英雄堡村 5 号敌台（D173）

该敌台位于盐池县花马池镇英雄堡村东南 1.6 千米处，西北距英雄堡村 6 号敌台 0.167 千米。台体骑长城墙体而建，黄土夯筑而成，夯土内夹杂有少量碎石，呈覆斗形，实心，凸出于长城墙体外侧。保存一般。台体被沙土掩埋约 3/4，外露部分保存较差。台体四壁坍塌损毁，斜高约 4 米，表面生长杂草。台体被沙土掩埋较深，底部尺寸不详，顶部坍塌严重，东西 2、南北 2.7 米，高约 8 米。夯层厚 20 厘米。周围地表散布有少量的黑褐釉瓷片及石块等。

6. 英雄堡村 6 号敌台（D174）

该敌台位于盐池县花马池镇英雄堡东南约 1.5 千米处，西北距英雄堡村 7 号敌台 0.18 千米。台体依长城墙体外侧而建，黄土夯筑而成，土质细密纯净，呈覆斗形，实心，凸出于长城墙体外侧。保存一般。台体被沙土掩埋约 3/5，南壁坍塌成 3 米高的斜坡。从坍塌断壁看，台体内部土质疏松，行夯较轻，夯打不结实；东壁露出部分高 1 ~ 2 米，壁面有较宽的水蚀凹槽；北壁外露部分高约 2 米，夯层清晰，逐层内收；顶部凹凸不平，因雨水冲刷侵蚀有凹槽，表面杂草生长繁茂。台体底部东西约 13、南北外凸约 7 米，顶部东西约 3、南北 3.5 米，高约 7 米。夯层厚 14、18、20 厘米。周围地表散布有少量的黑褐釉瓷片及青白釉瓷片等。

7. 英雄堡村 7 号敌台（D175）

该敌台位于盐池县花马池镇英雄堡东南约 1.3 千米处，西北距英雄堡村 8 号敌台 0.151 千米。台体用黄土夯筑而成，呈覆斗形，实心。保存一般。台体被沙土掩埋约 2/3，外露部分高 1 ~ 3 米。台体四壁残破，顶部凹凸不平，表面生长杂草。台体底部尺寸不详；顶部高低不平，东西约 4、南北 3、高约 7 米。夯层厚 14 厘米。周围地表散布有黑釉瓷罐残片、泥质灰陶罐残片、夹砂黑釉瓷罐口沿残片、青釉瓷碗残片、灰色陶板瓦残片、黑褐釉瓷缸口沿残块及青花瓷片等。

8. 英雄堡村 8 号敌台（D176）

该敌台位于盐池县花马池镇英雄堡东南约 1.2 千米处，西北距英雄堡村 9 号敌台 0.153 千米。台体依长城墙体外侧而建，用黄土和红土分层夯筑而成，呈覆斗形，实心，凸出于长城墙体外侧。保存一般。台体南壁陡直呈梯形，凹凸不平，底部有啮齿类动物洞穴等；东、北壁塌落严重，下半部被坍塌的夯土堆积成斜坡状，上部较陡直；西壁与长城墙体顶部坍塌成陡坡状，底部堆土较厚。台体表面及四周地表生长有杂草。台体底部东西约 12、南北约 13 米，顶部基本平整，东西 4、南北 5 米，高约 6 米。夯层厚 18、20 厘米。周围地表散布有少量的青花瓷片和黑釉瓷片。

9. 英雄堡村 9 号敌台（D177）

该敌台位于盐池县花马池镇英雄堡东南约 1 千米处，西北距英雄堡村 10 号敌台 0.15 千米。台体用黄土夯筑而成，呈覆斗形，实心，凸出于长城墙体外侧，四壁有收分。台体南壁陡直呈长梯形，底部有 3 孔窑洞，西侧窑洞门高 2、宽 1 米，窑洞内东西宽 3、进深 3 米，其余窑洞坍塌；东壁呈长梯形，因风雨侵蚀夯土片状剥离，损毁较轻；北壁陡直，有风蚀孔洞和鸟窝巢穴等，底部窑洞坍塌；西壁有雨水冲刷的冲沟凹槽，底部北侧有窑洞，窑洞门高 2.3、内宽 1.1 米，窑洞内宽 4、进深 2.3 米，内有土炕，门洞北壁有正方形窗口；西壁与长城墙体顶部坍塌风化成斜坡状。台体底部东西 11、南北 14 米，顶部基本平整，东西 9、南北约 10 米，高 8 米。夯层厚 10 ~ 20 厘米。周围地表散布有黑釉瓷片及青花瓷片等。

10. 英雄堡村 10 号敌台（D178）

该敌台位于盐池县花马池镇英雄堡东南约 0.8 千米处，西北距英雄堡村 11 号敌台 0.176 千米。台体依长城墙体外侧而建，黄土夯筑而成，土质纯净，夯土较硬，呈覆斗形，实心，四壁有收分。保存一般，形制基本完整。台体南壁陡直呈长梯形，底部有窑洞；东壁陡直，因夯土剥落雨水冲刷有两处较宽的水蚀凹槽，底部有塌落的夯土堆积；北壁陡直呈长梯形，上部夯土坍塌严重，底部堆土较厚；北壁东侧有两孔小窑洞，均内宽 2、进深 3 米，内有隔墙，有门互通。台体上部雨水冲刷严重，逐层向上内收，有较宽的水蚀凹槽；顶部基本平整，生长有稀疏的杂草。台体底部边长 11 米，顶部东西 7、南北 8 米，高约 6 米。夯层厚 15、16 厘米。

11. 英雄堡村 11 号敌台（D179）

该敌台位于盐池县花马池镇英雄堡东南约 0.6 千米处，西北距英雄堡村 12 号敌台 0.174 千米。台体用黄土夯筑而成，土质纯净，夯土较硬，土质细密，夯打结实，呈覆斗形，实心，凸出于长城墙体外侧，四壁有收分。保存一般。台体南、北壁立面呈斜梯形，有风蚀孔洞，底部有堆土，上部被雨水冲刷风化有逐层向上内收的台棱和水蚀凹槽等；东壁呈长梯形，夯土剥落严重，有雨水冲刷的水蚀凹槽，底部有啮齿类动物的洞穴；西壁依长城墙体而建，高于墙体约 3 米，坍塌成断崖状；顶部被风雨侵蚀，四周边缘被雨水冲刷成斜坡，中间基本平整，生长有稀疏的杂草。台体底部东西外凸约 10、南北 14 米，顶部东西约 5、南北约 6 米，高 9 米。夯层厚 10、20、22 厘米。

12. 英雄堡村 12 号敌台（D180）

该敌台位于盐池县花马池镇英雄堡东南约 0.4 千米处，西北距英雄堡村 13 号敌台 0.166 千米。台体依长城墙体而建，黄土夯筑而成，土质纯净细密，呈覆斗形，实心，凸出于长城墙体外侧，四壁有收分。保存一般。台体南壁夯土剥落较轻，底部被沙土堆积成西高东低的斜坡，东侧有两孔小窑洞，中部有较宽的水蚀凹槽，顶部凸起；东壁呈长梯形，夯土剥落，有雨水冲刷的水蚀凹槽，底部有小窑洞和野兔洞穴等，东北角窑洞有坍塌；北壁立面呈斜梯形，凹凸不平，底部有堆土；西壁与长城墙体顶部坍塌成斜坡状。台体底部东西外凸 11、南北 15 米，顶部东西 2、南北约 5 米，高 8 米。夯层厚 16、17、20 厘米。周围地表散布有青砖残块及白釉、褐釉瓷片等。

13. 英雄堡村 13 号敌台（D181）

该敌台位于盐池县花马池镇英雄堡东南 0.2 千米处，西北距英雄堡村 14 号敌台 0.246 千米。台体用黄土夯筑而成，呈覆斗形，实心，凸出于长城墙体外侧，四壁有收分。保存一般。台体南壁陡直呈长梯形，被沙土掩埋约 1/2，被雨水冲刷侵蚀成斜坡状；东壁呈长梯形，夯土片状剥离，有多处裂缝和雨水冲刷的水蚀沟槽，底部沙土堆积较厚；北壁呈斜梯形，底部沙土堆积较厚，上部被雨水冲刷逐层向上内收；西壁与长城墙体接合部位坍塌成斜坡状；顶部受雨水冲刷损毁严重，凹凸不平。台体底部东西外凸 11、南北 14 米，顶部东西约 2、南北约 3 米，高 6 米。夯层厚 16、18 厘米。

14. 英雄堡村 14 号敌台（D182）

该敌台位于盐池县花马池镇英雄堡东南 0.1 千米处，西北距英雄堡村 15 号敌台 0.236 千米。台体依长城墙体而建，黄土夯筑而成，土质纯净，呈覆斗形，实心，凸出于长成墙体外侧，四壁有收分。保存较差。台体坍塌成土丘状，顶部高低不平，表面及周围地表杂草生长繁茂。台体底部东西约 8、南北约 11 米，顶部东西长 2、南北 3 米，高约 5 米。夯层厚 16、18 厘米。

15. 英雄堡村 15 号敌台（D183）

该敌台位于盐池县花马池镇英雄堡东北约 0.12 千米处，西北距英雄堡村 16 号敌台 0.31 千米。台体用黄土夯筑而成，土质纯净，呈覆斗形，实心，凸出于长城墙体外侧，四壁有收分。保存较好。台体底部四周沙土堆积较厚；南壁呈梯形，夯土剥落较严重，有较多的风蚀孔洞和鸟窝巢穴等；东壁基本平整，保存较好，夯土剥落较轻，有雨水冲刷的痕迹；北壁夯土坍塌剥落严重，底部沙土堆积较高；西壁与长城墙体接合部位坍塌损毁成陡坡状。台体四周生长有较多的沙柳灌丛。台体底部东西 14、南北 9 米，顶部东西约 4、南北约 5 米，高 6 米。夯层厚 15、17 厘米。

16. 英雄堡村 16 号敌台（D184）

该敌台位于盐池县花马池镇英雄堡北 0.3 千米处，西北距英雄堡村 17 号敌台 0.162 千米。台体骑长城墙体而建，黄土夯筑而成，呈覆斗形，凸出于长城墙体外侧，四壁有收分。保存一般。台体四壁坍塌风化成斜坡状，下半部被沙土掩埋，上部坍塌严重，略呈底大顶小的土丘形；顶部中间高凸，四周边缘坍塌较多，表面生长灌木。台体底部东西约 13、南北约 16 米，顶部东西 2、南北 3 米，高 8 米。夯层厚 18 厘米。

17. 英雄堡村 17 号敌台（D185）

该敌台位于盐池县花马池镇英雄堡北约 0.5 千米处，西北距英雄堡村 18 号敌台 0.168 千米。台体用黄土夯筑而成，呈覆斗形，实心，凸出于长城墙体外侧，四壁有收分。保存较好，形制基本完整。台体南壁立面呈梯形，被沙土掩埋过半，上部凹凸不平，有风蚀孔洞和雨水冲刷的斜坡凹槽；东壁立面呈梯形，夯土剥落损毁较轻，保存较好，底部堆土较少，表面生长有沙棘草；北壁陡直呈斜梯形，底部有小窑洞；西壁与长城墙体接合部位坍塌风化成斜坡状；顶部平整，保存基本完好。台体底部东西外凸约9、南北13米，顶部东西7、南北9米，高约8米。夯层厚16、17厘米。

18. 英雄堡村 18 号敌台（D186）

该敌台位于盐池县花马池镇英雄堡村南约1千米，英雄堡北0.5千米处，西北距英雄堡村19号敌台0.18千米。台体依长城墙体而建，黄土夯筑而成，呈覆斗形，实心，凸出于长城墙体外侧。保存一般。台体被沙土掩埋约1/2，南壁立面呈斜梯形，底部黄沙堆积较厚，表面生长杂草；东壁宽大呈长梯形，底部沙土堆积较高，被黄沙掩埋过半，上部夯土片状剥离，被雨水冲刷侵蚀有沟槽和裂缝等；北壁立面呈斜梯形，底部被坍塌的夯土和沙土掩埋成斜坡状，上部被雨水冲刷有较宽的水蚀凹槽；西壁坍塌成斜坡状。台体顶部成为不规则形的土台，边缘夯土塌落较多。台体底部东西约9、南北15米，顶部东西1.4、南北2米，高约9米。夯层厚10~22厘米。周围地表散布有少量的黑釉、褐釉瓷片等。

19. 英雄堡村 19 号敌台（D187）

该敌台位于盐池县花马池镇英雄堡村南约0.9千米，英雄堡西北0.7千米处，西北距英雄堡村20号敌台0.167千米。台体用黄土夯筑而成，呈覆斗形，实心，四壁陡直有收分。保存较差。台体被塌落的夯土及沙土掩埋约2/3，露出部分坍塌风化成斜坡土丘。台体南、东壁底部沙土堆积成斜坡状，表面杂草生长茂密；北壁被黄沙掩埋过半；西壁与长城墙体接合部位塌落呈陡坡状；顶部坍塌损毁严重，成为凸起的小土台。台体底部东西9、南北12米，顶部东西约2、南北约1米，高约8米。夯层厚16、23厘米。

20. 英雄堡村 20 号敌台（D188）

该敌台位于盐池县花马池镇英雄堡村西南约0.8千米处，西北距英雄堡村21号敌台0.16千米。台体用黄土夯筑而成，呈覆斗形，实心，凸出于长城墙体外侧。保存较好。台体南壁陡直，底部有小窑洞，上部被雨水冲刷成斜坡面；东壁立面呈长梯形，壁面陡直，夯土片状剥落，东北角坍塌成斜坡状；北壁顶部东高西低，立面略呈底大顶小的斜三角形，底部沙土堆积较厚；北壁上部塌落，被雨水冲刷成斜坡面；西壁与长城墙体顶部坍塌风化成陡坡。台体底部东西外凸约10、南北17米，顶部东高西低，东西约4、南北9米，高约8米。夯层厚15~18厘米。

21. 英雄堡村 21 号敌台（D189）

该敌台位于盐池县花马池镇英雄堡村西南约0.7千米处，西北距英雄堡村22号敌台0.145千米。台体依长城墙体外侧而建，黄土夯筑而成，夯土较硬，夯打较为结实，呈覆斗形，实心，凸出于长城墙体外侧。保存较好，形制基本完整。台体南壁立面呈斜梯形，底部沙土堆积较厚，壁面夯土剥落，夯层清晰，底部有啮齿类动物洞穴等；东壁平整陡直呈长梯形，夯土片状剥离轻微，有雨水冲刷侵蚀形成的裂缝；北壁约3/4被黄沙掩埋；西壁与长城墙体顶部坍塌风化成斜坡。台体底部东西外凸约10、南北16米，顶部基本平整，东西约5、南北约8米，高8米。夯层厚10、13、20厘米（彩图二八四）。

22. 英雄堡村 22 号敌台（D190）

该敌台位于盐池县花马池镇英雄堡村西南约0.7千米处，西北距英雄堡村23号敌台0.301千米。台体依长城墙体外侧而建，黄土夯筑而成，呈覆斗形，实心，凸出于长城墙体外侧。保存较好，形制基本完整。台体南壁陡直，立面呈梯形，底部被塌落的夯土掩埋，壁面凹凸不平，自上而下有多处裂缝，底部有小窑洞；东壁陡直呈长梯形，壁面夯土塌落凹凸不平，表面自上而下有多处裂缝和雨水冲刷侵蚀的沟槽；北壁陡直平整，夯层均匀清晰，底部堆积较厚；西壁与长城墙体顶部坍塌成斜坡状。台体底部东西约11、南北16米，顶部东西约7、南北12米，高约8米。夯层厚17~20厘米。周围地表散布黑褐釉瓷片、白釉瓷片及黄绿釉四系罐口沿残片等（彩图二八五、二八六）。

标本D190：1，黄绿釉四系罐口沿残片。泥质红陶，宽扁唇，圆腹，肩部存桥形耳。夹砂土黄胎，外壁有一层黄绿釉，釉色脱落较多。口径17.6、腹径20.6、高9厘米（图一一七；彩图二八七）。

23. 英雄堡村23号敌台（D191）

该敌台位于盐池县花马池镇英雄堡村西南约0.8千米处，西北距英雄堡村24号敌台0.285千米。台体依长城墙体外侧而建，黄土夯筑而成，呈覆斗形，实心，凸出于长城墙体外侧。保存较差，人为破坏严重。台体呈土垄状，被修路挖毁，村路东西向穿越，将其分为南北两部分。台体东西11、南北3、高1.8米。夯层厚14、18、20厘米。

24. 英雄堡村24号敌台（D192）

该敌台位于盐池县花马池镇英雄堡村西约0.9千米处，西北距英雄堡村25号敌台0.277千米。台体骑长城墙体而建，黄土夯筑而成，夯土较硬，夯打较为结实，呈覆斗形，

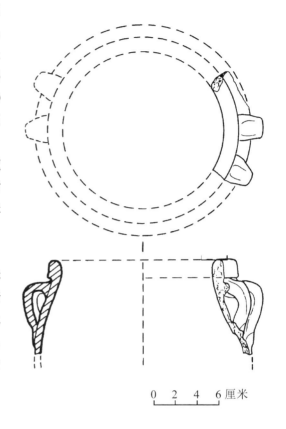

图一一七　英雄堡村22号敌台（D190）文物标本
黄绿釉四系罐口沿残片（标本D190：1）

实心，凸出于长城墙体外侧。保存较好。台体周围沙土堆积较高，整体被沙土掩埋约4/5，露出高1~2米；台体顶部中间基本平整，四周边缘被雨水冲刷成斜坡状，表面生长杂草。台体底部东西外凸约10、南北约13米，顶部东西4、南北5米，高8米。夯层厚17、18、24厘米。

25. 英雄堡村25号敌台（D193）

该敌台位于盐池县花马池镇英雄堡村西北约1.2千米处，西北距大疙瘩村1号敌台0.302千米。台体依长城墙体而建，黄土夯筑而成，呈覆斗形，凸出于长城墙体外侧。保存一般。台体被沙土掩埋约1/2，南壁呈梯形，壁面夯土块状剥落，被雨水冲刷成逐层向上内收的斜坡，表面杂草丛生，底部黄沙堆积较厚；东壁坍塌严重，壁面凹凸不平呈陡坡；北壁立面呈斜梯形，底部被沙土掩埋成斜坡状，上部夯土剥落，被雨水冲刷成斜坡状；西壁与长城墙体顶部垮塌成斜坡状；顶部坍塌损毁严重，成为凸起的小土台。台体底部东西外凸约9、南北约10米，顶部东西约2、南北1.7米，高7米。夯层厚15、17厘米。

26. 大疙瘩村1号敌台（D194）

该敌台位于盐池县花马池镇英雄堡村西北约1.5千米处，西北距大疙瘩村2号敌台0.292千米。所处地势平坦，周边草原植被较好。台体依长城墙体外侧而建，黄土夯筑而成，呈覆斗形，实心。保存较好，台体宽大，形制基本完整，风雨侵蚀损毁较轻。台体南壁基本平整，夯土片状剥离较轻，表面有风蚀孔洞和蜜蜂巢穴等；北壁底部有小窑洞，窑洞门塌落，门高0.9、宽1.5米，窑洞内宽2、进深1.5米；东壁宽大呈长梯形，壁面基本平整，夯土剥落较轻，有雨水冲刷侵蚀的沟槽，底部有小窑洞；北壁呈梯形，壁面基本平整，保存基本完好；西壁高于长城墙体2.7米；顶部保存较好，基本平

整，生长有杂草。台体底部东西外凸约 15、南北 20 米，顶部东西 9、南北 12 米，高约 9 米。夯层厚 15、17 厘米（图一一八；彩图二九三、二九四）。周围地表散布有少量黑釉瓷罐残片、泥质灰陶罐残片、夹砂黑釉瓷罐口沿残片、青釉瓷碗残片、灰陶板瓦残块、黑褐釉瓷缸口沿残片及青花瓷碗残片等。

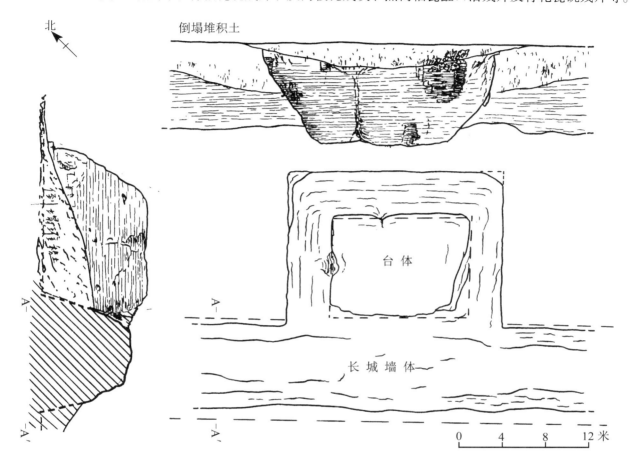

图一一八　大疙瘩村 1 号敌台（D194）平、立面及长城墙体平、剖面图

标本 D194∶1，青花瓷碗残片。斜腹，圈足，内底中心有"寿"字，外底中心有青花标识。残片长 3、宽 3.1 厘米（图一一九；彩图二八八）。

27. 大疙瘩村 2 号敌台（D195）

该敌台位于盐池县高沙窝镇大疙瘩村东南约 1.2 千米处，西北距大疙瘩村 3 号敌台 0.294 千米。保存一般。台体依长城墙体而建，黄土夯筑而成，呈覆斗形，实心，凸出于长城墙体外侧。台体南壁凹凸不平，有风蚀孔洞和蜜蜂巢穴等，底部堆土呈西高东低的斜坡状；东壁呈长梯形，壁面基本平整，底部有小窑洞；东壁上部高凸，两侧坍塌损毁严重；北壁约 4/5 被沙土掩埋，呈西高东低的斜坡状，外露部分被雨水冲刷成斜坡凹槽；顶部中间较高，边缘由里及外呈斜坡状。台体底部东西 13、南北 15 米，顶部东西约 6、南北约 5 米，高约 8 米。夯层厚 24、25 厘米。

28. 大疙瘩村 3 号敌台（D196）

该敌台位于盐池县高沙窝镇大疙瘩村南约 0.9 千米处，西北距大疙瘩村 4 号敌台 0.292 千米。台体骑长城墙体而建，黄土和红土分层夯筑而成，呈覆斗形，实心，平面呈长方形，凸出于长城墙体外侧，四壁有收分。台体南壁陡直呈梯形，夯土剥落严重，有风蚀孔洞和蜜蜂巢穴等；东壁呈长梯形，有水蚀凹槽和风蚀孔洞及鸟窝洞穴等；北壁被沙土掩埋过半，有雨水冲刷的水蚀凹槽和风蚀孔洞；西壁陡直，高于长城墙体约 2.9 米；顶部基本平整，长有杂草。台体底部东西外凸约 14、南北 16 米，顶部凹凸不平，东西约 5、南北 8 米，高约 9 米。夯层厚 11、12、18 厘米。周围地表散布有少量的青花瓷片及白釉瓷罐口沿残片等。

标本 D196∶1，白釉瓷罐口沿残片。圆唇，矮直领，丰肩，灰白胎，口沿及外壁施白釉，釉上绘黑彩图案，内壁无釉。口径 18、高 4.3 厘米（图一二〇；彩图二八九）。

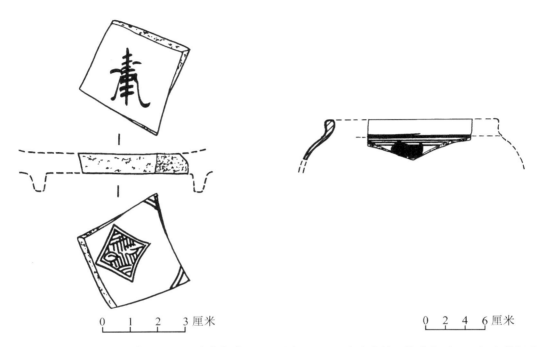

0　1　2　3 厘米　　　　　　　　　　　0　2　4　6 厘米

图一一九　大圪塔村 1 号敌台（D194）文物标本　　图一二〇　大圪塔村 5 号敌台（D196）文物标本
青花瓷碗残片（标本 D194∶1）　　　　　　白釉瓷罐口沿残片（标本 D196∶1）

29. 大圪塔村 4 号敌台（D197）

该敌台位于盐池县高沙窝镇大圪塔村南约 0.8 千米的低山梁峁上，所处地势较高，西北距大圪塔村 5 号敌台 0.294 千米。台体依长城墙体外侧而建，黄土夯筑而成，呈覆斗形，实心，四壁有收分。保存一般。台体南壁上部被雨水冲刷成斜坡状，夯土坍塌剥落有较宽的水蚀凹槽，顶部凹凸不平呈弧形，底部沙土堆积较厚；东壁被沙土掩埋过半，上部夯土剥落凹凸不平，因雨水冲刷有向上逐层内收的台棱；北壁被沙土掩埋约 3/5，上部被雨水冲刷风化成圆弧形；西壁与长城墙体顶部坍塌风化成斜坡。台体底部东西约 10、南北约 16 米，顶部东西 3、南北 4 米，高 8 米。夯层厚 13、18 厘米。周围地表散布有少量的青花、黑釉、褐釉瓷片及青白釉瓷片等。

30. 大圪塔村 5 号敌台（D198）

该敌台位于盐池县高沙窝镇大圪塔村南约 0.6 千米处，西北距大圪塔村 6 号敌台 0.312 千米。台体用黄土和红沙土分层夯筑而成，呈覆斗形，实心，平面呈长方形，剖面呈梯形，凸出于长城墙体外侧，四壁有收分。保存较好。台体南壁被倒塌的夯土及沙土掩埋过半，顶部坍塌风化成弧形，底部有小窑洞，壁面有多处水蚀凹槽和风蚀孔洞；东壁呈长梯形，被沙土掩埋过半，南侧有小窑洞，东北角坍塌厚约 2 米；北壁呈梯形，下半部被沙土掩埋成斜坡状，底部有野兔洞穴，上部被雨水冲刷成斜坡凹槽；西壁与长城墙体顶部坍塌成陡坡；顶部中间较高，四周边缘渐低，凹凸不平。台体四周沙土堆积较高。台体底部边长 12 米，顶部东西 3、南北约 5 米，高约 7 米。夯层厚 17、18 厘米。周围地表散布有少量的青花瓷片、外青绿釉瓷缸口沿残块及咖啡釉瓷罐口沿残片等。

标本 D198：1，咖啡釉瓷罐口沿残片。直口，圆唇，束颈，肩部有剔釉宽带纹，少数带纹上残留有叠烧粘连痕迹。夹砂浅黄胎，表面施深咖啡色釉。口径约 10.1、高 3.4 厘米（图一二一）。

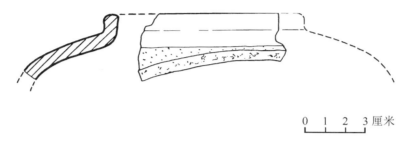

0　1　2　3 厘米

图一二一　大疙瘩村 5 号敌台（D198）文物标本
咖啡釉瓷罐口沿残片（标本 D198：1）

31. 大疙瘩村 6 号敌台（D199）

该敌台位于盐池县高沙窝镇大疙瘩村西南约 0.5 千米处，地处低山丘陵平滩地，地势开阔平坦，西北距大疙瘩村 7 号敌台 0.281 千米。台体依长城墙体外侧而建，黄土和红土分层夯筑而成，呈覆斗形，实心，四壁有收分。保存一般。台体风化，呈底大顶圆弧的土丘状；南壁坍塌成宽大的斜坡；东壁顶部中间夯土塌落厚约 2 米，底部有小窑洞；西壁陡直，剖面呈梯形，下半部被沙土掩埋成斜坡状；顶部中间较高，存 2 米高的陡壁土台，夯土塌落较多，四周边缘夯土塌落较多，雨水冲蚀凹凸不平。台体底部东西 13、南北 14 米，顶部东西约 4、南北 2 米，高约 8 米。夯层厚 12、14、18 厘米。

32. 大疙瘩村 7 号敌台（D200）

该敌台位于盐池县高沙窝镇大疙瘩村西约 0.7 千米处，西北距大疙瘩村 8 号敌台 0.295 千米。台体依长城墙体而建，黄土夯筑而成，土质纯净，呈覆斗形，实心，凸出于长城墙体外侧。保存较差。台体坍塌风化成底大顶小的土丘，底部东西 10、南北 11 米，顶部东西 2、南北 1.4 米，高 8 米。夯层厚 14、15、20 厘米。台体东南约 0.01 千米处长城墙体有 12 米宽的村路豁口。

33. 大疙瘩村 8 号敌台（D201）

该敌台位于盐池县高沙窝镇大疙瘩村西约 1 千米处，西北距大疙瘩村 9 号敌台 0.293 千米。台体用黄土和红土分层夯筑而成，土质纯净，呈覆斗形，实心，剖面呈梯形，凸出于长城墙体外侧，四壁陡直有收分。台体南壁上部坍塌成斜坡状，有风蚀孔洞，底部有塌落的夯土堆积；东壁陡直，夯土剥落，底部有小窑洞，窑洞高 1.7、进深 4、内宽 2 米，东北角坍塌，底部有 2 米高的夯土堆积；北壁底部沙土堆积较厚，上部有水蚀凹槽；西壁与长城墙体顶部坍塌成斜坡。台体底部边长约 13 米，顶部不规则，东西 2.5、南北 2 米，高 8 米。夯层厚 18、20 厘米。周围地表散布有少量青绿釉瓷缸口沿残块及茶褐釉瓷盆口沿残片等。

标本 D201：1，茶褐釉瓷盆口沿残片。斜弧腹，微卷沿，圆唇，缩颈。腹面有拉坯形成的突棱，平底，稍内凹。红褐胎，外壁施茶叶末釉，内壁施黑釉，口沿、颈部及外底无釉，唇沿外侧有烧结粘痕。口径 27.3、底径 18.9、高 14.7 厘米（图一二二；彩图二九〇）。

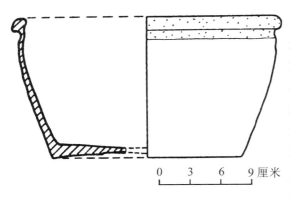

图一二二　大疙瘩村 8 号敌台（D201）文物标本
茶褐釉瓷盆口沿残片（标本 D201：1）

34. 大疙瘩村 9 号敌台（D202）

该敌台位于盐池县高沙窝镇大疙瘩村西北约 1.3 千米处，西北距大疙瘩村 10 号敌台 0.292 千米。台体用黄土和红土分层夯筑而成，土质纯净，呈覆斗形，实心，平面呈正方形，剖面呈梯形，四壁有收分。保存一般。台体四壁坍塌风化成斜坡状，南壁立面呈梯形，坍塌成二层台向内收进的陡坡形，有风蚀凹槽孔洞，底部有啮齿类动物的洞穴等；东壁陡直，上部有水蚀凹槽和风蚀孔洞，底部被塌落的夯土堆积成斜坡状；北壁底部堆土较厚，上部有雨水冲刷的凹槽，西北角与长城墙体接合部位有 3 米宽的村路豁口。台体底部东西外凸约 13、南北 15 米，顶部东高西低，东西 3、南北约 5 米，

高约 8 米。夯层清晰，夯层厚 14、18 厘米。

35. 大疙瘩村 10 号敌台（D203）

该敌台位于盐池县高沙窝镇大疙瘩村西北约 1.5 千米处，西北距大疙瘩村 11 号敌台 0.29 千米、距高沙窝镇～苏步井柏油公路穿墙缺口 0.27 千米。台体骑长城墙体而建，黄土和红土分层夯筑而成，呈覆斗形，实心，剖面呈梯形，凸出于长城墙体外侧，四壁陡直有收分。保存一般。台体南壁西侧坍塌风化成斜坡，东半部及东南角与长城墙体接合部位被取土铲挖成斜坡；东壁被取土挖毁，上部被雨水冲刷侵蚀成斜坡；北壁坍塌风化，被雨水冲刷成陡坡；西壁与长城墙体顶部坍塌成斜坡；顶部凹凸不平，东高西低。台体表面及周边地表遍生野草。台体底部东西外凸 10、南北约 16 米，顶部东西 3、南北约 4 米，高约 8 米。夯土疏松，夯打不结实，夯层不清晰。

36. 大疙瘩村 11 号敌台（D204）

该敌台位于盐池县高沙窝镇二步坑村东南约 0.2 千米处，西北距二步坑村 1 号敌台 0.289 千米，东南距高沙窝镇～苏步井柏油公路穿墙缺口 0.01 千米。台体依长城墙体而建，黄土和红土分层夯筑而成，呈覆斗形，实心，凸出于长城墙体外侧。保存一般。台体四壁坍塌风蚀成斜坡状，南壁立面呈梯形，风化成陡坡，底部有小窑洞；东壁坍塌风化成陡坡，有水蚀冲沟凹槽；北壁坍塌严重，被沙土掩埋约 4/5；顶部风化成圆弧。台体表面及周边地表遍生野草。台体底部东西外凸约 14、南北 16 米，顶部基本平整，东西 3、南北 4 米，高约 8 米。夯层厚 18 厘米。

37. 二步坑村 1 号敌台（D205）

该敌台位于盐池县高沙窝镇二步坑村南约 0.2 千米处，西北距二步坑村 2 号敌台 0.29 千米，东南距高沙窝镇～苏步井柏油公路穿墙缺口约 0.3 千米。台体依长城墙体而建，黄土和红土分层夯筑而成，呈覆斗形，实心，平面呈长方形，剖面呈梯形，凸出于长城墙体外侧，四壁陡直有收分。保存一般。台体南壁坍塌风化严重，呈底大顶圆的半椭圆形，底部有两孔现代窑洞，窑洞门高 1.7、宽 1 米，窑洞进深 4、内宽 3、高 2 米；东壁呈长梯形，夯土剥落、雨水冲刷侵蚀严重，上部有水蚀凹槽，底部有一孔小窑洞，洞门高 1、内宽 1.7、进深 2 米；北壁陡直呈梯形，底部沙土堆积成斜坡；西南角与长城墙体接合部位坍塌成陡坡；顶部呈凸起的土台，四周边缘有低洼不平的斜坡面。台体底部东西 15、南北 16 米，顶部凹凸不平，东西约 3、南北约 5 米，高约 8 米。夯层厚 15、17 厘米。周围地表散布有少量青绿釉瓷缸口沿残块和橘红浅灰釉瓷罐口沿残片等。

标本 D205：1，橘红浅灰釉瓷罐口沿残片。口稍大，微卷沿，圆唇。夹砂灰胎，器表外施橘红釉和浅

灰釉，内施青黄绿釉，器表较粗糙，烧成温度较低。口径9.4、高3.5厘米（图一二三；彩图二九一）。

38. 二步坑村2号敌台（D206）

该敌台位于盐池县高沙窝镇二步坑村南约0.2千米处，西北距二步坑村3号敌台0.292千米。台体依长成墙体而建，黄土和红土分层夯筑而成，呈覆斗形，实心，凸出于长城墙体外侧。保存一般。台体风化成底大顶圆弧的土丘状，南壁坍塌损毁严重，底部有小窑洞；东壁上部坍塌厚约2米，有风蚀孔洞和雨水冲刷的凹槽，底部有倒塌的夯土堆积；北壁上部坍塌内收呈斜坡状，西北角与长城墙体接合部位有4米宽的村路豁口。台体底部东西外凸14、南北17米，顶部基本平整，东西约5、南北约7米，高8米。夯层厚15、17厘米。周围地表散布棕褐釉粗瓷片、白釉瓷盘口沿残片及黑釉瓷片等。

标本D206：1，白釉瓷盘口沿残片。敞口、尖唇，沿面起伏不平，折腹，内腹面釉上残存一黑彩楷书"化"字。白胎白釉，唇沿有一周红彩，脱色严重。高3.8厘米（图一二四）。

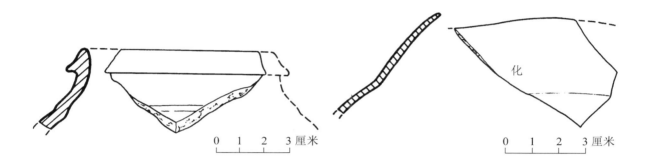

图一二三　二步坑村1号敌台（D205）文物标本　　　　图一二四　二步坑村2号敌台（D206）文物标本

橘红浅灰釉瓷罐口沿残片（标本D205：1）　　　　　　　　白釉瓷盘口沿残片（标本D206：1）

39. 二步坑村3号敌台（D207）

该敌台位于盐池县高沙窝镇二步坑村西南约0.3千米处，西北距二步坑村4号敌台0.293千米。台体依长城墙体外侧而建，黄土和红土分层夯筑而成，呈覆斗形，实心，凸出于长城墙体外侧。保存较好。台体高大，南壁坍塌损毁严重，有多处冲沟小豁口，底部被坍塌的夯土堆积成斜坡，西南角与长城墙体接合部位有3米宽的村路豁口；东壁塌落厚约2米，上部陡直，有水蚀凹槽和风蚀孔洞，底部夯土堆积成斜坡；北壁上部陡直，夯土剥落风化严重，有风蚀孔洞和鸟窝洞穴等，底部被坍塌的夯土及沙土掩埋成斜坡状。台体底部东西外凸约14、南北16米，顶部基本平整，东西约4、南北约6米，高约9米。夯层厚15、18厘米（彩图二九五）。

40. 二步坑村4号敌台（D208）

该敌台位于盐池县高沙窝镇二步坑村西约0.4千米处，西北距二步坑村5号敌台0.294千米。台体骑长城墙体而建，黄土和红土分层夯筑而成，土质纯净，呈覆斗形，凸出于长城墙体外侧，四壁有收分。台体四壁风化成斜坡形，南壁坍塌成陡坡状，有少量的风蚀孔洞；东壁风化成底部宽大的斜坡状，表面生长较多的芨芨草，植物根系生长对台体破坏较严重，夯层不明显；北壁立面呈底大顶小的斜坡状，底部沙土堆积较厚；顶部风化成东高西低的圆弧状。台体底部东西外凸14、南北约17米，顶部东西约4、南北5米，高约9米。

41. 二步坑村5号敌台（D209）

该敌台位于盐池县高沙窝镇二步坑村西约0.5千米处，西北距二步坑村6号敌台0.291千米。台体依长城墙体而建，黄土和红土分层夯筑而成，土质纯净细腻，呈覆斗形，实心，凸出于长城墙体外侧，四壁有收分。保存较好，形制基本完整。台体南壁陡直平整呈梯形；东壁塌落严重，上部有雨水冲刷的沟槽和风蚀孔洞等，底部有坍塌的夯土堆积；北壁被沙土掩埋约3/4，外露部分风蚀较轻；西壁与长城墙体顶部坍塌成斜坡；顶部基本平整，表面生长杂草。台体底部东西外凸约10、南北12米，顶部东西3、南北5米，高8米。夯层厚6～22厘米。

42. 二步坑村6号敌台（D210）

该敌台位于盐池县高沙窝镇二步坑村西北约0.8千米处，西北距二步坑村7号敌台0.303千米。台体紧靠长城墙体外侧，黄土和红土分层夯筑而成，呈覆斗形。台体南、北壁呈梯形，被沙土掩埋约3/4，露出部分斜高约3米，表面生长芨芨草；东壁坍塌风化严重，呈底大顶小的斜坡状；西壁与长城墙体顶部坍塌成斜坡；顶部坍塌损毁严重。台体底部东西外凸，边长约13米，顶部东西约4、南北约1米，高约9米。夯层厚14厘米。

43. 二步坑村7号敌台（D211）

该敌台位于盐池县高沙窝镇二步坑村西北约1.1千米处，西北距二步坑村8号敌台0.296千米，北距杨家梁－苏步井公路约0.6千米。台体依长城墙体而建，黄土和红土分层夯筑而成，呈覆斗形，实心，凸出于长城墙体外侧。台体南壁坍塌风化成斜坡，有风蚀、水蚀沟槽；东壁坍塌风化成斜坡，壁面夯土疏松有风蚀孔洞；北壁受风雨侵蚀坍塌损毁成斜坡状，表面生长有较多的芨芨草；南壁与长城墙体顶部坍塌风化成斜坡；顶部坍塌损毁严重。台体底部东西外凸，东西约10、南北15米，顶部东西5、南北约2米，高约6米。台体表面夯土疏松风化严重，夯层不清晰。周围地表散布有少量青釉、青绿釉瓷缸口沿残块及酱釉双耳瓷罐残片等。

标本D211:1，酱釉双耳瓷罐口沿残片。扁圆唇，直腹，上腹部存一桥形立耳，耳面有纵向条纹，壁腹有拉坯形成的突棱纹。夹砂浅黄胎，外壁及内壁口沿施深酱釉。口径17.4、高11.6厘米（图一二五；彩图二九二）。

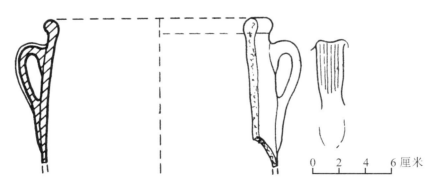

图一二五　二步坑村7号敌台（D211）文物标本
酱釉双耳瓷罐口沿残片（标本 D211:1）

44. 二步坑村8号敌台（D212）

该敌台位于盐池县高沙窝镇二步坑村西北约1.4千米处，西北距二步坑村9号敌台0.212千米。台体依长城墙体而建，黄土夯筑而成，土质纯净，呈覆斗形，实心，凸出于长城墙体外侧。台体南、北壁坍塌损毁较严重，东、西壁坍塌风化成斜坡，整体被沙土掩埋约2/3，露出部分高约3米。台体呈土丘状，表面有雨水冲刷的冲沟凹槽和风蚀孔洞，顶部坍塌损毁较重，保存较少。台体底部边长约12米，顶部东西约3、南北约1米，高约7米。夯层厚13、20厘米，版筑缝明显，版长1.6～2米。台体表面生长有芨芨草等，周围地表散布有少量青釉、绿釉瓷缸口沿残块片及黑釉瓷片。

45. 二步坑村 9 号敌台（D213）

该敌台位于盐池县高沙窝镇二步坑村西北约 1.7 千米处，西北距二步坑村 10 号敌台 0.214 千米。台体用黄土夯筑而成，呈覆斗形，实心，凸出于长成墙体外侧，四壁有收分。保存较差。台体顶部坍塌损毁严重，整体风化成底大顶小的倒漏斗形，下半部坍塌风化成土丘状，上部高凸保存较少。台体底部边长 14 米，顶部东西 3、南北 4 米，高约 9 米。夯层厚 13、15、17、20 厘米。周围地表散布有少量青釉、绿釉瓷缸口沿残片及黑釉瓷片等。

46. 二步坑村 10 号敌台（D214）

该敌台位于盐池县高沙窝镇二步坑村西北约 1.9 千米处，西北距潘记梁村 1 号敌台 0.214 千米、距蔡家梁—苏步井公路穿墙缺口 0.172 千米。台体骑长城墙体而建，黄土夯筑而成，呈覆斗形，实心，凸出于长城墙体外侧，四壁陡直有收分。台体保存较好，损毁较轻，形体高大，形制基本完整。台体南壁呈梯形，夯土剥落有裂缝，表面有风蚀孔洞及鸟窝洞穴等，底部有塌落的块状夯土堆积；东壁保存较好，立面呈长梯形，夯土剥离损毁较轻，表面有风蚀孔洞和鸟窝洞穴等，底部有啮齿类动物洞穴；北壁立面呈梯形，有风蚀孔洞和雨水侵蚀的沟槽，底部沙土堆积较高，表面生长有灌木和芨芨草等；西壁与长城墙体顶部坍塌成高低不平的斜坡状；顶部高于长城墙体 3 米。台体底部东西外凸，东西约 14、南北 18 米，顶部基本平整，东西 8、南北 10 米，高约 10 米。夯层厚 17、20 厘米（彩图二九六）。周围地表散布有少量黑釉、褐釉、青花瓷片及青釉瓷片等。

三 英雄堡（永清堡）

1. 位置与现状

英雄堡位于盐池县城西北 37 千米的花马池镇英雄堡村，北距"深沟高垒"（头道边）墙体约 0.06 千米。英雄堡在明代称为"永清堡"，清代称为"永兴堡"，以永远兴盛之意命名。"永兴堡在城西九十里"[1]，始筑于弘治七年（1494 年），解放战争中曾在此进行过战斗，因而更名为"英雄堡"。英雄堡地处低山丘陵荒漠地带，地表草原带沙生植被属中亚白草群落及油蒿群落，有猫头刺、黑沙蒿、沙蒿白草、苦豆子、枝儿条、黄草刺、甘草。

英雄堡所处地势较低，四面有低山丘陵环绕。堡内地面高于堡外，堡墙被沙土掩埋约 4/5。堡内地势中间低凹，东北部沙土堆积较高，杂草和沙柳等灌木生长茂密；中部存南北长约 10 米的夯土墙，土墙中部有一座夯土敌台，被沙土掩埋约 2/3，高 5 米。堡东墙内外两侧沙土堆积较高；南墙风化成一道宽大的土梁，两侧呈斜坡。整体保存较差。堡墙、角台基本保存，堡门及瓮城门损毁较重。该堡位于长城墙体内侧，与墙体平行，占地面积 39238 平方米。以堡东墙为基轴，方向北偏西 30°。

2. 平面形制

英雄堡主城平面呈凸字形，周长 937 米，面积 39238 平方米。形制特别，坐东南向西北。为便于叙述，将主城分为南城和北城。城门开在北城北墙中部。瓮城建在凸字形主城北墙，依北城北墙外侧而建，瓮城门开在东墙中部偏南（图一二六）。

---

〔1〕 盐池县县志编纂委员会：《花马池志》（翻印本）"城池堡寨第四"，第 15 页。

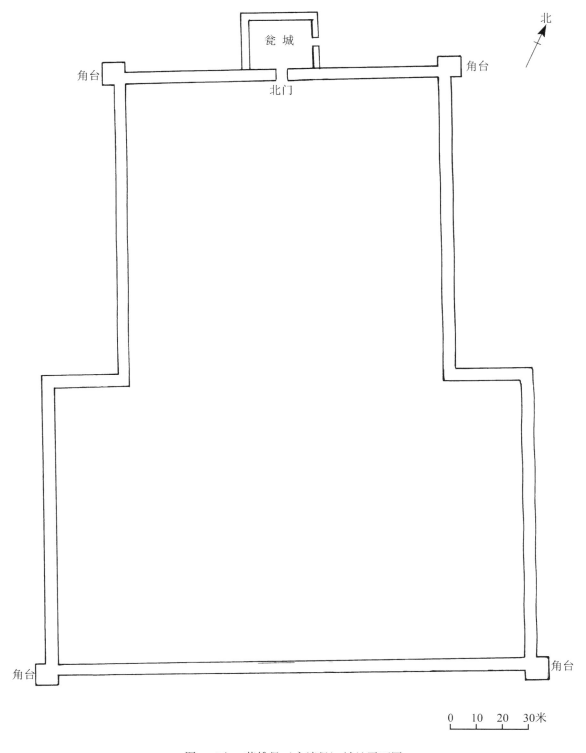

图一二六　英雄堡（永清堡）城址平面图

（1）南城墙体

南城东墙长 118 米，保存较差，用黄土夯筑而成，夯土内有红砂岩碎块，被沙土掩埋，仅露顶部。南墙长 183、顶宽 6 米，墙体内外两侧被沙土掩埋至顶部，相对外侧地面高 5～7、底宽约 7 米。西墙长 121 米，大多被沙土掩埋，露出顶部宽约 4.5、高 5 米；顶部外侧尚存垛墙，垛墙高 0.4、宽 0.6 米（彩图二九七）。北墙东、西段内收 30 米后呈直角折拐与北城东、西墙相连接，西段坍塌严重，有 4 米宽的冲沟豁口。

（2）北城墙体

北城平面大致呈长方形。城内地势高于城外，中间低洼。东墙长 126 米，被沙土掩埋约 2/3，露出部分高 1.6 米，夯层厚 14～16 厘米。西墙长 126 米，相对内侧地面高 4～5、相对外侧地面高 6 米，顶部有两处 3 米宽的冲沟豁口。北墙长 130 米，两侧被黄沙掩埋约 1/2，顶部受雨水冲蚀高低不平，有两处 4 米宽的冲沟豁口。

（3）城门

开在北城北墙中部，为 4 米宽的豁口。

（4）角台。

角台有 4 座，分别位于北城的东北角、西北角和南城的东南角、西南角。台体呈覆斗形，黄土夯筑而成，平面呈正方形。东北角台底部东西 11、南北 9 米，顶部边长 8 米，高 5 米。西北角台保存较好，呈覆斗形，底部边长 15 米，顶部东西 8、南北 9 米，高 8 米（彩图二九八）。东南角台底部东西 14、南北 15 米，顶部东西 6、南北 7 米，高约 6 米。西南角台呈覆斗形，底部平面呈正方形，边长 14 米，顶部平面呈长方形，东西 7.5、南北 8 米，高 7.5 米。

（5）瓮城

瓮城平面呈长方形，东、西墙依北城北墙而建。墙体用黄土夯筑而成，夯层厚 16、18、19 厘米，因雨水冲刷、风蚀坍塌较重，大多被沙土掩埋，高约 4 米。北墙长 26 米，东、西墙长 24 米。门开在东墙中部偏南，为 4 米宽的豁口。

（6）水井

水井 1 口，位于堡西北约 0.15 千米处的长城墙体内侧，井深 6、水深约 3 米。

3. 遗物

堡内地表散布有少量黑釉、酱釉粗瓷残片、青花瓷片及建筑饰件，器形有碗、罐、缸、盆等。

标本：1，套兽残块。英雄堡内采集。泥质灰陶，合模制作。兽面一侧残损，前吻上凸露齿，张嘴作吼状，下颌及舌部残失。翘鼻，张目，长眉，小立耳，腮部有纽状突起，腮下及后颈有卷毛。长 31、高 24.2、厚 9 厘米（图一二七；彩图二九九）。

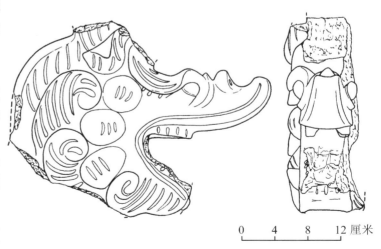

0　4　8　12 厘米

图一二七　英雄堡文物标本
套兽残块（标本：1）

第五节　兴武营段明长城墙体及相关设施

一　兴武营段明长城墙体（D215—D255）

兴武营段明长城墙体自东南向西北经过潘记梁、兴武营、闵庄子三个村。墙体外侧分布有 41 座敌台、1 座铺舍遗址、2 座烽火台和兴武营城址等。

1. 潘记梁村长城墙体

该段墙体起点位于盐池县高沙窝镇潘记梁村南 1.4 千米的潘记梁村 1 号敌台处，止点位于高沙窝镇潘记梁村西 1.1 千米的潘记梁村 12 号敌台处。北距"河东墙"（二道边）墙体 0.9～1.9 千米。墙体长 2158 米。呈东南—西北走向。墙体用黄土和红沙土分层夯筑而成，部分墙体用黄土夯筑而成。墙体主要损毁原因为风雨侵蚀、自然坍塌、夯土酥碱、羊群攀爬踩踏及人为取土破坏等。根据墙体保存状况及敌台分布情况分为 11 段（参见图一一六）。分述如下。

潘记梁村 1 号敌台（D215）—潘记梁村 2 号敌台（D216）

墙体长 222 米。地处丘陵缓坡地带，地势由东南向西北逐渐走高，内外两侧大多是未开垦的荒地，地势较平缓，地面生长有少量的沙蒿草、苦豆草及少量的柠条。墙体用黄土和红土夯筑而成，剖面呈梯形，大多坍塌风化成斜坡土梁，顶部呈鱼脊状。墙体高约 4.5 米，部分墙体高仅 2 米。墙体表面生长有低矮的杂草，被羊群踩踏，夯土酥碱呈颗粒状脱落。潘记梁村 2 号敌台与墙体接合部位有 4 米宽的村路豁口。

潘记梁村 2 号敌台（D216）—潘记梁村 3 号敌台（D217）

墙体长 223 米。地处丘陵缓坡地带，地势由东南向西北逐渐走高，两侧为荒地，生长有较多的柠条等。墙体用黄土和红土夯筑而成。墙体坍塌风化成低矮的土梁，顶部坍塌成鱼脊状，表面长满杂草，被羊群踩踏，夯土酥碱粉状脱落，墙体高 3.5～4.5 米。夯层模糊不清（彩图三〇〇）。

潘记梁村 3 号敌台（D217）—潘记梁村 4 号敌台（D218）

墙体长 220 米。地处丘陵缓坡地带，地势由东南向西北逐渐低缓，外侧是未开垦的荒地，内侧地面生长有大面积的柠条。墙体用黄土夯筑而成。墙体坍塌风化成斜坡土梁。夯土酥碱粉状脱落，夯层模糊不清。墙体高 5～6 米。

潘记梁村 4 号敌台（D218）—潘记梁村 5 号敌台（D219）

墙体长 215 米。地处丘陵缓坡地带，地势由东南向西北逐渐走高，两侧地面植被较好，生长柠条等。墙体坍塌，被雨水冲刷侵蚀成斜坡土梁，表面黄沙堆积较厚，羊群踩踏较严重，部分墙体顶部坍塌，高低不平。墙体高 3～4 米。夯层厚 16、17、26 厘米。

潘记梁村 5 号敌台（D219）—潘记梁村 6 号敌台（D220）

墙体长 212 米。地处丘陵缓坡平滩地带，地势由东南向西北逐渐走高，两侧地面生长有大面积的柠条。墙体用黄土夯筑而成，土质较粗，夯打不结实。墙体坍塌风化损毁过半，略显低矮，顶部呈弧形。墙体大多被沙土覆盖，有极少部分露出，成为弧坡形土梁。墙体高 3～4 米。

潘记梁村 6 号敌台（D220）—潘记梁村 7 号敌台（D221）

墙体长 209 米。地处缓坡丘陵平滩地带，两侧是未开垦的荒地，地表植被较好，生长有茂密的沙蒿、白草及苦豆等。墙体用黄土夯筑而成。墙体坍塌风化损毁过半，成为斜坡形土梁，顶部有多处锯齿状冲沟小豁口。墙体高2~4.5米。

潘记梁村7号敌台（D221）—潘记梁村8号敌台（D222）

墙体长159米。地处缓坡丘陵平滩地带，地势由东南向西北逐渐平缓略高，两侧是未开垦的荒滩地，地面沙蒿、白草和苦豆生长茂密。墙体顶部坍塌成漫坡形土梁，部分墙体顶部坍塌成较窄的鱼脊状。墙体略显低矮，损毁约3/4。墙体夯土酥软、风化粉状脱落，夯层模糊不清。墙体高4~5米。潘记梁村8号敌台坍塌风化成斜坡形土丘，东壁与墙体接合部位有3米宽的村路豁口。

潘记梁村8号敌台（D222）—潘记梁村9号敌台（D223）

墙体长162米。所处地势较平缓，内外两侧是未开垦的荒地，地面生长有苦豆草和其他杂草。墙体坍塌风化损毁过半，成为漫坡形土梁。墙体高3~4米。依墙体外侧而建的敌台坍塌风化成低矮的土丘。

潘记梁村9号敌台（D223）—潘记梁村10号敌台（D224）

墙体长159米。地处缓坡丘陵平滩地带，地势平缓，两侧是未开垦的荒地，地面植被稀疏，仅生长有低矮的杂草，植被覆盖率约60%。墙体坍塌严重，顶部塌落成弧坡形土梁，较低矮，仅存基础。墙体高2~3米。

潘记梁村10号敌台（D224）—潘记梁村11号敌台（D225）

墙体长162米。地处丘陵缓坡地带，地势平缓，由东南向西北逐渐走高。墙体用黄土夯筑而成，土质较粗，夯打不结实。墙体坍塌风化严重，保存基础部分，成为低矮的漫坡形土梁，夯土酥软疏松，长满杂草。墙体高3~4.5米。

潘记梁村11号敌台（D225）—潘记梁村12号敌台（D226）

墙体长215米。地处丘陵缓坡地带，地势由东南向西北逐渐走高。墙体用黄土和红土分层夯筑而成。墙体坍塌风化成漫坡形土梁，保存基础痕迹。墙体高3~4米。夯土酥软疏松长满杂草，夯层模糊不清。依墙体外侧而建的敌台坍塌风化成低矮的土丘。

2. 兴武营村1段长城墙体

该段墙体起点位于盐池县高沙窝镇兴武营村东南约1.4千米的潘记梁村12号敌台处，止点位于高沙窝镇兴武营村西北约0.24千米的兴武营村12号敌台处（宁夏、内蒙古两省区界碑处）。墙体长2680米。由兴武营东南经兴武营北墙折向西北行。墙体坍塌损毁较严重，高3~6米。墙体地处兴武营村，因人为取土破坏有多处村路豁口。根据墙体保存状况及敌台分布情况分为12段（参见图二〇）。分述如下。

潘记梁村12号敌台（D226）—兴武营村1号敌台（D227）

墙体长214米。地处丘陵缓坡地带，地势由东南向西北逐渐趋于低缓。大致呈东南—西北走向。墙体用黄土和红沙土分层夯筑而成。墙体坍塌风化成斜坡土梁，顶部及两侧坍塌成鱼脊状，夯土酥碱粉状剥落。墙体高3~4米。依墙体外侧而建的敌台坍塌成土丘。

兴武营村1号敌台（D227）—兴武营村2号敌台（D228）

墙体长215米。地处低山丘陵坡地，地势由东南向西北逐渐走低，两侧是未开垦的荒滩地，内侧地势略高于外侧，外侧种植有大面积的柠条。墙体略显低矮，坍塌风化成斜坡土梁，顶部呈鱼脊状，有较多锯齿状的冲沟小豁口。墙体高3~4.5米。

兴武营村2号敌台（D228）—兴武营村3号敌台（D229）

墙体长194米。地处低山丘陵缓坡地带，地势由东南向西北逐渐走低，两侧是未开垦的荒地，地面有较厚的黄沙堆积，杂草生长，植被覆盖率约65%。墙体大多坍塌风化成斜坡土梁，顶部呈低矮的弧坡形，表面生长有苦豆草和沙蒿等。墙体高3～4米。夯土酥碱严重，夯层厚15、18厘米。依墙体外侧而建的敌台被黄沙掩埋，顶部有沙土堆积。

兴武营村3号敌台（D229）—兴武营村4号敌台（D230）

墙体长220米。地处丘陵缓坡地带，地势由南向北逐渐走低。大致呈南—北走向。墙体坍塌风化成斜坡土梁，夯土因羊群攀爬踩踏、风化，酥软粉状脱落，夯层模糊不清。墙体高3米。墙体中部有供电部门的水泥杆和铁丝防护网等。依墙体外侧而建的敌台垮塌风化成土丘状。

兴武营村4号敌台（D230）—兴武营村5号敌台（D231）

墙体长210米。大致呈东南—西北走向。墙体用黄土和红沙土分层夯筑而成，夯土较粗，夯打不实。墙体坍塌风化成低矮的漫坡土梁，顶部大多被流沙覆盖，夯土酥碱粉状剥离，生长有较多的杂草。墙体高3.5～4.5米。墙体中段顶部有供电部门的水泥杆和草原管理部门设置的铁丝防护网等。

兴武营村5号敌台（D231）—兴武营村6号敌台（D232）

墙体长266米。台体坍塌损毁过半，略呈斜坡土梁，两侧被塌落的夯土及沙土掩埋约3/4，表面生长有较多的苦豆草和沙棘，被羊群踩踏，夯土酥软粉状剥离。墙体高2.5～5、底宽约10米。夯层厚15、17、20厘米。部分墙体被取土挖毁，中部有8米宽的村路豁口，兴武营村6号敌台南壁与墙体接合部位有3米宽的冲沟豁口（彩图三〇一）。

兴武营村6号敌台（D232）—兴武营村7号敌台（D233）

墙体长265米。地处丘陵缓坡地带，地势由东南向西北逐渐走低。墙体呈坡形土梁，坍塌损毁过半，顶部坍塌成鱼脊状。墙体夯层较厚，土质较粗，夯打不结实。墙体高3～5米。夯层厚17、20、27、28厘米。部分墙体被取土挖毁，中部有6米宽的村路豁口，墙上有供电部门的水泥杆。依墙体外侧而建的敌台坍塌风化成土丘状。兴武营村7号敌台被取土挖毁破坏严重，略呈土丘状。

兴武营村7号敌台（D233）—兴武营村8号敌台（D234）

墙体长276米。地处低山丘陵缓坡地带，地势由东南向西北逐渐走低。大致呈南—北走向。西距兴武营城堡东墙约0.34千米，东侧为兴武营村居民点。墙体用黄土夯筑而成，夯土内掺杂有青砂石和红砂石碎块。墙体坍塌损毁约1/2，呈坡形土梁，部分墙体两侧略呈陡坡状，夯土风化酥碱，夯层不明显，生长有沙棘和沙蒿等。墙体高4～6米。墙体上部有供电部门的水泥杆。兴武营村7号敌台西北约0.02千米处长城墙体有3米宽的村路缺口，兴武营村8号敌台南壁与墙体接合部位有7米宽的村路豁口。

兴武营村8号敌台（D234）—兴武营村9号敌台（D235）

墙体长276米。地处丘陵缓坡地带，地势由东南向西北逐渐走低。由东南向西北弧线弯转向西，环绕兴武营东墙向西北行。东侧为农田，种植有少量玉米等，西距兴武营0.1～0.15千米。墙体用红沙土和黄土分层夯筑而成，夯土内有较多的青砂石和红砂石碎块。墙体坍塌成两面坡形土梁，夯土粉状剥离，生长有较多的沙棘和沙蒿等。墙体高5～6、底宽约11米，顶部高低不平，略呈鱼脊状，宽约0.5米。红土夯层厚14、15、19、20厘米，黄土夯层厚3厘米。墙体被利用修筑为村路，兴武营村9号敌台东南0.069千米处墙体有3米宽的村路豁口，依墙体外侧而建的敌台坍塌风化成低矮的土丘状。

兴武营村9号敌台（D235）—兴武营村10号敌台（D236）

墙体长135米。地处丘陵缓坡地带，地势由东向西逐渐走低，西南距兴武营东北角约0.06千米。北侧为农田。墙体由东南向西北，弧线弯转偏西方向。墙体用黄土和红沙土分层夯筑而成，夯土内有较多的青砂石和红砂石碎块。墙体形如高大宽厚的堤坝，上部修筑成村路，有车辙痕迹。墙体高3～4、顶宽4～5米。依墙体外侧而建的敌台坍塌损毁成土丘状。

兴武营村10号敌台（D236）—兴武营村11号敌台（D237）

墙体长142米。地处缓坡丘陵平滩地带，地势由东南向西北逐渐走低。大致呈东—西走向。墙体用黄土和红沙土分层夯筑而成，夯土内有较多的青砂石和红砂石碎块。墙体形如一道堤坝，两侧及顶部沙土堆积较高，底部堆土较多。墙体高约6、底宽14、顶宽4～5米。

兴武营村11号敌台（D237）—兴武营村12号敌台（D238）

墙体长267米。地处缓坡丘陵平滩地带，地势较平缓。墙体用黄土和红沙土分层夯筑而成，夯土内有较多的青砂石和红砂石碎块。墙体两侧被沙土掩埋约2/3，外侧沙土堆积较高，内侧堆土较少；东半段顶宽约4米，被修筑为村路，顶部有车辙痕迹；西半段未被沙土全部掩埋，露出高约2米，形如土梁，表面长满杂草，顶部有较多的沙土堆积。墙体高5～6米，夯层厚11、14、17、20厘米。兴武营村11号敌台坍塌风化成土丘，四周沙土堆积较高，表面长满杂草。兴武营村12号敌台坍塌损毁严重，呈不规则形，中部开裂有较宽的凹槽，表面有较多的风蚀孔洞，北壁下有国务院立宁夏、内蒙古两省区界碑。

3. 兴武营村2段长城墙体

该段墙体起点位于盐池县高沙窝镇兴武营村西北约0.24千米的兴武营村12号敌台处（宁夏、内蒙古两省区界碑处），止点位于高沙窝镇兴武营村西北约1.5千米的兴武营村17号敌台处。墙体长1418米。墙体用黄土夯筑而成，部分墙体用黄土和红沙土夯筑，夯土内夹杂有少量红砂岩碎块，夯打较结实。墙体大多被沙土掩埋成斜坡状，未被掩埋部分被羊群攀爬踩踏损毁较严重。墙体北距与之平行的"河东墙"（二道边）墙体0.09～0.15千米。根据墙体保存状况及敌台分布情况分为4段（参见图二〇）。分述如下。

兴武营村12号敌台（D238）—兴武营村13号敌台（D239）

墙体长295米。地处缓坡丘陵平滩地，地势平缓，两侧是未开垦的荒滩地，内侧地形高于外侧。墙体顶部及两侧壁面坍塌严重，被沙土掩埋过半，成为一道高大的土梁。墙体顶部受风雨侵蚀凹凸不平，有较多的冲沟小豁口。墙体高约8、顶宽1～3米。兴武营村12号敌台西侧墙体和兴武营村13号敌台东侧墙体有3米宽的村路豁口（彩图三〇二）。

兴武营村13号敌台（D239）—兴武营村14号敌台（D240）

墙体长280米。地处丘陵缓坡草滩地带，地势较为平坦。大致呈东—西走向。墙体用黄土和红沙土分层夯筑而成，夯土内掺杂有少量青砂石和红砂石碎块。墙体内外两侧被倒塌的夯土和沙土掩埋约3/4，成为坡形土梁。墙体顶部塌落成鱼脊状，有较多锯齿状的冲沟小豁口，夯土风化、酥软，生长有较多的芨芨草和黑沙蒿等。墙体高5.5～6.5米，顶部较窄，顶宽0.5～1米。

兴武营村14号敌台（D240）—兴武营村15号敌台（D241）

墙体长274米。地处丘陵地带的碱滩地，地势由东向西逐渐走高。大致呈东—西走向。墙体用黄土夯筑而成。墙体两侧被倒塌的夯土及沙土掩埋约1/2，顶部坍塌成鱼脊状，有较多锯齿状的冲沟小豁口。墙体高4～6米，夯层厚11、15厘米。兴武营村14号敌台西壁与墙体接合部位有4米宽的村路豁口（彩图三〇三）。

兴武营村15号敌台（D241）—兴武营村16号敌台（D242）

墙体长282米。地处碱滩平地，地势由东向西逐渐平缓，北距"河东墙"（二道边）墙体0.13～0.17千米。大致呈东—西走向。墙体用黄土夯筑而成，土质纯净。墙体两侧被倒塌的夯土及沙土掩埋至墙腰，顶部坍塌成鱼脊状。墙体外侧夯土较硬，夯打较结实；内侧行夯较轻，夯土酥松，坍塌损毁较严重。墙体高 5~6、底宽约 10 米。夯层厚 16、17 厘米。墙体外侧骑墙而建的敌台垮塌风化成土丘。

兴武营村 16 号敌台（D242）—兴武营村 17 号敌台（D243）

墙体长 287 米。地处缓坡丘陵碱滩平地，地势较平缓，两侧地面有较多的固定沙丘。墙体为避开盐碱湿地呈弧线形走势，两侧被倒塌的夯土及沙土掩埋过半，顶部坍塌成鱼脊状，呈坡形土梁。墙体外侧夯土较硬，夯打结实；内侧较酥松，塌落损毁严重。墙体高 5~6 米，夯层厚 15、17 厘米。墙体距北"河东墙"（二道边）墙体内（南）侧的兴武营村 2 号烽火台约 0.1 千米。

4. 闵庄子村长城墙体

该段墙体起点位于盐池县高沙窝镇兴武营村 17 号敌台处，止点位于高沙窝镇闵庄子村西北约 2 千米的闵庄子村 12 号敌台处。墙体长 2873 米。墙体用黄土夯筑而成，部分墙体用黄土和红沙土分层夯筑而成。墙体北距平行走向的"河东墙"（二道边）墙体 0.045~0.09 千米。根据墙体保存状况和敌台分布情况分为 12 段（参见图二一）。分述如下。

兴武营村 17 号敌台（D243）—闵庄子村 1 号敌台（D244）

墙体长 293 米。地处低山丘陵坡地，地势由东向西逐渐走低，两侧地表有较多的固定沙丘。大致呈东—西走向。墙体用黄土夯筑而成，土质纯净，夯土较硬，夯打较结实。墙体宽厚高大，两侧被沙土掩埋 1/3~3/4；部分墙体顶部高低不平，两侧因风蚀雨蚀塌落成陡坡。墙体高 6.5、底宽约 10、顶宽 1.9~3.4 米。夯层厚 16~18 厘米。骑墙体而建的敌台坍塌风化成底大顶圆的土丘状（彩图三〇四）。

闵庄子村 1 号敌台（D244）—闵庄子村 2 号敌台（D245）

墙体长 281 米。地处缓坡丘陵沙滩地带，地势较为平缓，地面有较多的固定沙丘，生长有较多的沙蒿、苦豆草、沙棘等，墙体北距"河东墙"（二道边）墙体 0.056 千米。墙体用黄土和少量的红土分层夯筑而成，红土颗粒较大，土质相对疏松。墙体被塌落的夯土及沙土掩埋约 3/4，顶部夯土坍塌严重，成为坡形土垄。墙体底宽 10、高约 5 米，夯层厚 13、14 厘米。闵庄子村 1 号敌台西壁与长城墙体接合部位有 2 米宽的冲沟小豁口。墙体内侧 20 米处有一口水井，水深 1 米多。闵庄子村 2 号敌台东 0.111 千米处墙体有 4 米宽的村路豁口。依墙体而建的敌台坍塌风化成低矮的土丘（彩图三〇五）。

闵庄子村 2 号敌台（D245）—闵庄子村 3 号敌台（D246）

墙体长 270 米。地处低山丘陵缓坡地，地势由东向西逐渐走高，两侧地表生长有黑沙蒿、苦豆子等，植被覆盖率约 60%。墙体用黄土和少量的红沙土分层夯筑而成。墙体东段两侧黄沙堆积较高，沙土大多爬过墙体顶部，堆积成沙丘；西半段所处较平坦，顶部基本平整，两侧被塌落的夯土及沙土掩埋 1/3~3/4。部分墙体外壁陡直，壁面基本平整；内壁夯土行夯较轻，坍塌较严重。墙体高 5~6.5、底宽约 10、顶宽 1~3 米。夯层厚 10、14、16、17 厘米。闵庄子村 2 号敌台西 0.062 千米处长城墙体有 3.5 米宽的缺口，闵庄子村 3 号敌台墙体内侧存闵庄子村铺舍夯土台遗迹（彩图三〇六）。

闵庄子村 3 号敌台（D246）—闵庄子村 4 号敌台（D247）

墙体长 270 米。所处地势较为平缓，两侧地面生长有苦豆草和沙蒿等，植被较好，覆盖率 60%。呈东—西走向。墙体两侧被坍塌的夯土和沙土掩埋约 3/4，两侧堆土呈斜坡状，顶部两侧夯土塌落较多。墙体高约 6、底宽约 9、顶宽 0.5~2.5 米。夯层厚 15、17、19 厘米（彩图三〇七）。依墙体外侧而建的敌台坍塌风化成低矮的土丘。

闵庄子村 4 号敌台（D247）—闵庄子村 5 号敌台（D248）

墙体长 270 米。地处丘陵缓坡地带，地势由东向西逐渐走高。墙体坍塌严重，两侧被塌落的夯土和沙土掩埋成斜坡状，上部未被掩埋部分高约1.5米，顶部因风雨侵蚀凹凸不平，最宽3.5米。部分墙体顶部尚存垛墙，垛墙高0.3、底宽0.7米。墙体在接近闵庄子村5号敌台东壁时，方向又略偏西北，大致呈东—西走向。闵庄子村5号敌台西北距"河东墙"（二道边）墙体内侧的闵庄子村1号烽火台约0.15千米（彩图三〇八）。

闵庄子村5号敌台（D248）—闵庄子村6号敌台（D249）

墙体长235米。地处丘陵缓坡地带，地势由东向西逐渐走高，两侧地面植被较好，生长有大面积的苦豆草和黑沙蒿等，植被覆盖率约65%，北距"河东墙"（二道边）墙体内侧的闵庄子村1号烽火台约0.065千米。呈东—西走向。墙体用黄土夯筑而成。墙体两侧被倒塌的夯土及沙土掩埋约3/4，两侧堆土呈斜坡状。墙体高约6、顶宽0.5~2.8米。闵庄子村6号敌台东0.064千米处墙体有3米宽的冲沟豁口（彩图三〇九）。

闵庄子村6号敌台（D249）—闵庄子村7号敌台（D250）

墙体长230米。墙体用红沙土和黄土分层夯筑而成。墙体顶部及两侧壁面坍塌较严重，两侧被倒塌的夯土及沙土掩埋约3/4，成为斜坡形土梁。墙体高6.5、顶宽0.5~2.5米。夯层厚15~22厘米。闵庄子村7号敌台东0.07千米处墙体弯转略呈东—西走向。

闵庄子村7号敌台（D250）—闵庄子村8号敌台（D251）

墙体长230米。大致呈东—西走向。墙体用黄土和红沙土分层交替夯筑而成，红沙土颗粒较大，行夯较轻，黏合不紧密，酥软易风化。墙体坍塌风蚀成坡形土梁，中部有3.5米宽的冲沟豁口。墙体表面被羊群踩踏，夯土粉状剥离，夯层模糊不清。墙体高5、顶宽0.5~2米。闵庄子村8号敌台东南0.067千米处墙体有3米宽的冲沟豁口。

闵庄子村8号敌台（D251）—闵庄子村9号敌台（D252）

墙体长219米。地处缓坡丘陵平滩地带，地势平缓，地面生长有黑沙蒿、白草和苦豆草等，草层一般厚0.15米，植被覆盖率约75%。墙体用红沙土和少量的黄土夯筑而成。墙体因坍塌、风蚀损毁较严重，成为坡形土梁。墙体表面被羊群踩踏严重，夯土风化、酥软，呈粉状脱落。墙体高约6、顶宽0.5~2米。夯层厚12、17厘米（彩图三一〇）。

闵庄子村9号敌台（D252）—闵庄子村10号敌台（D253）

墙体长183米。地处缓坡丘陵平滩地带，地势较平坦，两侧草原沙生植被较好，黑沙蒿、白草和苦豆草等生长茂密，植被覆盖率为75%。墙体用黄土和红沙土分层夯筑而成，土色略泛红。墙体顶部及两侧坍塌风化成坡形土梁，夯土风化酥碱呈粉状脱落。墙体表面长满杂草，顶部有多处冲沟小豁口。墙体高4~5、底宽9米。闵庄子村10号敌台与墙体接合部位有2米宽的冲沟凹槽。

闵庄子村10号敌台（D253）—闵庄子村11号敌台（D254）

墙体长195米。大致呈东—西走向。墙体用红沙土和黄土夯筑而成。墙体形如坡形土梁，夯土风化、酥碱粉状剥离，长满杂草。墙体高3~4米，夯层厚12、15、16厘米。依墙体外侧而建的敌台因坍塌、风蚀呈底大顶小的土丘状（彩图三一一）。

闵庄子村11号敌台（D254）—闵庄子村12号敌台（D255）

墙体长197米。地处丘陵缓坡地带，地势由东向西逐渐走高，地面生长有黑沙蒿、白草和苦豆草等，植被覆盖率为70%。大致呈东—西走向。墙体用红沙土和黄土分层夯筑而成。墙体坍塌风蚀成坡形土梁，夯土酥碱粉状剥离，长满杂草，被羊群踩踏，夯层模糊不清。墙体高3~4米。闵庄子村12号敌台西北距"河东墙"（二道边）墙体内侧的闵庄子村2号烽火台约0.05千米，闵庄子村11号敌台西北0.04千米处墙体有3米宽的豁口。

二　兴武营段明长城墙体沿线敌台（D215～D255）

1. 潘记梁村 1 号敌台（D215）

该敌台位于盐池县高沙窝镇潘记梁村南约 1.5 千米处，西北距潘记梁村 2 号敌台 0.222 千米，东南距蔡家梁村～苏步井公路穿越缺口约 0.04 千米。台体依长城墙体而建，黄土夯筑而成，土质纯净，呈覆斗形，凸出于长城墙体外侧。保存较差。台体四壁坍塌风化成坡形，整体略显低矮，顶部被雨水冲刷风化成圆弧形。台体底部东西约 14、南北约 16 米，顶部边长 2 米，高约 7 米。夯层厚 17、19 厘米。周围地表散布有少量黑褐釉瓷罐残片及黄褐釉瓷罐口沿残片等。

标本 D215：1，黄褐釉瓷罐口沿残片。矮直领，最大腹径在肩部。夹砂土黄胎，外施黄褐釉，内施黑褐釉。口径 9.2、高 3.5 厘米（图一二八；彩图三一二）。

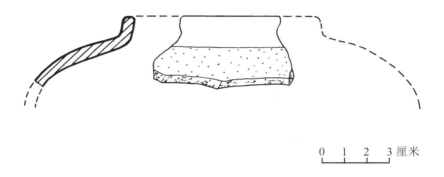

0　1　2　3 厘米

图一二八　潘记梁村 1 号敌台（D215）文物标本
黄褐釉瓷罐口沿残片（标本 D215：1）

2. 潘记梁村 2 号敌台（D216）

该敌台位于盐池县高沙窝镇潘记梁村南约 1.3 千米处，西北距潘记梁村 3 号敌台 0.223 千米，东南距蔡家梁－苏步井公路穿墙缺口 0.262 千米。台体依长城墙体而建，黄土夯筑而成，土质细密纯净，呈覆斗形，实心，四壁陡直有收分。保存一般。台体南壁呈长梯形，夯土剥落，有较宽的水蚀凹槽；东壁宽大呈梯形，壁面基本平整，上部有较宽的水蚀凹槽，底部有堆土；北壁坍塌严重，下半部被倒塌的夯土及沙土堆积成斜坡，表面生长有较多的芨芨草，植物根系生长对台体破坏较严重；西壁与长城墙体顶部坍塌成斜坡。台体底部东西外凸约 14、南北 16 米，顶部东西 6、南北 7 米，高 9 米。夯层厚 11、14、15、18、20 厘米。

3. 潘记梁村 3 号敌台（D217）

该敌台位于盐池县高沙窝镇潘记梁村南约 1.2 千米处，西北距潘记梁村 4 号敌台 0.22 千米。台体依长城墙体而建，黄土夯筑而成，土质细密纯净，夯土较硬，夯打结实，呈覆斗形，凸出于长城墙体外侧，四壁陡直有收分。台体南壁陡直呈长梯形，夯土块状剥落，凹凸不平，表面有雨水冲蚀的凹槽和风蚀孔洞，底部有塌落的夯土堆积；东壁陡直呈长梯形，夯土片状剥落，损毁较轻，有裂缝；北壁立面呈长梯形，壁面基本平整，有大面积的黑色苔斑，上部被雨水冲刷成斜坡水蚀凹槽；西壁陡直，高于长城墙体 3 米；顶部东高西低。台体底部东西外凸约 13、南北 15 米，顶部东西 6、南北 8 米，高 8 米。夯层厚 16、18、22 厘米。

4. 潘记梁村 4 号敌台（D218）

该敌台位于盐池县潘记梁村西南约 1 千米处，西北距潘记梁村 5 号敌台 0.215 千米。台体用黄土和红沙土分层夯筑而成，土质细密纯净，呈覆斗形，实心，凸出于长城墙体外侧，四壁有收分。保存较差。台体南、北壁坍塌损毁较重，被沙土掩埋约 3/4，露出部分呈 3 米高的土垄，底部沙土堆积较高；东壁坍塌成土垄状，底部沙土堆积较高；西壁与长城墙体坍塌，被沙土掩埋成斜坡。台体底部东西外凸约 11、南北约 14 米，顶部坍塌严重呈土垄状，东西 2、南北 5 米，高约 7 米。夯层厚 16、17、20 厘米。

5. 潘记梁村 5 号敌台（D219）

该敌台位于盐池县高沙窝镇潘记梁村西南约 0.9 千米处，西北距潘记梁村 6 号敌台 0.212 千米。台体依长城墙体而建，黄土夯筑而成，土质细密纯净，呈覆斗形，实心，凸出于长城墙体外侧。保存较好，形制基本完整。台体南壁陡直呈长梯形，壁面剥落厚约 1 米，夯层均匀清晰，有风蚀孔洞和雨水冲刷的凹槽，底部有塌落的夯土堆积；东壁陡直呈长梯形，夯土片状剥离，上部有雨水冲刷的凹槽和风蚀孔洞及鸟窝洞穴等，表面有大面积的黑色霉斑苔藓和裂缝，底部有啮齿类动物的洞穴，东南角与长城墙体接合部位有 2 米宽的冲沟豁口；北壁底部沙土堆积较厚，上部有雨水冲刷的凹槽和风蚀孔洞，表面有大面积的黑色霉斑苔藓；西壁高于长城墙体约 3 米，底部坍塌成斜坡。台体底部东西外凸约 14、南北 15 米，顶部基本平整，东西 8、南北约 9 米，高约 9 米。夯层厚 15、20、22 厘米（彩图三一八、三一九）。

6. 潘记梁村 6 号敌台（D220）

该敌台位于盐池县高沙窝镇潘记梁村西南约 0.9 千米处，西北距潘记梁村 7 号敌台 0.209 千米。台体用黄土夯筑而成，土质细密纯净，呈覆斗形，实心，凸出于长城墙体外侧。保存较差。台体坍塌损毁严重，南壁坍塌厚约 2 米，上部有风蚀孔洞和水蚀冲沟小豁口等，底部被塌落的夯土堆积成斜坡；东壁呈梯形，崩裂坍塌严重，有较宽的水蚀凹槽和裂缝，底部有坍塌的块状夯土堆积，濒临崩裂；北壁被沙土掩埋过半，露出部分高约 4 米，上部坍塌被雨水冲刷有凹槽，底部有小窑洞，窑洞门高 1.2、宽 0.9 米，窑洞内宽 2、进深 2 米；西壁与长城墙体顶部坍塌成斜坡。台体底部东西 15、南北 17 米，顶部边长 4 米，高 8 米。夯层厚 18、20、22 厘米。周围地表散布有黑褐釉瓷罐腹片及白釉瓷碗底残片等。

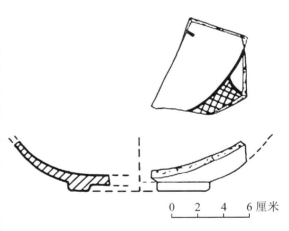

图一二九 潘记梁村 6 号敌台（D220）文物标本
白釉瓷大海碗底残片（标本 D220∶1）

标本 D220∶1，白釉瓷大海碗底残片。敞口，口沿及腹残，近底部呈斜弧腹，矮宽圈足，浅黄胎，白釉，釉色稍泛青，外底圈足无釉，内壁绘青花网格状纹饰。底径 11、高 3.9、足高 0.7 厘米（图一二九）。

7. 潘记梁村 7 号敌台（D221）

该敌台位于盐池县高沙窝镇潘记梁村西南约 0.9 千米处，西北距潘记梁村 8 号敌台 0.159 千米。台体依长城墙体外侧而建，黄土夯筑而成，土质细密纯净，呈覆斗形，实心，平面呈长方形，凸出于长城墙体外侧，四壁有收分。保存一般。台体四周沙土堆积较高，整体坍塌风化成土丘，表面杂草生长茂密。台体底部东西约 11、南北约 16 米，顶部东西 3、南北约 1 米，高约 7 米。夯层厚 13、18 厘米。

8. 潘记梁村 8 号敌台（D222）

该敌台位于盐池县高沙窝镇潘记梁村西南约 0.9 千米处，西北距潘记梁村 9 号敌台 0.162 千米。台体骑长城墙体而建，黄土夯筑而成，土质细密纯净，呈覆斗形，凸出于长城墙体外侧。保存一般。台体四周沙土堆积较高，四壁坍塌风化成斜坡，表面杂草生长茂密。台体底部东西外凸约 13、南北约 15 米，顶部东西 1、南北 5 米，高约 7 米。夯层厚 15 厘米。

9. 潘记梁村 9 号敌台（D223）

该敌台位于盐池县高沙窝镇潘记梁村西约 1 千米处，西北距潘记梁村 10 号敌台 0.159 千米。台体依长城墙体而建，黄土夯筑而成，凸出于长城墙体外侧。保存差。台体坍塌损毁严重，被沙土掩埋约 2/3，呈高约 3 米的圆弧形土丘。

10. 潘记梁村 10 号敌台（D224）

该敌台位于盐池县高沙窝镇潘记梁村西约 1.1 千米处，西北距潘记梁村 11 号敌台 0.162 千米。台体用黄土夯筑而成，呈覆斗形，实心，凸出于长城墙体外侧。保存较差。台体四壁垮塌严重，整体坍塌风化成土丘。台体底部东西 9、南北 11 米，顶部坍塌损毁成尖圆状，东西 0.5、南北 2 米，高约 3 米。夯层厚 15、20 厘米。周围地表有白釉瓷碗残片等。

标本 D224∶1，白釉瓷碗残片。侈口，弧腹，腹底折收，外壁有拉坯突棱，圈足，夹砂灰白胎。除外底足心外，内外施白釉，釉色泛青。口径 13.8、通高 4.9、足高 0.6 厘米（图一三〇；彩图三一三）。

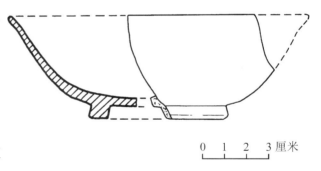

0　1　2　3 厘米

图一三〇　潘记梁村 10 号敌台（D224）文物标本
白釉瓷碗残片（标本 D224∶1）

11. 潘记梁村 11 号敌台（D225）

该敌台位于盐池县高沙窝镇潘记梁村西约 1.2 千米处，西北距潘记梁村 12 号敌台 0.215 千米。台体用黄土和红沙土分层夯筑而成，土质细密纯净，呈覆斗形，实心，凸出于长成墙体外侧。保存较差。台体四壁垮塌、风化严重，大部分被沙土掩埋，仅露顶部，呈圆弧形的土丘状。台体高约 6 米，顶部被黄沙覆盖，夯层不明。

12. 潘记梁村 12 号敌台（D226）

该敌台位于盐池县高沙窝镇潘记梁村西北约 1.3 千米处，西北距兴武营村约 1.4 千米、兴武营村 1 号敌台 0.214 千米。台体用黄土夯筑而成，土质细密纯净，呈覆斗形，实心，凸出于长城墙体外侧。保存一般。台体坍塌风化严重，南壁坍塌风蚀，呈二层台状凸字形，底部沙土堆积较高，上部成凸起的梯形土台，有较宽的水蚀沟槽和风蚀孔洞；东、南壁损毁较严重，上部坍塌风化收缩成凸字形；北壁上半部坍塌风蚀成底大顶小的凸字形，下半部坍塌风化成逐层向上内收的斜坡；西壁高于长城墙体约 3 米。台体底部东西外凸约 14、南北 16 米，顶部高低不平，东西约 6、南北约 4 米，高约 9 米。夯层厚 14、17 厘米。

13. 兴武营村 1 号敌台（D227）

该敌台位于盐池县高沙窝镇兴武营村东南约 1.2 千米处，西北距兴武营村 2 号敌台 0.215 千米。

台体依长城墙体而建，黄土夯筑而成，土质细密纯净，呈覆斗形，实心，平面呈长方形，凸出于长城墙体外侧。保存一般，形制基本完整。台体南壁底部被沙土掩埋成斜坡状，上部露出，风雨侵蚀较严重；东壁立面呈梯形，上部陡直，腰部以下被沙土掩埋成斜坡状，底部有少量残砖；北壁上部被雨水冲刷成斜坡凹槽，下半部被沙土掩埋成斜坡状；西壁与长城墙体顶部坍塌风化成斜坡。台体表面生长有较多的芨芨草，植物根系生长对台体破坏严重。台体底部东西外凸 12、南北 14 米，顶部东西 4、南北 5 米，高约 7 米。夯层厚 20 厘米。

14. 兴武营村 2 号敌台（D228）

该敌台位于盐池县高沙窝镇兴武营村东南约 1 千米处，东南距潘记梁村约 1.7 千米，西北距兴武营村 3 号敌台 0.194 千米。台体依长城墙体而建，黄土夯筑而成，呈覆斗形，实心，平面呈长方形，凸出于长城墙体外侧。台体南壁被沙土掩埋过半，露出部分被雨水冲刷成逐层向上内收的陡坡，表面有风蚀孔洞等；东壁呈梯形，底部被沙土掩埋约 1/2，上部有雨水冲刷的凹槽，底部有啮齿类动物洞穴等；北壁坍塌，被雨水冲刷成陡坡状，底部沙土堆积较高；西壁与长城墙体顶部坍塌成东高西低的斜坡；顶部凹凸不平，略东高西低。台体周围地表生长有较多的甘草和沙棘等，植物根系生长对台体破坏较严重。台体底部东西约 13、南北约 16 米，顶部基本平整，东西 3、南北 5 米，高约 8 米。夯层厚 16、18 厘米。

15. 兴武营村 3 号敌台（D229）

该敌台位于盐池县高沙窝镇兴武营村东南约 0.8 千米处，西北距兴武营村 4 号敌台 0.22 千米。台体依长城墙体而建，黄土夯筑而成，土质纯净，呈覆斗形，实心，平面呈长方形，凸出于长城墙体外侧。台体南、北壁坍塌风化严重，略呈底大顶小的斜坡状；东壁呈梯形，约 3/4 被沙土掩埋，外露部分高约 2 米；西壁与长墙体顶部坍塌成东高西低的斜坡；顶部有沙土堆积，表面生长有茂密的沙棘等。台体底部东西约 12、南北约 14 米，顶部东西约 3、南北 4 米，高约 7 米。夯层厚 14、20 厘米。台体周围地表生长有较多的杂草，散布有青砖残块及少量瓷片等。

16. 兴武营村 4 号敌台（D230）

该敌台位于盐池县高沙窝镇兴武营村南约 0.6 千米处，西北距兴武营村 5 号敌台 0.21 千米、距兴武营约 0.8 千米。台体依长城墙体而建，黄土夯筑而成，土质纯净，呈覆斗形，实心，凸出于长城墙体外侧。保存较差。台体四壁坍塌风化严重，四周黄沙堆积较高，整体坍塌风化成土丘状。台体底部东西约 12、南北约 15 米，顶部塌落成圆弧形，边长约 2 米，高约 7 米。夯层厚 16、17 厘米。

17. 兴武营村 5 号敌台（D231）

该敌台位于盐池县高沙窝镇兴武营村南约 0.4 千米处，西北距兴武营村 6 号敌台 0.266 千米、距兴武营约 0.6 千米，东北距"河东墙"（二道边）墙体约 0.5 千米。台体依长城墙体外侧而建，黄土夯筑而成，呈覆斗形，实心。保存较差。台体被沙土掩埋约 3/4，顶部坍塌风化成土垄状，夯土松散、酥碱严重。台体顶部受沙土侵袭，有固定沙丘，表面生长有沙棘等。台体底部东西外凸约 10、南北约 12 米，顶部边长约 2 米，高约 7 米。夯层厚 17 厘米。

18. 兴武营村 6 号敌台（D232）

该敌台位于盐池县高沙窝镇兴武营村南约 0.2 千米处，西北距兴武营村 7 号敌台 0.266 千米、距兴武营约 0.45 千米，东北距"河东墙"（二道边）墙体约 0.35 千米。台体依长城墙体而建，黄土夯筑而成，呈覆斗形，实心，凸出于长城墙体外侧。保存较差。台体南壁坍塌风化成梯形，夯土酥软，凹凸不平，被雨水冲刷成斜坡状；东壁坍塌风化成底大顶小的陡坡状；北壁被沙土掩埋呈漫坡形；东壁与长城墙体接合部位有 2 米多宽的冲沟豁口。台体底部东西约 11、南北约 14 米，顶部雨水冲刷坍塌严重，东西 2、南北 3 米，高约 7 米。夯层厚 16 厘米。

19. 兴武营村 7 号敌台（D233）

该敌台位于盐池县高沙窝镇兴武营村西约 0.2 千米处，西北距兴武营村 8 号敌台 0.276 千米，西距兴武营约 0.35 千米，东北距"河东墙"（二道边）墙体约 0.2 千米。台体骑长城墙体而建，黄土夯筑而成，呈覆斗形，实心，凸出于长城墙体外侧。保存较差。台体南、东壁被取土挖毁约 1/2，整体呈土丘状，表面生长有野生枸杞和沙棘等。台体底部东西约 11、南北约 9 米，顶部呈土垄状，东西 1.5、南北 3 米，高 6 米。夯层厚 23 厘米。

20. 兴武营村 8 号敌台（D234）

该敌台位于盐池县高沙窝镇兴武营村西约 0.4 千米处，西北距兴武营村 9 号敌台 0.276 千米，西距兴武营约 0.25 千米，东北距"河东墙"（二道边）墙体约 0.12 千米。台体依长城墙体外侧而建，黄土夯筑而成，呈覆斗形，实心。保存较差。台体大多被取土挖毁，整体成为一座土丘。台体南壁被取土挖毁，坍塌严重，夯土疏松、酥碱严重，夯层不明；东壁与长城墙体接合部位有 9 米宽的村路豁口；东、北壁损毁情况与南壁相同，坍塌成陡坡状；西壁顶部高于长城墙体约 3 米，坍塌风化成斜坡。台体底部东西 9、南北 10 米，顶部塌落成土丘状，东西 0.7、南北 1 米，高 5 米。

21. 兴武营村 9 号敌台（D235）

该敌台位于盐池县高沙窝镇兴武营村西北约 0.6 千米处，西北距兴武营村 10 号敌台 0.135 千米，西距兴武营东北角台 0.1 千米，北距"河东墙"（二道边）墙体约 0.1 千米。台体依长城墙体而建，黄土夯筑而成，呈覆斗形，实心，凸出于长城墙体外侧。保存较差。台体四壁坍塌风蚀成斜坡状，北、东壁坍塌风化成斜坡，北壁部分被开垦为农田，西壁坍塌风化成斜坡状，顶部为凸起的小土台。台体底部东西外凸 13、南北 14 米，顶部东西 3、南北 2 米，高 6 米。夯层厚 15 厘米。

22. 兴武营村 10 号敌台（D236）

该敌台位于盐池县高沙窝镇兴武营村西北约 0.7 千米处，西北距兴武营村 11 号敌台 0.142 千米，南距兴武营东北角台约 0.07 千米，北距"河东墙"（二道边）墙体约 0.08 千米。台体依长城墙体而建，黄土夯筑而成，呈覆斗形，实心，凸出于长城墙体外侧。保存较差。台体四周沙土堆积较高，露出部分高约 3 米，整体风化成底大顶圆的土丘。台体东壁大部分被沙土掩埋，露出部分高约 2 米；北壁呈梯形，底部沙土堆积较高，露出部分高约 2 米，顶部高凸损毁严重，成为一道短矮墙；西壁被沙土掩埋成斜坡，顶部及周围地表杂草生长繁茂。台体底部东西外凸，边长约 7 米，顶部东西约 4、南北约 2 米，高 2 米多，夯层模糊不清。

23. 兴武营村 11 号敌台（D237）

该敌台位于盐池县高沙窝镇兴武营村西北约 0.8 千米处，西北距兴武营村 12 号敌台 0.267 千米，南距兴武营北墙约 0.14 千米。台体依长城墙体而建，黄土夯筑而成，呈覆斗形，实心，凸出于长城墙体外侧。保存较差。台体四周沙土堆积较高，整体被沙土掩埋约 4/5，表面及四周野草生长茂密。台体底部东西约 12、南北外凸约 9 米，顶部略凸起，东西约 4、南北约 2 米，高约 5 米。

24. 兴武营村 12 号敌台（D238）

该敌台位于盐池县高沙窝镇兴武营村西北约 1.1 千米处，西北距兴武营村 13 号敌台 0.295 千米，南距兴武营北墙约 0.14 千米，北距"河东墙"（二道边）墙体约 0.13 千米。台体依长城墙体而建，夯土版筑，呈覆斗形，实心，凸出于长城墙体外侧。保存差。台体四周沙土堆积较高，周围地表杂草丛生；东壁坍塌、雨水冲蚀较严重，略呈小土墩；北壁坍塌成梯形，分裂成两部分，有较宽的裂缝和风蚀孔洞，顶部高低不平；西壁坍塌成斜坡，存部分墙体，西南角与长城墙体接合部位有 6 米宽的豁口。台体底部边长 12 米，顶部坍塌成不规则形，边长约 1 米，高约 7 米。夯层厚 12、16、17 厘米。

台体北侧立有宁夏、内蒙古两省区界碑。

25. 兴武营村 13 号敌台（D239）

该敌台位于高沙窝镇兴武营村西北约 1.4 千米处，西北距兴武营村 14 号敌台 0.28 千米，东南距兴武营西北角台约 0.4 千米，北距"河东墙"（二道边）墙体约 0.16 千米。台体依长城墙体而建，黄土和红沙土分层夯筑而成，呈覆斗形，凸出于长城墙体外侧。保存较差。台体四壁坍塌、风雨侵蚀损毁较严重，整体风化成底大顶小的土丘，表面夯土酥碱严重，杂草生长较多，东壁与长城墙体接合部位有 4 米宽的冲沟豁口。台体底部边长 14 米，顶部坍塌风化成不规则形，东西约 3、南北约 4 米，高约 7 米。夯层厚 17 厘米。

26. 兴武营村 14 号敌台（D240）

该敌台位于盐池县高沙窝镇兴武营村西北约 1.65 千米处，地处丘陵地带的碱滩平地，地势平坦，视野开阔，西北距兴武营村 15 号敌台 0.274 千米，东南距兴武营约 0.65 千米，北距"河东墙"（二道边）墙体约 0.16 千米，台体依长城墙体而建，黄土夯筑而成，呈覆斗形，实心，凸出于长城墙体外侧。保存差。台体坍塌风化严重，被雨水冲刷成圆锥形的土丘，上部存部分，底部有风蚀凹槽，顶部高低不平，裂缝较宽，濒临倒塌。台体底部东西约 11、南北约 10 米，顶部边长 2 米，高约 8 米。夯层厚 16、21 厘米。周围地表散布有砖瓦残块、夹砂黑陶罐口沿残片及青釉瓷片等。

27. 兴武营村 15 号敌台（D241）

该敌台位于盐池县高沙窝镇兴武营村西北约 1.9 千米处，地处碱滩地，地势开阔平坦，西北距兴武营村 16 号敌台 0.282 千米，东南距兴武营约 0.9 千米。台体骑长城墙体而建，黄土夯筑而成，呈覆斗形，实心，凸出于长城墙体外侧。保存一般。台体四壁坍塌风化成斜坡状；东壁坍塌成底大顶小的斜坡状，夯土酥碱，夯层不清晰；北壁受风雨侵蚀坍塌，剖面呈梯形；西壁被雨水冲刷成陡坡，底部有塌落的夯土和沙土堆积；南壁与长城墙体接合部位坍塌风化成斜坡，夯土酥碱严重，夯层不清晰。台体底部东西约 17、南北外凸 12 米，顶部受风雨侵蚀北高南低，东西 4、南北 2 米，高 9 米。周围地表散布有泥质夹砂灰陶片及黑褐釉瓷片等。

28. 兴武营村 16 号敌台（D242）

该敌台位于盐池县高沙窝镇兴武营西北约 1.2 千米处，地处碱滩平地，视野开阔，西北距兴武营村 17 号敌台 0.287 千米、距兴武营 2 号烽火台约 0.22 千米，北距"河东墙"（二道边）墙体约 0.15 千米。台体依长城墙体外侧而建，黄土夯筑而成，呈覆斗形，实心。台体东壁坍塌风化成斜坡状；北、西壁剖面呈梯形，底部沙土堆积较高；南壁与长城墙体顶部坍塌风化成斜坡，夯土酥碱严重，夯层不清晰；顶部被雨水冲蚀成土垄状。台体底部东西 18、南北外凸约 9 米，顶部东西约 4、南北约 3 米，高 8 米。周围地表散布有夹砂灰黑陶片、黑褐釉瓷碗残片及黑釉瓷罐口沿残片和青绿釉瓷缸口沿残块等。

标本 D242:1，黑釉瓷罐口沿残片。矮直领，圆肩，直腹，肩部有剔釉宽带纹，少数带纹上残留有叠烧粘连痕迹。夹砂浅黄胎，施黑釉，外壁釉色黑亮，内壁釉呈酱色。口径 8.4、高 5.7 厘米（图一三一；彩图三一四）。

29. 兴武营村 17 号敌台（D243）

该敌台位于盐池县高沙窝镇兴武营西北约 1.5 千米处，地处碱滩平地，视野开阔，西距闫庄子村 1 号敌台 0.293 千米，东北距兴武营村 2 号烽火台约 0.22 千米，北距"河东墙"（二道边）墙体约 0.1 千米。台体依长城墙体而建，黄土夯筑而成，呈覆斗形，实心，凸出于长城墙体外侧，四壁陡直有收分。保存较好。台体东壁自腰部起被雨水冲刷成逐渐向上内收的斜坡面，表面

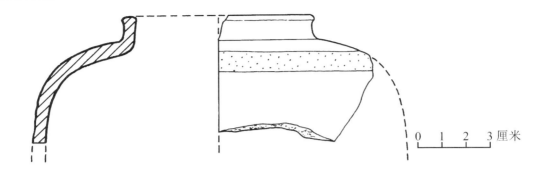

图一三一　兴武营村 16 号敌台（D242）文物标本
黑釉瓷罐口沿残片（标本 D242：1）

有风蚀孔洞和风蚀凹槽，底部有小窑洞，窑洞东西进深 2、内宽 2 米；北壁呈梯形，底部夯土堆积到腰部，腰部有风蚀沟槽，下半部平整较直，底部堆土较多，有啮齿类动物洞穴；西壁坍塌风化成斜坡状，夯土风化酥碱严重，西南角与长城墙体接合部位有 2 米多宽的冲沟豁口。台体底部东西约 16、南北外凸约 11 米，顶部东西 4、南北 3 米，高 8 米。夯层厚 15、18、20 厘米。

30. 闵庄子村 1 号敌台（D244）

该敌台位于盐池县高沙窝镇闵庄子村东北约 1.6 千米处，西北距闵庄子村 2 号敌台 0.281 千米，北距"河东墙"（二道边）墙体约 0.08 千米。台体依长城墙体外侧而建，黄土夯筑而成，呈覆斗形，实心。保存较差。台体损毁严重，东、西壁被沙土掩埋约 4/5，顶部被风雨侵蚀成低矮的斜坡状；北壁约 4/5 被沙土掩埋，露出部分高约 2 米；西壁与长城墙体接合部位有 2 米宽的冲沟豁口；顶部呈土垄状，南侧被取土挖毁，有边长 4 米的正方形坑。台体底部东西约 14、南北外凸约 13 米，顶部东西约 9、南北约 2 米，高 3 米。夯土酥碱严重，夯层厚 12、13 厘米。周围地表散布有青白釉、灰胎黑釉、黑釉瓷片和夹砂黑陶罐残片、褐釉瓷缸口沿残块及青花瓷片等。

31. 闵庄子村 2 号敌台（D245）

该敌台位于盐池县高沙窝镇闵庄子村东北约 1.4 千米处，西北距闵庄子村 3 号敌台 0.27 千米。台体依长城墙体而建，黄土夯筑而成，土质细密纯净，呈覆斗形，实心，凸出于长城墙体外侧。保存较差。台体坍塌毁坏严重，四周黄沙堆积较高，整体风化成一座低矮的土丘，顶部呈土垄状，夯土酥碱严重，生长有茂密的沙棘草。台体底部东西 12、南北 9 米，顶部东西 2、南北约 1 米，高 5 米。夯层厚 15、18 厘米。

32. 闵庄子村 3 号敌台（D246）

该敌台位于盐池县高沙窝镇闵庄子村东北约 1.3 千米处，西北距闵庄子村 4 号敌台 0.27 千米。台体用黄土和少量的红土夯筑而成，呈覆斗形，实心。保存一般。台体东壁呈梯形，被雨水冲刷侵蚀成坡状，斜高约 9 米，上部生长沙棘草，底部被倒塌的夯土及沙土堆积成缓坡状；北壁坍塌成斜坡梯形，斜高约 9 米；西壁立面呈梯形，底部被坍塌的夯土及沙土堆积成南高北低的斜坡，雨水冲刷侵蚀有沟槽；南壁与长城墙体接合部位坍塌成凹凸不平的斜坡状。台体底部东西 14、南北外凸 11 米，顶部东西 8、南北 5 米，高 8 米。夯层厚 18 厘米。

33. 闵庄子村 4 号敌台（D247）

该敌台位于盐池县高沙窝镇闵庄子村东北约 1.2 千米处，西北距闵庄子村 5 号敌台 0.27 千米，北距"河东墙"（二道边）墙体约 0.06 千米。台体依长城墙体外侧而建，黄土夯筑而成，土质纯净，呈覆斗形，凸出于长城墙体外侧，四壁陡直有收分。台体东壁上部被雨水冲刷成斜坡状，底部有小窑洞；北壁呈梯形，夯土片状剥落，损坏较轻，表面有雨水冲刷的凹槽，顶部有凸起的土墩；西壁呈梯形，上部坍塌有凹槽，下半部陡直，底部被沙土掩埋成斜坡状；南壁与长城墙体顶部坍塌风化成斜坡状。夯土较硬，夯打结实。台体底部东西 15、南北外凸 11 米，顶部东西约 5、南北约 2 米，高约 9 米。夯层厚 13、17、20 厘米（彩图三二〇、三二一）。

34. 闵庄子村 5 号敌台（D248）

该敌台位于盐池县高沙窝镇闵庄子村北约 1.15 千米处，西北距闵庄子村 6 号敌台 0.235 千米，北距"河东墙"（二道边）墙体约 0.09 千米。台体骑长城墙体而建，黄土夯筑而成，呈覆斗形，实心，凸出于长城墙体外侧，四壁有收分。保存一般。台体东壁呈梯形，斜高约 10 米，夯土较硬，生长有少量的杂草；北、西壁呈梯形，夯土剥落、雨水冲刷成凹凸不平的陡坡状，夯土酥碱严重，杂草生长较多；西壁边缘有 1 米多宽的冲沟凹槽；南壁与长城墙体顶部坍塌风化成斜坡状。台体底部东西约 18、南北外凸 14 米，顶部东西约 5、南北约 4 米，高 8 米。夯层厚 17、18 厘米。周围地表散布有黑釉、青釉瓷片等。

35. 闵庄子村 6 号敌台（D249）

该敌台位于盐池县高沙窝镇闵庄子村北约 1.2 千米处，西北距闵庄子村 7 号敌台 0.23 千米，北距"河东墙"（二道边）墙体约 0.09 千米。台体依长城墙体而建，黄土夯筑而成，呈覆斗形，实心，凸出于长城墙外体侧。保存一般。台体坍塌风化成一座底大顶小的土台；东壁垮塌，被雨水冲刷成斜坡，斜高约 7 米，底部堆土较厚，野草生长繁茂；北壁夯土剥落严重，凹凸不平，夯土酥碱严重；西壁呈斜坡梯形，底部堆土较厚；南壁与长城墙体顶部坍塌风化成斜坡状。台体底部东西约 16、南北约 11 米，顶部边长 3 米，高 9 米。夯层厚 15、20 厘米。周围地表散布有青白釉、灰胎黑釉瓷片、夹砂灰黑陶罐残片、褐釉瓷缸口沿残块及青花瓷片等。

36. 闵庄子村 7 号敌台（D250）

该敌台位于盐池县高沙窝镇闵庄子村西北约 1.3 千米处，西北距闵庄子村 8 号敌台 0.23 千米，北距"河东墙"（二道边）墙体约 0.06 千米。台体依长城墙体而建，黄土夯筑而成，呈覆斗形，实心，凸出于长城墙体外侧，四壁有收分。台体东壁呈梯形，夯土剥落、雨水冲刷形成台棱，底部堆土较厚；北壁高大呈梯形，上半部有圆形桩木孔，底部被塌落的夯土堆积成斜坡状；西壁呈梯形，风雨侵蚀有孔洞。台体底部东西 16、南北外凸 14 米，顶部东西 5、南北 4 米，高 9 米。夯层厚 12、14、15 厘米，桩木孔直径 11~14 厘米。周围地表散布有少量黑釉、褐釉瓷片及青花瓷片等。

37. 闵庄子村 8 号敌台（D251）

该敌台位于盐池县高沙窝镇闵庄子村西北约 1.5 千米处，西北距闵庄子村 9 号敌台 0.219 千米。台体依长城墙体而建，黄土和红土分层夯筑而成，土质纯净，呈覆斗形，实心，剖面呈梯形，四壁陡直有收分。保存一般。台体东壁陡直呈梯形，夯土塌落，因雨水冲刷逐层内收呈陡坡状；北壁立面呈长梯形，夯土剥落，凹凸不平，有雨水冲刷的沟槽，东侧底部有坍塌的小窑洞；东、西壁保存情况相同，底部夯土和沙土堆积成东高西低的斜坡状，夯筑版缝明显开裂；南壁与长城墙体顶部坍塌风化成斜坡状；顶部中间较高，四周边缘塌落成斜坡状。周围地表杂草生长茂密。台体底部东西 16、南北约 14 米，顶部东西 5、南北 3 米，高约 7 米。夯层厚 16、18 厘米。

38. 闵庄子村 9 号敌台（D252）

该敌台位于盐池县高沙窝镇闵庄子村西北约 1.6 千米处，西北距闵庄子村 10 号敌台 0.183 千米。台体依长城墙体而建，黄土和红土分层夯筑而成，呈覆斗形，实心，剖面呈梯形，四壁陡直有收分。台体东壁呈斜坡梯形，上半部坍塌严重，因雨水冲刷有逐层内收的台棱，下半部被倒塌的夯土堆积成斜坡；北壁坍塌成梯形，上部坍塌呈陡直状，下半部被塌落的夯土堆积成斜坡状，表面杂草生长较多；西壁呈梯形，夯土坍塌堆积成斜坡；顶部中间基本平整，四周边缘夯土坍塌较多。台体底部东西约17、南北约14米，顶部东西4、南北5米，高9米。夯层厚20、23厘米。周围地表散落有黑釉、褐釉粗瓷片及灰陶瓦片等。

39. 闵庄子村10号敌台（D253）

该敌台位于盐池县高沙窝镇闵庄子村西北约1.7千米处，西北距闵庄子村11号敌台0.195千米，北距"河东墙"（二道边）墙体约0.045千米。台体依长城墙体而建，黄土夯筑而成，呈覆斗形，实心，平面呈长方形，剖面呈梯形，凸出于长城墙体外侧，四壁有收分。台体东壁呈梯形，上部坍塌，雨水冲刷逐层内收呈圆弧状，下半部被塌落的夯土堆积成南高北低的斜坡；北壁立面呈长梯形，上部夯土塌落厚1~2米，形成逐层向上内收的台面，底部夯土堆积成土丘状；西壁立面呈梯形，顶部高凸呈土垄状，底部夯土堆积成南高北低的斜坡状；顶部高凸，四周边缘向外形成斜坡面。台体底部东西14.7、南北外凸约12米，顶部东西5、南北3米，高9米。夯层厚14、15、18、20厘米。

40. 闵庄子村11号敌台（D254）

该敌台位于盐池县高沙窝镇闵庄子村西北约1.9千米处，西北距闵庄子村12号敌台0.197千米，北距"河东墙"（二道边）墙体约0.05千米。台体用黄土夯筑而成，呈覆斗形，实心，平面呈正方形，剖面呈梯形，凸出于长城墙体外侧。台体坍塌风化成斜坡，东、西壁坍塌风化成斜坡状，表面杂草生长较多。台体底部东西约18、南北外凸约13米，顶部被雨水冲刷成圆弧形的土垄，顶部东西6、南北4米，高约10米。夯层厚16厘米。周围地表散落有黑釉、青釉瓷片、褐釉粗瓷片及青花瓷片等。

41. 闵庄子村12号敌台（D255）

该敌台位于盐池县高沙窝镇郭家坑村东北约3.5千米处，西北距郭家坑村1号敌台0.23千米、距"河东墙"（二道边）墙体内侧的闵庄子村2号烽火台约0.06千米。台体骑长城墙体而建，黄土夯筑而成，呈覆斗形，实心，凸出于长城墙体外侧。台体坍塌风化成方形圆角的土丘，顶部坍塌，被雨水冲刷成圆弧形的土垄，表面生长沙棘草。台体底部东西约15、南北外凸约13米，顶部东西2、南北4米，高约10米。夯层厚15厘米。

三　兴武营段明长城墙体沿线的铺舍

闵庄子村铺舍（P06）

该铺舍位于盐池县高沙窝镇兴武营西北1.5千米的闵庄子村长城墙体上及闵庄子村3号敌台内侧，东南距闵庄子村2号敌台0.135千米。铺舍土台用黄土夯筑而成，呈覆斗形，实心，四壁有收分，上部无任何建筑遗迹，以东壁为基轴，方向北偏东20°。保存一般。台基东、西、南面存夯土围墙遗迹，围墙东、西墙依长城墙体内侧而建，门开在南墙中部偏西。台基位于围院内最北部，底部东西10、南北11米，顶部基本平整，东西6、南北5米，高7米。铺舍夯土台与围墙平面呈回字形，为双重围墙，内围墙东西20、南北25米，墙体用黄土夯筑而成，高0.2~1.2、底宽2.5米，门开在南墙中部偏西；外围墙东西39、南北33米，仅存墙基痕迹，门向南开，内外围墙间距9米（彩图三二二）。铺舍夯土台南30米外有南北向排列的5座烽燧土丘（或称燧），由北向南间距为43、42、44、47米；台体用黄土夯筑而成，底部呈正方形，边长5、高1.1~1.3米（图一三二；彩图三二三）。夯土风化酥碱严重，夯层模糊不清。铺舍周围有少量明代青釉、酱褐釉瓷片及筒瓦、板瓦残片等。

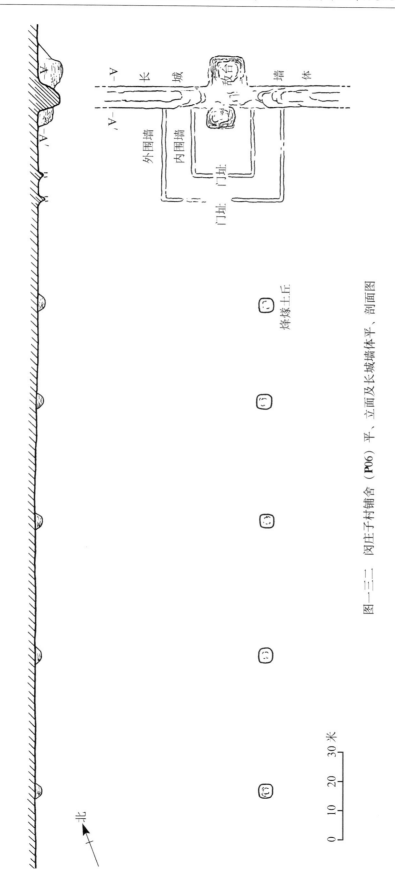

图一三二 闵庄子村铺舍（P06）平、立面及长城墙体平、剖面图

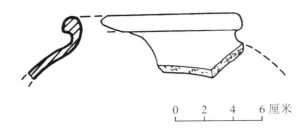

0　　2　　4　　6 厘米

图一三三　闵庄子村铺舍（P06）文物标本
褐釉瓷罐口沿残片（标本 P06∶1）

标本 P06∶1，褐釉瓷罐口沿残片。侈口，圆唇，沿稍卷，束颈，圆腹，腹部以下残。夹砂灰褐胎，泥质红陶，表面施深褐釉。口径 12.8、高 4.7 厘米（图一三三；彩图三一五）。

四　兴武营段明长城墙体沿线的烽火台（F15 ~ F16）

1. 杨家梁村烽火台（F15）

该烽火台位于盐池县高沙窝镇杨家梁村西 0.2 千米，兴武营南约 2.6 千米处，地处缓坡平滩地，地势平坦，视野开阔。台体用黄土夯筑而成，土质纯净，呈覆斗形，实心。以东壁为基轴，方向北偏东 30°。保存较差。台体东壁呈长梯形，底部有小窑洞，上部雨水冲刷夯土剥落严重，有较宽的裂缝和水蚀沟槽；南壁呈梯形，壁面中部被雨水冲刷侵蚀成上宽下窄的"V"形水蚀沟槽；东北角上部坍塌有斜面，底部有风蚀凹槽；西壁上部高低不平略呈驼峰状，底部夯土堆积较厚；北壁立面陡直，东北角坍塌损毁较严重。台体底部东西 14、南北 12 米，顶部东西 6、南北 5 米，高 8 米。夯层厚 14、15 厘米（彩图三二四）。周围地表有明代青花瓷片，灰胎黑釉、土黄胎黑釉瓷碗残片，土黄胎白釉、浅黄胎青釉瓷片，夹砂灰胎棕褐釉、夹砂黄胎棕褐釉瓷缸粗瓷片等。

2. 郭家坑村烽火台（F16）

该烽火台位于盐池县高沙窝镇闵庄子村西北约 2.5 千米，郭家坑村东北约 2.7 千米处长城墙体南侧，北距"深沟高垒"（头道边）墙体 0.19 千米，东距"河东墙"（二道边）墙体内侧的闵庄子村 2 号烽火台约 0.9 米，东北距郭家坑村 4 号敌台 0.19 千米。台体用黄土夯筑而成，土质纯净，呈覆斗形，实心。以东壁为基轴，方向正南北。保存较差。台体下半部坍塌风化成土丘，上部存分开的土台。台体西壁坍塌损毁严重，整体被雨水冲蚀略呈凹字形，壁面顶部被雨水冲刷有 3 米宽的凹槽；北壁下半部坍塌风化成低矮的斜坡；顶部高低错落，有较深的斜坡凹槽。台体底部东西 11、南北 12 米，顶部东西 5、南北 3 米，高 5 米。夯层厚 15、18 厘米。周围地表散布有明代青花瓷碗底残片、青釉瓷片、夹砂米黄胎黑褐釉瓷缸残片、内褐釉外黑釉瓷片等（彩图三二五）。

五　兴武营

1. 位置与现状

兴武营位于盐池县城西北 48 千米的高沙窝镇兴武营村西约 0.4 千米处，北临"深沟高垒"（头道边）墙体及"河东墙"（二道边）墙体，地处低山丘陵满布沙丘的荒漠中，土壤以灰钙土和沙土为主，有较多的固定沙丘和零星的盐碱滩地分布。地表草原带沙生植被属中亚白草群落及油蒿群落，有猫头刺、黑沙蒿、黄草刺、沙蒿白草、苦豆子、枝儿条、芨芨草等。

据《嘉靖宁夏新志》卷3中"东路兴武营守御千户所"条载："西北至宁夏二百里，东至花马池后卫一百二十里，本汉朔方郡河南地。旧有城，不详其何代、何名。惟遗废址一面，俗呼为'半个城'。正统九年（1444年），巡抚、都御史金濂始奏置兴武营，就其旧基，以都指挥守备。成化五年（1469年），改守备为协同分守东路。正德二年（1507年），总制、右都御史杨一清奏改兴武营为守御千户府，属陕西都司。城周回三里八分，高二丈五尺。池深一丈三尺，阔二丈。西、南二门及四角，皆有楼"[1]。据史料所载，兴武营设置于正统九年（1444年），《读史方舆纪要》也记曰："兴武营所……正统九年置兴武营。"[2]又据《明实录》所记："正统十二年十月丙戌，右参将都指挥同知王荣奏：臣守花马池、兴武、清水等营，三面受敌，并无屏蔽，寇来侵犯，惟马力是赖，而原领官军骑少步多。"[3]说明正统十二年（1447年）之前兴武营就已经设置了。史、志互相呼应，可以确定兴武营确实设置于正统九年（1444年）。正德元年（1506年）改兴武营为守御千户所，隶宁夏卫，辖境包括今宁夏回族自治区盐池县西北部。领毛卜剌一堡。置所时间，史料有记："宁夏卫……兴武营守御千户所……正德元年以兴武营置。"[4]"正德元年九月戊戌，总制陕西都御史杨一清言：'花马池东路虽有守御千户所之设，然兵力单弱，而兴武营相去已远，有警猝难救援。宜将花马池守御千户所改设宁夏后卫，兴武营添设守御所……下兵部议，宜次第举行。'上是之，而从其议。"[5]"正德二年二月丙子，命陕西西安等八府清出当解南方军士改编新设宁夏后卫及兴武营守御千户所补伍操备，满千人乃止。从总制都御史杨一清请也。"[6]然而《嘉靖宁夏新志》则记为"正德二年（1507年），总制右都御史杨一清奏改兴武营为守御千户所，隶陕西都司。"[7]《弘治宁夏新志》中也说："正德二年，总制右都御史杨一清奏改为兴武营守御千户所，调拨西安并宁夏等卫官军守之，直属陕西都司。"[8]对于两种不同说法进行分析，杨一清于正德元年（1506年）正式奏请改营为所，而由实录材料可见，直至次年，即正德二年（1507年）方将所内军士补足，所以史载正德元年设所，而志则以正德二年将西安及宁夏卫官军调拨至兴武营守御千户所，补满军额的这一年认定为改所时间，二者都有道理，并不矛盾。"万历十三年（1586年），巡抚晋应槐甃以砖石。国朝乾隆六年（1741年）重修。"[9]兴武营守御千户所其乃"灵夏重地，平庆要藩"[10]。它的功能在于辅助宁夏后卫（花马池），依靠长城共同防御河套蒙古的来犯，它与后卫互相呼应，使宁夏东面的防御带更加严密紧凑，起到了更加良好的防御作用（彩图三二六）。

兴武营平面呈长方形，周长2143米，面积282978平方米。以东墙为基轴，方向正南北。墙体用黄土和红沙土夯筑而成。城门有2座（图一三四），分别开在南墙、西墙中部。瓮城有2座，南瓮城东、西墙依营城南墙夯筑而成，西瓮城北、南墙依营城西墙夯筑而成。保存一般。营城墙体、角台、

〔1〕（明）胡汝砺编、（明）管律重修、陈明猷校勘：《嘉靖宁夏新志》卷3，宁夏人民出版社，1982年，第253页。

〔2〕（清）顾祖禹：《读史方舆纪要》卷62《宁夏镇》，上海书店出版社，1988年，第430页。

〔3〕参见《明实录宁夏资料辑录》所辑《英宗睿皇帝实录》卷159"正统十二年十月丙戌"，宁夏人民出版社，1988年，第378页。

〔4〕（清）张廷玉等：《明史》卷42《地理三》，中华书局，1974年。

〔5〕参见《明实录宁夏资料辑录》所辑《武宗毅皇帝实录》卷17"正德元年九月戊戌"，宁夏人民出版社，1988年，第437页。

〔6〕参见《明实录宁夏资料辑录》所辑《武宗毅皇帝实录》卷23"正德二年二月丙子"，宁夏人民出版社，1988年，第440页。

〔7〕（明）胡汝砺编、（明）管律重修、陈明猷校勘：《嘉靖宁夏新志》卷3，宁夏人民出版社，1982年，第253页。

〔8〕（明）胡汝砺：《弘治宁夏新志》卷3，中国方志丛书影印明抄本，（台北）成文出版社，1968年。

〔9〕（清）张金城修、（清）杨浣雨纂、陈明猷点校：《乾隆宁夏府志》卷5"城池"，宁夏人民出版社，1992年，第128页。

〔10〕（明）胡汝砺编、（明）管律重修、陈明猷校勘：《嘉靖宁夏新志》卷3，宁夏人民出版社，1982年，第253页。

马面及瓮城墙体尚存，外包砖被拆毁，用于砌筑羊圈。墙体坍塌被雨水冲蚀，顶部因雨水冲刷有较多的冲沟小豁口，根部风蚀凹进，内侧墙根夯土堆积成斜坡，裸露墙体表面密布风蚀孔洞。营堡内南部为农田，种植有玉米、荞麦、马铃薯等，北部遍布碎砖瓦，杂草纵生，房屋基址不存，有新建的红砖瓦房及仿古建筑院落，居住有一户人家；东墙中段北部有 5 米宽的村路豁口，北墙中部马面及南墙门洞墩台上部有新修的庙宇。兴武营墙体外侧壕沟被沙土淤平，地表看不出城壕的迹象。营城占地面积282978 平方米（彩图三二七）。

2. 平面形制

（1）城墙

东墙长 612 米。保存相对较好，夯土较硬，夯打结实。墙体外包砖被拆毁，存基槽痕迹，基槽宽 1 米。墙体底部掏蚀凹进，基础用条砖错缝平铺 7 层，其上用黄土和红土夯筑而成。墙体高9～11、底宽 12、顶宽 2～4.1 米（墙体外包砖厚 1、顶宽 5.1 米），部分墙体顶宽 0.5 米，夯层厚 10～13 厘米。墙体顶部外缘砌筑垛墙及箭口，垛墙无垛口，用条砖砌筑，顶部用方砖平铺，仅存墙基痕迹。东墙中段北部有 4.5 米宽的豁口。

南墙长 478 米。保存一般。墙体用黄土夯筑而成，外包砖不存，仅存基槽痕迹；顶部平整，有铺地砖痕迹。墙体高 8、顶宽 0.5～3.8 米，夯层厚 12、14 厘米。墙体内侧大部分被倒塌的夯土及沙土掩埋成斜坡，顶部雨水冲刷有较多的冲沟小豁口。

西墙长 582 米。北段墙体内外两侧被倒塌的夯土和沙土掩埋成斜坡，顶部基本平整，宽 1.8～2.3、高约 7 米；南段内外两侧被倒塌的夯土和沙土掩埋约 4/5，顶宽 1.5 米，夯层厚 15、17、18 厘米（彩图三二八）。

北墙长 471 米。墙体高约 7 米，顶部平整，宽约 2 米，内外两侧被沙土掩埋约 4/5，露出部分高约1.5 米，部分墙体被掩埋 1/2。夯土内夹杂有大量碎石，夯层厚 7、11、15、17 厘米。

（2）城门

兴武营有西、南 2 座城门，筑有瓮城。

西门开在西墙中部，门洞的夯土墩台向内凸出，宽 6、南北 22 米。墩台东西两侧包砖及拱券门洞墙砖被拆毁，营门倒塌损毁呈 4 米宽的豁口。

南门开在南墙中部，门洞的夯土墩台凸出于墙体内侧，宽 6、东西 22 米。外包砖及半圆形拱券门洞条砖被拆毁。门洞被塌落的夯土封堵掩埋，门洞顶部券砖裸露在外，门洞宽不详，顶高约 3.5、进深 11 米。

（3）角台

兴武营形制规整，四角有角楼，仅存角台。黄土夯筑而成，呈覆斗形，实心，平面呈正方形，顶部建筑损毁不存，顶部基本平整，外包砖被拆除。

东北角台保存较好，外包砖被拆毁，存砖槽痕迹。角台底部东西 19、南北 18 米，顶部高于墙体约 1.6 米，平面呈正方形，边长 8 米，相对内侧地面高约 9、外侧地面高 11 米，凸出于墙体外，宽 6 米。壁面平整，夯打结实，夯层厚 10、12、13 厘米。顶部平整，有碎砖瓦及建筑饰件等（彩图三二九）。

东南角台底部东西 13、南北 14 米，顶部东西 10、南北 9 米，相对城内地面高 7、城外地面高 12米，凸出于墙体外 6 米。外包砖被拆毁，裸露的夯土壁面平整，夯打结实，夯层厚 12、14 厘米。角台顶部基本平整，有残砖、筒瓦及板瓦残块等。

西南角台底部边长 15、顶部边长 10、高于城墙顶部约 1.4、内高 8、外高 13、凸出于墙外 6 米。

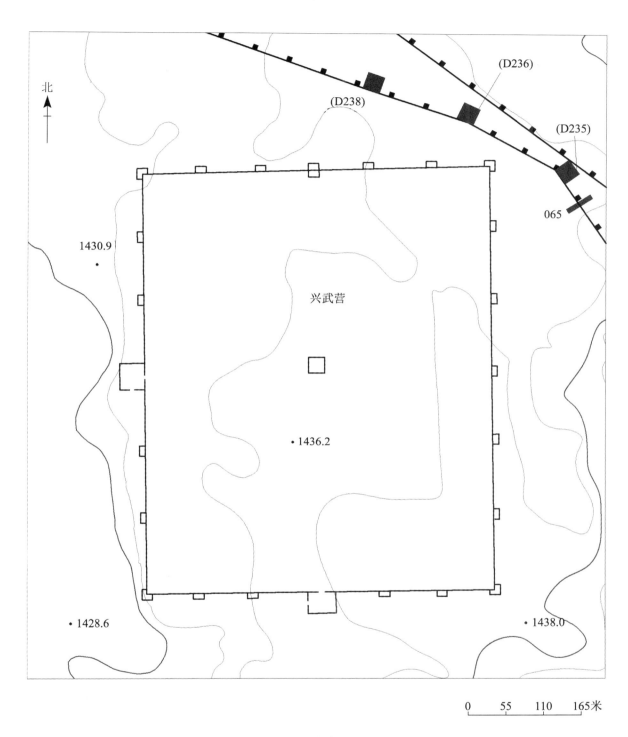

图一三四 兴武营城址平面图

角台壁面夯土剥落，有较多的风蚀孔洞，夯层厚12、14厘米（彩图三三〇）。

西北角台保存较好，呈覆斗形，实心。底部东西18、南北16米，顶部东西11、南北9米，内高8、外高14米，凸出于墙外6米。台体壁面平整，夯打结实，夯层厚12、14、15厘米。顶部平整，有残砖、筒瓦及板瓦残块等（彩图三三一、三三二）。

（4）马面

马面共有 18 座，均分布在四周墙体外侧。马面用黄土夯筑而成，呈覆斗形，实心，平面呈长方形，凸出于墙体外侧。马面及墙体外包砖被拆毁不存，裸露出夯土墙体，夯层厚大多为 14、15 厘米。

东墙有马面 5 座。保存较好，由北向南依次编号分述如下。

东 1 马面北距东北角台 104 米，南距东 2 马面 101 米。底部东西凸出于墙体外 5.5、南北 9 米，顶部东西 3、南北 5 米，高 9 米（彩图三三三）。

东 2 马面底部东西凸出于墙外 6、南北 9 米，顶部东西 3、南北 5 米，高 9 米。

东 3 马面位于东墙中部，相对其他马面较宽大。北距东 2 马面 104 米，南距东 4 马面 110 米。底部东西凸出于墙体外 6、南北 15 米，顶部东西 4、南北 11 米，高 9 米。顶部较平整，有板瓦、筒瓦及残砖。

东 4 马面保存较好。底部东西凸出于墙体外 6、南北 9 米，顶部平整，有较多碎块，东西 3.5、南北 5 米，高 9 米（彩图三三四）。

东 5 马面北距东 4 马面 101 米，南距东南角台 95 米。底部东西凸出于墙体外 6、南北 10 米，顶部边长 5 米，高 9 米。顶部平整，铺地砖遗迹尚存。

南墙有马面 4 座。分布在南瓮城东西两侧，各有 2 座。由东向西依次编号分述如下。

南 1 马面东距东南角台 75 米，西距南 2 马面 75 米。底部东西 9、南北凸出于墙体外 6 米，顶部东西 4.5、南北 4.5 米，高 9 米。

南 2 马面底部东西 9、南北凸出于墙体外 6 米，顶部东西 5.5、南北 4.5 米，高 9 米。

南 3 马面位于南瓮城西侧，东距瓮城西门墙体 64 米，西距南 4 马面 68 米。东西 9、底部南北凸出于墙体外 6 米，顶部东西 4、南北 5 米，高 9 米。

南 4 马面西距西南角台 74 米，底部东西 9 米，南北凸出于墙体外 6 米，顶部较平，东西 3.5、南北 5 米，高 9 米。

西墙有马面 4 座。位于西墙外侧，西瓮城南北两侧各 2 座，由南向北依次编号分述如下。

西 1 马面底部东西凸出于墙体外 6、南北 9 米，顶部东西 3、南北 6 米，高 9 米。顶部平整，铺地砖遗迹尚存。

西 2 马面底部东西凸出于墙体外 6、南北 9 米，顶部东西 3、南北 6 米，高 9 米。

西 3 马面被沙土掩埋约 2/3，底部东西凸出于墙体外 6、南北 9 米，顶部东西 5、南北 8 米，高 9 米。

西 4 马面底部东西 12、南北 9 米，顶部东西 8、南北 8.5 米，高 9 米，夯层厚 6、8、10、12 厘米。顶部较平，有碎砖瓦。

北墙有马面 5 座。由西向东依次编号分述如下。

北 1 马面呈覆斗形，顶部平整，残砖堆积较多。底部东西 9、南北凸出于墙体外 6 米，顶部东西 6、南北 3 米，高约 7 米。

北 2 马面底部东西 14、南北凸出于墙体外 6 米，顶部东西 5、南北 3 米，高 7 米。

北 3 马面（腰墩）位于北墙中部，底部东西 14、南北凸出于墙体外 6 米，顶部东西 11、南北 4 米（彩图三三五）。

北 4 马面底部东西 14、南北凸出于墙体内 19 米，顶部东西 11、南北 4.5 米，高 6 米。

北 5 马面底部东西 8、南北凸出于墙体外 4 米，顶部东西 3、南北 4.5 米，高 7 米（彩图三三六）。

（5）鼓楼

营城中央存鼓楼基址，底部边长20、顶部边长10、高7米。顶部为砖拱四通门洞，门洞坍塌损毁较重，墙砖拆毁不存，营城内地面散见有较多的青花瓷片、白釉和黑釉瓷片、酱釉粗瓷片及较多的建筑构件等，器形大多为碗、盆、缸、罐等（彩图三三七）。

（6）瓮城

瓮城有2座，分别位于南墙、西墙中部。

南瓮城

瓮城东墙长34米，保存相对较好，墙体用黄土和红沙土夯筑而成，墙体顶宽5米，外包砖被拆毁，裸露夯层厚15、17、20厘米。南墙长39、顶宽5米。西墙南段存13米，北段存12.5米。瓮城门开在西墙中部，门洞条砖被拆毁，为8.5米宽的豁口（彩图三三八）。

西瓮城

瓮城墙体用黄土和红沙土夯筑而成。墙体保存较差，坍塌较重，顶部高低不平，有较多冲沟及风蚀孔洞，顶宽约2.7米，夯层厚15、17、18厘米。北墙长34、高7、底宽9米；西墙长39、高7、底宽9米；南墙长34米。瓮城门开在南墙中部，现为5米宽的缺口（彩图三三九）。

（7）水井

兴武营南墙东段外侧90米处有一口水井。井口边长0.5米，以条石箍成，井深约5米，水量较大，水深2米（彩图三四〇）。

（8）城外庙宇遗址

该遗址位于营城南墙东段外侧117米，仅存夯土台基，台基平整，边长23、高3米，有较多的碎砖瓦堆积物。

3. 遗物

兴武营城内分布有较多的建筑遗迹，遍布碎砖瓦、建筑饰件及明代瓷片等。

标本：1，套兽残块。泥质灰陶，合模制作。兽首鼻孔朝天，张口露齿仰首作吼状，吻侧有向后的卷须，腮部圆鼓，眼部残失，腮下有卷须，腮后圆耳侧立。残长26、宽12、残高21厘米（图一三五：1）。

标本：2，门台石座。青灰色石质，稍残。下半部呈近长方形，正面有修凿的斜向条纹，上半部呈圆形，凿刻八瓣三角形花朵。侧面凿刻菊花图案。长43.2、底部最宽22、高53.2厘米（图一三五：2）。

标本：3，铁印章。兴武营村征集，盐池县博物馆藏。扁条形柄，铁质方，印篆刻"兴武营守御千户所"字样。边长6.8、通高8.5厘米（图一三五：3）。

标本：4，条砖。长46、宽22、厚12厘米。

标本：5，方砖。边长44厘米，背面平整，正面中线起脊呈斜坡形，砖脊厚12、边厚6厘米。用于垛墙顶部。

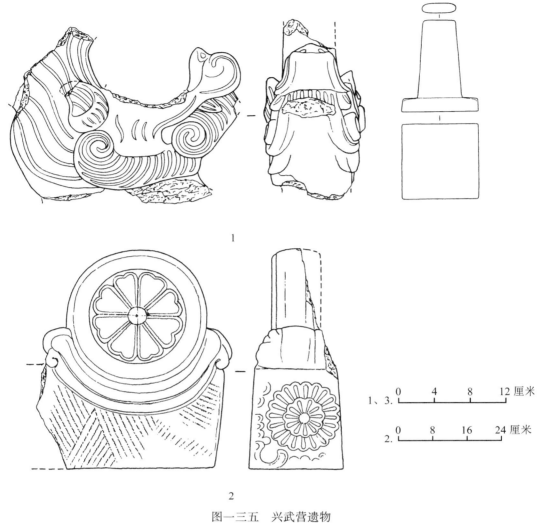

图一三五　兴武营遗物
1. 套兽残块（标本：1）　　2. 门台石座（标本：2）　　3. 铁印章（标本：3）

第六节　毛卜剌堡段明长城墙体及相关设施

毛卜剌堡段明长城墙体经过郭家坑、东庄子、徐庄子及张记边壕四个村。墙体外侧分布有敌台61座、铺舍1座、烽火台2座和长城墙体内侧的毛卜剌堡等（彩图三四九）。

一　毛卜剌堡段明长城墙体（D255—D315）

1. 郭家坑村1段长城墙体

该段墙体起点位于盐池县高沙窝镇闵庄子村12号敌台处，止点位于高沙窝镇郭家坑村东北2.2千米的郭家坑村10号敌台处。墙体用黄土夯筑而成，部分墙体用黄土和红沙土分层夯筑而成。墙体长2090米。墙体距平行走向的"河东墙"（二道边）墙体0.045～0.065千米。根据墙体保存状况及敌台分布情况分为 10 段（参见图二二）。分述如下。

闵庄子村 12 号敌台（D255）—郭家坑村 1 号敌台（D256）

墙体长 230 米。地处缓坡丘陵平滩地带，地势平缓，北距"河东墙"（二道边）墙体内侧的刘庄子村 2 号烽火台约 0.045 千米。大致呈东—西走向。墙体顶部坍塌成高低不平的鱼脊状，整体呈坡形土梁，夯土酥碱粉状剥落。墙体高 3.5～5.5 米。郭家坑村 1 号敌台东侧 0.02 千米处墙体有 5 米宽的村路豁口。

郭家坑村 1 号敌台（D256）—郭家坑村 2 号敌台（D257）

墙体长 195 米。地处丘陵缓坡地，地势由东向西逐渐走低，北距"河东墙"（二道边）约 0.04 千米。大致呈东—西走向。墙体用黄土夯筑而成。墙体顶部垮塌成鱼脊状，两侧被沙土掩埋成坡形，略显低矮，整体呈坡形土梁。墙体高 3.5～5 米。表面被羊群踩踏，夯土酥软粉状脱落，夯层模糊不清（彩图三四一）。

郭家坑村 2 号敌台（D257）—郭家坑村 3 号敌台（D258）

墙体长 207 米。地处丘陵缓坡地带，地势较平缓。墙体坍塌损毁约 2/5，两侧被倒塌的夯土及沙土掩埋约 2/3，整体呈坡形土梁，墙体顶部坍塌严重，呈高低不平的鱼脊状。夯土酥碱粉状剥落，生长有小草。墙体高 2.7～5 米，夯层厚 12～17 厘米。墙体中段有 3 米宽的冲沟小豁，郭家坑村 3 号敌台东 0.07 千米处墙体被挖开 3 米宽的缺口，郭家坑村 2、3 号敌台边缘均有 2 米多宽的冲沟凹槽。

郭家坑村 3 号敌台（D258）—郭家坑村 4 号敌台（D259）

墙体长 205 米。呈东—西走向。墙体用黄土和红沙土分层夯筑而成。墙体两侧被倒塌的夯土及沙土掩埋约 2/3，未被沙土掩埋的墙体顶部坍塌风化有锯齿状的冲沟小豁口。墙体高约 4.5～5.5、顶宽 0.5～1.4 米。夯层厚 14、16、17、20 厘米。郭家坑村 3 号敌台西北 0.063 千米处墙体有 4 米宽的村路豁口（彩图三四二）。

郭家坑村 4 号敌台（D259）—郭家坑村 5 号敌台（D260）

墙体长 212 米。地处丘陵缓坡地带，地势由东向西逐渐走低。大致呈东—西走向。墙体两侧被倒塌的夯土及沙土掩埋约 1/2，顶部坍塌有较多高低不平的冲沟小豁口。墙体高约 5、顶宽 0.5～3.9 米。夯层厚 14、15、17、19 厘米。部分墙体顶部尚存垛墙，垛墙高 0.2～0.5、底宽 0.7 米。郭家坑村 5 号敌台与墙体接合部位有 2 米宽的冲沟凹槽。墙体及郭家坑村 4 号敌台南距郭家坑村烽火台约 0.08 千米。

郭家坑村 5 号敌台（D260）—郭家坑村 6 号敌台（D261）

墙体长 209 米。地处丘陵缓坡地带，地势由东向西逐渐走低。墙体用黄土和红土分层夯筑而成，夯土内含有红砂岩及黑砂石碎块。墙体顶部坍塌风蚀严重，有较多的冲沟小豁口。墙体高 5.5～7、顶部最宽 2.9 米，夯层厚 16、19 厘米。墙体有 4 处宽 1～2 米的冲沟豁口。

郭家坑村 6 号敌台（D261）—郭家坑村 7 号敌台（D262）

墙体长 200 米。地处丘陵缓坡地带，地势由东向西逐渐走低。墙体顶部及两侧壁面夯土塌落严重，两侧被倒塌的夯土及沙土掩埋过半；顶部风雨侵蚀有较多的冲沟小豁口。墙体高约 4～6、底宽约 10、顶宽 0.5～1.5 米，夯层厚 14、16、18 厘米。郭家坑村 6 号敌台西北 0.055 千米处墙体有 3 米宽的村路豁口。依墙体外侧而建的敌台坍塌严重，被雨水冲刷风化成底大顶圆的土丘状。郭家坑村 7 号敌台西北距郭家坑村烽火台约 0.05 千米。

郭家坑村 7 号敌台（D262）—郭家坑村 8 号敌台（D263）

墙体长 222 米。地处丘陵缓坡地带，地势由东向西逐渐走低。呈东—西走向。墙体顶部及两侧夯土塌落严重，两侧被倒塌的夯土及沙土掩埋约 3/4，顶部雨水冲蚀有较多的冲沟小豁口。墙体高 5、顶宽 0.5～1.5 米，夯层厚 15、17、18、20 厘米。郭家坑村 8 号敌台东南 0.025 千米处墙体有两处宽约 2 米的冲沟豁口。

郭家坑村 8 号敌台（D263）—郭家坑村 9 号敌台（D264）

墙体长 203 米。地处丘陵缓坡地带，地势较平缓，两侧地面生长有苦豆子、白草及黑沙蒿等，植被覆盖率约 65%。墙体两侧被倒塌的夯土及沙土掩埋约 3/4，顶部有较多锯齿状的冲沟小豁口。墙体高约 6.5、顶宽 0.5～2 米，夯层厚 9、10、13、16、20 厘米。郭家坑村 8 号敌台西 0.025 千米处墙体有 4 米多宽的冲沟缺口。

郭家坑村 9 号敌台（D264）—郭家坑村 10 号敌台（D265）

墙体长 207 米。地处丘陵缓坡地带，地势由东向西逐渐走低。墙体两侧被倒塌的夯土及沙土掩埋到腰部，顶部呈断断续续的土垄状，有较多的冲沟小豁口。墙体高 4～5 米，夯层厚 11～14 厘米。郭家坑村 10 号敌台东壁与墙体接合部位有 4 米宽的村路豁口。

2. 郭家坑村 2 段长城墙体

该段墙体起点位于盐池县高沙窝镇郭家坑村东北约 2.2 千米的郭家坑村 10 号敌台处，止点位于高沙窝镇郭家坑村西北约 3.1 千米的东庄子村 1 号敌台处。墙体长 3030 米。墙体用黄土夯筑而成，部分墙体用黄土和红沙土分层夯筑而成。墙体坍塌风化成坡形的土梁，高 6～7 米。墙体北距"河东墙"（二道边）墙体 0.06～0.12 千米。根据墙体状况及敌台分布情况分为 14 段（参见图二二）。分述如下。

郭家坑村 10 号敌台（D265）—郭家坑村 11 号敌台（D266）

墙体长 227 米。地处丘陵缓坡地带，地势由东向西逐渐走低，两侧有较多的固定沙丘及大面积的碱滩地，地表植被稀少，仅生长有低矮的黑沙蒿和苦豆草等。大致呈东—西走向。墙体顶部高低不平，有较多锯齿状的冲沟小豁口，两侧壁面坍塌严重，被塌落的夯土和沙土掩埋成斜坡，呈高大的土梁。墙体高 5.5～6.5、底宽约 9、顶宽 0.5 米，夯层厚 10、11、13 厘米。依墙体外侧而建的敌台坍塌、风蚀呈土丘状。

郭家坑村 11 号敌台（D266）—郭家坑村 12 号敌台（D267）

墙体长 222 米。地处丘陵缓坡地带，地势较为平缓，两侧地表有较多的固定沙丘及较大面积的碱滩平地。大致呈东—西走向。墙体用黄土夯筑而成。墙体坍塌损毁严重，呈断断续续的土垄状，顶部有多处较大的冲沟豁口。墙体两侧沙土堆积较高，被倒塌的夯土及沙土掩埋约 3/4，表面生长有较多的黑沙蒿和芨芨草等。墙体高约 6～7 米。郭家坑村 12 号敌台坍塌风化成低矮的土丘。

郭家坑村 12 号敌台（D267）—郭家坑村 13 号敌台（D268）

墙体长 215 米。地处缓坡丘陵沙滩地带，两侧有较多的固定沙丘。墙体用黄土夯筑而成，夯土内有红砂岩碎块。墙体顶部及两侧大多被沙土掩埋，部分墙体未被沙土全部掩埋。墙体高 4～5 米，夯层厚 13、16 厘米。

郭家坑村 13 号敌台（D268）—郭家坑村 14 号敌台（D269）

墙体长 209 米。地处缓坡丘陵沙滩地带，地势由东向西逐渐走低，两侧地表有较多的固定沙丘。墙体用黄土夯筑而成。墙体坍塌风化严重，顶部及两侧被倒塌的夯土及沙丘掩埋，顶部高低不平，表面生长有较多的沙蒿和沙棘等。墙体高 5～6 米。

郭家坑村 14 号敌台（D269）—郭家坑村 15 号敌台（D270）

墙体长 203 米。地处缓坡丘陵沙滩地带，地势由东向西逐渐走高。大致呈东—西走向。墙体用黄土夯筑而成。墙体坍塌风蚀损毁约 2/3，略显低矮，部分墙体仅存基础。墙体高 2 ~ 3 米，郭家坑村 14 号敌台西壁与墙体接合部位有 4 米宽的村路豁口，墙体西段有 5 米宽的村路豁口。依墙体而建的敌台坍塌风化成低矮的土丘，表面有数道流苏状的水蚀凹槽。墙体南侧 0.12 千米处有一口水井，井口用青灰色条石围成正方形，井口边长 0.9、井深约 5 米，井壁用青灰色石块砌筑而成。

郭家坑村 15 号敌台（D270）—郭家坑村 16 号敌台（D271）

墙体长 164 米。地处缓坡丘陵沙滩地带，地势较平缓。墙体用黄土夯筑而成，夯土内夹杂有少量的红砂石碎块。墙体两侧被倒塌的夯土及沙土掩埋过半，顶部因夯土塌落较窄，呈坡形土梁。墙体高约 5、宽 0.5 ~ 1.2 米。表面生长有较多的白刺、黑沙蒿和芨芨草等。

郭家坑村 16 号敌台（D271）—郭家坑村 17 号敌台（D272）

墙体长 202 米。地处丘陵缓坡地带，地表有较多的固定沙丘，墙体表面及两侧地面生长有茂密的杂草，植被覆盖率约 65%。墙体用黄土和少量的红沙土分层夯筑而成。墙体上部坍塌成斜坡鱼脊状，顶部高低不平，有较多锯齿状的冲沟小豁口。墙体高 5 ~ 6 米。墙体北距"河东墙"（二道边）墙体内侧的郭家坑村 2 号烽火台约 0.05 千米。

郭家坑村 17 号敌台（D272）—郭家坑村 18 号敌台（D273）

墙体长 202 米。大致呈东—西走向。墙体用黄土和少量的红沙土分层夯筑而成，夯土内夹杂有少量的红砂岩碎块。墙体两侧被坍塌的夯土及沙土掩埋约 3/4，夯土松软、酥碱严重，夯层模糊不清。墙体顶部及两侧垮塌风化严重，顶部高低不平。墙体高约 6.5、顶宽 0.5 ~ 1.5 米。墙体中部有两处 1 ~ 2 米宽的冲沟小豁口，郭家坑村 18 号敌台东南 0.035 千米处墙体有 5 米宽的村路豁口。

郭家坑村 18 号敌台（D273）—郭家坑村 19 号敌台（D274）

墙体长 192 米。地处丘陵缓坡地带，地势由东向西逐渐走高。墙体两侧被坍塌的夯土及沙土掩埋 1/3 ~ 1/2。墙体剖面呈梯形，壁面平整陡直，顶部基本平整。墙体高约 7.5、顶宽 3 ~ 4 米。墙体顶部存垛墙和女墙，垛墙高 0.4 ~ 1、底宽 0.8 米，垛墙和女墙间夹道宽约 2 米。

郭家坑村 19 号敌台（D274）—郭家坑村 20 号敌台（D275）

墙体长 210 米。地处丘陵缓坡地带，地势由东向西逐渐走低。保存较好。墙体用黄土和红沙土分层夯筑而成。墙体两侧被沙土掩埋 1/2 ~ 2/3，两侧沙土堆积成斜坡状，未被沙土掩埋的墙体高 1.5 ~ 3 米。墙体高约 7、顶宽 4.6 米，顶部外缘存垛墙，垛墙底宽 0.8、高 0.3 米，夯层厚 16、18、24 厘米。依墙体而建的敌台坍塌风化成底大顶圆的土丘状（彩图三四三）。

郭家坑村 20 号敌台（D275）—郭家坑村 21 号敌台（D276）

墙体长 213 米。所处地势由东向西逐渐走低。墙体用黄土和红沙土分层夯筑而成，夯土内夹杂有红砂岩碎块。墙体两侧被沙土掩埋约 1/3，顶部风蚀坍塌高低不平。墙体高 6.5、底宽约 9、顶宽 0.5 ~ 2.9 米，夯层厚 12、14、16 厘米。郭家坑村 21 号敌台东 0.033 千米处墙体有 3.5 米宽的村路豁口。

郭家坑村 21 号敌台（D276）—郭家坑村 22 号敌台（D277）

墙体长 210 米。地处丘陵缓坡地带，地势由东向西逐渐走低，两侧有较多的固定沙丘，沙生植被主要有苦豆子、黑沙蒿等，植被覆盖率 45%。墙体用黄土和红沙土分层夯筑而成，夯土内夹杂有少量的红砂岩碎块。墙体两侧被坍塌的夯土及沙土掩埋成陡坡状，顶部夯土坍塌成坡形鱼脊状。墙体高 5 ~ 6、顶宽 0.5 米，夯层厚 17、18 厘米。郭家坑村 22 号敌台东壁与墙体接合部位有 1 米多宽的沟槽，郭家坑村 21 号敌台塌落风化成底大顶圆的土丘状，郭家坑村 22 号敌台坍塌风化成低矮的土丘。

郭家坑村 22 号敌台（D277）—郭家坑村 23 号敌台（D278）

墙体长 283 米。地处丘陵缓坡地带，地势由东向西逐渐走低，外侧地面有较多的固定沙丘，内侧较平缓，地表生长有茂密的沙蒿和苦豆子等，植被覆盖率约 45%。墙体用黄土和红沙土分层夯筑而成，夯土内夹杂有少量的红砂岩碎块。墙体顶部坍塌成斜坡，高低不平，有较多的冲沟小豁口。墙体高 6.5 ~ 7、顶宽约 0.5 米，夯层厚 12、13、14 厘米。

郭家坑村 23 号敌台（D278）—东庄子村 1 号敌台（D279）

墙体长 278 米。地处丘陵坡梁上，地势由东向西逐渐走高。大致呈东—西走向。墙体内壁坍塌相对外壁较严重，整体呈坡形土梁。墙体内壁夯土中有红砂岩碎块，夯土颗粒较大，行夯较轻，夯打不实，夯层不清晰。墙体高 5 ~ 6 米。东庄子村 1 号敌台坍塌风化成土丘。

3. 东庄子村 1 段长城墙体

该段墙体起点位于盐池县高沙窝镇东庄子村东北约 1.2 千米的东庄子村 1 号敌台处，止点位于高沙窝镇东庄子村西北约 0.8 千米的东庄子村 8 号敌台处。墙体长 1480 米。墙体用黄土夯筑而成，部分墙体用黄土和红沙土分层夯筑而成。墙体北距"河东墙"（二道边）墙体 0.09 ~ 0.14 千米。根据墙体保存状况及敌台分布情况分为 7 段（参见图二三）。分述如下。

东庄子村 1 号敌台（D279）—东庄子村 2 号敌台（D280）

墙体长 302 米。大致呈东—西走向。墙体用黄土和红沙土分层夯筑而成，夯土内含有红砂岩碎块。墙体顶部及两侧壁面夯土塌落较多，顶部较窄，墙体被倒塌的夯土和沙土掩埋约 2/3，顶部高低不平有较多冲沟小豁口，表面长满杂草。墙体高 5 ~ 7、顶宽 0.5 ~ 1.1 米。东庄子村 2 号敌台东 0.095 千米处墙体有 5 米宽的村路豁口，东庄子村 2 号敌台东北距东庄子村 1 号烽火台约 0.115 千米。

东庄子村 2 号敌台（D280）—东庄子村 3 号敌台（D281）

墙体长 316 米。地处丘陵缓坡地带，地势由东向西逐渐走低。墙体用黄土和红沙土分层夯筑而成，夯土内含有红砂岩碎石。墙体顶部两侧夯土塌落严重，仅存中间较少部分，有较多的冲沟小豁口；两侧壁面坍塌成陡坡，沙土堆积较高，表面长满杂草。墙体高约 6.5、顶宽 0.5 ~ 2.7 米。

东庄子村 3 敌台（D281）—东庄子村 4 号敌台（D282）

墙体长 166 米。地处丘陵缓坡地带，地势由东向西逐渐走低，外侧有大面积的固定沙丘，内侧部分农田种植有少量的玉米和糜子等。大致呈东—西走向。墙体顶部两侧夯土坍塌较多，顶部较窄，有较多锯齿状的冲沟小豁口；两侧被倒塌的夯土和沙丘掩埋约 3/4。墙体高 4 ~ 6、顶宽 0.5 ~ 1.1 米。东庄子村 4 号敌台东 0.057 千米处墙体有 4 米宽的村路缺口。

东庄子村 4 号敌台（D282）—东庄子村 5 号敌台（D283）

墙体长 166 米。地处丘陵缓坡地带，地势由东向西逐渐走高，地表生长有茂密的沙蒿和苦豆草等，植被覆盖率为 65%。呈东—西走向。墙体用红沙土和黄土夯筑而成，夯土内含有红砂岩碎块。墙体坍塌成斜坡形土垄，两侧被倒塌的夯土和沙土掩埋约 3/4，部分墙体顶部被沙土掩埋。墙体高约 5、顶宽 0.5 ~ 1.7 米。夯层模糊不清，能辨明夯层厚 15、16 厘米。

东庄子村 5 号敌台（D283）—东庄子村 6 号敌台（D284）

墙体长 168 米。地处丘陵缓坡地带，地势由东向西逐渐走高。呈东—西走向。墙体用黄土和红沙土夯筑而成，夯土内含有红砂岩碎块。墙体两侧被倒塌的夯土和沙土掩埋约 2/3，顶部有多处 2 米宽的冲沟豁口。墙体高 4.5 ~ 5.5、顶宽 0.5 ~ 1.5 米。夯层不清晰，能辨明夯层厚 15、16、20 厘米（彩图三四四）。

东庄子村 6 号敌台（D284）—东庄子村 7 号敌台（D285）

墙体长 159 米。呈东—西弧线弯曲走向。墙体用黄土和红沙土分层夯筑而成，夯土内夹杂有少量碎石，部分夯土中夹杂有白礓石。墙体顶部及两侧壁面坍塌成陡坡，两侧被坍塌的夯土和沙土掩埋约

3/4，未被沙土掩埋部分高 0.9～1.6 米，有多处锯齿状的冲沟小豁口，其中较大的豁口宽 2～3 米。墙体高约 6.5、底宽约 11、顶宽 0.5～2.9 米，夯层厚 15、18 厘米。东庄子村 7 号敌台与墙体接合部位有底宽 5、口宽约 9 米的冲沟豁口。

东庄子村 7 号敌台（D285）—东庄子村 8 号敌台（D286）

墙体长 203 米。呈东南—西北走向。墙体用黄土和红沙土分层夯筑而成，红沙土夯层中夹杂有较粗的红胶土。墙体顶部坍塌成斜坡形，两侧被倒塌的夯土和沙土掩埋约 2/3，部分墙体两侧流沙爬过顶部。墙体高约 6、顶宽 0.5～1.5 米，夯层厚 18、20～22、27 厘米。东庄子村 8 号敌台东 0.11 千米处墙体有 4 米宽的村路豁口，东庄子村 8 号敌台西北距东庄子村 2 号烽火台约 0.09 千米。

4. 东庄子村 2 段长城墙体

该段墙体起点位于盐池县高沙窝镇东庄子村西北约 0.8 千米的东庄子村 8 号敌台处，止点位于高沙窝镇毛卜刺堡东 0.13 千米的东庄子村 16 号敌台处。墙体长 1834 米。墙体用黄土和红沙土分层夯筑而成，部分墙体用黄土夯筑而成，夯土内夹杂有红砂岩碎块，夯打较结实。墙体北距"河东墙"（二道边）墙体 0.07～0.09 千米。根据墙体保存状况及敌台分布情况分为 8 段（参见图二三）。分述如下。

东庄子村 8 号敌台（D286）—东庄子村 9 号敌台（D287）

墙体长 205 米。呈东南—西北走向。墙体用红沙土和黄土夯筑而成，夯土内夹杂有颗粒状的红胶土和灰白色料礓石，土质较粗，夯打不实。墙体呈斜坡形的土梁状，顶部呈鱼脊状，两侧有较多的沙丘；部分墙体两侧沙土堆积大多爬过顶部。墙体高 2～5 米，夯层厚 20 厘米。墙体中部有 16 米宽的沟槽，东庄子村 9 号敌台东壁与墙体接合部位有 3 米宽的冲沟豁口。

东庄子村 9 号敌台（D287）—东庄子村 10 号敌台（D288）

墙体长 205 米。地处丘陵缓坡地带，地势由东向西逐渐走低。呈东南—西北走向。墙体用红沙土和黄土分层夯筑而成，夯土内含有青灰色碎块和颗粒状的红胶土。墙体顶部及两侧坍塌呈坡形，顶部高低不平，有较多的冲沟小豁口。墙体成坡形土梁，略显低矮。墙体高 5、顶宽 0.2～1.1 米。墙体中段有 4 米宽的村路豁口，东庄子村 9 号敌台西侧墙体和东庄子村 10 号敌台东侧墙体有 2 米宽的冲沟豁口。

东庄子村 10 号敌台（D288）—东庄子村 11 号敌台（D289）

墙体长 315 米。地处丘陵缓坡地带，地势由东向西逐渐走低，两侧地表固定沙丘较多，生长有黑沙蒿和苦豆草等。大致呈东—西走向，略弯转偏西北。墙体用黄土夯筑而成。墙体两侧被坍塌的夯土和沙土掩埋过半，顶部大多坍塌成鱼脊状，高低不平，有较多锯齿状的冲沟小豁口，豁口宽 0.4～1 米。部分墙体高 4～6、顶宽约 3 米。墙体上部被羊群踩踏，夯土酥碱，生长有较多的杂草。东庄子村 10 号敌台西壁与墙体接合部位有 1 米多宽的冲沟豁口，东庄子村 11 号敌台东 0.063 千米处墙体有 3 米宽的村路豁口。

东庄子村 11 号敌台（D289）—东庄子村 12 号敌台（D290）

墙体长 302 米。地处丘陵缓坡地带，地势由东向西逐渐走低，墙体用黄土和红沙土及红胶土夯筑而成，夯土内夹杂有颗粒状灰白色料礓土。墙体顶部及两侧被坍塌的夯土和沙土掩埋，整体呈坡形土梁。墙体高 4～4.5、顶宽 0.5～2.9 米。夯土酥碱严重，粉状剥落。

东庄子村 12 号敌台（D290）—东庄子村 13 号敌台（D291）

墙体长 210 米。地处低山丘陵坡地，地势由东向西逐渐走高。墙体用红沙土和黄土夯筑而成，夯土内含有灰白色的料礓土。墙体顶部高低不平，坍塌成鱼脊状，整体呈坡形土梁。墙体顶宽 0.5～1.1、高 3.5～5.5 米。夯土酥碱严重，夯层不清晰，能辨明夯层厚 24 厘米。墙体中段有 3.5 米宽的冲沟豁口。东庄子村 13 号敌台西距墙体内侧的毛卜剌堡烽火台约 0.09 千米，西北距"河东墙"（二道边）墙体内侧的东庄子村 3 号烽火台约 0.09 千米（彩图三四五）。

东庄子村 13 号敌台（D291）—东庄子村 14 号敌台（D292）

墙体长 216 米。地处丘陵缓坡地带，地势较为平缓。由南—北走向拐折为东—西走向。墙体用红沙土和黄土夯筑而成。墙体两侧被倒塌的夯土和沙土掩埋约 3/4，顶部坍塌成鱼脊状。墙体高约 5、部分墙体顶宽约 2.5 米，夯层厚 16、18、20 厘米。南距毛卜剌堡烽火台约 0.016 千米，北距"河东墙"（二道边）墙体内侧的东庄子村 3 号烽火台约 0.03 千米。

东庄子村 14 号敌台（D292）—东庄子村 15 号敌台（D293）

墙体长 215 米。地处丘陵缓坡地带，地势由东向西逐渐走低，自东庄子村 14 号敌台起拐向西偏南 35°，前行 20 米后又转向西行。墙体用黄土和红沙土分层夯筑而成，夯土内夹杂有黑青石碎块。墙体高约 9、顶宽 2～3.9 米。顶部最宽处存垛墙和女墙，垛墙高 0.4、底宽 0.6 米，女墙高 0.5、底宽 0.4 米。墙体中段有两处 2 米宽的冲沟豁口，东庄子村 15 号敌台东 0.086 千米处墙体有 3 米宽的村路豁口，墙体内侧 0.05 千米处有一道东西向疑似墙体的遗迹，遗迹高约 0.5、宽约 5 米。

东庄子村 15 号敌台（D293）—东庄子村 16 号敌台（D294）

墙体长 166 米。呈东—西走向。墙体用红沙土和黄土夯筑而成，夯土内夹杂有颗粒状的红胶土和红砂岩碎块。墙体两侧被沙土掩埋过半，顶部及两侧夯土塌落，凹凸不平。墙体高 8.5、底宽约 11、顶宽约 1.2 米，夯层厚 14、16、20 厘米。墙体西半段有 4 米宽的豁口。

5. 徐庄子村长城墙体

该段墙体起点位于盐池县高沙窝镇毛卜剌堡东约 0.13 千米的东庄子村 16 号敌台处，止点位于高沙窝镇徐庄子村西北约 2.6 千米的徐庄子村 10 号敌台处。墙体长 3267 米。墙体用黄土夯筑而成，部分墙体用黄土和红土分层夯筑而成，夯土内含有灰砂石和红砂石、白石灰碎块。墙体北距"河东墙"（二道边）墙体 0.06～0.19 千米。根据墙体保存状况及敌台分布情况分为 10 段（参见图二四）。分述如下。

东庄子村 16 号敌台（D294）—徐庄子村 1 号敌台（D295）

墙体长 773 米。所处地势东高西低。自东庄子村 16 号敌台由东向西行 0.075 千米，再直角拐折向北 0.08 千米（彩图三四六），然后再直角拐折西行 0.321 千米（叠压在"河东墙"（二道边）墙体上），再直角向西南，环绕毛卜剌堡北墙及西北角，最后拐折西北行。以墙体拐点属性分为 5 小段。分述如下。

第 1 小段，东庄子村 16 号敌台—拐点 1。墙体长 75 米。呈东—西走向。墙体用黄土和红沙土分层夯筑而成，夯土内夹杂有较多碎石。墙体两侧被塌落的夯土掩埋过半，顶部基本平整，两侧壁面坍塌厚约 1 米。墙体高约 7、底宽约 9、顶宽 2.5 米（彩图三三五）。

第 2 小段，拐点 1—拐点 2。墙体长 80 米。墙体走向由此向北，环毛卜剌堡东墙呈南—北走向。保存一般。墙体用黄土和红土分层夯筑而成，夯土中掺杂有碎石。墙体坍塌风化酥碱严重。墙体高 4～5、底宽约 7、顶宽 1 米，夯层厚 15、20 厘米。墙体中段有 3 米宽的冲沟豁口。

第 3 小段，拐点 2—拐点 3。墙体长 321 米。由南—北走向拐向西行，南距毛卜剌堡北墙 0.07～0.17 千米，走势由向西转为略偏向西北。墙体用黄土和红土分层夯筑而成，夯土中掺杂有较多碎石。墙体顶部风蚀坍塌成坡形鱼脊状，有较多 3～5 米宽的沟槽，两侧壁面坍塌成坡状。墙体叠压在"河东墙"（二道边）墙体上，有早晚叠压关系。墙体下半部是黄土夯筑的"河东墙"（二道边）墙体，上部用红土夯筑而成。墙体高约 5、顶宽 0.5～1.7 米，夯层厚 15 厘米。墙体西端有 4 米宽的村路豁口。

第 4 小段，拐点 3—拐点 4。墙体长 104 米。由拐点 3 开始拐向南，大致呈北—南走向。墙体用黄土夯筑而成，夯土内夹杂有红砂岩和黑青石碎块。墙体坍塌风化较严重，略呈坡形土梁。墙体高4.5 ~ 5.5、底宽约 9 米，夯层厚 14、25 厘米。

第 5 小段，拐点 4—徐庄子村 1 号敌台。墙体长 193 米。位于毛卜刺堡西北角西侧。墙体由此拐为西北方向，坍塌风蚀严重，成为坡形土梁。墙体高 3 ~ 4 米，夯土粉状剥落。

徐庄子村 1 号敌台（D295）—徐庄子村 2 号敌台（D296）

墙体长 266 米。大致呈东—西走向。墙体用黄土夯筑而成，夯土内夹杂有红砂岩和黑青石碎块。墙体两侧被流沙和塌落的夯土堆积成斜坡。墙体高 4 ~ 6.5 米，顶部塌落成鱼脊状，顶宽 0.5 ~ 0.9 米。徐庄子村 2 号敌台东 0.033 千米处墙体被挖开 3 米多宽的通道。

徐庄子村 2 号敌台（D296）—徐庄子村 3 号敌台（D297）

墙体长 272 米。由西北弧线拐呈东—西走向。墙体用黄土和红沙土分层夯筑而成。墙体两侧被坍塌的夯土及沙土堆积成斜坡状，顶部垮塌成鱼脊状，有多处锯齿状的冲沟豁口，墙体高 5 ~ 6.5、宽约 0.5 米。徐庄子村 2 号敌台西北 0.123 千米处墙体为拐点，徐庄子村 2 号、3 号敌台与墙体接合部位有 1 ~ 2 米宽的冲沟凹槽。

徐庄子村 3 号敌台（D297）—徐庄子村 4 号敌台（D298）

墙体长 247 米。大致呈东—西走向，略偏西北。墙体用黄土和红沙土分层夯筑而成，夯土内掺杂有颗粒状的白石灰土。墙体顶部坍塌成鱼脊状，高低不平，有多处冲沟豁口，最大豁口宽约 3 米。墙体高 6 ~ 7、顶宽 0.5 ~ 1.9 米，夯层厚 14 ~ 16、25 厘米。墙体北距"河东墙"（二道边）墙体内侧的徐庄子村烽火台约 0.08 千米。

徐庄子村 4 号敌台（D298）—徐庄子村 5 号敌台（D299）

墙体长 246 米。呈东南—西北走向。墙体用红沙土和黄土分层夯筑而成，夯土内掺杂有颗粒状的白石灰土。墙体东半段高 6、顶宽 1.9 米；中段保存较差，当地修建水坝取土挖毁约 60 米，仅存基础痕迹；西半段风蚀坍塌成低矮的斜坡形，高约 3 米，夯土酥碱松软，根部掏蚀有横向凹槽。徐庄子村 5 号敌台东壁与墙体接合部位有 3 米宽的冲沟凹槽（彩图三四七、三四八）。

徐庄子村 5 号敌台（D299）—徐庄子村 6 号敌台（D300）

墙体长 252 米。地处丘陵缓坡地带，地势由东向西逐渐走高。墙体用黄土和红沙土分层夯筑而成，夯土内掺杂有红砂岩碎块。墙体两侧被倒塌的夯土及沙土掩埋 1/3 ~ 1/2，顶部大多坍塌成斜坡鱼脊状，顶宽 0.4 ~ 1.2 米；部分墙体顶部保存较好，顶宽约 3 米。夯层厚 11、12、15、19 厘米（彩图三四九）。

徐庄子村 6 号敌台（D300）—徐庄子村 7 号敌台（D301）

墙体长 367 米。地处低山丘陵缓坡地带，地势由东向西逐渐走低，地表有较多的固定沙丘，地面生长有稀疏低矮的杂草。由东—西走向弧线拐向西北。墙体用黄土和红沙土分层夯筑而成。墙体有 20 米保存较好，高约 9、宽 4.6 米，顶部基本平整，存垛墙和女墙遗迹；其余墙体保存一般，顶宽 0.2 ~ 0.5 米。夯层厚 11、13、17、18 厘米。徐庄子村 7 号敌台东壁与墙体接合部位有 3 米宽的冲沟凹槽。

徐庄子村 7 号敌台（D301）—徐庄子村 8 号敌台（D302）

墙体长 356 米。地处丘陵缓坡地带，地势由东向西逐渐走高，内侧地势较高，有大面积的黄沙堆积，外侧地势较低，两侧有流动沙丘。呈东南—西北走向。墙体用黄土夯筑而成。墙体顶部坍塌严重，高低不平，有多处锯齿形的冲沟豁口，整体呈坡形土梁。徐庄子村 7 号敌台西壁与墙体接合部位有 2 米宽的冲沟凹槽，西 0.203 千米处墙体有 4 米宽的豁口。墙体高 4.5 ~ 6.5 米，夯层厚 12、14 厘米

（彩图三五〇）。

徐庄子村 8 号敌台（D302）—徐庄子村 9 号敌台（D303）

墙体长 242 米。两侧生长有稀疏低矮的黑沙蒿和苦豆草等，植被覆盖率约为 45%。墙体用黄土和红沙土分层夯筑而成，夯土内掺杂有红砂石、灰砂石碎块。墙体两侧被倒塌的夯土及沙土堆积成斜坡。墙体高 6~8、顶宽 0.5~2 米，夯层厚 14、16~18、20 厘米。部分墙体保存较好，顶宽约 4 米，存垛墙遗迹。徐庄子村 8 号、9 号敌台东西两侧墙体有 2 米宽的冲沟小豁口。

徐庄子村 9 号敌台（D303）—徐庄子村 10 号敌台（D304）

墙体长 246 米。地处丘陵缓坡地带，地势由东向西逐渐走高。大致呈东—西走向。墙体用黄土和红土分层夯筑而成。墙体两侧被坍塌的夯土及沙土掩埋过半，顶部高低不平，有多处冲沟豁口。墙体高 6~7、顶宽 0.5~3.7 米，夯层厚 11、13、17、19 厘米。部分墙体顶部基本平整，最宽 4 米，存垛墙痕迹。徐庄子村 9 号敌台西北 0.052 千米处墙体有 2.5 米宽的缺口。

6. 张记边壕村长城墙体

该段墙体起点位于盐池县高沙窝镇徐庄子村西北约 2.6 千米的徐庄子村 10 号敌台处，止点位于高沙窝镇张记边壕村西北约 0.9 千米的张记边壕村 11 号敌台处（灵武市、盐池县界碑处）。墙体长 2833 米。墙体用黄土夯筑而成，部分墙体用黄土和红土分层夯筑而成，夯土内含有灰砂石和红砂石碎块。墙体大多坍塌风化成坡形鱼脊状，高 5~8 米。墙体北距"河东墙"（二道边）墙体约 0.06~0.14 千米。根据墙体保存状况及敌台分布情况分为 11 段（参见图二五）。分述如下。

徐庄子村 10 号敌台（D304）—张记边壕村 1 号敌台（D305）

墙体长 275 米。地处丘陵山地的坡梁上，地势由东向西逐渐走低。墙体为避开"河东墙"（二道边）墙体内侧的张记边壕村 1 号烽火台（彩图三五一），略弯转偏向西南，然后折向西北。墙体北距张记边壕村 1 号烽火台约 0.02 千米。大致呈东—西走向。墙体用黄土夯筑而成，夯土内掺杂有少量的白石灰土。墙体两侧被坍塌的夯土及沙土掩埋约 1/2，部分墙体保存相对较好，壁面陡直，高约 7、底宽 9、顶宽 1~2 米；部分墙体顶部损毁较重，保存一般，有多处冲沟豁口，高 4.5~5.5 米。张记边壕村 1 号敌台东壁与墙体接合部位有 12 米宽的冲沟豁口。

张记边壕村 1 号敌台（D305）—张记边壕村 2 号敌台（D306）

墙体长 272 米。大致呈东—西走向。墙体用黄土夯筑而成，夯土中掺杂有碎石。墙体顶部及两侧壁面坍塌严重，顶部有许多锯齿状的冲沟豁口，两侧沙土堆积较多；部分墙体两侧沙土堆积爬过顶部。墙体高 5~6、底宽约 9、顶宽 0.5 米。夯层厚 13、14、16、18 厘米。

张记边壕村 2 号敌台（D306）—张记边壕村 3 号敌台（D307）

墙体长 211 米。张记边壕村 2 号敌台西 0.131 千米墙体呈弧线拐折弯曲走势。墙体用黄土夯筑而成，夯土内掺杂有青砂石碎块。墙体两侧被坍塌的夯土及沙土掩埋约 4/5，西段保存较差，顶部有多处 3~5 米宽的沟槽。墙体高 5、底宽约 9、顶宽 0.5~1.1 米。夯层厚 15、16、25、27 厘米（彩图三五二）。

张记边壕村 3 号敌台（D307）—张记边壕村 4 号敌台（D308）

墙体长 220 米。呈弧线形走势。墙体用黄土夯筑而成。墙体坍塌损毁较严重，顶部高低不平。墙体高 6~7、底宽约 9、顶宽 0.5~1.9 米。夯层厚 13、15、21、30、33 厘米。墙体中段有多处宽 1.5~2.5 米的冲沟豁口，张记边壕村 3 号敌台西北 0.15 千米处墙体有 4.5 米宽的村路豁口。

张记边壕村 4 号敌台（D308）—张记边壕村 5 号敌台（D309）

墙体长 204 米。呈"S"形走势。墙体用黄土和红沙土分层夯筑而成。墙体顶部及两侧壁面坍塌风化成鱼脊状，两侧被沙土掩埋约 3/4，顶部因雨水冲刷侵蚀有较多锯齿状的冲沟豁口；部分墙体两侧流沙堆积爬过顶部，呈驼峰状的沙丘。墙体高 4 ~ 6、底宽约 10、顶宽 0.5 米。

张记边壕村 5 号敌台（D309）—张记边壕村 6 号敌台（D310）

墙体长 243 米。地处丘陵缓坡地带，两侧有较多固定沙丘，地势由东向西逐渐走低，地面生长有低矮的杂草。大致呈东—西走向。墙体用黄土和红沙土分层夯筑而成。墙体顶部坍塌成鱼脊状，高低不平，有较多的冲沟豁口，两侧壁面垮塌成陡坡形。墙体高 3 ~ 5.5、顶宽 0.5 ~ 1.7 米。夯层厚 14、16 厘米。张记边壕村 6 号敌台与墙体接合部位有 1 米多宽的冲沟小豁口。

张记边壕村 6 号敌台（D310）—张记边壕村 7 号敌台（D311）

墙体长 286 米。两侧地势较为平缓，地表生长有低矮的杂草，北距"河东墙"（二道边）墙体内侧的张记边壕村 2 号烽火台约 0.12 千米。墙体用黄土和红沙土分层夯筑而成。墙体两侧被沙土掩埋约 3/4，顶部坍塌损毁成鱼脊状。墙体高 3.5 ~ 5、底宽约 10 米。墙体夯土风化酥碱严重，夯层模糊不清。墙体中段有 4 米宽的村路豁口，张记边壕村 7 号敌台东壁与墙体接合部位有 2 米多宽的沟槽。

张记边壕村 7 号敌台（D311）—张记边壕村 8 号敌台（D312）

墙体长 249 米。地处丘陵缓坡地带，地势由东向西逐渐走低。呈东—西走向。墙体坍塌损毁严重，两侧被沙土掩埋，顶部有沙土堆积。墙体高约 6 米，夯层厚 8、20、22 厘米。张记边壕村 8 号敌东 0.031 千米处墙体有 6 米宽的村路豁口，豁口底部底宽 11 米。

张记边壕村 8 号敌台（D312）—张记边壕村 9 号敌台（D313）

墙体长 290 米。地处丘陵缓坡地带，地势由东向西逐渐走高。墙体用黄土夯筑而成。墙体顶部坍塌风蚀有较多锯齿状的冲沟豁口，两侧沙土堆积较高，表面长满杂草。墙体高 4 ~ 7、顶宽 0.5 ~ 2.9 米，夯层厚 13、16 ~ 18 厘米。张记边壕村 9 号敌台与墙体接合部有 3 米宽的村路豁口（彩图三五三）。

张记边壕村 9 号敌台（D313）—张记边壕村 10 号敌台（D314）

墙体长 372 米。地处低山丘陵坡地，由东向西逐渐走低。大致呈东—西走向。墙体用黄土夯筑而成，夯土内掺杂有红砂石、青砂石和白石灰碎块。墙体高约 8 ~ 9、顶宽 0.5 ~ 1.6、顶部最宽 4、底宽 11 米。版筑缝明显，版长 3.2 米，夯层厚 10、13、16、21、24 厘米。张记边壕村 10 号敌台东壁与墙体接合部位有 18 米宽的冲沟豁口（彩图三五四）。墙体内侧存铺舍夯土台基遗址，南距张记边壕村烽火台约 0.3 千米。

张记边壕村 10 号敌台（D314）—张记边壕村 11 号敌台（D315）

墙体长 211 米。地处丘陵缓坡地带，地势由东向西逐渐走高。大致呈东—西走向。墙体用黄土夯筑而成，夯土内有较多碎石。墙体两侧被坍塌的夯土及沙土掩埋约 3/4。墙体高约 8、顶宽 0.5 ~ 3.1 米，夯层厚 13 ~ 15、20 厘米。墙体北距"河东墙"（二道边）墙体 0.14 千米。

二 毛卜刺堡段明长城墙体沿线敌台（D256 ~ D315）

1. 郭家坑村 1 号敌台（D256）

该敌台位于盐池县高沙窝镇郭家坑村东北约 3.3 千米处，西北距郭家坑村 2 号敌台 0.195 千米，北距"河东墙"（二道边）墙体 0.05 千米，东距长城墙体内侧的闵庄子村 2 号烽火台约 0.2 千米。台体用黄土夯筑而成，呈覆斗形，实心，凸出于长城墙体外侧。保存一般。台体坍塌风化成底大顶小的土丘状；东壁被雨水冲刷成斜坡，斜高约 11 米；东壁与长城墙体接合部位有 7 米宽的村路豁口；北壁剖面呈梯形，夯土块状堆积；西壁坍塌风化成底大顶小的斜坡状；南壁与长城墙体顶部坍塌风化成斜坡状。台体底部东西约 16、南北外凸约 14 米，顶部东西 4、南北 6 米，高约 10 米。夯层厚 14 厘米。周围地表散布有白釉、黄绿釉瓷片、灰陶瓦片及少量的青砖残块等。

标本 D256：1，白釉瓷碗残片。侈口，弧腹，下腹略垂，圈足，黄白胎，白釉，施釉较厚，釉面光亮。口径 15、底径 6.3、高 6.9、足高 0.7 厘米（图一三六；彩图三〇九）。

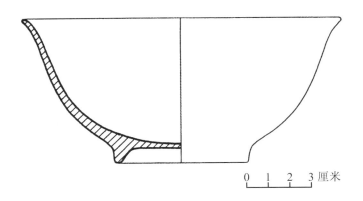

图一三六 郭家坑村 1 号敌台（D256）文物标本
白釉瓷碗残片（标本 D256：1）

2. 郭家坑村 2 号敌台（D257）

该敌台位于盐池县高沙窝镇郭家坑村东北约 3.2 千米处，西北距郭家坑村 3 号敌台 0.207 千米。台体用黄土夯筑而成，呈覆斗形，实心，凸出于长城墙体外侧。保存一般。台体坍塌风化成底大顶小的四面斜坡状土丘；东壁坍塌，被雨水冲刷成斜坡，底部有沙土；东南角、西南角与长城墙体接合部位有 3 米宽的冲沟豁口；北壁呈斜坡梯形，斜高 11 米，生长有杂草；西壁坍塌成陡坡状，自上而下有雨水冲刷形成的台棱；南壁与长城墙体顶部坍塌风化成斜坡；顶部中部基本平整。台体底部东西约 16、南北外凸约 14 米，顶部边长 4 米，高约 9 米。夯层厚 13、15 厘米。

3. 郭家坑村 3 号敌台（D258）

该敌台位于盐池县高沙窝镇郭家坑村东北约 3.1 千米处，西北距郭家坑村 4 号敌台 0.205 千米，北距"河东墙"（二道边）墙体 0.045 千米，西南距郭家坑村烽火台约 0.35 千米。台体用黄土夯筑而成，呈覆斗形，实心。保存一般。台体坍塌风化成底大顶小的斜坡状土丘；东壁被雨水冲刷成斜坡状；北壁剖面呈梯形，斜高约 11 米，表面坑洼不平，有块状夯土堆积，生长有杂草；西壁坍塌风化成斜坡状，表面有雨水冲刷形成的逐渐内收的台棱，底部沙土堆积较厚；南壁与长城墙体顶部坍塌风化成斜坡状；顶部呈南北向的土垄状；东南角、西南角与长城墙体接合部位有 2 米宽的冲沟豁口。台体底部东西约 16、南北外凸约 14 米，顶部东西 1、南北约 4 米，高约 9 米。夯层厚 18 厘米。

4. 郭家坑村 4 号敌台（D259）

该敌台位于盐池县高沙窝镇郭家坑村东北约 3 千米处，西北距郭家坑村 5 号敌台 0.212 千米，北距"河东墙"（二道边）墙体 0.045 千米，西南距郭家坑村烽火台约 0.2 千米。台体用黄土夯筑而成，呈覆斗形，实心，凸出于长城墙体外侧。台体东壁坍塌风化成底大顶小的凸字形，上半部坍塌内收呈二层台状，下半部塌落成陡坡状；北壁自上而下坍塌厚约 2 米，上部陡直，下半部被倒塌的夯土堆积成斜坡，底部有小窑洞；西壁呈底大顶圆的半椭圆形，上部陡直，腰部有风蚀凹槽，下半部有倒塌的夯土堆积；南壁与长城墙体顶部坍塌风化成高低不平的斜坡状。台体底部东西 16、南北 15 米，顶部中间基本平整，东西 5、南北约 4 米，高约 9 米。夯层厚 18、21 厘米。

5. 郭家坑村 5 号敌台（D260）

该敌台位于盐池县高沙窝镇郭家坑村东北约 2.8 千米处，西北距郭家坑村 6 号敌台 0.209 千米、东南距郭家坑村烽火台约 0.23 千米。台体用黄土夯筑而成，呈覆斗形，实心，凸出于长城墙体外侧。台体东壁呈长梯形，夯土塌落，被雨水冲刷成陡坡，斜高约 10 米；北壁高大呈梯形，上半部坍塌厚约 2 米，下半部被塌落的夯土堆积成陡坡；西壁呈矮梯形，上部夯土塌落较多，表面被雨水冲刷成凹凸不平的陡坡状，斜高约 12 米；南壁与长城墙体顶部坍塌成斜坡状；东南角、西南角与长城墙体接合部位有 2 米宽的冲沟豁口。台体底部东西约 15、南北外凸 14 米，顶部东西 4、南北 6 米，高约 9 米。夯层厚 15、23、25 厘米。周围地表散布有少量的黑釉、青釉、青花瓷片、褐釉粗瓷片及灰陶板瓦残块等。

6. 郭家坑村 6 号敌台（D261）

该敌台位于盐池县高沙窝镇郭家坑村东北约 2.6 千米处，西北距郭家坑村 7 号敌台 0.2 千米。台体依长城墙体而建，黄土夯筑而成，土质细密，夯土较硬，夯打较坚实，呈覆斗形，实心，凸出于长城墙体外侧。台体东壁坍塌厚约 2 米；北壁坍塌厚约 3 米，呈底大顶圆的土丘状，表面有风蚀孔洞，底部夯土堆积成台状；西壁呈梯形，底部沙土堆积成南高北低的斜坡状；南壁与长城墙体顶部坍塌风化成高低不平的斜坡状。台体底部东西约 15、南北 13 米，顶部东西 2、南北 5 米，高 9 米。夯层厚 15、20 厘米。周围地表散落有浅棕褐色釉粗瓷片、夹砂灰黑陶罐残片及灰陶板瓦残片等。

7. 郭家坑村 7 号敌台（D262）

该敌台位于盐池县高沙窝镇郭家坑村东北约 2.5 千米处，西北距郭家坑村 8 号敌台 0.222 千米、距郭家坑村 1 号烽火台约 0.015 千米，北距"河东墙"（二道边）墙体约 0.04 千米。台体用黄土夯筑而成，覆斗形，实心。台体东壁坍塌成斜坡梯形，斜高约 9 米，底部堆土较厚；北壁呈陡坡梯形，表面凹凸不平，斜高约 10 米；西壁和东壁坍塌损毁程度基本相同，自上而下被雨水冲刷有逐层收进的凸棱和水蚀凹槽等，底部有塌落的夯土、沙土堆积；南壁与长城墙体顶部坍塌风化成高低不平的斜坡状。台体底部东西 14、南北 12 米，顶部东西 4、南北约 5 米，高 8 米。夯层 18、20 厘米。

8. 郭家坑村 8 号敌台（D263）

该敌台位于盐池县高沙窝镇郭家坑村东北约 2.4 千米处，西北距郭家坑村 9 号敌台 0.203 千米，东北距"河东墙"（二道边）墙体内侧的郭家坑村 1 号烽火台约 0.22 千米。台体用黄土夯筑而成，呈覆斗形，实心，凸出于长城墙体外侧。台体东壁坍塌成底大顶尖的斜坡三角形，斜高约 5 米，底部被坍塌的夯土及沙土堆积成西南高东北低的斜坡状，表面生长有沙棘草；北壁上部坍塌风化损毁严重，立面呈土丘形，底部沙丘堆积较高；西壁和东壁损毁程度基本相同，被雨水冲刷成东南高西北低的斜坡；顶部坍塌风化严重，基本与长城墙体同高。台体底部东西 18、南北外凸约 14 米，顶部东西约 1、南北 5 米，高约 7 米。夯层厚 18 厘米。周围地表散布少量的青花瓷片等。

9. 郭家坑村 9 号敌台（D264）

该敌台位于盐池县高沙窝镇郭家坑村东北约 2.3 千米处，西北距郭家坑村 10 号敌台 0.207 千米。台体用黄土夯筑而成，呈覆斗形，实心。台体东壁塌落风化成斜坡，顶部被雨水冲刷北高南低，表面有风蚀孔洞，底部被坍塌的夯土及沙土堆积成西南高的斜坡；北壁上部坍塌厚约 3 米，顶部呈圆弧状，底部堆土较高；西壁立面呈梯形，底部堆土呈南高北低的斜坡状，表面有风蚀孔洞；南壁与长城墙体顶部坍塌风化成凹凸不平的陡坡状。台体底部东西 16、南北 14 米，顶部东西 6、南北 5 米，高约 9 米。夯层厚 12、13、16 厘米。

10. 郭家坑村 10 号敌台（D265）

该敌台位于盐池县高沙窝镇郭家坑村东北约 2.2 千米处，西北距郭家坑村 11 号敌台 0.227 千米。台体用黄土夯筑而成，呈覆斗形，实心，凸出于长城墙体外侧。台体东壁立面呈梯形，夯土坍塌、风雨侵蚀严重，与长城墙体接合部位有 3 米宽的村路豁口；北壁坍塌损毁严重，上部凹凸不平，略呈底大顶尖的土丘，表面杂草生长茂密，雨水冲刷有沟槽；西壁立面呈梯形，斜高约 10 米；南壁与长城墙体顶部坍塌成陡坡断崖状；顶部高于长城墙体 3 米，中间基本平整，东西两侧坍塌较多。台体底部东西 15、南北外凸约 11 米，顶部东西 2、南北 4 米，高约 9 米。夯层厚 15、18 厘米。

11. 郭家坑村 11 号敌台（D266）

该敌台位于盐池县高沙窝镇郭家坑村东北约 2.1 千米处，西北距郭家坑村 12 号敌台 0.222 千米，北距"河东墙"（二道边）墙体约 0.07 千米。台体用黄土夯筑而成，土质纯净，呈覆斗形，实心，凸出于长城墙体外侧。保存较差。台体坍塌风化成坡形土丘；东壁略呈斜坡状，底部沙土堆积较厚；北壁立面呈梯形，坍塌风化成斜坡状，底部沙土堆积较厚；西壁坍塌成半圆形；南壁与长城墙体顶部坍塌风化成斜坡状。台体底部东西约 17、南北外凸约 12 米，顶部边长约 2 米，高 9 米。周围地表有青花、黑釉瓷片等。

12. 郭家坑村 12 号敌台（D267）

该敌台位于盐池县高沙窝镇郭家坑村东北约 2 千米处，西北距郭家坑村 13 号敌台 0.215 千米，北距"河东墙"（二道边）墙体约 0.07 千米。台体依长城墙体而建，黄土夯筑而成，土质纯净，呈覆斗形，凸出于长城墙体外侧。保存较差。台体四壁坍塌风化成圆角方形土丘，四周沙土堆积较高；东壁立面略呈圆锥形，底部堆土较高，露出部分高 3 米；北壁坍塌成底大顶圆的半椭圆形，夯土风化、酥软，呈粉状剥落；西壁上部风化成 3 米多高的土垄，表面生长有较多的沙蒿和芨芨草等。台体底部东西约 14、南北外凸约 12 米，顶部东西 2、南北 3 米，高 8 米。夯土粉状剥落，夯层不清晰。

13. 郭家坑村 13 号敌台（D268）

该敌台位于盐池县高沙窝镇郭家坑村东北约 2 千米处，西北距郭家坑村 14 号敌台 0.209 千米，北距"河东墙"（二道边）墙体约 0.06 千米。台体依长城墙体外侧而建，黄土夯筑而成，土质纯净，呈覆斗形，凸出于长城墙体。保存较差。台体坍塌风化成低矮的土丘；东壁坍塌风化成低矮的长梯形，被雨水冲刷成斜坡，高约 3 米，底部沙土堆积较高；北壁坍塌风化严重，略呈大小相连的驼峰状，夯土酥软，呈粉状脱落，野草生长较多，夯层不明显；西壁与北壁损毁程度相同，边侧沙土堆积较高。台体底部东西约 13、南北外凸约 10 米，顶部东西 3、南北 5 米，高约 6 米。

14. 郭家坑村 14 号敌台（D269）

该敌台位于盐池县高沙窝镇郭家坑村北约 2 千米处，地处缓坡丘陵沙滩地，有较多的固定沙丘，西北距郭家坑村 15 号敌台 0.203 千米。台体坍塌风化、雨水冲蚀破坏严重，四周沙土堆积较高，大多被沙土掩埋。台体东壁略呈 2 米高的土丘，顶部被挖开边长约 6 米的浅凹坑；北壁损毁严重，高约 3 米，底部有小窑洞；西壁坍塌风化成 3 米高的土垄，表面凹凸不平，被雨水冲蚀成流苏状的水蚀凹槽；西壁与长城墙体接合部位有 4 米宽的村路豁口。台体底部边长 13 米，顶部东西约 4、南北约 3 米，高 4 米。夯层厚 15 厘米。

15. 郭家坑村 15 号敌台（D270）

该敌台位于盐池县高沙窝镇郭家坑村北约 2.1 千米处，地处缓坡丘陵沙滩地带，西北距郭家坑村 16 号敌台 0.164 千米，北距"河东墙"（二道边）墙体约 0.06 千米。保存较差。台体上半部坍塌风化成陡坡，下半部被塌落的夯土及沙土堆积成斜坡状；北壁呈底大顶小的陡坡，表面有雨水冲刷侵蚀的沟槽；东、西、南壁坍塌成陡坡状，台体表面凹凸不平；南壁依长城墙体而建，顶部高于长城墙体约2米。台体底部东西约14、南北外凸约9米，顶部东西约1、南北约3米，高约6米。

16. 郭家坑村16号敌台（D271）

该敌台位于盐池县高沙窝镇郭家坑村北约2.1千米处，西北距郭家坑村17号敌台0.202千米。台体用黄土夯筑而成，呈覆斗形，实心。台体东壁略呈底大顶小的斜三角形，底部被塌落的夯土及沙土堆积成斜坡状，斜高约7米，表面杂草生长较多；北壁立面呈梯形，雨水冲刷成斜坡状，夯土酥碱，生长有野草，有水蚀沟槽，底部堆土较厚；东、西壁损毁程度相同，坍塌风化呈底大顶小的斜坡状；南壁与长城墙体顶部坍塌风化成斜坡。台体底部东西约17、南北外凸13米，顶部东西5、南北3米，高9米。

17. 郭家坑村17号敌台（D272）

该敌台位于盐池县高沙窝镇郭家坑村西北约2.2千米处，西北距郭家坑村18号敌台0.202千米、距郭家坑村2号烽火台约0.05千米，北距"河东墙"（二道边）墙体约0.04千米。台体依长城墙体而建，呈覆斗形。台体坍塌风化成土丘；东壁呈底大顶小的斜坡状；北、西壁坍塌风化成底大顶圆的陡坡，夯土粉状脱落，表面野草生长茂密，夯层模糊不清；南壁与长城墙体顶部坍塌风化成斜坡状。台体底部东西约16、南北外凸约14米，顶部东西0.5、南北1米，高约9米。

18. 郭家坑村18号敌台（D273）

该敌台位于盐池县高沙窝镇郭家坑村西北约2.3千米处，西北距郭家坑村19号敌台0.192千米。台体依长城墙体而建，黄土夯筑而成，呈覆斗形，实心，凸出于长城墙体外侧。保存较差。台体东壁及东北角夯土被取土挖毁约3米，成为4米高的陡壁；北壁损毁严重，呈土垄状；西壁及西北角坍塌严重，顶部坍塌，被雨水冲刷成南高北低、凹凸不平的斜坡；南壁与长城墙体顶部坍塌成陡坡。台体底部东西约16、南北外凸约11米，顶部东西3、南北1米，高9米。夯层厚10～14厘米。

19. 郭家坑村19号敌台（D274）

该敌台位于盐池县高沙窝镇郭家坑村西北约2.4千米处，西北距郭家坑村20号敌台0.21千米，北距"河东墙"（二道边）墙体约0.07千米。台体呈覆斗形，实心，凸出于长城墙体外侧。台体四壁夯土坍塌较多，顶部四周坍塌内收，存边长约4、高约3米的正方形土台，东、北、西壁坍塌成内收的凸字形。台体东壁上部坍塌厚约2米，内收形成二层台面；北壁立面呈底大顶小的凸字形，上部坍塌内收约2米，底部有塌落的夯土堆积，杂草生长茂密；西壁保存状况与北壁相同，上部坍塌内收约1米；南壁骑长城墙体而建，高于长城墙体约3.5米，坍塌厚约2米。台体底部边长14米，顶部东西3、南北4米，高约12米。夯层厚14厘米（彩图三五五）。

20. 郭家坑村20号敌台（D275）

该敌台位于盐池县高沙窝镇郭家坑村西北约2.5千米处，所处地势平坦，西北距郭家坑村21号敌台0.213千米，北距"河东墙"（二道边）墙体约0.08千米。台体依长城墙体而建，黄土夯筑而成，呈覆斗形，实心，凸出于长城墙体外侧。保存较好。台体东壁陡直呈梯形，夯土剥落，雨水冲蚀有浅沟槽，底部有啮齿类动物的洞穴；北壁保存较好，立面呈梯形，有两道雨水冲刷的凹槽，底部有堆土；西壁陡直呈梯形，上部坍塌内收呈斜坡凸棱状，有雨水冲蚀的凹槽和风蚀孔洞等，底部被沙土堆积成南高北低的斜坡；南壁高于长城墙体约3米，坍塌成陡坡状；顶部被雨水冲刷有凹凸不平的沟槽。台体底部东西16、南北外凸约14米，顶部东西6、南北5米，高11米。夯层厚14、16、18厘米。

21. 郭家坑村21号敌台（D276）

该敌台位于盐池县高沙窝镇郭家坑村西北约2.6千米处，西北距郭家坑村22号敌台0.21千米，北距"河东墙"（二道边）墙体约 0.1 千米。台体用黄土和红土分层夯筑而成，呈覆斗形，实心，剖面呈梯形，凸出于长城墙体外侧，四壁有收分。保存一般。台体东壁坍塌成陡坡，坍塌厚约 2 米，夯层均匀清晰，底部被坍塌的夯土堆积成西南高东北低的斜坡；北壁上半部坍塌厚约 2.5 米，被雨水冲刷成斜坡台棱，底部有塌落的夯土堆积；西壁上部坍塌厚约 3 米，有雨水冲刷的沟槽。台体底部东西 14、南北 12 米，顶部东西 2、南北 4 米，高约 9 米。夯层厚 14、19 厘米。

22. 郭家坑村 22 号敌台（D277）

该敌台位于盐池县高沙窝镇郭家坑村西北约 2.8 千米处，西北距郭家坑村 23 号敌台 0.283 千米。台体依长城墙体而建，黄土夯筑而成，呈覆斗形，实心。台体坍塌风化成土丘，四壁坍塌风化成圆角方形的土丘，东壁坍塌成陡坡状，斜高约 9 米，被雨水冲刷有较多的水蚀凹坑；北、西壁上部坍塌，被雨水冲刷成凹凸不平的陡坡，表面杂草生长较多，夯土疏松、酥碱粉状脱落；南壁与长城墙体顶部坍塌风化成斜坡。台体底部东西 14、南北外凸 13 米，顶部东西 2、南北 3 米，高 11 米。夯层厚 14、15 厘米。

23. 郭家坑村 23 号敌台（D278）

该敌台位于盐池县高沙窝镇郭家坑村西北约 3.1 千米处，西北距东庄子村 1 号敌台 0.278 千米。台体用黄土夯筑而成，实心。台体坍塌风化严重，周围沙土堆积较高，被沙土掩埋约 4/5，露出部分高约 2 米，略呈圆锥形的土丘。夯土酥碱粉状脱落，夯层模糊不清。台体顶部东西 0.2、南北 1、高约 6 米。

24. 东庄子村 1 号敌台（D279）

该敌台位于盐池县高沙窝镇东庄子村东北约 1.2 千米处，西北距东庄子村 2 号敌台 0.302 千米，北距"河东墙"（二道边）墙体约 0.125 千米。台体用黄土夯筑而成，实心。保存较差。台体东南角、西南角与长城墙体接合部位有 2 米宽的冲沟豁口；东壁坍塌成斜坡梯形，上部坍塌厚约 3 米，自上而下有约 1 米深的冲沟水蚀凹槽，有直径 0.18 米的桩木孔洞，底部堆土较厚，杂草生长茂密；北壁坍塌成底大顶呈三角形的斜坡，上部坍塌厚约 2 米，底部沙土堆积较高，长满杂草；西壁损毁程度与东壁大体相同，呈梯形斜坡状，上部被雨水冲刷成逐层收进的斜坡台棱。台体底部东西 14、南北外凸 13 米，顶部东西 0.5、南北约 2 米，高约 11 米。夯层厚 10、14、18 厘米。

25. 东庄子村 2 号敌台（D280）

该敌台位于盐池县高沙窝镇东庄子村东北约 1 千米处，西北距东庄子村 3 号敌台 0.316 千米，北距"河东墙"（二道边）墙体约 0.12 千米，东北距东庄子村 1 号烽火台约 0.25 千米。台体用黄土和红土分层夯筑而成，呈覆斗形，实心，凸出于长城墙体北侧，四壁有收分。保存较差。台体东壁呈平顶的斜梯形，坍塌厚 1～3 米，底部沙土堆积较厚，夯土酥软粉状脱落，生长有杂草；北壁上半部坍塌厚约 3 米，下半部被塌落的夯土堆积成斜坡；西壁坍塌损毁程度与东壁相同，坍塌厚约 2 米，被雨水冲刷成斜坡，顶部因风雨侵蚀损毁高约 1 米；南壁呈斜坡状。台体底部边长 15 米，顶部东西约 3、南北约 5 米，高约 8 米。夯层厚 14、20 厘米。

26. 东庄子村 3 号敌台（D281）

该敌台位于盐池县高沙窝镇东庄子村东北约 0.8 千米处，西北距东庄子村 4 号敌台 0.166 千米，北距"河东墙"（二道边）墙体约 0.1 千米，东北距东庄子村 1 号烽火台约 0.4 千米。台体用黄土夯筑而成，呈覆斗形，实心。保存一般。台体坍塌风化成圆角方形的土丘；东、西壁坍塌风蚀程度相同，斜坡壁面凹凸不平，表面被雨水冲刷侵蚀成逐层收进的斜坡凸棱和水蚀凹槽；北壁自下而上坍塌厚 0.5～3 米，壁面有风蚀孔洞，底部沙土堆积较厚；南壁及顶部塌落风化成斜坡状。台体底部东西 15、南北外凸 14 米，顶部边长 2 米，高约 10 米。夯层厚 14、16 厘米。

27. 东庄子村 4 号敌台（D282）

该敌台位于盐池县高沙窝镇东庄子村东北约 0.7 千米处，西北距东庄子村 5 号敌台 0.166 千米。台体用黄土夯筑而成，呈覆斗形，实心。保存较差；顶部四周坍塌损毁严重，保存较少，四壁坍塌风化成斜坡。台体东、西壁上部坍塌严重，坍塌厚 0.5~2 米，略呈斜坡状，夯土风化酥软，杂草生长较多；北壁坍塌风化成底大顶小的斜坡梯形，上部坍塌厚约 2 米，表面有风蚀孔洞；西壁坍塌风化成斜梯形，夯土风化酥软粉状脱落；南壁与长城墙体顶部坍塌成斜坡；顶部北高南低，表面及周围地表杂草生长茂密。台体底部东西约 14、南北外凸约 11 米，顶部东西 3、南北约 5 米，高约 9 米。夯层厚 20 厘米。

28. 东庄子村 5 号敌台（D283）

该敌台位于盐池县高沙窝镇东庄子村北约 0.6 千米处，西北距东庄子村 6 号敌台 0.168 千米。台体用黄土和红沙土夯筑而成，呈覆斗形，实心。台体东壁呈底大顶小的斜梯形，周围夯土堆积成斜坡状，露出部分高约 5 米，有风蚀孔洞和凹槽；北壁呈长梯形，底部被坍塌的夯土及沙土掩埋约 3.5 米，上半部高约 5 米，壁面坍塌厚 0.5~1 米，上部有 2 米宽的水蚀凹槽；西壁坍塌风化成底大顶圆的半椭圆形，底部被塌落的夯土堆积成 3 米高的斜坡状，表面有风蚀孔洞和雨水冲刷的沟槽，底部有风蚀的凹槽；南壁与长城墙体顶部坍塌成斜坡状。台体底部东西 15、南北 11 米，顶部东西 5、南北 3 米，高约 11 米。夯层厚 15、16 厘米，版筑缝明显，版长 1.8、2 米。

29. 东庄子村 6 号敌台（D284）

该敌台位于盐池县高沙窝镇东庄子村北约 0.6 千米处，西北距东庄子村 7 号敌台 0.159 千米，北距"河东墙"（二道边）墙体约 0.13 千米。台体依长城墙体而建，黄土夯筑而成，土质纯净，呈覆斗形，实心，凸出于长城墙体外侧。保存较差。台体坍塌损毁严重，东壁坍塌成底大顶圆的窄梯形，底部约 1/3 被沙土掩埋，露出部分高约 5 米；北壁呈梯形，西侧上部夯土坍塌较多，立面呈凸字形，有雨水冲刷坍塌的沟槽；西壁立面呈凸字形，南北两侧坍塌严重，底部夯土堆积成南高北低的斜坡状；南壁及顶部坍塌成斜坡状。台体底部东西 14、南北 11 米，顶部东西 4、南北 3 米，相对地面高约 9 米。夯层厚 15、17、19 厘米。

30. 东庄子村 7 号敌台（D285）

该敌台位于盐池县高沙窝镇东庄子村北约 0.7 千米处，西北距东庄子村 8 号敌台 0.203 千米。台体依长城墙体而建，黄土夯筑而成，呈覆斗形，实心。保存较差。台体坍塌风化成底大顶小的土丘状，四壁被沙土掩埋约 2/3；东壁立面略呈低矮的斜梯形，夯土剥落，雨水冲刷逐层内收；北壁呈底大顶圆的土丘状，底部沙土堆积较高，露出部分高约 3 米；西壁坍塌风化成斜坡，底部堆土较高，露出部分高约 3 米；南壁与长城墙体顶部坍塌成斜坡；东西两壁与长城墙体接合部位有较宽的沟槽。台体底部东西约 14、南北外凸约 12 米，顶部东西 2、南北约 1 米，高约 7 米。夯层厚 22、26 厘米。

31. 东庄子村 8 号敌台（D286）

该敌台位于盐池县高沙窝镇东庄子村西北约 0.8 千米处，西北距东庄子村 9 号敌台 0.205 千米、距"河东墙"（二道边）墙体内侧的东庄子村 2 号烽火台约 0.1 千米。台体用黄土夯筑而成，呈覆斗形，实心。台体坍塌风化成低矮的土丘；东、北、西壁沙土堆积较高；东壁呈底大顶圆的半圆形，被沙土掩埋约 2/3，露出部分被黄沙覆盖成高约 3 米的沙丘，表面杂草丛生；北壁坍塌风化成底大顶圆的等腰三角形，被黄沙掩埋过半，露出部分高约 4 米，夯土剥落，因雨水冲刷有凹槽；西壁略呈矮梯形，上半部被雨水冲刷成土垄，底部沙土堆积较高；南壁与长城墙体顶部坍塌风化成斜坡。台体底部东西

13、南北外凸 12 米，顶部东西 3、南北 4 米，高约 7 米。夯层厚 20、21、23 厘米。

32．东庄子村 9 号敌台（D287）

该敌台位于盐池县高沙窝镇东庄子村西北约 1 千米处，西北距东庄子村 10 号敌台 0.205 千米，东北距"河东墙"（二道边）墙体内侧的东庄子村 2 号烽火台约 0.18 千米。保存较差。台体依长城墙体而建，黄土和红土分层夯筑而成，呈覆斗形，实心。台体顶部四周夯土坍塌严重，底部沙土堆积较高；东壁上部坍塌厚约 2 米；南北两壁坍塌厚约 3 米，立面呈底大顶小的三角形，下半部被沙土掩埋；北壁上部东西两侧坍塌厚约 3 米，壁面被雨水冲蚀逐层收进有台棱，底部被沙土掩埋；西壁大体呈凸字形，底部被沙土压埋，露出部分高约 5 米，上部南北两侧坍塌厚约 4 米，有鸟窝洞穴和风蚀孔洞等；南壁与长城墙体顶部坍塌成斜坡；顶部有边长 2、深约 1 米的凹坑。台体底部东西约 13、南北外凸约 12 米，顶部东西 3、南北约 2 米，高约 7 米。夯层清晰，夯层厚 9、16、19 厘米。

33．东庄子村 10 号敌台（D288）

该敌台位于盐池县高沙窝镇东庄子村西北约 1.2 千米处，西北距东庄子村 11 号敌台 0.315 千米。台体用黄土和红土分层夯筑而成，呈覆斗形，实心，凸出于长城墙体外侧。保存较差。台体坍塌损毁严重，周围黄沙堆积较高；东壁约 1/2 被沙土掩埋，露出部分高约 5 米，立面呈上尖下方的梯形，上部坍塌厚 1～2 米，底部有小窑洞，东南角与长城墙体接合部位有 3 米宽的豁口；北壁被黄沙掩埋过半，露出部分高 3～4 米，立面呈凸字形，上部坍塌厚约 2 米，东西两侧坍塌厚 2～4 米，表面有风蚀孔洞和水蚀沟槽等；西壁底部沙土堆积较高，露出部分高约 3 米，下半部大体略呈梯形，顶部坍塌成尖顶状。台体底部东西约 14、南北外凸 12 米，顶部东西 3、南北约 1 米，高 6 米。夯层厚 16、20、22 厘米。

34．东庄子村 11 号敌台（D289）

该敌台位于盐池县高沙窝镇东庄子村西北约 1.4 千米处，西北距东庄子村 12 号敌台 0.302 千米。台体依长城墙体而建，黄土夯筑而成，呈覆斗形，实心，凸出于长城墙体外侧。保存较差。台体坍塌风化成尖圆顶的土丘，沙土堆积较高；东壁底部被沙土掩埋约 1/3，露出部分高约 3 米，夯土酥软粉状脱落；北壁立面呈西高东低的斜三角形，高约 4 米，下半部被沙土掩埋过半；西壁呈尖圆顶的土丘状，顶部为 1 米高的土垄；南壁与长城墙体坍塌成斜坡。台体底部东西约 11、南北外凸，顶部东西 1、南北 0.6 米，高约 7 米。夯层厚 10、14、17 厘米。

35．东庄子村 12 号敌台（D290）

该敌台位于盐池县高沙窝镇东庄子村西北约 1.7 千米。西北距东庄子村 13 号敌台 0.21 千米。台体依长城墙体而建，黄土夯筑而成，呈覆斗形，实心。保存较差。台体坍塌损毁风蚀严重，下半部呈圆角方形，上部风化成小土丘，整体夯土风化酥软粉状脱落，杂草生长较多。台体底部东西 17、南北 16 米，顶部东西 1、南北 0.7 米，高 8 米。夯层厚 17 厘米。

36．东庄子村 13 号敌台（D291）

该敌台位于盐池县高沙窝镇东庄子村西北约 1.9 千米处，西北距东庄子村 14 号敌台 0.216 千米、距"河东墙"（二道边）墙体内侧的东庄子村 3 号烽火台约 0.09 千米，西距长城墙体内侧的毛卜刺堡烽火台约 0.09 千米。台体用黄土和红土夯筑而成，呈覆斗形，实心。台体东壁陡直呈长梯形，有雨水冲刷的凹槽和风蚀孔洞，底部夯土堆积较厚，有啮齿类动物洞穴等，中部凸起，南北两侧低凹；北壁呈长梯形，顶部被雨水冲刷成南高北低的斜坡，上部有两道 1～1.5 米宽的水蚀沟槽，底部有坍塌的夯土堆积；西侧底部有坍塌的小窑洞；西壁略呈梯形，顶部中间高凸，南北两侧被雨水冲蚀成斜坡状，底部被塌落的夯土和沙土掩埋成东南高西北低的斜坡，上部被雨水冲刷成逐层内收的斜坡阶梯，表面杂草生长较多；南壁与长城墙体顶部坍塌成北高南低的斜坡；顶部中间高凸，四周低洼不平。台体底部东西 12、南北外凸 12 米，顶部东西约 5、南北约 4 米，高约 12 米。夯层厚 12、15、19 厘米（彩图三五六）。

37. 东庄子村 14 号敌台（D292）

该敌台位于盐池县高沙窝镇东庄子村西北约 2.1 千米处，西距东庄子村 15 号敌台 0.215 千米，东北距"河东墙"（二道边）墙体内侧的东庄子村 3 号烽火台约 0.16 千米，东南距长城墙体内侧的毛卜刺堡烽火台约 0.14 千米。台体骑长城墙体而建，黄土夯筑而成，夯土较硬，夯打较结实，呈覆斗形，实心，凸出于长城墙体外侧，四壁有收分。台体形制基本保存。台体东壁陡直呈梯形，上部被雨水冲刷风蚀成圆弧形的土垄状，底部有坍塌的堆土；北壁陡直，基本平整，上部被雨水冲刷剥蚀成斜坡台面和凹槽，夯土片状剥离，有直径 0.18 米的桩木孔洞，底部有塌落的夯土堆积；西壁北侧版筑缝开裂成内深 2 米的水蚀沟槽，表面有圆形孔洞；南壁立面陡直，高于长城墙体约 3 米；顶部中间高凸，四周边缘损毁，中间有直径 0.7 米的浅凹坑。台体南北外凸，底部边长 14、顶部边长 5、高约 13 米。夯层厚 10、14、16 厘米。

38. 东庄子村 15 号敌台（D293）

该敌台位于盐池县高沙窝镇东庄子村西北约 2.3 千米处，西距东庄子村 16 号敌台 0.166 千米。台体用黄土夯筑而成，呈覆斗形，实心。台体坍塌损毁较严重，东壁上部被雨水冲蚀坍塌成北高南低的斜坡，坍塌厚 0.5~2 米，表面有风蚀孔洞和水蚀凹槽，立面呈底大顶尖的斜三角形；北壁中部雨水冲蚀坍塌成 3 米多宽的沟槽，有多处裂缝和圆形孔洞，底部有 3 米多高的夯土堆积；西壁坍塌成斜顶三角形，损毁程度与东壁大体相同，底部被坍塌的夯土堆积成斜坡，上部有水蚀形成的宽裂缝；南壁及顶部被雨水冲刷成北高南低的斜坡。台体底部东西约 15、南北外凸 12 米，顶部东西约 6、南北约 3 米，高约 10 米。夯层厚 20、21 厘米。

39. 东庄子村 16 号敌台（D294）

该敌台位于盐池县高沙窝镇东庄子村西北约 2.5 千米处，西距毛卜刺堡东北角台约 0.13 千米，北距"河东墙"（二道边）墙体 0.085 千米。台体用红土夯筑而成，土质纯净，呈覆斗形，实心，凸出于长城墙体外侧，四壁陡直有收分。保存较好。台体东壁陡直呈梯形，上部坍塌厚约 1 米，顶部南侧被雨水冲刷成斜坡状，底部有塌落的夯土堆积；北壁上部夯土剥落，被雨水冲蚀成逐层内收的斜坡台棱；西壁上部坍塌厚约 1 米，底部被塌落的夯土堆积成东南高西北低的斜坡；南壁高于长城墙体约 2 米，被雨水冲刷成斜坡。台体底部边长 13、南北外凸 13 米，顶部基本平整，东西 5、南北 4 米，高约 10 米。夯层厚 10、15 厘米。

40. 徐庄子村 1 号敌台（D295）

该敌台位于盐池县高沙窝镇徐庄子村东北约 1.6 千米处，西北距徐庄子村 2 号敌台 0.266 千米，北距"河东墙"（二道边）墙体约 0.11 千米，东南距毛卜刺堡西北角台约 0.25 千米。台体骑长城墙体而建，红土和黄土夯筑而成，夯土内夹杂有红砂岩和黑青石碎块，呈覆斗形。台体东壁高大呈窄梯形，坍塌厚约 2 米，底部被塌落的夯土堆积成斜坡，表面被风雨侵蚀，有许多绳纹水蚀沟槽；北壁呈梯形，上半部平整陡直，坍塌约 1.5 米，下半部被塌落的夯土堆积成斜坡，表面有许多绳纹水蚀凹槽；西壁呈底大顶小的窄梯形，南半部坍塌成南高北低的斜坡状，底部被倒塌的夯土堆积成东高西低的斜坡；南壁与长城墙体顶部坍塌成斜坡；顶部北半部基本平整，南半部坍塌成北高南低的陡坡。台体南侧长城墙体底部有小窑洞。台体底部东西 12、南北外凸约 11 米，顶部东西 5、南北 3 米，高约 11 米。夯层厚 15、23 厘米。周围地表散布有少量的青花、褐釉瓷片等。

41. 徐庄子村 2 号敌台（D296）

该敌台位于盐池县高沙窝镇徐庄子村东北约 1.6 千米处，西北距徐庄子村 3 号敌台 0.272 千米。台体用黄土夯筑而成，呈覆斗形，实心。保存较差。台体四壁垮塌，夯土流失严重，整体呈底大顶小的土丘；东壁呈底大顶小的窄梯形，表面雨水冲刷有许多绳纹状的水蚀沟槽；北壁立面呈底大顶小的凸字形，底部夯土堆积较高，人为取土损毁严重，上部凸起，为高约4米的土台，表面被雨水冲蚀有许多绳纹水蚀凹槽，风蚀凹进，向东倾斜，濒临坍塌；西壁立面呈底大顶尖的圆锥状，夯土块状塌落；顶部坍塌风蚀成尖圆状。台体底部边长8米，顶部东西约1.5、南北约1米，高约8米。夯层厚12、17厘米。

42. 徐庄子村3号敌台（D297）

该敌台位于盐池县高沙窝镇徐庄子村东北约1.5千米处，西北距徐庄子村4号敌台0.247千米、距"河东墙"（二道边）墙体内侧的徐庄子村烽火台约0.17千米。台体用黄土夯筑而成。保存一般。台体四壁坍塌成斜坡，顶部略呈不规则长方形；东、西壁坍塌厚约2米，夯土酥软风化严重；北壁立面呈斜梯形，壁面坍塌厚约3米，夯土酥软，凹凸不平；南壁及长城墙体顶部坍塌成斜坡，台体底部东西15、南北13米，顶部东西3、南北4米，高8米。夯层模糊不清。

43. 徐庄子村4号敌台（D298）

该敌台位于盐池县高沙窝镇徐庄子村北约1.6千米处，西北距徐庄子村5号敌台0.246千米，东北距"河东墙"（二道边）墙体内侧的徐庄子村烽火台约0.12千米。台体用黄土和红土分层夯筑而成，呈覆斗形。保存一般。台体四壁坍塌成斜坡，东壁立面呈矮梯形，底部被塌落的夯土堆积成斜坡，上部夯土坍塌厚约1米，夯土酥软，生长有杂草；北壁坍塌风化成梯形，壁面较陡，夯土风化酥软，凹凸不平；西壁坍塌风化成斜梯形；南壁及长城墙体顶部坍塌成斜坡。台体底部边长13米，顶部东西3、南北4米，高约9米。夯层不明显。

44. 徐庄子村5号敌台（D299）

该敌台位于盐池县高沙窝镇徐庄子村北约1.7千米处，西北距徐庄子村6号敌台0.252千米，北距"河东墙"（二道边）墙体约0.07千米。台体依长城墙体而建，红土和黄土夯筑而成，呈覆斗形。保存一般。台体东壁陡直，立面呈梯形，顶部南侧坍塌厚约3米；北壁立面呈梯形，上部被雨水冲刷成锅底形的水蚀凹槽，壁面夯土片状剥离，有较多绳纹状水蚀沟槽，底部有1米多高的夯土堆积；西壁立面呈梯形，底部被坍塌的夯土堆积成东南高西北低的斜坡，上部受雨水冲刷有较宽的沟槽，表面有风蚀孔洞；顶部南侧被雨水冲蚀成北高南低、凹凸不平的斜坡；南壁与长城墙体顶部坍塌成陡坡。东壁与长城墙体接合部位有底宽3、上宽7米的冲沟豁口。台体底部边长13米，顶部东西4、南北3米，高9米。夯层厚16、18厘米。

45. 徐庄子村6号敌台（D300）

该敌台位于盐池县高沙窝镇徐庄子村北约1.8千米处，西北距徐庄子村7号敌台0.367千米。台体依长城墙体而建，黄土夯筑而成，土质纯净，呈覆斗形，实心，凸出于长城墙体外侧。台体东壁立面呈斜三角形，上部坍塌成尖圆状，底部被塌落的夯土堆积成南高北低的斜坡，东南角与长城墙体接合部位有3米宽的冲沟豁口；北壁东西两侧坍塌较多，立面略呈底大顶圆的半圆，坍塌厚约2米，底部夯土堆积高约3米；西壁立面呈凸字形，坍塌厚2米，上部南北两侧坍塌厚约3米，被雨水冲刷成斜坡，表面杂草生长较多；顶部四周坍塌损毁严重，仅存中部。台体底部东西16、南北12米，顶部东西6、南北3米，高约9米。夯层厚14、16厘米（彩图三五七）。

46. 徐庄子村7号敌台（D301）

该敌台位于盐池县高沙窝镇徐庄子村西北约2千米处，西北距徐庄子村8号敌台0.356千米，北距"河东墙"（二道边）墙体约0.2千米。台体依长城墙体外侧而建，黄土夯筑而成，呈覆斗形，实心。保存较差。台体坍塌风化成土丘状，四壁立面呈底大顶尖的斜坡三角形，东、西壁与长城墙体接合部位有 3 米宽的冲沟豁口。台体底部东西 14、南北 13 米，顶部坍塌成尖顶状，高约 9 米。夯土酥软，夯层模糊不清。周围地表散布有黄绿釉瓷罐口沿残片等。

标本 D301:1，黄绿釉瓷罐口沿残片。卷沿，圆肩，肩部以下残。夹砂灰胎，器表施黄绿釉，内施棕褐釉。口径 9.9、高 3.5 厘米（图一三七；彩图三一七）。

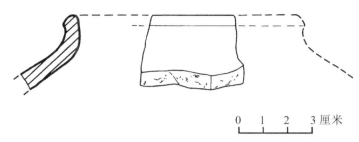

0 1 2 3 厘米

图一三七　徐庄子村 7 号敌台（D301）文物标本
黄绿釉瓷罐口沿残片（标本 D301:1）

47. 徐庄子村 8 号敌台（D302）

该敌台位于盐池县高沙窝镇徐庄子村西北约 2.3 千米处，西北距徐庄子村 9 号敌台 0.242 千米，北距"河东墙"（二道边）墙体约 0.1 千米。台体依长城墙体而建，黄土夯筑而成，呈覆斗形，实心。保存一般。台体东壁立面呈底大顶尖的斜坡三角形，壁面上部坍塌厚约 3 米，被雨水冲刷成北高南低的斜坡，斜高约 11 米，表面有风蚀孔洞和雨水冲蚀的沟槽；北壁呈梯形，上部陡直，坍塌厚约 2 米，下半部被坍塌的夯土堆积成斜坡状，表面杂草生长较多；西壁立面呈底大顶尖圆的斜坡状窄梯形；顶部坍塌成北高南低的斜坡。台体底部东西 15、南北 13 米，顶部东西 4、南北 1 米，高约 10 米。夯层厚 13 厘米（彩图三五八）。

48. 徐庄子村 9 号敌台（D303）

该敌台位于盐池县高沙窝镇徐庄子村西北约 2.5 千米处，西北距徐庄子村 10 号敌台 0.246 千米，北距"河东墙"（二道边）墙体约 0.07 千米。台体依长城墙体而建，呈覆斗形，实心，凸出于长城墙体外侧。台体东壁坍塌成顶圆的半椭圆形，壁面上部陡直，下半部被塌落的夯土堆积，呈斜坡状，有小窑洞，顶部有雨水冲刷的沟槽，东南角与长城墙体接合部位有 2 米宽的冲沟豁口；北壁立面略呈圆顶梯形，顶部塌落，被雨水冲蚀成圆弧形，上部坍塌厚 0.5~2 米，底部有塌落的夯土堆积；西壁立面呈底大顶圆的半圆形，上部坍塌厚约 2 米，底部夯土堆积较厚；南壁与长城墙体顶部坍塌成斜坡状。台体底部东西 13、南北约 10 米，顶部东西约 7、南北 3~5 米，高约 9 米。夯层厚 12、15 厘米。

49. 徐庄子村 10 号敌台（D304）

该敌台位于盐池县高沙窝镇徐庄子村东约 2 千米处，西距张记边壕村 1 号敌台 0.275 千米，西北距"河东墙"（二道边）墙体内侧的张记边壕村 1 号烽火台约 0.1 千米。台体用黄土夯筑而成，呈覆斗形，实心。保存一般。台体东壁立面坍塌风化成小平顶的三角形，坍塌厚约 1 米，顶部南半部被雨水冲刷成北高南低的斜坡，东南角与长城墙体接合部位有 3 米宽的冲沟豁口；北壁呈长梯形，表面有风蚀孔洞及雨水冲蚀的凹槽，西北角坍塌成圆弧状，坍塌厚约 2 米，下半部夯土堆积，斜高约 5 米；西壁立面略呈凸字形，顶部中间为凸起的小土台，上部坍塌厚约 3 米，西南角与长城墙体接合部位坍塌成南高北低的斜坡；顶部北半部凸起，南半部与长城墙体顶部坍塌成斜坡。台体底部东西 17、南北外凸约 9 米，顶部东西约 8、南北约 4 米，高约 11 米。夯层厚 18、20 厘米。周围地表散落有少量的碎砖瓦等。

50. 张记边壕村 1 号敌台（D305）

该敌台位于盐池县高沙窝镇张记边壕村东约 1.8 千米处，西北距张记边壕村 2 号敌台 0.272 千米，东北距"河东墙"（二道边）墙体内侧的张记边壕村 1 号烽火台约 0.23 千米。台体依长城墙体而建，黄土夯筑而成，呈覆斗形。保存较差。台体四壁坍塌成斜坡，整体风化成土丘，表面生长有杂草。台体东南角与长城墙体接合部位有 12 米宽的冲沟豁口，南壁与长城墙体顶部坍塌成斜坡状。台体底部东西 16、南北外凸约 15 米，顶部东西 0.6、南北约 5 米，高约 8 米。夯土风化酥软，夯层模糊不清。

51. 张记边壕村 2 号敌台（D306）

该敌台位于盐池县高沙窝镇张记边壕村东约 1.6 千米处，西北距张记边壕村 3 号敌台 0.211 千米。台体依长城墙体而建，黄土夯筑而成，呈覆斗形，实心。保存一般。台体东壁立面呈梯形，底部黄沙堆积较高，上部坍塌厚约 3 米，斜高约 10 米，表面生长有杂草；北壁立面呈梯形，坍塌成陡坡形，上部夯土块状剥落，坍塌厚约 2 米，底部夯土堆积高 2 米多；西壁保存状况与东壁相同，壁面被雨水冲刷成逐层收进的斜坡台棱，底部夯土及沙土堆积较高；南壁和长城墙体顶部坍塌成斜坡；顶部北半部基本平整，南半部被雨水冲刷成北高南低的斜坡。台体底部东西 17、南北外凸 15 米，顶部东西 4、南北约 5，高 9 米。夯层厚 12、17 厘米。周围地表散布有少量褐釉、黑釉瓷片及夹沙黑灰陶片和灰砖残块等。

52. 张记边壕村 3 号敌台（D307）

该敌台位于盐池县高沙窝镇张记边壕村东约 1.4 千米处，西北距张记边壕村 4 号敌台 0.22 千米，北距"河东墙"（二道边）墙体约 0.06 千米。台体依长城墙体外侧而建，黄土夯筑而成，呈覆斗形，实心。台体东壁呈梯形，被沙丘掩埋约 3/5，上部夯土剥落、风雨侵蚀损毁较轻；北壁陡直呈长梯形，上部坍塌厚约 0.5 米，表面有风蚀孔洞及桩木孔洞等，底部堆土高约 2 米；西壁立面呈梯形，顶部受雨水冲蚀呈圆弧形，上部坍塌厚约 2 米；南壁坍塌成凹凸不平的斜坡。台体底部东西 16、南北约 14 米，顶部东西 7、南北 6 米，高约 11 米。夯层厚 14、15 厘米。周围地表散布有褐釉、黑釉瓷片及夹沙灰黑陶残片等（彩图三五九）。

53. 张记边壕村 4 号敌台（D308）

该敌台位于盐池县高沙窝镇张记边壕村东约 1.2 千米处，西距张记边壕村 5 号敌台 0.204 千米。台体依长城墙体而建，黄土夯筑而成，呈覆斗形，实心，凸出于长城墙体外侧。台体坍塌损毁严重，东壁立面呈底大顶小的三角形，壁面坍塌成陡坡，斜高约 10 米，东南角沙土堆积高 4 米；北壁底大顶圆，坍塌厚约 2 米，底部夯土堆积高约 3 米，西北角自上而下坍塌风化成圆弧状；西壁立面呈底大顶圆的半圆形，上部坍塌厚约 3 米，下半部被坍塌的夯土堆积成南高北低的斜坡，腰部有风蚀凹槽；顶部东北部较平整，西南部坍塌成北高南低的斜坡。台体底部边长 12 米，顶部东西 2、南北 3 米，高 10 米。夯层厚 15、18 厘米。

54. 张记边壕村 5 号敌台（D309）

该敌台位于盐池县高沙窝镇张记边壕村东北约 1 千米处，西北距张记边壕村 6 号敌台 0.243 千米。台体依长城墙体而建，黄土夯筑而成，呈覆斗形，实心。台体东壁陡直呈梯形，壁面夯土剥落、凹凸不平，有雨水冲蚀的沟槽，上部坍塌厚 0.5~1.5 米，斜高 10 米，东壁及东南角有高 2 米的堆土；北壁立面呈梯形，上部坍塌厚约 1 米，表面有雨水冲蚀的沟槽和风蚀孔洞，底部有 1 米多高的夯土堆积；西壁立面呈斜平顶三角形，底部夯土堆积较厚；顶部被雨水冲刷成北高南低的斜坡；南壁与长城墙体顶部坍塌成陡坡状。台体底部东西 15、南北外凸 10 米，顶部东西 4、南北约 3 米，高约 11 米。夯层厚 14、20 厘米。

55. 张记边壕村 6 号敌台（D310）

该敌台位于盐池县高沙窝镇张记边壕村东北约 0.8 千米处，西北距张记边壕村 7 号敌台 0.286 千米、距"河东墙"（二道边）墙体内侧的张记边壕村 2 号烽火台约 0.23 千米。台体用黄土夯筑而成，呈覆斗形，实心。台体坍塌风化成土丘状，夯土酥碱剥落，生长有杂草。台体底部东西约 13、南北 14 米，顶部东西约 2、南北约 4 米，高约 10 米。

56. 张记边壕村 7 号敌台（D311）

该敌台位于盐池县高沙窝镇张记边壕村东北约 0.7 千米处，西北距张记边壕村 8 号敌台 0.249 千米，东北距"河东墙"（二道边）墙体内侧的张记边壕村 2 号烽火台约 0.16 千米。台体依长城墙体而建，黄土夯筑而成，凸出于长城墙体外侧。保存较差。台体坍塌风化成底大顶小的土丘，腰部以下被雨水冲刷成土丘状，上部成为高凸的土台。台体底部东西约 14、南北约 15 米，顶部东西约 6、南北 4 米，高约 11 米。夯层厚 14、16 厘米。

57. 张记边壕村 8 号敌台（D312）

该敌台位于盐池县高沙窝镇张记边壕村北约 0.5 千米处，西北距张记边壕村 9 号敌台 0.29 千米。台体用黄土夯筑而成。保存较差，坍塌风化成一座喇叭形的土丘，顶部风蚀成凸起的小土台。台体底部东西约 15、南北约 12 米，顶部东西 2、南北 5 米，高约 6 米。夯层厚 15 厘米。

58. 张记边壕村 9 号敌台（D313）

该敌台位于盐池县高沙窝镇张记边壕村北约 0.5 千米处，西北距依长城墙体内侧而建的张记边壕村铺舍夯土台基 0.097 千米、距张记边壕村 10 号敌台 0.372 千米，西南距长城墙体内侧的张记边壕村烽火台约 0.4 千米，北距"河东墙"（二道边）墙体约 0.075 千米。台体用黄土夯筑而成，呈覆斗形，实心。保存一般。台体东壁立面陡直，成为平顶土丘，壁面有较多的风蚀孔洞，东南角与长城墙体接合部位有 2.7 米宽的村路豁口；北壁呈梯形，被雨水冲刷损毁较严重，有较多的沟槽和风蚀孔洞，底部有塌落的夯土堆积；西壁坍塌风化严重，立面呈平顶斜三角形，夯土块状剥落，底部被塌落的夯土堆积成东南高西北低的斜坡；南壁与长城墙体顶部坍塌成陡坡。台体底部东西 14、南北约 11 米，顶部东西 4、南北 3 米，高 11 米。夯层厚 10、14 厘米（彩图三六〇）。

59. 张记边壕村 10 号敌台（D314）

该敌台位于盐池县高沙窝镇张记边壕村西北约 0.7 千米处，西北距张记边壕村 11 号敌台 0.211 千米，东距长城墙体内侧的张记边壕村铺舍夯土台基 0.275 千米，东距"深沟高垒"（头道边）墙体内侧的张记边壕村烽火台约 0.35 千米。台体依长城墙体而建，黄土夯筑而成，呈覆斗形，实心。保存较差。台体坍塌损毁约 2/3，仅存西半部约 1/3，东半部连同长城墙体被洪水冲毁，有 18 米宽的冲沟缺口。台体底部东西约 6、南北外凸 17 米，顶部高低不平，雨水冲刷坍塌损毁较严重，边长 1、高 10 米。夯层厚 7、12、14 厘米。

60. 张记边壕村 11 号敌台（D315）

该敌台位于盐池县高沙窝镇张记边壕村西北约 0.9 千米处，西北距清水营村二队 1 号敌台 0.222 千米、距清水营村 3 号烽火台约 0.3 千米。台体北侧有灵武市、盐池县水泥界碑。台体依长城墙体而建，黄土夯筑而成，呈覆斗形，实心。台体东壁呈梯形，受雨水冲刷坍塌成凹凸不平的陡坡形，底部有塌落的夯土堆积；北壁呈梯形，东西两侧陡直，壁面有雨水冲刷的沟槽，底部被塌落的夯土堆积成斜坡，表面生长有芨芨草，顶部被雨水冲刷成凹凸不平的圆弧形；西壁凹凸不平，上部被雨水冲刷成逐层内收的陡坡；南壁与长城墙体顶部坍塌风化成凹凸不平的陡坡。台体底部东西 14、南北外凸约 10 米，顶部东西 4、南北 6 米，高 12 米。夯层厚 12、13、16 厘米。周围地表散布少量黑釉、褐釉粗瓷片及夹砂灰陶罐腹部残片等。

三 毛卜剌堡段明长城墙体沿线铺舍

张记边壕村铺舍（P07）

该铺舍位于盐池县高沙窝镇张记边壕村北约 0.7 千米的张记边壕村 9～10 号敌台（D313～D314）间长城墙体内侧，东南距张记边壕村 9 号敌台 0.097 千米，西北距张记边壕村 10 号敌台 0.275 千米。保存较差。铺舍存夯土台基，无建筑遗迹。台基依长城墙体内侧而建，黄土夯筑而成，呈覆斗形，实心，平面呈长方形，凸出于长城墙体内侧，四壁有收分。以东壁为基轴，方向北偏东 20°。保存较差。台体底部东西约 7、南北 13 米，顶部东西 1、南北 4 米，高 4 米。夯层厚 16、23 厘米（彩图三六一）。

四　毛卜剌堡段明长城墙体沿线烽火台（F17～F18）

1. 毛卜剌堡烽火台（F17）

该烽火台位于盐池县高沙窝镇东庄子村西北 1.5 千米处，北距长城墙体 0.016 千米、距"河东墙"（二道边）墙体内侧的东庄子村 3 号烽火台约 0.05 千米。台体用黄土夯筑而成，呈覆斗形，实心。以东壁为基轴，方向北偏西 35°。保存较好。台体东壁上部有水蚀沟槽和风蚀孔洞，顶部被雨水冲刷成凹槽，底部夯土堆积较厚；南壁被雨水冲刷有较宽的沟槽，沟槽宽 0.2～2 米；西壁损毁较轻；北壁立面呈梯形，夯土剥落有多条水蚀凹槽，根部风蚀内凹，底部有雨水冲刷坍塌的夯土堆积。台体底部东西 11、南北 14 米，顶部凹凸不平，边长 6 米，高约 8 米。夯层厚 16、18、20 厘米。

台体东、西、南侧有夯土围墙基址。围墙东、西墙与长城墙体连接。墙体用黄土夯筑而成，土色泛灰白，夯土内有较多碎石。东、西墙长 54 米，墙内地势高于墙外，东墙高 0.3～0.5 米，相对外侧地面高 1.6 米，西墙高 0.3～0.7 米。南墙长 48 米，略呈土埂状，高 0.5 米，相对外侧地面高 0.5～1.3 米，底宽 2.5 米；南墙中部辟门，宽约 2 米。周围地表散布有青花瓷碗底残片、青釉瓷片及夹砂米黄胎黑褐釉瓷缸残片等（图一三八；彩图三六二～三六四）。

2. 张记边壕村烽火台（F18）

该烽火台位于盐池县高沙窝镇张记边壕村北约 0.5 千米的长城墙体内侧，地处地势较高，视野开阔的低山梁峁上，当地称"录芒墩"，北距"深沟高垒"（头道边）墙体 0.3 千米、距张记边壕村 10 号敌台 0.3 千米，西北距韩家台子烽火台约 0.75 千米。台体用黄土夯筑而成，土质纯净，呈覆斗形，实心。方向正南北。保存差。台体坍塌风化成低矮的土丘。台体底部东西约 10、南北约 9、高 3 米。夯土风化酥碱严重，夯层模糊不清（彩图三四八）。

五　毛卜剌堡

1. 位置与现状

毛卜剌堡位于盐池县城西北 59 千米，高沙窝镇徐庄子村北 1 千米处，地处低山丘陵地带，有较多的固定沙丘，北侧为碱滩和沙漠地带，南侧大多为草滩地，土壤以灰钙土和沙土为主（彩图三六六）。

《嘉靖宁夏新志》卷三载："东路兴武营守御千户所……领毛卜剌堡，西至清水营五十里。东至兴武营三十里。城周回一里七分，高二丈三尺。置旗军一百名、操守官一员、守堡官一员。征操马八十四匹、走递骡二头、官厅一所、操守宅一所、仓一所、草场一所。"[1] 毛卜剌堡筑于嘉靖以前，曾置操守，隶属兴武营守御千户所。城堡门向南开，带瓮城。城内荒芜，残砖碎瓦遍布。毛卜剌堡肩负着西接清水营界，东接兴武营界的军事防御任务。

毛卜剌堡北距"河东墙"（二道边）和"深沟高垒"（头道边）墙体 0.06 千米，东 0.7 千米处有毛卜剌堡烽火台，西墙外有一道南北向的村庄小路，南墙中部由南向北在堡内依次分布有 4 根编

---

〔1〕　（明）胡汝砺编、（明）管律重修、陈明猷校勘：《嘉靖宁夏新志》卷 3，宁夏人民出版社，1982 年，第 256 页。

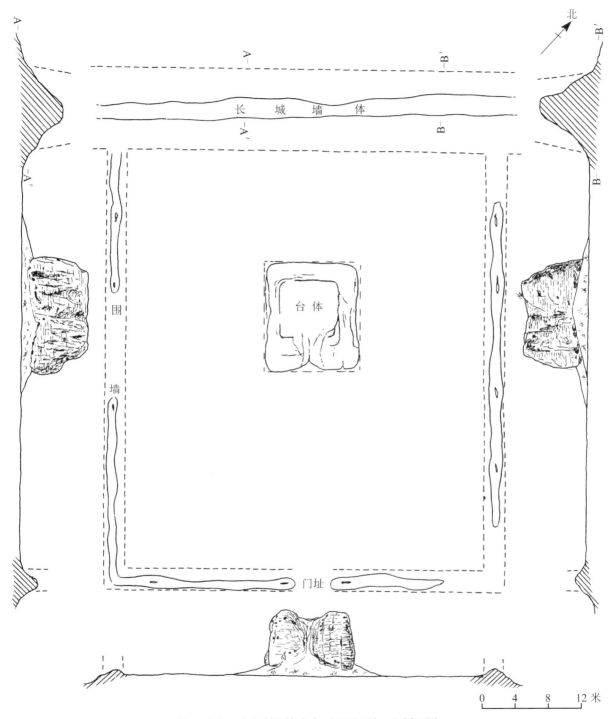

图一三八 毛卜剌堡烽火台（F17）平、立剖面图

号为徐庄子机#配变0.4KV北干线1#、2#、3#、4#的水泥电线杆，配电线路从中央通过。保存一般。堡墙、角台、马面形制基本保存，堡门洞及瓮城门损毁不存。四面墙体坍塌、风化酥碱，因雨水冲刷形成较多的冲沟豁口，根部被风蚀掏空，壁面有较多的风蚀孔洞。堡内无人居住，堡内地面高于堡外地面，被开垦为农田，种植有玉米、荞麦、马铃薯、枣树等，西南角地势相对较高，残砖碎瓦堆积较多。

2. 平面形制

毛卜剌堡平面呈正方形，边长256米，周长1024米，面积66306平方米。堡坐北朝南，以东墙为基轴，方向北偏西15°。堡门开在南墙中部。瓮城建在堡南墙外，门开在东墙中部（图一三九；彩图三六七、三六八）。根据对堡调查的情况分述如下。

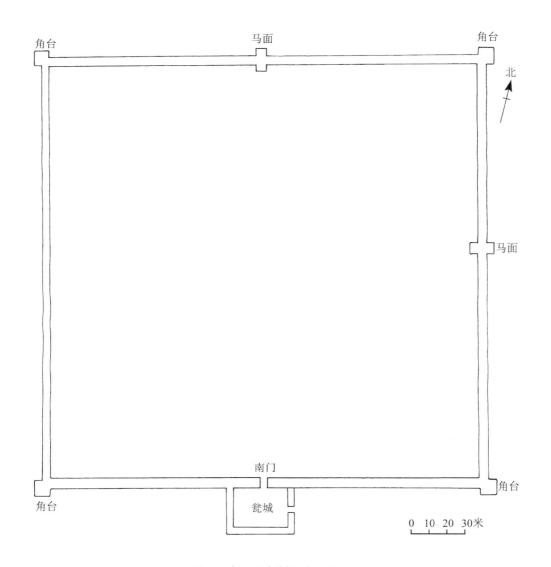

图一三九　毛卜剌堡城址平面图

（1）堡墙

东墙保存较好。墙体用黄土和红沙土分层夯筑而成，夯土内夹杂有红砂岩及黑青石碎块。墙体顶部最宽5.5、大多宽约4米，高7米，夯层厚14～16厘米。墙体内外两侧被沙土掩埋约1/2。

南墙用黄土和红沙土分层夯筑而成，夯层厚12、15、17厘米，高6米；顶部坍塌严重，宽2米。墙体西段中部有人为挖掘的方形坑，内外两侧大部分被沙土掩埋，顶部雨水冲刷较严重，有较多的冲沟豁口。

西墙两侧被坍塌的夯土及沙土掩埋成斜坡状。墙体用黄土和红沙土分层夯筑而成，夯土内夹杂有红砂岩及黑青石碎块。墙体顶部坍塌严重，高5～7、底宽7、顶宽0.2～1.1米，中部有4米宽的豁口，夯层厚 14、16、20 厘米。

北墙保存一般。墙体两侧被倒塌的夯土及沙土掩埋成斜坡状，顶部风化成鱼脊状，中部（马面东侧墙体）有 7 米宽的豁口。相对堡内地面高 7~10、底宽 11 米，夯层厚 16、17 厘米。

（2）堡门

堡门开在南墙中部，门洞损毁不存，为 4 米宽的豁口，两侧墙体高 5.5 米（彩图三六九）。

（3）角台

堡形制规矩，有四座角楼，仅存角台，顶部建筑无存。台体用黄土和红沙土分层夯筑而成，呈覆斗形，实心，平面呈长方形。

东北角台底部东西 9、南北 12 米，顶部边长 5 米，凸出墙体外 3 米，高约 8 米，保存较好。

东南角台底部边长 18 米，凸出墙体外 7 米，顶部被雨水冲刷成向内倾斜的斜坡状，东西 8、南北 7 米，高约 7 米。角台周围堆土较厚（彩图三七〇）。

西南角台底部东西 16、南北 18 米，顶部边长 8 米，凸出于墙体外 4 米，高约 5 米。台体底部堆土较厚（彩图三七一）。

西北角台保存较差，坍塌成长方形的土丘，夯土酥碱。台体底部边长 11、顶部边长 4、高约 9 米。

（4）马面

马面（腰墩）有 2 座，分别位于北墙、东墙中部。台体用黄土和红沙土分层夯筑而成，呈覆斗形，实心，凸出于长城墙体内外两侧。

北墙内外两侧被倒塌的夯土掩埋约 1/2。马面保存相对较好，坍塌风化损毁较轻。台体底部东西 12、南北 13 米，顶部东西 10、南北 8 米，凸出于墙体外 3 米，高约 5 米。顶部较平整，有少量砖瓦及石块堆积（彩图三七二）。

东墙马面底部边长 12 米，顶部东西 10、南北 4 米，凸出于墙体外 2 米，高约 6 米（彩图三七三）。

（5）瓮城

瓮城有 1 座。位于堡南墙中部，城内地面平整。东、西墙依堡南墙而建，平面呈长方形。墙体用黄土和红沙土分层夯筑而成，夯层厚 15、18 厘米。西墙长 26 米，坍塌较严重，顶部高低不平，高 3.5~5、顶宽 0.5~1.2 米。东墙长 26 米（中部有瓮城门，现为 3 米宽的豁口），因受雨水冲刷塌毁较严重，顶部高低不平，有较多的冲沟豁口，高 5~6、顶宽 1 米。南墙长 32 米，因雨水冲刷风化坍塌，高低不平，墙体高约 5、顶宽 2 米。

瓮城门开在东墙中部，门址为下宽 3、上宽 5 米的豁口，两侧墙体高 5 米（彩图三七四）。

（6）堡内房屋夯土基址

堡内房屋夯土基址有两处，分布在西南部和东南部。基址台面平整，面积较大，边长 50、高于地面 1.2 米，被开垦为耕地。

（7）庙宇

庙宇 1 座。位于城堡南墙外侧，北距东南角台 0.03 千米，仅存夯土基址，东西 20、南北 40、高 3 米，有较多的残砖碎瓦堆积物。

3. 遗物

毛卜刺堡地面散见有青花瓷片、灰胎黑釉瓷缸口沿残块、白釉瓷片和黑釉、褐酱釉粗瓷片，器形大多为碗、盆、缸、罐。另有湖蓝釉板瓦残块、素面青灰条砖等。

标本：1，毛卜刺堡内采集。湖蓝釉板瓦残块。长 18、宽 14、厚 2.2 厘米（彩图三七五）。

标本：2，毛卜刺堡内采集。素面青灰条砖，长 46、宽 23.5、厚 8.5 厘米。

第七节　清水营东城堡段明长城墙体及相关设施

一　清水营东城堡段明长城墙体（D315—D343）

清水营东城堡段明长城墙体沿线经过清水营村二队。分布有敌台 28 座、烽火台 1 座和清水营东城堡。

1. 清水营村二队 1 段长城墙体

该段墙体起点位于灵武市与盐池县交界的张记边壕村 11 号敌台处，止点位于灵武市宁东镇清水营村二队北 1.5 千米的清水营村二队 7 号敌台处，北距"河东墙"（二道边）0.15 ~ 0.2 千米。墙体长 1557 米。大致呈东—西走向，方向北偏西 65°~70°。墙体用黄土夯筑而成，部分墙体用黄土和红土分层夯筑而成，夯土内夹杂有青砂石和红砂石碎块。墙体大部分坍塌风化成坡形，顶部略呈鱼脊状。墙体高 5 ~ 7、底宽约 10、顶宽 0.5 ~ 3.9 米。根据墙体保存状况及敌台分布情况分为 7 段（参见图二六）。分述如下。

张记边壕村 11 号敌台（D315）—清水营村二队 1 号敌台（D316）

墙体长 222 米。北距"河东墙"（二道边）墙体内侧的清水营村 3 号烽火台约 0.14 千米，地处丘陵缓坡地带，地势由东向西逐渐走高。大致呈东—西走向。墙体用黄土夯筑而成，夯土内含有碎石及白石灰块状颗粒。墙体两侧壁面被塌落的夯土和沙土掩埋约 3/4。墙体高 5 ~ 8 米，顶部因风雨侵蚀有较多锯齿状的沟槽，顶宽 1.1 ~ 2 米，部分墙体顶宽 0.5 米，夯层厚 12、14、18 厘米。

清水营村二队 1 号敌台（D316）—清水营村二队 2 号敌台（D317）

墙体长 220 米。北距"河东墙"（二道边）墙体约 0.178 千米，内侧地势相对较高，为丘陵缓坡地带，地表及墙体表面生长有较多的杂草，植被覆盖率约 60%。大致呈东—西走向。墙体用黄土夯筑而成。墙体两侧被塌落的夯土及沙土掩埋过半，顶部因风雨侵蚀有多处锯齿状的冲沟豁口。墙体高 5 ~ 7、顶宽 3 米，夯层厚 12、14、15、17、18 厘米。墙体中段有 2 米多宽的豁口（彩图三七六）。

清水营村二队 2 号敌台（D317）—清水营村二队 3 号敌台（D318）

墙体长 178 米。所处地势较为平缓，地表生长有低矮的杂草，覆盖率约 50%。墙体用黄土夯筑而成，夯土内有较多碎石和白石灰颗粒等。墙体剖面呈梯形，壁面陡直基本平整，两侧被沙土掩埋成斜坡状，掩埋约 1/2，顶部基本平整，部分墙体被雨水冲蚀有较宽的沟槽。墙体高 6.5 ~ 7.5、顶宽 2 ~ 3.9 米。部分墙体顶部存垛墙痕迹。

清水营村二队 3 号敌台（D318）—清水营村二队 4 号敌台（D319）

墙体长 210 米。墙体表面及两侧地面生长有较多的杂草。墙体两侧被坍塌的夯土和流沙掩埋过半，上部及壁面夯土坍塌较多，顶部高低不平。墙体高约 6、顶宽 1.1 ~ 3 米，夯层厚 13、14、16、19 厘米。墙体中段有两处 1 ~ 3 米宽的沟槽，清水营村二队 4 号敌台与墙体接合部位有 4 米宽的冲沟豁口。

清水营村二队 4 号敌台（D319）—清水营村二队 5 号敌台（D320）

墙体长 262 米。地处丘陵缓坡地带，地势由东向西逐渐走低，两侧为荒草地。墙体用黄土夯筑而成，夯土中有少量碎石。墙体两侧壁面被坍塌的夯土及沙土掩埋约 3/4，顶部高低不平，有多处 1.5 ~ 3 米宽的冲沟豁口。墙体高 5 ~ 7、顶宽 0.9 ~ 3.9 米，夯层厚 13 ~ 15、17 厘米。墙体表面生长有较多的杂草。清水营村二队 5 号敌台东壁与墙体接合部位有 6 米宽的沟槽。

清水营村二队 5 号敌台（D320）—清水营村二队 6 号敌台（D321）

墙体长 258 米。地处丘陵缓坡地带，地势由东向西逐渐走高。大致呈东—西走向。墙体用黄土和红沙土分层夯筑而成。墙体两侧壁面夯土坍塌较多，被塌落的夯土及沙土掩埋至墙腰；顶部坍塌风化，受雨水冲刷侵蚀高低不平，有较多锯齿形的冲沟豁口。墙体高 7、顶宽 0.5～2.1 米，部分墙体坍塌较为严重，高约 5 米。夯层厚 13、14、16、18、19、21 厘米。墙体表面生长有较多的苦豆草和芨芨草等。清水营村二队 6 号敌台东 0.015 千米处墙体外侧有小窑洞。

清水营村二队 6 号敌台（D321）—清水营村二队 7 号敌台（D322）

墙体长 207 米。地处丘陵缓坡地带，地势由东向西逐渐走低，两侧为荒草地，地面有较多的固定沙丘，地表生长有低矮的杂草，植被覆盖率约 45%。大致呈东—西走向。墙体顶部夯土塌落较多，保存较窄；两侧壁面坍塌较多，被坍塌的夯土和流沙掩埋过半。墙体高 5～6、顶宽 0.5～2.9 米。墙体中段有 4 米宽的村路豁口，清水营村二队 7 号敌台与墙体接合部位有 1 米宽的冲沟豁口。

2. 清水营村二队 2 段长城墙体

该段墙体起点位于灵武市宁东镇清水营村二队北约 1 千米的清水营村 7 号敌台处，止点位于清水营村二队西北约 3.6 千米的清水营村二队 8 号敌台处。墙体长 2577 米。墙体与"河东墙"（二道边）墙体大致呈平行走向，间距 0.15～0.2 千米。墙体用黄土夯筑而成，部分墙体用黄土和红沙土分层夯筑而成，夯土内含有青砂石和红砂石碎块。墙体大部分坍塌风化成坡形，顶部坍塌风化成鱼脊状。根据墙体保存状况及敌台分布情况分为 11 段（参见图二六、二七）。分述如下。

清水营村二队 7 号敌台（D322）—清水营村二队 8 号敌台（D323）

墙体长 192 米。大致呈东—西走向。保存相对较好。墙体用黄土夯筑而成，夯土较硬，夯打结实，夯层清晰。墙体两侧被流沙和塌落的夯土掩埋过半，顶部坍塌成鱼脊状，内壁坍塌损毁较严重。墙体高 5～7、底宽 11、顶宽 0.2～1.1 米。夯层厚 11、13、16～17 厘米。墙体中段有多处 1～3 米宽的冲沟豁口，清水营村二队 8 号敌台东壁与墙体接合部位有 5 米宽的冲沟豁口。

清水营村二队 8 号敌台（D323）—清水营村二队 9 号敌台（D324）

墙体长 183 米。墙体用黄土夯筑而成，夯土内夹杂有少量的红砂岩碎块。墙体外侧流沙堆积较厚，内侧壁面夯土坍塌严重，顶部高低不平。墙体高 6～8、大部分顶宽 1.3～3.1 米，夯层厚 17、18 厘米。

清水营村二队 9 号敌台（D324）—清水营村二队 10 号敌台（D325）

墙体长 183 米。地处丘陵缓坡地带，地势由东向西逐渐走低，两侧为荒草地，地面有较多的固定沙丘，草原覆盖率约 45%。墙体用黄土和红沙土分层夯筑而成。台体两侧壁面被坍塌的夯土及沙土掩埋至墙腰，顶部被风雨侵蚀高低不平。墙体高 4～7、顶宽 0.5～2 米。清水营村二队 9 号敌台西 0.036 千米处墙体有 4.5 米宽的村路豁口，清水营村二队 10 号敌台东侧墙体有 1 米宽的冲沟豁口。

清水营村二队 10 号敌台（D325）—清水营村二队 11 号敌台（D326）

墙体长 288 米。地处丘陵缓坡地带，地势较为平坦，两侧地表生长有低矮的杂草，植被覆盖率约 40%。墙体两侧被沙土掩埋约 1/2，顶部有多处冲沟豁口。墙体高 3～5.5、顶宽 0.5～1.9 米，夯层厚 10、12、15、16 厘米。清水营村二队 11 号敌台北距"河东墙"（二道边）墙体及清水营村 4 号烽火台约 0.19 千米。

清水营村二队 11 号敌台（D326）—清水营村二队 12 号敌台（D327）

墙体长 299 米。墙体用黄土夯筑而成，夯土内有较多的红砂岩碎块。墙体两侧被塌落的夯土及沙土掩埋过半；顶部大多坍塌风蚀成斜坡形，高低不平，有较多的冲沟豁口。墙体高约 6.5、底宽 9.5、部分墙体顶宽约 3.5 米，存垛墙痕迹，垛墙高 0.5、底宽 0.9 米，夯层厚 9、10 厘米。清水营村二队 11 号敌台西 0.072 千米处墙体有 3 米多宽的村路豁口。

清水营村二队 12 号敌台（D327）—清水营村二队 13 号敌台（D328）

墙体长 280 米，大致呈东—西走向。墙体用黄土夯筑而成，夯土中夹杂有红砂岩和灰砂石碎块。墙体顶部及两侧壁面夯土坍塌较严重，顶部高低不平，有较多锯齿状的冲沟豁口。墙体高 5～6.5、顶宽 0.5～2.5 米。清水营村二队 13 号敌台与墙体接合部位有 2 米宽的冲沟豁口。

清水营村二队 13 号敌台（D328）—清水营村二队 14 号敌台（D329）

墙体长 261 米。地处丘陵缓坡地带，地势由东向西逐渐低缓。墙体用黄土夯筑而成。墙体顶部大多坍塌风蚀成斜坡鱼脊状，两侧有较多的沙丘。墙体高 5～7、底宽 10、顶宽 5～1.1 米，夯层厚 8、10、11 厘米。夯土酥碱严重，生长有较多的杂草。台体两侧墙体有 2 米多宽的冲沟豁口。

清水营村二队 14 号敌台（D329）—清水营村二队 15 号敌台（D330）

墙体长 251 米。地处丘陵缓坡地带的平滩地，地势较为平缓，地面生长有低矮的黑沙蒿和苦豆子等沙生植物，植被覆盖率约 45%。墙体用黄土夯筑而成。墙体顶部大多坍塌风蚀成斜坡形鱼脊状，呈斜坡形的土梁。墙体高 8、底宽约 11、顶宽 0.5～1.1 米。夯土酥碱严重，生长有较多的杂草。

清水营村二队 15 号敌台（D330）—清水营村二队 16 号敌台（D331）

墙体长 237 米。墙体用黄土夯筑而成。墙体两侧坍塌成斜坡状；顶部大多坍塌风蚀成鱼脊状，高低不平，有较多冲沟豁口。墙体高 4～8、顶宽 0.5 米，夯层厚 14、15、18 厘米。

清水营村二队 16 号敌台（D331）—清水营村二队 17 号敌台（D332）

墙体长 203 米。两侧地势较为平缓，地表生长有低矮稀疏的杂草，植被覆盖率约 40%。墙体用黄土和红沙土分层夯筑而成。墙体顶部大多坍塌风蚀成鱼脊状，有较多锯齿状的冲沟豁口。墙体高 7、顶宽 0.5 米。

清水营村二队 17 号敌台（D332）—清水营村二队 18 号敌台（D333）

墙体长 200 米。所处地势由东向西逐渐走高，外侧有较多的固定沙丘，两侧地表生长有低矮稀疏的杂草。大致呈东—西走向。墙体顶部坍塌风蚀成斜坡形鱼脊状。墙体高 6、顶宽 0.5 米（彩图三七七）。

3. 清水营村二队 3 段长城墙体

该段墙体起点位于灵武市宁东镇清水营村二队西北 3.6 千米的清水营村二队 18 号敌台处，止点位于清水营村二队西北约 5.4 千米的清水营村二队 28 号敌台处。墙体长 1986 米。墙体用黄土夯筑而成，部分墙体用黄土和红沙土分层夯筑而成，夯土内含有青砂石和红砂石碎块。大致与"河东墙"（二道边）墙体呈平行走向，间距 0.11～0.15 千米。墙体两侧大多坍塌风化成坡形，顶部塌落成鱼脊状。墙体高 3～7、底宽约 11 米。根据墙体保存状况及敌台分布情况分为 10 段（参见图二七）。分述如下。

清水营村二队 18 号敌台（D333）—清水营村二队 19 号敌台（D334）

墙体长 202 米。地处丘陵缓坡地带，地势由东向西逐渐走高。呈东南—西北走向。墙体两侧被坍塌的夯土及沙土掩埋至墙腰，顶部有较多锯齿状的冲沟豁口。墙体高 5～7、底宽 9、顶宽 0.5～1.4 米，夯层厚 12、13、15 厘米。清水营村二队 18 号敌台北壁下有小窑洞。

清水营村二队 19 号敌台（D334）—清水营村二队 20 号敌台（D335）

墙体长 194 米。地处丘陵缓坡地带，地势由东向西逐渐走高，北距"河东墙"（二道边）墙体约 0.17 千米。墙体用黄土和红沙土夯筑而成。墙体两侧 1/2 被坍塌的夯土及沙土掩埋；顶部高低不平，雨水冲刷沟槽较多。墙体高 4.5～5.5、顶宽 0.5～1.1 米，夯层厚 15、17～19 厘米。墙体北距清水营村 5 号烽火台及"河东墙"（二道边）墙体约0.13千米（彩图三七八）。

清水营村二队20号敌台（D335）—清水营村二队21号敌台（D336）

墙体长199米。呈东南—西北走向。墙体用黄土和红沙土分层夯筑而成，夯土内有少量碎石。墙体两侧坍塌成坡形，顶部略呈鱼脊状。墙体高8、大部分顶宽0.2~0.8米，夯层厚11~14厘米。清水营村二队20号敌台西0.02千米处墙体有4.5米宽的村路豁口（彩图三七九）。

清水营村二队21号敌台（D336）—清水营村二队22号敌台（D337）

墙体长190米。两侧地势较平缓，地面生长有低矮的苦豆子、黑沙蒿和少量的芨芨草等，植被覆盖率约40%。墙体用黄土和红沙土分层夯筑而成。墙体坍塌损毁约1/2，顶部被雨水侵蚀有较多的冲沟豁口。墙体高3.5~4、顶宽0.2~0.7米，夯层厚9、14、16、17厘米。清水营村二队21号敌台西北0.044千米处墙体有4米宽的冲沟豁口（彩图三八○）。

清水营村二队22号敌台（D337）—清水营村二队23号敌台（D338）

墙体长199米。墙体用黄土夯筑而成，夯土中含有颗粒状的土块。墙体顶部及两侧坍塌风化成坡形，外侧沙土堆积较厚，内壁坍塌风化严重，根部风蚀凹进。墙体高5.5~7、顶宽0.5~2米，夯层厚11、19厘米。

清水营村二队23号敌台（D338）—清水营村二队24号敌台（D339）

墙体长199米。地处丘陵缓坡地带，地势由东南向西北逐渐走低。墙体用黄土夯筑而成。墙体顶部受风蚀雨蚀高低不平，有较多冲沟豁口。墙体高约7、底宽约10、顶宽0.2~1.6米。墙体内侧有三孔小窑洞。

清水营村二队24号敌台（D339）—清水营村二队25号敌台（D340）

墙体长200米。地处丘陵缓坡地带，地势由东向西逐渐走低。墙体用黄土和红沙土夯筑而成。墙体顶部坍塌风蚀严重，有较多的冲沟豁口。墙体高5~7、顶宽0.2~1.6米，夯层厚10、14、15、18厘米。

清水营村二队25号敌台（D340）—清水营村二队26号敌台（D341）

墙体长200米。地处丘陵缓坡地带，地势由东向西逐渐走低。墙体用黄土和红沙土夯筑而成，夯土内夹杂有红砂岩碎块。墙体两侧被坍塌的夯土及沙土掩埋约3/4，表面长满杂草，顶部及两侧风蚀坍塌严重。墙体高6~7、顶宽0.5~2.4米，夯层厚14、16、20、28厘米（彩图三八一）。

清水营村二队26号敌台（D341）—清水营村二队27号敌台（D342）

墙体长200米。地处丘陵缓坡地带，地势由东向西逐渐走低。呈东南—西北走向。墙体用黄土和红沙土分层夯筑而成，夯土内夹杂有红砂岩碎块。墙体高6.5、底宽9、顶宽0.5~1.6米。墙体中段有4米宽的村路豁口。

清水营村二队27号敌台（D342）—清水营村二队28号敌台（D343）

墙体长203米。地处丘陵缓坡地带，地势由东向西逐渐走低。呈东南—西北走向。保存较差。墙体大多被取土挖毁，用作修筑防洪堤坝，仅存墙基遗迹，成为坡形土梁，夯土受雨水冲蚀严重。墙体高1.5~4.5米。墙体上的敌台坍塌风蚀成高约4米的土丘。

二 清水营东城堡段明长城墙体沿线敌台（D316~D343）

1. 清水营村二队1号敌台（D316）

该敌台位于灵武市宁东镇清水营村二队东北约2.1千米处，西距清水营村二队2号敌台0.22千米，北距"河东墙"（二道边）墙体内侧的清水营村 3 号烽火台约 0.145 千米。台体骑长城墙体而建，黄土夯筑而成，土质纯净，呈覆斗形，实心，凸出于长城墙体外侧。保存一般。台体东壁立面呈底大顶圆的半椭圆状，上部坍塌风化严重，壁面坍塌厚约 2 米，底部有堆土；北壁坍塌成窄梯形，壁面陡直，底部有雨水冲刷塌落的夯土堆积；西壁立面呈斜三角状，因雨水冲刷有较多的沟槽和风蚀孔洞，底部被坍塌的夯土堆积成斜坡；南壁与长城墙体顶部坍塌成陡坡。台体底部东西约 11、南北外凸约 10 米，顶部被雨水冲蚀成北高南低的斜坡，东西 4、南北 2 米，高 10 米。夯层厚 12、14、15 厘米。周围地表散布有少量黑釉、褐釉粗瓷片等。

2. 清水营村二队 2 号敌台（D317）

该敌台位于灵武市宁东镇清水营村二队东北约 1.8 千米处，西北距清水营村二队 3 号敌台 0.178 千米，东北距"河东墙"（二道边）墙体内侧的清水营村 3 号烽火台约 0.23 千米。台体依长城墙体而建，黄土夯筑而成，呈覆斗形，凸出于长城墙体外侧。保存一般。台体坍塌损毁较为严重，东壁呈底大顶圆的半椭圆形，被雨水冲刷成陡坡，有风蚀孔洞，表面生长有杂草；北壁呈矮梯形，塌落严重，底部夯土堆积较厚；西壁上部坍塌内收成凸字形，底部被塌落的夯土及沙土掩埋成斜坡；南壁与长城墙体顶部坍塌成陡坡；顶部中间高凸，四周坍塌严重，凹凸不平。台体底部边长 11、顶部边长 4、高 12 米。夯层厚 16、20 厘米。周围地表散布有少量黑釉、褐釉粗瓷片等。

3. 清水营村二队 3 号敌台（D318）

该敌台位于灵武市宁东镇清水营村二队东北约 1.6 千米处，西北距清水营村二队 4 号敌台 0.21 千米。台体用黄土夯筑而成，呈覆斗形，实心。保存一般。台体东壁呈斜梯形，因夯土塌落、雨水冲刷呈斜坡状，表面有较多的风蚀孔洞，东南角与长城墙体接合部位有 2 米宽的冲沟豁口；北壁呈梯形，有风蚀孔洞，自上而下被雨水冲刷凹凸不平，有逐层内收的斜坡台棱，底部有塌落的夯土堆积和啮齿类动物的洞穴等；西壁呈梯形，西南角与长城墙体接合部位塌落有较宽的沟槽，底部夯土堆积成斜坡状；南壁与长城墙体顶部坍塌成陡坡。台体底部边长 11 米，顶部高低不平，东西 5、南北 3 米，高 12 米。夯层厚 14、20 厘米。

4. 清水营村二队 4 号敌台（D319）

该敌台位于灵武市宁东镇清水营村二队东北约 1.6 千米处，西北距清水营村二队 5 号敌台 0.262 千米，北距"河东墙"（二道边）墙体 0.215 千米。台体依长城墙体外侧而建，黄土夯筑而成，呈覆斗形，实心。保存较差。台体东壁立面呈凸字形，上部夯土块状坍塌，下半部被雨水冲刷成凹凸不平的斜坡，表面生长有杂草，有许多沟槽，东南角与长城墙体接合部位有 4 米宽的冲沟豁口；北壁被雨水冲刷成斜坡，上部坍塌严重，自上而下有较宽的水蚀凹槽，底部夯土堆积较厚；西壁呈梯形，底部有夯土堆积，呈南高北低的斜坡状，顶部呈凸起的土垄状；南壁与长城墙体顶部坍塌成陡坡。台体底部东西 13、南北 11 米，顶部东西 6、南北 5 米，高 12 米。夯层厚 11、13、17 厘米。

5. 清水营村二队 5 号敌台（D320）

该敌台位于灵武市宁东镇清水营村二队东北约 1.4 千米处，西距清水营村二队 6 号敌台 0.258 千米。台体依长城墙体而建，黄土夯筑而成，呈覆斗形，实心，凸出于长城墙体外侧。保存较差。台体坍塌严重，下半部坍塌风化成土丘，上半部为内收凸起的土台，四壁有较多的风蚀孔洞和少量桩木孔洞等。台体东壁与长城墙体接合部位有 5 米宽的冲沟豁口。台体底部东西约 10、南北 13 米，顶部东西 2、南北约 3 米，高 11 米。夯层厚 10、12、14 厘米。

6. 清水营村二队 6 号敌台（D321）

该敌台位于灵武市宁东镇清水营村二队东北约 1.2 千米处，西北距清水营村二队 7 号敌台 0.207

千米。台体用黄土夯筑而成，呈覆斗形，实心。保存较差。台体东壁呈斜梯形，顶部北高南低，略呈驼峰状，雨水冲刷坍塌风化有较宽的水蚀沟槽，底部被塌落的夯土堆积略呈斜坡状；北壁呈梯形，东半部雨水冲刷坍塌有较宽的水蚀凹槽和风蚀孔洞，底部堆土较厚；西壁呈斜梯形，西南角坍塌严重，有较宽的冲沟豁口，底部有堆土；南壁及长城墙体顶部坍塌成斜坡。台体底部东西 13、南北 10 米，顶部东西约 4、南北约 2 米，高 11 米。夯层厚 14、17 厘米。周围地表散布有少量泥质灰陶罐残片和黑釉、褐釉瓷片等。

7. 清水营村二队 7 号敌台（D322）

该敌台位于灵武市宁东镇清水营村二队北约 1 千米处，西北距清水营村二队 8 号敌台 0.192 千米。台体紧靠长城墙体外侧而建，黄土夯筑而成，呈覆斗形，实心，凸出于长城墙体外侧。保存较差。台体坍塌风化成土丘，顶部被雨水冲刷成圆弧形；北壁立面呈凸字形，形似倒置的漏斗；东壁与长城墙体接合部位有 2 米宽的冲沟豁口。台体底部东西约 10、南北约 8 米，顶部东西约 0.2、南北约 1 米，高约 10 米。夯层厚 17 厘米。

8. 清水营村二队 8 号敌台（D323）

该敌台位于灵武市宁东镇清水营村二队北约 1.2 千米处，西北距清水营村二队 9 号敌台 0.192 千米。台体用黄土夯筑而成，呈覆斗形，实心。台体东、北、西壁坍塌，被雨水冲刷成陡坡状；东壁立面略呈梯形，有雨水冲刷的水蚀凹槽，东南角与长城墙体接合部位有 5 米宽的冲沟豁口；北壁被雨水冲刷成陡坡，底部沙土堆积较高；西壁被沙土掩埋约 1/3；南壁陡直，南壁与长城墙体坍塌成陡坡；顶部凹凸不平不规则，表面有杂草生长。台体底部东西 15、南北 12，顶部东西 4、南北 6 米，高 10 米。夯层厚 14 厘米。周围地表散布有少量黑釉瓷片及夹砂黑灰陶片等。

9. 清水营村二队 9 号敌台（D324）

该敌台位于灵武市宁东镇清水营村二队西北约 1.4 千米处，西北距清水营村二队 10 号敌台 0.183 千米。台体依长城墙体而建，黄土夯筑而成，呈覆斗形，实心，凸出于长城墙体外侧。保存较好。台体东壁陡直呈梯形，夯土呈片状剥落，北半部被雨水冲刷有 0.3~2 米宽的沟槽，底部有坍塌的夯土；北壁陡直平整，夯土片状剥落，表面有雨水冲刷侵蚀的沟槽、风蚀孔洞及鸟窝洞穴等，底部堆土呈 2 米多高的斜坡，根部风蚀有凹槽；西壁陡直呈梯形，有较多的风蚀孔洞；南壁陡直，高于长城墙体约 3 米；顶部被雨水冲蚀风化，坑洼不平。台体底部东西 15、南北 13 米，顶部边长 7 米，高 10 米。夯层厚 16、18 厘米（彩图三八二、三八三）。

10. 清水营村二队 10 号敌台（D325）

该敌台位于灵武市宁东镇清水营村二队西北约 1.7 千米处，西北距清水营村二队 11 号敌台 0.288 千米、距清水营村 4 号烽火台 0.3 千米，北距"河东墙"（二道边）墙体约 0.19 千米。台体用黄土夯筑而成，呈覆斗形，实心。保存一般。台体东壁被雨水冲刷成凹凸不平的斜坡，表面杂草生长较多；北壁坍塌风化成陡坡，杂草生长茂密；西壁被雨水冲刷成陡坡；顶部高于长城墙体约 1 米。台体底部东西 15、南北 13 米，顶部东西 4、南北 6 米，高 7 米。夯层厚 15、16 厘米。

11. 清水营村二队 11 号敌台（D326）

该敌台位于灵武市宁东镇清水营村二队西北约 2 千米处，西北距清水营村二队 12 号敌台 0.299 千米，北距清水营村 4 号烽火台约 0.17 千米。台体依长城墙体而建，黄土夯筑而成，呈覆斗形，凸出于墙体外侧。保存较差。台体为圆角方形土丘，东壁呈陡坡梯形，北壁坍塌风化成底大顶尖的斜坡，西壁被雨水冲刷成陡坡，南壁与长城墙体坍塌成陡坡。台体底部东西 12、南北约 10 米，顶部呈尖圆状，东西约 1、南北约 2 米，高 5 米。

12. 清水营村二队 12 号敌台（D327）

该敌台位于灵武市宁东镇清水营村二队西北约 2.3 千米处，西北距清水营村二队 13 号敌台 0.28 千米，东北距清水营村 4 号烽火台约 0.34 千米。台体依长城墙体外侧而建，黄土夯筑而成，呈覆斗形，实心。保存较差。台体为圆角方形土丘，东壁垮塌风化成陡坡，北壁、西壁及南壁坍塌风化成底大顶尖的斜坡，顶部呈尖圆状。台体底部东西 14、南北 12 米，顶部边长 1 米，高 9 米。夯层模糊不清。周围地表散布有黑釉、褐釉瓷片及青花瓷片等。

13. 清水营村二队 13 号敌台（D328）

该敌台位于灵武市宁东镇清水营村二队西北约 2.5 千米处，西北距清水营村二队 14 号敌台 0.261 千米。台体用黄土夯筑而成，呈覆斗形，实心。保存较差。台体南半部坍塌，仅存北半部；东壁呈底大顶小的三角状，表面有风蚀孔洞，东南角与长城墙体接合部位坍塌不存，底部被坍塌的夯土堆积成 2 米多高的斜坡；北壁上部陡直呈正方形，凹凸不平，有风蚀孔洞、鸟窝洞穴和雨水冲刷形成的水蚀沟槽等，下半部塌落成低矮的土丘状；西壁底部呈低矮的土垄状，上部存北半部。台体底部边长 8 米，顶部东西约 5、南北 1～3 米，高 9 米。夯层厚 18、20 厘米。周围地表散布有少量黑釉、褐釉瓷片及夹砂灰黑陶罐残片等。

14. 清水营村二队 14 号敌台（D329）

该敌台位于灵武市宁东镇清水营村二队西北约 2.8 千米处，西北距清水营村二队 15 号敌台 0.251 千米。台体依长城墙体而建，黄土夯筑而成，呈覆斗形，凸出于长城墙体外侧。保存较差。台体为圆角方形的土丘，夯土酥碱严重。台体东壁坍塌成底大顶小的斜坡，北壁坍塌风化成斜坡梯形，西壁、南壁与长城墙体顶部坍塌风化成斜坡。台体底部边长 14 米，顶部东西约 4、南北约 2 米，高 6 米。周围地表散布有少量黑釉、褐釉粗瓷片、夹砂灰黑陶罐残片、灰陶板瓦残块及青花瓷片等。

15. 清水营村二队 15 号敌台（D330）

该敌台位于灵武市宁东镇清水营村二队西北约 3 千米处，西北距清水营村二队 16 号敌台 0.237 千米。台体用黄土夯筑而成。保存较差。台体为圆角方形的土丘，东壁略呈斜坡状，夯土酥碱粉状剥落；北壁坍塌风化成陡坡，上部夯层清晰，表面生长有稀疏的杂草，底部有夯土及沙土堆积；西壁呈矮梯形，夯土片状剥落，有水蚀沟槽；南壁与长城墙体顶部坍塌成陡坡。台体底部东西 13、南北 12 米，顶部基本平整，东西 4、南北 6 米，高约 7 米。夯层厚 17 厘米。周围地表散布有少量浅褐釉瓷片及青花瓷片等。

16. 清水营村二队 16 号敌台（D331）

该敌台位于灵武市宁东镇清水营村二队西北约 3.2 千米处，西北距清水营村二队 17 号敌台 0.203 千米。保存较差。台体为圆角方形的土丘，东壁坍塌成斜坡，表面夯土酥碱，生长有较多的野草；北壁呈陡坡梯形，表面杂草生长茂密，底部有塌落的夯土堆积；西壁与长城墙体接合部位有 4 米宽的豁口；南壁及长城墙体顶部坍塌成斜坡。台体底部东西 15、南北 14 米，顶部东西约 3、南北约 5 米，高 6 米。夯土酥碱粉状剥落，夯层不清晰。

17. 清水营村二队 17 号敌台（D332）

该敌台位于灵武市宁东镇清水营村二队西北约 3.4 千米处，西北距清水营村二队 18 号敌台 0.2 千米。保存较差。台体呈土丘状，顶部呈尖圆状；东壁立面略呈斜坡矮梯形，壁面夯土酥碱，生长有稀疏的杂草；北、西壁坍塌风化成底大顶小的近三角状，表面夯土粉状剥落；南壁与长城墙体顶部坍塌成斜坡。台体底部东西 13、南北 11 米，顶部东西 1、南北 3 米，高 7 米。夯层不清晰。

18. 清水营村二队 18 号敌台（D333）

该敌台位于灵武市宁东镇清水营村二队西北约 3.6 千米处，西北距清水营村二队 19 号敌台 0.202

千米。保存较差。台体呈土丘状，顶部坍塌风化成尖圆状，四壁坍塌风化成斜坡，表面夯土酥碱粉状剥落，生长有杂草。台体底部东西 13、南北 11 米，顶部东西 1、南北 3 米，高 9 米。夯层不明显（彩图三八四）。

19. 清水营村二队 19 号敌台（D334）

该敌台位于灵武市宁东镇清水营村二队西北约 3.8 千米处，西北距清水营村二队 20 号敌台 0.194 千米、距清水营村 5 号烽火台约 0.26 千米。台体用黄土夯筑而成，呈覆斗形，实心。台体东壁坍塌风化成底大顶圆弧的半椭圆形；北壁呈斜梯形，上部西高东低，夯土块状剥落，有圆形孔洞和水蚀沟槽等；西壁北高南低，呈底大顶尖的近三角状，西南角与长城墙体坍塌成陡坡；顶部南半部及长城墙体顶部坍塌成北高南低的斜坡状。台体底部东西 13、南北 11 米，顶部东西约 3、南北约 1 米，高约 9 米。夯层厚 14、15 厘米。

20. 清水营村二队 20 号敌台（D335）

该敌台位于灵武市宁东镇清水营村二队西北约 4 千米处，西北距清水营村二队 21 号敌台 0.199 千米，北距清水营村 5 号烽火台约 0.14 千米。台体依长城墙体而建，黄土夯筑而成，呈覆斗形，实心，凸出于长城墙体外侧。保存一般，形制基本完整。台体东壁下半部坍塌成斜坡，上部为陡直的土台；北壁上部陡直，坍塌厚约 2 米，下半部坍塌成斜坡，表面生长有杂草；西壁呈斜梯形，下半部被坍塌的夯土堆积成南高北低的斜坡；台顶南半部及长城墙体顶部坍塌成北高南低的陡坡状。台体底部东西 13、南北 11 米，顶部坑洼不平，北高南低，东西 6、南北 5 米，高 8 米。夯层厚 10、11、12、15 厘米。

21. 清水营村二队 21 号敌台（D336）

该敌台位于灵武市宁东镇清水营村二队西北约 4.2 千米处，西北距清水营村二队 22 号敌台 0.19 千米，东北距清水营村 5 号烽火台约 0.2 千米。台体用黄土和红土分层夯筑而成，呈覆斗形。保存较差。台体东壁坍塌成陡坡状；北壁较陡，立面呈底大顶小的凸字形，顶部中间高凸，两侧坍塌严重，底部堆土较多；西壁呈梯形，上部夯土坍塌内收呈二层台状；南壁与长城墙体顶部坍塌成陡坡状。台体底部边长 13 米，顶部不规则，东西约 3、南北约 5 米，高 9 米。夯层厚 17、18 厘米。

22. 清水营村二队 22 号敌台（D337）

该敌台位于灵武市宁东镇清水营村二队西北约 4.4 千米处，西北距清水营村二队 23 号敌台 0.199 千米。台体用黄土夯筑而成，呈覆斗形，凸出于长城墙体外侧。保存较差。台体东壁坍塌，被雨水冲刷成陡坡状；北壁上部较陡，坍塌厚约 3 米，下半部被坍塌的夯土堆积成斜坡状；西壁呈斜梯形，被坍塌的夯土掩埋约 1/2；南壁与长城墙体坍塌成陡坡状。台体底部南北外凸，边长约 13 米，顶部凹凸不平，东西 6、南北 5 米，高约 9 米。夯层厚 16 厘米（彩图三八五）。

23. 清水营村二队 23 号敌台（D338）

该敌台位于灵武市宁东镇清水营村二队西北约 4.6 千米处，西北距清水营村二队 24 号敌台 0.199 千米。台体用黄土夯筑而成，呈覆斗形，剖面呈梯形。保存较差。台体坍塌损毁严重，东壁坍塌风化成底大顶小的漏斗状，上部陡直保存较少，下半部坍塌成斜坡；北壁上部陡直呈梯形，下半部坍塌成斜坡；西壁坍塌成底大顶小的近三角状，下半部被坍塌的夯土掩埋过半；顶部被雨水冲蚀成北高南低的陡坡状。台体底部边长 12、顶部边长 4、高 9 米。夯层厚 15、16 厘米。

24. 清水营村二队 24 号敌台（D339）

该敌台位于灵武市宁东镇清水营村二队西北约 4.8 千米处，西北距清水营村二队 25 号敌台 0.2 千米。台体依长城墙体而建，黄土夯筑而成，呈覆斗形，实心。台体东壁上部坍塌厚约 1 米，表面有风蚀孔洞；北壁上部陡直，坍塌厚约 2 米，下半部被坍塌的夯土堆积成陡坡状；西壁立面呈底大顶圆的半椭圆状，上部坍塌厚约 3 米，底部被坍塌的夯土堆积成斜坡；顶部北半部基本平整，南半部与长城墙体坍塌成北高南低的斜坡。台体底部东西 13、南北外凸约 12 米，顶部边长 5 米，高 8 米。夯层厚 13、14 厘米。

25. 清水营村二队 25 号敌台（D340）

该敌台位于灵武市宁东镇清水营村二队西北约 5 千米处，西北距清水营村二队 26 号敌台 0.2 千米，北距"河东墙"（二道边）墙体 0.12 千米。台体用黄土夯筑而成，呈覆斗形，实心，剖面呈梯形，凸出于长城墙体外侧。保存一般，形制基本保存。台体东壁呈陡坡梯形，坍塌厚约 2 米；北壁呈长梯形，坍塌厚约 3 米，下半部被坍塌的夯土掩埋成陡坡状，表面杂草生长较多；西壁呈梯形，底部堆土呈南高北低的斜坡状；南壁及长城墙体顶部坍塌成陡坡状；顶部北高南低，坑洼不平。台体底部东西 13、南北外凸约 12 米，顶部东西 4、南北 5 米，高 8 米。夯层厚 16、18 厘米。周围地表散布有黑釉、褐釉粗瓷片及夹砂灰黑陶罐残片等。

26. 清水营村二队 26 号敌台（D341）

该敌台位于灵武市宁东镇清水营村二队西北约 5.2 千米处，西北距清水营村二队 27 号敌台 0.2 千米。台体依长城墙体外侧而建，黄土夯筑而成，呈覆斗形。保存一般。台体东壁较陡，立面呈梯形，上半部坍塌厚约 3 米，底部坍塌的夯土堆积较厚；北壁呈底大顶小的窄梯形，壁面夯土坍塌厚约 2 米；西壁坍塌厚约 3 米，底部夯土堆积成南高北低的斜坡状；顶部凹凸不平，受雨水冲蚀有沟槽，有直径 0.4、深 0.5 米的圆形坑，坑内有红烧土痕迹。台体底部东西约 13、南北 11 米，顶部东西 1.5、南北 3 米，高 8 米。夯层厚 14、15 厘米（彩图三八六、三八七）。

27. 清水营村二队 27 号敌台（D342）

该敌台位于灵武市宁东镇清水营村二队西北约 5.4 千米处，西北距清水营村二队 28 号敌台 0.203 千米。台体用黄土夯筑而成，呈覆斗形，实心。保存较差。台体为斜坡形土丘，顶部呈土垄状，夯土疏松，酥碱严重，有较多的水蚀沟槽。台体底部边长 8 米，顶部东西约 1、南北 4 米，高约 5 米。

28. 清水营村二队 28 号敌台（D343）

该敌台位于灵武市宁东镇清水营村一队东南约 3 千米处，西北距清水营村一队 1 号敌台 0.251 千米，北距"河东墙"（二道边）墙体 0.1 千米。台体依长城墙体而建，黄土夯筑而成，呈覆斗形，实心，剖面呈梯形，凸出于长城墙体外侧。保存较差。台体为底大顶尖的土丘，四壁坍塌风化成斜坡，顶部坍塌成土垄状。夯土疏松、酥碱严重，有粗绳纹状的水蚀沟槽。台体底部边长 9 米，顶部东西约 1、南北约 3 米，高 5 米。

三　清水营东城堡段明长城墙体沿线烽火台（F19）

清水营村 1 号烽火台（F19）

该烽火台位于灵武市宁东镇清水营村一队（韩家台子）东北约 1.3 千米处，东、西、南侧有矮低丘陵围绕，所处地势平坦，视野开阔，东北距清水营村一队 4 号敌台 0.5 千米，北距长城墙体 0.5 千米。台体用黄土夯筑而成，土质纯净，呈覆斗形，实心。以东壁为基轴，方向北偏东 30°。保存一般。台体东壁底部风蚀内凹，立面略呈腰鼓形，夯土剥落，有较多的风蚀孔洞，版筑缝清晰，版长 1.6～1.8 米，底部有少量的夯土堆积；南壁立面呈梯形，壁面夯土坍塌，有较宽的水蚀沟槽；西壁立面呈长梯形，底部风蚀有凹槽，南北两侧有裂缝；北壁风化成矮梯形，壁面中部有一道水蚀沟槽。台体底部边长 13 米，顶部高低不平，东西5、南北4米，高约8米。夯层厚9～11厘米（图一四〇；彩图三八八）。周围地表散布有明代青花瓷碗底残片、青釉瓷片、夹砂米黄胎黑褐釉瓷缸残片及酱黄釉瓷片。

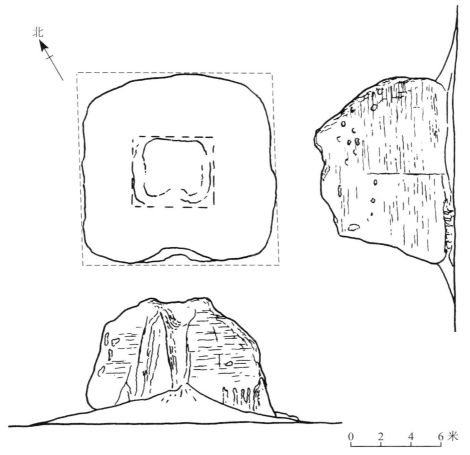

图一四〇　清水营村1号烽火台（F19）平、立面图

四　清水营东城堡

1. 位置与现状

清水营东城堡位于灵武市宁东镇清水营村一队北约1.7千米的"青草沟"与"边沟"之间，北距"河东墙"（二道边）墙体约0.4千米，西距清水营城堡约1.1千米。城堡南墙外侧有新修建的一道南北向边沟水库堤坝。城堡地处缓坡丘陵、荒滩及沙漠地带，地面多岩性砂砾石，土壤为灰钙土和沙土。地表草原带沙生植被属中亚白草群落及油蒿群落。城堡内荒芜，杂草丛生，无人居住。保存较差。城堡内地面高于城堡外，城墙被沙土掩埋约3/5。城内地势中间低凹，东北部地势最高，有沙丘。占地面积32500平方米。

2. 平面形制

清水营东城堡平面呈长方形，周长748米，面积32500平方米。城堡坐北朝南，平面呈皿字形。城堡内有两道南北向的隔墙，将城堡分为三个连接互通的西、中、东城（图一四一）。以东墙为基轴，方向北偏东35°。城堡门开在西城东墙中部偏南。从城堡的结构和与长城墙体的关系看，始建

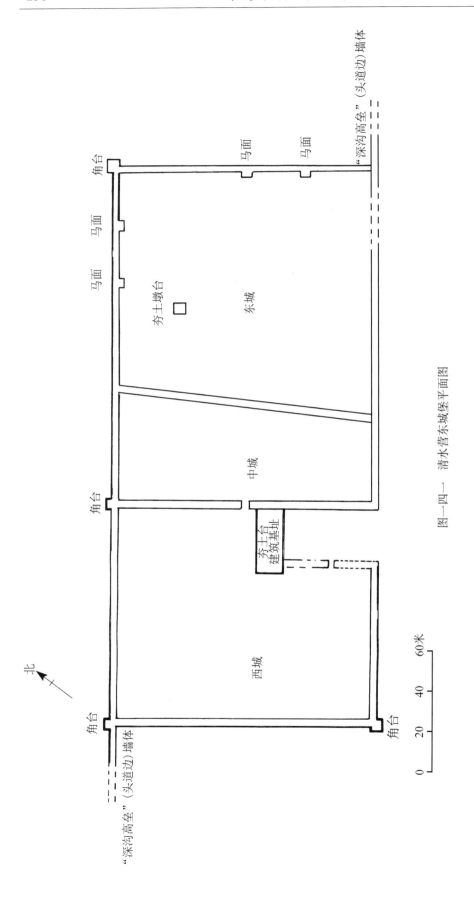

图一四一　清水营东城堡平面图

年代可能与“河东墙”（二道边）墙体的年代相当。后来修筑“深沟高垒”（头道边）墙体，在清水营分叉离开“河东墙”（二道边）墙体向南移筑，直接与清水营东城堡东、北墙相连接，形成长城墙体与城堡的犄角之势。兹将清水营东城堡的东、中、西城的建筑形制及角台、马面和城堡内夯土台建筑分述如下。

（1）东城

东城平面略呈梯形，城内中部地势低凹，西南角地势最高，城内中心地面平坦，西北部有夯土实心墩台一座（彩图三九〇）。东墙长 125 米，墙体用黄土夯筑而成，风蚀坍塌损毁较严重，墙体顶部受雨水冲刷有多处冲沟豁口，保存一般。墙体高 6 ~ 9、顶宽约 3 米，夯层厚 11、13、16、17 厘米，墙体内外两侧被倒塌的夯土和沙土掩埋过半，东墙南段内侧分布有 2 座马面。南墙长 114、顶宽 4、底宽约 10、高 9 米，夯层厚 16、22 厘米，东段被边沟洪水冲毁，有约 37 米宽的豁口。北墙长 108 米，风蚀坍塌较重，内外两侧被倒塌的夯土掩埋约 1/2，顶宽 2.5、相对外侧地面高 8 米，夯层厚 11 ~ 19 厘米，墙体内侧有 2 座马面。

（2）马面

马面有 4 座，分布在东城东、北墙内侧。

东墙两座马面形制相同。台体依东城墙体而建，夯筑而成，呈覆斗形，实心。台体坍塌损毁较为严重，底部东西 3、南北 5 米，顶部边长 2 米。

北墙两座马面形制相同。台体底部南北内凸 5、东西 3 米，顶部坍塌较重，边长约 1 米。

（3）中城

中城平面呈长梯形，城内地势中间低洼四周较高，墙体内外两侧被沙土堆积成斜坡状。东墙长 120 米，是东城和中城之间的隔墙；墙体中部（偏南）有门与东城相通，存石砌门墩，残存门址宽 2.5 米（彩图三八九），夯层厚 15、16、19 厘米。南墙长 35 米，顶部受雨水冲蚀有较多的冲沟豁口，高 7、底宽 10、顶宽 2 米。西墙 115 米，是西城和中城的隔墙，中部有门与西城相通，门宽 2 米，墙体被倒塌的夯土掩埋约 1/2，高 6 米，夯层厚 14 ~ 16 厘米。北墙长 50 米，顶部受雨水冲蚀坍塌，有较多的冲沟豁口，墙体相对内侧地面高 5 ~ 6、相对外侧地面高 7、底宽 10、顶宽约 2 米。

（4）西城

西城平面呈正方形，与中城连接后平面呈倒凹字形。东墙中段有长方形的夯土台，南段长 43 米；城门开在中部偏南，为 8 米宽的豁口；北半段长 58 米，与中城北墙相接，墙体高 3 ~ 5、底宽 10、顶宽约 2 米，顶部有较多的冲沟小豁口。西墙长 105 米，用黄土夯筑而成，风蚀坍塌较严重，墙体高 2 ~ 3、顶宽约 1 米。北墙长 102 米，相对内侧地面高 5、底宽 10、顶宽约 2 米，夯层厚 16、17、20 厘米，因雨水冲蚀坍塌，有多处冲沟豁口。

（5）角台

城堡形制特别，4 座角台分别位于西城西南角、西北角及中城西北角和东城东北角。台体用黄土夯筑而成，呈覆斗形，实心，平面呈长方形或正方形。东城东北角台底部东西 12、南北 18 米，顶部东西 8、南北 9 米，高 9 米。中城西北角台保存相对较好，底部东西 16、南北 2 米，顶部东西 8、南北 9 米，高 8 米。西城西南角台底部东西 13、南北 15 米，顶部东西 5、南北 9 米。西城西北角台，平面呈正方形，底部边长 11、顶部边长 4、高 7 米。

（6）夯土墩台

夯土墩台位于东城内北偏西，呈覆斗形，实心。台体四壁陡直，底部平面呈长方形，顶部坍塌较重。台体底部东西 14、南北 12 米，顶部受雨水冲毁较重，高低不平，边长约 5 米（彩图三九〇）。

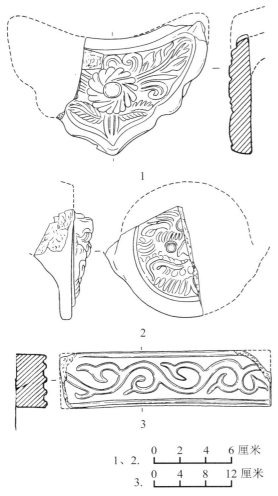

图一四二　清水营东城堡文物标本

1. 菊花纹滴水（标本：1）　2. 兽面瓦当（标本：2）
3. 缠技草叶纹花边砖（标本：3）

（7）夯土台建筑基址

夯土台建筑基址位于西城东墙西侧，平面呈长方形，与西城东墙相连接。台体底部东西29、南北23米，顶部东西26、南北21米，高9米。上部建筑损毁不存，有较多的砖瓦堆积及其他建筑饰件等。

城堡内地表散布有青花瓷片，灰胎黑釉、灰胎褐釉酱釉罐粗瓷片，夹砂褐釉瓷缸残片，夹砂褐釉瓷罐残片及建筑饰件、砖瓦残块等。器形有碗、罐、缸、盆等。

3. 遗物

标本：1，菊花纹滴水。泥质灰陶，滴面呈弧边三角形，模印花卉纹图案。一角失，滴面为一朵盛开的菊花图案，周围有条形花叶相衬。宽16、高9.5、厚1.7厘米（图一四二：1）。

标本：2，兽面瓦当。泥质灰陶瓦当，当面圆形，当面存约三分之一。当缘较宽，中心兽面较小，构图饱满隆起，额顶两侧有纽形角，其下为短线粗眉，小圆眼，小塌鼻，张嘴龇牙，额下残缺，两腮及额顶须发张立，下颌小有一周短须。后接筒瓦残断。当面直径11、厚1.4厘米（图一四二：2）。

标本：3，缠枝草叶纹花边砖。泥质灰陶，长条形，砖面四周有凸楞边框，正面模印连续的缠枝草叶纹，背面基本平整，缺砖角。砖长33.4、宽9、厚5厘米（图一四二：3；彩图三九一）。

第八节　清水营段明长城墙体及相关设施

一　清水营段明长城墙体（D343—D431）

清水营段明长城墙体经过清水营村一队、马跑泉、张家窑三个村。依墙体外侧而建的敌台有89座、铺舍2座、烽火台4座及清水营城堡等。

1. 清水营村一队1段长城墙体

该段墙体起点位于灵武市宁东镇清水营村二队西北约5.4千米的清水营村二队28号敌台处，止点位于宁东镇清水营村一队西北1.5千米的清水营村一队11号敌台处。墙体长2338米。北距"河东墙"（二道边）墙体0.13～0.6千米。墙体用黄土夯筑而成。根据墙体保存状况及敌台分布情况分为10段（参见图二八）。分述如下：

清水营村二队 28 号敌台（D343）—清水营村一队 1 号敌台（D344）

墙体长 251 米。墙体用黄土夯筑而成，夯土内夹杂有红砂岩和青砂岩碎块。墙体东半段被取土挖毁，用于修建水库堤坝，仅存基础，高约 0.9 米；西半段高约 3.5 米。清水营村二队 28 号敌台西北 0.23 千米处墙体底部被挖掘有 2 米宽的过水涵洞，清水营村一队 1 号敌台内侧有一道防洪堤坝。依墙体外侧而建的敌台损毁严重，仅存基础（彩图三九二）。

清水营村一队 1 号敌台（D344）—清水营村一队 2 号敌台（D345）

墙体长 295 米。呈东南—西北走向。墙体用黄土夯筑而成，夯土内含有青砂石和红砂石碎块。墙体东半段被取土挖毁，夷为平地，仅存宽约 11、高约 0.4 米的基础；部分墙体损毁较轻，高约 5 米。清水营村一队 1 号敌台西 0.021 千米处墙体被挖开宽 6、深约 2.5 米的泄洪沟。

清水营村一队 2 号敌台（D345）—清水营村一队 3 号敌台（D346）

墙体长 209 米。所处地势较为平缓，地面生长有较多的沙蒿草。墙体东半段被取土夷为平地，仅存高 0.4、宽 11 米的基础；西半段高约 3 米。

清水营村一队 3 号敌台（D346）—清水营村一队 4 号敌台（D347）

墙体长 207 米。呈东南—西北走向。墙体高 1.6 ~ 4 米。清水营村一队 4 号敌台东侧墙体有 6 米宽的豁口，输油管道穿墙而过。墙体西半段有 12 米宽的冲沟豁口，豁口处仅存基础痕迹。

清水营村一队 4 号敌台（D347）—清水营村一队 5 号敌台（D348）

墙体长 291 米。墙体用黄土夯筑而成。墙体坍塌为土梁，东半段坍塌严重，高约 3 米；西半段高约 5.5、底宽 11 米。夯层厚 12、15、22 厘米。夯土风蚀酥碱严重，生长有杂草。西南约 0.5 千米丘陵高处有清水营村 1 号烽火台。

清水营村一队 5 号敌台（D348）—清水营村一队 6 号敌台（D349）

墙体长 178 米。地处丘陵缓坡地带，地势由东向西逐渐走高。墙体用黄土夯筑而成。墙体顶部及两侧坍塌严重，有较多锯齿状的冲沟豁口。墙体高 5 ~ 6.5 米。

清水营村一队 6 号敌台（D349）—清水营村一队 7 号敌台（D350）

墙体长 180 米。大致呈东—西走向。墙体用黄土夯筑而成。墙体东半段坍塌风化严重，高 4 ~ 5 米；西半段保存相对较好，宽厚高大，两侧被倒塌的夯土掩埋成斜坡状，高约 7.5、底宽 11、顶宽约 1 米。夯层厚 8、9、12 厘米。墙体表面羊群踩踏破坏严重，夯土酥碱、风化粉状脱落。清水营村一队 6 号敌台西 0.05 千米处墙体有 5 米宽的冲沟豁口。

清水营村一队 7 号敌台（D350）—清水营村一队 8 号敌台（D351）

墙体长 243 米。墙体用黄土夯筑而成，部分夯土内夹杂有少量碎石。墙体两侧被坍塌的夯土及沙土掩埋成斜坡状，露出部分高约 1.5 米。部分墙体因内壁风雨侵蚀坍落沟崖下。墙体顶部基本平整，宽 0.8 ~ 2.5、高约 7 米。夯层厚 13、14、17 厘米。清水营村一队 8 号敌台北距"河东墙"（二道边）墙体内侧的清水营村 6 号烽火台约 0.64 千米（彩图三九三）。

清水营村一队 8 号敌台（D351）—清水营村一队 9 号敌台（D352）

墙体长 241 米。所处地势较为平缓，两侧地表生长有低矮的苦豆子和沙蒿，内侧为泄洪沟。墙体用黄土夯筑而成。墙体两侧被倒塌的夯土及沙土掩埋约 2/3，部分墙体两侧陡直平整。墙体高 4 ~ 6、顶宽 0.8 ~ 1.9 米。夯层厚 13、15 厘米。

清水营村一队 9 号敌台（D352）—清水营村一队 10 号敌台（D353）

墙体长 243 米。呈东南—西北走向。墙体用黄土夯筑而成，夯土中夹有少量碎石。墙体顶部及两侧坍塌严重，被坍塌的夯土及沙土掩埋成斜坡形。墙体高约 6、露出部分高约 1.5、顶宽约 1 米。夯层厚 16～21 厘米。

2. 清水营村一队 2 段长城墙体

该段墙体起点位于灵武市宁东镇清水营村（韩家台子）东北约 1.5 千米的清水营村一队 10 号敌台处，止点位于清水营村东约 0.9 千米的清水营村一队 14 号敌台处，北距"河东墙"（二道边）墙体约 0.6 千米。墙体长 2221 米，其中消失 838 米。墙体用黄土夯筑而成，夯土内有青砂石和红砂石碎块。墙体大多被取土采挖砂石、挖墙修路等人为损毁。自清水营村一队 10 号敌台北 0.154 千米处 G106～G108 断点的墙体被流水切割成几段，地面形成几个直径达数百米的圆形塌陷区，周围是黄土断崖。根据墙体保存状况及敌台分布情况、断点、塌陷缺口等特征点分为 13 段（参见图二八）。分述如下。

清水营村一队 10 号敌台（D353）—G106 断点

墙体长 154 米。地处丘陵缓坡地带，地势由东向西逐渐走低。墙体坍塌风化成坡形土梁，部分墙体外侧壁面保存相对较好。墙体高 6～7 米，夯层厚 12、13 厘米。

G106 断点—G107 断点

墙体塌陷消失 320 米。墙体损毁的主要原因为当地村民采挖砂石、修路及被边沟洪水冲毁等。墙体所经地段被季节性洪水冲刷侵蚀、切割成较大面积的塌陷区，形似河床裸露，周围是黄土断崖（彩图三九四）。

G107 断点—G108 断点

墙体长 156 米。呈东南—北走向。保存较好。墙体高 7、底宽 11、顶宽 2～3 米，顶部垛墙高 0.4～0.9、底宽 0.6～1、顶宽 0.3 米，内侧顶部有一段 20 米的女墙，女墙高 0.4、底宽 0.5 米。夯层厚 14、15、19 厘米。

G108 断点—G109 断点

墙体消失 202 米。由于常年采挖砂石，所处地段形成面积较大的泄洪水库，墙体周围是黄土断崖，深 3～5 米（彩图三九五）。

G109 断点—G110 断点

墙体长 35 米。地处丘陵缓坡地带，地势由东向西逐渐走低。墙体有较多风蚀孔洞及蜂窝巢穴等，底部有风蚀掏空的横向沟槽。墙体高 6、顶宽约 3 米，夯层厚 13、14、18 厘米。墙体顶部存垛墙遗迹。

G110 断点—G111 断点

墙体消失 230 米。被洪水完全冲毁淹没，所处地段被洪水侵蚀切割成面积较大的自然冲沟，地面为直径达数百米的圆形塌陷区。墙体周围是黄土断崖，深约 3 米。

G111 断点—清水营村一队 11 号敌台（D354）

墙体长 11 米。北距清水营村 7 号烽火台约 0.66 千米。墙体高 6、底宽约 9、顶宽约 2 米。

清水营村一队 11 号敌台（D354）—G112 断点

墙体长 96 米。保存较好。墙体高约 6、底宽 10、顶宽 2.5～3 米。

G112 断点—G113 断点

墙体所处地段被洪水侵蚀切割成深 3～4 米的冲沟断崖，被洪水冲毁消失 52 米。

G113 断点—清水营东城堡东南角

墙体长 30 米。东端为冲沟断崖，西端与清水营东城堡东南角墙体相连接。墙体高约 7、底宽约 9、顶宽 1～1.7 米。

清水营东城堡东南角—清水营东城堡西北角

墙体为清水营东城堡东墙、北墙，长 385 米。由东南至西北与清水营东城堡东南角连接。城堡东墙长 125 米，黄土夯筑而成，大致呈南—北走向，方向北偏东 35°。墙体高 6～9、顶宽约 3 米，夯层厚 11、13、16、17 厘米。墙体内外两侧被倒塌的夯土和沙土掩埋过半，南段内侧有依墙体而建的两座马面。北墙长 260 米，呈东南—西北走向，方向北偏西 55°，内外两侧被倒塌的夯土及沙土掩埋至墙腰，东段保存较好，高约 8 米；西段高约 7、底宽 10 米。墙体顶部有较多的冲沟豁口，宽约 2 米。

清水营东城堡西北角—清水营村一队 12 号敌台（D355）

墙体长 192 米。大致呈东—西走向。墙体内壁及顶部坍塌严重，有较多锯齿状的冲沟豁口。墙体高约 5、底宽 11、顶宽 2～3 米，夯层厚 10～16 厘米。墙体西半段被沙土掩埋呈斜坡形，高约 7、顶宽约 3 米。

清水营村一队 12 号敌台（D355）—清水营村一队 13 号敌台（D356）

墙体长 165 米。地处丘陵缓坡地带，地势由东向西逐渐走高。走向由西北折转向北。墙体用黄土夯筑而成，行夯较轻，夯土中含有颗粒状土块。墙体中段（清水营村一队 13 号敌台南 0.083 千米处）被水沟（青草沟）冲出 26 米宽的豁口，南半段坍塌、风蚀成坡形，顶部垮塌、风蚀成鱼脊状。墙体高 0.5～4 米，夯层厚 13、15、16 厘米。清水营村一队 12 号敌台北 0.035 千米处墙体有 8 米宽的冲沟豁口。

清水营村一队 13 号敌台（D356）—清水营村一队 14 号敌台（D357）

墙体长 193 米。大致呈南—北走向。墙体顶部风蚀坍塌有较多锯齿状的冲沟豁口，两侧被塌落的夯土及沙土掩埋过半。墙体高 4～4.5 米，夯层厚 16、19、20 厘米。清水营村一队 14 号敌台为"深沟高垒"（头道边）墙体和"河东墙"（二道边）墙体的分叉点。

3. 清水营村一队 3 段长城墙体

该段墙体起点位于灵武市宁东镇清水营城堡东约 0.9 千米处的"深沟高垒"（头道边）墙体与"河东墙"（二道边）墙体分叉点的清水营村一队 14 号敌台处，止点位于宁东镇清水营城堡西北约 0.8 千米的清水营村一队 21 号敌台处。墙体长 1419 米。大致呈东南—西北走向。墙体南侧边沟弯弯曲曲大致与长城墙体平行走向，边沟是一条常年有水的小河，发源于清水营，由东向西流。墙体用黄土夯筑而成。墙体坍塌严重，大部分被沙土掩埋成坡形，顶部坍塌成高低错落的土梁。根据墙体保存状况及敌台分布情况分为 7 段（图一四三）。分述如下。

清水营村一队 14 号敌台（D357）—清水营村一队 15 号敌台（D358）

墙体长 165 米。地处丘陵缓坡地带，地势由东南向西北逐渐走高。呈东南—西北走向。墙体用黄土和红沙土分层夯筑而成，夯土内有少量碎石。墙体两侧被倒塌的夯土及沙土掩埋约 3/4，顶部有较多的冲沟豁口，顶部两侧坍塌严重。墙体高约 7、底宽约 9、顶宽约 1.2 米。夯层厚 11～18 厘米。

清水营村一队 15 号敌台（D358）—清水营村一队 16 号敌台（D359）

墙体长 210 米。墙体用黄土和红沙土分层夯筑而成。墙体两侧坍塌严重，被坍塌的夯土及沙土掩埋过半。墙体上部受雨水冲刷侵蚀有较多锯齿状的冲沟豁口，其中较大的豁口有 4 处，豁口底宽 1～2、上宽 2～5 米。部分墙体坍塌严重，有较宽的冲沟凹槽，形如一排棒槌状的小山峰。墙体高 4～6、底宽约 9、顶宽 0.5 米。夯土较硬，土质纯净，夯层厚 12、14、16、18 厘米（彩图三九六、三九七）。

清水营村一队 16 号敌台（D359）—清水营村一队 17 号敌台（D360）

墙体长 200 米。地处丘陵缓坡地带，地势由东向西逐渐走高。墙体用黄土夯筑而成，夯土内夹杂有少量的红砂岩和灰砂岩碎块。墙体两侧被坍塌的夯土及沙土掩埋过半，大多垮塌，高低错落，形如断断续续排列的柱状山峰。墙体高 4～6、顶宽约 0.7 米，夯层厚 11、12、14、15 厘米。

清水营村一队 17 号敌台（D360）—清水营村一队 18 号敌台（D361）

墙体长 198 米。地处低山丘陵缓坡滩地，地势由东南向西北逐渐走高。墙体用黄土夯筑而成，夯土颗粒较大，夯土中搀杂有少量碎石，夯打不结实。墙体顶部受雨水冲刷有较多的冲沟豁口，两侧被塌落的夯土及沙土掩埋至墙腰。墙体高约 3、底宽约 9 米，夯层厚 15、19 厘米。

清水营村一队 18 号敌台（D361）—清水营村一队 19 号敌台（D362）

墙体长 216 米。地处丘陵缓坡地带，地势由东向西逐渐走低，地表有较厚的黄沙土，植被较差，生长有少量的黑沙蒿和猫头刺等，植被覆盖率约 20%。墙体用黄土夯筑而成。呈东南—西北走向。墙体保存较差，受雨水冲蚀损毁严重，上部高低不平，有较多的冲沟豁口。墙体高 3~4.5 米，夯层厚 12、13、16、28 厘米。

清水营村一队 19 号敌台（D362）—清水营村一队~20 号敌台（D363）

墙体长 230 米。地处丘陵缓坡地带，地势由东南向西北逐渐走低，内侧靠近边沟，外侧地面有固定沙丘，生长有少量的黑沙蒿、白茨草等。墙体用黄土夯筑而成。墙体两侧被沙土掩埋成坡形，表面有较多的风蚀孔洞，顶部坍塌严重，根部风蚀有凹槽。墙体高约 5 米，夯层厚 14~17 厘米。

清水营村一队 20 号敌台（D363）—清水营村一队 21 号敌台（D364）

墙体长 200 米。地处丘陵缓坡地带，地势由东南向西北逐渐走高，两侧地面有较厚的固定沙丘，地表生长有少量的黑沙草等。墙体用黄土夯筑而成。墙体被倒塌的夯土及沙土掩埋约 4/5，露出部分损毁严重，顶部有较多的冲沟豁口。墙体高 5~7、顶宽 0.4~1 米，夯层厚 11~17 厘米。

4. 清水营村一队 4 段长城墙体

该段墙体起点位于灵武市宁东镇清水营村一队西北约 5 千米，清水营城堡西北约 0.8 千米的清水营村一队 21 号敌台处，止点位于清水营城堡西北约 2.1 千米的清水营村一队 27 号敌台处。呈东南—西北走向。墙体长 1606 米。墙体用黄土夯筑而成，部分墙体用黄土和红土分层夯筑而成，夯层间用芨芨草编织的草绳呈方格状平铺夯打在墙体内。墙体两壁大部被沙土掩埋成坡形，上半部坍塌风化严重，顶部有冲沟豁口。墙体高 4~6、底宽约 10 米。根据墙体状况及敌台分布情况分为 6 段（参见图一四三）。分述如下。

清水营村一队 21 号敌台（D364）—清水营村一队 22 号敌台（D365）

墙体长 266 米。地处丘陵缓坡地带，南距清水营村 2 号烽火台约 0.8 千米。墙体用黄土夯筑而成。呈东南—西北走向。墙体两侧被倒塌的夯土及沙土掩埋约 2/3，上部坍塌，受雨水冲刷、侵蚀有多处冲沟豁口。墙体高 2.6~6、底宽 9.5、顶宽 0.2~2.1 米。

清水营村一队 22 号敌台（D365）—清水营村一队 23 号敌台（D366）

墙体长 280 米。地处丘陵缓坡地带，地势由东南向西北逐渐走低，墙体内侧距边沟较近，地面黄沙土较厚，植被贫乏，生长有少量的黑沙蒿及白茨草等。墙体由东向西呈"S"形走向，中段有人为掏挖的方形坑。墙体高 3~5、顶宽 0.4~2 米。夯层间用芨芨草编织的草绳呈网格状夯筑，起拉筋加固的作用。

清水营村一队 23 号敌台（D366）—清水营村一队 24 号敌台（D367）

墙体长 280 米。地处丘陵缓坡地带，地势由东南向西北逐渐走低。墙体用黄土夯筑而成。墙体顶部坍塌严重，高低错落有较多的冲沟凹槽；两侧被塌落的夯土及沙土掩埋成坡状。墙体高 2~6、顶宽 0.4~1.4 米，夯层厚 16、17、20 厘米。

清水营村一队 24 号敌台（D367）—清水营村一队 25 号敌台（D368）

墙体长 280 米。自清水营村一队 24 号敌台起转折呈东南—西北走向。墙体用黄土夯筑而成。墙体两侧被倒塌的夯土及沙土掩埋约 2/3，顶部坍塌风化成坡形土梁，西半段保存相对较好。墙体顶宽 0.4~

1.1、部分墙体顶部最宽 3.3、高约 6 米。部分墙体顶部有断断续续的冲沟豁口，形似直立的小山峰。

清水营村一队 25 号敌台（D368）—清水营村一队 26 号敌台（D369）

墙体长 290 米。所处地势由东南向西北逐渐走低。墙体内用茇茇草编织的方格状的草绳夯打作筋，网格长 80、100 厘米，宽 90、130 厘米。部分墙体上部坍塌严重，呈断续土梁状。墙体高约 6、顶宽约 0.4 米。

清水营村一队 26 号敌台（D369）—清水营村一队 27 号敌台（D370）

墙体长 210 米。所处地势较为平缓，地面固定沙丘较多。呈东南—西北走向。墙体用黄土和红土分层夯筑而成。墙体顶部坍塌受雨水冲蚀损毁严重，有较大的沟槽。墙体高 3~6、底宽约 10、顶宽 0.5~1.3 米。夯层清晰，黄土夯层厚 12 厘米，红土夯层厚 2 厘米。

5. 马跑泉村 1 段长城墙体

该段墙体起点位于灵武市宁东镇马跑泉村东南约 2.8 千米的清水营村一队 27 号敌台处，止点位于马跑泉村东约 2 千米的马跑泉村 8 号敌台处。墙体长 1897 米。走向在北偏西 70°~45° 弧线内变化。墙体用黄土和红黏土夯筑而成，内外两侧土质及夯层薄厚均有区别：外部夯土较细，夯打较结实，夯层较薄，夯层厚 11~15 厘米；内侧土质较粗，行夯较轻，夯打不结实，夯层厚 17~20 厘米。墙体两侧大多被沙土掩埋成坡形，上半部坍塌风化较重，顶部呈锯齿状。墙体高 4~6、部分墙体高约 7.5、底宽约 10 米。根据墙体保存状况及敌台分布情况分为 8 段（图一四四）。分述如下。

清水营村一队 27 号敌台（D370）—马跑泉村 1 号敌台（D371）

墙体长 243 米。地处丘陵缓坡地带，地势由东南向西北逐渐走低。大致呈东—西走向。墙体上半部坍塌较重，有较多的冲沟豁口，两侧被坍塌的夯土及沙土掩埋约 2/3。墙体高 3~6、顶宽约 1.6 米。

马跑泉村 1 号敌台（D371）—跑马泉村 2 号敌台（D372）

墙体长 240 米。所处地势较平缓。墙体顶部及两侧坍塌严重，有较多锯齿状的冲沟凹槽，内壁坍塌相对严重，外壁保存相对较好，两侧被坍塌的夯土及沙土掩埋过半。墙体高约 6、底宽约 9、顶宽 1.5 米，夯窝直径 12 厘米。马跑泉村 1 号敌台坍塌风化成底大顶圆的土丘，马跑泉村 2 号敌台东西两壁坍塌严重，损毁约 2/3。

马跑泉村 2 号敌台（D372）—跑马泉村 3 号敌台（D373）

墙体长 236 米。地处丘陵地带，地势较为平坦。呈东—西走向。墙体顶部坍塌、雨水冲刷较严重，有较多的冲沟豁口，豁口宽 1~2 米。墙体高约 7、底宽 10、顶宽约 1 米，夯层厚 12、14、16 厘米。马跑泉村 2 号敌台西壁被取土挖开有 2 米宽的豁口。

马跑泉村 3 号敌台（D373）—跑马泉村 4 号敌台（D374）

墙体长 226 米。地处丘陵缓坡地带，地势由东南至西北逐渐走低，两侧地表植被稀少，地面仅有少量干枯的沙蒿草。大致呈东—西走向。墙体内侧有新修建的水库，靠近马跑泉村 4 号敌台内侧有南北向的堤坝。墙体顶部及两侧坍塌成坡形，两侧被坍塌的夯土及沙土掩埋过半，顶部有较多的冲沟豁口。墙体高 4~5、顶宽约 0.4 米。马跑泉村 4 号敌台上部坍塌损毁严重，被雨水冲蚀成高低错落的土垄。

马跑泉村 4 号敌台（D374）—跑马泉村 5 号敌台（D375）

墙体长 251 米。墙体坍塌严重，顶部有较多的冲沟豁口，两侧被坍塌的夯土和沙土掩埋约 1/2。墙体每隔 2 米或 10 米有 1~2 米宽的冲沟豁口。墙体高 3~6、底宽约 9、顶宽约 0.4~1.5 米。

马跑泉村 5 号敌台（D375）—跑马泉村 6 号敌台（D376）

墙体长 223 米。呈弧线走势，方向由东—西弯转为东南—西北。墙体两侧被坍塌的夯土和沙土掩埋约 1/2；上部高低不平，有较多的水蚀凹槽；顶部每隔 3 米或 20 米有 1～2 米宽的冲沟豁口。墙体高约 6、顶宽大多 1～2.4、最宽 3.1 米。马跑泉村 6 号敌台与墙体接合部位有 2 米多宽的冲沟豁口。

马跑泉村 6 号敌台（D376）—跑马泉村 7 号敌台（D377）

墙体长 225 米。地处丘陵缓坡地带，地势较为平缓。呈东南—西北走向。墙体两侧沙土堆积较厚，顶部有多处水蚀凹槽。西半段保存较好，两壁陡直，夯土片状剥离，损毁较轻。墙体高约 7、底宽约 9、顶宽 1.5～3.5 米（彩图三九八、三九九）。

马跑泉村 7 号敌台（D377）—跑马泉村 8 号敌台（D378）

墙体长 253 米。大致呈东南—西北走向。墙体内侧土质较粗，行夯较轻，夯打不结实，损毁相对外侧较重；顶部有较多的冲沟豁口。墙体高约 7、底宽约 10、顶宽约 3.4 米。夯层厚 11～13、20 厘米。

6. 马跑泉村 2 段长城墙体

该段墙体起点位于灵武市宁东镇马跑泉村一队东约 2 千米的马跑泉村 8 号敌台处，止点位于马跑泉村一队西北约 0.65 千米的马跑泉村 14 号敌台处。墙体长 1659 米。方向北偏西 55°～65°。保存较好。墙体大多就近取土，用黄土夯筑而成，部分墙体用黄土和红黏土夯筑而成。墙体内外两侧被倒塌的夯土及沙土掩埋约 3/4。墙体高约 7、顶宽 2.7～4.5 米，部分墙体顶部有垛墙和女墙遗迹，垛墙和女墙夹道宽 2.7～3.5 米。根据墙体保存状况及敌台分布情况分为 7 段（参见图一四四）。分述如下。

马跑泉村 8 号敌台（D378）—马跑泉村 9 号敌台（D379）

墙体长 255 米。地处丘陵缓坡地带，地势由东南向西北逐渐走高，两侧地表植被贫乏，有少量干枯的沙蒿草。墙体外侧大多被沙土掩埋过半，内侧沙土堆积较少，露出部分高约 1.5 米。墙体高 7、底宽 10、顶宽 2～4.8 米，夯层厚 10～17 厘米，夯窝直径 10 厘米。顶部为凹字形，存女墙和垛墙，二者之间夹道宽约 2.6 米，女墙宽 0.5、残高 0.4 米，垛墙底宽 1.1、高 0.8 米。

马跑泉村 9 号敌台（D379）—马跑泉村 10 号敌台（D380）

墙体长 254 米。墙体用黄土夯筑而成，部分墙体夯土内掺杂有青白色料礓土。墙体两侧被沙土掩埋过半。墙体高约 7、底宽 11、顶宽 5.1 米，女墙 0.7、高 1 米，垛墙宽 0.7、高 1.4 米，垛墙和女墙间夹道宽约 3.5 米。夯层厚 13、14、15 厘米，掺杂有青白色料礓土的夯层厚 3～5 厘米。马跑泉村 9 号敌台及墙体内侧存夯土台阶踏步，依墙体内侧由西向东逐级夯筑而成，阶宽 1.4、高 0.38 米，存 10 级。马跑泉村 9 号敌台两侧墙体有 4 米宽的豁口（彩图四〇〇～四〇二）。

马跑泉村 10 号敌台（D380）—马跑泉村 11 号敌台（D381）

墙体长 257 米。地处丘陵缓坡地带，地势由东南向西北逐渐走低，外侧为流动和半流动沙丘，内侧开垦有农田，种植有小片的树木等。墙体用黄土夯筑而成。马跑泉村 10 号敌台西壁与墙体接合部位有隐蔽的穿墙通道，由内向外呈 "S" 形，长 7.2、宽 1.1 米，两侧壁面垂直平整。夯土坚硬，夯打较结实，夯层清晰，厚 11、12、14 厘米。

马跑泉村 11 号敌台（D381）—马跑泉村 12 号敌台（D382）

墙体长 228 米。墙体用黄土夯筑而成。保存相对较好，顶部及两侧壁面夯土坍塌较轻，底部有少量堆土。墙体高约 7、顶宽 4.3 米，夯层厚 11～14 厘米。存女墙和垛墙，女墙底宽 0.8 米，垛墙残高约 1、底宽 1 米，垛墙和女墙间夹道宽 2.5 米。

马跑泉村 12 号敌台（D382）—马跑泉村 13 号敌台（D383）

墙体长 230 米。墙体两侧被沙土掩埋过半，内侧夯土坍塌较多，顶部有多处冲沟豁口。墙体高约 6、部分墙体顶宽约 4.5 米，夯层厚 10、12、13 厘米。保存垛墙和女墙，垛墙底宽 1、女墙底宽 0.9、垛墙和女墙间夹道宽2.4米（彩图四〇三）。

马跑泉村13号敌台（D383）—马跑泉村14号敌台（D384）

墙体长235米。墙体外侧为流动和半流动沙丘，地势平缓，地表散布有少量干枯的杂草；内侧种植有少量的树木。墙体剖面呈梯形，顶部基本平整，存垛墙和女墙。墙体高约7、顶宽5.1米（彩图四〇四），垛墙底宽0.7、高1.1米，女墙宽0.6、高1.1米。夯土内夹杂有少量的鹅卵石，夯层厚13、14、19、20厘米。马跑泉村14号敌台东壁与长城体接合部位有4米宽的村路豁口。

马跑泉村14号敌台（D384）—马跑泉村15号敌台（D385）

墙体长200米。保存较好。墙体两侧被沙土掩埋约3/4，保存垛墙和女墙。墙体高约7、顶宽4.3米，女墙宽0.6、高0.3米，垛墙宽0.6、高1.1米，版长1.6米，夯层厚12～15厘米。马跑泉村13号敌台东侧墙体有3.7米宽的村路豁口，马跑泉村14号敌台与墙体接合部位有2米宽的冲沟豁口。

7. 马跑泉村3段长城墙体

该段墙体起点位于灵武市宁东镇马跑泉村一队西北约0.65千米的马跑泉村14号敌台处，止点位于灵武市临河镇张家窑村柏油公路缺口西侧的张家窑村1号敌台处。墙体长1108米。大致呈东南—西北走向，方向北偏西55°～65°。墙体用黄土和红黏土夯筑而成。墙体两侧被倒塌的夯土及沙土掩埋约3/4。墙体高6～7、顶宽2.7～4.5米。部分墙体顶部存垛墙和女墙，二者之间夹道宽3.5米。根据墙体保存状况及敌台分布情况分为5段（参见图一四四）。分述如下。

马跑泉村15号敌台（D385）—马跑泉村16号敌台（D386）

墙体长200米。保存较好。墙体两侧被塌落的夯土及沙土掩埋1/2～3/4，部分墙体被雨水冲刷有较宽的水蚀沟槽。部分墙体顶部存垛墙和女墙。墙体高7、顶宽约4.8米，垛墙高1.4、底宽1、顶宽0.3米，女墙高0.6、底宽0.6、顶宽0.25米，女墙和垛墙间夹道宽3.1米。夯土颗粒较大，土质较粗，夯层厚13厘米。

马跑泉村16号敌台（D386）—马跑泉村17号敌台（D387）

墙体长225米。所处地势较平缓，内侧有新开垦的农田，外侧为荒滩平地。墙体两侧被坍塌的夯土及沙土掩埋1/2～3/4，顶部有多处沟槽。墙体高约7、顶宽1.2～2米。夯土颗粒较大，土质较粗，夯层厚13～16厘米。墙体中段有3米多宽的村路豁口。

马跑泉村17号敌台（D387）—马跑泉村18号敌台（D388）

墙体长227米。所处地势较平坦，内侧为农田，外侧地表生长有较多的杂草。墙体两侧被倒塌的夯土及沙土掩埋约3/4，顶部受雨水冲刷侵蚀有较多锯齿形的冲沟豁口。墙体高5～6、底宽约9、顶宽1.6～2.8米。依墙体外侧而建的敌台坍塌损毁约1/3，上部风蚀雨蚀坍塌损毁，台体高2～3米。

马跑泉村18号敌台（D388）—马跑泉村19号敌台（D389）

墙体长227米。墙体两侧沙土堆积较厚，顶部有较多的冲沟凹槽。墙体高约7、顶宽3.4米，夯层厚12、14、15厘米，部分墙体顶部存垛墙和女墙痕迹。马跑泉村18号敌台东西两侧墙体有2米宽的冲沟豁口。

马跑泉村19号敌台（D389）—马跑泉村20号敌台（D390）

墙体长229米。地处平滩地。墙体高约6、顶宽1.1～2.3米。夯层厚15～20厘米，15厘米的居多，夯土纯净，夯窝密集，夯打较为结实。夯窝直径有两种，小者直径6厘米，大者直径8厘米。墙体内部用红黏土夯打而成，外部用黄黏土夯筑，夯打不结实，夯层厚13～27厘米，以23厘米居多。张家窑村1号敌台东0.045千米处的墙体有12米宽的公路缺口。

8. 张家窑村1段长城墙体

该段墙体起点位于灵武市临河镇张家窑村东0.2千米（公路缺口西侧）的马跑泉村20号敌台处，止点位于张家窑村西北约1.4千米的张家窑村14号敌台处。墙体长2480米。大致呈东—西走向，方向在北偏西65°~90°~55°范围变化。南侧有边沟和农田，边沟是一条常年有水的小河，发源于清水营，由东向西流，沿途将鄂尔多斯台地南缘冲蚀切割成两壁陡峭的深沟。墙体用黄土和红黏土夯筑而成，损毁原因有自然坍塌、风雨侵蚀及村民在墙体内侧建房、建猪圈、掏挖窑洞和挖墙修路等。根据墙体保存状况及敌台分布情况分为13段（图一四五）。分述如下。

马跑泉村20号敌台（D390）—张家窑村1号敌台（D391）

墙体长218米。墙体两侧被塌落的夯土及沙土掩埋成坡形土梁，顶部及内侧壁夯土坍塌较多，女墙损毁不存。墙体内侧修建猪圈、掏挖窑洞、取土垫圈、堆弃垃圾等对墙体破坏较严重。墙体高约6、顶部最宽3.3米。部分墙体顶部存垛墙，垛墙高0.4、底宽0.7米。部分夯土内夹杂有少量的青石块，夯层厚13、14、16、17厘米。墙体顶部有窑洞塌落形成的方形坑，西半段有5米宽的村路豁口。

张家窑村1号敌台（D391）—张家窑村2号敌台（D392）

墙体长243米。所处地势由东南向西北逐渐走低。大致呈东—西走向。墙体被塌落的夯土及沙土掩埋约2/3，上部坍塌，受风雨侵蚀有较多的冲沟豁口。墙体高2~5米。

张家窑村2号敌台（D392）—张家窑村3号敌台（D393）

墙体长246米。所处地势由东南向西北逐渐走低。呈东—西走向。当地村民在墙体内侧砌筑猪圈、堆弃垃圾、人为取土等对墙体破坏较为严重。墙体坍塌风化成斜坡，部分墙体内壁被村民铲挖。

张家窑村3号敌台（D393）—张家窑村4号敌台（D394）

墙体长155米。呈东—西走向。墙体用黄土夯筑而成。墙体顶部及两侧坍塌风化成坡形土梁，顶部坍塌成鱼脊状。墙体高4~6、顶宽0.4~1.5米。张家窑村4号敌台西侧0.02千米处墙体有3米宽的豁口。

张家窑村4号敌台（D394）—张家窑村5号敌台（D395）

墙体长150米。墙体内部用红黏土夯筑高4.5、底宽3.5、顶宽1.4米的夹心墙，外部用黄土夯筑而成。墙体高约7、顶宽1.2~2.6米，版长2.4、2.8、3.1米，夯层厚15~17厘米。墙体中段有两处3~4米宽的豁口，张家窑村5号敌台与墙体接合部位有4米宽的村路豁口。墙体南侧边沟南岸约0.35千米处有张家窑村1号烽火台。

张家窑村5号敌台（D395）—张家窑村6号敌台（D396）

墙体长162米。所处地势较平缓。大致呈东—西走向。墙体两侧被坍塌的夯土及沙土掩埋成斜坡状，内壁塌落较多，女墙损毁不存。墙体高5~7、顶宽1.3~4米，垛墙高0.2、底宽0.7米。

张家窑村6号敌台（D396）—张家窑村7号敌台（D397）

墙体长166米。所处地势较为平缓，内侧有边沟和农田，外侧为荒滩平地，生长杂草。墙体用黄土夯筑而成。墙体顶部坍塌有较多的冲沟豁口。墙体高约7、底宽约9、顶宽0.2~1.2米。有两处3米宽的冲沟豁口。

张家窑村7号敌台（D397）—张家窑村8号敌台（D398）

墙体长190米。墙体两侧被坍塌的夯土及沙土掩埋至墙腰，顶部受风雨侵蚀有多处冲沟豁口。墙体高约7、顶宽1.4~4米。部分墙体顶部存垛墙，垛墙高0.3、底宽0.9米，女墙高0.5、底宽0.6、顶宽0.45米，二者之间夹道宽约2.4米。

张家窑村 8 号敌台（D398）—张家窑村 9 号敌台（D399）

墙体长 188 米。大致呈东—西北走向。张家窑村 8 号敌台西有 0.03 千米处墙体坍塌严重，顶部坍塌风化成鱼脊状，损毁约 1/3，墙体高约 5 米；西半段保存较好，顶部受雨水冲刷有较多的冲沟豁口，墙体高 7、顶宽 0.9～3.7 米。部分墙体顶部存垛墙和女墙，墙体中段有 3 米宽的冲沟豁口。

张家窑村 9 号敌台（D399）—张家窑村 10 号敌台（D400）

墙体长 190 米。地处丘陵平滩地，植被以旱生草本植物为主，生长有较多的黑沙蒿，内侧地势平整，有边沟和农田。墙体两侧沙土堆积较厚，顶部有多处锯齿状的沟槽。墙体高 7、顶宽约 4 米。存垛墙和女墙，垛墙底宽 0.9、女墙底宽 0.6、二者之间夹道宽 2.4 米。墙体有两处 2～3 米宽的冲沟豁口。

张家窑村 10 号敌台（D400）—张家窑村 11 号敌台（D401）

墙体长 215 米。呈东南—西北走向。墙体用黄土夯筑而成。墙体两侧沙土堆积较厚，顶部基本平整，部分墙体顶部被雨水冲刷侵蚀有较多的沟槽。墙体高约 7、顶宽 4.7 米。存垛墙和女墙遗迹，垛墙高 0.6、底宽 0.9 米，女墙高 0.5、底宽 0.6 米，二者之间夹道宽约 3 米。

张家窑村 11 号敌台（D401）—张家窑村 2 号敌台（D402）

墙体长 189 米。墙体内侧坍塌严重，顶部有两处冲沟豁口。墙体高 7、顶宽 3.8 米，顶部呈凹字形。存垛墙和女墙遗迹，垛墙高 0.8、底宽 1 米，女墙高 0.5、底宽 0.8 米，中间夹道宽 2.8 米。张家窑村 12 号敌台与墙体接合部位有 1 米宽的冲沟豁口（彩图四〇五）。

张家窑村 12 号敌台（D402）—张家窑村 13 号敌台（D403）

墙体长 168 米。地处丘陵缓坡地带，地势较为平缓。墙体用黄土夯筑而成，夯打较为结实。墙体保存较好，两侧沙土堆积较厚，顶部及两侧夯土坍塌较轻。墙体高约 7、底宽 10、顶部最宽 4.8 米，顶部为凹字形，存垛墙和女墙，垛墙高 0.5、底宽 0.8 米，女墙高 0.3、底宽 0.4 米，二者之间夹道宽约 3.6 米。张家窑村 14 号敌台与墙体接合部位有 1 米宽的冲沟小豁。

9. 张家窑村 2 段长城墙体

该段墙体起点位于灵武市临河镇张家窑村西北约 1.4 千米的张家窑村 14 号敌台处，止点位于临河镇张家窑村西北约 4.5 千米的张家窑村 27 号敌台处。墙体长 2701 米。呈东南—西北走向。墙体用黄土和红黏土夯筑而成，内部用红黏土夯筑高约 3.5、底宽 3.5、顶宽 1.5 米的夹心墙，用黄土加高加宽墙体外部。根据墙体保存状况及敌台分布情况分为 14 段（参见图一四五）。分述如下。

张家窑村 13 号敌台（D403）—张家窑村 14 号敌台（D404）

墙体长 192 米。内侧为农田，外侧为缓坡丘陵平滩地，植被以旱生草本植物为主，生长有较多的黑沙蒿和苦豆子等。呈东南—西北走向。墙体用黄土和红黏土夯筑而成。墙体内壁坍塌严重。墙体高约 6、顶宽 3 米。女墙损毁不存。顶部存垛墙，垛墙高 0.5、底宽 0.9 米。

张家窑村 14 号敌台（D404）—张家窑村 15 号敌台（D405）

墙体长 188 米。地处丘陵坡地，地势由东南向西北逐渐走低，外侧植被以旱生草本植物为主，内侧种植有灌木和新开垦的农田。墙体两侧被坍塌的夯土及沙土掩埋过半，顶部高低不平，有较多锯齿状的冲沟豁口。墙体高约 6.5、顶宽 4.5 米。部分墙体顶部存垛墙和女墙，垛墙高 0.6、底宽 0.8 米，女墙高 0.4、底宽 0.5 米，垛墙和女墙间夹道宽约 3.2 米。张家窑村 15 号敌台西侧墙体上部有边长 4 米多的盗坑。

张家窑村 15 号敌台（D405）—张家窑村 16 号敌台（D406）

墙体长 185 米。墙体用黄土夯筑而成。墙体顶部及两侧被坍塌的夯土及沙土掩埋约 2/3；顶部被雨水冲刷侵蚀，有较多冲沟豁口。墙体高约 6、底宽约 10、顶宽 0.7～2.4 米。张家窑村 16 号敌台东西两侧与墙体接合部位有 1 米多的冲沟豁口。

张家窑村 16 号敌台（D406）—张家窑村 17 号敌台（D407）

墙体长 192 米。墙体用黄土夯筑而成，夯土较粗，颗粒较大，夯打不结实。墙体上部坍塌损毁严重，风蚀损毁约 1/2，夯土酥软粉状剥落，略显低矮，表面生长有少量的沙棘和芨芨草等。墙体高约 4 米。墙体内侧存铺舍夯土台基遗迹，台基呈覆斗形，顶部无任何建筑遗迹，周围地表散布少量残砖，台基高约 5 米。张家窑村 17 号敌台与墙体接合部位有 1 米宽的冲沟豁口。

张家窑村 17 号敌台（D407）—张家窑村 18 号敌台（D408）

墙体长 196 米。墙体两侧被坍塌的夯土及沙土掩埋约 2/3，内侧夯土坍塌较外侧重，顶部有较多呈驼峰状的冲沟豁口，部分墙体顶部坍塌风化成坡形土梁。墙体高 7、顶宽 1.4～2.8 米（彩图四〇六）。张家窑村 18 号敌台边缘有 4 米宽的沟槽。

张家窑村 18 号敌台（D408）—张家窑村 19 号敌台（D409）

墙体长 185 米。地处丘陵缓坡地带，地势由东南向西北逐渐走高。墙体两侧被坍塌的夯土及沙土掩埋约 3/4；顶部坍塌，受雨水冲蚀有较多呈锯齿状的冲沟豁口。墙体高 7、顶宽 1.5 米，部分墙体损毁严重，高 4.5 米。

张家窑村 19 号敌台（D409）—张家窑村 20 号敌台（D410）

墙体长 186 米。墙体两侧被坍塌的夯土及沙土掩埋约 3/4，顶部因坍塌、风雨侵蚀呈坡形土梁，高约 5 米，部分墙体损毁较轻，顶部有较多冲沟豁口。墙体高约 7、顶宽 2.5 米。部分墙体顶部存垛墙遗迹。

张家窑村 20 号敌台（D410）—张家窑村 21 号敌台（D411）

墙体长 195 米。地处丘陵平滩地带，地势平缓，两侧有新开垦的农田。墙体用黄土夯筑而成。墙体顶部坍塌成鱼脊状，两侧被塌落的夯土及沙土掩埋成坡形，夯土风化酥软粉状剥落。墙体高约 5.5 米。

张家窑村 21 号敌台（D411）—张家窑村 22 号敌台（D412）

墙体长 175 米。墙体用黄土夯筑而成。墙体坍塌风化严重，两侧被塌落的夯土及沙土掩埋成坡形土梁，顶部呈鱼脊形，夯土风化酥软粉状剥落。墙体高 4～5、顶宽约 0.5 米；部分墙体顶部保存相对较好，顶宽约 3 米，存垛墙痕迹，垛墙高 0.2、底宽 0.9 米。

张家窑村 22 号敌台（D412）—张家窑村 23 号敌台（D413）

墙体长 205 米。墙体用黄土夯筑而成。墙体坍塌风化成坡形土梁，顶部高低不平，有沟槽，夯土风化酥软粉状剥落。墙体高 4、部分墙体高约 6、顶宽 0.6 米。

张家窑村 23 号敌台（D413）—张家窑村 24 号敌台（D414）

墙体长 200 米。墙体两侧被塌落的夯土及沙土掩埋约 3/4，顶部有较多锯齿状的冲沟豁口。墙体高约 6.5、顶宽 4.1 米，垛墙高 1、底宽 1 米，女墙高 0.65、底宽 0.6 米，垛墙和女墙间夹道宽 2.5 米。张家窑村 24 号敌台坍塌风化成底大顶圆的土丘（彩图四〇七）。

张家窑村 24 号敌台（D414）—张家窑村 25 号敌台（D415）

墙体长 219 米。地处缓坡丘陵平滩地带，所处地势由东南至西北逐渐走高，外侧大多为沙滩荒地。墙体两侧被坍塌的夯土及沙土掩埋约 3/4，上部被雨水冲刷侵蚀有较多锯齿状的冲沟豁口。墙体高约 6.5、顶宽 1.6～3.7 米。张家窑村 24 号敌台西侧墙体有 5 米宽的村路豁口。

张家窑村 25 号敌台（D415）—张家窑村 26 号敌台（D416）

墙体长 202 米。地处丘陵缓坡地带，地势由东南向西北逐渐走低。墙体两侧沙土堆积较高，顶部有较多锯齿状的冲沟豁口。墙体高 5～6 米。

张家窑村 26 号敌台（D416）—张家窑村 27 号敌台（D417）

墙体长 181 米。墙体用黄土和红黏土夯筑而成。墙体顶部被雨水冲刷侵蚀有较多呈驼峰状的冲沟豁口。墙体高 6、顶部最宽约 4、部分墙体顶宽 0.5 米，存垛墙和女墙痕迹。张家窑村 27 号敌台东壁与墙体接合部位有 3 米宽的豁口，墙体南侧 0.187 千米边沟南岸有张家窑村 2 号烽火台。

10. 张家窑村 3 段长城墙体

该段墙体起点位于灵武市临河镇张家窑村西北约 4.5 千米的张家窑村 28 号敌台处，止点位于张家窑村西北约 6.4 千米的张家窑村 42 号敌台处。墙体长 2786 米。呈东南—西北走向，方向北偏西 60°。保存较好。墙体大多用黄土和红黏土分层夯筑而成，部分墙体用黄土夯筑而成。墙体内外两侧被倒塌的夯土及沙土掩埋约 3/4。墙体高约 7、顶宽 1.7 ~ 4.1 米，部分墙体顶部存垛墙和女墙遗迹。根据墙体保存状况及敌台分布情况分为 14 段（图一四六）。分述如下。

张家窑村 27 号敌台（D417）—张家窑村 28 号敌台（D418）

墙体长 170 米。地处丘陵缓坡地带，地势由东南向西北逐渐走低。墙体大多坍塌风化成坡形土梁。墙体高约 4 米，部分墙体保存较好，高 6 ~ 7、顶部最宽 4.4 米，垛墙高 0.9、底宽 0.9 米，女墙高 0.4、底宽 0.9 米，垛墙和女墙间夹道宽 2.5 米。

张家窑村 28 号敌台（D418）—张家窑村 29 号敌台（D419）

墙体长 205 米。地处平滩地带，地势平缓。墙体两侧被沙土掩埋约 2/3，顶部有较多呈锯齿状的冲沟豁口，顶部有不同程度的损毁。墙体高 7、顶宽约 3.7 米，垛墙高 0.2、底宽 0.7 米，女墙高 0.2、底宽 0.7 米，垛墙和女墙间夹道宽 2.6 米。夯层厚 15 ~ 18 厘米。

张家窑村 29 号敌台（D419）—张家窑村 30 号敌台（D420）

墙体长 206 米。所处地势由东南由西北逐渐走高。墙体顶部雨水冲刷侵蚀有较多的沟槽。墙体高约 6、底宽 10、顶部最宽 4.2 米，垛墙高 0.2、底宽 0.7 米，女墙高 0.2、底宽 0.7 米。张家窑村 30 号敌台东壁与墙体接合部位有 2 米宽的冲沟豁口。

张家窑村 30 号敌台（D420）—张家窑村 31 号敌台（D421）

墙体长 208 米。南侧有农田，距边沟约 0.18 千米，边沟是一条常年有水的小河；北侧为荒漠草原，植被以旱生草本植物为主。墙体两侧及顶部有不同程度的损毁，受雨水冲刷侵蚀有较多锯齿状的冲沟豁口，两侧流沙堆积较高。墙体高 4 ~ 6 米，顶宽大多 1.4、最宽 3.4 米。

张家窑村 31 号敌台（D421）—张家窑村 32 号敌台（D422）

墙体长 182 米。所处地势较平缓。墙体两侧被坍塌的夯土及沙土掩埋约 2/3，顶部有较多锯齿状的冲沟豁口，豁口宽 1.4 ~ 2.1 米。部分墙体顶部保存较好，高 4 ~ 6、底宽约 9、顶宽约 3.4 米。张家窑村 32 号敌台东壁与墙体接合部位有 3 米多宽的冲沟豁口。

张家窑村 32 号敌台（D422）—张家窑村 33 号敌台（D423）

墙体长 187 米。所处地势较为平缓。墙体用黄土夯筑而成。墙体损毁约 1/2，上半部坍塌风化成鱼脊状，两侧流沙堆积成坡形土梁。墙体高约 4 米。

张家窑村 33 号敌台（D423）—张家窑村 34 号敌台（D424）

墙体长 200 米。南侧靠近边沟，边沟南岸有新开垦的农田；北侧为荒地，生长有黑沙蒿。墙体呈东南—西北走向。用黄土夯筑而成。墙体两侧被坍塌的夯土及沙土掩埋约 3/4，上部有较多的冲沟豁口。墙体高 4 ~ 6、顶宽约 4 米。墙体中部有一道 0.4 米宽的夹心墙，夹心墙外部土质较粗，夯土颗粒较大。

张家窑村 34 号敌台（D424）—张家窑村 35 号敌台（D425）

墙体长 196 米。呈东南—西北走向。墙体两侧被坍塌的夯土及沙土掩埋过半，顶部有较多呈锯齿状的冲沟豁口。部分墙体高 6.5、顶部最宽 4.2 米，存垛墙和女墙遗迹。墙体中部位自上而下有一道 0.38 米宽的夹心墙。

张家窑村 35 号敌台（D425）—张家窑村 36 号敌台（D426）

墙体长 198 米。墙体呈东南—西北走向。用黄土夯筑而成。墙体部分内壁被边沟侵蚀切割，坍塌到沟崖下，坍塌长约 30 多米。墙体高约 9、顶宽 0.4～1.1 米。墙体南侧距边沟南岸约 0.186 千米处有张家窑村 3 号烽火台。

张家窑村 36 号敌台（D426）—张家窑村 37 号敌台（D427）

墙体长 205 米。墙体用黄土夯筑而成。墙体塌落、风蚀损毁约 2/5，两侧被坍塌的夯土及沙土掩埋约 3/4；顶部被雨水冲刷高低不平，有较多的沟槽。墙体高 4～5、顶宽 0.4～1.4 米。

张家窑村 37 号敌台（D427）—张家窑村 38 号敌台（D428）

墙体长 195 米。墙体两侧被坍塌的夯土及沙土掩埋成坡形土梁，部分墙体两侧的沙丘爬过墙顶；顶部高低不平，有较多的沟槽，部分墙体顶部保存较好。墙体高约 5、顶宽 2.7 米。依墙体外侧而建的敌台坍塌风化成土丘状。

张家窑村 38 号敌台（D428）—张家窑村 39 号敌台（D429）

墙体长 202 米。地处丘陵缓坡地带，地势由东南向西北逐渐走低。呈东—西走向，弧线弯转向西北。墙体两侧被坍塌的夯土及沙土掩埋约 1/2～3/4，顶部被风雨侵蚀高低不平，有较多呈驼峰状的冲沟豁口，部分墙体两壁坍塌损毁过半。墙体高约 5、顶宽约 2.1 米。

张家窑村 39 号敌台（D429）—张家窑村 40 号敌台（D430）

墙体长 212 米。墙体两侧被坍塌的夯土及沙土掩埋约 3/4，部分墙体两侧沙土堆积爬过顶部，顶部高低不平，有较多量锯齿状的冲沟豁口。墙体高约 5、顶宽 0.3～1.7 米。

张家窑村 40 号敌台（D430）—张家窑村 41 号敌台（D431）

墙体长 220 米。地处丘陵坡地，地势由东南向西北逐渐走低。墙体两侧被坍塌的夯土及沙土掩埋 1/2～3/4，顶部有较多驼峰状的冲沟小豁。墙体高约 5、顶宽 0.5～1.1 米。墙体外侧的敌台四壁陡直平整，保存较好。

二　清水营段明长城墙体沿线敌台（D344～D431）

1. 清水营村一队 1 号敌台（D344）

该敌台位于灵武市宁东镇清水营村韩家台子东 2.1 千米处，西北距清水营村一队 2 号敌台 0.295 千米，北距"河东墙"（二道边）墙体 0.1 千米。台体依长城墙体而建，黄土夯筑而成，呈覆斗形，实心。保存较差。台体因人为取土损毁较严重，仅存基础部分。台体底部东西 11、南北 8、高约 2 米。台体四周夯土堆积较厚，夯土酥碱严重，杂草生长茂密，夯层模糊不清。

2. 清水营村一队 2 号敌台（D345）

该敌台位于灵武市宁东镇清水营村一队东约 2.8 千米处，西北距清水营村一队 3 号敌台 0.209 千米。台体依长城墙体而建，黄土夯筑而成，土色略泛白。保存较差。台体坍塌、雨水冲刷、人为挖掘取土破坏损毁较严重，略呈低矮不规则的土丘状。台体底部东西约 8、南北约 3、高约 2 米。

3. 清水营村一队 3 号敌台（D346）

该敌台位于灵武市宁东镇清水营村一队东约 2.6 千米处，西北距清水营村一队 4 号敌台 0.207 千米。台体依长城墙体而成，黄土夯筑而成，呈覆斗形，剖面呈梯形，凸出于长城墙体外侧。保存较差。台体因人为挖掘取土破坏较严重，呈低矮不规则的土丘状。台体底部东西约 6、南北约 5、高 2 米。夯层模糊不清。

4. 清水营村一队 4 号敌台（D347）

该敌台位于灵武市宁东镇清水营村一队东北约 2.3 千米处，西北距清水营村一队 5 号敌台 0.291千米。台体用黄土夯筑而成，呈覆斗形，实心。台体坍塌风化、人为取土毁较严重，东壁被取土挖毁约 2/3，略呈圆锥状。台体底部东西 8、南北 10 米，顶部呈圆弧形，边长约 1 米，高 5 米。台体东壁与长城墙体接合部位有 6 米宽的豁口。

5. 清水营村一队 5 号敌台（D348）

该敌台位于灵武市宁东镇清水营村一队东北约 2 千米处，西北距清水营村一队 6 号敌台 0.178 千米。台体依长城墙体外侧而建，黄土夯筑而成，呈覆斗形，实心，剖面呈梯形。台体坍塌损毁严重，风化成长方形的土垄；东、西壁垮塌风蚀成斜坡状，表面凹凸不平；北壁立面略呈矮梯形，存较少部分。台体底部东西 10、南北约 7 米，顶部边长 1 米，高 5 米。台体表面夯土酥软，杂草生长茂密，夯层不清晰。

6. 清水营村一队 6 号敌台（D349）

该敌台位于灵武市宁东镇清水营村一队东北约 1.5 千米处，西北距清水营村一队 7 号敌台 0.18千米，北距"河东墙"（二道边）墙体 0.18 千米。台体呈覆斗形，实心，凸出于长城墙体外侧。保存较差。台体坍塌风化成土丘，东壁底大顶尖，立面呈倒置的漏斗形；北壁坍塌风化成底大顶小的斜坡；西壁立面略呈半圆状，表面生长杂草；顶部呈土垄状。台体底部边长 11 米，顶部东西 4、南北约 2 米，高约 7.5 米。夯层厚 12、16 厘米。

7. 清水营村一队 7 号敌台（D350）

该敌台位于灵武市宁东镇清水营村一队北约 1.3 千米处，西北距清水营村一队 8 号敌台 0.243 千米，北距"河东墙"（二道边）墙体约 0.26 千米。台体依长城墙体而建，黄土夯筑而成，呈覆斗形，实心，凸出于长城墙体外侧。保存一般。台体东壁上部坍塌厚约 2 米，立面呈底大顶尖的圆锥状，表面生长有沙棘草；北壁跨塌厚约 2 米，上部有 2 米多宽的沟槽，下半部被倒塌的夯土堆积成陡坡，东北角、西北角被雨水冲刷成圆角；西壁损毁情况与东壁相同；南壁与长城墙体顶部坍塌成北高南低的斜坡。台体底部东西 16、南北外凸 11 米，顶部东西 3、南北 1 米，高 11 米。夯层厚 12、14 厘米。

8. 清水营村一队 8 号敌台（D351）

该敌台位于灵武市宁东镇清水营村一队北约 1.3 千米处，西北距清水营村一队 9 号敌台 0.241 千米。台体依长城墙体而建，黄土夯筑而成，呈覆斗形，实心，凸出于长城墙体外侧。保存一般。台体东壁立面呈梯形，上部坍塌厚约 2 米；北壁夯土剥落，有风蚀孔洞，底部风蚀有凹槽；西壁顶部坍塌风化成北高南低的斜坡状，底部风蚀有凹槽，西南角与长城墙体接合部位有 2 米多宽的冲沟豁口；南壁及长城墙体顶部坍塌成陡坡；顶部呈东北高西南低的斜坡状。台体底部东西 14、南北 10 米，顶部东西约 4.5、南北约 4 米，高 11 米。夯层厚 9、11 厘米。

9. 清水营村一队 9 号敌台（D352）

该敌台位于灵武市宁东镇清水营村一队西北约 1.5 千米处，西北距清水营村一队 10 号敌台 0.243千米，北距"河东墙"（二道边）墙体约 0.36 千米。台体依长城墙体而建，黄土夯筑而成，呈覆斗形，实心，剖面呈梯形，凸出于长城墙体外侧，四壁有收分。保存一般。台体东壁上部基本平整，底部夯土堆积成斜坡状，根部有风蚀凹槽；北壁陡直呈窄梯形，上部夯土块状塌落，底部夯土堆积较高，根部风蚀有凹槽；西壁立面呈底大顶小的窄梯形，上部陡直平整，西南角坍塌成斜坡；南壁及长城墙体顶部坍塌成陡坡；顶部北半部基本平整，南半部坍塌成北高南低的陡坡。台体底部东西 17、南北 18 米，顶部东西 5、南北 2 米，高 10 米。夯层厚 13、14 厘米。

10. 清水营村一队 10 号敌台（D353）

该敌台位于灵武市宁东镇清水营村一队西北约 1.5 千米处，西北距清水营一队 11 号敌台 1.108 千米，北距"河东墙"（二道边）墙体约 0.5 千米。台体用黄土夯筑而成，呈覆斗形，实心，剖面呈梯形，凸出于长城墙体外侧。保存一般。台体四壁坍塌风化成圆角斜坡状，整体坍塌略呈底大顶小的方锥体，表面生长有稀疏的杂草；顶部不平整，有雨水冲蚀的凹坑。台体底部东西 17、南北外凸 13 米，顶部东西 3、南北 1 米，高 11 米。周围地表散布有少量黑釉、酱釉粗瓷片及瓷蒺藜残块等。

11. 清水营村一队 11 号敌台（D354）

该敌台位于灵武市宁东镇清水营村一队西北约 2 千米处，西北距清水营东城堡东南角 0.165 千米，北距"河东墙"（二道边）墙体约 0.45 千米。台体依长城墙体而建，黄土夯筑而成，呈覆斗形，实心，剖面呈梯形。保存基本完整。台体东壁呈梯形，壁面平整，东北角上部夯土块状塌落；北壁陡直平整，夯层清晰，有黑灰色苔藓，表面生长有沙棘草；西壁陡直平整，夯土剥落较轻；顶部高于长城墙体约 3 米。台体底部东西 8、南北 9 米，顶部边长 3 米，高约 8.5 米。夯层厚 13、16、18、21 厘米。周围地表散布有少量的青花瓷片（彩图四〇八）。

12. 清水营村一队 12 号敌台（D355）

该敌台位于灵武市宁东镇清水营村一队西北约 2.2 千米处，西北距清水营村一队 13 号敌台 0.165 千米，东南距清水营东城堡西北角台 0.192 千米，西距清水营约 0.9 千米，北距"河东墙"（二道边）墙体约 0.3 千米。台体用黄土夯筑而成，呈覆斗形，实心，凸出于长城墙体外侧。保存较差。台体上半部坍塌损毁约 1/2，东壁及顶部被雨水冲刷坍塌损毁过半，表面被雨水冲刷成逐层内收的台棱；北壁坍塌损毁约 1/2，呈斜坡状；西壁北半部壁面夯土片状剥落，底部有坍塌的小窑洞，西南角与长城墙体坍塌成斜坡状。台体底部东西约 12、南北外凸约 15 米，顶部呈土垄状，东西约 1、南北约 3 米，高 7 米。夯层厚 13、16 厘米。

13. 清水营村一队 13 号敌台（D356）

该敌台位于灵武市宁东镇清水营村一队西北约 2.5 千米处，北距清水营村一队 14 号敌台（"深沟高垒"墙体与"河东墙"（二道边）墙体的交汇点）0.193 千米。台体依长城墙体而建，黄土夯筑而成，呈覆斗形，剖面呈梯形，四壁有收分。保存一般。台体东壁北半部坍塌损毁不存；南壁陡直呈梯形，夯土块状塌落，有风蚀孔洞及鸟窝洞穴等，根部风蚀有凹槽，底部堆土较多；台体北半部坍塌成南高北低的斜坡状；西壁与长城墙体顶部坍塌成斜坡。台体底部东西 12、南北 15 米，顶部东西 4、南北 7 米，高 10 米。夯层厚 14、15 厘米。周围地表散布有砖瓦残块等。

14. 清水营村一队 14 号敌台（D357）

该敌台位于灵武市宁东镇清水营村一队西北约 2.7 千米处，是"深沟高垒"（头道边）和"河东墙"（二道边）墙体的分叉点，西北距清水营村一队 15 号敌台 0.165 千米。台体用黄土夯筑而成，夯土内夹杂有少量小石块，呈覆斗形，实心。保存一般。台体上部坍塌损毁约 1/3，整体风化成不规则形；东壁坍塌损毁严重，凹凸不平；南壁与"深沟高垒"（头道边）墙体相连接，壁面坍塌，凹凸不平；西壁倒塌成斜坡状；北壁与"河东墙"（二道边）墙体相连接。台体底部东西约 15、南北 17 米，顶部东西 3 ~ 5、南北约 9 米，高约 8 米。夯层厚 13、17、19、21、22 厘米。

15. 清水营村一队 15 号敌台（D358）

该敌台位于灵武市宁东镇清水营东北约 0.62 千米处，西北距清水营村一队 16 号敌台 0.21 千米。台体依长城墙体外侧而建，黄土夯筑而成，呈覆斗形，实心，凸出于长城墙体外侧。保存一般。台体东壁坍塌风化成斜坡状，表面有较多的水蚀凹槽和鸟窝洞穴等；北、西壁坍塌成底大顶圆的半椭圆形，表面凹凸不平，夯层模糊不清；南壁与长城墙体顶部坍塌损毁严重。台体底部东西 14、南北 16 米，顶部坍塌成高凸的土垄状，边长 1 米，高约 11 米。

16. 清水营村一队 16 号敌台（D359）

该敌台位于灵武市宁东镇清水营东北约 0.55 千米处，西北距清水营村一队 17 号敌台 0.2 千米。台体依长城墙体而建，黄土夯筑而成，夯土内有少量碎石，呈覆斗形，实心，凸出于长城墙体外侧。保存一般。台体东壁坍塌成底大顶小的凸字形，上部南北两侧夯土坍塌较多，底部夯土堆积成斜坡状；北壁坍塌风化成底大顶小的倒置漏斗状；西壁上部坍塌严重，下半部坍塌风化成陡坡状；顶部高于长城墙体约 3 米。台体底部东西 18、南北 16 米，顶部凹凸不平，东西 3、南北 4 米，高 10 米。夯层厚 10、18 厘米。

17. 清水营村一队 17 号敌台（D360）

该敌台位于灵武市宁东镇清水营东北约 0.5 千米处，西北距清水营村一队 18 号敌台 0.198 千米。台体用黄土夯筑而成，土色略泛红，呈覆斗形。保存一般。台体东壁呈梯形，壁面夯土塌落，因风化、雨水冲刷有较多的水蚀凹槽和风蚀孔洞；北壁呈矮梯形，表面有较多的水蚀凹槽；西壁坍塌成斜坡，上部北高南低，整体坍塌损毁约 1/3；南壁与长城墙体坍塌损毁严重。台体底部东西 21、南北 17 米，顶部东西 11、南北 6 米，高 10 米。夯层厚 15 厘米。

18. 清水营村一队 18 号敌台（D361）

该敌台位于灵武市宁东镇清水营东北约 0.48 千米处，西北距清水营村一队 19 号敌台 0.216 千米。台体依长城墙体而建，黄土和红黏土夯筑而成，呈覆斗形，实心，四壁有收分。保存一般。台体东壁上半部南北两侧坍塌内收呈凸字形，底部被倒塌的夯土和沙土掩埋过半；北壁及西北角坍塌成底大顶小的斜坡状；西壁上部凹凸不平，有较宽的水蚀沟槽，下半部被坍塌的夯土堆积成东南高西北低的斜坡；南壁与长城墙体顶部坍塌成陡坡；顶部为不规则形土墩。台体底部东西 19、南北外凸 15 米，顶部东西约 2、南北约 4 米，高 8 米。夯层厚 15、17、20、23 厘米。

19. 清水营村一队 19 号敌台（D362）

该敌台位于灵武市宁东镇清水营北约 0.46 千米处，西北距清水营村一队 20 号敌台 0.23 千米。台体用黄土夯筑而成，夯土内有小石块，呈覆斗形，实心。保存一般。台体东、北壁坍塌成陡坡状，底部被坍塌的夯土堆积成斜坡状；北壁立面呈陡坡状，表面风化坍塌，凹凸不平，夯层内收有台棱；西壁上半部被雨水冲刷侵蚀有逐层内收的斜坡台棱和水蚀凹槽等，底部夯土堆积成东南高西北低的斜坡状；南壁与长城墙体坍塌成陡坡；顶部略呈西北高东南低的斜坡状。台体底部东西 17、南北外凸 14 米，顶部东西约 4、南北 8 米，高 9 米。夯层厚 15 ~ 22 厘米。周围地表散布有小砾石块及少量的青花瓷片等。

20. 清水营村一队 20 号敌台（D363）

该敌台位于灵武市宁东镇清水营北约 0.6 千米处，西北距清水营村一队 21 号敌台 0.264 千米。台体用黄土夯筑而成，夯土内有少量碎石，呈覆斗形，实心，剖面呈梯形，凸出于长城墙体外侧，四壁有收分。台体东壁坍塌风化成矮梯形，夯土坍塌堆积成斜坡，底部散落有较多碎石；北壁夯土坍塌厚约1米，东北角坍塌严重，底部夯土堆积较高；西壁凹凸不平，上部有较宽水蚀凹槽，底部夯土及沙土堆积成南高北低的斜坡；南壁与长城墙体顶部坍塌损毁严重；顶部北高南低，凹凸不平。台体底部东西18、南北17米，顶部东西5、南北约7米，高约11米。夯层厚12～20厘米。周围地表散布有砾石块、黑釉瓷片及青花瓷片等。

21. 清水营村一队21号敌台（D364）

该敌台位于灵武市宁东镇清水营北约0.78千米处，西北距清水营村一队22号敌台及张记边壕村铺舍夯土台基0.266千米，西南距清水营村2号烽火台约0.88千米。台体用黄土夯筑而成，夯土内夹杂有少量碎石，呈覆斗形，剖面呈梯形，四壁有收分。台体东壁夯土块状塌落，有较宽的水蚀沟槽和风蚀孔洞，底部沙土堆积较厚；北、西壁塌落成底大顶圆的半椭圆状，西南角坍塌严重，有水蚀沟槽和风蚀孔洞；南壁与长城墙体顶部坍塌成斜坡状。台体底部东西14、南北12米，顶部北高南低，凹凸不平，东西3、南北6米，高10米。夯层厚11、14、18、20厘米。

22. 清水营村一队22号敌台（D365）

该敌台位于灵武市宁东镇清水营西北约0.95千米处，西北距清水营村一队23号敌台0.28千米，西南距清水营村2号烽火台约0.87千米。台体依长城墙体而建，黄土夯筑而成，呈覆斗形，四壁有收分。保存一般。台体被倒塌的夯土及沙土掩埋约1/2，东、西壁塌落成底大顶圆的半椭圆形，北壁上部坍塌东高西低，顶部被雨水冲刷侵蚀成土垄状，表面有较多的风蚀孔洞。台体底部东西16、南北11米，顶部边长4米，高7米。夯层厚12、14厘米。

23. 清水营村一队23号敌台（D366）

该敌台位于灵武市宁东镇西北1.2千米处，西北距清水营村一队24号敌台0.28千米，南距清水营村2号烽火台约0.93千米。台体用黄土夯筑而成，夯土内有少量碎石，呈覆斗形，实心，剖面呈梯形，四壁有收分。台体东壁上部坍塌厚约2米，底部夯土堆积成斜坡，东南角与长城墙体接合部位有4米宽的村路豁口；北壁凹凸不平，坍塌厚约1米，表面有黑灰色的苔藓，底部堆土呈土垄状；西壁呈矮梯形，底部被坍塌的夯土堆积成斜坡状；顶部东西两侧边缘坍塌成斜坡；南壁与长城墙体坍塌成陡坡。台体底部东西13、南北外凸约11米，顶部东西2.5、南北2米，高约7米。夯层不清晰。

24. 清水营村一队24号敌台（D367）

该敌台位于灵武市宁东镇清水营西北1.5千米处，西北距清水营村一队25号敌台0.288千米，南距清水营村2号烽火台约0.95千米。台体依长城墙体而建，黄土夯筑而成，呈覆斗形，实心，剖面呈梯形，凸出于长城墙体外侧，四壁有收分。保存较差。台体东壁坍塌成底大顶圆的斜坡状；北壁坍塌风化成低矮的长梯形，整体坍塌损毁约2/3，顶部西高东低，底部堆土较高；西壁坍塌损毁严重，略呈土堆状；南壁风化成较矮的土台。台体底部东西15、南北10米，顶部呈土垄状，东西3、南北2米，高约7米。夯土疏松，夯层不清晰。

25. 清水营村一队25号敌台（D368）

该敌台位于灵武市宁东镇清水营西北1.8千米处，西北距清水营村一队26号敌台0.292千米。台体依长城墙体而建，黄土夯筑而成，呈覆斗形，实心，剖面呈梯形，凸出于长城墙体外侧，四壁有收分。保存一般。台体东壁上部夯土块状塌落，有2米宽的沟槽，东南角与长城墙体接合部位有2米多宽的冲沟豁口；北壁呈底大顶圆的半椭圆形，顶部受雨水冲刷侵蚀呈弧形，表面有黑色霉斑苔藓；西壁夯土剥落，有水蚀凹槽及鸟窝洞穴等，西南角与长城墙体接合部位有2米多宽的冲沟豁口；南壁与长城墙体顶部坍塌成陡坡状。台体底部边长15米，顶部高低不平，东西约3、南北5米，高约2米。夯层厚14～18厘米。周围地表散布有棕黑釉瓷缸口沿残片等。

标本 D368：1，棕黑釉瓷缸口沿残片。宽平沿，沿面有 4 道突棱，夹砂灰胎，外壁及内壁施棕黑釉，口沿部施棕褐釉，内壁釉泪倒流，为扣置的烧造痕迹。口径 58、高 10 厘米（图一四七；彩图四〇九）。

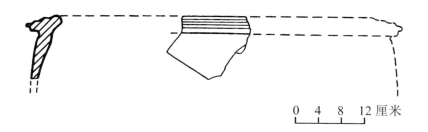

0　4　8　12 厘米

图一四七　清水营村一队 25 号敌台（D368）文物标本

棕黑釉瓷缸口沿残片（标本 D368：1）

26. 清水营村一队 26 号敌台（D369）

该敌台位于灵武市宁东镇清水营西北 2.1 千米处，西北距清水营村一队 27 号敌台 0.21 千米。台体依长城墙体而建，黄土夯筑而成，呈覆斗形，凸出于长城墙体外侧。保存较差。台体坍塌损毁约 2/3，四壁沙土堆积较高；东、西壁顶部有较宽的水蚀凹槽，立面呈低矮的凹字形；北壁坍塌风化成低矮的长梯形；南壁与长城墙体顶部坍塌成斜坡；顶部垮塌风化成土垄状。台体底部东西 16、南北 15 米，顶部东西 6、南北 4 米，高约 4 米。

27. 清水营村一队 27 号敌台（D370）

该敌台位于灵武市宁东镇清水营西北 2.3 千米处，西北距马跑泉村 1 号敌台 0.243 千米。台体用黄土和红黏土分层夯筑而成，土质细密，夯打较结实，呈覆斗形，实心，凸出于长城墙体外侧，四壁有收分。保存一般。台体东壁上部被雨水冲刷成北高南低的斜坡，表面凹凸，生长杂草，有水蚀沟槽，东南角与长城墙体接合部位有 2 米宽的冲沟豁口；北壁夯土块状坍塌，有水蚀凹槽，表面有阴湿霉斑黑色苔藓，东北角夯土坍塌成陡坡状；西壁夯土剥落有孔洞，西南角与长城墙体接合部位有 1 米宽的冲沟豁口；南壁与长城墙体顶部坍塌成斜坡。台体底部边长 13 米，顶部东西约 2、南北约 3 米，高 6 米。夯层清晰，夯层厚 17、21 厘米。周围地表散布有少量的板瓦残块。

28. 马跑泉村 1 号敌台（D371）

该敌台位于灵武市宁东镇马跑泉村一队东北约 2 千米处，西北距马跑泉村 2 号敌台 0.24 千米。台体依长城墙体而建，黄土和红黏土分层夯筑而成，呈覆斗形，实心，剖面呈梯形，凸出于长城墙体外侧，四壁有收分。保存一般。台体东壁上半部塌落成斜坡状，底部沙土堆积较厚，东南角与长城墙体接合部位有 1 米宽的冲沟豁口；北壁立面呈底大顶圆的半椭圆状，上部夯土坍塌厚约 2 米，顶部风化成圆弧形，周围沙土堆积较厚；西壁坍塌成陡坡状，壁面坍塌厚约 1 米；南壁坍塌成斜坡状。台体底部东西 18、南北外凸 15 米，顶部东西 3、南北 5 米，高 9 米。夯层厚 12、14 厘米。周围地表散布有少量褐釉、黑釉瓷碗残片等。

29. 马跑泉村 2 号敌台（D372）

该敌台位于灵武市宁东镇马跑泉村一队东北约 1.8 千米处，西北距马跑泉村 3 号敌台 0.236 千米。台体依长城墙体而建，黄土和红黏土夯筑而成，呈覆斗形，实心，剖面呈梯形，四壁有收分。保存较差。台体东壁陡立，呈窄梯形，上半部坍塌厚约 4 米，底部被坍塌的夯土堆积成斜坡状，版筑缝清晰，版长 1.6～2.8 米；北壁坍塌成下大上小的柱状，上半部坍塌厚约 3 米，东半部坍塌损毁，西半部仅存约 1/3；西壁呈窄梯形，北半部坍塌损毁，表面凹凸不平，有较多的风蚀孔洞，西南角与长城墙体接合部位有 2 米宽的冲沟豁口。台体底部东西 9、南北 8.5 米，顶部坍塌不规则，东西约 1、南北 4 米，高 9 米。夯层厚 13、18 厘米。

30. 马跑泉村 3 号敌台（D373）

该敌台位于灵武市宁东镇马跑泉村一队东北约 1.6 千米处，西北距马跑泉村 4 号敌台 0.226 千米。台体依长城墙体而建，黄土夯筑而成，呈覆斗形，实心，凸出于长城墙体外侧。保存较差。台体东壁立面略呈低矮的斜三角形，顶部坍塌风化成尖圆状；北壁坍塌风化，立面呈斜坡矮梯形，表面有水蚀凹槽和阴湿黑色霉斑苔藓；西壁坍塌成底大顶尖的斜坡，剖面夯层清晰；南壁与长城墙体顶部坍塌成陡坡。台体底部东西 16、南北 13 米，顶部东西 2、南北 1 米，高约 7 米。夯层厚 14、16 厘米。

31. 马跑泉村 4 号敌台（D374）

该敌台位于灵武市宁东镇马跑泉村一队东北约 1.4 千米处，西北距马跑泉村 5 号敌台 0.251 千米。台体用黄土夯筑而成，呈覆斗形，剖面呈梯形，四壁有收分。保存一般。台体东壁被倒塌的夯土和沙土掩埋约 1/2，有水蚀沟槽和风蚀孔洞；北壁立面呈斜梯形，上部坍塌严重，有较宽的水蚀凹槽，表面有灰黑色霉斑苔藓；西壁上部坍塌损毁严重，底部堆土较厚；南壁与长城墙体顶部坍塌成陡坡。台体底部东西 16、南北约 13 米，顶部东西 1、南北 3 米，高 7 米。夯层厚 12、16 厘米。

32. 马跑泉村 5 号敌台（D375）

该敌台位于灵武市宁东镇马跑泉村一队东北约 1.2 千米处，西北距马跑泉村 6 号敌台 0.223 千米。台体依长城墙体而建，黄土夯筑而成，呈覆斗形，实心。保存一般。台体东、西壁立面呈窄梯形，壁面较陡，损毁严重，有较多风蚀孔洞；北壁夯土块状塌落，有 6 米宽的斜坡凹槽，底部夯土堆积较厚；南壁与长城墙体上部塌落成斜坡；顶部四周夯土坍塌严重，中间为凸起的小土台。台体底部东西 16、南北外凸 13 米，顶部东西 4.5、南北 1 米，高 8 米。夯层厚 11、12、14 厘米。

33. 马跑泉村 6 号敌台（D376）

该敌台位于灵武市宁东镇马跑泉村一队东北 1 千米处，西北距马跑泉村 7 号敌台 0.225 千米。台体用黄土夯筑而成，呈覆斗形，实心，凸出于长城墙体外侧。台体东壁呈窄梯形，夯土剥落，有较多风蚀孔洞；北壁上部夯土塌落，被雨水冲刷成逐层内收的台面，西侧有 3 米多高的沙丘；西壁垮塌成斜坡；南壁与长城墙体顶部坍塌损毁严重；顶部四周夯土坍塌严重，中间凸起。台体底部东西约 14.5、南北约 12 米，顶部凹凸不平，东西 1.5、南北 1 米，高约 9 米。夯层厚 12～16 厘米。

34. 马跑泉村 7 号敌台（D377）

该敌台位于灵武市宁东镇马跑泉村一队东北约 0.8 千米处，西北距马跑泉村 8 号敌台 0.253 千米。台体依长城墙体而建，黄土夯筑而成，呈覆斗形，剖面呈梯形，凸出于长城墙体外侧，四壁有收分。保存较差。台体东壁坍塌成底大顶圆的半椭圆状，壁面坍塌厚约 2 米，南半部与长城墙体坍塌成斜坡状；北壁立面呈底大顶圆的半椭圆状，夯土块状塌落，凹凸不平，表面有较多的风蚀孔洞，底部被坍塌的夯土堆积成斜坡；西壁塌坍成斜坡状，西北角、西南角上部坍塌严重；南壁坍塌成底大顶小的陡坡状，底部有动物洞穴等。台体底部东西 15、南北外凸 11 米，顶部凸起成土垄状，东西约 2、南北约 1 米，高 9 米。夯层厚 12、14 厘米。周围地表散布有少量青釉瓷碗口沿残片、褐釉瓷缸底残块及灰陶板瓦残块等。

35. 马跑泉村 8 号敌台（D378）

该敌台位于灵武市宁东镇马跑泉村一队东北约 0.5 千米处，西北距马跑泉村 9 号敌台 0.255 千米。

台体依长城墙体而建，黄土夯筑而成，呈覆斗形，剖面呈梯形，凸出于长城墙体外侧，四壁有收分。保存基本完整。台体东壁夯土剥落损坏较轻，表面有圆形孔洞和水蚀凹槽，东南角与长城墙体接合部位有 2 米宽的冲沟豁口，顶部凹凸不平，被雨水冲刷成圆弧形；北壁受雨水冲刷有水蚀沟槽，表面长有黑色霉斑苔藓；西壁塌落成底大顶圆的半椭圆状，与长城墙体接合部位有 3 米宽的村路豁口。台体底部东西 16、南北 10 米，顶部边长 5 米，高 9 米。夯层厚 12 ~ 20 厘米。周围地表散布有青花瓷碗口沿残片、褐釉瓷缸底残块、桔红胎外黑釉内棕红釉瓷罐残片及灰陶板瓦残片等。

36. 马跑泉村 9 号敌台（D379）

该敌台位于灵武市宁东镇马跑泉村一队北约 0.5 千米处，西北距马跑泉村 10 号敌台 0.254 千米。台体用黄土夯筑而成，呈覆斗形，实心，凸出于长城墙体外侧。保存一般。台体东壁有较多的风蚀孔洞，北半部坍塌有沟槽，东南角与长城墙体接合部位有 2 米多宽的豁口；北壁上半部陡直，坍塌厚约 1 米，下半部被坍塌的夯土堆积成陡坡；西壁坍塌风化成斜坡；台顶南半部坍塌成陡坡。台体底部东西 16、南北外凸约 13 米，顶部东西 7、南北 3.5 米，高 8 米。夯层厚 18、20 厘米（彩图四一七）。东南侧与长城墙体顶部有登台夯土台阶踏步。

37. 马跑泉村 10 号敌台（D380）

该敌台位于灵武市宁东镇马跑泉村一队北约 0.5 千米处，西北距马跑泉村 11 号敌台 0.257 千米。台体依长城墙体外侧而建，黄土夯筑而成，呈覆斗形，实心。保存较好，形制基本完整。台体东壁立面呈梯形，夯土块状坍落，损毁较轻，表面有较多的风蚀孔洞等，东南角与长城墙体接合部位有 2 米宽的冲沟豁口；北壁夯土坍塌约 1 米厚，底部风蚀有凹槽；西壁与长城墙体接合部位有通道，呈"S"形穿过长城墙体，宽 1.1 米，两侧壁面陡直，夯土较硬，夯打结实；顶部凹凸不平，东半部坍塌成凹凸的斜坡状，中间有直径 0.47、深 0.5 米的圆形坑。台体底部东西 12、南北外凸约 9 米，顶部东西约 5、南北约 6 米，高约 9 米。夯层厚 14、15、17 厘米（彩图四一八）。

38. 马跑泉村 11 号敌台（D381）

该敌台位于灵武市宁东镇马跑泉村一队西北约 0.7 千米处，西北距马跑泉村 12 号敌台 0.228 千米。台体依长城墙体而建，黄土夯筑而成，呈覆斗形，实心，剖面呈梯形，凸出于长城墙体外侧，四壁有收分。保存较差。台体坍塌损毁严重，东壁呈矮梯形，顶部坍塌成凸起的小土台；北壁塌落成底大顶圆的半椭圆状，上半部坍塌厚约 2 米，底部被坍塌的夯土堆积成斜坡；西壁略呈矮梯形，顶部南半部坍塌损毁严重，顶部北端有凸起的小土台，与长城墙体接合部位有 2.5 米宽的冲沟豁口；南壁与长城墙体坍塌成陡坡。台体底部东西 14、南北外凸约 9 米，顶部东西 2、南北 3.5 米，高 7 米。夯层厚 12、14 厘米。周围地表散布有少量灰陶板瓦残片及黑釉瓷罐残片等。

39. 马跑泉村 12 号敌台（D382）

该敌台位于灵武市宁东镇马跑泉村一队西北约 0.9 千米处，西北距马跑泉村 13 号敌台 0.23 千米。台体用黄土夯筑而成，呈覆斗形，实心。形制保存基本完整。台体东、西壁陡直，基本平整，夯土剥落，受雨水冲刷损毁较轻，底部沙土堆积成斜坡状；北壁呈长梯形，雨水冲刷有宽约 3、斜高约 4 米的陡坡冲沟凹槽；顶部被雨水冲刷成北高南低的斜坡，南北两侧有沟槽。台体底部东西 14、南北 10 米，顶部东西约 6、南北约 4 米，高 9 米。夯层厚 15、18、22 厘米。

40. 马跑泉村 13 号敌台（D383）

该敌台位于灵武市宁东镇马跑泉村一队西北约 1.1 千米处，西北距马跑泉村 14 号敌台 0.235 千米。台体用黄土夯筑而成，呈覆斗形，实心。保存基本完整。台体东壁夯土片状剥落，有风蚀的圆形孔洞，底部风蚀有凹槽，东南角与长城墙体接合部位有 1 米宽的冲沟豁口；北壁陡直基本平整，夯土片状剥落，损毁较轻；西壁有风蚀孔洞及水蚀凹槽，上部塌落内收有台棱；南壁坍塌严重，顶部高于长城墙体约 2.5 米，夯土内有红砂岩和青砂岩小碎块。台体底部东西 13、南北外凸 9 米，顶部东西 5、南北 3.5 米，高 8 米。夯层厚 13、15 厘米（彩图四一九）。

41. 马跑泉村 14 号敌台（D384）

该敌台位于灵武市宁东镇马跑泉村一队西北约 1.3 千米处，西北距马跑泉村 15 号敌台 0.2 千米。台体依长城墙体外侧而建，黄土夯筑而成，呈覆斗形，实心，剖面呈梯形，四壁有收分。形制基本保存。台体东壁上部北高南低，东北角坍塌内收呈斜坡状，与长城墙体接合部位有 3 米宽的村路豁口；北壁坍塌厚约 2 米，上部坑洼凸起呈驼峰状，底部被坍塌的夯土堆积成陡坡；西壁立面呈斜梯形，上部坍塌、风蚀损毁约 1/2，被倒塌的夯土掩埋成南高北低的斜坡；南壁与长城墙体顶部坍塌成低矮的斜坡。台体底部东西 13、南北 10 米，顶部东西 3、南北 0.3 米，高约 7 米。

42. 马跑泉村 15 号敌台（D385）

该敌台位于灵武市宁东镇马跑泉村一队西北约 1.5 千米处，西北距马跑泉村 16 号敌台 0.2 千米。台体依长城墙体而建，黄土夯筑而成，呈覆斗形，实心，平面呈长方形，剖面呈梯形，凸出于长城墙体外侧，四壁有收分。保存较差。台体上半部坍塌损毁约 2 米多，东壁立面略呈矮梯形，东南角坍塌较严重，底部被坍塌的夯土堆积成南高北低的斜坡；北壁立面略呈半椭圆状，西侧及西北角坍塌成陡坡状；西壁立面呈底大顶圆的半椭圆状，西南角、东南角与长城墙体接合部位坍塌成斜坡状。台体底部东西 12、南北 10 米，顶部东西 0.5、南北 4 米，高 9 米。夯层厚 11、14 厘米。

43. 马跑泉村 16 号敌台（D386）

该敌台位于灵武市宁东镇马跑泉村一队西北约 1.7 千米处，西北距马跑泉村 17 号敌台 0.225 千米。台体用黄土夯筑而成，夯土内夹杂有少量碎石，呈覆斗形，实心，凸出于长城墙体外侧。台体东壁坍塌风化略呈低矮的长梯形，顶部凹凸不平呈土垄状，底部被坍塌的夯土及沙土堆积成斜坡；北壁呈底大顶圆的半椭圆状，底部堆土较厚；西壁夯土块状坍塌，西北角坍塌成斜坡凹槽，底部被坍塌的夯土堆积成东南高西北低的斜坡；南壁高于墙体约 1 米，坍塌成北高南低的斜坡。台体底部东西 15、南北 10 米，顶部呈土垄状，东西 3、南北 7 米，高 8 米。夯层厚 18、20 厘米。

44. 马跑泉村 17 号敌台（D387）

该敌台位于灵武市宁东镇马跑泉村一队西北约 2 千米处，西北距马跑泉村 18 号敌台 0.227 千米。台体用黄土夯筑而成，呈覆斗形，实心。保存基本完整。台体东壁呈梯形，表面凸凹不平，有风蚀孔洞和水蚀凹槽等；北壁陡直，夯土片状剥落，长有阴湿风化的黑色霉斑苔藓；西壁受风雨侵蚀，有较多的水蚀冲沟凹槽和风蚀孔洞等，底部被坍塌的夯土堆积成南高北低的斜坡，西南角与长城墙体接合部位有 1 米多宽的冲沟豁口；南壁与长城墙体顶部坍塌成北高南低的斜坡。台体底部东西 16、南北 13 米，顶部东西 7、南北 5 米，高 9 米。夯层厚 16～23 厘米。周围地表散布有灰胎外青釉内棕褐釉瓷缸残片，黑釉瓷罐口沿残片，灰胎外绿釉内黑褐釉瓷罐残片，灰胎外黑釉内墨绿釉、米黄胎褐釉罐底残片及灰陶板瓦残片等（彩图四二○）。

45. 马跑泉村 18 号敌台（D388）

该敌台位于灵武市宁东镇马跑泉村一队西北约 2.3 千米处，西北距马跑泉村 19 号敌台 0.227 千米。台体骑长城墙体而建，黄土夯筑而成，夯土内有红砂岩小碎块，呈覆斗形，实心，凸出于长城墙体外侧。保存一般。台体东壁两侧坍塌严重，立面呈凸字形，顶部四周坍塌较多，呈凸起的小土台，上半部坍塌，有内收的斜坡台面，底部夯土堆积较厚，东南角与长城墙体接合部位有坍塌形成的缺口；北壁下半部陡直，上半部受雨水冲刷夯土塌落，有较宽的水蚀凹槽；西壁立面略呈梯形，四周边沿坍塌有斜坡面；南壁高于长城墙体约 2 米；顶部北半部基本平整，南部略呈陡坡状。台体底部东西 13、南北 12 米，顶部东西 5、南北 3 米，高 8 米。夯层厚 14 厘米。周围地表散布有少量黑釉瓷缸口沿残片及浅褐釉瓷碗底残片等。

标本 D388∶1，酱绿釉瓷碗残片。斜腹，圈足底，残存底部，浅灰胎，外壁施酱绿釉，内壁施青釉。内底微凹，有宽涩圈，外壁釉色光亮，圈足无釉。底径 6.1、高 3、足高 0.8 厘米（彩图四一〇、四一一）。

46. 马跑泉村 19 号敌台（D389）

该敌台位于灵武市宁东镇马跑泉村一队西北约 2.5 千米（张家窑村东 0.2 千米）处，西北距马跑泉村 20 号敌台 0.229 千米。台体依长城墙体而建，黄土夯筑而成，呈覆斗形，实心，剖面呈梯形，凸出于长城墙体外侧，四壁有收分。保存一般。墙体东壁坍塌成低矮的斜三角状，顶部被雨水冲刷成北高南低的斜坡状，东南角与长城墙体接合部位有 3 米宽的缺口；北壁上部因雨水冲刷夯土坍塌厚约 1 米，表面长有阴湿变黑的霉斑苔藓；西壁略呈底大顶圆的半椭圆状，表面有 2 米宽的水蚀凹槽，西南角夯土坍塌有较宽的水蚀沟槽，底部夯土堆积略呈南高北低的斜坡；南壁立面高于长城墙体顶部约 2 米；顶部北高南低，东西两侧夯土坍塌成斜坡状。台体底部东西 13.5、南北约 10 米，顶部东西 6、南北 0.3 米，高 8 米。夯层厚 15、20 厘米。周围地表散布有灰胎酱釉瓷罐残片、夹砂灰黑陶罐残片及黑釉瓷罐残片等。

47. 马跑泉村 20 号敌台（D390）

该敌台位于灵武市临河镇张家窑村公路缺口西 0.05 千米处，西北距张家窑村 1 号敌台 0.218 千米。台体依长城墙体外侧而建，黄土夯筑而成，呈覆斗形，实心。保存较差。台体东壁及东南角与长城墙体坍塌成北高南低的斜坡，东南角与长城墙体接合部位有 4 米宽的村路豁口；北壁壁面陡直，略呈斜梯形，上部坍塌损毁约 1/2，整体略呈东高西低的斜坡状，表面有霉斑苔藓；西壁坍塌风化成低矮的小梯形；顶部略呈北高南低的斜坡状；周围夯土及沙土堆积较厚。台体底部东西 16、南北 14 米，顶部坍塌风化成尖顶土丘，东西约 1、南北 0.4 米，高 8 米。夯层厚 17、20、25 厘米。周围地表散布有灰陶板瓦残片、黑釉瓷罐残片及褐釉瓷片等。

48. 张家窑村 1 号敌台（D391）

该敌台位于灵武市临河镇张家窑村北约 0.03 千米处，西北距张家窑村 2 号敌台 0.243 千米。台体用黄土夯筑而成，呈覆斗形，实心，凸出于长城墙体外侧。形制基本保存。台体坍塌风化成底大顶小的喇叭形，四壁上部坍塌厚约 2 米，成凸起的小土台，下半部坍塌风化成斜坡。台体东壁与长城墙体接合部位有 2 米宽的冲沟豁口，南壁坍塌成陡坡状。台体底部东西 15、南北 12 米。顶部基本平整，东西 5、南北 4 米，高 10 米。夯层厚 17、18 厘米。周围地表散布有少量石块和黑釉瓷片等。

49. 张家窑村 2 号敌台（D392）

该敌台位于灵武市临河镇张家窑村北约 0.015 千米处，西北距张家窑村 3 号敌台 0.246 千米。台体用黄土夯筑而成，呈覆斗形，实心。保存一般。台体坍塌严重，四壁有坍塌的夯土堆积；东壁坍塌严重，壁面凹凸不平；西、南壁坍塌成斜坡状；北壁陡直，表面有黑色霉斑苔藓。台体底部东西 11、南北 13 米，顶部东西 2.5、南北 0.3 米，高约 9 米。夯层厚 12、19、20 厘米。

50. 张家窑村 3 号敌台（D393）

该敌台位于灵武市临河镇张家窑村北约 0.015 千米处，西北距张家窑村 4 号敌台 0.155 千米，西南距张家窑村 1 号烽火台约 0.5 千米。台体依长城墙体外侧而建，黄土夯筑而成，夯土内夹杂有少量的白灰土和小砾石，呈覆斗形，实心。保存较差。台体坍塌风化成底大顶小的喇叭状。台体底部边长 14 米，顶部东西 7、南北 5 米，高 7 米。夯层厚 25、27 厘米。

51. 张家窑村 4 号敌台（D394）

该敌台位于灵武市临河镇张家窑村北约 0.015 千米处，西北距张家窑村 5 号敌台 0.15 千米，南距张家窑村 1 号烽火台约 0.47 千米。台体依长城墙体而建，黄土夯筑而成，呈覆斗形，凸出于长城墙体外侧。保存较好，形制基本完整。台体西南角与长城墙体接合部位有 4 米宽的村路豁口，顶部有直径 0.5、深 0.47 米的圆形坑。台体底部东西 13、南北 13.5 米，顶部东西 3.5、南北 2 米，高 10 米。夯层厚 11、14 厘米。

52. 张家窑村 5 号敌台（D395）

该敌台位于灵武市临河镇张家窑村北约 0.02 千米处，西北距张家窑村 6 号敌台 0.162 千米，南距张家窑村 1 号烽火台约 0.5 千米。台体依长城墙体而建，黄土夯筑而成，呈覆斗形，实心，凸出于长城墙体外侧。保存较好，形制基本完整。台体东壁受雨水冲刷夯土块状剥落，有水蚀沟槽等；北壁夯土剥落严重，西半部有较宽的水蚀凹槽，表面有黑色霉斑苔藓；西壁立面略呈梯形，西南角有较宽的水蚀沟槽；南壁与长城墙体顶部坍塌成陡坡状。台体底部边长 15 米，顶部东西 4.5、南北 3 米，高 9 米。夯层厚 14、15、18 厘米（彩图四二一）。

53. 张家窑村 6 号敌台（D396）

该敌台位于灵武市临河镇张家窑村北约 0.02 千米处，西北距张家窑村 7 号敌台 0.166 千米，东南距张家窑村 1 号烽火台约 0.52 千米。台体用黄土夯筑而成，土质纯净，夯打结实，呈覆斗形，实心，剖面呈梯形，凸出于长城墙体外侧，四壁有收分。保存较好。台体东、西壁夯土坍塌，有风蚀孔洞和水蚀凹槽等，西南角与长城墙体接合部位有 1 米宽的冲沟缺口；北壁基本平整，夯土片状剥落，损毁较轻；南壁骑长城墙体而建，保存较好，高于长城墙体约 3 米。台体底部东西 16、南北外凸 13 米，顶部凹凸不平，东西约 8、南北 6 米，高 10 米。夯层厚 17、20 厘米（图一四八；彩图四二二）。

54. 张家窑村 7 号敌台（D397）

该敌台位于灵武市临河镇张家窑村西北约 0.1 千米处，西北距张家窑村 8 号敌台 0.19 千米。台体用黄土夯筑而成，土质纯净，夯打结实，呈覆斗形，实心，凸出于长城墙体外侧。台体东、西壁坍塌成底大顶尖的斜坡状，东南角与长城墙体接合部位有 3 米宽的冲沟豁口，西南角与长城墙体接合部位坍塌成斜坡；北壁坍塌，受雨水冲刷有逐层内收的斜坡台棱；顶部坍塌损毁成北高南低的斜坡。台体底部东西 15、南北约 12 米，顶部东西约 6、南北约 2 米，高 6 米。夯层厚 10、14 厘米。

55. 张家窑村 8 号敌台（D398）

该敌台位于灵武市临河镇张家窑村西北约 0.3 千米处，西北距张家窑村 9 号敌台 0.188 千米。台体用黄土夯筑而成，呈覆斗形，实心，四壁陡直，凸出于长城墙体外侧。台体东壁呈梯形，东南角与长城墙体接合部位有 1 米宽的沟槽；北壁陡直，夯土片状剥落，有水蚀凹槽，表面有阴湿霉斑苔藓；西壁南部、西南角与长城墙体接合部位坍塌成斜坡；顶部基本平整，南半部坍塌较多。台体底部东西 14、南北外凸 13 米，顶部东西 6、南北 5 米，高 7 米。夯层厚 14、17 厘米。

56. 张家窑村 9 号敌台（D399）

该敌台位于灵武市临河镇张家窑村西北约 0.45 千米处，西北距张家窑村 10 号敌台 0.19 千米。台体依长城墙体而建，黄土夯筑而成，呈覆斗形，实心，凸出于长城墙体外侧。保存较好，形制基本完

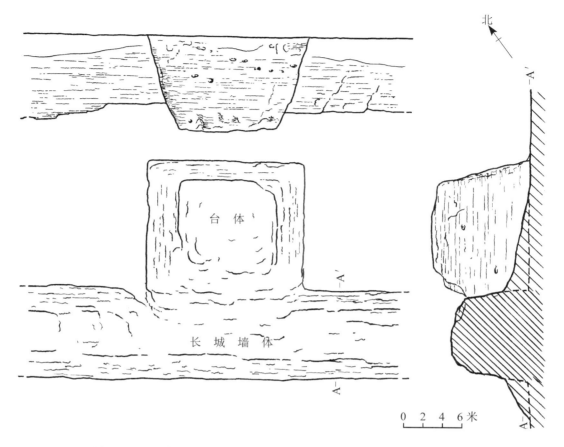

图一四八 张家窑村 6 号敌台（D396）平、立面及长城墙体平、剖面图

整。台体东壁呈梯形，东南角坍塌严重；北壁陡直呈梯形，夯土片状剥落，有水蚀凹槽，表面有黑色霉斑苔藓，底部有坍塌的夯土堆积；西壁上半部及西南角与长城墙体接合部位坍塌成斜坡；南壁坍塌成陡坡；顶部被雨水冲刷成北高南低的斜坡。台体底部东西 14.5、南北 12 米，顶部东西 5、南北 6 米，高 7 米。夯层厚 15～20 厘米。周围地面散布有少量黑釉瓷碗底残片等。

57. 张家窑村 10 号敌台（D400）

该敌台位于灵武市临河镇张家窑村西北约 0.6 千米处，地处缓坡丘陵平滩地，地势开阔平坦，西北距张家窑村 11 号敌台 0.215 千米。台体依长城墙体而建，黄土夯筑而成，呈覆斗形，实心，凸出于长城墙体外侧。保存一般。台体东、西壁坍塌成底大顶尖的圆锥状，东南角、西南角与长城墙体接合部位有 1 米多宽的冲沟豁口；北壁被雨水冲刷塌落成斜坡状；南壁及长城墙体顶部坍塌成北高南低的斜坡；顶部坍塌，被雨水冲刷成坡形土垄状。台体底部东西 14.7、南北 14 米，顶部边长 2 米，高 7 米。夯层厚 8～15 厘米。

58. 张家窑村 11 号敌台（D401）

该敌台位于灵武市临河镇张家窑村西北约 0.8 千米处，地处低山缓坡平滩地，地势开阔平坦，西北距张家窑村 12 号敌台 0.189 千米。台体依长城墙体而建，黄土夯筑而成，土质纯净，呈覆斗形，剖面呈梯形，凸出于长城墙体北侧，四壁有收分。保存较好。台体东、西壁陡直呈梯形，表面有 1～2 米宽的浅凹槽，底部有坍塌的夯土堆积；北壁立面呈梯形，夯土剥落损毁较轻，表面有 1 米宽的水蚀凹槽和鸟窝洞穴等，底部有雨水冲落的夯土堆积；南壁高于长城墙体顶部约 3 米。台体底部东西 14.8、南北 10 米，顶部基本平整，东西 5、南北 4 米，高 9 米。夯层厚 12、15、16 厘米（图一四九）。

59. 张家窑村 12 号敌台（D402）

该敌台位于灵武市临河镇张家窑村西北约 1 千米处，地处低山缓坡平滩地，地势开阔，西北距张家窑村 13 号敌台 0.168 千米。台体用黄土夯筑而成，土质纯净，呈覆斗形，实心，凸出于长城墙体外侧。保存一般。台体坍塌风化成底大顶尖的圆锥状，东南角与长城墙体接合部位被雨水冲刷有 1 米宽的沟槽。台体底部东西 16.4、南北 12 米，顶部呈尖状，东西 0.5、南北 1 米，高 8 米。夯层厚 16～18 厘米。

60. 张家窑村 13 号敌台（D403）

该敌台位于灵武市临河镇张家窑村西北约 1.2 千米处，地处低山缓坡平滩地，地势开阔平坦，西北距张家窑村 14 号敌台 0.192 千米。台体依长城墙体而建，黄土夯筑而成，呈覆斗形，实心，平面呈长方形，剖面呈梯形，凸出于长城墙体外侧，四壁有收分。保存一般。台体东壁上部坍塌严重，底部掏蚀凹进，东南角与长城墙体接合部位有 1 米宽的冲沟豁口；北壁呈长矮梯形，上部坍塌成斜坡状，底部堆土高约 2 米，东北角上部坍塌损毁较多；西壁上半部坍塌损毁严重，底部风蚀有凹槽；南壁高于长城墙体约 2 米；顶部坍塌风化成土垄状。台体底部东西 15、南北 13 米，顶部东西 5、南北 1 米，高 8 米。夯层厚 15、20、21 厘米（彩图四二三、四二四）。

61. 张家窑村 14 号敌台（D404）

该敌台位于灵武市临河镇张家窑村西北约 1.4 千米处，地处低山缓坡平滩地，地势开阔，西北距张家窑村 15 号敌台 0.188 千米。台体依长城墙体而建，黄土夯筑而成，土质纯净，呈覆斗形，实心，剖面呈梯形，凸出于长城墙外侧，四壁有收分。保存较差。台体坍塌严重，东壁下半部坍塌成斜坡状，上半部坍塌成土垄状；北壁坍塌成斜坡状，东北角坍塌较多；西壁呈陡坡状；顶部坍塌严重，仅存西部较少部分。台体底部东西 7、南北外凸 10、高约 7 米。夯层厚 12～20 厘米。

62. 张家窑村 15 号敌台（D405）

该敌台位于灵武市临河镇张家窑村西北约 1.6 千米处，西北距张家窑村 16 号敌台 0.185 千米。台体依长城墙体而建，黄土夯筑而成，呈覆斗形，实心，凸出于长城墙体外侧。保存一般。台体东壁坍塌，立面呈底大顶小的斜坡状；北壁上部坍塌严重，顶部东部夯土坍塌，高低不平；西壁上部夯土坍塌厚约 1 米，西北角与长城墙体接合部位有 1 米宽的凹槽；南壁坍塌成斜坡，沙土堆积较高。台体底部东西 13.3、南北 9 米，顶部东西 2、南北 0.5 米，高 6 米。夯层厚 18、20、22 厘米。

63. 张家窑村 16 号敌台（D406）

该敌台位于灵武市临河镇张家窑村西北约 1.8 千米处，地处低山缓坡平滩地，地势开阔平坦，西北距张家窑村 17 号敌台 0.192 千米，西距长城墙体内侧的张记边壕村铺舍夯土台 0.044 千米。台体依长城墙体而建，黄土夯筑而成，呈覆斗形，实心，剖面呈梯形，凸出于长城墙外侧，四壁有收分。保存一般。台体东壁坍塌损毁严重，坍塌厚约 3 米；北壁东半部坍塌厚约 3 米，雨水冲刷有 1 米深的水蚀凹槽；西壁上部夯土坍塌较多，下半部保存较好。台体底部东西 9、南北 11 米，顶部基本平整，东西 4、南北 5 米，高 8 米。夯层厚 16～22 厘米。

64. 张家窑村 17 号敌台（D407）

该敌台位于灵武市临河镇张家窑村西北约 2 千米处，西北距张家窑村 18 号敌台 0.196 千米，东距长城墙体内侧的张记边壕村铺舍夯土台 0.148 千米。台体依长城墙体外侧而建，黄土夯筑而成，呈覆斗形，实心，剖面呈梯形，凸出于长城墙体北侧。保存较差。台体东壁坍塌厚约 4 米，立面呈底大顶尖的圆锥状；北壁立面呈斜顶窄梯形；西壁坍塌成陡坡；顶部为凸起的小土台。台体底部东西 7.5、

北

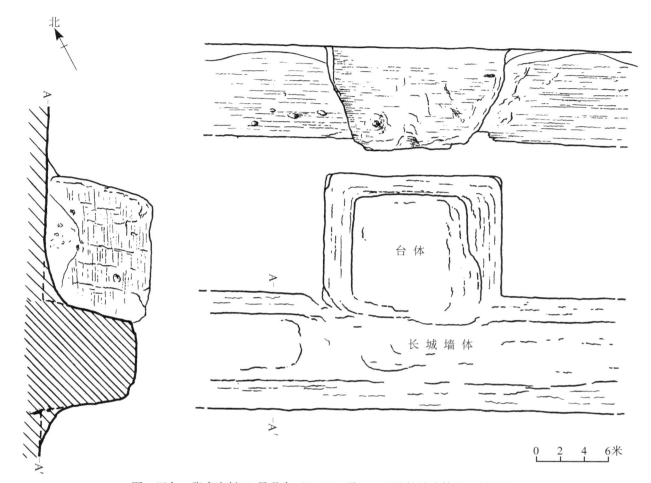

台体

长城墙体

0 2 4 6米

图一四九 张家窑村 11 号敌台（**D401**）平、立面及长城墙体平、剖面图

南北外凸约 11 米，顶部东西 0.5、南北 1 米，高 7 米。夯层厚 14～20 厘米。

65. 张家窑村 18 号敌台（D408）

该敌台位于灵武市临河镇张家窑村西北约 2 千米处，地处低山缓坡平滩地，地势开阔平坦，西北距张家窑村 19 号敌台 0.185 千米。台体依长城墙体而建，黄土夯筑而成，呈覆斗形，实心，凸出于长城墙体外侧。保存一般。台体东、西壁立面呈矮梯形，夯土坍塌较多，底部夯土堆积较厚；北壁呈长梯形，底部被倒塌的夯土及沙土堆积成斜坡；南壁坍塌成北高南低的斜坡。台体底部东西 12.4、南北 11 米，顶部基本平整，东西 10、南北 9 米，高 7 米。夯层厚 20、21、24 厘米。

66. 张家窑村 19 号敌台（D409）

该敌台位于灵武市临河镇张家窑村西北约 2.2 千米处，地处低山缓坡平滩地，地势开阔平坦，西北距张家窑村 20 号敌台 0.186 千米。台体依长城墙体而建，黄土夯筑而成，呈覆斗形，凸出于长城墙体外侧。保存一般，四壁坍塌风化成斜坡。台体底部东西 14、南北 10.7 米，顶部基本平整，东西 4、南北 3.8 米，高 8 米。夯层厚 14、16、18、20 厘米。

67. 张家窑村 20 号敌台（D410）

该敌台位于灵武市临河镇张家窑村西北约 2.4 千米处，西北距张家窑村 21 号敌台 0.195 千米。台体依长城墙体而建，黄土夯筑而成，土质纯净，呈覆斗形，实心，剖面呈梯形，凸出于长城墙体外侧，四壁有收分。保存一般。台体东、西壁坍塌厚约 3 米，北壁坍塌厚约 2 米，南壁坍塌成陡坡状，顶部坍塌成尖圆状。台体底部东西 9.6、南北 13 米，顶部东西约 0.5、南北约 1 米，高 7 米。夯层厚 17、18、20 厘米。

68. 张家窑村 21 号敌台（D411）

该敌台位于灵武市临河镇张家窑村西北约 2.6 千米处，西北距张家窑村 22 号敌台 0.175 千米。台体用黄土夯筑而成，土质纯净，呈覆斗形，实心，剖面呈梯形，四壁有收分。保存较差。台体坍塌风化成低矮的土丘，顶部被雨水冲蚀、风化成圆弧形。台体底部东西 13.6、南北 11 米，顶部东西 3、南北约 2 米，高约 6 米。夯层厚 14 厘米。周围地表散布有酱黄釉瓷罐口沿残片等。

标本 D411:1，酱黄釉瓷罐口沿残片。圆唇微侈，矮斜领，丰肩，夹砂浅灰胎，外壁施浅酱黄色釉，内壁施棕褐色釉，口沿有扣烧粘痕。口径 9.5、高 5.8 厘米（图一五〇；彩图四一二）。

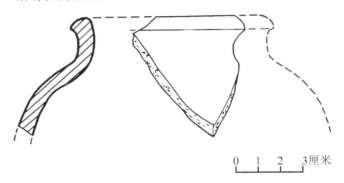

0　1　2　3厘米

图一五〇　张家窑村 21 号敌台（D411）文物标本
酱黄釉瓷罐口沿残片（标本 D411:1）

69. 张家窑村 22 号敌台（D412）

该敌台位于灵武市临河镇张家窑村西北约 2.8 千米处，西北距张家窑村 23 号敌台 0.205 千米。台体依长城墙体外侧而建，黄土夯筑而成，土质纯净细腻，夯打较结实，呈覆斗形，实心，剖面呈梯形，凸出于长城墙体外侧，四壁有收分。保存较好，形制基本完整。台体东、西壁立面呈梯形，夯土坍塌，有较宽的水蚀凹槽，底部有塌落的夯土堆积；北壁立面陡直呈梯形，壁面正中自上而下有三道水蚀沟槽；南壁与长城墙体顶部坍塌成陡坡状；顶部中间高凸，被雨水冲刷侵蚀、风化成圆弧形土垄状。台体底部东西 15.8、南北 15 米，顶部东西 6.5、南北 5 米，高 8 米。夯层厚 14、18、20 厘米。周围地表散布有泥质灰陶板瓦残片、筒瓦残片、泥质灰陶碗口沿残片及黑釉、酱釉瓷片等。

70. 张家窑村 23 号敌台（D413）

该敌台位于灵武市临河镇张家窑村西北约 2.8 千米处，西北距张家窑村 24 号敌台 0.2 千米。台体骑长城墙体而建，黄土夯筑而成，夯土中掺杂有少量碎石，呈覆斗形，实心，剖面呈梯形，凸出于长城墙体外侧，四壁有收分。保存一般。台体坍塌风化成土丘，东、西壁立面呈斜坡半椭圆形；南、北壁坍塌风化成底大顶圆的斜坡；顶部呈圆弧状，中部有少量的草木灰烬。台体底部南北外凸，边长 11 米，顶部东西 2、南北 4 米，高 5 米。夯层厚 12、15、20 厘米。周围地表散布有黑釉、酱釉瓷片及黄釉罐底残片、青花瓷片等。

71. 张家窑村 24 号敌台（D414）

该敌台位于灵武市临河镇张家窑村西北约 3 千米处，西北距张家窑村 25 号敌台 0.219 千米。台体依长城墙体而建，黄土夯筑而成，土质纯净，呈覆斗形，剖面呈梯形，凸出于长城墙体外侧，四壁有收分。保存一般，形制基本规整。台体东壁陡直，立面呈窄梯形，夯土剥落较严重，东南角与长城墙体接合部位坍塌有较宽的冲沟豁口；北壁立面呈长梯形，上部夯土坍塌较多，底部被坍塌的夯土堆积成斜坡状；西壁立面呈斜坡梯形，上部夯土坍塌较多，西南角与长城墙体接合部位坍塌有 2 米宽的冲沟豁口。台体底部东西 15.5、南北 13 米，顶部基本平整，东西 7、南北 4.3 米，高 6 米。

72. 张家窑村 25 号敌台（D415）

该敌台位于灵武市临河镇张家窑村西北约 3.2 千米处，西北距张家窑村 26 号敌台 0.202 千米，北距银（川）敖（镇）公路芒哈图收费站约 1.3 千米。台体依长城墙体而建，黄土夯筑而成，夯土内有少量红沙土，呈覆斗形，实心，剖面呈梯形，凸出于长城墙体外侧，四壁有收分。保存较好，形制基本完整。台体东壁上部夯土坍塌较多；北壁陡直呈梯形，东北角上部被雨水冲刷剥蚀成斜坡，底部有坍塌的夯土堆积；西壁立面呈梯形，底部风蚀凹进；南壁高于长城墙体约 3 米；顶部中间基本平整，四周边缘被雨水冲刷成斜坡。台体底部东西 13、南北 14.5 米，顶部东西 4.5、南北 3 米，高 8 米。夯层厚 10～12 厘米（彩图四二五）。

73. 张家窑村 26 号敌台（D416）

该敌台位于灵武市临河镇张家窑村西北约 3.4 千米处，西北距张家窑村 27 号敌台 0.181 千米，西南距边沟南岸的张家窑村 2 号烽火台约 0.22 千米。台体用黄土和红沙土分层夯筑而成，呈覆斗形，实心，平面呈长方形，剖面呈梯形，四壁有收分。保存一般。台体四壁夯土剥落，整体略显低矮；东、西壁立面呈梯形，东南角、西南角与长城墙体接合部位被雨水冲毁坍塌有较宽的水蚀斜坡凹槽；西壁根部风蚀凹进；北壁夯土片状剥落，雨水冲蚀有凹槽，表面生长有沙棘草；南壁与长城墙体顶部坍塌成斜坡；顶部中间凸起，四周边缘被雨水冲蚀成凹凸不平的斜坡。台体底部东西 7、南北 10 米，顶部东西 4、南北约 3 米，高 7 米。夯层厚 17、18、20、21、23 厘米。

74. 张家窑村 27 号敌台（D417）

该敌台位于灵武市临河镇张家窑村西北约 3.6 千米处，西北距张家窑村 28 号敌台 0.17 千米，南距边沟南岸的张家窑村 2 号烽火台约 0.21 千米。台体依长城墙体而建，黄土夯筑而成，土质纯净，呈覆斗形，实心，凸出于长城墙体外侧。保存一般。台体东壁坍塌厚约 1 米，上部夯土坍塌较多，形成内收的台棱；北壁立面陡直呈梯形，坍塌厚约 1 米，表面生长有沙棘草，底部夯土堆积，呈低矮的斜坡状；西壁坍塌厚约 2 米，北侧有一处较宽的裂缝；顶部被雨水冲蚀成北高南低的斜坡。台体底部边长 11 米，顶部东西 4、南北 2 米，高 7 米。夯层厚 14、16、18 厘米。周围地表散布有黑釉瓷碗底残片、青绿釉瓷片及外黑釉内青绿釉瓷罐残片和青花瓷片等。

75. 张家窑村 28 号敌台（D418）

该敌台位于灵武市临河镇张家窑村西北约 3.8 千米处，西北距张家窑村 29 号敌台 0.205 千米，东南距边沟南岸的张家窑村 2 号烽火台约 0.32 千米。台体依长城墙体而建，黄土夯筑而成，土质纯净，呈覆斗形，实心，平面呈长方形，剖面呈梯形，凸出于长城墙体外侧，四壁有收分。保存一般。台体底部沙土堆积较厚，四壁坍塌成斜坡状；顶部北部基本平整，南半部及南壁坍塌成北高南低的斜坡。台体底部东西 11.3、南北 10 米，顶部东西 5、南北 3 米，高 7 米。夯层厚 15～18 厘米。周围地表散布有少量青花瓷片、黑釉瓷罐残片、泥质夹砂黑陶罐残片、褐釉青釉粗瓷残片及石夯等。

标本 D418∶1，石夯。青石质，正方形，底面平整，正面稍鼓有凿痕。长 34、宽 31、厚 12 厘米，两侧有凹槽，凹槽宽 4、深 1.5 厘米（图一五一；彩图四一三）。

76. 张家窑村 29 号敌台（D419）

该敌台位于灵武市临河镇张家窑村西北 4 千米处，西北距张家窑村 30 号敌台 0.206 千米。台体依长城墙体而建，黄土夯筑而成，土质纯净，呈覆斗形，实心，凸出于长城墙体外侧。保存较差。台体

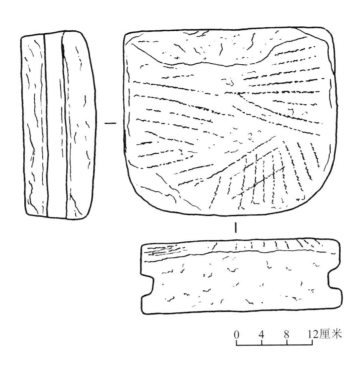

图一五一　张家窑村 28 号敌台（D418）文物标本
石夯（标本 D418：1）

坍塌风化成底大顶尖的圆锥状，底部沙土堆积较厚，东南角、西南角与长城墙体接合部位被雨水冲开约 1 米宽的豁口，顶部坍塌略呈山尖形。台体底部东西 9.4、南北 10 米，顶部呈圆锥形，高 6 米。夯层厚 11、14、15、18、20 厘米。周围地表散布有少量青花瓷碗口沿残片、黑釉瓷罐残片、咖啡釉双耳罐口沿残片、青釉碗残片、土黄釉四系罐口沿残片等。

标本 D419：1，咖啡釉双耳罐口沿残片。扁折沿，鼓腹，沿下存一桥形立耳，耳面按印凹纹，外壁有突棱。浅灰胎，内外壁施咖啡釉，外壁釉色较深，釉面有涩光。口径 17.8、腹径 19.2、高 11.2 厘米（图一五二：1；彩图四一四）。

标本 D419：2，青釉碗口沿残片。侈口，弧腹，腹底折收，外壁有突棱纹，圈足，足墙外撇，青灰胎，牙白釉，釉色泛青，釉面有涩光，外壁施釉不到底。口径 15、底径 6.4、高 5.4 厘米（图一五二：2；彩图四一五）。

标本 D419：3，土黄釉四系罐口沿残片。宽扁唇，圆腹，肩部有并列双立耳，仅存接痕，泥质夹砂浅黄胎，器表施釉较薄，呈土黄色。口径 16.2、高 6 厘米（图一五二：3；彩图四一六）。

标本 D419：4，青花瓷碗口沿残片。尖圆唇，侈口，斜腹外壁饰花草纹。口径 12.1、高 3.2 厘米（图一五二：4）。

77. 张家窑村 30 号敌台（D420）

该敌台位于灵武市临河镇张家窑村西北约 4.2 千米处，西北距张家窑村 31 号敌台 0.208 千米。台体依长城墙体而建，黄土夯筑而成，土质纯净，呈覆斗形，实心，四壁有收分。保存较好，形制基本完整。台体东、北、西壁立面呈梯形，壁面平整，倾角为 75°；北壁正中自上而下有水蚀沟槽，表面有黑色霉斑苔藓；西壁正中自上而下有雨水冲刷的水蚀凹槽；南壁顶部高于长城墙体约 3 米；顶部中间

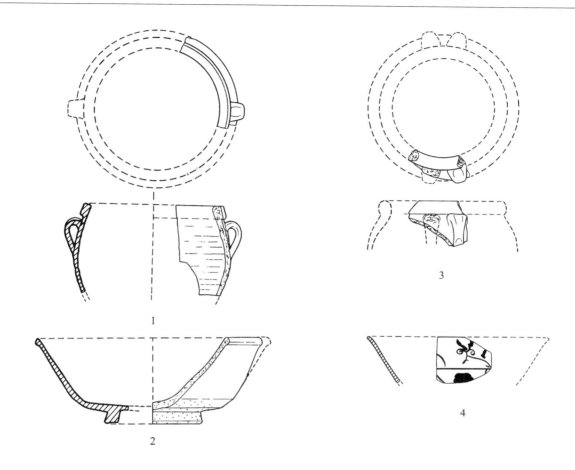

图一五二　张家窑村 29 号敌台（D419）文物标本

1. 咖啡釉双耳罐口沿残片（标本 D419∶1）　　2. 青釉碗口沿残片（标本 D419∶2）

3. 土黄釉四系罐口沿残片（标本 D419∶3）　　4. 青花瓷碗口沿残片（标本 D419∶4）

有 0.2 米厚的草木灰烬。台体底部东西 13.5、南北外凸约 11 米，顶部基本平整，东西 9、北 4.5 米，高 9 米。夯层厚 15～17、20 厘米（图一五三）。

78. 张家窑村 31 号敌台（D421）

该敌台位于灵武市临河镇张家窑村西北约 4.4 千米处，西北距张家窑村 32 敌台 0.182 千米。台体用黄土夯筑而成，土质细腻纯净，夯打结实，呈覆斗形，实心，凸出于长城墙体外侧，四壁有收分。保存较好，损毁较轻。台体东、西壁夯土片状剥落，表面有风蚀孔洞和雨水冲蚀的凹槽；北壁立面呈梯形，顶部被雨水冲蚀成斜坡面；南壁坍塌成斜坡。台体底部东西 8、南北外凸约 8.8 米，顶部东西 7、南北 6 米，高 8 米。夯层厚 17～20 厘米。

79. 张家窑村 32 号敌台（D422）

该敌台位于灵武市临河镇张家窑村西北约 4.6 千米处，西北距张家窑村 33 号敌台 0.187 千米。台体依长城墙体外侧而建，黄土夯筑而成，呈覆斗形，实心。保存一般。台体四周沙土堆积较厚；东壁坍塌厚约 3 米；西壁坍塌厚约 1 米；北壁呈底大顶小的窄梯形，夯土坍塌厚约 2 米，表面被雨水冲蚀，有一层阴湿变黑的霉斑苔藓和风蚀孔洞；南壁与长城墙体顶部坍塌成斜坡状；顶部四周边缘坍塌严重，

图一五三　张家窑村 30 号敌台（D420）平、立面及长城墙体平、剖面图

中间高凸，为 1.5 米见方的土台。台体底部东西 9.5、南北 9 米，顶部东西约 1、南北约 0.5 米，高 8 米。夯层厚 11 ~ 14 厘米。

80. 张家窑村 33 号敌台（D423）

该敌台位于灵武市临河镇张家窑村西北约 4.8 千米处，西北距张家窑村 34 号敌台 0.2 千米。台体依长城墙体而建，黄土夯筑而成，土质纯净，夯打结实，呈覆斗形，实心，凸出于长城墙体外侧。保存较好，损毁较轻。台体底部四周沙土堆积较厚；东壁坍塌厚约 2 米；北壁陡直呈矮梯形，壁面中部被雨水冲蚀有 2 米宽的凹槽，有黑色霉斑苔藓；西壁呈梯形，壁面夯土块状塌落，底部堆土较厚；南壁与长城墙体顶部坍塌成陡坡；顶部受风雨侵蚀凹凸不平，中间有一道南北向水蚀凹槽。台体底部东西约 15、南北约 10 米，顶部东西 7、南北约 5 米，高 7 米。夯层厚 16 ~ 18、20 厘米。

81. 张家窑村 34 号敌台（D424）

该敌台位于灵武市临河镇张家窑村西北约 5 千米处，西北距张家窑村 35 号敌台 0.196 千米。台体依长城墙体外侧而建，黄土夯筑而成，土质纯净，夯打结实，呈覆斗形，实心，剖面呈梯形，凸出于长城墙体外侧，四壁有收分。保存一般，形制基本完整，坍塌损毁较轻。台体四周因有沙土堆积，略呈南高北低的斜坡状；东壁夯土块状塌落，有风蚀孔洞和水蚀凹槽；北壁雨水冲刷有较深的凹槽；西壁上部夯土坍塌严重，略呈底大顶圆的半椭圆形；南壁坍塌成北高南低的斜坡；顶部因雨水冲蚀凹凸不平。台体底部东西 14、南北 13 米，顶部边长 6 米，高 7 米。夯层厚 17、20 厘米。

82. 张家窑村 35 号敌台（D425）

该敌台位于灵武市临河镇张家窑村西北约 5.2 千米处，西北距张家窑村 36 号敌台 0.198 千米，西南距边沟南岸的张家窑村 2 号烽火台约 0.24 千米。台体依长城墙体而建，黄土夯筑而成，土质纯净，呈覆斗形，实心，凸出于长城墙体外侧。保存较差。台体坍塌成土丘状，东壁坍塌厚约 5 米；北壁东半部坍塌宽约 5 米，立面呈窄小的锥形；西壁立面呈梯形，南侧及西南角与长城墙体接合部位坍塌损毁，有较宽的冲沟豁口。台体底部东西 8、南北外凸 8.8 米，顶部为尖圆状的土丘，高约 6 米。夯层厚 15、17、18、20 厘米。

83. 张家窑村 36 号敌台（D426）

该敌台位于灵武市临河镇张家窑村西北约 5.4 千米处，西北距张家窑村 37 号敌台 0.205 千米，南距边沟南岸的张家窑村 3 号烽火台约 0.19 千米。台体依长城墙体而建，黄土夯筑而成，夯土内夹杂有少量碎石，夯打结实，呈覆斗形，实心，凸出于长城墙体外侧。保存一般。台体四壁陡直，上半部坍塌损毁约 2 米，顶部为凸起的小土台；东、西壁上部夯土坍塌较多；北壁呈低矮的长梯形，底部沙土堆积厚约 2 米。台体底部东西 12、南北外凸 9 米，顶部东西 4、南北 1.5 米，高 7 米。夯层厚 15~18 厘米。

84. 张家窑村 37 号敌台（D427）

该敌台位于灵武市临河镇张家窑村西北约 5.6 千米处，西北距张家窑村 38 号敌台 0.195 千米，东南距边沟南岸的张家窑村 3 号烽火台约 0.3 千米。台体依长城墙体外侧而建，黄土夯筑而成，夯土内夹杂有少量碎石，呈覆斗形，实心，四壁有收分。保存一般。台体东、北壁夯土剥落厚约 1 米；西壁立面呈底大顶圆的半椭圆状，上部夯土坍塌较多；南壁坍塌损毁成凹凸不平的陡坡状；顶部因雨水冲蚀凹凸不平；四周沙土堆积厚约 2 米。台体底部东西 14、南北凸出 11 米，顶部边长 5 米，高 7 米。夯层厚 14、16~18 厘米。

85. 张家窑村 38 号敌台（D428）

该敌台位于灵武市临河镇张家窑村西北约 5.8 千米处，西北距张家窑村 39 号敌台 0.202 千米。台体依长城墙体而建，黄土夯筑而成，呈覆斗形，实心，凸出于长城墙体外侧。保存较差。台体坍塌严重，四周沙土堆积厚约 3 米，四壁坍塌成斜坡形，顶部塌落成圆锥状。台体底部东西 8、南北外凸 7、高 8 米。

86. 张家窑村 39 号敌台（D429）

该敌台位于灵武市临河镇张家窑村西北约 6 千米处，西北距张家窑村 40 号敌台 0.212 千米。台体依长城墙体外侧而建，黄土夯筑而成，呈覆斗形，实心，凸出于长城墙体外侧。保存一般。台体呈土丘状，四周沙土堆积较高，顶部被雨水冲刷成圆弧形的土垄状。台体底部东西 9、南北 7 米，顶部高低不平，东西 3、南北 2.7 米，高 5 米。夯层厚 15~17 厘米。

87. 张家窑村 40 号敌台（D430）

该敌台位于灵武市临河镇张家窑村西北约 6.2 千米处，西北距张家窑村 41 号敌台 0.22 千米。台体用黄土夯筑而成，呈覆斗形，平面呈长方形，剖面呈梯形，凸出于长城墙体外侧，四壁有收分。保存较好，形制基本完整。台体损毁较轻，四壁陡直，基本平整，底部沙土堆积较厚，北壁表面有阴湿风化的灰黑色霉斑苔藓。台体底部边长 14 米，顶部基本平整，东西 6、南北 3.5 米，高 8 米。夯层厚 12、16、18、20 厘米。

88. 张家窑村 41 号敌台（D431）

该敌台位于灵武市临河镇上桥村红山堡横山四队东南约 2 千米处，西北距上桥村横山四队 1 号敌台 0.202 千米。台体依长城墙体而建，黄土夯筑而成，土质纯净，呈覆斗形，实心，凸出于长城墙体外侧。保存较差。台体呈土丘状，上半部被电力施工架设线路时挖毁约 3 米。台体底部东西 7、南北 4 米，顶部损毁过半，东西 2、南北约 1 米，高约 5 米。夯层厚 14~16 厘米。

三　清水营段明长城墙体沿线铺舍（P08~P09）

1. 清水营村铺舍（P08）

该铺舍位于灵武市临河镇清水营村一队西北约 4.3 千米的清水营村一队 22 号敌台内侧，西北距清水营村一队 23 号敌台 0.28 千米，西南距清水营村 2 号烽火台约 0.87 千米。铺舍夯土台基依长城墙体内侧而建，黄土夯筑而成，呈覆斗形，实心，台基上无任何建筑遗迹。保存较差。台基坍塌损毁严重，东、西壁坍塌成斜坡，整体风化略呈低矮的土丘。台基底部东西 16、南北 9 米，顶部东西 2、南北 1 米，高约 5 米。台体四周有双重围墙，平面呈回字形，台基位于围墙北部正中位置，围墙东、西墙与长城墙体相接，南墙转角为直角，西北角、东北角处的夯土墙基损毁不存。以东墙为基轴，方向北偏东 30°。围墙东、西、南墙高 0.5~1.2 米。外围墙东墙长 27 米，北段不存，底宽 2.5 米；南墙长 60 米，底宽 3 米；西墙长 46 米，北段不存。内围墙东墙长 28 米，西墙长 35 米，南墙长 45 米。门址不存，门向不明（彩图四二六）。周围地表散布有明代黑釉、青釉、褐釉、酱釉粗瓷片及青花瓷片等。

2. 张家窑村铺舍（P09）

该铺舍位于灵武市临河镇张家窑村西北 1 千米的张家窑村 16~17 号敌台长城墙体内侧，东南距张家窑村 16 号敌台 0.148 千米，西北距张家窑村 17 号敌台 0.044 千米。铺舍台基依长城墙体内侧而建，黄土夯筑而成，呈覆斗形，台基上无任何建筑遗迹。保存较差。台基东壁立面呈长梯形，东北角、东南角坍塌成斜坡状；南壁仅存西侧较少部分，其余坍塌成低矮的斜坡；西壁立面略呈低矮的长梯形，有风蚀孔洞，底部沙土堆积较高；顶部坍塌成北高南低的斜坡。铺舍夯土台基高于长城墙体 1 米多，台基底部东西 16、南北外凸 11 米，顶部东西 7、南北 8 米，高约 4 米。夯层厚 25~28、夯窝直径 10~13 厘米。地面散见少量残砖，砖宽 18.5、厚 7 厘米。台基背靠长城墙体，坐北朝南，东、西、南面有夯土围墙。以围墙东墙为基轴，方向北偏东 35°。

围墙东、西墙与长城墙体内侧垂直。南墙长 48 米，中段被雨水冲刷损毁，地面无任何建筑遗迹，底宽 2.5 米；东、西墙长 34、高 0.7 米，夯层厚 16、17 厘米。门向不明（图一五四；彩图四二七、四二八）。

四　清水营段明长城墙体沿线烽火台（F20~F23）

1. 清水营村 2 号烽火台（F20）

该烽火台位于灵武市宁东镇清水营村西约 0.65 千米的缓坡丘陵梁峁上，所处地势高亢，视野开阔，当地称"方墩梁"，北距长城墙体约 0.9 千米。台体用黄土夯筑而成，土质纯净，呈覆斗形，实心，四壁有收分。以东壁为基轴，方向北偏东 10°。保存较好。台体东壁陡直呈梯形，夯土剥落，有风蚀孔洞和雨水冲刷侵蚀的凹槽，底部有较厚的夯土堆积；南壁夯层清晰，版筑缝明显，底部风蚀凹进，东南角坍塌较严重，台体用芨芨草编织径粗为 1 厘米的草绳呈方格状平铺夯打在台体内，夯层厚 17~21、夯窝直径 8~10 厘米；西壁立面陡直呈梯形，西北角坍塌严重；北壁立面陡直呈长梯形，壁面夯土

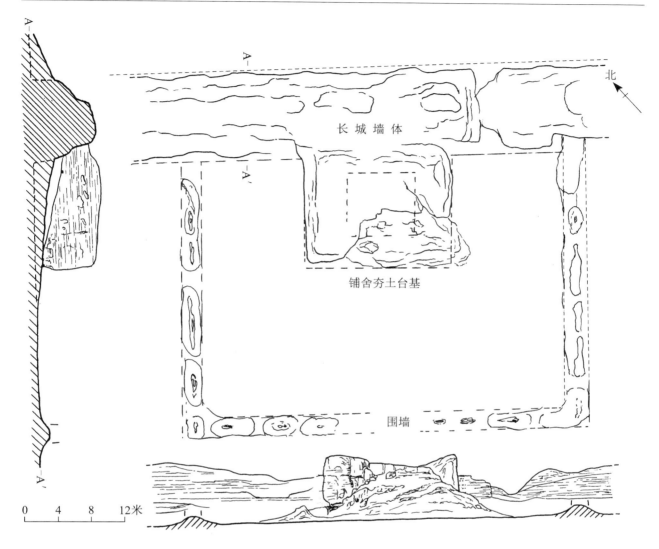

图一五四　张家窑村铺舍（P09）夯土台基遗址平、立面及长城墙体平、剖面图

剥落，东西两侧夯土剥落较多，底部风蚀凹进，略呈鼓肚状。台体底部东西14、南北11米，顶部基本平整，东西6、南北约5米，高9米。

　　台体四周有夯土围墙，因遭受严重的自然破坏，仅存0.3米高的墙基，底宽2米。围墙呈长方形，东、西墙长24米，南、北墙长27米。门朝南开，位于南墙中部，门宽不详（图一五五；彩图四三〇、四三一）。

2. 张家窑村1号烽火台（F21）

　　该烽火台位于灵武市临河镇张家窑村边沟南岸0.3千米处，所在地势平坦，视野开阔，北距长城墙体约0.35千米。台体用红沙土和黄土夯筑而成，土质纯净，呈覆斗形。方向正南北。保存一般，形制基本完整。台体东壁下半部风蚀内收略呈凹腰形，壁面有较深的水蚀沟槽；南壁东西两侧略呈鼓肚状，底部风蚀内凹，壁面正中有一道水蚀凹槽，底部有雨水冲刷形成的数道流苏状的水蚀凹槽；西、北壁陡直，立面呈梯形，夯土剥落，雨水冲刷较严重，底部风蚀有凹槽，表面有粗绳纹状的水蚀流苏沟槽。台体底部东西15、南北18米，顶部边长6米，高13米。夯层厚12、14、16厘米（图一五六；彩图四三二）。周围地表散布有少量明代青花瓷片，灰胎黑釉、浅黄胎内青釉外黑釉碗底瓷片，夹砂灰

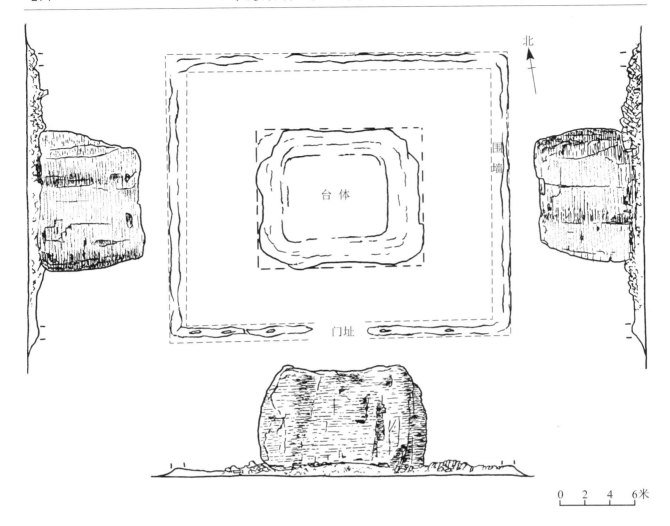

图一五五　清水营村 2 号烽火台（F20）平、立面图

胎褐釉罐底残片、酱釉粗瓷片，还发现有残断的软梯等遗物（软梯用粗布编织的绳和径粗 5、长 45 厘米的木棍制作）。

3. 张家窑村 2 号烽火台（F22）

该烽火台位于灵武市临河镇张家窑村西北 4.5 千米的边沟南岸，张家窑村 27 号敌台南 0.255 千米处，所在地势平坦，视野开阔，北距长城墙体约 0.24 千米，东南距张家窑村 1 号烽火台约 4.3 千米，西北距张家窑村 3 号烽火台约 1.6 千米。台体用黄土夯筑而成，呈覆斗形，实心。方向正南北。保存较好。台体建在台基上，呈不规则长方形，四周地势低平。台体东壁陡直呈梯形，壁面有雨水冲刷形成的水蚀沟槽，底部风蚀凹进，上部被雨水冲刷侵蚀高低不平；南、西壁立面陡直呈梯形，上部有雨水冲刷的 1 米宽的沟槽，下半部风蚀内收，略呈束腰形；北壁上半部立面呈梯形，下半部风蚀坍塌内收，壁面正中自上而下有一道宽裂缝。台体底部东西 18、南北 17.5 米，顶部东西 8.5、南北 8 米，高约 13 米，夯层厚 20、25～27 厘米。台基东西 24.5、南北 26、高约 2 米（图一五七；彩图四三三、四三四）。周围地表散布有少量青釉、酱釉、黑釉粗瓷片。

4. 张家窑村 3 号烽火台（F23）

该烽火台位于灵武市临河镇红山堡上桥村横山四队东南约 3 千米的长城墙体内侧边沟南岸的张家

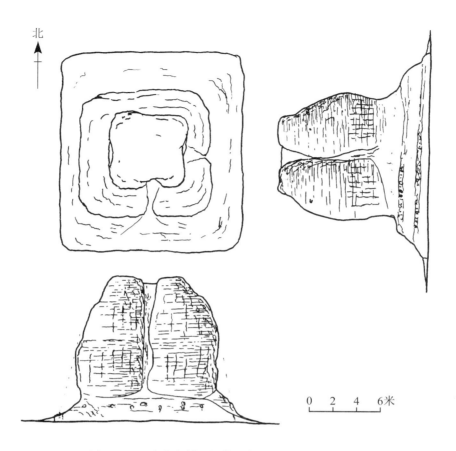

北

0 2 4 6米

图一五六 张家窑村 1 号烽火台（F21）平、立面图

窑村 36 号敌台南 0.255 千米处，所在地势较高，视野开阔，北距长城墙体约 0.21 千米，东南距张家窑村 2 号烽火台约 1.8 千米，西北距上桥村（横山四队）1 号烽火台约 2.1 千米。台体用黄土夯筑而成，土质纯净，呈覆斗形，实心，四壁有收分。以东壁为基轴，方向北偏东 30°。保存一般。台体北侧地势较低，底部为呈正方形夯土台基，台基高 0.8 米。台体东壁立面呈梯形，坍塌较严重；南壁立面呈长梯形，裂缝较多，东侧有 0.7 米宽的水蚀凹槽，东南角坍塌较严重，底部有塌落的块状夯土堆积，距边沟断崖仅 4 米；西壁立面呈梯形，夯土块状坍塌，有较多的宽裂缝；北壁立面呈梯形，坍塌厚 1～2 米，西北角坍塌有宽裂缝。台体底部东西 15、南北 17 米，顶部基本平整，东西 8、南北 6 米，高 10 米。夯层厚 18、20、22 厘米（图一五八；彩图四三五、四三六）。周围地表散布有少量明代青釉、酱釉、黑釉粗瓷片等。

五 清水营

1. 位置与现状

清水营位于灵武市宁东镇清水营村一队西北约 2.4 千米处，北距"深沟高垒"（头道边）墙体约 0.7 千米，东南距清水营东城堡约 1.1 千米，西北 0.65 千米有清水营村 2 号烽火台，当地称"大墩梁"，东北 0.9 千米为"深沟高垒"（头道边）墙体和"河东墙"（二道边）的分叉点。

营堡所处区域北与内蒙古自治区鄂托克前旗为邻，为鄂尔多斯西部毛乌素沙漠南缘和灵盐台地的

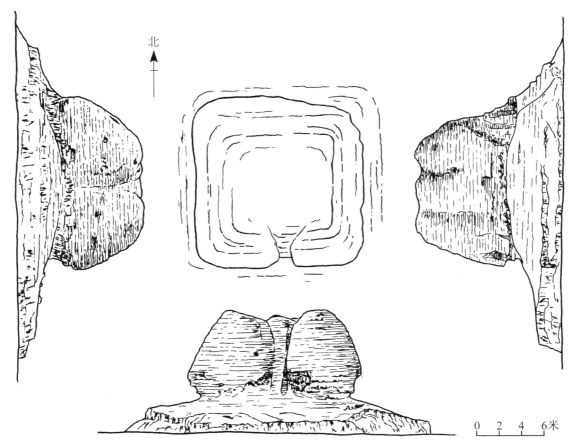

图一五七　张家窑村2号烽火台（F22）平、立面图

荒漠草原与草原化荒漠之间的过渡地带，多岩性砂砾石，土壤为灰钙土和沙土。

据《读史方舆纪要》卷62载："清水营，在所东八十里。《志》云：在卫城东南百二十里黄河东南。正统七年（1442年）建，弘治十八年（1505年）为套寇所陷。《五边考》：套寇犯灵州必由清水营入。清水营者，灵州之咽喉也，特设重兵戍守。隆庆五年（1571年）以西番顺命，设马市于此。"[1]　又据《嘉靖宁夏新志》卷3记载："清水营，西逾河至宁夏七十里，南至灵州七十里，东至兴武营六十里，北临沙漠。城一里许。弘治十三年（1500年），都御史王珣拓之，为周二里。先是，灵州备御西安左卫等官军一百二员名，轮流哨备。嘉靖八年（1529年），巡抚、都御史翟鹏奏迁旗军五百一十名，置操守官一员、管队官五员、守堡官一员。十一年（1532年），总制尚书王琼又奏，改灵州参将并兵马驻扎于此。寻又兵部议处：有警统兵暂驻，无警仍在灵州。"[2]　清乾隆六年（1741年）重修[3]。

清水营城内遍布残砖碎瓦，无人居住。城墙、角台、马面、瓮城及城门保存一般。墙体根部风蚀有凹槽，表面有孔洞；墙体顶部因雨水冲刷有较多的冲沟豁口。墙体外包砖及墙体夹墙砖被拆除，用于砌筑羊圈等。

2. 平面形制

清水营城平面呈近长方形，周长1287米，面积103230平方米。城坐西朝东，以东墙为基

〔1〕（明）顾祖禹：《读史方舆纪要》卷62，中华书局，2005年，第2952页。

〔2〕（明）胡汝砺编、（明）管律重修、陈明猷校勘：《嘉靖宁夏新志》卷3，宁夏人民出版社，1982年，第202页。

〔3〕（清）张金城修、（清）杨浣雨纂、陈明猷点校：《乾隆宁夏府志》卷5"城池"，宁夏人民出版社，1992年，第128页。

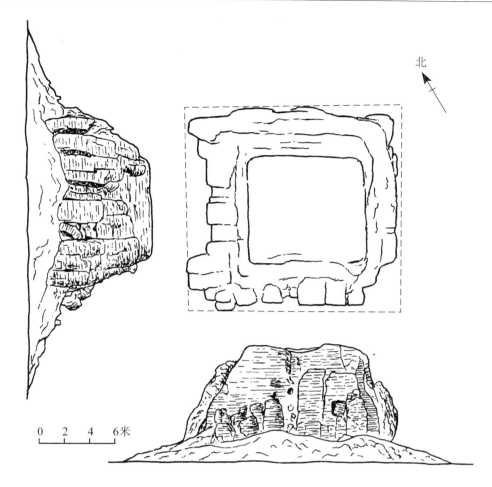

图一五八　张家窑村3号烽火台（F23）平、立面图

轴，方向北偏西15°。城门开在东墙中部偏北（图一五九；彩图四三七、四三八）。瓮城依城堡东墙而建，瓮城门开在南墙中部。城内地势东高西低，西北角地势最低，城内遍布残砖碎瓦，有较多的房屋基址。城墙保存较好。营城墙体、城门、角台、马面、瓮城及房屋基址调查情况分述如下。

（1）城墙

东墙长337、高约11、底宽10、顶宽4米。墙体外包砖被拆除，东西两侧多被塌落的夯土和沙土掩埋，南段外壁每隔8米有柱槽状的夹墙砖，平面呈凹字形，砌筑在墙体壁内，似墙柱。砖宽0.9、深1.4米，砖槽高与墙体顶部平齐。夯层厚11、12、14、16、21厘米。

南墙长300、高12、顶宽5米，墙体外包砖及柱槽夹墙砖被拆除（彩图四三九）。内侧大部分被沙土掩埋，未掩埋部分顶部有较多的冲沟和风蚀凹槽。墙体用黄土和红黏土夯筑而成，黄土夯层厚12～15厘米；红黏土夯层稍薄，夯层厚8、10厘米。

西墙长330、高10、顶宽0.5～6米。墙体外包砖被拆除，夯筑方法和所用材质与其他墙体有所不同，内部用黄土夯筑，外部用白灰、碎砖、碎石粒掺和白灰浆夯筑，版长1.4、1.8、2.3、3.4米，夯层厚10、14厘米。西墙顶部外缘垛墙遗迹清晰可见。

北墙长320、高12、顶宽3.7米。墙体东段内外两侧被沙土掩埋成斜坡状，顶部被沙土覆盖，有沙土堆积；墙体西段保存较好，外包砖被拆毁；中段保存最好，顶部有铺砖。墙体顶部存女墙痕迹，

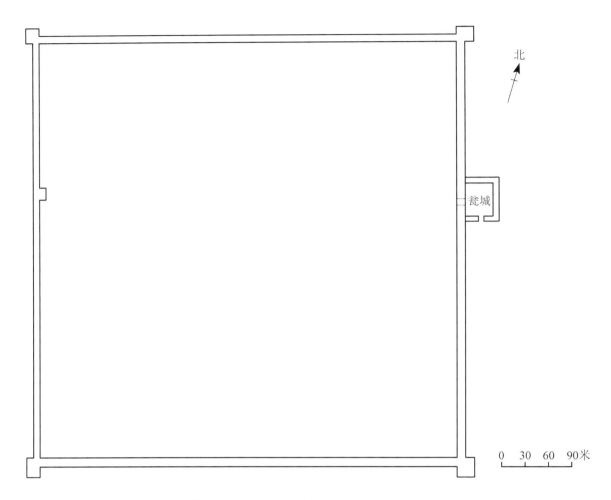

北

瓮城

0　30　60　90米

图一五九　清水营城址平面图

女墙宽 0.5 米，顶砖为方砖，方砖正面中间凸起呈斜坡状。

（2）城门

城门位于东墙中部偏北。半圆形券门洞用长条砖砌成（彩图四四〇），砖长 43、宽 27、厚 10 厘米，门洞进深 11、内宽 3.5、顶高 3.8 米；两壁基础用长 40～180、厚 25 厘米的条石砌筑两层，上部用条砖平铺横砌 16 层后，开始逐层内收砌筑 25 层，门洞砖墙用白灰泥浆黏合、抹平、勾缝，门洞夯土墙体外壁用条砖包砌。

（3）角台

角台位于营城四角，有 4 座，呈覆斗形，平面呈正方形，土质为黄土，外包砖厚 0.8 米。

东北角台底部边长 15、顶部边长 11、顶部凸出于墙体外 5、南北凸出于北墙外 4.5 米，角台外围地势较低，相对高约 17 米（彩图四四二）。东南角台底部东西 14、南北 15 米，顶部东西 8、南北 11 米，顶部凸出于东墙外 5、南墙外 6 米（彩图四四一）。西南角台底部东西 12、南北 13 米，顶部东西 11、南北 12、凸出于墙体外 5.5 米（彩图四四三）。西北角台保存较好，呈覆斗形，平面呈正方形，底部边长 14、顶部边长 12、高 11 米。

（4）马面

清水营城西墙中部内侧有一座马面，其余三面无马面。台体呈覆斗形，实心，底部东西8、南北11米，顶部东西6、南北7米。

（5）瓮城

翁城位于营城东墙中部偏北。瓮城南、北墙依营城东墙而建，平面呈长方形，北墙长15、高7、底宽9、顶宽4米；东墙长28、高7、顶宽2.7米；南墙长15、顶宽2.7米。

瓮城门开在南墙中部，为半圆形券门洞，长条砖砌筑而成，进深7、内宽3.2、顶高3.3米（彩图四四四）。

清水营城遗物标本种类较多，城内地面有较多的青花瓷片和黑釉、酱釉瓷片等。器形大多为碗、盆、缸、罐，另有较多的建筑构件等。

3. 遗物

清水营内采集遗物。

标本：1，黑釉瓷碗口沿残片。圈足底，存四分之一。斜腹，圈足，挖足过肩，足外撇，土黄胎，内壁及外壁上部施黑釉，内底有宽涩圈，外壁下部及圈足无釉。底径5.3、高3.6、足高1厘米（图一六〇：1；彩图四四五）。

标本：2，白釉瓷碗口沿残片。弧腹，圈足，足外撇，挖足过肩。浅灰胎，白釉，釉下施一层青色化妆土。圈足无釉，内底有叠烧痕。底径7.5、高3.7、足高1.2厘米（图一六〇：2；彩图四四六）。

标本：3，棕褐釉瓷碗口沿残片。弧腹，圈足较深，稍内凹。浅黄胎，外施棕褐釉，内施白釉，略浅黄色，圈足釉色不全，内底有一圈叠烧痕。底径5.6、高3.6、足高1.4厘米（图一六〇：3）。

标本：4，白釉瓷盘残片。存约四分之一。直口微敞，浅斜腹，圈足。青灰胎，白釉泛青，内满釉，外壁近底部及圈足无釉。口径10.4、底径4.3、高2.9厘米（图一六〇：4）。

标本：5，白釉瓷大海碗残片。敞口，口沿残，弧腹，下腹斜收，圈足，夹砂浅灰胎，白釉，外壁施釉不及底，釉下施一层浅褐色陶衣，内壁褐彩绘双线圆圈纹，釉面有气泡，内底有叠烧粘痕。底径6.2、高5、足高1厘米（图一六〇：5）。

标本：6，青花瓷碗残片。直口微敛，斜弧腹，窄圈足，内壁口沿及底部有青花栏线，底有青花花卉图案，内底双栏线内绘写意缠枝花草纹。底径6.7、高2.9、足高1厘米（图一六〇：6）。

标本：7，酱黑釉瓷盆残底。大圈足底，深腹，夹砂浅黄胎，外壁施酱黑釉，内底施浅色青酱釉，圈足外底无釉，内底有拉坯旋纹，足跟有粘烧痕。底径8.9、高4.5、足高1.3厘米（图一六一：1）。

标本：8，茶叶末釉瓷罐口沿残片。直口微敛，矮斜领，丰肩，肩部有突棱，夹砂浅灰胎，外壁施茶叶末釉，内壁施浅酱釉。口径10、高4.8厘米（图一六一：2）。

标本：9，酱黄釉瓷罐口沿残片。卷沿，宽扁唇，丰肩，肩以下残，泥质夹砂红褐胎，表面施酱黄釉。口径16、高5厘米（图一六一：3；彩图四四七）。

标本：10，绛红釉瓷罐口沿残片。扁圆唇，高领，直腹，领部存一桥形立耳，耳面较宽，有纵向条形纹，夹砂灰胎，内外壁施绛红釉，外壁颈部以上无釉。口径19.7、腹径22、高15.4厘米（图一六一：4；彩图四四八）。

标本：11，绿釉瓷缸口沿残片。宽平沿，方唇，沿面微凹，夹砂灰褐胎，外施绿釉，内施黑釉。口径52、高10.6厘米（图一六一：5；彩图四四九）。

标本：12，兽面瓦当。泥质灰陶。当面圆形，额头隆起，眼眶高耸，面部较平，小圆眼，蒜头鼻，张嘴，两侧獠牙斜龇，唇下有垂须，两腮卷须向上翻卷。当面局部残缺，后接筒瓦残断。当面直径

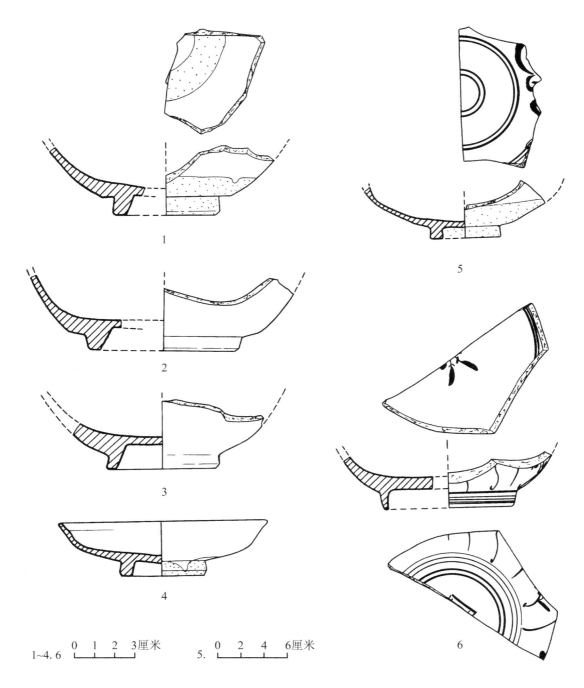

1~4.6　├──┼──┼──┤0　1　2　3厘米　　5.　├──┼──┼──┤0　2　4　6厘米

图一六〇　清水营文物标本（一）

1. 黑釉瓷碗口沿残片（标本:1）　2. 白釉瓷碗口沿残片（标本:2）　3. 棕褐釉瓷碗口沿残片（标本:3）　4. 白釉瓷盘残块（标本:4）
5. 白釉瓷大海碗残片（标本:5）　6. 青花瓷碗残片（标本:6）

11、厚 1.3 厘米（图一六二:1）。

　　标本:13，兽面瓦当。泥质灰陶。当面圆形，当缘较宽，中心兽面较小。构图饱满隆起，额顶两侧有纽形角。其下为短线粗眉，小圆眼，小塌鼻，张嘴龇牙，颔下残缺，两腮及额顶须发张立。后接筒瓦残断。当面直径 12、厚 1.9 厘米（图一六二:2）。

　　标本:14，荷花纹滴水。泥质灰陶。后端残断，前端接三连弧三角形滴水、滴面模印的荷花纹。滴

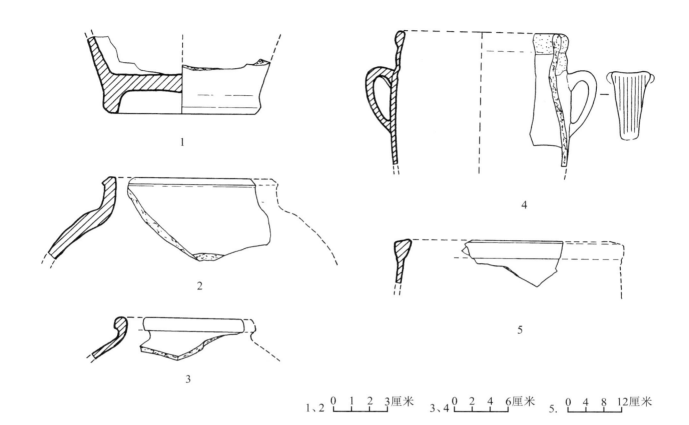

1

4

2

5

3

1、2 |0 1 2 3厘米 3、4 |0 2 4 6厘米 5. |0 4 8 12厘米

图一六一 清水营文物标本（二）

1. 酱黑釉瓷盆底残片（标本:7） 2. 茶叶末釉瓷罐口沿残片（标本:8） 3. 酱黄绿瓷罐口沿残片（标本:9）

4. 绛红釉瓷罐口沿残片（标本:10） 5. 绿釉瓷缸口沿残片（标本:11）

面宽15.7、高8.7、长18.2厘米（图一六二:3；彩图四五〇）。

标本:15，缠枝草叶纹条砖。夹砂灰陶。形体较小，一端残断，正面模印缠枝草叶纹，背面平整。长17.8、宽11、厚3.3厘米（图一六二:4；彩图四五一）。

标本:16，花纹条砖。夹砂灰陶。存多半，正面模印缠枝草叶纹，背面平整。长22.9、宽16、厚4.1（图一六二:5；彩图四五二）。

标本:17，缠枝草叶纹条砖。夹砂灰陶。砖体烧制变形，边侧呈弧线形，背面较粗糙，有烧裂纹，正面模印缠枝草叶纹。长31.4、宽16~17.4、厚5.4厘米（图一六二:6；彩图四五三）。

标本:18，缠枝草叶纹条砖。夹砂灰陶。仅存一面1/2。砖身残半，正面模印缠枝草叶纹，背面粗糙，有两道横向粘结凸棱。砖长19.4、宽16、厚5.4厘米（图一六二:7）。

标本:19，浮雕兰花状草叶纹方砖。灰陶。存少半，砖雕残块正面圆角方栏线内浮雕兰花状草叶纹。砖长37.2、宽21、厚6.5厘米（图一六三:1）。

标本:20，斜面砖。灰陶。清水营墙体顶部采集。用于垛墙和女墙顶部，长方砖底面平整，正面为两面斜坡。砖长43.2、宽31.2、厚7.2厘米（图一六三:2；彩图四五四）。

标本:21，筒瓦。泥质灰陶。瓦身半筒状，形制稍大。一端平齐，另一端出短唇，外素面，内壁有细密布纹，两侧有斜削痕。瓦体一侧稍残，瓦背凿有一浅坑。通长27.2、瓦径13、唇宽1.8厘米（图一六三:3）。

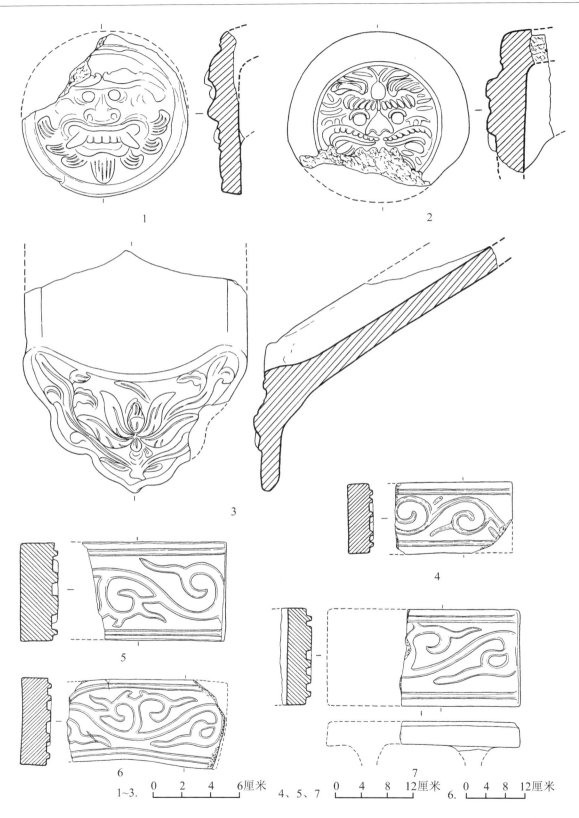

1~3　0　2　4　6厘米
4、5、7　0　4　8　12厘米　6.　0　4　8　12厘米

图一六二　清水营文物标本（三）

1、2. 兽面瓦当（标本：12、13）　3. 荷花纹滴水（标本：14）　4、6. 花纹条砖（标本：15～17）
7. 双面花纹砖（标本：18）

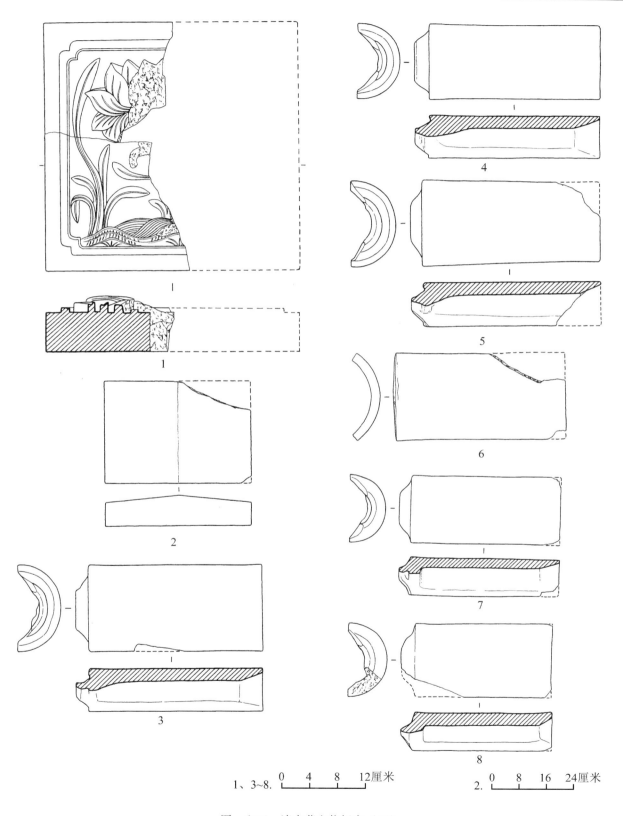

图一六三 清水营文物标本（四）

1. 浮雕兰花状草叶纹方砖（标本：19） 2. 斜面砖（标本：20） 3～5、7、8. 筒瓦

（标本：21～23、25、26）6. 四分板瓦（标本：24）

标本：22，筒瓦。泥质灰陶。瓦身半筒状，基本完整。形制稍大。一端平齐，另一端出短唇，外素面，内壁有细密布纹，两侧有斜削痕。通长27、瓦径11.4、唇宽1.2厘米（图一六三：4；彩图四五五）。

标本：23，筒瓦。泥质灰陶。瓦身半筒状，形制稍大。一端平齐，另一端出短唇，外素面，内壁有细密布纹，两侧有斜削痕，后端一角缺。通长27.6、瓦径13、唇宽1.6厘米（图一六三：5；彩图四五六）。

标本：24，四分板瓦。瓦稍长，两端平齐，一角缺，泥质灰陶，外素面，内壁有细密布纹。通长27.2、宽14、厚1.5厘米（图一六三：6）。

标本：25，筒瓦。泥质灰陶。瓦身半筒状，瓦壁较薄，基本完整。形制较小，一端平齐，另一端出短唇，外素面，内壁有细密布纹。两侧有斜削痕。通长25.7、瓦径11、唇宽1.8厘米（图一六三：7）。

标本：26，筒瓦。泥质灰陶。瓦身半筒状，前端一角失。形制较小，一端平齐，另一端出短唇，外素面，内壁有细密布纹，两侧有斜削痕。通长24、瓦径12、唇宽2.2厘米（图一六三：8）。

标本：27，莲花纹条砖。泥质灰陶。长方形板状，一端残断，表面模印盛开的莲纹图案，图案中心为一朵盛开的仰莲纹，周围环绕褶边莲叶及花蕾，背面平整。长28、宽19、高3.4厘米（图一六四：1；彩图四五七）。

标本：28，双面莲花纹砖。泥质灰陶。存一面少半。残存呈长方形板状，一端残断，表面莲纹存部分花瓣图案，背面粘痕高凸。花砖长12.8、宽19.4、厚2.6厘米（图一六四：2）。

标本：29，长方形双面莲花纹砖。泥质灰陶。仅存一面多半。表面贴塑模制的莲花纹，花瓣边缘残损，背面一端残存粘痕凸棱。长20.6、宽17厘米（图一六四：3）。

标本：30，长方形双面莲花纹砖。泥质灰陶存。一面，正面模印一朵盛开的莲花纹，周围环绕枝叶，背面有两道横向的桥形粘结痕。长30.6、宽15.6、厚3.3厘米（图一六四：4；彩图四五八）。

标本：31，莲花饰残件。泥质灰陶。板状表面塑贴莲纹图案，存一叶及一朵待放的花蕾。长21.4、宽19.8、厚2.5厘米（图一六四：5）。

标本：32，莲花饰残件。泥质灰陶。底面板状，正面塑贴莲花图案较大，花瓣存两层，花瓣椭圆形，表面刻划竖线纹，中心花蕊高突。长31.8、宽28.4厘米（图一六四：6）。

标本：33，莲花饰残件。泥质灰陶。存一角。底面板状，正面贴塑莲花瓣，残存大小4片，花瓣椭圆形，表面刻划3道竖线纹（图一六五：1；彩图四五九）。

标本：34，莲花纹脊饰残块。泥质灰陶。残存一角，形制较大。平面呈长方形，由两块单面模印莲纹的长方形饰件中间用两道纵脊合模捏接成型，纵脊中部留有圆孔。用于屋顶正脊装饰，侧面模印纹饰相同，脊饰一侧图案残存部分为一枝直立的花茎，花茎顶部有一朵半开的花蕾，两侧各有一片褶边莲叶，另一侧莲纹残损。长23、宽19.2厘米（图一六五：2）。

标本：35，莲花纹脊饰残块。泥质灰陶。存一角，一侧莲花纹存一枝花苞及两片褶边花叶。长28.6、宽16.6厘米（图一六五：3）。

标本：36，莲花纹脊饰残块。泥质灰陶。形制较大。板状底面上有纵脊，存一面贴塑两片模制对生的褶边莲叶，莲叶底部有泥托，中间有一枝向上生长的花茎。长29.4、宽27.6、厚2厘米（图一六五：4）。

图一六四 清水营文物标本（五）

1. 莲花纹条砖（标本：27） 2. 双面莲花纹砖（标本：28）

3、4. 长方形双面莲花纹砖（标本：29、30） 5、6. 莲花饰残件（标本：31、32）

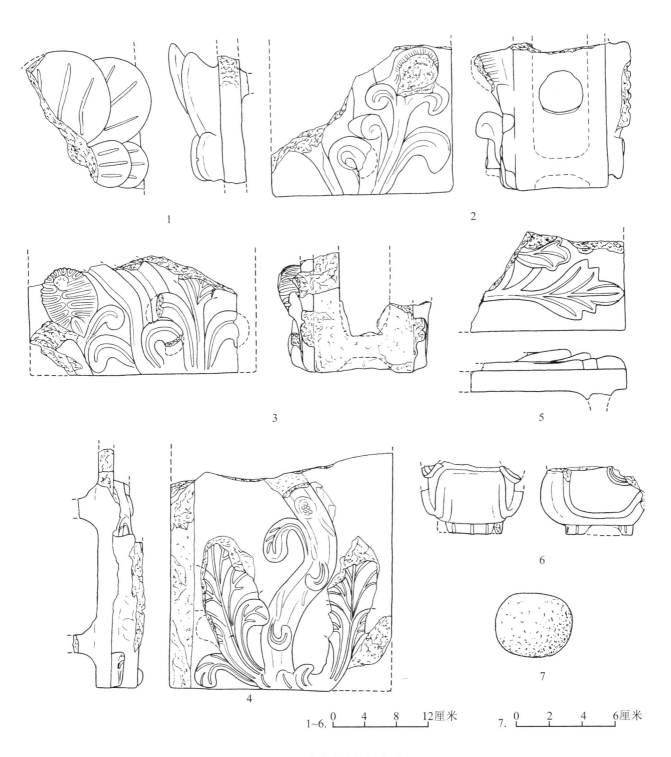

1

2

3

5

4

6

7

1~6. 0　4　8　12厘米

7. 0　2　4　6厘米

图一六五　清水营文物标本（六）

1. 莲花饰残件（标本：33）　　2~4. 莲花纹脊饰残件（标本：34~36）　　5. 莲花纹脊饰单面残块（标本：37）

6. 兽吻部残块（标本：38）　　7. 石弹球（标本：39）

标本：37，莲花纹脊饰单面残块。泥质灰陶。板状表面存一片带茎的莲花褶叶。长 19.4、宽 11.5 厘米（图一六五：5）。

标本：38，套兽吻部残块。泥质灰陶。上颌存一枚尖状犬齿，牙齿戳刺有小圆孔，上唇外翻下垂，两侧有卷须。长 12.5、宽 10.5、高 6.5 厘米（图一六五：6；彩图四六〇）。

标本：39，石弹球。褐色砂岩。圆球形，形体较小，直径 3.7～4.4 厘米（图一六五：7；彩图四六一）。

第九节 红山堡段明长城墙体及相关设施

一 红山堡段明长城墙体（D431—D465）

红山堡段明长城墙体经过上桥村横山四队、水洞沟遗址区。墙体外侧有敌台 33 座、铺舍 3 座、烽火台 2 座和红山堡城址等。

1. 上桥村横山四队 1 段长城墙体

该段墙体起点位于灵武市临河镇上桥村横山四队东南约 1.9 千米，张家窑村西北约 6.4 千米的张家窑村 41 号敌台处，止点位于上桥村横山四队东北 0.8 千米的上桥村横山四队 9 号敌台处。呈东南—西北走向，方向北偏西 60°～30°。墙体长 1817 米。墙体用黄土夯筑而成。墙体内外两侧被坍塌的夯土及沙土掩埋约 3/4。墙体高约 7、顶宽 1.7～4.1 米，部分墙体顶部存垛墙和女墙遗迹。边沟北距墙体较近，大致与墙体呈平行走向，弯弯曲曲，常年有水，由东向西流，平常水量很小，两岸被切割成 5～7 米的崖壁。根据墙体保存状况及敌台分布情况分为 9 段（图一六六；彩图四六二）。分述如下。

张家窑村 41 号敌台（D431）—上桥村横山四队 1 号敌台（D432）

墙体长 202 米。地处低山丘陵坡地，地势由东南向西北逐渐走高。呈东南—西北走向。墙体高约 7 米，顶部呈凹字形，顶宽 4.1 米，存垛墙和女墙遗迹，垛墙高 0.5、底宽 1 米，女墙高 0.3、底宽 0.7 米，垛墙和女墙间夹道宽约 2.7 米。部分墙体顶部受雨水冲刷坍塌严重，有较多 1～3 米宽的冲沟豁口。上桥村横山四队 1 号敌台东壁与墙体顶部存登台夯土台阶踏步，踏步长约 4.3、宽 0.7 米。

上桥村横山四队 1 号敌台（D432）—上桥村横山四队 2 号敌台（D433）

墙体长 206 米。呈东南—西北走向。墙体外侧沙土堆积较高，大多漫过顶部，内侧沙土堆积大概至墙腰。墙体高约 7.5、顶宽 4.4 米，垛墙底宽 0.9 米，女墙高 0.5、底宽 0.7 米，垛墙和女墙间夹道宽 2.7 米。

上桥村横山四队 2 号敌台（D433）—上桥村横山四队 3 号敌台（D434）

墙体长 201 米。所处地势由东南向西北逐渐走低，两侧沙土堆土较厚。墙体高 7、顶宽 4.4 米，垛墙底宽 0.9、女墙底宽 0.7 米，垛墙与女墙间夹道宽 2.7 米。墙体内侧有上桥村横山四队 1 号铺舍夯土台基。

上桥村横山四队 3 号敌台（D434）—上桥村横山四队 4 号敌台（D435）

墙体长 204 米。呈东南—西北走向。墙体两侧沙土堆积较厚，顶部有多处冲沟豁口。墙体高 4～5、顶宽 2 米，部分墙体相对高约 7、顶宽 4.1 米，存垛墙和女墙遗迹。

上桥村横山四队 4 号敌台（D435）—上桥村横山四队 5 号敌台（D436）

墙体长 201 米。所处地势由东南向西北逐渐走低。墙体剖面呈梯形，两侧壁面陡直，被塌落的夯土及沙土掩埋约 1/2。墙体高约 6、顶宽 2～3.2 米。墙体表面有较多的风蚀孔洞，根部掏蚀有凹槽。墙体西南约 0.48 千米处边沟南岸有上桥村（横山四队）1 号烽火台，东南距张家窑村 3 号烽火台约 2.17 千米。

上桥村横山四队 5 号敌台（D436）—上桥村横山四队 6 号敌台（D437）

墙体长 200 米。地处丘陵坡地，地势由东南向西北逐渐走低。呈东南—西北走向，方向北偏西 35°。墙体两侧被坍塌的夯土及沙土掩埋约 3/4。墙体高 4、顶宽约 2.7 米（彩图四六三）。

上桥村横山四队 6 号敌台（D437）—上桥村横山四队 7 号敌台（D438）

墙体长 202 米。墙体用黄土夯筑而成，夯土颗粒较大，夯打不结实。墙体两侧被坍塌的夯土及沙土掩埋至墙腰，顶部及两侧坍塌损毁约 1/2，顶部高低不平，有较多的沟槽。墙体高 4～5、顶宽 1.1～2.4 米。

上桥村横山四队 7 号敌台（D438）—上桥村横山四队 8 号敌台（D439）

墙体长 200 米。墙体两侧沙土堆积较厚，顶部及两侧坍塌损毁过半，顶部高低不平，有较多的沟槽。墙体高 4、顶宽 2.4 米。

上桥村横山四队 8 号敌台（D439）—上桥村横山四队 9 号敌台（D440）

墙体长 201 米。呈东南—西北走向。墙体两侧被坍塌的夯土及沙土掩埋约 1/2。墙体高约 6、顶宽约 1.1～2.4、部分墙体顶部最宽 3.9 米，存垛墙遗迹，垛墙高 0.4、底宽 0.9 米。墙体内壁夯土坍塌较重，女墙损毁不存。

2. 上桥村横山四队 2 段长城墙体

该段墙体起点位于灵武市临河镇上桥村横山四队东北约 0.8 千米的银（川）敖（勒召其镇）公路缺口东侧的上桥村横山四队 9 号敌台处，止点位于临河镇水洞沟遗址区北侧的水洞沟 1 号敌台处。墙体长 2833 米。呈东南—西北走向，方向北偏西 30°～45°。墙体用黄土夯筑而成，部分墙体用黄土和红土分层夯筑而成。根据墙体保存状况和敌台分布情况分为 14 段（参见图一六六）。分述如下。

上桥村横山四队 9 号敌台（D440）—上桥村横山四队 10 号敌台（D441）

墙体长 202 米。地处缓坡丘陵地，地势由东南向西北逐渐走低。墙体高 4～6、顶宽 2.1～3.5 米，垛墙高 0.5、底宽 0.9 米。银（川）敖（镇）公路穿墙缺口宽 14 米。

上桥村横山四队 10 号敌台（D441）—上桥村横山四队 11 号敌台（D442）

墙体长 207 米。地处丘陵缓坡地带，地势较平缓。墙体西临边沟，西距红山堡 0.85 千米。墙体两侧被塌落的夯土及沙土掩埋至墙腰，顶部及两侧坍塌严重，每隔 3～10 米就有一处冲沟小豁。墙体高 5～6、顶宽 0.5～3.5 米，部分墙体顶部存垛墙和女墙遗迹，垛墙高 0.4、底宽 1.1 米，女墙高 0.2、底宽 0.6 米。

上桥村横山四队 11 号敌台（D442）—上桥村横山四队 12 号敌台（D443）

墙体长 106 米。所处地势较为平缓。墙体用黄土夯筑而成。墙体两侧被坍塌的夯土及沙土掩埋约 3/4，顶部及两侧壁面坍塌严重，有较多锯齿状的冲沟豁口。墙体高 4～6、顶宽 0.4～1.4 米。上桥村横山四队 11 号敌台坍塌成底大顶小的倒置漏斗形，上桥村横山四队 12 号敌台与墙体接合部位有 4 米宽的村路豁口。

上桥村横山四队 12 号敌台（D443）—上桥村横山四队 13 号敌台（D444）

墙体长 150 米。墙体用黄土夯筑而成。墙体两侧被塌落的夯土及沙土掩埋成斜坡状；顶部雨水冲刷坍塌严重，宽窄不一，高低不平，有较多锯齿状的冲沟豁口。墙体高 5～6、顶宽 1.7 米。

上桥村横山四队 13 号敌台（D444）—上桥村横山四队 14 号敌台（D445）

墙体长 145 米。内侧临近边沟，外侧为平滩地。墙体用黄土夯筑而成。墙体两侧被塌落的夯土及沙土掩埋至墙腰，顶部及两侧坍塌严重，有多处锯齿状的冲沟豁口。墙体高约 5 ~ 6、顶宽 0.9 ~ 1.9 米。

上桥村横山四队 14 号敌台（D445）—上桥村横山四队 15 号敌台（D446）

墙体长 205 米。呈东南—西北走向。墙体用黄土夯筑而成，两侧被沙土掩埋约 1/2。墙体高约 7 米，顶部较宽处存垛墙和女墙遗迹，垛墙高 1.2、底宽 0.9 米，女墙高 0.3、底宽 0.4 米，垛墙与女墙间夹道宽 3.1 米。上桥村横山四队 14 号敌台坍塌风化成土丘。

上桥村横山四队 15 号敌台（D446）—上桥村横山四队 16 号敌台（D447）

墙体长 196 米。墙体两侧被沙土掩埋过半，顶部及两侧坍塌严重，有较多锯齿状的冲沟豁口。墙体高约 6、顶宽 2.9 米。墙体外侧 0.05 千米外有品字窖遗迹。

上桥村横山四队 16 号敌台（D447）—上桥村横山四队 17 号敌台（D448）

墙体长 204 米。墙体两侧被沙土掩埋 1/2 ~ 3/4，成为坡形土梁，顶部基本平整，两侧壁面较陡直。墙体高 6 ~ 7、顶宽 0.2 ~ 1.4 米。墙体外侧 0.05 千米外有品字窖遗迹。

上桥村横山四队 17 号敌台（D448）—上桥村横山四队 18 号敌台（D449）

墙体长 205 米。呈东南—西北走向。墙体两侧被坍塌的夯土及沙土掩埋成斜坡土梁，顶部风蚀坍塌较窄。墙体高约 6、顶宽 0.2 ~ 1.4 米。上桥村横山四队 18 号敌台坍塌风化成圆锥形的土丘。墙体外侧 0.05 千米处有与墙体呈平行走向的品字窖遗迹。

上桥村横山四队 18 号敌台（D449）—上桥村横山四队 19 号敌台（D450）

墙体长 201 米。墙体用黄土夯筑而成。墙体两侧被坍塌的夯土及沙土掩埋成斜坡土梁，顶部坍塌风化成鱼脊状，有多处锯齿状的冲沟豁口。墙体高 5 ~ 6 米，部分墙体顶宽 0.2 ~ 1.4 米。

上桥村横山四队 19 号敌台（D450）—上桥村横山四队 20 号敌台（D451）

墙体长 207 米。内侧距边沟约 0.16 千米，外侧为丘陵平滩地。墙体成为坡形土梁，顶部高低不平，有较多锯齿状的冲沟豁口。墙体高约 6、顶宽大多 0.4 ~ 1.6 米。上桥村横山四队 20 号敌台东壁与墙体接合部位有 2 米宽的冲沟豁口。

上桥村横山四队 20 号敌台（D451）—上桥村横山四队 21 号敌台（D452）

墙体长 412 米。墙体两侧被坍塌的夯土及沙土掩埋成斜坡状，顶部风蚀坍塌较窄。墙体高 5 ~ 6、顶宽 0.2 ~ 1.4 米，内侧根部风蚀有凹槽。墙体内侧存铺舍夯土台基，台基顶部高于墙体约 3 米，西侧有东西向排列的 5 座高约 2 米的烽燧土丘遗迹。

上桥村横山四队 21 号敌台（D452）—上桥村横山四队 22 号敌台（D453）

墙体长 193 米。墙体两侧被沙土掩埋过半，成为土梁，顶部有多处冲沟豁口。墙体高 5 ~ 6、底宽约 9、顶宽 0.4 ~ 1.1 米。

上桥村横山四队 22 号敌台（D453）—上桥村横山四队 23 号敌台（D454）

墙体长 200 米。墙体两侧被沙土掩埋过墙腰，顶部坍塌风化成鱼脊形，有较多锯齿状的冲沟豁口。墙体高 4 ~ 5、顶宽大多 0.4 ~ 2.1 米，部分墙体顶部保存较好，最宽约 3.8 米，存垛墙痕迹。

3. 水洞沟遗址区 1 段长城墙体

该段墙体起点位于灵武市临河镇上桥村横山四队西北约 2.7 千米的水洞沟遗址区 1 号敌台处，止点位于临河镇水洞沟水库堤坝西北约 1.3 千米的水洞沟遗址区 9 号敌台处。墙体长 2043 米，其中消失 452 米。大致呈东南—西北走向，方向北偏西 45° ~ 75° ~ 30°。墙体南侧为平坦的台地，被季节性河流冲蚀形成数条南北向的深沟；外侧为毛乌素沙漠西南边缘区域，为荒漠草原，植被稀少，沙漠化较严重。墙体南临边沟，边沟在水洞沟遗址区西约0.8千米处穿过墙体向北流，汇入黄河。墙体用黄土夯筑而成，部分墙体用黄土和红黏土分层夯筑而成。根据墙体保存状况及敌台分布情况分为8段（图一六七）。分述如下。

上桥村横山四队23号敌台（D454）—水洞沟遗址区1号敌台（D455）

墙体长198米。地处低山丘陵缓坡地带，地势由东南向西北逐渐走低。墙体两侧沙土堆积较高，坍塌风化成斜坡，顶部高低不平，有较多的冲沟豁口。墙体高约6、顶宽0.6~2.9米，部分墙体存女墙和垛墙遗迹。水洞沟遗址区1号敌台坍塌风化成圆锥形的土丘。

水洞沟遗址区1号敌台（D455）—水洞沟遗址区2号敌台（D456）

墙体长194米。地处低山丘陵缓坡地带，地势由东南向西北逐渐走低。大致呈东—西走向。墙体用黄土夯筑而成。墙体顶部有较多的冲沟豁口。墙体高5~6、顶宽0.7~1.7、部分墙体顶部最宽4.3米，存垛墙和女墙残迹，垛墙高0.5、底宽约0.8米，女墙高0.2、底宽0.4米。水洞沟遗址区2号敌台东侧墙体有28米坍塌在边沟水库崖壁下。土夯较粗，颗粒较大，行夯较轻，夯层厚11、12厘米。

水洞沟遗址区2号敌台（D456）—水洞沟遗址区3号敌台（D457）

墙体长198米。地处丘陵缓坡地带，地势较平缓。墙体两侧堆土较厚，上部被雨水冲刷侵蚀有较多锯齿状的冲沟豁口。水洞沟遗址区3号敌台西侧墙体有3米坍塌在边沟内，水洞沟遗址区4号敌台坍塌风化成斜坡土丘，北壁下有一孔小窑洞（彩图四六四）。

水洞沟遗址区3号敌台（D457）—水洞沟遗址区4号敌台（D458）

墙体长195米。所处地势较平缓，南距边沟3米。大致呈东—西走向。墙体用黄土夯筑而成。墙体两侧堆土较厚，顶部有多处沟槽，外侧被沙土掩埋成斜坡状。墙体高约5、顶宽1.1~2.7米。

水洞沟遗址区4号敌台（D458）—水洞沟遗址区5号敌台（D459）

墙体长201米。大致呈东—西走向。墙体大部分被沙土掩埋约2/3，顶部及两侧坍塌风化，有较多锯齿状的冲沟豁口。墙体高4.5、顶宽1.1~2.4米。

水洞沟遗址区5号敌台（D459）—水洞沟遗址区6号敌台（D460）

墙体长197米。所处地势东高西低。大致呈东—西走向。墙体用黄土夯筑而成。墙体夯土风化酥碱严重，顶部及两侧坍塌损毁严重，有较多驼峰状的冲沟豁口，成为坡形土梁。墙体高4、顶宽0.7~2米（彩图四六五）。

水洞沟遗址区6号敌台（D460）—水洞沟遗址区7号敌台（D461）

墙体长203米。大致呈东—西走向。墙体坍塌风化成坡形土梁，顶部有较多锯齿状的冲沟豁口。墙体高4~6、顶宽2.1、最宽3.9米。墙体内侧存铺舍夯土台基。

水洞沟遗址区7号敌台（D461）—水洞沟遗址区8号敌台（D462）

墙体长657米。走向由东—西折向西北，方向北偏西75°~30°。墙体分为3小段。第1小段水洞沟遗址区7号敌台~G121断点墙体长135米，坍塌风化严重，两侧沙土堆积较厚，顶部有较多的冲沟豁口，墙体高4米。第2小段墙体消失394米，坍塌在边沟断崖下。第3小段G122断点~水洞沟遗址区8号敌台墙体长128米，保存一般，成为土梁，墙体高4~6、顶宽0.4~1.4米。

4. 水洞沟遗址区2段长城墙体

该段墙体起点位于灵武市临河镇水洞沟水库堤坝西北约1.3千米的水洞沟遗址区9号敌台处，止点位于临河镇水洞沟遗址区西北边沟西岸的山梁上（横城村1号敌台）。墙体长897米，其中被边沟流水冲毁消失179米。墙体为自然基础，黄土夯筑而成，部分墙体利用山体和丘陵山脊走势修筑。保存一般。墙体内外两侧被坍塌的夯土掩埋约3/4。主要损毁原因为雨水冲刷侵蚀造成墙体坍塌，表面风化粉状剥落及人为破坏。根据墙体保存状况及敌台分布情况分为 3 段（参见图一六七）。分述如下。

水洞沟遗址区 8 号敌台（D462）—水洞沟遗址区 9 号敌台（D463）

墙体长 226 米。地处低山丘陵缓坡地带，地势由东向西逐渐走低。大致呈东南—西北走向。墙体顶部坍塌成鱼脊形，呈坡形土梁，墙体高约 6 米。依墙体而建的两座敌台坍塌风化成圆锥形土丘。边沟在此弯转向北流，水洞沟遗址区 9 号敌台西壁约 1/2 坍塌在边沟内。

水洞沟遗址区 9 号敌台（D463）—水洞沟遗址区 10 号敌台（D464）

墙体长 331 米。所处地势西高东低，水洞沟遗址区 9 号敌台和 10 号敌台隔边沟东西相望，有 179 米墙体被边沟洪水冲蚀淹没不存。边沟西岸墙体依山梁走势修建，山体两侧较陡，墙体长 152 米。

水洞沟遗址区 10 号敌台（D464）—水洞沟遗址区 11 号敌台（D465）

墙体长 340 米。修筑在山脊上，地处低山丘陵梁地，依山势呈"S"形走向，由东向西逐渐走高。墙体坍塌风化成坡形土梁，土质疏松，夯土粉状剥落，夯土内含有较多碎石，夯层模糊不清。墙体高约 3、顶宽 1 米。水洞沟遗址区 11 号敌台坍塌风化成圆锥形的土丘（彩图四六六）。

二 红山堡段明长城墙体沿线敌台（D432～D465）

1. 上桥村横山四队 1 号敌台（D432）

该敌台位于灵武市临河镇上桥村横山四队东南约 1.8 千米处，西北距上桥村横山四队 2 号敌台 0.206 千米。台体依长城墙体而建，黄土夯筑而成，土质纯净，呈覆斗形，实心。保存一般。台体东北角坍塌损毁约 1/4，呈南高北低的斜坡状；西壁立面呈梯形，上部夯土剥落严重，底部夯土堆积成斜坡状；南壁坍塌成南高北低的陡坡状；顶部中间凸起，四周边缘坍塌成斜坡。台体与长城墙体顶部存登台夯土台阶踏步，踏步宽约 0.7、阶高 0.3 米。台体底部东西 16、南北外凸 13 米，顶部东西约 2、南北约 1 米，高 8 米。夯层厚 18、20 厘米（彩图四六七）。周围地表散布有青花瓷片，黑釉粗瓷碗底残片，黑釉瓷缸口沿残片，青釉、褐釉瓷片，灰陶板瓦残片及酱釉褐釉瓷片等。

2. 上桥村横山四队 2 号敌台（D433）

该敌台位于灵武市临河镇上桥村横山四队东南约 1.6 千米处，西北距上桥村横山四队 3 号敌台 0.201 千米、距长城墙体内侧的清水营村铺舍 0.118 千米。台体用黄土夯筑而成，呈覆斗形，实心，凸出于长城墙体外侧。台体东壁陡直呈梯形，上部坍塌成北高南低的斜坡；北壁陡直，受雨水冲蚀坍塌有水蚀凹槽，壁面西侧有一道裂缝，表面长有阴湿灰黑色的霉斑苔藓；西南角与长城墙体接合部位有水蚀冲沟豁口；南壁与长城墙体顶部坍塌成北高南低的陡坡。台体底部东西 14.2、南北 13 米，顶部东西 6、南北约 1 米，高 7 米。夯层厚 18～20 厘米。周围地表散布有少量灰陶板瓦残片、泥质黑陶罐腹部残片、青花瓷片、黑釉瓷缸口沿残片及石夯等。

标本 D433：1，石夯。青石质，长方形，底面平整，存多半，正面有凿痕。长 36、宽 22、厚 12 厘米，两侧有凹槽，槽宽 3.5～4、深 1.5 厘米。

3. 上桥村横山四队 3 号敌台（D434）

该敌台位于灵武市临河镇上桥村横山四队东南约 1.4 千米处，西北距上桥村横山四队 4 号敌台 0.204 千米，东南距清水营村铺舍夯土台 0.083 千米。台体用黄土夯筑而成，呈覆斗形，实心，平面呈长方形，剖面呈梯形，四壁有收分。台体东、西壁上部坍塌风化损毁严重，整体呈土丘状；北壁上部坍塌严重，底部被倒塌的夯土堆积成陡坡状；顶部被雨水冲刷成南高北低的斜坡状。台体底部东西约

12.2、南北外凸约 7 米，顶部东西 7、南北 2 米，高约 8 米。夯层厚 11、12、14、15 厘米。

4. 上桥村横山四队 4 号敌台（D435）

该敌台位于灵武市临河镇上桥村横山四队东南约 1.2 千米处，西北距上桥村横山四队 5 号敌台 0.201 千米，西南距上桥村（横山四队）1 号烽火台约 0.62 千米。台体用黄土夯筑而成，呈覆斗形，实心。保存较好，形制基本完整。台体东壁上半部坍塌约 1 米，呈斜切面；西、北壁保存较好，壁面陡直基本平整；北壁夯土剥离损毁较轻，表面有阴湿的霉斑苔藓；南壁坍塌成斜坡状；顶部北半部保存较好；东南角、西南角与长城墙体接合部位有较宽的冲沟豁口。台体底部东西 11、南北外凸 14 米，顶部坍塌严重，东西 2.8、南北 6 米，高 8 米。夯层厚 17、19、21 厘米。

5. 上桥村横山四队 5 号敌台（D436）

该敌台位于灵武市临河镇上桥村横山四队东南约 1 千米处，西北距上桥村横山四队 6 号敌台 0.2 千米，西南距上桥村（横山四队）1 号烽火台约 0.5 千米。台体依长城墙体而建，黄土夯筑而成，呈覆斗形，凸出于长城墙体外侧。保存较好，形制基本完整。台体东、西壁受雨水冲刷坍塌严重；西壁立面呈梯形，底部有风蚀凹槽；北壁陡直，自上而下有雨水冲蚀的凹槽；南壁及长城墙体顶部坍塌成陡坡，顶部被雨水冲蚀成北高南低的斜坡状。台体底部东西 8.8、南北外凸 8 米，顶部东西 4、南北 3 米，高 7 米。夯层厚 15、18、20 厘米。周围地面散布有酱黄釉粗瓷盆口沿残片，黑釉、酱褐釉、白釉瓷碗残片，褐釉瓷缸残片、瓷蒺藜残块等。

标本 D436：1，黄绿釉粗瓷盆口沿残片。卷沿，宽扁唇，斜弧腹，腹部以下残失。夹砂浅黄胎，除内壁口沿外，均施黄绿釉，釉面粗糙，外壁局部脱釉。口径 23.8、高 7.8 厘米（图一六八：1；彩图四六八）。

标本 D436：2，酱黄釉瓷盆口沿残片。口沿卷折成凸棱状，斜弧腹，腹部以下残。夹砂灰胎，外壁施酱黄釉，内壁为红褐釉，口沿有釉痕。口径 29.8、高 6.6 厘米（图一六八：2；彩图四六九）。

标本 D436：3，浅灰釉瓷盆口沿残片。卷沿，厚扁唇，斜弧腹，沿下腹部微折，下腹残。夹砂黄胎，表面施一层浅灰釉。口径 37.8、高 5 厘米（图一六八：3；彩图四七〇）。

标本 D436：4。瓷缸口沿残片。平沿，扁唇，唇面有粗绳索状压印纹，夹砂黄褐胎，保存部分无釉。沿面及内壁施一层褐色化妆土，内壁局部有黑色釉斑。口径 42、高 6.8 厘米（图一六八：4；彩图四七一）。

标本 D436：5，赭红釉瓷缸口沿残片。平沿，扁唇。泥质夹砂浅黄胎。表面施赭红釉，器表釉色较薄。口径 41.6、高 6.6 厘米（图一六八：5；彩图四七二）。

标本 D436：6，酱釉瓷碗残片。圈足底，残半，斜弧腹，圈足，足外撇。夹砂浅灰胎，内壁施白釉，釉色泛青，底部有宽涩圈，外壁保存部分深酱釉，釉面有一圈剔釉旋纹，近底部及圈足无釉。底径 6.4、高 3、足高 1 厘米（图一六八：6；彩图四七三）。

标本 D436：7，白黑釉瓷碗残片。口沿残片，直口微敛，斜弧腹，下腹及底残，浅灰胎，内壁及外壁上部施白釉，外壁下部施黑釉。口径 14.8、高 5.5 厘米（图一六八：7；彩图四七四）。

标本 D436：8，酱褐釉瓷碗残片。圈足底，存四分之一，浅黄胎，内白釉，外壁施酱褐釉，内底有宽涩圈，外壁存两周剔釉旋纹，圈足无釉。底径 6.3、高 3、足高 0.8 厘米（图一六八：8）。

标本 D436：9，酱黑釉瓷蒺藜残块。圆球形，空腹，外壁捏接有锥形尖刺，器表锥刺存 3 根。夹砂浅黄胎，外壁施酱黑釉，釉层较厚，釉面光亮（彩图四七五）。

6. 上桥村横山四队 6 号敌台（D437）

该敌台位于灵武市临河镇上桥村横山四队东约 0.9 千米处，西北距上桥村横山四队 7 号敌台 0.202

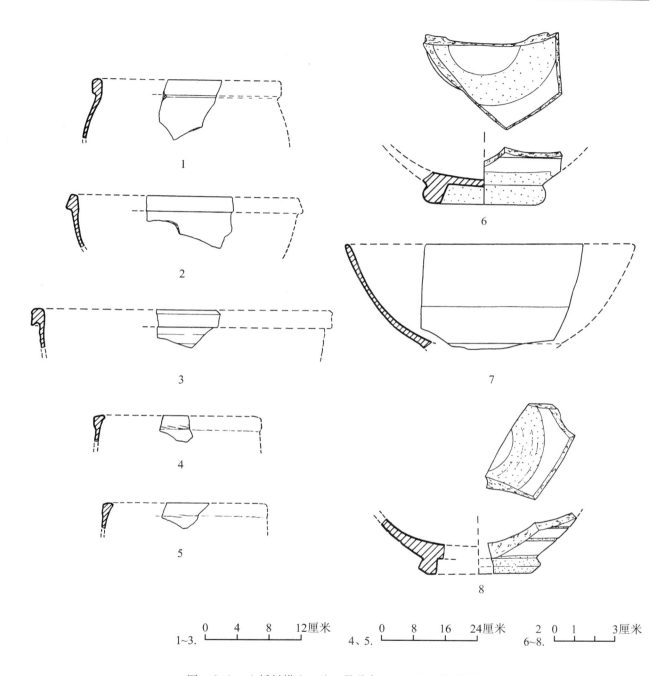

图一六八 上桥村横山四队 5 号敌台（D436）文物标本

1. 黄绿釉粗瓷盆口沿残片（标本 D436：1） 2. 酱黄釉瓷盆口沿残片（标本 D436：2） 3. 浅灰釉瓷盆口沿残片（标本 D436：3）

4. 瓷缸口沿残片（标本 D436：4） 5. 赭红釉瓷缸口沿残片（标本 D436：5） 6. 酱釉瓷碗残片（标本 D436：6）

7. 白黑釉瓷碗残片（标本 0436：7） 8. 酱褐釉瓷碗残片（标本 D436：7、8）

千米，西南距上桥村（横山四队）1 号烽火台约 0.5 千米。台体依长城墙体而建，黄土夯筑而成，呈覆斗形，实心。保存一般。台体东、西壁立面呈梯形，壁面下半部陡直，上半部坍塌成陡坡状；北壁基本平整，壁面夯土剥落程度较轻，表面有一层阴湿的霉斑苔藓，东北角、西北角上部夯土块状坍塌严重，正中有雨水冲刷形成的水蚀沟槽，底部有坍塌的夯土堆积；顶部北部基本平整，东南角、西南角坍塌成陡坡。台体底部东西 16、南北外凸 12 米，顶部东西 4、南北 2 米，高 9 米。夯层厚 16、18、20 厘米。

7. 上桥村横山四队 7 号敌台（D438）

该敌台位于灵武市临河镇上桥村横山四队东北约 0.8 千米处，西北距上桥村横山四队 8 号敌台 0.2 千米，西南距上桥村（横山四队）1 号烽火台约 0.55 千米。台体依长城墙体外侧而建，黄土夯筑而成，呈覆斗形，实心，平面呈长方形，剖面呈梯形，四壁有收分。保存一般。台体东壁坍塌风化严重，上部及东北角夯土块状坍塌，底部有坍塌的夯土堆积；北壁保存较好，立面陡直，呈底大顶圆的半圆形，表面基本平整，有阴湿霉斑苔藓，东北角、西北角坍塌严重；西壁坍塌风化成底大顶尖的圆锥状，表面凹凸不平，底部有小窑洞；南壁坍塌成陡坡状；顶部被雨水冲蚀成北高南低的斜坡状，高于墙体约 1.6 米。台体底部东西 15.8、南北外凸约 7 米，顶部东西 5、南北约 1 米，高 8 米。夯层厚 11、15、18 厘米。

8. 上桥村横山四队 8 号敌台（D439）

该敌台位于灵武市临河镇上桥村横山四队东北约 0.7 千米处，西北距上桥村横山四队 9 号敌台 0.201 千米，西南距上桥村（横山四队）1 号烽火台约 0.62 千米，西距红山堡约 1 千米。台体呈覆斗形，实心，凸出于长城墙体外侧。台体东壁立面呈底大顶平的梯形，壁面上部坍塌严重，自下而上逐渐内收，下半部被坍塌的夯土堆积成斜坡状，底部有两孔小窑洞；北壁东、西侧被雨水冲刷成弧坡，壁面呈半圆形的斜坡状，底部有坍塌的夯土堆积，表面有阴湿呈黑灰色的霉斑苔藓；西壁立面呈尖顶的圆锥状，壁面凹凸不平，南侧有坍塌的小窑洞；顶部中间平整，四周边缘坍塌成斜坡。台体底部东西 15、南北 12 米，顶部东西 4、南北约 1 米，高 10 米。夯层厚 18、20 厘米。

9. 上桥村横山四队 9 号敌台（D440）

该敌台位于灵武市临河镇上桥村横山四队东北约 0.75 千米处，西北距上桥村横山四队 10 号敌台 0.202 千米、距敖（镇）银（川）公路穿墙豁口约 0.11 千米，西距红山堡约 0.93 千米，南距上桥村（横山四队）1 号烽火台约 0.78 千米。台体依长城墙体而建，黄土夯筑而成，土质纯净，呈覆斗形，实心。台体东壁陡直呈梯形，东北角坍塌厚约 2 米；北壁东半部坍塌较严重，壁面陡直平整呈窄梯形，表面有阴湿呈灰黑色的霉斑苔藓；西壁立面陡直呈梯形，上部夯土坍塌严重，底部堆土较厚；南壁与长城墙体顶部坍塌成陡坡。台体底部东西 15、南北 14 米，顶部基本平整，东西 5、南北 7.5 米，高 10 米。夯层清晰可见，夯层厚 16、20、22 厘米。

10. 上桥村横山四队 10 号敌台（D441）

该敌台位于灵武市临河镇上桥村横山四队东北约 0.74 千米处，西北距上桥村横山四队 11 号敌台 0.207 千米，东南距敖（镇）银（川）公路豁口 0.09 千米。台体依长城墙体而建，黄土夯筑而成，呈覆斗形，实心，凸出于长城墙体外侧。台体东壁上部南北两侧塌落风化成底大顶小的凸形；北壁两侧夯土坍塌，立面呈凸形；西壁塌落约 2 米；顶部北半部基本平整，南半部坍塌成北高南低的斜坡。台体底部东西 17、南北 16 米，顶部东西 6、南北 2 米，高 9 米。夯层厚 15、17 厘米。

11. 上桥村横山四队 11 号敌台（D442）

该敌台位于灵武市临河镇上桥村横山四队东北约 0.83 千米处，西北距上桥村横山四队 12 号敌台 0.106 千米。保存较差。台体用黄土夯筑而成。台体下半部塌落成坡形土丘，上半部坍塌成柱状土墩，整体略呈底大顶小的喇叭状。台体东、西壁坍塌厚约 5 米，存中间少部分，东南角、西南角与长城墙体接合部位有冲沟豁口。台体底部东西 15、南北 11 米，顶部东西 1.7、南北 4 米，高约 9 米。夯层厚 16、17、19 厘米。

12. 上桥村横山四队 12 号敌台（D443）

该敌台位于灵武市临河镇上桥村横山四队东北约 0.85 千米处，西北距上桥村横山四队 13 号敌台 0.15 千米。台体依长城墙体而建，黄土夯筑而成，土质纯净，呈覆斗形，实心，凸出于长城墙体外侧。保存一般，形制基本完整。台体东壁立面呈梯形，东北角坍塌形成斜切面，东南角与长城墙体接合部位有 4 米宽的村路豁口；北壁中部自上而下有较宽的水蚀凹槽，底部夯土堆积高约 4 米；西壁立面略呈梯形，上部夯土坍塌严重，西南角坍塌成北高南低的斜坡；顶部基本平整。台体底部东西 15.5、南北 14 米，顶部东西 9、南北约 5 米，高 9 米。夯层厚 15、16、20 厘米。

13. 上桥村横山四队 13 号敌台（D444）

该敌台位于灵武市临河镇上桥村横山四队东北约 0.9 千米处，西北距上桥村横山四队 14 号敌台 0.145 千米。台体用黄土夯筑而成，土质纯净，呈覆斗形，实心，剖面呈梯形，凸出于长城墙体外侧，四壁有收分。保存一般。台体东、西壁立面呈长梯形，夯土剥落，有水蚀沟槽；西壁陡直，基本平整；北壁立面呈窄梯形，壁面夯土坍塌，自下而上逐层内收，有一层阴湿风干的霉斑苔藓；顶部基本平整。台体底部东西外凸 8.2、南北 13 米，顶部东西 2、南北 9 米，高 8 米。夯层厚 10、14、15、19 厘米。

14. 上桥村横山四队 14 号敌台（D445）

该敌台位于灵武市临河镇上桥村横山四队东北约 1 千米处，西北距上桥村横山四队 15 号敌台 0.205 千米，西南距红山堡约 0.7 千米。台体依长城墙体而建，黄土夯筑而成。呈覆斗形，实心。保存较差。台体东壁立面坍塌成底大顶小的圆锥形，东北角坍塌成陡坡状；北、西壁坍塌成底大顶小的斜坡；顶部坍塌严重，存南部较少部分。台体底部东西 14、南北 15 米，顶部东西 5、南北 2 米，高 8 米。夯层厚 16、18、23 厘米。

15. 上桥村横山四队 15 号敌台（D446）

该敌台位于灵武市临河镇上桥村横山四队北约 1.2 千米处，西北距上桥村横山四队 16 号敌台 0.196 千米。台体依长城墙体而建，黄土夯筑而成，土质纯净，呈覆斗形，实心，剖面呈梯形，凸出于长城墙体外侧，四壁有收分。保存较好，形制基本完整。台体东壁陡直基本平整，上部夯土坍塌厚约 0.6 米；北壁基本平整，表面有雨水冲刷侵蚀的沟槽，底部有坍塌的夯土堆积；西壁立面呈梯形，上部夯土坍塌厚约 0.7 米，底部有风蚀凹槽；南壁与长城墙体顶部坍塌成陡坡；顶部北高南低，受雨水冲蚀有凹槽。台体底部东西 14.7、南北 12 米，顶部东西 5.5、南北 3 米，高 8 米。夯层厚 10、12、14、20、23 厘米。

16. 上桥村横山四队 16 号敌台（D447）

该敌台位于灵武市临河镇上桥村横山四队北约 1.3 千米处，西北距上桥村横山四队 17 号敌台 0.204 千米，西南距红山堡约 0.7 千米。台体依长城墙体而建，黄土夯筑而成，土质纯净，呈覆斗形，平面呈正方形，凸出长城墙体外侧，四壁有收分。保存较好，形制基本完整。台体东、西壁立面呈梯形，夯土剥落，有水蚀沟槽；东壁陡直，基本平整；西南角与长城墙体接合部位坍塌成陡坡；北壁立面陡直呈窄梯形，有夯土剥落，受雨水冲蚀有凹槽，底部夯土堆积约 3 米。台体底部边长 14 米，顶部基本平整，东西 5、南北 3 米，高 9 米。夯层厚 21～23 厘米。

17. 上桥村横山四队 17 号敌台（D448）

该敌台位于灵武市临河镇上桥村横山四队北约 1.5 千米处，西北距上桥村横山四队 18 号敌台 0.205 千米。台体用黄土夯筑而成，土质纯净，呈覆斗形，实心。形体高大，保存基本完整。台体东壁陡直基本平整，立面呈梯形，夯层清晰，底部有风蚀凹槽，东南角与长城墙体接合部位有 1 米宽的冲沟豁口；北壁陡直，表面有多处水蚀沟槽，底部风蚀有沟槽；西壁坍塌厚约 3 米，底部夯土堆积较高；南壁与长城墙体顶部被雨水冲刷成北高南低的斜坡状。台体底部东西 16、南北外凸 14 米，顶部东西 5、南北 2 米，高 11 米。夯层厚 16、18、20 厘米（彩图四七七）。

18. 上桥村横山四队 18 号敌台（D449）

该敌台位于灵武市临河镇上桥村横山四队北约 1.6 千米处，西北距上桥村横山四队 19 号敌台 0.201 千米。台体依长城墙体而建，黄土夯筑而成，土质纯净，呈覆斗形，凸出于长城墙体外侧。保存较差。台体坍塌风化成圆锥状的土丘，夯土酥软风化严重，顶部塌落成圆锥状。台体底部边长 14、高 7 米。夯层厚 18、20 厘米。

19. 上桥村横山四队 19 号敌台（D450）

该敌台位于灵武市临河镇上桥村横山四队北 1.7 千米处，西北距上桥村横山四队 20 号敌台 0.207 千米。台体用黄土夯筑而成，呈覆斗形，凸出于长城墙体外侧，四壁有收分。台体东壁上半部坍塌成斜坡状，下半部陡直；北壁陡直，立面呈梯形，夯土片状剥落，有风蚀孔洞；西壁上部坍塌成斜坡状，下半部陡直，夯土剥落损毁较轻；南壁与长城墙体顶部坍塌成陡坡状；顶部中部基本平整，四周边缘夯土坍塌较多。台体底部东西 15、南北外凸 14.5 米，顶部东西 4.5、南北 4 米，高 11 米。夯层厚 15、16、20 厘米。

20. 上桥村横山四队 20 号敌台（D451）

该敌台位于灵武市临河镇上桥村横山四队西北约 1.9 千米处，西北距上桥村横山四队 1 号铺舍夯土台 0.25 千米、距上桥村横山四队 21 号敌台 0.412 千米、距水洞沟遗址区约 0.5 千米。台体依长城墙体而建，黄土夯筑而成，土质纯净，呈覆斗形，实心，凸出于长城墙体外侧。保存一般。台体四壁塌落成凹凸不平的陡坡状，东壁立面呈梯形，上部夯土坍塌约 2 米，与长城墙体接合部位有 2 米宽的水蚀沟槽；西壁上部夯土坍塌内收约 2 米；北壁立面呈底大顶小的凸字形，上部坍塌成陡坡，两侧坍塌严重；顶部北半部存较少部分，南半部坍塌成北高南低的陡坡。台体底部东西 16、南北外凸约 14 米，顶部东西 3、南北 1.5 米，高约 9 米。夯层厚 14、18、19 厘米。

21. 上桥村横山四队 21 号敌台（D452）

该敌台位于灵武市临河镇水洞沟遗址区东南约 0.3 千米处，距西北上桥村横山四队 22 号敌台 0.193 千米，东南距上桥村横山四队 2 号铺舍夯土台 0.162 千米。台体依长城墙体而建，黄土夯筑而成，呈覆斗形，实心，剖面呈梯形，凸出于长城墙体外侧，四壁有收分。台体东壁上部陡直呈梯形，下半部夯土堆积成斜坡状，腰部风蚀有凹槽；北壁陡直凹凸不平，表面有 2 米宽的水蚀沟槽；西壁坍塌成陡坡，整体坍塌约 2 米；顶部及南壁与长城墙体顶部坍塌成斜坡状。台体底部东西约 11、南北外凸约 9 米，顶部东西 3、南北 2.6 米，高 9 米。夯层厚 15~18 厘米。

22. 上桥村横山四队 22 号敌台（D453）

该敌台位于灵武市临河镇水洞沟遗址区东约 0.2 千米处，西北距上桥村横山四队 23 号敌台 0.2 千米。台体依长城墙体外侧而建，黄土夯筑而成，夯土夹杂有少量碎石，呈覆斗形，实心。台体东壁被雨水冲刷侵蚀成梯形鼓肚状，底部风蚀有凹槽，上部被雨水冲刷成土垄状；北壁坍塌约 2 米，表面有 3 米宽的水蚀斜坡凹槽；西壁上部夯土坍塌成陡坡状；顶部存北半部较少部分，南半部坍塌成北高南低的斜坡。台体底部东西 16、南北 15 米，顶部东西 8、南北 1.5 米，高 9 米。夯层厚 20、22 厘米。

23. 上桥村横山四队 23 号敌台（D454）

该敌台位于灵武市临河镇上桥村横山四队西北约 2.7 千米处，西南距水洞沟遗址区约 0.25 千米，西北距水洞沟遗址区 1 号敌台 0.198 千米。台体依长城墙体而建，黄土夯筑而成，呈覆斗形，实心，凸出于长城墙体外侧。台体坍塌风化成底大顶小圆锥形的土丘状。台体底部东西 13、南北外凸约 12

米，顶部东西 2、南北 1.5 米，高 7 米。夯层厚 15、19 厘米。周围地表散布有少量黑釉、褐釉瓷碗残片等。

24. 水洞沟遗址区 1 号敌台（D455）

该敌台位于灵武市临河镇水洞沟水库堤坝东约 0.3 千米，西北距水洞沟遗址区 2 号敌台 0.194 千米。台体依长城墙体外侧而建，黄土夯筑而成，呈覆斗形，实心。台体东壁呈长梯形，夯土坍塌凹凸不平，底部夯土堆积较高；北壁陡直，基本平整，表面有阴湿风化的霉斑苔藓，西北角沙土堆积较厚；顶部北半部基本平整，南半部坍塌成北高南低的斜坡。台体底部东西 12、南北外凸 16 米，顶部东西 6、南北 7 米，高 10 米。夯层厚 17、19、20、24 厘米。顶部北侧及西北侧存矮墙，墙体高 0.3 ~ 0.6、宽 0.5 米。周围地表散布有少量黑釉、褐釉及牙黄釉瓷碗残片等。

标本 D455：1，牙黄釉瓷碗残片。弧腹，侈口，腹底折收，圈足。夹砂红褐胎，牙黄釉，内满釉，饰釉不到底，外壁绘有写意花草纹青花图案，内底有粘烧痕迹。口径 14.8、底径 5.6、高 5.5、足高 0.7 厘米（图一六九；彩图四七六）。

25. 水洞沟遗址区 2 号敌台（D456）

该敌台位于灵武市临河镇水洞沟水库堤坝东北约 0.13 千米，西北距水洞沟遗址区 3 号敌台 0.198 千米。台体用黄土夯筑而成，呈覆斗形，实心，剖面呈梯形，四壁有收分。保存较差。台体南半部及东西两侧部分长城墙体坍塌到水洞沟水库沟崖下，仅存北半部。台体东、西壁立面略呈直立的三角形；北壁高大呈长梯形，夯土坍塌成陡坡状，表面有水蚀沟槽。台体底部东西 22、南北 6.6 米，顶部东西 10、南北 1 米，高约 9 米。夯层厚 15、19、24 厘米（彩图四七三）。

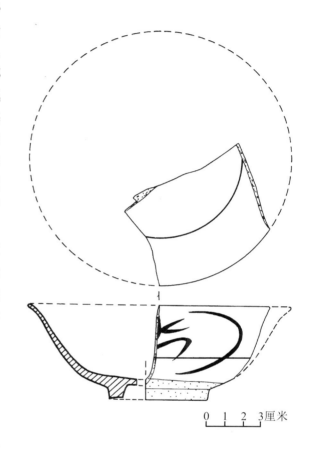

图一六九　水洞沟遗址区 1 号敌台（D455）文物标本
牙黄釉瓷碗残片（标本 D455：1）

26. 水洞沟遗址区 3 号敌台（D457）

该敌台位于灵武市临河镇上桥村横山四队西北约 3.2 千米处，南距水洞沟水库堤坝约 0.1 千米，西北距水洞沟遗址区 4 号敌台 0.195 千米。台体依长城墙体而建，黄土夯筑而成，呈覆斗形，实心，凸出于长城墙体外侧。保存一般。台体坍塌风化成斜坡形土丘，北壁斜坡半腰有小窑洞。台体底部东西 19、南北外凸约 18 米，顶部东西 1.5、南北 4 米，高 8 米。夯层厚 15、16、18 厘米。

27. 水洞沟遗址区 4 号敌台（D458）

该敌台位于灵武市临河镇上桥村横山四队西北约 3.4 千米处，东南距水洞沟水库堤坝约 0.3 千米，西北距水洞沟遗址区 5 号敌台 0.201 千米。台体依长城墙体而建，黄土夯筑而成，夯土夹杂有碎石，呈覆斗形，实心，凸出于长城墙体外侧。保存较好，形制基本完整。台体东壁陡直呈梯形，东北角坍塌成陡坡状，底部夯土堆积高约 2 米；北壁陡直，立面呈窄梯形，壁面中部自上而下有雨水冲蚀的 2 米宽的凹槽，表面有阴湿风化的霉斑苔藓；西壁呈底大顶圆的半椭圆形，表面有风蚀凹进的孔洞；顶部东北部基本平整，西南部风蚀坍塌成东北高西南低的斜坡。台体底部东西 16、南北外凸 15 米，顶部东西 4.5、南北 3 米，高 9 米。夯层厚 15、18、20 厘米。周围地表散布有残砖及黑釉、褐釉瓷片等。

28. 水洞沟遗址区 5 号敌台（D459）

该敌台位于灵武市临河镇上桥村横山四队西北约 3.6 千米处，西北距水洞沟遗址区 6 号敌台 0.197 千米。台体依长城墙体而建，黄土夯筑而成，呈覆斗形，实心，剖面呈梯形，凸出于长城墙体外侧，四壁有收分。台体坍塌风化成斜坡形的土丘，四壁坍塌风化剥蚀，逐层内收有台棱，顶部呈土垄状。台体底部东西 19、南北外凸约 10 米，顶部东西 2.5、南北 3 米，高 8 米。夯层厚 20 厘米。

29. 水洞沟遗址区 6 号敌台（D460）

该敌台位于灵武市临河镇上桥村横山四队西北 3.8 千米处，西北距水洞沟遗址区 7 号敌台 0.203 千米、距长城墙体内侧的上桥村横山四队 1 号铺舍夯土台基 0.13 千米。台体依长城墙体而建，黄土夯筑而成，呈覆斗形，实心，凸出于长城墙体外侧。台体东壁上部陡直，下半部坍塌成陡坡状，东北角上部坍塌成斜坡状；北壁立面呈梯形，西半部壁面保存较好，有阴湿风化的霉斑苔藓，东半部自上而下坍塌约 1 米；西壁基本平整，保存较好。台体底部东西 17、南北 14 米，顶部基本平整，东西 6、南北 4.5 米，高 8 米。夯层厚 14、16、18、20 厘米（彩图四七四）。

30. 水洞沟遗址区 7 号敌台（D461）

该敌台位于灵武市临河镇上桥村横山四队西北约 4 千米处，西北距水洞沟遗址区 8 号敌台 0.657 千米，东南距长城墙体内侧的上桥村横山四队 1 号铺舍夯土台基遗迹 0.073 千米。台体用黄土夯筑而成，呈覆斗形，凸出于长城墙体外侧。保存较差。台体东、西壁坍塌成坡形土丘；北壁立面略呈三角形，顶部略呈尖锥状，表面有雨水冲刷阴湿变黑的霉斑苔藓。台体底部东西 9、南北外凸约 8 米，顶部东西 0.6、南北 5 米，高 7 米。夯层厚 14、20 厘米。

31. 水洞沟遗址区 8 号敌台（D462）

该敌台位于灵武市临河镇上桥村横山四队西北约 4.6 千米处，西北距水洞沟遗址区 9 号敌台 0.226 千米。台体依长城墙体而建，黄土夯筑而成，呈覆斗形，实心。保存较差。台体坍塌成圆锥状，四周沙土堆积成漫坡形，顶部略呈土垄状。台体底部边长 16 米，顶部东西约 1.8、南北约 4 米，高 7 米。夯层厚 16、18、20 厘米。

32. 水洞沟遗址区 9 号敌台（D463）

该敌台位于灵武市临河镇上桥村横山四队西北约 4.8 千米的边沟东岸，西距水洞沟遗址区 10 号敌台 0.331 千米，西北距横城村 1 号烽火台约 0.7 千米。台体依长城墙体而建，呈覆斗形。保存较差。台体夯土松软酥碱严重，夯层不清晰，东壁、北壁坍塌成斜坡状，南半部及西南角约 1/2 坍塌到边沟崖壁下，顶部坍塌风化严重略呈土垄状。台体底部东西 20、南北外凸约 10 米，顶部东西约 5、南北约 1 米，高约 7 米。

33. 水洞沟遗址区 10 号敌台（D464）

该敌台位于灵武市临河镇上桥村横山四队西北约 5 千米的边沟西侧，西距水洞沟遗址区 11 号敌台 0.34 千米，西北距横城村 1 号烽火台约 0.48 千米。台体依长城墙体而建，黄土夯筑而成，呈覆斗形，实心。保存较差。台体四壁坍塌成陡坡形，顶部风雨侵蚀严重，呈北高南低的土丘状。台体底部东西 11、南北 9 米，顶部高低不平，东西 2.7、南北 2 米，高约 4 米。夯土松软酥碱严重，夯层不清晰。

34. 水洞沟遗址区 11 号敌台（D465）

该敌台位于灵武市临河镇横山村移动通信塔东北约 0.07 千米处，西北距横城村 1 号敌台 0.197 千米，西距上桥村 2 号烽火台约 0.5 千米。台体用黄土夯筑而成，呈覆斗形，实心，凸出于长城墙体外侧。台体北、东、南壁立面呈梯形，夯土剥落严重，底部有坍塌的夯土堆积；东壁表面阴湿有黑色霉斑苔藓；顶部因雨水冲蚀东高西低。台体底部东西外凸 12、南北 17 米，顶部东西 2.5、南北 3、高 9 米。夯层厚 15、17 厘米。

三　红山堡段明长城墙体沿线铺舍（P10～P12）

1. 上桥村横山四队 1 号铺舍（P10）

该铺舍位于灵武市临河镇上桥村横山四队东南约 1.4 千米处，西北距上桥村横山四队 3 号敌台 0.083 千米、距边沟南岸的上桥村（横山四队）1 号烽火台约 0.78 千米，东南距上桥村横山四队 2 号敌台 0.118 千米、距边沟南岸的张家窑村 3 号烽火台约 1.5 千米。铺舍台基依长城墙体内侧而建，黄土夯筑而成，呈覆斗形，实心。保存一般。台基上部无任何建筑遗迹，底部四周堆土较厚，顶部高于长城墙体 2 米。台基东、西壁立面呈底大顶圆的半椭圆状，东北角、西北角与长城墙体接合部位坍塌成斜坡；台基南壁立面陡直呈梯形，表面有风蚀孔洞和水蚀凹槽。台基底部东西 17、南北外凸 13 米，顶部东西 7、南北 8 米，高约 8 米。

铺舍夯土台基背靠长城墙体，坐北朝南。东、西、南面有夯土围墙，围墙东、西墙依长城墙体内侧而建，黄土夯筑而成。南墙长 40、底宽 2.5 米，中段损毁不存。门址方向、位置不明；东墙、西墙长 32、高 0.7、底宽 2.5 米，夯层厚 16、17 厘米。以东墙为基轴，方向北偏东 40°（彩图四七八）。周围散布有明代瓷蒺藜、青花瓷碗底残片、黑釉粗瓷片、灰胎外青釉内褐釉粗瓷片及灰釉瓷缸底残片等。

2. 上桥村横山四队 2 号铺舍（P11）

该铺舍位于灵武市临河镇上桥村水洞沟遗址区长城墙体内侧，南距红山堡约 1.3 千米，西北距上桥村横山四队 21 号敌台 0.162 千米，东南距上桥村横山四队 20 号敌台 0.25 千米、距敖（镇）银（川）公路穿墙缺口约 1.9 千米。台基依长城墙体内侧而建，黄土夯筑而成，呈覆斗形，上无建筑遗迹，凸出于长城墙体内侧。以东壁为基轴，方向北偏东 55°。保存一般。台基坍塌成土丘，底部东西 13、南北外凸 15 米，顶部东西 3、南北 1.2 米，高 9 米。夯层厚 25～28 厘米。

夯土台基东、西、南面有双重夯土围墙。围墙内地面基本平整，高于围墙外地面约 1.8 米。双道围墙的西、东墙依长城墙体内侧夯筑而成，西、东、南墙的转角为直角，外围墙西北角、东北角墙基损毁无存，仅存东南角和西南角较少部分墙基，墙基略呈隆起的土埂，高约 0.5 米。内围墙东墙高约 0.8 米；西墙略呈断断续续较低矮的土埂；南墙基略呈一道低矮的土埂，高约 0.3 米，底宽不详；东墙长 27、西墙长 21、南墙长 28、底宽 3.5 米。外围墙东、西墙长 73 米，北半部损毁，底宽 3.5 米；南墙长 56 米。内外围墙间距 12 米，门址位置不清。围墙南侧有南北向一字形排开的 4 座圆形烽燧土丘遗址，台体高约 1.5、底部直径约 5 米（彩图四七九、四八〇）。

3. 水洞沟遗址区铺舍（P12）

该铺舍位于灵武市临河镇上桥村横山四队西北约 3.8 千米处，东南距水洞沟水库堤坝约 0.55 千米、距水洞沟遗址区 6 号敌台 0.13 千米。铺舍台基依水洞沟遗址区 6～7 号敌台间的长城墙体内侧而建，仅存夯土台基，无任何建筑遗迹。以东壁为基轴，方向北偏东 50°。保存一般。台基用黄土夯筑而成，呈覆斗形，实心。台基东壁坍塌风化严重，立面呈底大顶圆的半椭圆状，表面有风蚀孔洞；西壁坍塌风化严重，立面略呈斜坡三角形；顶部受雨水冲蚀坍塌成北高南低的斜坡，存东、西壁部分。台基底部边长12米，顶部东西1、南北3米，高9米（彩图四八一）。

四　红山堡段明长城墙体沿线烽火台（F24、F25）

1. 上桥村（横山四队）1号烽火台（F24）

该烽火台位于灵武市临河镇上桥村横山四队东南0.07千米处，所处地势平坦，视野开阔，西北距红山堡1.4千米，东北距长城墙体0.495千米。保存一般。台体建在长城墙体内侧的边沟南岸，黄土夯筑而成，呈覆斗形，实心。方向正南北。台体东壁坍塌成陡坡，上部被雨水冲刷侵蚀，高低错落，呈驼峰状；南壁坍塌成陡坡状，上部凹凸不平；西壁坍塌损毁较重，下半部略呈低矮的土丘，上半部坍塌成凸形的小土墩，底部风蚀凹进；北壁被雨水冲刷成斜坡。台体底部东西15、南北约16米，顶部东西1、南北3米，高9米（图一七○；彩图四八二）。夯层厚20、22厘米。四周地表散布有明代黑釉瓷盆口沿残片、黄绿釉瓷缸口沿残片、酱釉瓷蒺藜残块及棕褐釉瓷缸口沿残块等。

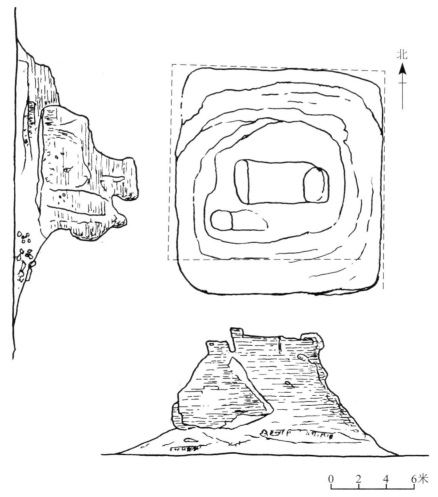

图一七○　上桥村（横山四队）1号烽火台（F24）平、立面图

标本F24:1，酱黑釉瓷盆口沿残片。卷沿外翻，圆唇口，斜弧腹，腹部外壁有拉坯形成的突棱纹。

夹砂黄褐胎，口沿施一层青灰色化妆土，内外壁施酱黑釉。口径35、高5.4厘米（图一七一：1；彩图四八三）。

标本 F24：2，黄绿釉瓷缸口沿残片。卷平沿，扁圆唇，夹砂灰胎，外壁及口沿施黄绿釉，施釉较厚，局部脱釉，内壁施酱釉。口径46.8、残高10厘米（图一七一：2；彩图四八四）。

标本 F24：3，青黄釉瓷缸口沿残片。卷平沿，厚方唇，口沿微敞，深腹，腹壁稍薄。夹砂浅灰胎，外壁施青黄釉，内壁口沿下施一层红褐色化妆土，下部施浅酱釉，口沿内壁有流釉现象。口径32.8、高4.4厘米（图一七一：3；彩图四八五）。

标本 F24：4，茶叶末釉瓷缸口沿残片。卷平沿，扁圆唇，夹砂浅黄胎，内外壁施茶叶末釉。口径39.2、高5.5厘米（图一七一：4；彩图四八六）。

标本 F24：5，青褐釉瓷缸口沿残片。卷平沿，扁圆唇，夹砂灰胎，外壁施青褐釉，局部有黑釉斑，内壁施黑釉。口径35.8、高10厘米（图一七一：5；彩图四八七）。

标本 F24：6，浅青褐釉瓷缸口沿残片。厚方唇，直腹，腹壁较薄，夹砂灰胎，内壁口沿下无釉，外壁施浅青褐釉。口径47.6、高8.8厘米（图一七一：6；彩图四八八）。

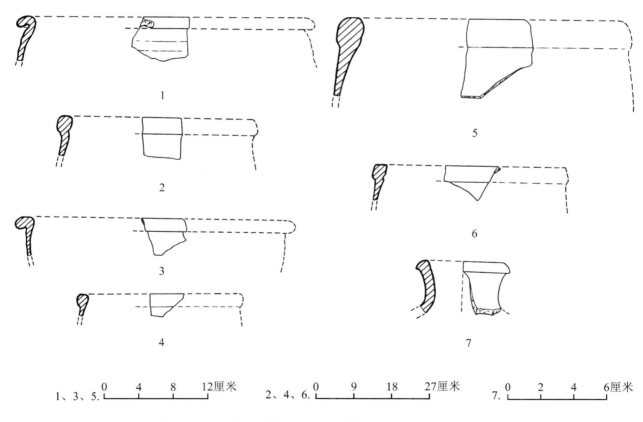

图一七一　上桥村（横山四队）1号烽火台（F24）平、立面图

1. 酱黑釉瓷盆口沿残片（标本F24：1）　2. 黄绿釉瓷缸口沿残片（标本F24：2）　3. 青黄釉瓷缸口沿残片（标本F24：3）

4. 茶叶末釉瓷缸口沿残片（标本F24：4）　5. 青褐釉瓷缸口沿残片（标本F24：5）　6. 浅青褐釉瓷缸口沿残片（标本F24：6）

7. 酱釉瓷罐口沿残片（标本F24：7）

标本 F24：7，酱釉瓷罐口沿残片。圆唇，小口，矮直领。灰胎，内外壁施酱釉。口径5.7、高3.3厘米（图一七一：7）。

标本 F24∶8，酱釉瓷蒺藜残块。圆球形，空腹，外壁捏接有锥形尖刺。锥刺残存两根。夹砂黄褐胎，胎体较薄，表面施酱釉，外壁釉面粗糙，有涩光，内壁有少许流釉（彩图四八九）。

2. 上桥村 2 号烽火台（F25）

该烽火台位于灵武市临河镇上桥村水洞沟遗址区西北约 1.7 千米处，银（川）古（窑子）高速公路西约 0.18 千米，所在地势平坦，视野开阔，东距长城墙体约 0.5 千米。方向正南北。台体用红土和黄土夯筑而成，土质纯净，呈覆斗形，实心，四壁有收分。保存较好，形制基本完整。台体东壁陡直平整，底部有风蚀凹槽，有雨水冲刷剥落的夯土堆积；南壁立面呈梯形，上部坍塌约 2 米，底部风蚀凹进，有坍塌的夯土堆积；西壁立面呈梯形，壁面上部被雨水冲蚀成鼓肚状，底部有雨水冲刷的凹槽，西南角底部风蚀凹进，底部有坍塌的夯土堆积；北壁被雨水冲蚀成腰鼓状，壁面中部有较宽的水蚀沟槽。台体底部边长 17 米，顶部基本平整，东西 6、南北 5 米，高 11 米。夯层厚 20、25 厘米。

台体四周存夯土围墙基址。围墙南墙、北墙长 49 米，东墙、西墙长 55 米。墙体损毁严重，存鱼脊状的墙基。墙体高 0.5~1.2、底宽 3 米。门在南墙中部，宽不详。四周地表散布有少量明代青花瓷片、灰胎黑釉瓷碗底残片、浅黄胎内青釉外黑釉瓷碗底残片、褐釉瓷罐底残片及酱釉粗瓷残片等（图一七二；彩图四九〇、四九一）。

五　红山堡段明长城墙体外侧品字窖

明长城外侧的品字形窖文献中多有记载，此次在明长城"深沟高垒"（头道边）墙体的调查中，红山堡敖（镇）银（川）公路缺口西 1.3 千米的长城墙体外侧，发现大量排列规整有序的品字形窖。这些窖虽被沙土淤平，但地表上的遗迹仍十分清楚，分布在墙体外侧 0.05 千米外与长城墙体呈平行走向、地势平坦、便于敌骑驰骋的地段，是为加强防守而设置。南北共有 3 排，前后排相互对应，中间与前后排相互错位形成品字形。为此选择遗迹较为清晰的地段，在 10 米见方的探方内清理长方形坑 14个，第一排有 5 个，第二排（中间一排）有 4 个，第三排有 5 个，大小基本一致，坑口长 1.2~1.3、宽 0.9、深约 1 米。坑的东西间距一般 0.9~1、南北间距 1.3 米，总计宽 6.5 米。

六　红山堡

1. 位置与现状

红山堡位于灵武市临河镇上桥村横山四队西北 0.6 千米处，北距"深沟高垒"（头道边）墙体 0.7千米。堡与长城墙体间有一道弯曲与长城墙体东西平行走向的小河，当地称为"边沟"，是一道常年有水的小河，发源于红山堡东约 26 千米的清水营。该河由东向西流，平常水量很小，两岸被切割成高5~10 米的崖壁。堡东侧有西南—东北走向的敖（镇）银（川）公路穿过长城墙体（彩图四九二）。

据《嘉靖宁夏新志》卷 3 "所属各地"之"中路灵州"载，"红山堡，东至清水营五十里。西至横城堡二十里。正德十六年（1521 年），总制、尚书秦纮委部指挥史铺筑。周回一里许。置旗军二百五十一名，操守官一员、守堡官一员。"[1] 红山堡整体保存较好，堡墙、角台、马面、城门洞

---

〔1〕 （明）胡汝砺编、（明）管律重修、陈明猷校勘：《嘉靖宁夏新志》卷 3，宁夏人民出版社，1982 年，第 203 页。

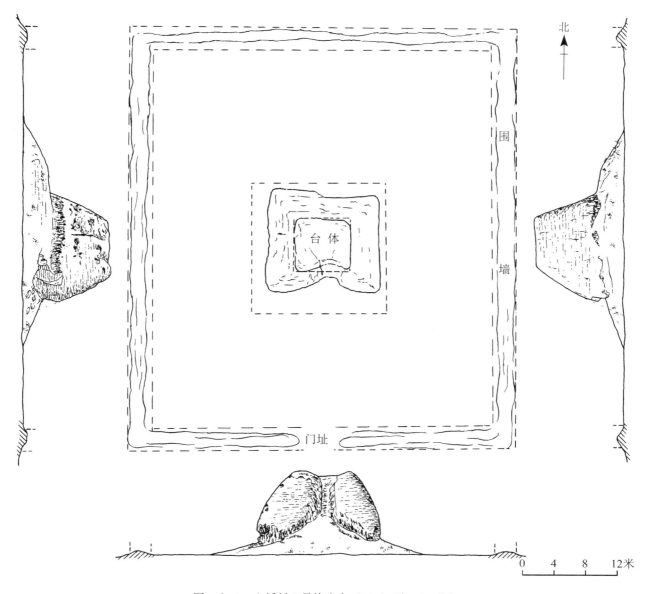

图一七二 上桥村 2 号烽火台（F25）平、立面图

及瓮城门墙体尚存。因风雨冲刷，墙体大块剥离，根部被掏空，内侧墙根有土堆积，表面有孔洞、较多的冲沟。墙体内外侧包砖被拆毁。

2. 平面形制

红山堡平面呈长方形，坐西朝东，门开在东墙中部偏北（参见彩图四九二）。以东墙为基轴，方向北偏东 20°。瓮城依堡东墙而建，门开在南墙中部。堡内地面高于堡外，地势东高西低，西北角地势最低，堡内遍布残砖碎瓦，有较多的房屋基址。堡墙保存较好，周长 1198 米，占地面积 90860 平方米（图一七三）。

（1）堡墙

东墙长 288 米。墙体外壁近 1/2 被沙土掩埋，壁面有较多的风蚀孔洞，底部有风蚀凹槽，顶部有较多雨水冲刷的冲沟豁口。墙体高 7、顶宽 4.5 米，女墙高 0.4~0.6、宽 0.6 米。夯层厚 8~11、夯窝直径 7~9 厘米，北段夯层厚 15、17、21 厘米。

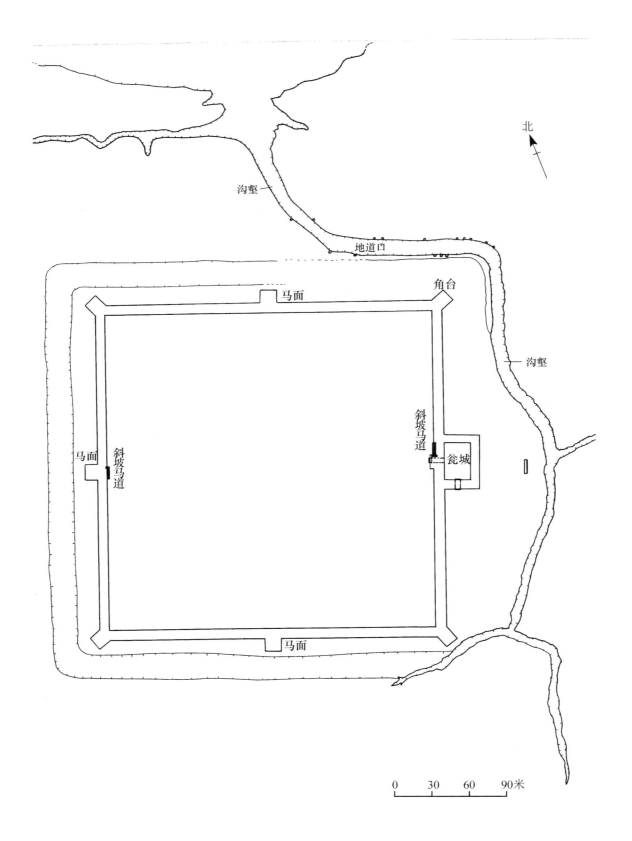

图一七三　红山堡城址平面图

南墙长 307 米。墙体高 10、底宽约 9、顶宽 1.4~3.8 米，墙基底部未进行发掘，内侧大部分被沙土掩埋，顶部有较多的冲沟和风蚀凹槽。墙体用黄土和红黏土夯筑而成，夯层厚 12、14、15 厘米。南墙东段女墙高 0.9、宽 0.3 米。

西墙长 308 米。墙体高 9、顶宽 1.4~3.6 米。墙体内外两侧被沙土掩埋较多，顶部冲沟较多，沟槽最宽 6、深 2 米。夯层厚 10、14 厘米。

北墙保存较好，长 295 米。墙体高 8、顶宽 4.3 米。墙体外侧保存较内侧好，内侧基部有较多风蚀凹槽。西段保存较差，顶宽 3 米。

（2）堡门

东墙中部辟门，为半圆形拱券。门洞用长条砖砌成，宽 3.25、高 3.5、进深 11.6 米，两壁用条砖平铺横砌 16 层，然后逐层叠砌内收 25 层至顶部，用白灰泥浆黏合勾缝。门洞上部为夯筑土墙，中间以碎砖石填实，条砖包砌。条砖长 49、宽 21、厚 9 厘米（彩图四九三）。

（3）角台

堡形制规整，四角有角台。台体用黄土夯筑而成，呈覆斗形，平面呈正方形或长方形。

东北角台底部边长 15、顶部边长 8 米；东南角台底部东西 14、南北 15 米，顶部东西 6、南北 7 米；西南角台底部东西 12、南北 13 米，顶部边长 9 米，夯层厚 7~10 厘米；东北角台保存完好，呈覆斗形，底部边长 14 米，顶部东西 7.5、南北 8 米，高 7.5 米（彩图四九四~四九七）。

（4）马面

堡墙外侧有 3 座马面，分布在北、西、南墙中部（彩图四九八）。

北墙马面呈覆斗形，底部凸出于堡墙外，平面呈长方形，底部东西 12、南北 10 米，顶部东西 6、南北 7 米，高 9 米，顶部有铺地砖。

西墙马面凸出于墙堡外，底部东西 12、南北 13 米，顶部基本平整，东西 8、南北 9.5 米，高 10 米。有房屋砖墙基槽基址，底宽 0.4、南北 7 米。

南墙马面底部东西 12、南北 9 米，顶部东西 8、南北 8.5 米，高 9 米。夯层厚 6、8、10、12 厘米。顶部较平，有残砖碎瓦等（彩图四九九）。

（5）瓮城

瓮城位于堡东墙中部。其南、北墙依堡东墙而建，平面呈长方形。南、北墙长 32（中－中）、高 7、底宽 9 米、顶宽 4.5 米，顶部抹有约 0.1 米厚的白灰泥。东墙长 44（中－中）、高 7、底宽 9、顶宽 4.5 米。

瓮城门开在南墙中部，半圆形拱券门洞，长条砖砌筑而成。门洞宽 3.2、顶高 3.3、进深 7 米，夯土台体外部用条砖包砌（彩图五〇〇）。

（6）马道

马道有两处。一处位于堡东墙内侧，紧靠墙体，马道入口自北向南，呈斜坡状，斜长 23、宽 2 米，黄土夯筑而成；另一处位于堡西墙内侧中部，紧靠墙体，入口自南向北呈斜坡状，斜长 23、宽 2 米，黄土夯筑而成。

（7）影壁

影壁为较短的夯土墙体，位于瓮城东墙外侧 0.04 千米，墙体长 10、宽 2、高 7 米。夯土为白色含沙土，夯打较结实，夯层厚 15~17 厘米（彩图五〇一）。

（8）护城壕

护城壕一部分是人工挖掘，另一部分是利用周围自然形成的沟壑。人工挖掘的护城壕大致分布在堡西、南、北墙外侧。西墙外护城壕宽23、深5～6米，南墙外护城壕宽5、深3米，东墙外为自然沟壑（参见彩图五〇一）。

（9）地道

地道位于堡内东北部，由南向北通向城外0.1千米外的沟壑内。沟壑大致呈东—西走向，两壁深15～20、宽约30米。峡谷陡壁基部为砾石层，基部上堆积有巨厚的黄土。土层具垂直节理，含钙质，即疏松好挖，又坚固不易破损，曲曲折折两层地道就挖掘在其中。地道出口分布在沟壑南侧陡峭崖壁上，口宽0.7、高1.2米，洞口两侧有封门板凹槽，墙壁有门闩孔洞。主洞口东西侧挖有射箭口；地道出口内的分叉点设有陷阱，呈不规则椭圆形，口小底大，坑口长径1.3、短径0.7、深6米，坑底有尖刺状木棒竖立。地道两侧墙壁有灯龛及黑色油迹，顶为拱形，高1.1、宽0.9～1.1米，出口段两侧挖成凹字形的生土台，高0.5米，可坐人，土台中间是较窄的人行道。地道深处结构复杂、迂回曲折，便于隐藏和防备，掏挖有小窑洞，窑洞长、宽2.5、高1.6米，门宽0.8、高0.9米。

（10）房屋基址

堡内房屋基址存残砖碎瓦甚多，堡内地面有较多的青花瓷残片、白釉瓷残片和黑釉、酱釉粗瓷残片等，器形大多为碗、盆、缸、罐等。堡东墙外侧有一处四合院回廊式的砖砌庙宇建筑遗址，坐北朝南，仅存铺地砖及砖墙的基础部分（彩图五〇二）。

3. 遗物

均采集于城堡内。

标本：1，黑釉瓷碗残片。侈口，弧腹，腹底折收，圈足，足外撇。夹砂黄胎，内外施黑釉，内底有涩圈，外壁施釉不到底。口径14.5、底径5.6、通高5.5、足高1.3厘米（图一七四：1；彩图五〇三）。

标本：2，青白釉瓷碗残片。敞口微侈，斜弧腹。外壁有拉坯旋纹，圈足，挖足过肩。浅灰胎，青白釉，釉下施一层化妆土，内满釉，外壁施釉不到底。口径19.8、底径7.1、高5.1、足高0.9厘米（图一七四：2）。

标本：3，筒瓦。泥质灰陶。瓦身半筒状，基本完整，形体稍小，一端平齐，另一端出短唇，外素面，内壁有细密布纹，四边内侧斜削。长24、瓦径12、唇宽2.5厘米（图一七四：3）。

标本：4，兽面纹滴水。泥质灰陶。滴面呈弧边三角形，模印兽面纹图案。兽面鼻翼较小，两圆眼，眼眶眉梢上卷，咧嘴，腮部有卷须，颌下垂须。面宽11.5、高8、厚1.5厘米（图一七四：4）。

标本：5，斜边条砖。灰陶。两侧有斜切面，一面粘附白灰，另一面较粗糙。长33、宽22、厚6.1厘米（图一七四：5）。

标本：6，斜边条砖。灰陶。正面一半部分两侧边沿有斜切面，另一半边角保存完整，背面平整，表面粘附白灰。砖长36.2、宽19.6、厚6.5厘米（图一七四：6）。

标本：7，太极图案砖雕残块。整块灰陶条砖一端单面圆雕太极图案。砖长31.6、宽15.8、厚6厘米，太极图案径长12厘米（图一七四：7；彩图五〇四）。

标本：8，浮雕如意形云纹砖雕残块。灰陶。残半。条砖一面磨光浮雕图案，条砖正面高浮雕如意形云纹，其上浅浮雕树叶纹及卷草纹。长21.8、宽16.4、厚6厘米（图一七四：8）。

标本：9，板状脊饰残件。泥质灰陶。斜角长方形。一端残断，背面平整，正面边框内贴塑模印的菊花纹。长9.9、宽11.2、厚1.4厘米（图一七五：1）。

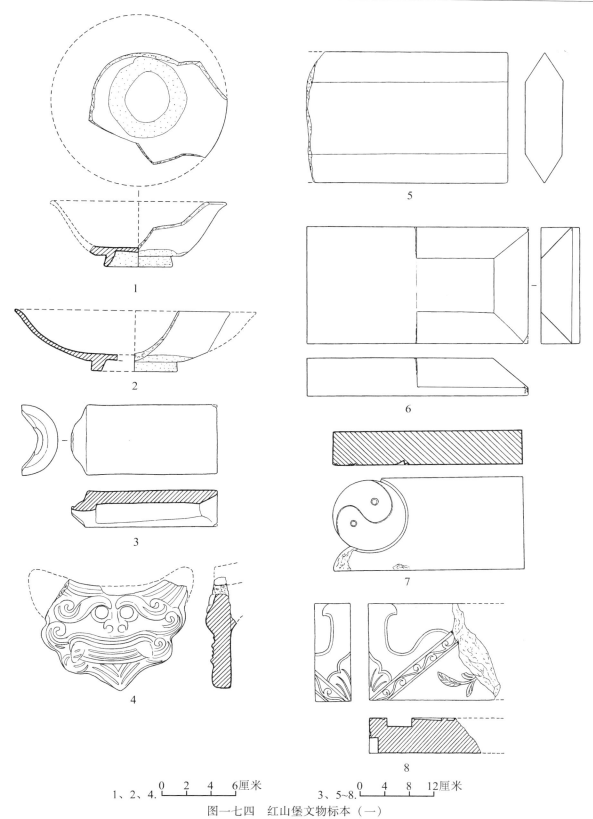

1、2、4. 0 2 4 6厘米   3、5~8. 0 4 8 12厘米

图一七四　红山堡文物标本（一）

1. 黑釉瓷碗残片（标本：1）　2. 青白釉瓷碗残片（标本：2）　3. 筒瓦（标本：3）　4. 兽面纹滴水（标本：4）

5、6. 斜边条砖（标本：5、6）　7. 太极图案砖雕残块（标本：7）　8. 浮雕如意形云纹砖雕残块（标本：8）

图一七五　红山堡文物标本（二）

1. 板状脊饰残件（标本:9）　　2. 双面莲花纹砖（标本:10）　　3. 双面仰莲纹砖（标本:11）

4～7. 莲花饰残件（标本:12～15）　　8. 套兽残块（标本:16）　　9. 脊兽残块（标本:17）

标本：10，双面莲花纹砖。泥质灰陶。平面呈长方形。由两块相同莲纹的模印长方形花砖粘接而成，面砖中空，可能用于屋顶正脊装饰。砖面图案中心为一朵盛开的莲花，两侧有两枝直立的花茎，外侧各有一片褶边莲叶，其下有一朵半开的花蕾。通长 31、宽 20.6、厚 13.4 厘米（图一七五：2；彩图五〇五）。

标本：11，双面仰莲纹砖。泥质灰陶。仅存一面。长方形板状，表面模印盛开的莲纹图案，中心为一朵盛开的仰莲，周围环绕褶边莲叶，背面存两道纵脊。长 30.8、宽 20.8、厚 4.8 厘米（图一七五：3；彩图五〇六）。

标本：12，莲花饰残件。泥质灰陶。莲花作盛开状，存中心花蕊及一层花瓣，莲蓬表面斜线方格内戳刺圆点表示莲子，周围花瓣有 10 片，用双线勾勒。花面宽 18、厚 6.2 厘米（图一七五：4）。

标本：13，莲花饰残件。泥质灰陶。莲花作盛开状，存中心花蕊及一层花瓣，莲蓬表面斜线方格内戳刺圆点表示莲子，周围花瓣有 10 片，用双线勾勒。花面宽 18、厚 6.2 厘米（图一七五：5）。

标本：14，莲花饰残件。泥质灰陶。呈椭圆形。为一朵半开的莲花，外层开放三层花瓣，中心圆锥形花苞，花瓣表面单线勾勒出叶脉纹。长径 18.4、短径 15、厚 6 厘米（图一七五：6）。

标本：15，莲花饰残件。泥质灰陶。板状。正面贴塑一朵盛开的莲花图案，花瓣共有三层，中心圆锥形花苞，花瓣表面单线勾勒出叶脉纹。长 18.6、宽 26、厚 2.5 厘米（图一七五：7；彩图五〇七）。

标本：16，套兽残块。泥质灰陶。兽头合模制作，两侧模印对称兽面捏接而成，呈块状。内空，侧面兽纹圆眼外鼓，小耳，獠牙外龇，额顶上翘，饰有鳞纹。正面内凹，手工捏制鼻子及前突上唇，后端平齐。长 35.4、宽 13.8、高 27.4 厘米（图一七五：8；彩图五〇八）。

标本：17，脊兽残块。泥质灰陶。面部残。高鼻微翘，鼻翼有褶纹，吻前突，鼻侧存一目，眼睑外翻，眼球圆鼓。面宽 20、高 22 厘米（图一七五：9；彩图五〇九）。

标本：18，圆头夯。呈半椭圆形。砂岩质，青灰色，石质粗糙，顶面较平，中部有一安装柄的孔洞，顶面一侧稍残。顶面直径 13～16 厘米，底面略呈小平底，直径 7、高 17 厘米，安柄孔的孔径 4、深 5.2 厘米（图一七六：1；彩图五一〇）。

标本：19，圆头夯。红砂岩质，底部略呈尖圆状，顶面较平，中心有安柄的圆孔洞。石夯表面有修凿痕迹。顶面直径 11.6～15.6、高 15 厘米，安柄孔的孔径 4.4、深 4.8 厘米（图一七六：2；彩图五一一）。

标本：20，圆头夯。形状为半椭圆形。夹砂岩质，青灰色，石质粗糙，顶面较平，中心有安柄的圆孔洞，顶面一侧稍残，有使用痕迹。顶面直径 13～16、高 17 米，孔径 4、深 5.2 厘米（图一七六：3）。

标本：21，圆头夯。红砂岩质，底部略呈尖圆状，顶面较平，中心有柄孔洞。石夯表面有修凿痕迹。圆头夯顶面直径 11.6～15.6、高 15 米，安柄孔的孔径 4.4，深 4.8 厘米（图一七六：4）。

标本：22，石柱础。青灰色砂岩石质。底面呈方形，顶面呈圆形，表面有錾凿痕。底面宽 22.6～24、高 19 厘米，顶面圆盘直径 22 厘米（图一七六：5；彩图五一二）。

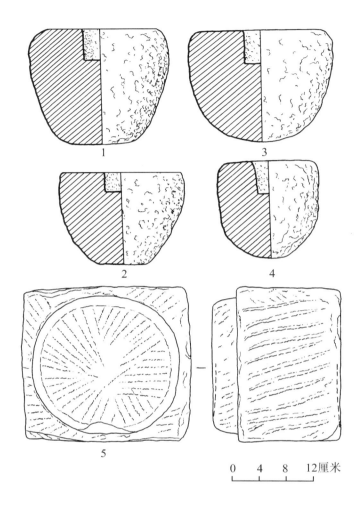

图一七六　红堡文物标本（三）

1~4. 圆夯头（标本:18~21）　5. 石柱础（标本:22）

第十节　横城堡段明长城墙体及相关设施

一　横城堡段明长城墙体（D465—D508—黄河岸边）

横城堡段明长城墙体沿线分布有 43 座敌台、3 座铺舍、2 座烽火台及墙体内侧的横城堡遗址。

1. 横城村 1 段长城墙体

该段墙体起点位于灵武市临河镇水洞沟遗址区边沟西岸山梁上的横城村 1 号敌台处，止点位于银川市兴庆区掌政镇横城村南约 6.4 千米的横城村 13 号敌台处。墙体用黄土夯筑而成，长 2555 米。根据墙体保存状况及敌台分布情况分为 12 段（图一七七）。分述如下。

横城村 1 号敌台（D466）—横城村 2 号敌台（D467）

墙体长 197 米。横城村 1 号敌台至墙体拐点长 83 米，拐点西至横城村 2 号敌台墙体长 114 米。大致呈南—北走向，方向北偏西 10°。墙体两侧被坍塌的夯土及沙土掩埋约 1/2。墙体高约 6、顶宽约 1.6 米。夯土酥碱严重，夯土中含有较多碎石，夯层不甚清晰，能辨明夯层厚 15、18、20 厘米。横城村 1 号敌台东约 0.38 千米梁峁上有横城村 1 号烽火台。

横城村 2 号敌台（D467）—横城村 3 号敌台（D468）

墙体长 399 米。呈南—北走向。墙体顶部及两侧被坍塌的夯土及沙土掩埋约 1/2，两侧堆土到墙腰处，有风蚀掏空的凹槽。墙体高 7、顶宽 0.4 ~ 1.4 米。墙体西侧约 0.16 千米的山梁上有上桥村 2 号烽火台，内侧有依长城墙体而建的铺舍夯土台基。横城村 2 号敌台两侧与墙体接合部位有 2 米多宽的沟槽。

横城村 3 号敌台（D468）—横城村 4 号敌台（D469）

墙体长 202 米。沿丘陵山脊，修筑在呈南—北走向的山梁上，由南向北逐渐走高。墙体两侧被坍塌的夯土及沙土掩埋约 1/2，顶部及两侧坍塌较严重，有雨水冲刷形成的冲沟豁口。墙体高 6 ~ 7、顶宽约 1 米。

横城村 4 号敌台（D469）—横城村 5 号敌台（D470）

墙体长 205 米。所外地势由南向北逐渐走高。呈南—北走向。墙体顶部及两侧坍塌风化成坡形土梁，顶部呈鱼脊形。墙体高 3、顶宽约 0.3 米。

横城村 5 号敌台（D470）—横城村 6 号敌台（D471）

墙体长 193 米。地处低山丘陵缓坡地带，地势由南向北逐渐走低。外侧为山体陡坡。大致呈南—北走向，方向北偏西 10° ~ 20°。墙体两侧被坍塌的夯土及沙土掩埋约 2/3，成为坡形土梁；顶部坍塌风化严重，呈高低不平的土垄状。墙体高 6、顶宽 0.4 ~ 1.3 米。

横城村 6 号敌台（D471）—横城村 7 号敌台（D472）

墙体长 193 米。横城村 6 号敌台至墙体拐点长 125 米，呈东南—西北"S"形走向，方向由北偏西 45°弧线弯转为北偏东 5°。拐点北至横城村 7 号敌台墙体弧线折向北偏东 10°。墙体坍塌风化严重，顶部有较多的冲沟豁口。墙体高 2 ~ 4、底宽 8 ~ 9、顶宽 0.5 米，夯层厚 13、14、16 厘米。横城村 6 号敌台坍塌风化成圆锥形土丘。

横城村 7 号敌台（D472）—横城村 8 号敌台（D473）

墙体长 191 米。依山势蜿蜒折转呈"＞"形走向。横城村 7 号敌台至拐点长 91 米的墙体方向为北偏东 20° ~ 25°，拐点至横城村 8 号敌台间 100 米的墙体方向反转为北偏西 20°。墙体上部较陡，下半部被塌落的夯土及沙土掩埋至墙腰，夯土酥碱，顶部有较多的冲沟小豁。墙体高 4 ~ 5、顶宽 0.4 ~ 1.1 米。横城村 7 号敌台坍塌风化成圆锥形的土丘状。

横城村 8 号敌台（D473）—横城村 9 号敌台（D474）

墙体长 197 米。依山梁走势由南向北逐渐走低。大致呈南—北走向。墙体顶部及两侧坍塌成坡形土梁。墙体高 3.5 ~ 4.5、顶宽 0.5 米，夯层厚 15、16、20 厘米。

横城村 9 号敌台（D474）—横城村 10 号敌台（D475）

墙体长 199 米。地处丘陵坡地，依山梁走势，由南向北逐渐走高。大致呈南—北走向。墙体坍塌破坏严重，高 2 ~ 3、底宽约 8、顶宽 0.2 ~ 1.6 米。墙体内侧存铺舍夯土台基遗迹。

横城村 10 号敌台（D475）—横城村 11 号敌台（D476）

墙体长 198 米。地处丘陵坡地，地势由南向北逐渐走低。由向西北折向东北。横城村 10 号敌台至拐点 135 米的墙体走向为北偏西 20° ~ 25°，拐点至横城村 11 号敌台 63 米的墙体折转为北偏东。墙体坍塌风化严重，夯土酥软，雨水冲刷侵蚀有较多的冲沟豁口。墙体高约 4、顶宽 0.2 ~ 1.4 米。

横城村 11 号敌台（D476）—横城村 12 号敌台（D477）

墙体长 188 米。横城村 11 号敌台至拐点 137 米的墙体大致呈南—北走向，方向北偏东 10°；拐点至横城村 12 号敌台 51 米的墙体又折向东北，方向北偏东 35°。墙体顶部有较多锯齿状的冲沟豁口。墙体高 3、底宽约 5、顶宽 1.3 米。

横城村 12 号敌台（D477）—横城村 13 号敌台（D478）

墙体长 193 米。呈半圆形弧线弯转，横城村 12 号敌台至拐点间为弧线北偏西 10°，拐点至横城村 13 号敌台间墙体呈弧线北偏西 25°~45°~65°曲线折转变化。墙体基础夯层内夹杂有 0.08 米厚的碎石层。墙体高约 5、顶宽大多 0.7~1.8 米。横城村 13 号敌台坍塌风化成圆锥形的土丘。

2. 横城村 2 段长城墙体

该段墙体起点位于银川市兴庆区掌政镇横山变电站东约 0.3 千米横城村 13 号敌台处，止点位于掌政镇横城村东南约 2 千米的横城村 29 号敌台处。墙体长 3602 米。墙体依山梁走势，用黄土夯筑而成，夯土就地取材。主要损毁原因是夯土酥碱风化、雨水冲蚀坍塌及人为破坏。根据墙体保存状况及敌台分布情况分为 16 段（图一七八，参见图一七七）。分述如下。

横城村 13 号敌台（D478）—横城村 14 号敌台（D479）

墙体长 209 米。所处地势由南向北逐渐走低。由东向西拐为向西北。横城村 13 号敌台至拐点 93 米的墙体绕开山沟拐向西行，拐点至横城村 14 号敌台间 116 米的墙体拐为北偏西 25°。墙体高 7、顶宽 1.1~3 米。墙体内部宽 1.5 米用黄土掺杂碎石夯筑而成，土质疏松，行夯较轻，夯打不结实，夯层不清晰；外部用黄土夯筑，土质细密坚硬，夯层厚 16、17、19、22 厘米。

横城村 14 号敌台（D479）—横城村 15 号敌台（D480）

墙体长 192 米。随丘陵山地地势由南向北逐渐走低，外侧为山梁斜坡。从横城村 14 号敌台起，墙体折向北偏西 55°西北行。墙体夯筑而成，高约 7、顶宽约 2 米。

横城村 15 号敌台（D480）—横城村 16 号敌台（D481）

墙体长 203 米。横城村 15 号敌台至拐点 48 米的墙体呈东南—西北走向，拐点至横城村 16 号敌台墙体长 155 米。墙体高 7、顶宽 0.4~2.8 米，内侧存铺舍夯土台基遗迹。

横城村 16 号敌台（D481）—横城村 17 号敌台（D482）

墙体长 404 米。地处丘陵山地，由南向北逐渐走低。大致呈南—北走向。横城村 16 号敌台至拐点墙体长 154 米，方向北偏西 10°~20°；拐点至横城村 17 号敌台墙体长 250 米，走向呈北偏西 30°。墙体高 6、底宽约 9、顶宽 1~1.4、最宽 3.6 米。部分墙体存女墙，女墙高 0.2、宽 0.4 米。

横城村 17 号敌台（D482）—横城村 18 号敌台（D483）

墙体长 200 米。呈 "<" 形走势。横城村 17 号敌台至拐点间墙体走向为北偏西 30°，拐点至横城村 18 号敌台间墙体走向弯转为北偏东 10°。横城村 18 号敌台东壁被银川东盛鑫水泥厂修路挖毁，有 5 米宽的公路豁口。墙体高约 6、底宽约 9、顶宽 2.6 米（彩图五一三）。

横城村 18 号敌台（D483）—横城村 19 号敌台（D484）

墙体长 195 米。大致呈南—北走向，方向北偏东 20°。墙体坍塌成斜坡形，顶部被雨水冲刷有较多的冲沟豁口。墙体高约 8、顶宽 0.4~1.1 米。夯层厚 14、17、22 厘米。横城村 18 号敌台南半部被取土挖毁，整体略呈一座残半的土丘状（彩图五一四）。

横城村 19 号敌台（D484）—横城村 20 号敌台（D485）

墙体长 209 米。地处丘陵坡地，地势由南向北逐渐走低。大致呈南—北走向，方向北偏西 15°~20°。墙体顶部塌落成坡形鱼脊状，有较多驼峰状的冲沟豁口。墙体高 7、顶宽 0.2~0.6 米（彩图五一五）。

横城村 20 号敌台（D485）—横城村 21 号敌台（D486）

墙体长 207 米。大致呈南—北走向，方向北偏西 25°。墙体顶部基本平整，两侧陡直，底部堆土较高。墙体高约 8、底宽约 9、顶宽约 1.4～2.1 米（参见彩图四九六）。

横城村 21 号敌台（D486）—横城村 22 号敌台（D487）

墙体长 399 米。翻越丘陵山地由南向北逐渐走低，呈东南—西北走向。墙体用黄土和红黏土分层夯筑而成。墙体高约 9、底宽约 9、顶部最宽 2.6 米。夯土酥软粉状剥落，夯层模糊，夯层厚 14、15 厘米。墙体内侧存铺舍夯土台基遗迹，台基西侧有东西向排列的 5 座烽火台遗迹（彩图五一六）。

横城村 22 号敌台（D487）—横城村 23 号敌台（D488）

墙体长 203 米。所处地势由南向北逐渐走低。墙体用红土和黄土夯筑而成，夯土内含有少量碎石。墙体两侧被沙土掩埋，上部有较多的冲沟豁口。墙体内部高约 5、底宽 5 米，用红土夯筑而成，然后用黄土加高加宽两侧外部。墙体高 7、底宽约 10、顶宽 1.4～1.7 米。横城村 22 号敌台坍塌风化成底大顶小的漏斗形，台体与墙体接合部位有较宽的冲沟凹槽。

横城村 23 号敌台（D488）—横城村 24 号敌台（D489）

墙体长 195 米。墙体用红土和黄土夯筑而成，夯土内含有少量颗粒状的碎砂石。墙体上部坍塌较重，部分墙体内侧根部有较深的风蚀凹槽，濒临坍塌。墙体高约 6、顶宽 0.4～1.4 米，夯层厚 11～13、16 厘米。横城村 23 号敌台坍塌风化成喇叭形的土丘。

横城村 24 号敌台（D489）—横城村 25 号敌台（D490）

墙体长 275 米。外侧为开阔平坦的草坪地，内侧地势高低不平。大致呈南—北走向，方向北偏西 35°。墙体坍塌严重，顶部有较多锯齿状的冲沟豁口。墙体高 4、底宽约 7、顶宽 0.4 米。横城村 24 号敌台坍塌风化成底大顶圆的馒头状。

横城村 25 号敌台（D490）—横城村 26 号敌台（D491）

墙体长 112 米。大致呈南—北走向，方向北偏西 30°。墙体用红土和黄土夯筑而成，成为坡形土梁，高约 4 米。墙体顶部有较多的冲沟豁口，豁口宽约 0.4 米。横城村 25 号敌台坍塌风蚀成尖顶状的土丘（彩图五一七）。

横城村 26 号敌台（D491）—横城村 27 号敌台（D492）

墙体长 126 米。方向北偏西 30°。墙体用红土和黄土夯筑而成，坍塌损毁较重，夯土酥碱粉状剥落。墙体高 4 米。墙体顶部有较多的冲沟豁口，豁口大多宽约 0.4 米。横城村 26 号敌台坍塌风蚀成圆锥形的土丘。

横城村 27 号敌台（D492）—横城村 28 号敌台（D493）

墙体长 259 米。横城村 27 号敌台至拐点间墙体方向为北偏西 30°，拐点至横城村 28 号敌台间墙体反转拐折为北偏东 5°，拐点北侧有 4 米宽的豁口。墙体用黄土夯筑而成，夯土内含有灰白色颗粒状的小土块，土色略泛白。墙体坍塌风化严重，高约 3、底宽约 5、顶宽 0.2 米。

横城村 28 号敌台（D493）—横城村 29 号敌台（D494）

墙体长 214 米。地处丘陵坡地。大致呈南—北走向，方向北偏东 20°。墙体用红土和黄土夯筑而成。墙体高 3、部分墙体高约 6、顶宽 0.2～2.2 米。横城村 29 号敌台与墙体接合部位有 3 米宽的缺口，依墙体外侧而建的敌台风化成圆锥形的土丘。

3. 横城村 3 段长城墙体

该段墙体起点位于银川市兴庆区掌政镇横城村东南约 2 千米的横城村 29 号敌台处，止点位于掌政镇横城村 44 号敌台西 0.018 千米处。墙体长 2613 米。走向大致由南—北向转折为东南—西北。墙体沿丘陵山地修筑，部分墙体翻越丘陵缓坡地带，进入黄河东岸的平滩地。墙体用黄土夯筑而成，部分墙体用黄土和红黏土夯筑而成，夯土就地取材。墙体损毁的主要原因为夯土酥碱风化、雨水冲蚀、自然坍塌、羊群踩踏及人为挖墙修路破坏。根据墙体保存状况及敌台分布状况分为 15 段（参见图一七八）。分述如下。

横城村 29 号敌台（D494）—横城村 30 号敌台（D495）

墙体长 201 米。地处丘陵坡地，地势由南向北逐渐走低。大致呈南—北走向，方向北偏东 20°。墙体坍塌风化成低矮的坡形土梁，高 3~4 米。横城村 30 号敌台略呈喇叭形的土丘，台体与墙体接合部位有较宽的冲沟豁口。

横城村 30 号敌台（D495）—横城村 31 号敌台（D496）

墙体长 193 米。所处地势较平坦。大致呈南—北走向，方向北偏东 20°~5°。横城村 31 号敌台南侧 0.022 千米处墙体有 3.5 米宽的门道豁口，豁口宽 2.5 米，门道地面存铺地砖，砖长 45、宽 22、厚 8 厘米。墙体用黄土夯筑而成，顶部有较多的冲沟豁口，两侧坍塌成斜坡。墙体高 5~6.5、底宽约 9 米。墙体西侧约 0.05 千米处有横城村 2 号烽火台。

横城村 31 号敌台（D496）—横城村 32 号敌台（D497）

墙体长 204 米。呈东南—西北走向。墙体顶部有较多的冲沟豁口。墙体高 6、顶宽约 4.6 米，存垛墙和女墙痕迹。部分墙体保存较差，高约 4 米。夯土内含有较多碎石，夯层厚 20、21 厘米。

横城村 32 号敌台（D497）—横城村 33 号敌台（D498）

墙体长 189 米。地处丘陵缓坡滩地，地势由南向北逐渐走低。墙体两侧被沙土掩埋约 3/4，顶部凹凸不平，有较多的沟槽。墙体高 5~6、底宽 9、顶宽 2.8 米。

横城村 33 号敌台（D498）—横城村 34 号敌台（D499）

墙体长 200 米。地处丘陵缓坡滩地，地势由南向北逐渐走低。墙体两侧被沙土掩埋约 3/4。墙体高约 6、顶宽 1.4~2.8 米（彩图五一八、五一九）。

横城村 34 号敌台（D499）—横城村 35 号敌台（D500）

墙体长 193 米。北侧临陶灵园艺场，南侧为荒滩平地。呈东南—西北走向。墙体两侧被倒塌的夯土及沙土掩埋成坡形土梁。墙体高约 7、顶宽 2.8~4.2 米。

横城村 35 号敌台（D500）—横城村 36 号敌台（D501）

墙体长 197 米。呈东南—西北走向。墙体两侧被沙土掩埋约 3/4，仅露出较少部分。墙体高 6、顶宽 2.6 米。

横城村 36 号敌台（D501）—横城村 37 号敌台（D502）

墙体长 191 米。墙体两侧被沙土掩埋约 3/4，部分墙体两侧黄沙堆积爬过顶部。墙体高约 7、顶宽 2.7 米，夯层厚 15~17 厘米。

横城村 37 号敌台（D502）—横城村 38 号敌台（D503）

墙体长 194 米。北侧临陶灵园艺场，南侧为荒滩平地。墙体两侧被坍塌的夯土及沙土掩埋约 3/4，顶部高低不平，有较多的沟槽。墙体高约 7、底宽约 10 米（彩图五二〇）。

横城村 38 号敌台（D503）—横城村 39 号敌台（D504）

墙体长 169 米。墙体用黄土夯筑而成。墙体内壁被银川华夏长城旅游发展有限公司用青砖护砌，内侧堆土呈斜坡状，顶部及外侧重新整修加宽。墙体高约 7、顶宽约 4.9 米。

横城村 39 号敌台（D504）—横城村 40 号敌台（D505）

墙体长 157 米。墙体用黄土夯筑而成。墙体内侧用青砖包砌，顶部及外侧重新用夯土加宽整修。墙体高约 7、顶宽 5 米。

横城村 40 号敌台（D505）—横城村 41 号敌台（D506）

墙体长 160 米。呈东南—西北走向。墙体用黄土夯筑而成。墙体内壁用青砖重新包砌，顶部及外侧用夯土加宽。墙体高约 7、顶宽 5.4 米（彩图五二一）。

横城村 41 号敌台（D506）—横城村 42 号敌台（D507）

墙体长 178 米。横城村 41 号敌台至陶（乐）横（城）公路缺口断点间墙体长 40 米，公路缺口宽 58 米，缺口至横城村 42 号敌台间墙体长 80 米。墙体高 7、顶宽 3.4 米。被银川华夏长城旅游发展有限公司用青砖包砌。

横城村 42 号敌台（D507）—横城村 43 号敌台（D508）

墙体长 169 米。呈东南—西北走向。墙体用青砖包砌，高 7.5、顶宽 4.8 米。

横城村 43 号敌台（D508）—终点（黄河岸边）

墙体长 18 米。地处黄河东岸的河滩地。墙体用黄土夯筑而成，坍塌风化、河水侵蚀，损毁严重，保存较低矮。墙体高 3~4.5 米。

二　横城堡段明长城墙体沿线敌台（D466~D508）

1. 横城村 1 号敌台（D466）

该敌台位于银川市兴庆区掌政镇横城村东南约 6.6 千米处，南距横山移动通信塔约 0.15 千米，西北距横城村 2 号敌台 0.399 千米，北距长城墙体内侧的横城村 1 号铺舍夯土台 0.156 千米，东北距横城村 1 号烽火台约 0.3 千米，西南距上桥村 2 号烽火台约 0.5 千米。台体依长城墙体而建，黄土夯筑而成，呈覆斗形，实心，凸出于长城墙体外侧。保存一般。台体南、北壁立面呈梯形，根部风蚀飕空；东壁呈窄梯形，东南角上部坍塌严重，表面有风蚀孔洞，底部风蚀有凹槽；西壁坍塌成凹凸不平的陡坡；顶部被雨水冲蚀成北高南低的陡坡状。台体底部东西 10、南北 9.5 米，顶部东西 3、南北 3.5 米，高约 10 米。夯层厚 15~17 厘米。

2. 横城村 2 号敌台（D467）

该敌台位于银川市兴庆区掌政镇横城村东南约 6.4 千米处，西北距横城村 3 号敌台 0.202 千米，东南距横城村 1 号烽火台约 0.28 千米，南距长城墙体内侧的横城村 1 号铺舍约 0.24 千米。台体依长城墙体而建，黄土夯筑而成，夯土内有少量碎石，呈覆斗形，实心，凸出于长城墙体外侧。保存较好，形制基本完整。台体南、北壁夯土剥落有风蚀孔洞，根部风蚀有凹槽；东壁立面呈梯形，夯土剥落有雨水冲刷的沟槽；西壁陡直，骑长城墙体而建；顶部基本平整，高于长城墙体 3 米。台体底部东西 15、南北 10.5 米，顶部东西 5、南北 4 米，高约 10 米。夯层厚 16、20 厘米。

3. 横城村 3 号敌台（D468）

该敌台位于银川市兴庆区掌政镇横城村东南约 6.2 千米处，西北距横城村 4 号敌台 0.205 千米。台体依长城墙体而建，黄土夯筑而成，夯土内有碎石，呈覆斗形，实心，剖面呈梯形，凸出于长城墙体外侧，四壁有收分。台体高大，形制保存基本完整。台体南、北壁立面陡直呈梯形，保存较好；东壁受雨水冲刷，夯土呈片状剥落，有鸟窝洞穴及风蚀孔洞等；底部四周被坍塌的夯土堆积成斜坡状。台体底部东西 17、南北 11 米，顶部基本平整，东西 6、南北 3 米，高 10 米。夯层厚 15、17 厘米。

4. 横城村 4 号敌台（D469）

该敌台位于银川市兴庆区掌政镇横城村东南约 6 千米处，西北距横城村 5 号敌台 0.193 千米。台体依长城墙体而建，黄土夯筑而成，夯土内有碎石。台体呈覆斗形，实心，剖面呈梯形，凸出于长城墙体外侧，四壁有收分。保存一般。台体基本完整，南壁上部坍塌约 2 米，因雨水冲蚀风化逐层内收；东壁凹凸不平，夯土剥落损毁较轻，底部堆土较高；北壁夯土剥落较轻，表面基本平整；顶部受风雨侵蚀东高西低；底部四周被坍塌的夯土和沙土堆积成斜坡状。台体底部东西外凸 11、南北 15 米，顶部东西 1、南北 3 米，高 11 米。

5. 横城村 5 号敌台（D470）

该敌台位于银川兴庆区市掌政镇横城村东南约 5.9 千米处，西北距横城村 6 号敌台 0.193 千米。台体用黄土夯筑而成，呈覆斗形，实心，凸出于长城墙体外侧。台体南、北壁坍塌成陡坡状；东壁坍塌约 3 米，下半部坍塌成斜坡状；顶部高于长城墙体 3 米，被雨水冲刷成东高西低的陡坡状。台体底部边长 9 米，顶部东西 1.5、南北 1 米，高 7 米。夯层厚 18 厘米。

6. 横城村 6 号敌台（D471）

该敌台位于银川市兴庆区掌政镇横城村东南约 5.8 千米处，北距横城村 7 号敌台 0.191 千米。台体用黄土夯筑而成，呈覆斗形，实心，剖面呈梯形，凸出于长城墙体外侧，四壁有收分。台体坍塌风化成坡形土丘，北壁及东北角坍塌较多；南、东壁坍塌约 2 米，底部被坍塌的夯土堆积成斜坡状；顶部坍塌成尖圆状，表面风雨侵蚀，夯层模糊不清。台体底部东西外凸 8、南北 9 米，顶部东西 3、南北 0.2 米，高 7 米。

7. 横城村 7 号敌台（D472）

该敌台位于银川市兴庆区掌政镇横城村东南约 5.6 千米处，西北距横城村 8 号敌台 0.197 千米。台体用黄土夯筑而成，夯打较为结实，呈覆斗形，凸出于长城墙体外侧。台体被雨水冲蚀坍塌风化成土丘状，西壁与长城墙体接合部位坍塌风化成东高西低的斜坡，表面雨水冲刷风化严重，夯层模糊不清，顶部坍塌风化成南北向的土垄状。台体底部东西外凸 8、南北 9 米，顶部东西 0.2、南北 3 米，高 9 米。周围地表散布有明代黑釉瓷碗残片及青花瓷碗残片等。

标本 D472：1，青花瓷碗残片。内饰深蓝团花图案，外饰深蓝圆点草叶纹。口径 14、底径 5.5、高 5.2、足高 0.6 厘米（图一七九；彩图五一八）。

8. 横城村 8 号敌台（D473）

该敌台位于银川市兴庆区掌政镇横城村东南约 5.4 千米处，西北距横城村 2 号铺舍夯土台基 0.097 千米、距横城村 9 号敌台 0.199 千米。台体用黄土夯筑而成，呈覆斗形，实心，剖面呈梯形，凸出于长城墙体外侧，四壁有收分。形制基本保存。台体南壁立面呈梯形，下半部被坍塌的夯土及沙土堆积成斜坡，上半部坍塌、风化、雨水冲刷呈束腰形鼓肚状；东壁坍塌约 1 米；北壁上半部坍塌约 3 米，下半部被倒塌的夯土堆积成斜坡；西壁与长城墙体顶部坍塌成陡坡；顶部被雨水冲刷成北高南低的陡坡状。台体底部东西外凸 9、南北 11 米，顶部基本平整，东西 5、南北 4 米，高 7 米。

9. 横城村 9 号敌台（D474）

该敌台位于银川市兴庆区掌政镇横城村河东监狱东南约 2.1 千米处，西北距横城村 10 号敌台 0.198 千米，东南距长城墙体内侧的横城村 2 号铺舍夯土台基 0.102 千米。台体依长城墙体而建，黄土夯筑而成，夯土内夹杂有少量碎石，呈覆斗形，实心，剖面呈梯形，凸出于长城墙体外侧。保存较差。台体坍塌风化成圆锥形的土丘状，顶部坍塌风化成尖圆状。台体底部东西外凸 14、南北15、高约 6 米。

10. 横城村 10 号敌台（D475）

该敌台位于银川市兴庆区掌政镇横城村河东监狱东南约 1.9 千米处，东北距横城村 11 号敌台0.188 千米。台体用黄土夯筑而成，夯土内有少量碎石，夯打较为结实，呈覆斗形，实心，凸出于长城墙体外侧。台体南壁立面呈梯形，底部坍塌成束腰状，东南角上部坍塌有斜坡面；东壁陡直，立面呈梯形，夯土剥落，有水蚀沟槽等；北壁平整，保存较好；顶部凹凸不平，被雨水冲蚀东高西低。台体底部东西 10、南北 15 米，顶部东西 2、南北 5 米，高 9 米。夯层厚 16 厘米。

11. 横城村 11 号敌台（D476）

该敌台位于银川市兴庆区掌政镇横城村河东监狱东南约 1.7 千米处，西北距横城村 12 号敌台 0.193 千米。台体依长城墙体而建，黄土和红土分层夯筑而成，夯打较为结实，呈覆斗形，凸出于长城墙体外侧。形制基本保存。台体东壁立面呈梯形，壁面夯土剥落，风雨侵蚀有水蚀沟槽和风蚀孔洞等，底部风蚀有凹槽；

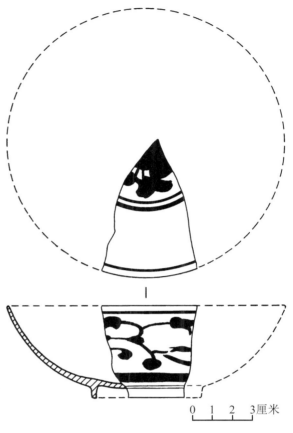

图一七九　横城村 7 号敌台（D472）文物标本
青花瓷碗残片（标本 D472∶1）

北壁陡直，基本平整，夯土片状剥离，损毁较轻；西壁与长城墙体接合部位坍塌成东高西低的陡坡；南壁陡直，立面呈梯形，夯土块状剥落，底部风蚀有凹槽。台体底部东西外凸 9.4、南北 11 米，顶部基本平整，东西 5.5、南北 4 米，高 10 米。夯层厚 18、20 厘米。

12. 横城村 12 号敌台（D477）

该敌台位于银川市兴庆区掌政镇横城村河东监狱东南 1.5 千米处，西北距横城村 13 号敌台 0.209千米。台体用黄土夯筑而成，夯土内夹杂有碎石。台体呈覆斗形，实心，剖面呈梯形，凸出于长城墙体外侧，四壁有收分。保存较差。台体坍塌成圆锥形的土丘，顶部坍塌风化成尖圆状。台体底部东西10、南北 11 米，顶部东西 0.5、南北 1 米，高 8 米。夯层厚 11～15 厘米。

13. 横城村 13 号敌台（D478）

该敌台位于银川市兴庆区掌政镇横城村河东监狱东南 1.3 千米处，西北距横城村 14 号敌台 0.192千米。台体依长城墙体而建，黄土夯筑而成，夯土内有碎石，呈覆斗形，实心。台体东壁坍塌成凹凸不平的陡坡，表面有水蚀沟槽；南、北壁立面呈梯形，上半部坍塌成陡坡状，底部夯土及沙土堆积较厚；顶部被雨水冲蚀风化成东高西低的斜坡状。台体底部东西外凸，东西 14、南北 15 米，顶部东西3、南北 3.5 米，高 9 米。夯层厚 18、20 厘米。周围地表散布有明代黑釉瓷片及褐釉瓷片等。

14. 横城村 14 号敌台（D479）

该敌台位于银川市兴庆区掌政镇横城村河东监狱东南 1.1 千米处，西北距长城墙体内侧的横城村 3 号铺舍夯土台基 0.144 千米、距横城村 15 号敌台 0.203 千米。台体依长城墙体而建，黄土夯筑而成，呈覆斗形，实心，剖面呈梯形，凸出于长城墙体外侧，四壁有收分。台体东半部坍塌损毁过半；西壁坍塌成陡坡状；北壁陡直，立面略呈尖顶的圆锥状；顶部坍塌损毁严重，存较少部分。台体底部东西外凸，东西 9、南北 11 米，顶部东西 0.6、南北 3 米，高 8 米。夯层厚 15、17 厘米。

15. 横城村 15 号敌台（D480）

该敌台位于银川市兴庆区掌政镇横城村河东监狱东南 0.9 千米处，南距长城墙体内侧的横城村 3 号铺舍夯土台 0.059 千米，西北距横城村 16 号敌台 0.404 千米。台体依长城墙体而建，黄土夯筑而成，呈覆斗形，实心，凸出于长城墙体外侧。保存较差。台体四壁坍塌成陡坡状，东壁呈梯形，上部坍塌，底部夯土堆积成斜坡；南、北壁立面呈梯形，壁面坍塌，底部夯土堆积成斜坡；西壁与长城墙体顶部坍塌成陡坡状；顶部坍塌成东北高西南低的斜坡状。台体底部东西外凸 12、南北 13 米，顶部东西 5、南北 7 米，高 9 米。夯层厚 18、20 厘米。

16. 横城村 16 号敌台（D481）

该敌台位于银川市兴庆区掌政镇横城村河东监狱东南 0.7 千米处，西北距横城村 17 号敌台 0.2 千米。台体依长城墙体而建，黄土夯筑而成，呈覆斗形，实心，凸出于长城墙体外侧。保存较差。台体四壁坍塌成斜坡状，顶部保存较少，整体略呈小平顶的土丘状。台体底部边长 16 米，顶部东西 3.5、南北 2 米，高 11 米。夯层厚 18、20 厘米。周围地表散布有少量明代黑釉、褐釉瓷片等。

17. 横城村 17 号敌台（D482）

该敌台位于银川市兴庆区掌政镇横城村河东监狱东约 0.6 千米处，东北距横城村 18 号敌台 0.195 千米。台体依长城墙体外侧而建，黄土夯筑而成，呈覆斗形。保存较差。台体坍塌成陡直的锥形，西壁依长城墙体而建，人为破坏较为严重。台体南半部被银川东盛鑫水泥厂修路挖毁，有 5 米宽的公路缺口。台体及长城墙体表面有一层灰白色的碱性粉尘，夯层模糊不清。台体底部东西外凸 10.5、南北 10 米，顶部东西 3、南北 0.7 米，高 9 米。

18. 横城村 18 号敌台（D483）

该敌台位于银川市兴庆区掌政镇横城村河东监狱东北 0.8 千米处，西北距横城村 19 号敌台 0.209 千米，西南距横城村 17 号敌台 0.195 千米，西距横山供水（泵）站约 0.1 千米。台体依长城墙体而建，黄土夯筑而成，呈覆斗形，凸出于长城墙体外侧。台体形体高大，风化成底大顶圆的土丘，顶部坍塌严重，被雨水冲刷风化成圆弧状，东高西低，凹凸不平；东壁直立呈圆锥状，上半部坍塌约 2 米，底部被坍塌的夯土堆积成斜坡状，半腰风蚀有凹槽；南、北壁立面呈底大顶圆的半椭圆状，壁面上部夯土坍塌内收呈斜坡状；西壁坍塌成陡坡状。台体底部东西外凸，东西约 11、南北 16 米，顶部东西 5.5、南北约 2 米，高 10 米。夯层厚 15、16、18 厘米。周围地表散布有明代灰陶板瓦及黑釉、褐釉瓷片等。

19. 横城村 19 号敌台（D484）

该敌台位于银川市兴庆区掌政镇横城村河东监狱东北约 0.8 千米处，西北距横城村 20 号敌台 0.207 千米，西南距横山供水（泵）站约 0.15 千米。台体依长城墙体而建，黄土夯筑而成，土质纯净，呈覆斗形，实心，剖面呈梯形，凸出于长城墙体外侧。台体东壁上部坍塌厚约 1 米，有较多的水蚀凹槽，下半部被坍塌的夯土堆积成斜坡；南壁坍塌成凹腰形，底部被坍塌的夯土堆积成斜坡；北壁立面略呈鼓肚状；顶部被雨水冲蚀成东高西低的陡坡状。台体底部东西外凸 15、南北 17 米，顶部东西 4、南北 3 米，高 8 米。夯层厚 15 厘米。

20. 横城村 20 号敌台（D485）

该敌台位于银川市兴庆区掌政镇横城村东南约 3.5 千米处，西北距长城墙体内侧的横城村 4 号铺舍夯土台 0.21 千米、距横城村 21 号敌台 0.399 千米。台体依长城墙体而建，黄土夯筑而成，土质纯净，呈覆斗形，凸出于长城墙体外侧。保存基本完整。台体东壁立面陡直呈梯形，上部坍塌约 1 米，底部被坍塌的夯土堆积成高约 4 米的斜坡；南壁陡直，立面呈梯形，西侧及西南角坍塌严重；北壁坍塌厚约 1~2 米；顶部东高西低，凹凸不平。台体底部东西约 16、南北外凸约 14 米，顶部东西 5、南北 4.5 米，高 11 米。夯层厚 14、20 厘米。

21. 横城村 21 号敌台（D486）

该敌台位于银川市兴庆区掌政镇横城村东南约 3.3 千米处，东南距长城墙体内侧的横城村 4 号铺舍夯土台 0.189 千米，西北距横城村 22 号敌台 0.203 千米。台体骑长城墙体而建，黄土和红土分层夯筑而成，土质纯净，呈覆斗形，实心，凸出于长城墙体外侧。保存较差。台体四壁坍塌损毁严重，下半部风化成低矮的土丘，上半部坍塌风化成圆角方形的柱体，顶部呈圆弧形。台体底部东西外凸 8、南北 10 米，顶部被雨水冲刷略呈弧形，东西约 2、南北约 1.5 米，高 10 米。夯层厚 12、15 厘米。周围地表散布有明代黑釉、褐釉瓷缸口沿残片等（彩图五二三）。

22. 横城村 22 号敌台（D487）

该敌台位于银川市兴庆区掌政镇横城村东南约 3.1 千米处，西北距横城村 23 号敌台 0.195 千米。台体依长城墙体而建，黄土和红土分层夯筑而成，呈覆斗形，实心，凸出于长城墙体外侧。台体东壁坍塌约 2 米；南、北壁立面呈梯形，上部夯土坍塌逐层内收呈陡坡状；北壁立面呈梯形，东北角上部坍塌；顶部被雨水冲刷东高西低，整体略显低矮。台体底部东西外凸 11、南北 13 米，顶部东西 4、南北 2 米，高 10 米。夯层厚 16、18 厘米。

23. 横城村 23 号敌台（D488）

该敌台位于银川市兴庆区掌政镇横城村东南约 2.9 千米处，地处低山丘陵平滩地，地势平坦，地面杂草生长茂密，西北距横城村 24 号敌台 0.275 千米。台体依长城墙体而建，黄土和红土分层夯筑而成，呈覆斗形，凸出于长城墙体外侧。台体坍塌风化略呈土丘状，底部东西外凸 10.5、南北 15 米，顶部东西 2、南北 3 米，高 8 米。夯层厚 16、18 厘米。

24. 横城村 24 号敌台（D489）

该敌台位于银川市兴庆区掌政镇横城村东南约 2.6 千米处，地处低山丘陵平滩地带，地势平坦，西北距横城村 25 号敌台 0.112 千米。台体依长城墙体而建，黄土夯筑而成，呈覆斗形，剖面呈梯形，凸出于长城墙体外侧。台体坍塌风化成底大顶圆的土丘状，北壁夯土坍塌，剥落损毁较轻，上半部略呈圆弧线状；东壁上部夯土剥落，表面雨水冲蚀有凹槽，底部坍塌的夯土堆积较高；南壁上部坍塌较多，被雨水冲刷略呈斜坡状；顶部坍塌风化成土丘状。台体底部东西外凸 12、南北 15 米，顶部边长 1 米，高 9 米。

25. 横城村 25 号敌台（D490）

该敌台位于银川市兴庆区掌政镇横城村东南约 2.5 千米处，地处低山丘陵平滩地，地势平坦，地面杂草生长繁茂，西北距横城村 26 号敌台 0.126 米。台体依长城墙体而建，黄土夯筑而成，土质纯净，呈覆斗形，实心，凸出于长城墙体外侧。台体四壁坍塌风化成斜坡，整体略呈底大顶小的土丘状。台体底部东西外凸 7.5、南北 10 米，顶部东西 1.5、南北 2 米，高 7 米。夯土风化酥碱严重，夯层模糊不清。

26. 横城村 26 号敌台（D491）

该敌台位于银川市兴庆区掌政镇横城村东南约 2.4 千米处，地处低山丘陵平滩地，西北距横城村

27 号敌台 0.259 千米。台体依长城墙体外侧而建，黄土和红土分层夯筑而成，呈覆斗形。形制基本保存。台体东壁夯土坍塌厚约 1 米，表面雨水冲蚀有沟槽；北壁陡直，基本平整，保存较好；南壁夯土剥落，损毁较轻，底部风蚀有凹槽；顶部凹凸不平，北高南低。台体底部东西外凸约 13、南北 14 米，顶部东西 2.7、南北约 5 米，高 7 米。夯层厚 15、17、20 厘米。

27. 横城村 27 号敌台（D492）

该敌台位于银川市兴庆区掌政镇横城村东南约 2.2 千米处，东北距横城村 28 号敌台 0.214 千米，地处低山丘陵平滩地，地势平坦。台体依长城墙体而建，黄土和红土夯筑而成，土质纯净，呈覆斗形，实心，剖面呈梯形，凸出于长城墙体外侧，四壁有收分。保存一般。台体坍塌风化成底大顶圆的土丘，顶部高凸呈土垄状。台体底部东西外凸约 10、南北 14 米，顶部东西 2.4、南北 2 米，高 10 米。夯层厚 15、16 厘米。

28. 横城村 28 号敌台（D493）

该敌台位于银川市兴庆区掌政镇横城村东南约 2 千米处，东北距横城村 29 号敌台 0.201 千米。台体依长城墙体而建，黄夯土筑而成，土质纯净，呈覆斗形，实心，凸出于长城墙体外侧。保存较差。台体坍塌风化损毁严重，成为低矮的土丘，南半部与长城墙体接合部位有 3 米宽的豁口。台体底部东西外凸 9、南北 13 米，顶部东西 1、南北约 0.6 米，高约 6 米。夯土酥碱严重，夯层不明显，能辨明夯层厚 14、15、17 厘米。

29. 横城村 29 号敌台（D494）

该敌台位于银川市兴庆区掌政镇横城村东南约 1.8 千米处，东北距横城村 30 号敌台 0.193 千米，西北距横城村 2 号烽火台约 0.19 千米。台体依长城墙体而建，黄土夯筑而成，土质纯净，呈覆斗形，实心，剖面呈梯形，四壁有收分。保存一般。台体坍塌风化成土丘，底部东西外凸 10、南北 16 米，顶部东西 2.3、南北 2 米，高 9 米。夯层厚 15、18、20 厘米。

30. 横城村 30 号敌台（D495）

该敌台位于银川市兴庆区掌政镇横城村东南约 1.6 千米处，西北距横城村 31 号敌台 0.204 千米，西距横城村 2 号烽火台约 0.058 千米。台体依长城墙体而建，黄土夯筑而成，土质纯净，呈覆斗形，实心，凸出于长城墙体外侧。台体四壁坍塌风化，底部被坍塌的夯土及沙土掩埋成斜坡状。台体底部东西外凸 16、南北 15 米，顶部基本平整，东西 5、南北 7 米，高 9 米。夯层厚 17、18 厘米。周围地表散布有石块及少量黑釉、褐釉瓷片等。

31. 横城村 31 号敌台（D496）

该敌台位于银川市兴庆区掌政镇横城村东南约 1.4 千米处，西北距横城村 32 号敌台 0.189 千米，东南距横城村 2 号烽火台约 0.18 米。台体依长城墙体而建，黄土夯筑而成，呈覆斗形，实心，剖面呈梯形，凸出于长城墙体外侧，四壁有收分。台体东、南壁呈梯形，上半部陡直坍塌约 2 米，下半部坍塌成斜坡状；东壁坍塌厚约 3 米；南壁坍塌成陡坡；顶部基本平整。台体底部东西外凸，边长 14 米，顶部东西 3、南北 2 米，高约 10 米。夯层厚 18、20 厘米。

32. 横城村 32 号敌台（D497）

该敌台位于银川市兴庆区掌政镇横城村东南约 1.2 千米处，西北距横城村 33 号敌台 0.2 千米。台体骑长城墙体而建，呈覆斗形，实心，剖面呈梯形，凸出于长城墙体外侧，四壁有收分。保存基本完整。台体南壁呈梯形，表面有水蚀凹槽和风蚀孔洞；东、北壁保存较好，壁面平整，夯土剥离较轻。台体底部南北外凸，边长 14 米，顶部基本平整，东西 8、南北 10 米，高 11 米。夯层厚 16、18、20 厘米（图一八〇；彩图五二四~五二六）。

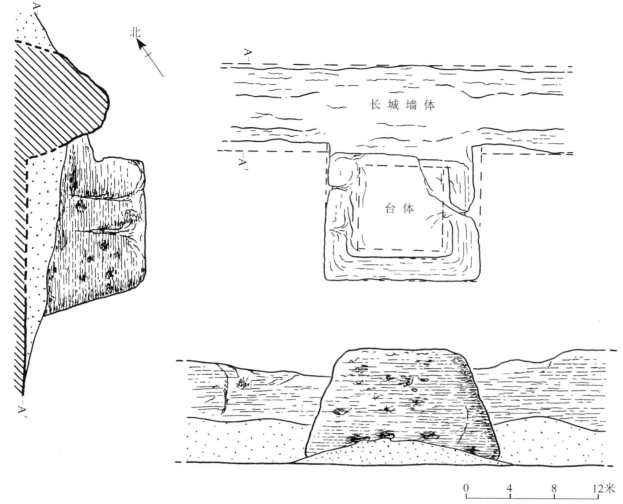

图一八〇 横城村32号敌台（D497）平、立面及长城墙体平、剖面图

33. 横城村 33 号敌台（D498）

该敌台位于银川市兴庆区掌政镇横城村东南约 1 千米处，西北距横城村 34 号敌台 0.193 千米。台体四壁陡直，夯土剥落较轻。台体底部东西外凸，东西 12、南北 11.3 米，顶部基本平整，东西 4.5、南北 4 米，高 7 米。夯层厚 15、17 厘米（彩图五二七）。

34. 横城村 34 号敌台（D499）

该敌台位于银川市兴庆区掌政镇横城村东南约 0.8 千米处，西北距横城村 35 号敌台 0.197 千米。台体依长城墙体而建，黄土夯筑而成，呈覆斗形，实心，凸出于长城墙体外侧。台体四壁上部坍塌严重，东、北壁保存较好；南壁坍塌风化成底大顶圆的半椭圆状，根部风蚀有凹槽；顶部被雨水冲刷侵蚀，东高西低。台体底部东西 11.3、南北 11.9 米，顶部边长 2 米，高 7 米。夯层厚 20 厘米。

35. 横城村 35 号敌台（D500）

该敌台位于银川市兴庆区掌政镇横城村东南约 0.6 千米的陶灵园艺场西侧，西北距横城村 36 号敌台 0.191 千米。台体依长城墙体而建，黄土夯筑而成。台体东、南壁和北壁被沙土掩埋过半；东壁基本平整，东南角坍塌严重；北壁陡直，受雨水冲蚀有凹槽；南壁上部坍塌严重，被雨水冲刷成斜坡状。台体底部东西外凸，东西 9、南北 11 米，顶部高低不平，边长 2 米，高 7 米。夯层厚 16、20 厘米。

36. 横城村 36 号敌台（D501）

该敌台位于银川市兴庆区掌政镇横城村东南约 0.4 千米的陶灵园艺场西侧，西北距横城村 37 号敌台 0.194 千米。台体依长城墙体而建，黄土夯筑而成，土质纯净，呈覆斗形，实心，剖面呈梯形，四壁有收分。保存较好，形制基本完整。台体东、南壁和北壁底部被沙土掩埋成斜坡；东壁立面呈梯形，壁面有水蚀凹槽；北壁有水蚀沟槽，根部风蚀有横向凹槽；西壁依长城墙体而建，坍塌成东高西低的斜坡；南壁立面陡直呈梯形，壁面有水蚀凹槽。台体底部东西外凸，东西 14、南北 14.5 米，顶部基本平整，东西 9、南北 7 米，高约 7 米。夯层厚 20、22、23 厘米。

37. 横城村 37 号敌台（D502）

该敌台位于银川市兴庆区掌政镇横城村东南约 0.2 千米的陶灵园艺场西侧，西北距横城村 38 号敌台 0.169 千米。台体骑长城墙体而建，黄土夯筑而成，土质纯净，呈覆斗形，实心，凸出于长城墙体外侧。保存较差。台体四壁坍塌成斜坡，底部沙土堆积较高，顶部坍塌损毁严重，略呈圆锥形，整体呈低矮的土丘状。台体底部东西外凸，东西 12、南北 15、高 9 米。夯层厚 18 厘米。

38. 横城村 38 号敌台（D503）

该敌台位于银川市兴庆区掌政镇横城村陶灵园艺场西侧，西北距横城村 39 号敌台 0.157 千米、距灵（武）陶（乐）公路穿墙缺口 0.357 千米。台体依长城墙体而建，黄土夯筑而成，夯土内夹杂有少量碎石，呈覆斗形，剖面呈梯形。保存一般。台体底部沙土堆积较高；东壁陡直呈梯形，夯土剥落损毁较轻；西壁略呈陡坡状；南壁立面呈梯形，东南角上部夯土坍塌较多，表面凹凸不平；顶部凹凸不平。台体底部东西外凸，东西 10、南北 12 米，顶部东西 3、南北 6 米，高 7 米。夯层厚 20 厘米。

39. 横城村 39 号敌台（D504）

该敌台位于银川市兴庆区掌政镇横城村东约 0.1 千米的陶灵园艺场西侧，西北距横城村 40 号敌台 0.16 千米、距灵（武）陶（乐）公路穿城墙缺口 0.2 千米。台体依长城墙体而建，黄土夯筑而成，呈覆斗形，实心，凸出于长城墙体外侧。保存一般，形制基本完整。台体四周堆土较厚，四壁立面呈梯形，夯土剥蚀较为严重。台体东壁上半部坍塌约 1 米，下半部被坍塌的夯土堆积成斜坡；北壁坍塌成陡坡；南壁根部风蚀有凹槽。台体底部东西外凸约 12、南北 14.1 米；顶部基本平整，东西 7、南北 5 米，高 7 米。夯层厚 20 厘米。

40. 横城村 40 号敌台（D505）

该敌台位于银川市兴庆区掌政镇横城村东 0.1 千米的陶灵园艺场西侧，西北距灵（武）陶（乐）公路穿墙缺口 0.04 千米、距横城村 41 号敌台 0.178 千米。台体用黄土夯筑而成，呈覆斗形，实心，剖面呈梯形。保存一般，形制基本完整。台体四壁陡直，呈窄梯形，坍塌风化，形体窄小。台体底部东西外凸，东西约 8、南北 9 米，顶部东西 5、南北 1 米，高 6 米。夯层厚 20 厘米。

41. 横城村 41 号敌台（D506）

该敌台位于银川市兴庆区掌政镇横城村灵（武）陶（乐）公路穿墙缺口西北侧，西北距横城村 42 号敌台 0.169 千米，西南距横城堡约 0.68 千米。台体依长城墙体而建，黄土夯筑而成，呈覆斗形，实心，剖面呈梯形，凸出于长城墙体外侧。保存一般。台体被银川华夏旅游开发公司用青砖包砌，修建如新，面貌全非。台体底部东西外凸，东西 6、南北 10.2 米，顶部东西 7、南北 4.5 米，高 7 米。

42. 横城村 42 号敌台（D507）

该敌台位于银川市兴庆区掌政镇横城村灵（武）陶（乐）公路缺口西北约 0.249 千米处，西北距黄河岸边的横城村 43 号敌台 0.16 千米，西南距横城堡约 0.69 千米。台体用黄土夯筑而成，呈覆斗形，实心，凸出于长城墙体外侧。台体被银川华夏旅游开发公司用青砖包砌。台体底部东西外凸 6、南北 10.2 米，顶部东西 7、南北 4.5 米，高 7 米。

43. 横城村 43 号敌台（D508）

该敌台位于银川市兴庆区掌政镇横城村内，西距黄河东岸 0.018 千米，西南距横城堡约 0.6 千米。台体用黄土夯筑而成，呈覆斗形，实心，凸出于长城墙体外侧。保存较差。台体坍塌损毁严重，东壁取土铲挖损毁严重，南壁与长城墙体被取土挖毁，西壁坍塌损毁成斜坡状，顶部被雨水冲刷侵蚀高低不平。台体底部东西约 8、南北约 10 米，顶部东西 3、南北 2 米，高 9 米。夯层厚 18、20 厘米（参见附表二）。

三 横城堡段明长城墙体沿线铺舍（P13 ~ P16）

1. 横城村 1 号铺舍（P13）

该铺舍位于灵武市临河镇水洞沟水库西北约 2 千米处，南距黑山变电站及横山移动通信铁塔约 0.15 千米、距横城村 1 号敌台 0.156 千米，东北距上桥村 2 号烽火台约 0.2 千米，西南距横城村 1 号烽火台约 0.45 千米，西距银（川）古（窑子）副线公路约 0.035 千米。保存较差。以东壁为基轴，方向北偏西 15°。铺舍仅存夯土台基，无建筑痕迹。铺舍台基依长城墙体而建，黄土夯筑而成，呈覆斗形，实心，凸出于长城墙体内侧。台基东壁坍塌损毁过半，底部被坍塌的夯土堆积成北高南低的斜坡；西壁被雨水冲刷、风蚀成陡坡状。台基底部东西 10、南北 8 米，顶部东西 8、南北 5 米，高 6 米。周围散布有零星筒瓦、板瓦残片及青釉、酱釉瓷片等（彩图五二八）。

2. 横城村 2 号铺舍（P14）

该铺舍位于银川市兴庆区掌政镇横城村河东监狱南 1.8 千米的横城村 8 ~ 9 号敌台间的长城墙体内侧，西距银（川）古（窑子）高速公路 0.5 千米，东南距横城村 8 号敌台 0.097 千米。保存较差。铺舍台基依长城墙体内侧而建，黄土和红沙土分层夯筑，呈覆斗形，凸出于墙体内侧，无任何建筑遗迹。台基坍塌风化成圆锥形的土丘，南壁上部被雨水冲刷成驼峰状，中部有较宽的水蚀凹槽；北、西壁立面呈低矮的圆锥状，上部坍塌严重，顶部有草木灰痕迹。台基底部东西 10、南北 15 米，顶部东西 5、南北 1 米，高 9 米。

台基西、北、南侧有夯土围墙。南、北墙依长城墙体而建。以西墙为基轴，方向北偏西 15°。西墙长 21 米，坍塌风化略呈低矮的鱼脊状，高 0.3 ~ 0.5、底宽 3 米；北墙长 16 米，南墙长 21 米，坍塌风化成土埂状，高 0.5 ~ 0.7、底宽 3 米。台基周围散布有少量明代筒瓦、板瓦残块及青釉、酱釉瓷片等（彩图五二九）。

3. 横城村 3 号铺舍（P15）

该铺舍位于银川市兴庆区掌政镇河东监狱东南 1.1 千米的横城村 14 ~ 15 号敌台间的长城墙体内侧，南距黑山变电所约 0.6 千米，东南距横城村 14 号敌台 0.144 千米，北距银川东盛鑫水泥厂 0.1 千米。铺舍台基依长城墙体内侧而建，黄土夯筑而成，夯土内夹杂有青砂岩碎块，呈覆斗形。保存较差。台基上部无任何建筑痕迹，坍塌成圆角形的土丘。台基底部边长 11 米，顶部坍塌成尖锥状，高 5.6 米。夯层厚 15 厘米（彩图五三〇）。

台基四面有围墙。墙体用黄土夯筑而成，夯土内有青砂碎石。以东墙为基轴，方向北偏东 40°。西墙长 46 米，呈鱼脊状，高 0.5 ~ 1.2、底宽 3 米；南、北墙长 30 米，呈土埂状，高 0.5 ~ 0.7、底宽 3

米；西墙与长城墙体平行，门位于西墙中部，宽不详（图一八一）。铺舍周围散布有少量明代筒瓦、板瓦和青釉、酱釉瓷片等。

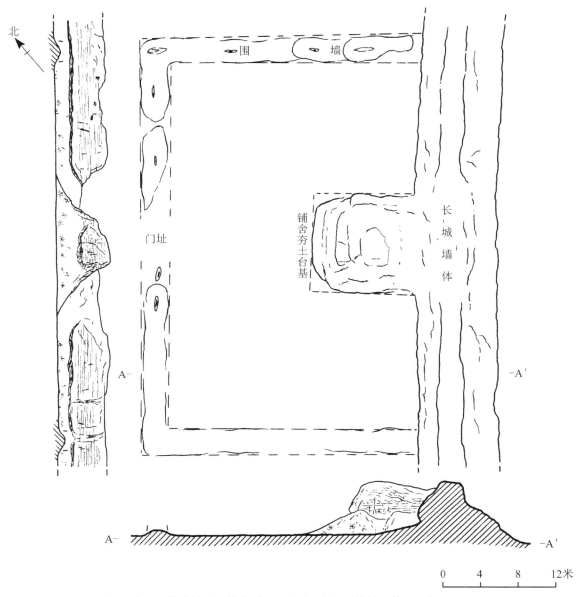

图一八一　横城村3号铺舍（P15）平、立面及长城墙体平、剖面图

4. 横城村4号铺舍（P16）

该铺舍位于银川市兴庆区掌政镇横城村河东监狱东北约0.75千米的横城村20～21号敌台间长城墙体内侧，东南距横城村20号敌台0.21千米。铺舍台基依长城墙体内侧而建，黄土夯筑而成，上部无任何建筑遗迹。保存较差。台基底部东西14、南北16米，顶部中部较平整，东西7、南北6米，高6米。夯土风化、酥碱严重，夯层不清晰。

台基西、北、南面有双道围墙。围墙平面大致呈凹字形，南、北墙与长城墙体连接，西墙与南、北墙的转角为直角，门开在西墙中部（彩图五三一）。

内围墙南、北墙损毁严重，长22、高0.1～0.5米，西墙长44、高约0.3、底宽约2米。

外围墙南、北墙长 34 米，墙体呈土埂状，高 0.3 ~ 0.5 米，南墙损毁严重，墙基基本与地面相平；西墙长 62、高 0.3 ~ 1.1 米，墙基略呈鱼脊状，高 0.3 ~ 0.5、底宽 3 米。围墙西侧有东西向呈一字形排列的 5 座土丘，高约 1.6、直径 5 米（图一八二；彩图五三二）。台基周围散布有明代灰胎内青釉外黑褐釉、灰胎褐釉瓷片，土黄胎酱釉粗瓷片及灰胎青绿釉瓷缸口沿残块等（附表三）。

图一八二　横城村 4 号铺舍（P16）平、立面及长城墙体平、剖面图

四　横城堡段明长城墙体沿线烽火台（F26～F27）

1. 横城村 1 号烽火台（F26）

该烽火台位于灵武市临河镇水洞沟遗址区西北约 1.5 千米边沟西侧的山梁上，所处地势高耸，视野开阔，西距长城墙体 0.21 千米。台体用红土和黄土夯筑而成，呈覆斗形，实心，土质纯净，平面呈长方形，四壁有收分。以东壁为基轴，方向北偏东 10°。保存一般。台体东、南壁呈梯形，壁面有 0.5～3 米宽的沟槽，底部被坍塌的夯土堆积成斜坡状；西、北壁及顶部坍塌严重，底部被坍塌的夯土堆积成斜坡状；顶部有红烧土和草木灰遗迹。台体底部东西 19、南北 18 米，顶部基本平整，东西 7.5、南北 7 米，高约 12 米。夯层厚 18、20 厘米。

台体西侧有夯土围墙。围墙南、北墙长 15 米，西墙长 21 米。门开在西墙中部偏北，门宽 3 米。墙体坍塌损毁严重，仅存墙基，略呈土埂状。墙体高 0.5、宽约 1.5 米（图一八三；彩图五三三）。

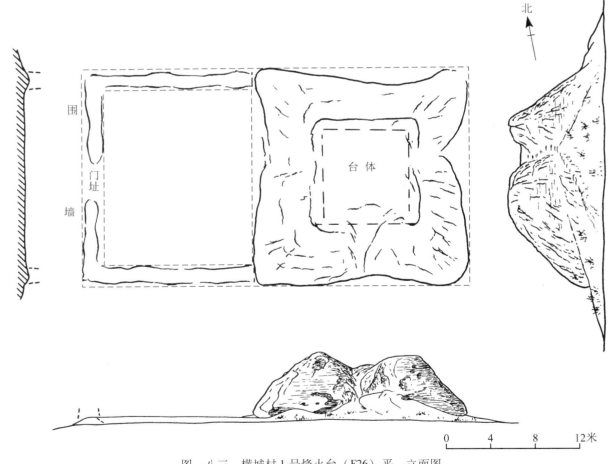

图一八三　横城村 1 号烽火台（F26）平、立面图

2. 横城村 2 号烽火台（F27）

该烽火台位于银川市庆兴区掌政镇横城村陶灵园艺场东南约 0.4 千米的长城墙体西侧，东距长城墙体约 0.044 千米，西北距横城堡约 2 千米。台体用红土和黄土夯筑而成，土质纯净，呈覆斗形，实心，剖面呈梯形，四壁有收分。保存一般。台体东壁坍塌成斜坡梯形，顶部雨水冲蚀有凹槽；西、南、

北壁坍塌成斜坡，上部存不规则小土墩。底部有正方形夯土台基，台基边长 29、高约 2 米。台体底部边长 15 米，顶部东西 6、南北 5.6 米，高 10 米（彩图五三四）。夯层厚 30 厘米。

台体四周有夯土围墙。围墙边长 56、高 0.3～0.5、底宽 2.5 米。墙体用黄土和碎石夯筑而成。以东墙为基轴，方向北偏东 10°。门向不明。烽火台西侧 0.075 千米处有南北向一字形排开的 5 座烽燧土丘遗迹。台体用黄土夯筑而成，底部平面呈正方形，台体边长 5、高 1.7 米，夯层厚 30 厘米，台体间距约 10 米，台体底部有青砖及石块等建筑材料，当地称五虎墩（图一八四；彩图五三五）。

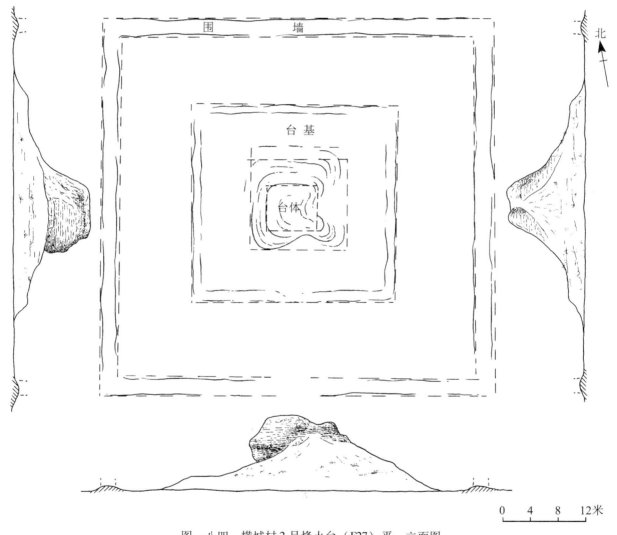

图一八四　横城村 2 号烽火台（F27）平、立面图

五　横城堡

1. 位置与现状

横城堡位于银川市兴庆区掌政镇横城村黄河东岸，东距灵（武）陶（乐）公路约 0.275 千米，西临黄河东岸，北距"深沟高垒"（头道边）墙体约 0.57 千米，地处银川平原的东部边缘，地势东高西低。东部灵盐台地的"山区"西部为银川平原东南边缘，距黄河较近，灌溉条件十分优越，主要种植

水稻、小麦、玉米等。周边基本属于农业开发用地，北与旅游景区的黄河金水园相邻，西距银川市区18千米。

横城堡墙体用黄土夯筑而成，外有包砖，20世纪70年代前堡内住有人家，居民将砖几乎全部拆毁，用以垒砌猪圈、院墙，仅南墙城门少有存留，从拆毁的部位测得堡墙砖壁厚1.2米，砖长48、宽21~23厘米。20世纪80年代后，银川市旅游开发公司开发横城堡，搬迁了居民，辟为"西夏影视城"游乐区，堡中央搭建了一些新的建筑。2007年5月调查时城西墙尚存，此后，西墙又被旅游开发公司彻底拆毁。西墙基址建了宾馆餐厅；南墙被修旧如新，用土坯和草拌泥及小砖包砌，西南、东南角台上加建了两个小角台。堡南门上部搭建了城楼，南墙及东墙外侧新建了马面；对堡东墙南段内外两侧进行了整修，顶部新修了垛墙和射箭口；北段墙体内侧坍塌较严重，有雨水冲刷塌陷的冲沟豁口，底部有风蚀凹槽，表面有风蚀孔洞。

2. 历史与沿革

据《嘉靖宁夏新志》卷3记载："横城堡，东至红山堡二十里。西逾河至宁夏二十里。正德二年（1507年），总制、右都御史杨一清奏筑，周回一里许。置旗军三百名，操守官一员、操堡官一员"[1]。又据《读史方舆纪要》卷62，横城堡"在清水营西北八十里黄河东岸。舆程记：由清水营而西北四十里为红山堡，又四十里为横城堡，西三里即黄河渡，渡河处有关，亦曰镇远关，又西北四十里即宁夏镇也。"[2]"横城，周围二里。正德时总制杨一清筑，后巡抚杨时宁甃以砖石。国朝乾隆六年（1741年）重修。高三丈，址厚二丈五尺，顶厚一丈五尺。城门一道，门楼一座。乾隆二十五年（1760年），河水泛涨冲塌，灵州知州西岷峨详请修筑。委江南铜沛营守备李永吉、外河营千总刘德监督。于乾隆二十五年十一月兴工，二十六年三月工竣，费帑银三千三百三十五两零。"[3]横城堡不仅执行长城的防卫任务，而且还控制着横城黄河津渡，位置甚为重要。

3. 平面形制

横城堡平面大致呈长方形，坐东北朝西南，门开在南墙中部（图一八五）。周长1101米，面积75710平方米。以东墙为基轴，方向北偏东50°。瓮城依堡南墙而建，瓮城门开在东墙中部。堡墙用黄土夯筑而成，保存较差。堡内地面高于堡外，基本平坦。

（1）堡墙

东墙长270米。南段墙体内外壁被涂了一层光滑的泥皮，顶部平整，顶宽3.5米，有新修的垛墙和射箭口；北段墙体内壁未经修缮，坍塌较严重，有较多雨水冲刷塌陷的冲沟。墙体顶宽大多1、最宽3.6、高7米，底部有风蚀凹槽，壁面有较多风蚀孔洞。

西墙长285米。坍塌严重，顶部因雨水冲刷冲沟较多。墙体高7、顶宽1~2米，夯层厚12、16、17、19、20厘米，夯窝直径9、10、深1.5厘米。西墙南段维修长约20米（彩图五三六）。

南墙长266米。墙体内外两侧用新砖包砌，顶部用黄土填实，较平整。墙体高8.4、底宽9、顶宽5米。

北墙长280米。保存较差。墙体被沙土掩埋过半，中段有5米宽的缺口，坍塌严重，裂隙较多，顶部受雨水冲刷冲沟较多。墙体高7、顶宽1~2.5米（彩图五三七）。

（2）堡门

堡门开在南墙中部，有新修筑的马面和门楼。拱券门洞用条砖砌筑而成，门洞内宽4、顶高5、进

〔1〕（明）胡汝砺编、（明）管律重修、陈明猷校勘：《嘉靖宁夏新志》卷3，宁夏人民出版社，1982年，第203页。

〔2〕（清）顾祖禹：《读史方舆纪要》卷62，中华书局，2005年，第2952页。

〔3〕（清）张金城修、（清）杨浣雨纂、陈明猷点校：《乾隆宁夏府志》卷5"城池"，宁夏人民出版社，1992年，第128页。

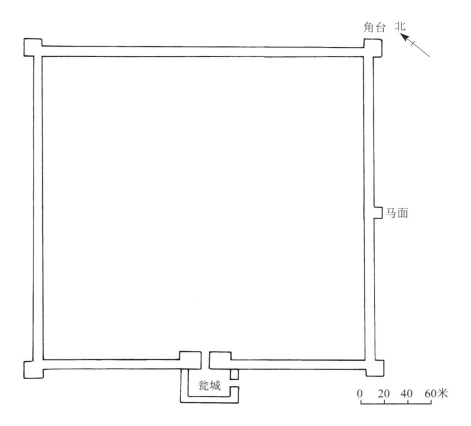

图一八五 横城堡城址平面图

深 15 米（彩图五三八）。

（3）角台

堡四角均有角台，现仅存东南、东北两座，另两座角台仅存遗迹。台体用黄土夯筑而成，呈覆斗状，平面呈长方形。东北角台底部东西 11、南北 10 米，顶部东西 6、南北 8 米，外凸 3 米。东南角台底部东西 11、南北 10 米，顶部边长 9 米。

（4）马面

马面位于东墙中部，呈覆斗形，凸出于堡体外侧，仅存部分夯土遗迹。马面底部东西外凸 11.6、南北 13 米，顶部损毁严重。

（5）瓮城

瓮城位于堡南墙外侧，东、西墙依堡南墙而建，平面呈长方形。东墙长 30 米（中－中），墙体高 8、底宽 9、顶宽 4 米；西墙长 30 米（中－中），墙体高 8、底宽 9、顶宽 4 米；南墙长 45 米（中－中），墙体顶宽 4 米，正中有凸出于城墙 10、宽 10 米的马面，其上新修筑有敌楼（彩图五三九）。

瓮城门开在东墙中部，为拱券门洞，用条砖砌筑而成，门洞宽 4、顶高 5、进深 11 米。

堡内遗物较少，有少量青花瓷片和灰砂岩柱础石等。

宁夏文物考古研究所丛刊之二十六

宁夏明代长城
河东长城调查报告

宁夏文物考古研究所　编著

下　册

文物出版社

第四章

河东"沿河边墙"及相关设施

第一节　河东"沿河边墙"

河东"沿河边墙"位于宁夏回族自治区东北部黄河以东的平罗县和银川市兴庆区月牙湖乡。河东"沿河边墙"自银川市兴庆区掌政镇横城村起沿黄河东岸由南向北至内蒙古自治区巴音陶亥农场，全长87883米，第一段长2859米；第二段消失，长25千米；第三段长4693米；第四段消失，长55千米；第五段长331米。仅存三小段墙体叙述如下。

1. 横城村陶灵园艺场长城墙体

该段墙体起点位于银川市兴庆区掌政镇横城村陶灵园艺场2队和3队的果园内，与东西走向的"深沟高垒"（头道边）长城墙体连接。大致呈南—北走向，方向北偏东35°。墙体用黄土夯筑而成。墙体长2859米，其中，保存较差2159米、消失700米（图一八六；彩图五四〇）。

墙体坍塌损毁严重，成为一道低矮的土梁。保存较差。墙体高2~3、底宽约7米，夯层厚17~18厘米。墙体大多被陶灵园艺场平田整地挖毁，部分仅留地面痕迹。墙体北端临黄河岸边，由于河水泛损消失。

2. 月牙湖乡治沙林场长城墙体

该段墙体起点位于银川市兴庆区月牙湖乡治沙林场南约5千米的"三道墩"偏南位置，止点位于月牙湖乡陶乐园林场西墙外侧的黄河岸边。墙体长4693米。大致呈南—北走向。保存较差。部分墙体仅存墙基痕迹。20世纪70年代初期，兴修农田水利设施，在墙体上部修挖灌溉水渠，故当地称为"长城渠"。墙体高约3、底宽约8米，水渠宽2、深约1米，两侧栽有两排杨柳树（图一八七；彩图五四一）。

3. 陶乐长堤长城墙体

该段墙体位于平罗县红崖子乡王家沟村东约7.5千米，当地称为"陶乐长堤"。墙体长331米。保存较差。墙体中段有石墩子烽火台，当地称为"石墩子"。以石墩子烽火台为中心点，可分为南北两段，南段墙体南北长205、东西宽23~42米；北段墙体长126、高4、顶宽8米。墙体宽厚高大，用泥土石块及碎砂石混筑而成。墙体形如堤坝，因此有"长堤"之称（彩图五四二）。

第二节　河东"沿河边墙"沿线相关设施

一　河东"沿河边墙"沿线敌台（D509~D511）

1. 陶灵园艺场 1 号敌台（D509）

该敌台位于银川市兴庆区掌政镇横城村陶灵园艺场内，西北距灵（武）陶（乐）公路约 0.3 千米，西南距"深沟高垒"（头道边）墙体约 0.7 千米。台体依长城墙体而建，黄土夯筑而成，凸出于长城墙体外侧。保存较差。台体被陶灵园艺场取土挖毁，风化成低矮不规则的土丘状，低于长城墙体 0.8 米，濒临消失。夯土松软酥碱严重，夯层模糊不清。台体底部东西约 3、南北约 7、高约 2.7 米。

2. 陶灵园艺场 2 号敌台（D510）

该敌台位于银川市兴庆区掌政镇横城村陶灵园艺场内，西北距灵（武）陶（乐）公路 0.3 千米，西南距陶灵园艺场 1 号敌台 0.38 千米。台体依长城墙体而建，黄土夯筑而成，凸出于长城墙体外侧。保存较差。台体被陶灵园艺场取土挖毁，略呈低矮的土丘状。夯土松软酥碱严重，夯层不清晰。台体底部东西 3.5、南北 6、高 2.5 米。

3. 陶灵园艺场 3 号敌台（D511）

该敌台位于银川市兴庆区掌政镇横城村陶灵园艺场 3 队西北 0.32 千米，东距灵（武）陶（乐）公路及边沟桥约 0.32 千米。台体依长城墙体而建，黄土夯筑而成，土质纯净，呈覆斗形，实心，平面呈正方形，剖面呈梯形，凸出于长城墙体外侧。保存一般，形制基本完整。台体受风雨侵蚀坍塌严重，底部有堆土，风蚀凹进，整体向南倾斜，濒临倒塌。台体底部边长 18 米，顶部东西 4.5、南北 2 米，高 7 米。夯层厚 18、19 厘米。

二　河东"沿河边墙"沿线铺舍

陶灵园艺场铺舍（P17）

该铺舍位于银川市兴庆区掌政镇横城村陶灵园艺场内，西北距横城村灵（武）陶（乐）公路 0.3 千米，西南距"深沟高垒"（头道边）墙体、横城村 38 号敌台 0.184 千米。铺舍建在长城墙体内侧，黄土夯筑而成，呈覆斗形。保存较差，仅存夯土台体。台体底部东西 9.6、南北 8.5 米，顶部东西 1.5、南北 3 米，高 7 米。夯层厚 15、20、30 厘米。

三　河东"沿河边墙"沿线烽火台（F28~F37）

河东"沿河边墙"沿线烽火台共 10 座（附表五）。

1. 红墩墩子烽火台（F28）

该烽火台位于银川市兴庆区月牙湖乡灵（武）陶（乐）公路 119 千米里程碑西 1 千米处，当地称"红墩墩子"。台体用红土夯筑而成，呈覆斗形，实心。方向正南北。保存一般。台体被坍塌的夯土堆积成高大的土丘状。台体底部东西13、南北12米，顶部东西3.5、南北7米，高9米。夯层厚度不详。

2. 四道墩烽火台（F29）

该烽火台位于银川市兴庆区月牙湖乡灵（武）陶（乐）公路（102＋500里程碑处）动物疫情检查站东约1.7千米处，地处平滩地，视野开阔，当地称为"四道墩"。台体用黄土夯筑而成，夯土较硬，夯打较结实，土质纯净，呈覆斗形，实心，四壁有收分。保存较好。台体高大，东壁立面呈梯形，底部夯土堆积略呈斜坡，东北角夯土块状塌落；南壁陡直呈梯形，夯土剥落较轻，底部被坍塌的夯土堆积成斜坡；西壁陡直呈梯形，壁面南侧被雨水冲蚀有0.8米宽的沟槽，底部风蚀有凹槽，底部被坍塌的夯土堆积较厚；北壁立面呈梯形，底部夯土堆积成土丘。台体底部东西16、南北14米，顶部东西约5、南北4.6米，高约10米。夯层厚14、15厘米。夯土台基东西30、南北26、高2米。

台体四周有夯土围墙。围墙用黄土和碎石粒夯筑而成，南墙、北墙长47米，东墙、西墙长46米，底宽约3米。墙体坍塌风化成坡形土埂状，高0.9米。南、北墙高0.1～0.3米。门位于东墙偏南，宽不详。以东墙为基轴，方向北偏东20°（图一八八；彩图五四三）。周围地表散布有少量明代黑釉、青釉瓷缸口沿残片等。

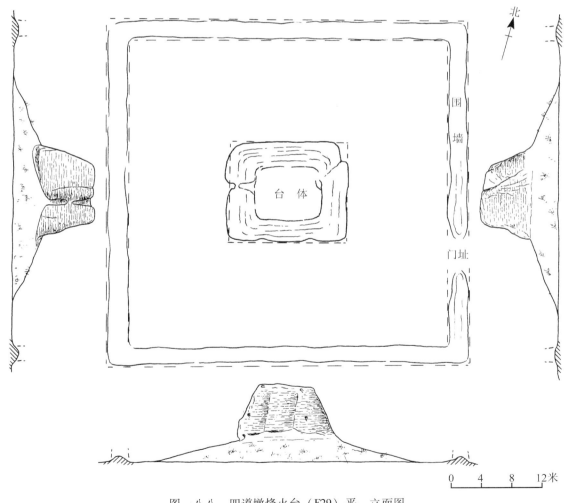

图一八八 四道墩烽火台（F29）平、立面图

标本F29：1，黑釉瓷碗残片。残半。弧腹，高圈足，挖足过肩。浅黄胎，内施白釉，有宽涩圈，外壁残存部分施黑釉，有两周剔釉弦纹，圈足无釉。底径6、高2.6、足高1厘米（图一八九：1）。

标本 F29:2，白釉瓷碗残片。圈足，存少半。浅斜腹。浅灰胎，除圈足外内外壁施白釉，内壁近底部有两圈蓝彩双浅纹。底径 7.3、高 3.3 厘米，足高 0.9 厘米（图一八九:2）。

3. 磨盘山烽火台（F30）

该烽火台位于银川市兴庆区月牙湖乡灵（武）陶（乐）公路东月牙湖变电站东约 0.5 千米的梁峁上，所处地势较高，视野开阔，北侧为沟壑，东、西、南三面地势较平缓。台体利用自然山体铲削修建而成，上部用红沙土和黄土夯筑而成，呈覆斗形。以东壁为基轴，方向正南北。保存较好。台体表面风雨侵蚀严重，四壁呈陡坡形，西北角、东南角裂隙坍塌较严重。台体底部边长 15 米，顶部东西 4、南北 9 米，高 13 米。周围地表散布有少量明代黑釉、青釉瓷缸残片等。

4. 三道墩烽火台（F31）

该烽火台位于银川市兴庆区月牙湖乡灵（武）陶（乐）公路 94 千米里程碑东 0.035 千米，地处农田区，当地称为"三道墩"。台体用黄土夯筑而成，土质纯净。方向北偏东 35°。保存较差。台体夯土大多被取土挖毁，略呈低矮的土丘状，濒临消失。台体底部东西 6、南北 5 米，顶部东西 3、南北 2 米，高 2.5 米（彩图五四四）。

5. 二道墩烽火台（F32）

该烽火台位于银川市兴庆区月牙湖乡治沙林场家属区内，东距灵（武）陶（乐）公路约 0.1 千米、距长城墙体（长城渠）约 0.02 千米，当地称

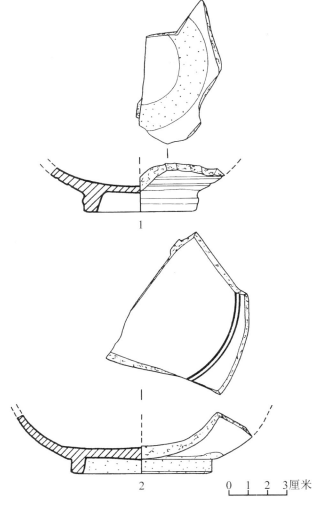

图一八九　四道墩烽火台（F29）文物标本
1. 黑釉瓷碗残片（标本 F29:1）
2. 白釉瓷碗残片（标本 F29:2）

为"二道墩"。台体用黄土夯筑而成，土质纯净，呈覆斗形，实心。以东壁为基轴，方向正南北。保存一般。台体四壁坍塌损毁严重，整体坍塌风化成圆锥状。台体西、南壁与顶部风化成斜坡；东壁有窑洞；北壁有多处裂缝，夯土酥碱严重。台体底部东西 14、南北 15 米，顶部坍塌严重，东西 1.5、南北 2 米，高 4 米。夯层厚 20、22 厘米（彩图五四五）。

6. 头道墩烽火台（F33）

该烽火台位于银川市兴庆区月牙湖乡灵（武）陶（乐）公路西侧的陶乐园林场果园内，当地称为"头道墩"。台体用黄土夯筑而成，呈覆斗形，实心。方向正南北。保存较差。台体被取土挖毁，仅存较少部分。台体四周有边长 50 米的夯土围墙，被园林场平整地面时夷为平地。台体底部东西 12、南北 14 米，顶部损毁严重，东西 4、南北 5 米，高 4.5 米。夯层厚 12、14 厘米。

7. 单墩子烽火台（F34）

该烽火台位于平罗县红崖子乡石桥梁村东南 6 千米、扎拉井东南 5 千米处，地处沙漠地带，所处地势高亢，视野开阔，当地称为"单墩子"，北距石桥梁烽火台约 4.5 千米。台体呈覆斗形，实心。保

存一般，形制基本完整。以东壁为基轴，方向北偏东20°。台体东壁塌落成斜坡梯形，壁面坍塌约4米；南壁略呈底大顶小的半椭圆形，上部夯土坍塌有逐渐内收的斜坡台棱，底部黄沙堆积较厚；西壁陡直平整，壁面中部有一道水蚀凹槽，底部堆土较少；北壁略呈三角形，东半部坍塌损毁严重，西北角、西南角保存较好。台体底部东西8、南北10米，顶部东西4、南北1.7米，高9米。夯层厚12～21厘米（彩图五四六）。

8. 石桥梁烽火台（F35）

该烽火台位于平罗县红崖子乡石桥梁村东南1千米处，所在地势较高，视野开阔，西南距扎拉井4千米，北距石墩子烽火台约3.5千米，当地称为"土墩子"。台体用红沙土和黄黏土分层夯筑而成，夯土内夹杂有少量碎石和垒砌的石块等，呈覆斗形。保存一般，形制基本完整。以东壁为基轴，方向北偏东30°。台体坍塌风化成土丘状。台体底部东西15、南北13米，顶部边长4米，高6米。夯层厚18～23厘米。

台体东侧有围墙，仅存墙基。墙体用红砂石块、红沙土及碎石砂土夯筑而成。围墙南、北墙长11、高0.7米；东墙长13、底宽1.5、高1.2米。门开在北墙中部，石块垒砌而成，门宽0.9、高1.1米，夯层厚17、18厘米（图一九○）。

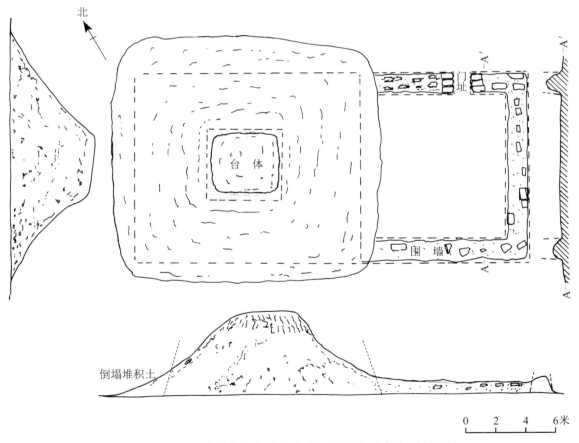

图一九○　石桥梁烽火台（F35）平、立面及围墙平、剖面图

9. 石墩子烽火台（F36）

该烽火台位于平罗县红崖子乡王家沟村东8千米处，所在地势高亢，视野开阔，南距小桌子山2千米。台体修建在"陶乐长堤"墙体上，用红沙土和青石块分层夯筑而成，呈覆斗形。以东壁为基轴，方向正南北。保存一般。台体东壁受风雨侵蚀夯土及石块坍塌严重；南壁立面略呈梯形，壁面夯土和石块塌落有较宽

的沟槽；西、北壁呈底大顶小的窄梯形，底部被坍塌的夯土及石块堆积较高。台体底部东西18、南北13米，顶部高低不平，边长4米，高6米。夯土层厚17、18厘米，石层厚30厘米（彩图五四七）。

10. 红墩子烽火台（F37）

该烽火台位于平罗县红崖子乡东北7千米处，东北距都思兔河约0.6千米。台体用红土夯筑而成，夯土内夹杂有少量红砂岩和青砂岩碎块。台体呈覆斗形，实心。保存一般。台体四壁坍塌风化成坡形。台体底部东西19、南北18米，顶部平整，东西5、南北4米，高8米。夯层厚18、19厘米（附表五）。

台体四周有双重围墙，平面呈回字形。外围墙南、北墙长106米，北墙中段被洪水冲毁，仅存东北角、西北角墙基。墙体用红土和碎石粒夯筑而成，坍塌风化成鱼脊状，高0.2～0.5米。西墙为双道，东墙、西墙长83米，用白色石块和红沙土夯筑而成，仅存东北角、东南角部分，墙基高0.5、宽2.5米；东墙北段墙基被雨水冲刷成较深的沟，东北角墙基高0.5米。内围墙南墙、北墙长58米，用黄土掺杂少量碎石粒夯筑而成，仅存墙基；东墙、西墙长54米，墙体高0.5、底宽2.5米。围墙门位于南墙中部。以东墙为基轴，方向北偏东10°（图一九一）。

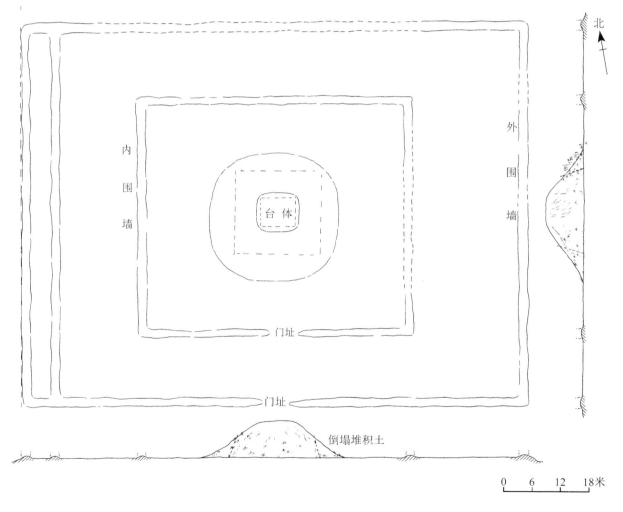

图一九一　红墩子烽火台（F37）平、立面图

第五章

河东壕堑

在盐池县"头道边"长城附近，有一道长城遗迹。此道长城从宁夏盐池县与陕西定边县交界处入宁夏境，在定边县境内有数公里，主要遗迹在宁夏境内。入境处墙体处于"头道边"长城北侧数十米，并行向西北方向延伸，在红沟梁一带与"头道边"交汇，并偏移至头道边长城南侧继续向西，遗迹一直断续延伸至清水营附近。该线长城以前掌握的长度约 25 千米，主要指盐池县城以东至红沟梁这一段。

2010 年由宁夏文物考古研究所组织人员，对这道长城遗迹进行了调查。本次调查从 2010 年 5 月初开始，至 6 月初结束，历时一个月。主要参与人员有樊军、王仁芳、雷昊明、王波、朱久祥等。本次调查发现该道长城一直向西延续到灵武市清水营附近，红沟梁以西新发现的长城遗迹位于"头道边"墙体内侧。将其称为"河东壕堑"（地图四）。全线调查三大段 27 小段墙体，长 89498 米，盐池段长 79308 米，灵武段长 10190 米，其间分布敌台 11 座。除去其间消失段落，实存墙体痕迹 48855 米。墙体消失原因主要为流沙掩埋、河流改道冲刷、后期改筑利用以及人为损毁，参见下表。以下分别叙述。

宁夏河东壕堑保存状况统计表　　　　　　　　　　　单位：米

	较好	一般	较差	差	消失	合计	百分比（%）
盐池县	3840	4902	9359	23134	38073	79308	88.9
灵武市	0	270	1460	5890	2310	10190	11.1
合计	3840	5172	10819	29284	40383	89498	100
百分比（%）	4.3	5.8	12.1	32.8	45.3	100	

第一节　花马池以东壕堑

一　花马池以东壕堑墙体

花马池以东壕堑段墙体共分 3 段，分述如下。

1. 东郭庄壕堑

该段壕堑调查起点位于花马池镇东郭庄自然村东南2.25千米，307国道宁陕省区界碑南0.12千米壕墙起点处（G001点），向东延伸进入陕西省定边县境内；止点位于花马池镇东郭庄自然村北1.2千米处炼油厂东侧（G009点），南距头道边明长城0.05～0.092千米。

G001—G009，长2682米。此段壕堑呈东南—西北向延伸，地势平缓，落差不大。起点处壕墙断面，向西壕墙大部依次被石料场、钢管厂等厂矿企业侵占破坏。其间残留的壕墙呈宽大低矮的土垄状，北侧为斜坡状，相对较高，墙顶中部隆起，表层为细沙土覆盖，地表壕墙痕迹明显。南侧与头道边明长城间地表为相对低矮的凹槽，其间分布有风积固定沙丘。壕墙间现存一座敌台（图一九二）。两侧地表生长有人工栽种的柠条林带及老瓜头、苦豆子、冰草等沙生植被。按其走向及保存现状分为7段。

第一段，G001—G002，长313米。保存差。该段起点为盐池县与陕西省定边县交界处。该段壕墙大部被石料场、钢管厂两处厂矿企业厂房侵占破坏，其间隙地残留部分壕墙残迹。起点处残留壕墙断面系人为堆积而形成，内含坚硬的片状红黏土层。断面宽9.6米、高1.7米、斜高3米，片状黏土厚度在0.01～0.03米之间。

第二段，G002—G003，长439米。保存较差。该段南距头道边明长城0.06～0.084米。此段壕墙连续，壕墙痕迹明显，其间有一处公路豁口，壕墙呈宽大低矮的土垄状，北侧为斜坡状，相对较高，墙顶中部隆起，表层覆盖有风积细沙土。起点西0.343千米处壕墙外高1.7、内高0.7、底宽10.5、顶宽3.6米。公路豁口宽4.8米，止点处断面中心土质为粗砂土，顶部内侧呈斜坡状覆盖一层片状紫红色坚硬砂石层，该断面高1.8米、宽6米（彩图五四八）。

第三段，G003—G004，长155米。保存差。此段壕墙被开垦为耕地，南侧有3户居民，中间有条便道。

第四段，G004—G005，长190米。保存一般。此段壕墙由于两侧耕地下切，整体显得高大，顶部宽平。G004点以西0.06千米处墙高3、底宽13、顶宽4米。该段南距头道边明长城0.094千米。

第五段，G005—G006，长475米。保存较差。起点处壕墙呈隆起的土垄高梁，以西壕墙因施工破坏仅断续残存，呈土包、土坑状向西延伸。起点以西0.285千米处有一便道穿墙而过，路宽6米，内侧为一正准备修建的料场区；止点为盐中高速公路与307国道交汇立交桥跨越该段壕堑处，桥下壕堑已基本破坏无存。该段南距头道边明长城0.08～0.093千米。

第六段，G006—G007，长160米。保存差。东段被盐中高速架设立交桥所穿越，桥下壕墙已被推毁，仅中部残留10余米壕墙。西段地表壕墙大部被一石膏板材厂区侵占破坏。该段南距头道边明长城0.078千米。

第七段，G007—G009，长950米。保存差。G008点处为一座敌台（YD001）。该段壕墙呈低缓的土垄状，壕墙沿线分布有连续的半固定沙丘包。外高约1.5米，顶部有一条人为踩踏出的小道。杂草较少。止点处为一豁口断面，高2.5、顶宽3、底宽10米。该段南距头道边明长城0.083～0.092千米。

2. 沟沿林场壕堑

G009—G016，长3735米。此段壕堑呈东南—西北向延伸，地势较平缓，落差不大，东段壕墙外侧略高，内侧斜缓，顶部呈脊状，痕迹明显。中段壕墙连续，走向平直，两侧及顶部分布有连续的固定沙丘包，顶部起伏高低不平。外侧壕堑呈凹形，积沙严重。西段壕墙呈隆脊状，与两侧地形一致，地表痕迹不明显，砂石路、高压塔破坏现象严重。壕墙间现存三座敌台（参见图一九二）。按其走向及保存现状分为6段。

第一段，G009—G010，长300米。消失。起点以西现有近百米被开辟为绿化带，栽植有红柳，再往西为一座炼油厂。此处原有一条南北向便道穿越壕堑，近年因防止车辆穿越，高速公路管理部门在南侧明壕堑豁口处设置了护栏将路封堵。该段南距头道边明长城 0.072～0.095 千米。

第二段，G010—G011，长 830 米。保存较差。该段壕墙外侧略高，内侧斜缓，顶部呈脊状，痕迹明显，外高 2.2、底宽 6、顶宽 1.9 米。中部地表分布连续起伏的白刺沙丘包，与壕墙融为一体，须仔细加以辨认，沙丘包直径 3～5、高 2～3 米。西段壕墙则相对高大明显。止点处为一座敌台（YD002）。该段壕墙南距头道边明长城 0.055～0.08 米。

第三段，G011—G012，长 1070 米。保存一般。该段壕墙外侧较陡斜，壁面平齐，以北 0.03 千米处有宽约 10 米的现代取土壕痕迹，其深在 1 米左右，与内侧明代壕堑的取土壕明显有别。壕内为人工林带；内侧壁面斜缓，依附有连续的固定沙丘包，内侧地表分布较多的灰陶罐、盆残片。起点以西0.08 千米处有一宽 4 米的便道豁口，该处断面壕墙高 1.6 米、底宽 7 米。该段南距头道边明长城0.047～0.055 千米。此段开始外侧的小型人工林带消失，现为与 307 国道平行的一行树木。止点处为一座敌台（YD003）。止点处南距头道边明长城 0.047 千米（彩图五四九）。

第四段，G012—G013，长 755 米。保存较差。此段壕墙连续，走向平直，两侧及顶部分布有连续的固定沙丘包，顶部因此起伏高低不平。外侧壕堑剖面呈凹字形，积沙严重，其上生长有密集的苦苦菜等沙生植被。内侧连续的沙丘包较多，生长有冰草。起点以西壕墙呈隆脊状，与两侧地形一致，地表痕迹不明显。该段西段被流沙自然掩埋，壕墙两侧有成片的树龄 20 年以上的小叶杨。该段南距头道边明长城 0.05～0.058 千米。

第五段，G013—G015，长 480 米。保存较差。该段壕墙整体连续，一部分隆起呈土垄状，一部分又为低凹的沙丘梁地，其间有一处被铲车推出的数道取土槽，外侧壕堑至此仍有痕迹。G014 点处为一座敌台（YD004）。该段南距头道边明长城 0.051～0.064 千米。

第六段，G015—G016，长 300 米。保存差。该段壕墙地表微隆起呈土垄状，残高不足 1 米，痕迹不易辨认。一座高压铁塔修建于此段壕墙上。壕墙表面地表栽植红柳、白杨等绿化植被。南距头道边明长城 0.08 米。止点处为 307 国道通往东门林场的砂石路，路基覆压壕墙，路宽 10 米。

3. 东门村壕堑

G016—G021，长 2255 米。此段长城呈东南—西北向延伸，地势较平缓，落差不大。东段墙体远观微隆，残高不足 1 米，近察已与周围地势融为一体，痕迹不易辨认，地表栽植红柳、白杨等绿化植被。中间地段地势平坦，墙体走向清楚，外侧壕沟仍有存在迹象，墙体整体痕迹尚存。西段残留墙体虽较多，但由于临近城区，多有在墙体上挖槽、取土、修便道、栽电杆等人为破坏存在。西端临近盐池县城区，工厂、公路穿越破坏，墙体已无痕迹（图一九三）。按其走向及保存现状分为 5 段。

第一段，G016—G017，长 510 米。保存较差。该段壕墙所处地势平坦，走向清楚，壕墙整体痕迹尚存，外侧壕沟仍有迹象。壕墙局部外高约 1 米。止点处断面壕墙外高 3、内高 1.5、底宽 7.5、顶宽1 米。该段南距头道边明长城 0.05～0.065 千米。

第二段，G017—G018，长 210 米。保存一般。该段残留壕墙虽较多，但由于已临近城区，多有在壕墙上挖槽、取土、修便道、栽电杆等人为破坏。止点处为宁鲁石化厂区东侧便道。该段南距头道边明长城 0.065～0.077 千米。

第三段，G018—G019，长 680 米。消失。该段现被宁鲁石化厂区及鑫海物流厂区、中石化加油站侵占，壕墙消失。该段南距头道边明长城 0.061～0.077 千米。

止点处壕墙断面经发掘，断面高 2.3、底宽 10 米、顶宽 2.4 米。壕墙采用堆筑法修建。外侧壕沟已被人为破坏。其堆筑方法为：以自然地表为基础，外侧取土垫底，就地取材，外侧挖土成壕，内侧堆筑成墙。壕内表面沙土堆筑于壕墙下部。底部较致密的原生红黏土堆筑于壕墙顶部，表面整体被风沙掩埋。现存壕墙断面堆积分为五层（图一九四）。

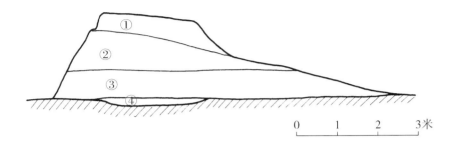

图一九四　东门村壕堑第三段剖面图

第①层：浮沙覆盖层，属自然堆积，由北向南呈斜坡状，厚 0.2～0.5 米，含沙量 85%。

第②层：黄土夹沙堆筑层，质地致密，含沙量较少，由北向南呈坡状堆积，厚 0.6～0.9 米，含沙量 20%。

第③层：黄沙土，质地疏松，含沙量较大，厚 0.5～0.8 米，含沙量 60%。

第④层：青灰色黏土，黏性强，质地致密，仅在壕墙中部分布，分布范围宽 2.3、厚 0.1～0.17 米。

第⑤层：生土层，原生红黏土，质地致密（彩图五五〇）。

第四段，G019—G020，长 430 米。保存较差。起点以西壕墙较为连续，本来保存较好，但因近年人为取土，壕墙顶部被削去约 1.5 米，两侧墙基斜坡保存较完整，起点以西 0.18 千米处壕墙外残高 2.2、底宽 13.5、顶宽 8 米。止点为盐池东门工业园区入口道路东侧。该段南距头道边明长城 0.04～0.06 千米。

第五段，G020—G021，长 425 米。保存差。起点处道路缺口宽 30.5 米。该段现被辟为 307 国道边绿化带，但壕墙痕迹仍然存在。止点处与"头道边"明壕堑（为将花马池城围入壕堑内侧）交汇，壕墙向北折拐，以绕行花马池城。此点以西现为盐池县城区，亦为 307 国道穿越壕堑处。

二　花马池以东壕堑敌台

花马池以东壕堑共分布 4 座敌台。分述如下。

1. 东郭庄壕堑段敌台（编码 6403233352101110001；工作编号 YD001）

该敌台位于花马池镇沟沿村东郭庄壕堑段西段，倚壕堑而建，并凸出壕墙，东西两侧壕堑壕墙消失为豁口。台体整体被沙丘覆盖，表面长满白刺等沙生灌木丛。平面呈椭圆形，隆起于壕墙。顶部东侧隆起有一直径 5、高 1.5 米的圆形沙土包。台体底部堆土东西 15、南北 8、高 2 米（图一九五）。

2. 沟沿林场壕堑 1 号敌台（编码 6403233352101110002；工作编号 YD002）

该敌台位于花马池镇沟沿村沟沿林场内．敌台倚壕堑而建，并凸出壕墙，东西两侧与壕墙齐平，北侧凸出。残存台体底大顶小，平面略呈椭圆形，整体保存较差。该台体底部近似长方形，台顶表面积沙呈圆丘状，四面为缓坡，小平顶。表面长满带刺杂草，壁面无明显登台痕迹。台体底部沙丘堆积

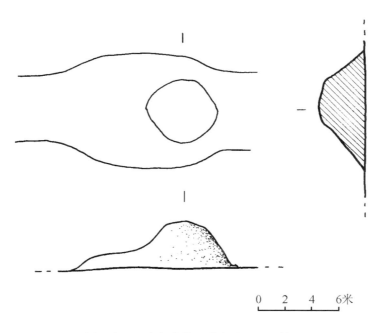

图一九五 东郭庄壕堑敌台平、立、剖面图

东西 16、南北 12 米，顶部直径约 2 米，高 3～4.7 米（彩图五五一）。

3. 沟沿林场壕堑 2 号敌台（编码 640323352101110003；工作编号 YD003）

花马池镇沟沿村沟沿林场内。敌台倚壕堑而建，并凸出壕墙，东西两侧与壕墙齐平，北侧突出壕墙内侧。残存台体底大顶小，平面略呈椭圆形，整体保存较差。台体形制较大，尖圆顶，顶部凸出壕墙，底部积沙较厚，表面长满杂草。台体底部约 8 米见方，堆土东西 13、南北 12 米，顶部直径 3 米，高 3.7 米（彩图五五二）。

4. 沟沿林场壕堑 3 号敌台（编码 640323352101110004；工作编号 YD004）

该敌台位于花马池镇沟沿村沟沿林场北 1.35 千米处，沟沿林场壕堑段中段。台体倚壕堑而建，并凸出壕墙，台顶人为平毁，现仅存台体下部，呈土丘状，堆土积于壕墙内侧，残存平面近似椭圆形，整体保存较差。台顶较平，明显高于两侧壕墙，为周围地势的最高点。外侧为较陡的斜坡。现存台体大部被黑苔覆盖，表面长有芨芨草、白茅草等植被。台体底部堆土东西 18、南北 10.5、高 2～2.2 米。

第二节 花马池—兴武营壕堑

一 花马池—兴武营壕堑墙体

花马池—兴武营壕堑段墙体共分 12 段，分述如下。

1. 盐池县城壕堑

仅一段，G021—G022，长 2360 米，保存差。该段从起点处向北弧扩穿过 307 国道，过长城关，绕经花马池城外侧，止点在盐池县城北 1.95 千米北门泄洪桥处。该段壕堑明代重修东关门后被改造利用为花马池城的护城壕。现东段为宽阔笔直的石砌渠道，又被改造利用为县城泄洪渠，已非当初原貌，渠口宽 3.5、深 1.5 米。内侧壕墙平整为砂石路，也已不存。内侧为高大的"头道边"土墙。该段壕堑南距头道边明长城 0.01～0.03 千米（参见图一九三）。

2. 五堡村壕堑

G022—G027，长 3830 米。整体保存差。此段壕堑呈东南—西北向延伸，地势较平缓，落差不大。该段壕墙沿线现为砂石便道，微隆于地表，北侧为东西向的泄洪桥，宽 38 米，南侧头道边明长城也损毁严重，仅局部残留壕墙。西端现为一取土场。壕墙间现存一座敌台，按其走向及保存现状分为 5 段（图一九六）。

第一段，G022—G023，长 430 米。该段沿线现为砂石便道，微隆于地表，北侧为东西向的泄洪桥，宽 38 米，南侧头道边明长城也损毁严重，仅局部残留壕墙。

第二段，G023—G024，长 770 米。该段现为砂土便道。止点处为西三环公路穿越壕堑处。

第三段，G024—G025，长 900 米。该段沿线现辟为一条乡村便道。止点处为五堡村最西端，以西出城区，现为耕地。

第四段，G025—G026，长 1080 米。该段为平滩地，现被辟为城郊绿化带。

第五段，G026—G027，长 650 米。该段现为一取土场。止点处位于古王高速公路北侧。

3. 刘八庄壕堑 1 段

G027—G031，长 2140 米。此段壕堑呈东南—西北向延伸，地势较平缓，落差不大。现存壕墙大部较高，两侧沙土掩埋，上部壁面斜直，顶部平坦，壁面之上除有一些雨水侵蚀痕迹外，其余保持原貌。从断面处观察，壕墙底部为 1 米高的黄黏土夯筑，质地较坚硬结实；上部为红土，夯打迹象不明显，壁面布满疏松的小孔洞，顶部有胶结状红黏土块，坚硬致密。壕墙表面长满青色冰草等植被，与两侧枯死的蒿草区别明显。壕墙间现存一座敌台。按其走向及保存现状分为 3 段（图一九七；彩图五五三）。

第一段，G027—G028，长 690 米。保存较好。此段壕墙中部约 50 米壕墙顶部因人工取土被削去近 1 米。起点以西 0.16 千米处壕墙内高 3.7、底宽 8、顶宽 2.3 米，底部夯层厚 0.26 米。西段壕墙呈一线土台状，顶部较平，但整体较低矮，内侧风沙积土形成范围较宽的斜坡面，内侧与头道边明长城间因筑墙取土形成地势低凹的壕沟带，一些地段裸露出底层的红黏土，其上不生植被。此段残留两处黄土高台，为筑墙取土痕迹。此段壕墙高 3 米、底宽 5、顶宽 3 米。该段南距头道边明长城 0.023～0.12 千米。

第二段，G028—G029，长 290 米。保存一般。该段现呈一道 10 米宽的低矮土垄，高仅 0.2～0.5 米，表面长满青色冰草等植被，与两侧枯死的蒿草区别明显。西段壕墙保存较高，痕迹明显。该段南距头道边明长城 0.12～18 千米。

第三段，G029—G031，长 1160 米。保存较好。东段起点以西 0.14 千米处有一宽 3.5 米的便道豁口，0.37 千米处有一自然坍塌豁口，高 2、宽 11、土垄底宽 13 米。中段约 200 米壕墙之上栽满柠条。西段植被较少，壕墙宽大连续。其间有敌台一座，止点处为进出刘八庄的公路豁口，宽 6 米。此处垄墙底宽 9、高 2 米。该段南距头道边明长城 0.18～22 千米（彩图五五四）。

4. 刘八庄壕堑 2 段

G031—G038，长 3300 米。此段壕堑呈东南—西北向延伸，地处沙丘地带，地势较平缓，沿线分布有两座敌台。现存部分内侧堆筑壕墙保存较好，壕墙底宽顶窄，现呈土垄状，断续延伸，两侧栽种防沙柠条带。外侧壕堑大部被风沙掩埋，局部因洪水冲蚀为深沟（参见图一九七）。按其走向及保存现状分为 5 段。

第一段，G031—G032，长1510米。保存较好。此段壕墙宽大低矮，壕墙两侧栽种防沙柠条带。北侧风积沙土堆积较高，坡面较陡，南侧为大片人工栽种的柠条林带。墙顶除雨蚀凹坑外，人为破坏痕迹较少，此段有两处草原围栏铁丝网穿过壕堑。起点为一处宽3米的便道豁口，该段壕墙高0.6～2.3、底宽6.5～7.5米，南距头道边0.15～0.16千米。止点处为一座敌台（YD006），台体北壁紧临壕堑，外侧壕沟后洪水冲蚀为深沟，长165、深3.3、口宽16米。

第二段，G032—G033，长460米。保存一般。该段壕墙自然侵蚀损毁普遍，底宽9、高1.3、顶宽1.5米。距头道边0.156米。墙顶因雨水冲蚀坑凹不平，外侧相对陡直，内侧积沙呈缓坡，两侧及墙顶种植柠条带（彩图五五五）。

第三段，G033—G035，长530米。保存较差。该段壕墙较低矮，但整体连续两侧为缓坡，形成一道土垄，墙顶及两侧栽植柠条林带。该段壕墙外高2.2、内高0.7～1、宽9.5米，外侧壕沟大部被风沙掩埋，痕迹不明显。止点处为一敌台（YD007）。南距头道边0.145千米。

第四段，G035—G036，长280米。保存一般。该段壕墙呈宽大的土垄，顶部宽平，高2.3～0.8、宽9.5米。距头道边0.12千米（彩图五五六）。

第五段，G036—G038，长520米。保存较差。墙高0.2～1.6、底宽6.5米。距头道边0.138千米。止点处为墙体拐点，此点以西壕墙向北偏拐（彩图五五七）。

5. 十六堡村壕堑

G038—G046，长3170米。此段壕堑呈东南—西北向延伸，地处沙丘平原，地势较平缓。现存壕墙断续延伸，底大顶小呈微隆状，壕墙外侧壕沟痕迹明显，沿线分布有两座敌台（图一九八）。按其走向及保存现状分为6段。

第一段，G038—G039，长150米。保存一般。方向东南—西北。该段壕墙呈尖顶状，两侧为斜坡，外侧有较明显的取土壕沟形成的低凹带。止点处壕墙高1.5、底宽4米。距头道边0.035千米。

第二段，G039—G041，长450米。保存较差。方向东南—西北。G040点处为一座敌台（YD008）。该段壕墙残存为土垄状，与两侧地表基本持平，断续延伸，残高0.4米，止点处为墙体拐点。此点以西壕墙再次向北偏拐，止点处距头道边0.052～0.06千米。

第三段，G041—G042，长540米。保存差。方向东南—西北。该段所处为一垃圾场，起点以西0.11米处有一条通往北侧十六堡村柏油公路穿墙而过，路宽6米。西段为大片的柠条带，壕堑壕墙现辟为南北便道，壕墙痕迹不甚明显。

第四段，G042—G044，长820米。保存较差。方向东南—西北。G043点处为一座敌台（YD009），保存较差。壕墙呈一线土垄状，壕墙两侧积土斜缓宽平，栽植柠条林带。

第五段，G044—G045，长480米。保存较好。方向东南—西北。该段壕墙高大，壕墙北侧斜坡较陡，南侧较缓，外高内低，壕墙顶部1.5米处出露夯土层。起点处为通往张记圈村公路的穿壕堑豁口处，豁口宽17米，豁口西侧壕墙内侧有保护碑一块（彩图五五八）。

第六段，G045—G046，长730米。保存一般。方向东南—西北向。该段壕墙外高4.2、内高2.1米，墙顶局部分布大量石块、石片，可能为人工铺垫。止点西侧壕墙外侧为取土壕，内侧为缓坡，取土壕长90、宽18、深2.8米。

6. 张记圈壕堑

G046—G053，长810米。此段壕堑呈东南—西北向延伸，地势较平缓，落差不大。东南段壕墙呈窄土垄状，北侧有壕沟，南侧有较宽的取土槽痕迹。中部壕墙表面散布细小砂石，长满白茅草，壕墙外侧为陡坡，底部壕沟及内侧取土槽痕迹明显。西北部壕墙因所处地形崎岖不平，沟壑较多，其间分布有一座敌台（图一九九）。按其走向及保存现状分为6段。

第一段，G046—G047，长150米。该段壕墙因风沙掩埋等损毁，地表痕迹不甚明显，保存差。止点南距明壕堑头道边0.23千米。

第二段，G047—G048，长100米。保存较差。该段壕墙外侧原有一道泄洪沟，壕墙沿泄洪水沟沿折拐，外侧壁面现坍塌成峭壁，顶部层次不齐，内侧坡面斜缓，痕迹较为清晰。止点南距明壕堑头道边0.16米（彩图五五九）。

第三段，G048—G049，长50米。保存较差，方向东南—西北。起点南距明壕堑头道边0.145千米，该点处壕墙内高1.7、底宽5米，北侧冲沟宽27、深9米。止点处为跨叉沟，沟宽16、深7.2米，南距明壕堑头道边0.16千米。

第四段，G049—G051，长120米。保存较差。方向东南—西北。G050处为一座敌台（YD010）。该段壕墙沿沟畔继续延伸，止点处壕墙外高3.5、内高1.8米，南距明壕堑头道边0.25千米。

第五段，G051—G052，长100米。保存较差。方向东南—西北。该段壕墙沿沟畔继续延伸，止点为一拐点。该点处以西壕墙向北折拐，南距明壕堑头道边0.3千米。

第六段，G052—G053，长290米。保存较差。方向东南—西北。该段壕墙沿沟南畔而行，止点处为通红沟梁道路豁口，北距红沟梁村0.09千米，南距明壕堑头道边0.5千米。

7. 红沟梁壕堑

G053—G059，长1902米。此段壕堑跨越红沟梁，随地形呈东南—西北向曲折延伸，其间分布有一座敌台。壕堑内侧地表堆筑壕墙呈窄土垄状，壕墙表面散布细小砂石，长满白茅草，痕迹明显。南侧有筑墙取土痕迹，外侧为底部宽平的壕沟，壕沟外壁陡直。西段壕墙时断时续，北侧壕沟洪水冲蚀严重。西端与"头道边"明长城交汇（参见图一九九）。按其走向及保存现状分为5段。

第一段，G053—G054，长70米。保存较差。此段壕堑处于红沟梁东侧坡地段，内侧堆筑壕墙大部已被通往张记圈村的公路破坏，外侧壕沟底部宽平，外壁陡直，残存堆筑的壕墙呈窄土垄状。墙体外高4.3、内高1.3、底宽5、顶宽1.2米。外侧壕沟底宽6.7、北壁高3.5米。止点为通往张记圈的公路穿越壕堑处，南距明壕堑头道边0.498千米。

第二段，G054—G055，长802米。保存一般。该段壕堑处于红沟梁梁顶平地上，壕墙表面散布细小砂石，长满白茅草。壕墙外侧为陡坡，壁面长满白茅草，外侧取土槽较窄深。起点以西壕墙开始向东北折拐。止点以西壕墙向北折拐，该点内侧取土槽痕迹不明显，变为连续的斜坡，外侧较为明显。起点以西0.04千米处为一便道豁口，宽4米．该点处壕墙外高1.4、内高0.7、顶宽4.5米。南距明壕堑头道边0.226千米（彩图五六〇）。

G054—G055间发掘壕墙剖面一处。壕墙剖面共分为8层（图二〇〇）。

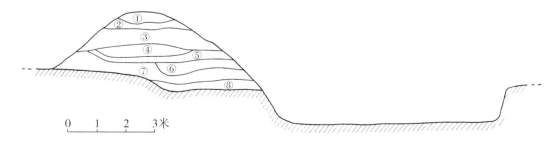

图二〇〇　红沟梁壕堑第二段剖面图

第①层：表层土，红褐色砂土。厚0.15～0.4米。

第②层：灰褐色砂土，夹杂粗砂粒。厚0.22～0.34米。

第③层：黄土夹杂砂石粒，含沙量较大，土质松软。厚0.45～0.6米。

第④层：黄土夹杂砂石粒，土质开始致密，含沙量较小。厚0.15～0.42米。

第⑤层：黄土夹砂夯筑，含沙量较少，土质逐渐致密。厚0.22～0.32米。

第⑥层：黄土夹杂少量细沙，土质较致密，有明显夯层。夯层厚0.2米。该层仅分布于壕墙外侧。厚0.3～0.58米。

第⑦层：黄土夯筑，土质纯净，含细微沙粒。厚0.4～0.58米。

第⑧层：黑垆土（褐色土），土质纯净，质地致密坚硬。厚0.1～0.38米。

第⑨层为原生土层，为砂石层，色泽泛白。

以下对此剖面壕墙成因进行分析。

通过剖面发掘，此处地表南高北低呈坡状，落差约0.4米，筑墙前南侧依自然砂石层为基础，北侧用黑垆土铺垫找平，黑土之上至第四层基本采用石杵平夯筑成，夯层厚约0.2～0.25米，夯土中第④层含沙及石粒量较大。第⑤～⑧层越往下含沙及砂石粒含量减少，土质趋于纯净，致密度渐大，质地坚硬。第④层之上土质较松软，含沙量较大。因此可以判断，第①～③层采用堆筑法，④～⑦层采用平夯筑成，平均夯层厚约0.2米。壕墙修建为就地取材，以北侧黄沙土为主，南侧砂石土为辅（彩图五六一）。

第三段，G055—G057，长410米。保存较差。该段壕堑处于红沟梁西侧坡地上，止点处为一座敌台（YD011）。该段地势低凹，内侧壕墙时断时续，北侧分布两道水冲壕。起点处壕墙外高5.3、内高1.5、顶宽1米，外侧取土壕底宽4米，取土壕外侧坡面高4米，内侧坡面高3米。起断面处内侧壕墙为松散的沙土堆筑而成，未见明显夯层。该点南距明壕堑头道边0.285千米。

第四段，G057—G058，长260米。保存一般。内侧堆筑的壕墙两侧坡面外陡内缓，顶部呈尖状。起点以西0.069千米处为一宽17、深11米的冲沟。此处南距"头道边"壕堑0.206千米。外侧壕沟保存较好，壕底宽平。外高1、内高4.3、宽9.5米。止点处壕墙外高3.9、内高2.4、底宽7.5、顶宽0.7米（参见图一九九；彩图五六二）。

第五段，G058—G059，长360米。保存较差。此段处于红沟梁北侧缓坡地带，南侧"头道边"壕堑沿梁顶修筑。止点与"头道边"壕堑相接，止点处为头道边长城敌台（D089）。该敌台夯层内包含物丰富，有明显后期修筑的特征。此段因修筑"头道边"壕堑及敌台取土，大部被平毁，靠近敌台（D089）有多处面积较大的取土坑（彩图五六三）。

8. 红沟梁—长城村壕堑

仅一段，G059—G060，长17148米，消失。该段壕堑被后期改筑为"头道边"壕堑，壕墙梁及两侧人工种植有大片柠条防护林带，地貌改观很大，原壕堑已无存。

9. 长城村壕堑

G060—G062，长1300米。此段壕堑处于"头道边"壕堑内侧，呈东南—西北向延伸，东段局部内侧壕墙残存土垄较宽，采用红胶土堆筑而成，隆起痕迹较为明显，墙顶植被明显少于两侧。西段壕墙整体痕迹不甚明显，植被相对较多。地表沙化严重，外侧壕沟被风沙掩埋（图二〇一）。整体保存差（彩图五六四）。按其走向及保存现状分为2段。

第一段，G060—G061，长1220米。保存差。该段壕墙向西北方向延伸至壕堑被公路穿越壕堑豁口处消失。残存部分壕墙呈土垄状，南北两侧被沙土淤积，宽达10米，中间隆起痕迹较为明显，墙顶植被明显少于两侧。西段壕墙痕迹相对不甚明显，地表植被较少，沙化严重。起点处保存相对较好的壕墙外高0.3、内高0.2、底宽5米。

第二段，G061—G062，长80米，保存较差。部分地段残存壕墙断面中上部为红胶土堆积而成，壕墙痕迹较为明显。起点处壕墙底宽6、顶宽2、高0.8米（彩图五六五）。

10. 英雄堡—大疙瘩村壕堑

仅一段，G062—G063，长6370米，消失。呈东南—西北向延伸，地表沙化严重，沙地之上人工种植大面积的白刺、沙蒿、苦豆子、芨芨草等固沙植被，地貌改观很大，壕堑痕迹已无存。

11. 大圪瘩村壕堑

G063—G068，长1851米。此段壕堑呈东南—西北向延伸。起点处为一道近5米长的红土梁，地表痕迹较为明显，止点处壕墙底部积沙较多。壕堑段北侧取土壕痕迹不明显，壕内栽植有几行柠条。中段壕墙地表痕迹为红胶土堆积而成，表面散布较小的砂石块，痕迹明显，壕墙残存呈鱼背状。西段壕墙地表被推平为条带状种植柠条林，壕墙北侧壕沟较浅，痕迹不明显，可能为壕墙取土壕遗存，局部地表为一条痕迹较明显的红胶土土梁（参见图二〇一）。按其走向及保存现状分为5段。

第一段，G063—G064，长180米。保存差。该段壕墙痕迹不明显，仅局部出露壕墙痕迹，起点处为一道近5米长的红土梁，地表痕迹较为明显，止点处壕墙底部积沙较多。壕堑段北侧取土壕痕迹不明显，壕内栽植有几行柠条。

第二段，G064—G065，长160米。保存较差。该段壕墙地表痕迹为红胶土堆积形成，表面散布较小的砂石块，痕迹明显，起点处为一豁口，内豁口西北侧壕墙内侧分布有6处小窑洞，止点处壕墙地表痕迹高0.7、底宽6、顶宽2米，呈宽平土垄状，表面有小砾石及粗砂，两侧局部残存较陡直的黄沙土壕墙痕迹。该段壕墙北距明壕堑0.077千米。

第三段，G065—G066，长190米。保存差。该段残存壕墙呈鱼背状，痕迹不明显，止点处为土路豁口，豁口东侧残存壕墙高0.4、底宽10、顶宽4米，北距明壕堑0.086千米。

第四段，G066—G067，长1001米。保存差。该段壕墙地表被推平为条带状种植柠条林，壕墙北侧有较浅壕沟痕迹，可能为壕墙取土壕遗存，局部地表为一条痕迹较为明显的红胶土梁，壕墙底宽3.5米，断面显示红胶土厚约0.3~0.5、宽约4~7米。北距明壕堑0.065千米。

第五段，G067—G068，长320米。保存差。地表沙化严重，局部有少量红胶土壕墙痕迹。止点以西0.09千米有苏步井-高沙窝镇的乡级柏油公路穿越明长城。

12. 大圪瘩村—兴武营壕堑

仅一段，G068—G069，长10510米，消失。此段壕堑呈东南—西北向延伸，壕墙沿线地表已被机械开挖为防护林带，其上种植大面积东北—西南向带状柠条林带，并设有防护栏维护，地表已无壕墙痕迹可循，局部地区散布零星明代遗物。

二 花马池—兴武营壕堑敌台

花马池—兴武营壕堑共分布7座敌台。分述如下。

1. 刘八庄壕堑1段敌台（编码6403233352101110005；工作编号YD005）

该敌台位于花马池镇刘八庄自然村东北0.6千米处。台体倚刘八庄壕堑1段壕墙中部而建，凸出于壕墙内侧，台体底大顶小，形制较完整，现存平面呈椭圆形，整体保存较好。因自然坍塌及风雨侵蚀，台顶较平，表面布满鼠洞及杂草；台体底部现存形制呈正方形，坍塌堆土较高，呈坡状堆积，近顶部才露出四壁，壁面较直，表面蜂巢孔洞密布，敌台四周散布有残砖，褐釉罐残片等遗物。台体底积土范围东西 12、南北 15.5 米，顶部东西 3、南北 4 米，高 6.2 米。夯层厚 0.18 米。四壁堆土高 3～4.7 米，台体北壁高出壕墙 4.3 米。地表残砖长 19、残宽 20、厚 8.5 米。以东壁为基准，方向 200°（彩图五六六）。

2. 刘八庄壕堑 2 段 1 号敌台（编码 640323352101110006；工作编号 YD006）

该敌台位于花马池镇刘八庄自然村东北 1 千米处，刘八庄壕堑 2 段壕墙东段。台体凸出壕堑内侧，现存部分与壕墙间距为 5 米。台体呈方台形，台顶较平，四壁表面因风雨侵蚀、剥落、凹凸不平，雨蚀裂缝较多，北壁堆土较高，壁面东侧有人工掏挖的脚窝可以登顶；东壁壁面大部夯土崩落，底部南侧崩塌严重；南壁上部因常年风蚀，形成几处内凹坑，下部东西两侧各分布有一处窑洞，西侧窑洞较大，洞内有人为使用痕迹，可能住过牧人，现蜂巢密布，东侧窑洞较小，可能为狗窝；西壁因崩塌壁面中部向内凹进，由凹进处亦可以登台，中部掏挖有一小洞与南壁下底两处窑洞相通，底部南北两角保存较好，夯层清晰。台体底部东西 13、南北 14 米，顶部东西 3.5、南北 4 米，高 6.5 米。夯层厚 0.15～0.19 米。南壁西侧窑洞口高 2、宽 1.2、进深 2.5 米，东侧窑洞高、深仅 0.5 米，北壁下堆土高近 3 米。以东壁为基轴，方向 210°（彩图五六七）。

3. 刘八庄壕堑 2 段 2 号敌台（编码 640323352101110007；工作编号 YD007）

该敌台位于花马池镇刘八庄自然村北 1.7 千米处。台体倚刘八庄壕堑 2 段壕墙中部而建，凸出壕堑壕墙内侧。台体多已损毁，残存平面近似椭圆形，保存较差。台顶较平，坍塌断面夯层较为清晰。敌台东壁坍塌，参差不齐，壁面有裂缝，底部密布胡蜂巢孔，堆土较高。南壁、西壁较为陡直，南壁上部因风蚀严重密布风蚀槽。北壁与壕墙相连面坍塌为斜坡，长满杂草。该敌台底部约 7 米见方，底部积土东西 11、南北 12 米，顶部东西 5.5、南北 6 米，高 5.9、北壁高出壕堑壕墙 3.8 米。夯层厚 0.15～0.19 米。以东壁为基准方向为 210°（彩图五六八）。

4. 十六堡村壕堑 1 号敌台（编码 640323352101110008；工作编号 YD008）

该敌台位于花马池镇刘八庄自然村西 2.6 千米处。台体倚十六堡壕堑壕墙东部而建，整体凸出壕堑壕墙内侧。台体损毁较为严重，残存平面呈不规则形，整体保存较差。台体东、西两壁大部坍塌，被风沙掩埋，现仅剩顶部，下底堆土较高呈斜坡状，堆土外侧地表呈平台状。南壁已被铲削开挖为取土槽，下底悬空，其中东北侧坍塌严重，现整体呈窄条状，向南突出，夯层清晰。北壁与壕墙相连面坍塌为斜坡，长有杂草。台顶凹凸不平，鼠洞较多。该敌台底部约 7 米见方，南北侧积土 12 米，顶部东西 2、南北 6 米，高 5.5 米。东壁高出壕墙 3.7 米。夯层厚 0.1～0.13 米。以东壁为基准方向为 215°（彩图五六九）。

5. 十六堡村壕堑 2 号敌台（编码 640323352101110009；工作编号 YD009）

该敌台位于花马池镇红沟梁村十六堡自然村西北 2.3 千米处。台体倚十六堡村壕堑段壕墙西部，整体凸出壕堑壕墙内侧。现存台体形制高大，平面近似椭圆形，保存较差。东壁、北壁面陡直，底部堆土较少，南壁、西壁坍塌成半圆形，底部堆土较高，表面长满杂草。顶部南高北低，坍塌成不规则形，散布有少量素面板瓦残片。该敌台底部约 8 米见方，坍塌堆土东西 14、南北 11 米，顶部东西 4.5、南北 2 米，高 6.3、东壁高出壕墙 3.5 米。夯层厚 0.12 米。以东壁为基准，方向为 230°（彩图五七〇）。

6. 张记圈壕堑敌台（编码 640323352101110010；工作编号 YD010）

该敌台位于花马池镇红沟梁村张记圈自然村西 1.1 千米处。台体倚张记圈壕堑段壕墙中部而建，整体凸出壕堑壕墙内侧，现存台体坍塌严重，形制较小，残存平面近似椭圆形，整体保存较差。台体顶部较平，四周被积土包围呈坡状堆积与两侧壕墙相连，其上长满白茅草、白蒿等植被。台体底部8.5米见方，顶部东西2.5、南北2米，高3.5、西壁高出壕墙2.2米。以东壁为基轴，方向为230°。

7. 红沟梁壕堑敌台（编码6403233352101110011；工作编号YD011）

该敌台位于花马池镇上红沟梁村西0.8千米处。该敌台倚红沟梁壕堑壕墙中部，整体凸出壕堑壕墙内侧。现存台体损毁严重，形制较小，残存平面近似椭圆形，整体保存较差。台体东壁大部坍塌，底部堆土较高，壁面顶部较直并向内凹进，断面夯土疏松，夯层不明显；北壁因塌陷形成阶梯状斜坡面，坡面长满白茅草，下散落数块砂石块，北侧为取土壕，现被淤沙掩埋；台体顶部西、北侧滑坡坍塌成斜缓坡，与两侧壕堑壕墙相连。台体底部约8米见方，堆土东西15、南北10米，顶部东西4.3、南北6.1米，高6.7、南壁高出壕墙2.3米。北壁北侧取土壕底宽9.5、深2.4米。夯层厚约0.1米（彩图五七一）。

第三节　兴武营—清水营壕堑

兴武营—清水营壕堑墙体

兴武营—清水营壕堑段墙体共分12段，分述如下。

1. 兴武营西壕堑

仅一段，G069—G070，长1340米。保存差。此段壕堑呈东—西向延伸。壕墙东段分布于兴武营西侧碱湖西北，明壕堑头道边南侧，地表现存为一道沙梁垄，顶部微隆，断面为砂石、风积沙及红黏土的混合堆积物，系人为形成的堆积层。西段壕墙整体痕迹被压覆，但部分地段仍可清晰辨识（图二〇二；彩图五七三）。

2. 余记梁壕堑

仅一段，G070—G071，长3005米，消失。此段壕堑呈东—西向延伸。该段壕墙地表被大面积沙地掩盖，地表生长有柠条、老瓜头等野生植物，无壕墙痕迹（参见图二〇二）。

3. 郭记坑壕堑

G071—G076，长1560米，此段壕堑呈东—西向延伸。东段壕墙呈高大的沙土垄，土垄顶部被积沙掩盖为沙丘包。壕墙北侧为较浅的取土壕痕迹，外壕壕墙现为一层白色碱壳覆盖，土质较为松散，生长有少量杂草，局部壕墙散布白色碎石片。向西壕墙为碱滩低洼地带，壕墙被风积沙掩埋为密集的沙丘包，壕墙痕迹仅在沙丘与沙丘连接处断续出现。止点处壕墙现存为半圆形土丘，北侧为斜坡，南侧坍塌形成剖面，土层显示为疏松的团块状黄土，坍塌土块上分布有较为明显的夯面，系夯筑而成，但夯筑不甚结实，夯土块上残留有圆形夯窝痕迹。整体保存差（图二〇三）。按其走向及保存现状分为5段。

第一段，G071—G072，长230米。保存较差。该段壕墙呈高大的沙土垄，土垄顶部被积沙掩盖为沙丘包，起点处壕墙外高1.3、内高1、底宽7、顶宽2米，北距明壕堑头道边63.5米。壕墙北侧为较浅的取土壕痕迹，外壕壕墙现为一层白色碱壳覆盖，土质较为松散，生长有少量杂草，局部壕墙散布白色碎石片。

第二段，G072—G073，长430米。保存差。该段壕墙为碱滩低洼地带，壕墙被风积沙掩埋为密集的沙丘包，壕墙痕迹仅在沙丘与沙丘连接处断续出现。起点处壕墙底宽6.5、高0.3米，北距明壕堑头道边0.064千米，地表遗物为灰陶、细绳纹板瓦残片。

第三段，G073—G074，长380米。保存差。起点处为一口水井，水井南侧为碱滩，起点以北二道边北侧为一处古城址。起点以西0.07千米处壕墙痕迹较为明显，壕墙两侧呈斜坡状，断面呈三角形，系堆筑而成，壕墙外高1.3、内高1.4、底宽4.5、顶宽0.8米，米，北距明壕堑头道边0.072千米。止点处壕墙现存为半圆形土丘，北侧为斜坡，南侧坍塌形成剖面，土层显示为疏松的团块状黄土，坍塌土块上分布有较为明显的夯面，系夯筑而成，但夯筑不甚结实，夯土块上夯窝呈圆形，平底，直径0.12米。该点处壕墙较为明显，残长8.5、外高2.2、内高1.9、底宽6米（彩图五七四、五七五）。

第四段，G074—G075，长350米。保存差。该段壕墙处于山梁上，地表积沙严重，沙丘包密集，未发现明显的壕墙痕迹。

第五段，G075—G076，长170米。保存较差。起点处于山梁较高处，地表出现断续的红胶土堆筑痕迹，其上散布白色石块，壕墙外高0.5、内高0.2、底宽6.5、顶宽2.5米，北距明壕堑头道边0.061千米。

4. 东庄子壕堑1段

G076—G079，长2910米，整体保存差。此段壕堑呈东—西向延伸。壕墙东段起点断面处壕墙系红砂土堆筑，痕迹明显。沿线有两处穿壕堑豁口，残存壕墙为微凸出地表的红土垄，顶部堆积有红砂石块，底部为黄沙土夹杂碎石粒，痕迹明显（参见图二〇三）。按其走向分为3段（彩图五七六）。

第一段，G076—G077，长650米。该段壕墙除起点以西58米外其余痕迹均不甚明显，起点断面处壕墙系红砂土堆筑，痕迹明显。墙体高0.5、底宽5、顶宽3米，北距明壕堑0.058千米。

第二段，G077—G078，长950米。起止点处均为穿壕堑豁口，起点处便道豁口两侧壕墙为微凸出地表的红土垄，墙体顶部散布红砂石块，高0.7、底宽5米。止点处地表痕迹高0.3、宽3米，北距明壕堑头道边0.055千米。

第三段，G078—G079，长1310米。起点处地表暴露出红褐色堆土痕迹，底部为白沙土，顶部为人工堆积的红胶土。止点处为东庄子通壕堑路口。

5. 东庄子壕堑2段

G079—G085，长1990米。此段壕堑呈东—西向延伸，东段壕墙痕迹不明显，向西逐渐露出红色黏土堆积的壕墙痕迹以及壕墙北侧的取土壕，西端接近毛卜刺城址处壕墙呈一道灰白土梁，其上植被较少，与壕墙两侧生长茂密杂草形成对比。墙体顶部微隆，土质较疏松，风化严重，西端壕墙较宽平，为红黏土垄，走向较直，顶部分布较多自然小豁口。墙体南侧为草原及人工柠条林带，北侧取土壕较浅，但底部宽平，痕迹明显（参见图二〇三；彩图五七七～五七九）。按其走向及保存现状分为6段。

第一段，G079—G080，长630米，保存差。起点处以西50米内壕墙痕迹不明显，止点处壕墙为一处沙丘包。以东90米处壕墙底宽8、顶宽5，外侧为取土台，台高0.9、宽5米。

第二段，G080—G081，长270米，保存差。该段壕墙大部被苦豆草生长覆盖，壕墙痕迹不太明显。墙体北侧有取土壕，壕沟内长有大片冰草。止点处以东20米壕墙痕迹明显，外高1、底宽10、顶宽4米，北距明壕堑头道边0.075千米。墙体顶部处发现有铁器残片。

第三段，G081—G082，长380米。保存差。该段壕墙地表痕迹不太明显，止点处壕墙北距明壕堑头道边0.099千米。

第四段，G082—G083，长190米。保存较差。该段壕墙痕迹不明显，地表沙化严重，分布有较密集的固定沙丘包，其上多生长白刺，部分地段露出红色堆积黏土的壕墙痕迹，壕墙北侧为取土壕。壕底宽5、深0.2米。止点位于山梁较高处，此处壕墙外高1、内高1.5、底宽8、顶宽3米。北距明壕堑头道边0.104千米。

第五段，G083—G084，长460米。保存一般。该段壕墙沿山脊向西南折拐而下，分布有连续的固定沙丘包。沿线散布少量残砖及青花瓷片、黑釉瓷片、灰陶罐等残片，大多为明代遗物，应为修筑北侧明壕堑时所遗留。起点处壕墙南侧分布有两处废弃的夯土房址。该房址北墙夯筑于壕堑段墙顶上，经判断，该夯土房址应为近代民房。该点以西0.2千米处壕墙呈一道灰白土梁，其上植被较少，与壕墙两侧生长茂密杂草形成对比。壕墙顶部微隆，土质较疏松，风化严重，墙高0.1~0.3、底宽6米。壕墙西段较宽平，墙体呈红黏土垄状，走向较直，顶部分布有较多自然小豁口。壕墙南侧为草原及人工柠条林带，北侧取土壕较浅，底部宽平。止点以东0.05千米处壕墙外高1.1、底宽10、顶宽3.5米，北侧壕沟宽7.2、深0.5米。止点处残存壕墙断面外高2.5、内高0.7、底宽7、顶宽3米。北距明壕堑头道边0.065千米。

G084点断面处发掘壕墙剖面一处。壕墙北侧被铲车破坏为一处陷坑，剖面分为四层（图二〇四）。

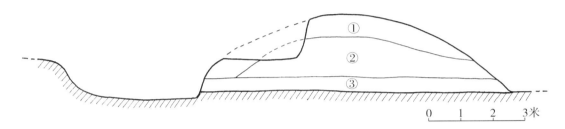

图二〇四　东庄子壕堑2段第五段剖面图

第①层：中间高、两侧低，呈拱形堆积，为夹杂粗砂的红胶土层，土质较硬，断面粗糙，内含较大的硬土块、小河卵石等物。厚约0.7米。此层为外侧挖壕时挖取的底部原生红胶泥土。

第②层：含细沙量较大的黄土层，土质疏松，土质细密，内含红土块、黑土颗粒等物，完全被外层土质所覆盖包裹，其他包含物较少。应为外侧挖壕时挖取的地表风积沙土。厚约1.7米。

第③层：黄沙土层，土质细腻，为原始地表的风积沙土。厚0.4米。

第④层：原生土层，红胶泥土，土质坚硬致密。

第六段，G084~G085点，长60米，消失。该段壕墙被大型机械平毁为耕地，现种植大片玉米。起点断面处为砂石土并夹杂小石子，夯层不清晰，但北侧取土壕痕迹相对较为明显。取土壕底部较为平坦，土质坚硬，长有杂草，壕墙壁面出露原始红黏土层。顶部较高的茅草、沙蒿等植被。止点处为毛卜剌城东墙北端中部与壕堑段相交处，壕墙下底部散布较多的块状夯土块。

6. 毛卜剌堡西壕堑

G086—G090，长2860米。此段壕堑呈东—西向延伸，该段壕墙大部被连续的沙丘包覆压，沙丘间露出不太明显的表面为碱壳层的遍布小沙砾石的红胶土壕墙痕迹。西段壕墙沙丘包间隙地表壕墙痕迹较为明显，呈鱼背状隆起，因风蚀严重，壕墙表面被刮削得坚硬、平整，夯筑痕迹较为清晰。顶部细沙较小，遍布一层粗砂砾及小石粒，壕墙两侧长满芨芨草（图二〇五）。按其走向及保存现状分为4段。

第一段，G086—G087，长970米。保存差。该段壕墙大部被连续的沙丘包覆压，沙丘间隙露出不太明显的表面为碱壳层的遍布小沙砾石的红胶土壕墙痕迹，其上长有芨芨草，沙丘上均生长白刺。起点以西壕墙被固定沙丘掩埋，起点以西0.32千米处自东向西测量6个沙丘包。1号沙丘包底宽5、高

2.3 米，2 号底宽 7、高 2.6 米，3 号底宽 3.5、高 1.5 米，4 号底宽 5、高 1.3 米，5 号底宽 9、高 3 米，6 号底宽 10.5、高 3.3 米。其中 6 号沙丘以西 5 米处壕墙痕迹较为明显，壕墙高 0.9、底宽 9、顶宽 3.3 米。壕墙止点处为穿壕堑便道豁口，宽 3 米。北距明壕堑头道边 0.077 千米（彩图五八〇）。

第二段，G087—G088，长 900 米。保存差。起点以西壕墙沿线上沙丘分布相对稀疏，但沙丘堆高大，沙丘堆间残留的壕墙较为明显，壕墙相对低平，无隆起，一些地段墙体顶部表面或为白色碱壳覆盖，或为红胶土层，均为人工遗留，地表芨芨草生长茂盛。起点以西 0.8 千米处壕墙外高 0.5、底宽 5、顶宽 2 米。起点以西 0.18 千米处一条废弃的水泥渠横穿壕堑。该段壕墙西端痕迹明显，壕墙沙丘包较少。

第三段，G088—G089，长 200 米。保存差。该段壕墙痕迹模糊，现为大片的弃耕地。

第四段，G089—G090，长 790 米。保存较差。该段壕墙被连续的沙丘包覆盖，沙丘包间隙地表壕墙痕迹较为明显，呈鱼背状隆起。因风蚀严重，壕墙表面被刮削得坚硬、平整，夯筑痕迹较为清晰。墙体顶部细沙较少，遍布一层粗砂砾及小石粒，壕墙上长满芨芨草，少见其他植被。起点西北 0.11 千米处壕墙痕迹较为明显，外高 1.6、内高 0.5、底宽 6、顶宽 2 米。北距明壕堑头道边 0.076 千米。此段发现灰陶残砖一件，残长 20、宽 18.5、厚 7 厘米。

7. 张家边壕壕堑

G090—G092，长 2280 米。整体保存差。此段壕堑呈东南—西北向延伸，至张家边壕村西北地界 G0767 点处与灵武市交界。东段地表壕墙被大面积沙草覆盖，痕迹不甚明显，西段壕墙痕迹时断时续（参见图二〇五）。按其走向及保存现状分为 2 段。

第一段，G090—G091，长 1450 米。该段壕墙地表被大面积草原植被覆盖，痕迹不甚明显，局部地表有松散呈带状分布的红胶土。止点处为张家边壕村西北一处废弃的土炼油厂区（彩图五八一）。

第二段，G091—G092，长 830 米。该段壕墙痕迹时断时续，隐约可见。止点处为盐池县与灵武市交界的草原围栏，现存一处现代废弃的村民院落，该点处壕堑段北侧与明壕堑头道边之间有一铺舍遗迹。

8. 清水营壕堑 1 段

G092—G098，长 2740 米。此段壕堑由东南～西北向延伸，东段残存壕墙呈土垄状，外侧有修筑取土形成的壕沟，痕迹明显。西段壕墙大部分被风沙掩埋，形成延绵不断的沙丘包，外侧取土壕沟被风沙淤埋填平，仅局部有残留的红胶土壕墙痕迹，与两侧黄沙覆盖地表区分明显，大致可以判断壕墙走向（图二〇六；彩图五八二）。按其走向及保存现状分为 6 段。

第一段，G092—G093，长 270 米。保存一般。该段壕墙东段地表长有大面积的白刺等植被；西段所处地形为山坡，壕墙连续，痕迹较为明显。止点处壕墙底宽 5、顶宽 2.5 米。北侧有取土壕，壕外高 1、内高 0.7、宽 8.5、深 0.8 米。

第二段，G093—G094，长 460 米。保存较差。壕墙整体呈马鞍形，痕迹较为清晰。

第三段，G094—G095，长 1320 米。保存差。该段壕墙地表未见明显痕迹，分布较多连续沙丘包，止点处为土路豁口，豁口宽 4 米。

第四段，G095—G096，长 310 米。保存差。该段壕墙仅局部暴露有红胶土痕迹。

第五段，G096—G097，长 120 米。保存较差。该段壕墙呈土垄状，痕迹较为明显，壕墙表面因风蚀严重变得坚硬，无浮沙，无植被，北侧壕沟痕迹较浅。止点处壕墙高 0.5、底宽 5、顶宽 2.5 米。北距明壕堑头道边 0.074 千米。

第六段，G097—G098，长 260 米。保存差。该段壕墙痕迹时断时续，其间分布较多沙丘包，并长有白刺、沙蒿等植被。

9. 清水营壕堑 2 段

G098—G102，长 2700 米。此段壕堑呈东南—西北向延伸。壕墙所处区域地表风沙淤积严重，壕墙痕迹大部已不明显，仅局部分布有断断续续的壕墙痕迹，残存痕迹只能从地表带状分布的红黏土走向大致判断壕墙走向，外侧取土形成的壕沟已基本淤平（参见图二〇六）。按其走向及保存现状分为 4 段。

第一段，G098—G099，长 470 米。保存较差。起点处有一明代关堡北墙与该段壕墙重合叠压，壕墙低矮，表面为红黏土层，其上生长有白刺、芨芨草等植被。

第二段，G099—G100，长 720 米。保存差。该段壕墙时断时续，大部被沙丘包覆盖，只是在沙丘包间隙隐约露出低矮的壕墙痕迹，壕墙表面为红黏土层。起点处壕墙高 0.3、底宽 6、顶宽 2.3 米。北距明壕堑头道边 0.075 千米（彩图五八三）。

第三段，G100—G101，长 560 米。保存差。该段壕墙时断时续，部分壕墙表面出露红黏土层，大部被低矮的沙丘包覆盖。起点处壕墙高 0.6、底宽 5、顶宽 2.6 米。北距明壕堑头道边 0.076 千米。

第四段，G101—G102，长 950 米。保存差。该段壕墙低矮呈土垄状，痕迹较为清晰，壕墙表面长满白刺、苦豆子、芨芨草、白蒿等植被。起点处壕墙高 0.6、底宽 5、顶宽 1.5 米，北距明壕堑头道边 0.066 千米。起点以东 0.3 千米处壕墙高 0.6、底宽 7、顶宽 2 米，北距明壕堑头道边 0.064 千米。

10. 清水营壕堑 3 段

G102—G104，长 1420 米。整体保存差。此段壕堑呈东南—西北向延伸。现存壕墙呈一线土垄状，其间分布较多的连续小沙丘。残存壕墙土色泛白，夹杂有红土颗粒，部分壕墙土层为松散的红胶土。壕墙北侧取土壕痕迹不明显，沿线存留遗物标本较少。西段有人为损毁的道路豁口，断面处有明显的红胶土堆积断面（图二〇七）。按其走向分为 2 段。

第一段，G102—G103，长 1070 米。该段壕墙呈一线土垄状，其间分布较多的连续小沙丘，残存壕墙土色泛白，夹杂有红土颗粒，部分壕墙土层为松散的红胶土。壕墙北侧取土壕痕迹不明显，沿线存留遗物标本较少（彩图五八四）。

第二段，G103—G104，长 350 米。该段壕墙位于平原沙地之上，壕墙内外两侧均种植有大片的柠条林带，东段壕墙地表呈一线土垄状，壕墙西端为一处便道豁口。

11. 清水营壕堑 4 段

仅一段，G104—G105，长 1880 米，消失。此段壕堑呈东南—西北向延伸，壕墙东段地表无痕迹，原有壕堑被延绵不断地黄沙土覆盖，其上长满杂草；壕墙西段因水土流失及山洪连年冲刷，现已坍塌崩毁入清水河道。由此导致壕墙整体消失。

12. 清水营壕堑 5 段

G105—G113，长 1450 米。此段壕堑呈东南—西北向延伸。东段残存壕墙北侧为陡坡，南侧呈斜缓坡，壕墙采用黄土夹杂砂石粒夯筑而成。现存壕墙北侧取土壕痕迹较为明显，壕沟较大，沟底较平，其上覆盖沙尘土。清水河河道处于壕堑与头道边墙体之间，季节性洪水常年冲刷对两道长城构成严重威胁，西段壕墙大部被清水河冲刷为河床以及后期人工采沙破坏（参见图二〇七）。按其走向及保存现状分为 8 段。

第一段，G105—G106，长 200 米。保存差。该段壕墙北侧取土壕痕迹较为明显，东段壕墙时断时续被较小沙丘包覆盖，沙丘包间隙壕墙多分布有水冲小豁口。壕墙西段水毁严重。起点处壕墙外高 1、底宽 5、顶宽 2 米，北距头道边长城 0.062 千米，北侧取土壕宽 6、深 0.9 米。止点以东为一条宽

31.4、深 11 米的横穿明头道边、二道边及壕堑三道长城的水冲深沟。

第二段，G106—G107，长 270 米。保存较差。该段壕墙北侧为陡坡，南侧为斜缓坡，壕墙由夹杂砂石的黄土堆积而成，壕墙北侧取土壕沟宽大，沟底较平，清水河河道处于壕堑与头道边明长城之间，季节性洪水常年冲刷对两道长城构成严重威胁。起点西北 0.02 千米处壕墙外高 2.4、内高 1.3、底宽 7、顶宽 1.5 米，北侧取土壕宽 6.5、深 1.1 米，北距明头道边长城 64.6 米（彩图五八五）。

第三段，G107—G108，长 310 米。保存差。该段壕墙所处为一大片采沙区，系采沙作业挖毁壕墙，沟壑、沙坑密布，壕墙残留痕迹少，仅壕墙中段公路两侧残存有少量壕墙痕迹。

第四段，G108—G109，长 30 米。保存较差。地表壕墙痕迹较少，部分地段地表出露红黏土层，墙高 0.3、宽 1.2 米，壕墙表面多生长有芨芨草、白刺等植被。

第五段，G109—G110，长 260 米。消失。该段壕墙被清水河冲刷为河床，后期有人工取土破坏。

第六段，G110—G111，长 110 米。保存较差。该段残存壕墙痕迹较低，起点处以西 0.01 千米处壕墙高 1、底宽 8.5、顶宽 2 米。北侧取土壕较平，壕宽 7.5、深 0.8 米。

第七段，G111—G112，长 170 米。消失。该段壕墙被清水河冲刷为河床，后期有人工采沙破坏。

第八段，G112—G113，长 100 米。保存差。该段现存两处土包状壕墙痕迹，处于河床间台地上。壕墙北侧取土壕痕迹不明显。

第六章

总　结

第一节　河东明长城墙体遗迹综述

为了防御残元势力和鞑靼、瓦剌的侵扰，明朝自始至终对北方的防务建设非常重视。在明王朝统治的 270 余年间，从未停止过修筑长城和经营长城防御体系。明长城东起辽宁省鸭绿江西岸，向西横贯到山海关，经天津市、河北省、北京市、内蒙古自治区、山西省、陕西省、宁夏回族自治区，穿过甘肃省河西走廊中部偏西，到达长城的西端嘉峪关。为了加强长城的防御功能，明王朝将长城墙体沿线划分为九个防御区，分别驻有重兵，称为"九边"或"九镇"。每镇设有总兵官领辖，逐步形成了"九边"分区防守、分段管理和修筑长城的制度。《明史·兵志》"边防"称："元人北归，屡谋兴复。永乐迁都北平，三面近塞。正统以后，敌患日多。故终明之世，边防甚重。东起鸭绿，西抵嘉峪，绵亘万里，分地守御。初设辽东、宣府、大同、延绥四镇，继设宁夏、甘肃、蓟州三镇，而太原总兵治偏头，三边制府驻固原，亦称二镇，是为九边。"[1] 明代北方的九大重镇，实际上是以长城为依托的九个防御区，分属九镇管理。明长城对于明朝政权的巩固、北部地区农牧业生产的安定、国家的安全都起了积极的作用。为了抵御残元势力和鞑靼侵袭，明政府在长城沿线长期驻扎重兵防守。在宁夏北部不设府、州、县，而是直接以宁夏镇统辖卫、堡、寨戍防，并先后设立了宁夏卫、宁夏左中右三屯卫和宁夏后卫，属明代军政合一、屯防兼备的特殊行政区域——边关屯卫重点之一。其中有"平固门户，环庆襟喉"之称的宁夏后卫，更是因"地里宽漫，城堡稀疏，兵力单弱，旧筑边墙低薄，壕堑窄浅，墩堡稀疏，以致虏贼攻挖甚易，入境长驱，一日夜直抵固原"[2] 等原因，而始成为明军防范瓦剌、鞑靼骑兵入侵的重点地域。所以，在正德元年（1506 年）总制陕西都御史杨一清在给明武宗的奏折中就恳请"宜将花马池守御千户所改设宁夏后卫……即以选定招募士兵更调入伍"[3]。此建议得到朝廷的批准，并于次年勒令实施[4]。屯守宁夏驻兵人数不断增加。据《大明会典》载，明代宁夏驻军达 7 万余人，仅宁夏平原各卫所就有 156 个驻军堡寨，"村落多土垣环峙，兀为堡寨"。明朝在防务布

---

〔1〕（清）张廷玉等：《明史》卷 91《兵志三》，中华书局，1974 年，第 2235 页。

〔2〕《明实录·武宗实录》卷 17，台北"中研院"历史语言研究所校印，1961 年，第 523 页。

〔3〕《明实录·武宗实录》卷 17，台北"中研院"历史语言研究所校印，1961 年，第 523 页。

〔4〕"正德二年二月丙子……命陕西西安等八府清出当时解南方军士改编新设宁夏后卫及兴武营守御千户所补武操备，满千人乃至"，参见《明实录·大明武宗毅皇帝实录》卷 17，台北"中研院"历史语言研究所校印，1961 年，第 523 页。

局上采取列镇屯兵。在修筑长城工程上采取分区、分片、分段包修。明朝放弃内蒙古河套平原后，失去了地利上的战略防御屏障，因而，宁夏的军事地位显得更为重要。顾祖禹在《读史方舆纪要》中论述宁夏镇长城时，称其为"关中之屏蔽，河陇之襟喉"[1]。许论《九边图论·宁夏》也说："成化以前，虏患多在河西，自虏居套以来，而河东三百里间更为敌冲，是故窥视平固则犯花马池。掠环庆则由花马池之东。入灵州等处则清水营一带是其径矣。"[2] 明朝放弃内蒙古河套平原，退守宁夏之后，宁夏镇特别是黄河以东地势较为开阔的盐池、灵武一带首当其冲，成为游牧民族南下的突破口。于是，当时宁夏镇境内，东、西、北三面均已有长城环固。明代在宁夏先后修筑的河东长城有"河东墙""深沟高垒""沿河边墙""河东壕堑"及沿线敌台、铺舍、烽火台和城堡等军事设施。

明代宁夏镇河东长城在今盐池县、灵武市及银川市兴庆区和平罗县的黄河以东。明代正统以后，蒙古鞑靼进入河套地区，花马池一带的军事地位才凸显起来。据《明史·地理三》载："洪武十六年（1383 年）十月在灵州置守御千户所，属宁夏卫辖……成化十五年（1479 年）在盐池置花马池守御千户所，正德元年（1506 年）改为宁夏后卫。"[3] 明朝在这里前后共修筑有两道长城（图二〇八）。一道是成化十年（1474 年）修筑的"河东墙"[4]，另一道是嘉靖十年（1531 年）新筑的"深沟高垒"[5]（俗称"头道边"）。"深沟高垒"（头道边）墙体自西（横城黄河东岸）向东，在清水营分叉（图二〇九），又向南移筑至花马池止。偏北的一道为"河东墙"（俗称"二道边"）。

一　"河东墙"（二道边）明长城墙体

据王琼《北虏事迹》载："成化十年，巡抚宁夏都御史徐廷章、镇守都督范瑾，奏筑河东边墙，自黄沙嘴起至花马池止，长三百八十七里。"[6] 另外，《嘉靖宁夏新志》亦载："自黄沙嘴起至花马池止，长三百八十七里，成化十年都御史余子俊奏筑，巡抚都御史徐廷章、总兵官范瑾力举而成之。"[7]《明实录》载："成化十年闰六月乙巳，巡抚都御史余子俊奏修筑边墙之数：东自清水营紫城寨，西至宁夏花马池界碑止……东西长一千七百七十里一百二十三步……上令所司之。"[8] 尽管《嘉靖宁夏新志》中所说余子俊成化十年方提议筑墙不可尽信，但成化十年（1474 年）六月，在徐廷章、范瑾的共同主持下，河东墙的初步工程已经完成。其"始设之意，盖不专于扼塞而已。谓虏逐水草以为生者，故凡草茂之地，筑之于内，使虏绝牧；沙碛之地，筑之于外，使虏不庐"[9]。宁夏"河东墙"（二道边）在花马池与榆林镇所辖长城相连接，使墙体从东到西将整个河套包括在内。成化十五年（1479 年），又有一次加高加厚该段边墙的工程，载于《明实录》，"成化十五年十一月丁未，命筑宁夏沿河边墙。镇守宁夏太监龚荣奏：宁夏东路自花马池至黄河，东至平山墩，西至黑山营，中间相去几二百里，虏所出没。说者以为前有黄河可恃，然春夏之时河可恃也，如冬月冻合，实为可忧。今欲沿河修筑边墙，使东西相接。其西路永安墩至西沙嘴，旧墙低薄颓坏，欲改筑高厚，庶可保障地方。事下，

〔1〕　（清）顾祖禹：《读史方舆纪要》卷 62，中华书局，2005 年，第 2941 页。
〔2〕　（明）许论撰：《九边图论》之"宁夏"，《四库禁毁书丛刊》史部第 21 册，北京大学出版社，1998 年，第 101 页。
〔3〕　（清）张廷玉等：《明史》卷 43《地理三》，中华书局，1974 年，第 1013 页。
〔4〕　（明）胡汝砺编、（明）管律重修、陈明猷校勘：《嘉靖宁夏新志》卷 1，宁夏人民出版社，1982 年，第 19 页。
〔5〕　（明）胡汝砺编、（明）管律重修、陈明猷校勘：《嘉靖宁夏新志》卷 1，宁夏人民出版社，1982 年，第 19 页。
〔6〕　（明）王琼撰、单锦珩辑校：《王琼集》，山西人民出版社，1991 年，第 64 页。
〔7〕　（明）胡汝砺编、（明）管律重修、陈明猷校勘：《嘉靖宁夏新志》卷 1，宁夏人民出版社，1982 年，第 19 页。
〔8〕　参见《明实录宁夏资料辑录》所辑《明宪宗纯皇帝实录》卷 130 "成化十年闰六月乙巳"，宁夏人民出版社，1988 年，第 8 页。
〔9〕　（明）胡汝砺编、（明）管律重修、陈明猷校勘：《嘉靖宁夏新志》卷 1，宁夏人民出版社，1982 年，第 19 页。

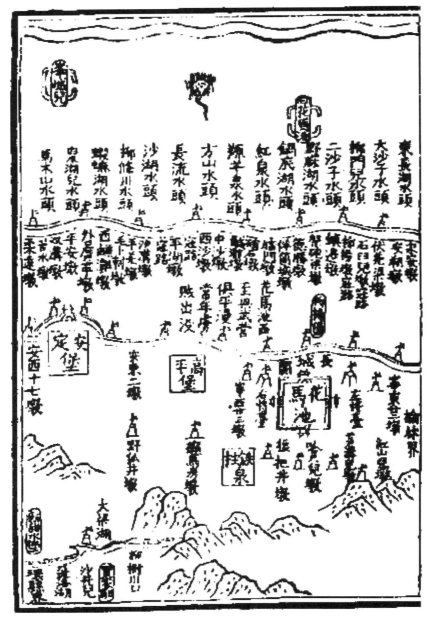

图二〇八　　《边政考》花马池营、安定堡、高平堡及两道边墙

兵部覆奏以为便。遂役一万人筑之。"[1] 弘治九年（1496 年）至十五年（1502 年），宁夏巡抚张祯
叔、王珣，先后于墙外挖"品坑"四万四千多眼，以防敌骑接近边墙。"品坑，河东墙外，共四万四
千有余坑，都御史张祯叔、王珣相机置挖。"[2] 这种品字形坑也称"品字窖"，主要是阻滞敌骑靠近边
墙。王珣任内曾计划增筑河东旧墙，标准为宽三丈，高二丈，增之内外各掘沟堑，深阔各三丈，延绥
至宁夏三百里间墙沟三道，通计九百里[3]。弘治十四年（1501 年）九月，河套小王子部于花马池一

〔1〕　参见《明实录宁夏资料辑录》所辑《宪宗纯皇帝实录》卷197"成化十五年十一月丁未"，宁夏人民出版社，1988 年，第
322～323 页。

〔2〕　吴忠礼主编：《弘治宁夏新志》（第 2 函），《宁夏历代方志萃编》卷1，天津古籍出版社，1988 年，第 38 页。

〔3〕　（明）陈子龙等：《明经世文编》，中华书局，1962 年，第 575 页。

图二〇九　《边政考》清水营分叉的边墙

带拆墙而入，因此对该段边墙进行过紧急维修。弘治十七年（1504 年），秦纮奏报，其任内督修诸边堡一万四千余处、边堑六千四百余里[1]。宁夏境内，刘宪等地方官员虽迫于兵部压力，但因拘泥于不同意见，又怕劳民伤财，仅于花马池以西至小盐池间添修了四五座小城堡，北部边墙沿线增筑了红山堡等边堡，其增筑旧墙的计划并未能实施。正德元年（1506 年），三边总制（统管榆林、宁夏、甘肃三镇的最高长官）杨一清全线考察徐廷章所筑外边墙后，发现"壕堑窄浅，墙体低薄，墩台稀疏"，难以阻敌。他提出从延绥安边营石涝池至横城三百里间，"修筑徐廷章所筑外边墙，高厚各二丈，墙上修暖铺九百间，墙外浚旧堑，亦深阔各二丈"[2]。"用军四千五百人守之，挑浚旧堑，亦深阔二丈，期

〔1〕《明实录·宪宗纯皇帝实录》卷 211，台北"中研院"历史语言研究所校印，1961 年，第 8 页。

〔2〕（明）陈子龙等：《明经世文编》卷 250，中华书局，1962 年，第 2629 页。

以四月工完。二年夏四月兴工，起自横城，自西而东，筑墙三十里。人众聚集，汲爨艰难，又皆露宿，风雨所无避，多生疾病，至有死者，人心怨愤"[1]，发生了民夫哗变，杨一清知众情难久，下令筑花马池城完，即放散五日，而城完乃散归。朝廷即令遣散民夫，杨一清亦引疾离职，至此工程半途而废。关于杨一清修边时间，《嘉靖固原州志》作弘治十八年（1505年)[2]，《嘉靖宁夏新志》叙作正德二年[3]（1507年）。此事《北虏事迹》《明史·杨一清传》记载较为详细。关于筑墙里程，《嘉靖固原州志》《北虏事迹》[4]中均作三十里，而《万历固原州志》中作"四十余里"，《明史·杨一清传》中作"其成者，在要害间仅四十里"[5]。《嘉靖宁夏新志》亦作"迄今清水营四十里"[6]，当时主要修筑清水营辖内旧有边墙。正德五年（1510年），杨一清平复寘鐇之乱再至宁夏，"阅敕旧筑边墙，自红山至横城，高厚坚完，俨然巨障，惜成功之难，叹前志之未遂"[7]，即当时完工者仅红山至横城段。所谓河东墙的五年修边计划及修缮沿河边墙墩堑的计划均未能完全实施。但后来随着王琼被委任三边总制，重勘线路，改置"深沟高垒"，续修河东墙的计划就此不了了之了。

经实地调查"河东墙"（二道边）由陕西省定边县苟池西畔村进入盐池县花马池镇双井子村。这道墙体的走向，由东南向西北经夏记墩村、宛记沟村、北王家圈村、东冒寨子村、上滩村、杨记圈村、黄记沙窝村、张记台村、南圈村、叶记场村、红圪瘩村及潘记梁村，西北到达兴武营村后，与"深沟高垒"（头道边）墙体逐渐靠近，但这两道墙体在此并没有交汇。经实地踏查，这道墙体在此由东南向西北继续与"深沟高垒"（头道边）墙体并行，呈平行走向，再经闵庄子村、郭家坑村、东庄子村、徐庄子村，在张记边壕村出盐池县境，向西进入宁东镇清水营村后，经清水营东城堡与"深沟高垒"（头道边）墙体交汇。至此"河东墙"（二道边）沿途经过20个村。经实地测量，"河东墙"（二道边）自盐池县的双井子村至清水营长90882米。这道墙体在明嘉靖年间就已废弃，墙体遗迹尚存。由此向西，从清水营至横城村的"河东墙"被以后加宽加高的"深沟高垒"墙体所沿用。从分叉地点的清水营起至横城村黄河东岸墙体长32016米。由此可知，"河东墙"（二道边）长122898米。

经调查，自陕西省定边县苟池西畔村东北进入盐池县双井子村西北至清水营村的"河东墙"（二道边）墙体，低矮窄小，墙体外侧无敌台。墙体以自然为基础，用黄土版筑夯打而成，夯层厚14～19厘米，高3.5～4、底宽3.5～4米；部分墙体受雨水冲刷坍塌，仅存墙基痕迹；部分墙体坍塌风化成一道低矮的坡形土梁，高0.3～0.7米；部分墙体存墙基，被沙土掩埋，无任何迹象；部分墙体损毁严重，消失，或被沙丘掩埋，只能看出大致走向。"河东墙"（二道边）黄记沙窝村段墙体地处低山丘陵及沙丘草滩地带，地势高低起伏，墙体坍塌十分严重，大多被沙丘掩埋或消失，难以辨明墙体走向及位置。高沙窝镇红圪瘩村段墙体保存较好，所处地势平坦，墙体高3.8、底宽3、顶宽约0.9米，夯层厚13～18厘米。保存一般的大多高1.1～2.7、顶宽0.2～0.5米，版距1.6、2.2、2.4、2.8米，夯层厚15～20厘米。

二　"深沟高垒"（头道边）明长城墙体

成化十年（1474年）所修筑之"河东墙"由于战争的破坏，颓圮不堪。嘉靖七年（1528年）二

〔1〕（明）王琼撰、单锦珩辑校：《王琼集》，山西人民出版社，1991年，第65页。
〔2〕（明）杨经纂辑：《嘉靖固原州志》卷2"奏议"，宁夏人民出版社，1985年，第28页。
〔3〕（明）胡汝砺编、（明）管律重修、陈明猷校勘：《嘉靖宁夏新志》卷2，宁夏人民出版社，1982年，第123页。
〔4〕（明）王琼撰、单锦珩辑校：《王琼集》，山西人民出版社，1991年，第65页。
〔5〕（清）张廷玉等：《明史》卷198，中华书局标点本，1974年，第5227页。
〔6〕（明）胡汝砺编、（明）管律重修、陈明猷校勘：《嘉靖宁夏新志》卷2，宁夏人民出版社，1982年，第123页。
〔7〕（明）杨一清：《西征日录》，《古西行记选注》，宁夏人民出版社，1987年，第308页。

月丁未，工科给事中陆粲上奏："陕西河套本吾内地，国初设东胜卫以控扼之，自后弃为虏巢。其宁夏花马池之灵州一带地方最为虏冲，地势平衍，无险可恃，边墙低薄，壕堑浅狭。虏每拥众深入，往往由此。正德初年，令大学士杨一清总制陕西，欲将延绥定边营迤东石涝池之宁夏横城三百里内边墙增筑高厚，事已就，会本官去任，仅筑四十里而止……迄今议者多言边塞风沙，版筑之功难成易坏，然前项所筑边墙四十里者，计今且二十余年屹立如故，则斯言之谬妄可知。夫兴事立功要以实心为主，能极坚固，自堪耐久。须如当时原议，筑墙浚濠，高、广、深、阔皆逾二丈，有敌台以备守御，有暖铺以便巡警，有小堡以相协助，有墩台以便瞭望。今日守边固圉之计莫先于此。"[1] 此时只修筑了四十里而止。嘉靖八年（1529 年）十一月，三边总制王琼上奏朝廷提出了延宁修边计划，嘉靖以当时"全陕灾伤，军民困敝"为由延推[2]。次年王琼令延绥西路管粮佥事张大用、宁夏管粮佥事齐之鸾，各照该管地方兴工挑挖，宁夏花马池、延绥定边营相接地方，挑挖壕堑一道，长四十二里，命令兵备副使牛天麟修补挑挖定边营南至大山口原先余子俊筑修的墩墙，长二十里。工程于当年十月地冻时完工[3]。当年十月甲申，王琼再次向朝廷提出了修边建议。他认为杨一清增筑旧边墙计划费工费钱而御敌效果不好，提出修筑"从花马池西北至安定堡四十一里，安定堡至兴武营四十八里，兴武营至毛卜剌二十四里，毛卜剌至清水营二十八里，清水营至横城堡大墙二十五里，通计一百六十六里，必皆挑挖沟堑，方无空隙。东南自定边营大山口起，西北至宁夏黄河止，中间平漫之地，皆有深沟高垒"。嘉靖十年（1531 年）总制陕西省三边军务兵部尚书兼都御史王琼以"今城去军营远，贼至不即知"[4] "以其（河东墙）土沙相半，不堪保障"[5] 为由，上奏朝廷，放弃原来"河东墙"，重新加以改筑，起自横城，至花马池，由西向东修筑新墙，历经四年。"颓垣垫溢，于崇于浚。嘉靖十四年秋，工乃告竣"[6]，这道长城的修筑是撇开原来的旧墙体，于嘉靖九年（1530 年）"在花马池城北六十步，即尚书王琼弃长城所筑之沟垒也。延长五十四里，墩铺五十座。关门上有楼，高耸雄壮，额以'深沟高垒'及'朔方天堑''北门锁钥''防胡大堑'等字"[7]。嘉靖十年，王琼将清水营以东长城南移，并在墙外挑挖沟堑，也就是被其称为"深沟高垒"的工程开始了。这道长城的东段（自盐池县与陕西省定边县交界地点起，西到清水营止的这段墙体）将其原来的"河东墙"弃之于外，往南移筑新墙。这道长城的西段（从清水营起至横城黄河东岸）是继续沿用了成化年间的"河东墙"，并在此基础上，加高加宽原来的墙体，且在墙体内外开挖壕堑，继续发挥防御作用。《嘉靖宁夏新志》记载："自横城起至花马池止，长三百六十里。嘉靖十年，总制尚书王琼弃其所谓河东墙而改置之者。"[8] 其中，齐之鸾以按察副使督领宁夏，修边自西向东，由当时戍边军士分段修筑。从红山堡黑水沟开始，"自黑水东五十里，参将史经以所部兵二千作之。又自毛卜剌堡东二十四里，都指挥吴吉、郑时以夏防秋兵三千作之。又自兴武营东四十八里，征西将军周公尚文并诸将士、他工之先讫者万二千有奇作之。又自安定堡东十七里，参将王玑以所部兵千二百作之。又自红石崖东至盐场堡四十七里，游击将军彭械、指挥穆希周，以陕游兵三千、延绥防秋兵二千作之，始事辛卯春三月，越秋九月告竣。堑深广皆二丈，堤垒高一丈，广三丈。沙土易圮处，则为墙，高者二丈余有差，而堑制视以深浅焉。关门四：清水、

〔1〕 参见《明实录宁夏资料辑录》所辑《明世宗肃皇帝实录》卷85 "嘉靖七年二月丁未"，宁夏人民出版社，1988 年，第534 页。

〔2〕 《明实录·世宗肃皇帝实录》卷107，台北"中研院"历史语言研究所校印，1961 年，第7 页。

〔3〕 （明）杨经纂辑：《嘉靖万历固原州志》卷2 "奏议"，宁夏人民出版社，1985 年，第122 页。

〔4〕 （明）胡汝砺编、（明）管律重修、陈明猷校勘：《嘉靖宁夏新志》卷3，宁夏人民出版社，1982 年，第247 页。

〔5〕 （明）胡汝砺编、（明）管律重修、陈明猷校勘：《嘉靖宁夏新志》卷1，宁夏人民出版社，1982 年，第19 页。

〔6〕 （明）胡汝砺编、（明）管律重修、陈明猷校勘：《嘉靖宁夏新志》卷3，宁夏人民出版社，1982 年，第249 页。

〔7〕 （明）胡汝砺编、（明）管律重修、陈明猷校勘：《嘉靖宁夏新志》卷3，宁夏人民出版社，1982 年，第247 页。

〔8〕 （明）胡汝砺编、（明）管律重修、陈明猷校勘：《嘉靖宁夏新志》卷1，宁夏人民出版社，1982 年，第19 页。

兴武、安定，以营堡名。在花马池营东者，为喉襟总要，则题曰'长城关'"[1]。"深沟高垒"（头道边）墙体自东向西经过的花马池、安定堡、兴武营、清水营四处设四道关门，均以营、堡名为关名，花马池名曰长城关，又名东关门，其余三道关门为：安定关（图二一〇）、兴武关、清水关。这段新筑边墙因之又被称为"东关门墙"[2]。延绥境内定边营段由张大用负责督修。从定边营城东南至大山口，计二十一里一百三十五丈。定边营西北至宁夏接边处长二十二里一百四丈五尺，七月即告完工[3]。则宁夏境内所修共计一百八十六里。延绥定边营段实际修筑边墙长四十三里二百三十九丈五尺。两项合计约二百二十九里。《王琼集》载："定边营南山口起，西北至横城旧墙止，共长二百二十八里，内筑墙一十八里，开堑二百一十里"。其中筑墙地段标注在花马池至定边营、定边营至南山口段[4]。关于这道边墙的续修和维修情况，《万历固原州志》《皇明九边考》[5]均有记载。另外在嘉靖四十一年（1562年）[6]、隆庆四年（1570年）[7]、隆庆六年[8]、万历三年（1575年）[9]宁夏督抚均多次修缮过这道新边墙。

"深沟高垒"（头道边）的东端起点在盐池县与定边县307国道分界南侧约0.1千米处。这道墙体走向呈东南—西北走向，自陕西省定边县进入宁夏盐池县花马池镇东郭庄村，经东门村穿过307国道，折转到公路北侧，进入盐池县城北侧，西北行经五堡村、刘八庄村（花马池城东至定边县境内及花马池城西的八堡村西至红沟梁村的头道边墙体北侧，各有一段分支垒墙遗迹，其中，花马池城以东至定边县境内的垒墙长13500米，八堡村西至红沟梁村的垒墙长约11500米，两端分别与头道边墙体相接。这两段堤垒状的墙体，是明代续修边墙改筑前的垒墙遗迹，墙体高1~2.8，底宽约5米，堆土垒筑而成，垒墙表面呈弧形，剖面略呈梯形，外陡内缓，土层表面用大平面重物拍打，层次清楚，夯打不实，不见夯迹）。继续向西偏北过十六堡村，到达红沟梁村时，又大致呈南—北走向，墙体在此弯曲呈"S"形迤逦北行，经东牛毛井村、叶记豁子村及南台村，沿安定堡东、北、西墙外侧绕行，又转折向西北行进，过毛家庄村、青羊井村、茇茇沟村、英雄堡（永清堡）、大疙瘩村、潘记梁村，到达兴武营村与"河东墙"（二道边）逐渐走近，呈平行走向，继续西行过闵庄子村、郭家坑村、东庄子村、徐庄子村，在张记边壕村出盐池县境，进入灵武市清水营村，与"河东墙"（二道边）并为一道（头道边和二道边的改线点）继续西行，再经马跑泉村、蒋家窑村、张家窑村、横山村，过水洞沟，继续西北行至横城村，最终到达黄河东岸，经过6个乡镇（花马池镇、王乐井乡、高沙窝镇、宁东镇、临河镇、掌政镇）、34个村，共51段墙体，全长122865米。

明代一尺约合32.65厘米[10]，一里约合490米。今122.865公里约合明制251里。另据《嘉靖宁夏新志》所载相关堡寨间里程推知，横城至花马池为250里。"横城堡东至红山堡二十里，红山堡东至清水营五十里[11]，清水营东至兴武营六十里，兴武营东至花马池一百二十里[12]。合计二百五十里，

〔1〕（明）胡汝砺编、（明）管律重修、陈明猷校勘：《嘉靖宁夏新志》卷3，宁夏人民出版社，1982年，第248页。
〔2〕（明）胡汝砺编、（明）管律重修、陈明猷校勘：《嘉靖宁夏新志》卷3，宁夏人民出版社，1982年，第247、248页。
〔3〕（明）王琼撰、单锦珩辑校：《王琼集》，山西人民出版社，1991年，第96~97页。
〔4〕（明）王琼撰、单锦珩辑校：《王琼集》，山西人民出版社，1991年，第87~90页。
〔5〕（明）魏焕撰：《皇明九边考》，《北京图书馆古籍珍本丛刊》，北京书目文献出版社，1962年，第459页。
〔6〕《明实录·世宗肃皇帝实录》卷507，台北"中研院"历史语言研究所校印，1961年，第1页。
〔7〕《明实录·穆宗庄皇帝实录》卷45，台北"中研院"历史语言研究所校印，1961年，第7页。
〔8〕《明实录·穆宗庄皇帝实录》卷7，台北"中研院"历史语言研究所校印，1961年，第6页。
〔9〕《明实录·神宗显皇帝实录》卷35，台北"中研院"历史语言研究所校印，1961年，第11页。
〔10〕丘光明：《中国古代度量衡》，中国国际广播出版社，2011年，第156页。
〔11〕（明）胡汝砺编、（明）管律重修、陈明猷校勘：《嘉靖宁夏新志》卷3，宁夏人民出版社，1982年，第202~203页。
〔12〕（明）胡汝砺编、（明）管律重修、陈明猷校勘：《嘉靖宁夏新志》卷3，宁夏人民出版社，1982年，第253页。

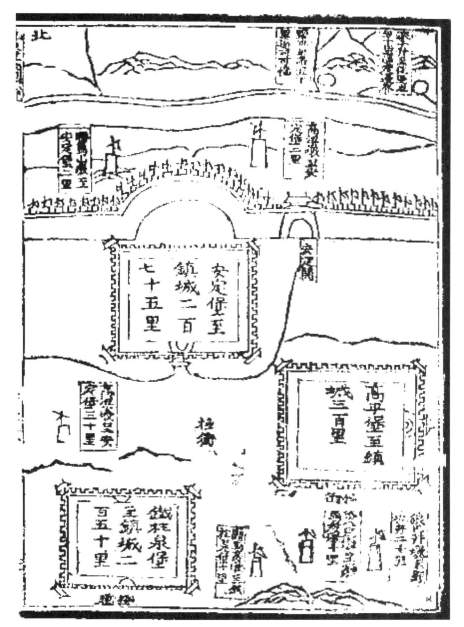

图二一○ 《九边图说》安定堡及安定关

当与实际里数大致接近。

　　"深沟高垒"（头道边）墙体坍塌、风蚀损毁较重，两侧沙土堆积较厚。墙体顶部大多被雨水冲刷成锯齿状。保存一般的墙体高 4～6、顶宽大多 0.4～2.7 米，保存较好的墙体高 7～8 米，顶宽大多 4.8、最宽 5.1 米，底宽 9～11 米。长城墙体迎敌的一面（外侧）筑有垛口垛墙，内侧筑女墙。保存较好的垛墙高 0.8～1.2、底宽 1.1 米，女墙高 0.4～0.6、宽 0.5 米，夯层厚 10～21 厘米，保存较好的宁东镇马跑泉村长城墙体，垛墙和女墙间的夹道宽 2.7 米。墙体内外两侧壕堑淤为平地，地表大多无迹象可寻；依墙体外侧而建的夯土敌台一线排开，每隔 0.2 千米就有一座，大多坍塌严重，高约 9 米，顶部高出墙体 2～3 米。

经实地调查，"深沟高垒"（头道边）墙体沿线的安定关、兴武关、清水关遗址损毁不存。"长城关"[1] 遗址在花马池营北瓮城北 0.12 千米处，今花马池营北关北路至制药厂间的泄洪沟桥南侧，仅存夯土基址。根据明代《九边图说》所标注的安定关位置，大约在安定堡东侧[2]。兴武关可能位于兴武营西北侧，实地调查时未发现关门遗迹。根据明代《九边图说》所标注清水关具体位置，可能在"深沟高垒"（头道边）与"河东墙"（二道边）交汇处南墙，即清水营 12～13 号敌台，此处为长 26 米的豁口。

三　河东"沿河边墙"

河东"沿河边墙"，由宁夏回族自治区灵武市横城村沿黄河东岸由南向北至内蒙古自治区巴音陶亥农场。这道边墙的修筑，是为防止河套蒙古人在冬季黄河封冻时，西渡黄河进入银川平原。成化十五年（1479 年）十一月，宁夏巡抚贾俊任内遂役使一万人，主持修筑了宁夏"沿河边墙"[3]。"嘉靖十五年（1536 年）总制刘天和修复外边防守黄河，东与外边对岸处修筑长堤一道，顺河直抵横城大边墙，以截套房自东过河以入宁夏之路"[4]。王琼《北房事迹》亦云："镇远关、黑山营对河之东，为山嘴墩，南至横城，旧有墙堑长一百八十五里，墩台三十六座，皆年久废弃，不能守。"[5] 河东"沿河边墙"是"河东墙"顺黄河向北的延续。这道长城自黄河东岸的横城起，迤南向北经银川市兴庆区月牙湖乡，再经平罗县高仁镇、陶乐镇及红崖子乡，进入内蒙古自治区巴音陶亥黄河东岸，隔河与石嘴山市的旧北长城相遥望。"宁夏边墙至黄河东岸，今筑横城而止"[6]，与横城大边墙相接。这道边墙处于宁夏横城北黄河东岸。另外有壕堑一道。墙堑规模，高厚深阔，悉如花马池一带城堑之数。自南而北原有墩台十八座，后来防守的官员觉得墩台稀疏，每两墩间又增筑一座墩台，现有墩台三十六座。后来又设置石嘴、暖泉两座墩台用以瞭望，其中第十八墩正好与河西的黑山营、镇远关相对（图二一一）。后来河东墩军经常被敌人房掠，先是石嘴、暖泉二墩被废弃，后来新旧三十六墩都被废弃，只在河西筑立墩台十五座守护瞭望[7]。刘天和修筑的"沿河边墙"，其修筑工程比较简单，墙体夯打不实，夯层不甚清晰，加上紧靠黄河岸边，河道不断东移，河岸坍塌，墙体大多被河水泛损，现高仁镇以南尚有遗迹可寻，高仁镇北至都思兔河没有任何痕迹。该道墙体存数千米，大部位于原陶乐境内，因此又被称为"陶乐长堤"。据实地调查，"沿河边墙"仅存 3 小段，第一段在横城村陶灵园艺场内，自南向北墙体实测长 2859 米；第二段在陶乐园林场（头道墩烽火台）西墙外侧约 0.01 千米处，由头道墩迤南，经二道墩至三道墩之间，长 4693 米，墙体上部被当地林业部门修挖了一条水渠，称为"长城渠"，三道墩迤南至月牙湖有墙体痕迹，大部分被当地村民修为村路，墙体变得十分模糊；第三小段墙体位于平罗县红崖子乡王家沟村东约 7.5 千米，呈南—北走向，成为一道长堤，长 331 米，宽 23～42 米。

〔1〕《九边图说》"宁夏镇"，《玄览堂丛书初辑》第 5 册，台湾图书馆，1989 年，第 248 页。

〔2〕《九边图说》"宁夏镇"，《玄览堂丛书初辑》第 5 册，台湾图书馆，1989 年，第 249 页。

〔3〕《明实录·宪宗纯皇帝实录》卷 197，台北"中研院"历史语言研究所校印，1961 年，第 5～6 页。

〔4〕（明）陈子龙等：《明经世文编》卷 248，中华书局，1962 年，第 2609 页。

〔5〕（明）王琼撰、单锦珩辑校：《王琼集》，山西人民出版社，1991 年，第 79 页。

〔6〕（明）陈子龙等：《明经世文编》卷 116，中华书局，1962 年，第 1099 页。

〔7〕（明）陈子龙等：《明经世文编》卷 116，中华书局，1962 年，第 1099 页。

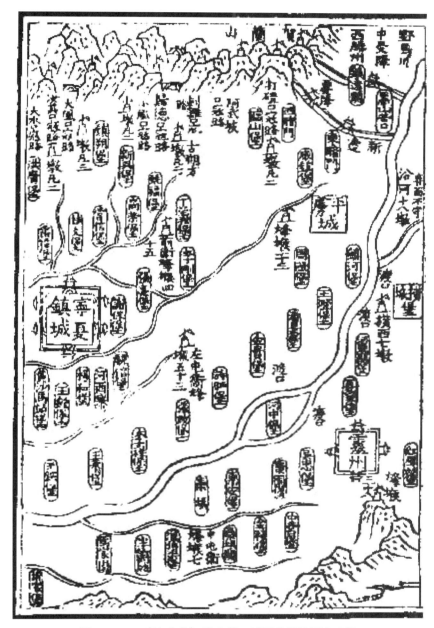

图二一一 《边政考》黑山营、镇远关及沿河十八墩

四 河东壕堑

经沿线调查及剖面发掘，显示河东壕堑墙体的修筑主要采用墙体外侧挖壕，内侧堆筑壕墙的方式，堆筑墙体坡面外陡内缓，两侧有壕。壕墙断面底宽上窄呈梯形或三角形，在墙体坍塌断面及发掘土层内虽发现有零星夯土块，但未见明显清晰的夯层，与"头道边"及"二道边"叠层夯筑墙体区别明显，基本符合壕堑形制。

由于以上迥异的构筑特征，加之文献记载较为零乱，对于其修筑时代、定名属性，学术界仍存争议，对于其时代，目前主要存在明代与隋代两种意见。最早于 20 世纪 80 年代即有学者对这道长城进行过初步调查，并依据相关文献提出这道长城可能属于隋代时期修筑[1]。1997 年宁夏文物部门曾在刘八庄附近对该墙体有过试掘，发掘者主要对内侧堆筑墙体的构筑情况作了详细介绍，并大胆推测"这段长城很有可能是被后来明长城利用（叠压）的隋长城中仅没有被叠压的部分"[2]。但由于文献依据并不十分充分，其间一些学者也提出了不同意见，并倾向于认为其为明代时期修筑[3]。存在争议的原因有两个方面，首先是以前未对河东长城开展过全面细致的调查工作，相关遗迹与特征认识不全面。其次古代文献记载的零散与混乱，对开展相关研究、整合不同意见造成了不便。这种认识上的分歧与争论，甚至对这道长城的认定与宣传保护工作都产生了不利影响。

鉴于这道长城存在的争议，调查中我们除严格按照《长城资源调查工作手册》的要求开展各项调查记录外，还对三处自然坍塌面进行了考古发掘，进一步了解了墙体构筑特征。随后在室内整理过程中，通过查对文献，征询专家意见，并召开了专题研讨会。调查队最终将这道长城确定为明代壕堑遗迹，相关调查资料通过了长城资源调查项目办公室的验收，调查成果并最终向社会公布[4]。

明代记载宁夏河东地区长城修筑情况较为详细重要者，主要有五处史志资料，其所涉及宁夏河东地区修边内容按刊刻年代先后罗列如下。

《嘉靖宁夏新志》载："河东墙，自黄沙嘴起至花马池止，长三百八十七里。成化十年（1474 年），都御使余子俊奏筑，巡抚都御使徐廷章、总兵官范瑾力举而成者。

深沟高垒，自横城起至花马池止，长三百六十里。嘉靖十年（1531 年），总制尚书王琼弃其所谓河东墙而改置之者……其在兴武营者，土沙相半，不堪保障。十六年（1537 年），总制尚书刘天和沿边内外挑壕堑各一道，袤长五十三里二分，深一丈五尺，阔一丈八尺，人斯有恃。"[5]

《皇明九边考》载："成化八年（1472 年），巡抚余子俊奏修榆林东中西三路边墙崖堑一千一百五十里。十年巡抚宁夏都御使徐廷章奏筑河东边墙黄河嘴起至花马池止，长三百八十七里，以上即先年所弃河套外边墙也……正德元年（1506 年），总制杨一清修筑徐廷章所筑外边墙高厚各二丈，墙上修盖暖铺九百间，墙外壑旧堑亦深阔各二丈，于是外边之险备亦……内外二边之中，清水、兴武、花马、定边各营地方，又套房充斥纵横往来必由之路。总制王琼自黄河东岸横城起迤东转南抵定边营南山口，开堑一道，长二百一十里，筑墙一十八里，后总制唐龙改修壕墙四十里，总制王□接修壕墙一百三十四里，总制杨□初修壕墙四十里，皆依前墙堑，止于定边营北。"[6]

嘉靖《陕西通志》载："成化七年（1471 年），巡抚王锐奏置榆林卫。八年，巡抚余子俊奏筑大边城，东自延绥黄甫川，北距河，西至宁夏红山堡，下至黄河四十里。弘治间，总制秦纮筑二边城，北为河套，东自黄甫川，南距河，西过乾涧，又西过徐斌水，又西过青沙岘，又西过靖虏卫，又西北至花儿岔。乃后，大边城西红山、横城堡侧虏数入，总制杨一清西距河，东接大边筑新城，凡四十余里。后大边城内清水至定边营一带，虏复数入，总制王琼南距乾涧、乾沟，北过定边，又西过花马池

〔1〕 许成：《宁夏古长城》，宁夏人民出版社，1988 年。

〔2〕 宁夏文物考古研究所、盐池县博物馆：《宁夏盐池县古长城调查与试掘》，《考古与文物》2000 年第 3 期。

〔3〕 陈永中：《明筑宁夏"河东墙"长城补说三则——宁夏长城研究之一》，《宁夏史志》2010 年第 2 期；陈永中：《明筑宁夏"深沟高垒"长城续说四则——宁夏长城研究之二》，《宁夏史志》2010 年第 4 期；周兴华：《盐池县新发现的"隋长城"考辨》，《从宁夏寻找长城源流》，宁夏人民出版社，2008 年，第 355～360 页。

〔4〕 国家文物局文物保函〔2012〕942 号文件《关于宁夏回族自治区长城认定的批复》。

〔5〕 （明）胡汝砺编、（明）管律重修、陈明猷校勘：《嘉靖宁夏新志》卷 1 "所属各地·风俗"，宁夏人民出版社，1982 年，第 19 页。

〔6〕 （明）魏焕：《皇明九边考》卷 8《宁夏考》"经略考"，《中华文史丛书》第 15～16 册，（台北）华文书局，1969 年，第 313 页。

北，又过兴武营北，接新边城，筑二百三十余里。后花马、定边营所地卤城恶，虏复数入，总制唐龙（中）改筑城四十余里。后乾涧、乾沟虏复数入，总制刘天和北起乾沟，南过乾涧，接二边，筑六十余里，总三百里许，号新大边城。总制杨守礼初修边墙四十里，以北皆为河套地。"[1]

《边政考》载："成化七年，巡抚王钺奏置榆林卫。八年，巡抚余子俊奏筑大边城。东自延绥黄甫川，北距河，西至宁夏红山堡，下至黄河四十里……乃后，大边城西红山、横城堡侧虏数入。总制杨一清西距河，东接大边筑新城，凡四十余（里）。后大边城内清水至定边营一带，虏复数入，总制王琼南距干涧、干沟，北过定边，又西过花马池北，又西过兴武营，北接新边城，筑二百三十余里。后花马、定边营所地碱城恶，虏复数入，总制唐龙中改筑城四十余里。后干涧、干沟虏复数入，总制刘天和北起干沟，南过干涧，接二边，筑六十余里，总三百里许，号"新大边城"。总制杨守礼初修边墙四十里，以北皆为河套地。"[2]

《万历固原州志》载："修筑大边，东西长五百余里。弘治十八年（1505 年），总制杨公一清修四十里，唐公龙接修四十里，王公琼修一百三十里，王公宪继修五十七里。嘉靖十六年，总制刘公天和修干沟、干涧六十里，挑筑壕堤各一道。增葺女墙，始险峻。张公珩添修敌台墩铺，防御益固云。"[3]

以上所引五处史志资料，《嘉靖宁夏新志》为嘉靖十九年（1540 年）刻印，主持撰修者为时任宁夏巡抚杨守礼；《皇明九边考》为嘉靖年间曾任兵部侍郎的长沙人魏焕所撰，著于嘉靖二十年（1541 年）；明嘉靖《陕西通志》由当时知名学者马理、吕楠主持编纂，成书于嘉靖二十一年（1542 年）；《全陕边政考》成书于嘉靖二十五年（1546 年），为时任巡抚陕西监察御史张雨所撰；《万历固原州志》成书最晚，于万历四十四年（1616 年）始刊刻。

上述五种资料所述内容各有侧重，详略不同。但均为明代所著述，系当代人述当代事，应基本可信。但详究各篇文字，比对史料，仍各有舛误。

《嘉靖宁夏新志》所述"河东墙"修筑史实最为详尽可信，但关于王琼所设"深沟高垒"起止、里程与其自著《北虏事迹》等处记载不一致，且对其后任督抚"续修壕墙"的事实亦无记载，刘天和于兴武营一带沿边内外挑挖壕堑一事不见于其他史料。

《皇明九边考》中所述余子俊修边里数、时间与《明史·余子俊传》均有出入[4]。又将正德元年（1506 年）杨一清修边计划当作修边事实，属明显错误，此不赘述。另外关于"续修壕墙"的事实，于"总制王□""总制杨□"处姓之后的人名皆有空缺，或与著述者对上述事实不甚清楚有关。

《陕西通志》与《全陕边政考》内容基本一致，材料可能前后因袭。其叙述最为详细，但其中将延绥巡抚余子俊所修边墙与宁夏巡抚徐廷章所修边墙混为一谈，此亦为明显错误。其边墙起止位置亦有误，又将杨一清帮筑徐廷章所筑"河东墙"四十里的事实述为杨一清新筑，表明著述者对这一段史实并未细究。另外文末所述总制杨守礼初修边事迹，其他史志中亦不见记载。

《万历固原州志》中所述各总制修边前后次序颇多颠倒，将王琼所挖设"深沟高垒"壕堑与其后所修壕墙混为一谈，墙、堑不分。另外王宪任总制在王琼之前，其继修大边的情况亦不见于其他记载。

通过对以上明代文献资料的引述与比对，可知明代徐廷章、杨一清、王琼、刘天和等人先后均有过在河东一带"挑挖壕堑"的活动。其中以王琼更易线路，挖堑规模最大，当时被称为"深沟高垒"。

---

〔1〕（明）赵廷瑞修，马理、吕楠纂：《陕西通志》卷 10 "土地·河套·河套地沿革略"，三秦出版社，2006 年，467 页。

〔2〕（明）张雨：《边政考》卷 7，《中华文史丛书》第 14 册，（台北）华文书局，1969 年，第 581~582 页。

〔3〕《万历固原州志》上卷《地理志》"创建州治"，《嘉靖万历固原州志》，宁夏人民出版社，1985 年，第 133 页。

〔4〕传文中筑边时间为"成化十年"，修边起止及里数"东自清水营紫城寨，西至宁夏花马池界牌止，东西长 1170 里 123 步"，与《明实录》记述符合。

据《王琼集》[1]记载，自"定边营南山口起，西北至横城旧墙止，共长二百二十八里，内筑墙一十八里，开堑二百一十里"。其修边方法为"土脉好处挑挖成沟堑，沙土容易坍塌处则筑墙"。修筑标准为"堑深二丈，口阔二丈，底阔一丈八尺；堑内筑垒，高一丈，底阔三丈，收顶一丈二尺，拦马墙高五尺。筑墙必高广皆二丈，垛墙高五尺。定边营每一里、其余每五里盖铺房一座，拨军巡守"。其走向、长度、修筑标准均与本次实际调查情况基本相符。王琼为"深沟高垒"的主持修筑者，其说当可信。本次调查这道长城，应为明代"沟垒"遗迹。现存盐池较好保留到现在的壕堑遗迹与史料记载的王琼所筑"深沟高垒"花马池段"东关门墙"基本吻合。这段壕堑计长54里，经后任督抚维修，沿线设有墩铺50座，至嘉靖二十五年（1546年）左右仍存留沿用[2]。而毛卜刺"大边"内侧现存的沟垒遗迹也应是王琼所筑"深沟高垒"残迹或者其后任刘天和于嘉靖十六年（1547年）重新挑挖维护后的相关壕堑遗迹[3]。

无论最早徐廷章奏筑"河东墙"或杨一清增筑"河东墙"或者以后王琼改筑"深沟高垒"，均未提及该区域有一道"隋长城"或古长城。如果认定"横城大边"（现存头道边）为"深沟高垒"，两道长城相距不足百米，杨一清、王琼等人帮筑或改线新筑边墙勘察线路、筑边过程中怎可能对其视而不见？

杨一清主张帮筑旧墙而王琼则改线挖堑，关于杨、王间墙、堑优劣之争，明代人就有论及，且多认为墙优于堑[4]。明代最终废"深沟高垒"而改筑"横城大边"最终是由其防御效果决定的，事实证明在地形平漫、风沙肆虐的宁夏河东风沙源区，弃墙挖堑并非是一种成功的防御策略[5]。

《嘉靖宁夏新志》等文献只记"深沟高垒"而未述及"横城大边"，与其成书年代有关（该书最迟于嘉靖十九年（1550年）定稿）。当时"深沟高垒"筑成不久，还在沿用及不断修缮中，即后来所谓的"横城大边"还未最终筑成。后续明代九边图籍部分将"深沟高垒"与"横城大边"混为一谈，可能与其作者未亲临边地或文章互相因袭有关。而部分图籍记载"花马池一带壕墙、垒墙"并存，当更符合事实。

主隋长城一说者，史料最早见于《隋书》，隋文帝开皇三年（583年），"令发丁三万，于朔方、灵武筑长城，东至黄河，西拒绥州，南至勃出岭，绵亘七百里。明年夏令仲方发丁十五万，于朔方以东，缘边险要筑数十城以遏胡寇"[6]。隋大业三年（607年）秋七月，"发丁男百余万筑长城，西踰榆林，东至紫河，一旬而罢，死者十五六"[7]。绥州，为唐武德三年（620年）始设，其后多次迁置，但主要设置于今陕北延安一带。紫河，学术界多认为指今内蒙古南部、山西西北长城外的浑河。而榆林、勃出岭俱在今陕北地区，可见隋代时修筑长城主要在朔方以东陕北一带进行的。所谓朔方、灵武可能只是一个笼统的地理方位。《资治通鉴》记载此事，少了"南至勃出岭"一句[8]。一些学者认为"东至河，西止绥州"应调为"西至河，东止绥州"以应合700里数，或者"西踰榆林，东至紫河"应调为"东踰榆林，西至紫河"，并将其作为认定宁夏有隋长城或河东壕堑为隋长城的史料依据，皆似有不妥。

〔1〕（明）王琼撰、单锦珩辑校：《北虏事迹》"设险守边图说"，《王琼集》，山西人民出版社，1991年，第93~95页。

〔2〕（明）张雨：《边政考》卷3，《中华文史丛书》第14册，（台北）华文书局，1969年，第128页。

〔3〕王仁芳：《明代修筑河东长城的新认识》，《宁夏社会科学》2011年第5期。

〔4〕（明）张雨：《边政考》卷10，《中华文史丛书》第14册，（台北）华文书局，1969年，第681页。

〔5〕王仁芳：《明代宁夏镇三次筑边活动的失败与教训》，《宁夏史志》2013年第1期。

〔6〕《隋书》卷60"崔仲方传"，中华书局点校本，1973年，第1448页。

〔7〕《隋书》卷3"炀帝上"，中华书局点校本，1973年，第70页。

〔8〕（汉）司马迁：《资治通鉴》卷176"陈记十"，中华书局点校本，1956年，第5485页。

第二节 "河东墙"（二道边）明长城墙体结构及相关设施

宁夏"河东墙"（二道边）地处鄂尔多斯台地南缘丘陵缓坡地带，遍布流动和半流动沙丘。墙体用黄土和沙夯筑而成，"土沙相半"，较低矮，剖面呈梯形，高 3～4、底宽 3～4、顶宽 1 米，外侧无敌台。随着五六百年的风雨侵蚀，许多地段的墙体遭受到严重的破坏，仅存鱼脊状的墙基，或只能看出大致走向；有些地段墙体被雨水冲刷坍塌，或被沙土掩埋，地表无任何遗迹，如盐池县花马池镇上滩村长城墙体，地处缓坡丘陵低洼地带的草滩地，墙体保留较少，难以看出走向位置，黄记沙窝村 – 张记台村长城墙体时断时续，坍塌较严重，大多被沙丘掩埋，地表无迹象，仅个别段存墙基痕迹。有些段墙体平田整地时被夷平。也有保存比较好的地段，如盐池县高沙窝镇红圪瘩村长城墙体，高 4、底宽 3.5、顶宽 0.9～1 米，夯层厚 13～15 厘米。红圪瘩村 – 潘记梁村长城墙体保存一般，时断时续，有较多的冲沟豁口，高 2 米。"河东墙"（二道边）由陕西省定边县苟池东北的西畔村进入宁夏回族自治区盐池县花马池镇双井子村，到高沙窝镇兴武营村墙体，与其呈平行走向的"深沟高垒"（头道边）墙体间距 5～10 千米，进入兴武营村，开始逐渐与"深沟高垒"（头道边）墙体走近，西行至张记边壕村，两道墙体相距更近，大致呈平行走向，间距大多 0.05 千米，部分段间距 0.09～0.18 千米。

"河东墙"（二道边）沿线内侧，自东向西有柳杨堡、旧安定堡、毛卜剌堡及东清水营 4 座堡，均为守军的兵营所在。柳杨堡位于"河东墙"（二道边）西南约 2 千米，旧安定堡位于"河东墙"（二道边）西南约 0.5 千米，东南距柳杨堡 18 千米。从毛卜剌堡所处长城墙体位置，即从"深沟高垒"（头道边）和"河东墙"（二道边）的叠压关系来看，毛卜剌堡使用时间较长，"河东墙"（二道边）废弃之后，新修筑的"深沟高垒"（头道边）由东向西行近至毛卜剌堡东北角约 0.05 千米处，"深沟高垒"（头道边）墙体由东西走向直角拐折向北，直接叠压在"河东墙"（二道边）上，向西与毛卜剌堡北墙呈平行走向，再折转向南离开"河东墙"（二道边），环绕毛卜剌堡西行。

"河东墙"（二道边）自陕西省定边县进入宁夏回族自治区盐池县双井子村起，到宁东镇清水营止，墙体沿线分布有 52 座烽火台（F38～F89）。这些烽火台或建在"河东墙"（二道边）内外两侧的高阜上，或建在地势平坦处，或建在紧靠"河东墙"（二道边）内侧。如盐池县花马池镇上滩村 2 号烽火台（F47），建在墙体外侧约 1.6 千米的山梁上，台体夯土内平夯有圆形柜木，柜木自上而下有 3 层，上下间距 2、左右间距 0.4～0.5 米，原木直径 11～12 厘米。"河东墙"（二道边）内侧的烽火台有 F38～F41、F44、F46、F49～F53、F56～58、F60、F64、F66、F68、F70、F72、F73、F81、F85、F87，共 24 座。这些烽火台少部分北距长城墙体 0.005～0.015 千米，大部分距长城墙体 0.045～0.24 千米；紧靠墙体内侧的烽火台有 F42、F43、F45、F48、F54、F55、F59、F61～F63、F65、F74～F80、F82～F84、F86、F88、F89，共 24 座；墙体外侧仅有 1 座（F47）。这些烽火台中，有少部分四周有夯土围墙遗迹（F46、F50、F64、F82、F83），台体顶部边长 5～7 米，顶部被风雨侵蚀损毁严重，仅个别台体顶部四周筑有女墙（或称宇墙）。烽火台间距大多 1.2～1.9 千米，最小间距 0.15 千米（F55 和 F56，即"双墩子"烽火台），最大间距 3 千米。台体大多用黄土夯筑而成，部分用黄土和红土分层夯筑而成。大多保存比较完整，有些烽火台破坏较为严重，仅存土丘状的遗迹，有些烽火台被当地村民在平田整地时夷平。

第三节　"深沟高垒"（头道边）明长城墙体结构及其相关设施

一　"深沟高垒"（头道边）明长城墙体结构

墙体是长城的主要建筑工程。它翻越丘陵山地，穿过沙漠和草原，宛如一条巨龙，蜿蜒于莽原戈壁之上，成为阻敌前进的一道屏障。墙体的高矮视地形起伏而定，顶部内侧筑女墙，外侧筑垛墙，当敌人接近长城墙体时，守卫者可用石块、箭矢、火器等杀伤敌人。长城不仅仅是一条孤立的线状墙体，还有城堡、城台、关隘、烽燧等一系列配套防御设施，从而构成一个城关相连、烽燧相望、敌台林立、步步设险的完整防御体系。历代长城墙体的建筑形式、方法、结构都不完全相同，就是一个朝代的长城墙体也因地制宜，在建筑结构、形式、特点上迥异。河东长城"深沟高垒"（头道边）墙体均为土墙，大多地处丘陵山地，墙体随地形高低起伏，地势较平缓的山地，墙体比较高一些，内侧地势相对外侧为高，具体在修筑时大多根据当地地理地貌特征，因地制宜。长城墙体内侧个别地段有用黄土依长城墙体而建的登台踏步，顶部有用黄土夯筑的登台的台阶踏步，可供巡逻士兵上下。河东长城地处丘陵山地，仅有一处经过边沟河险，即以自然边沟为屏障，与墙体共同构成防御体系。如灵武市上桥村水洞沟长城，其"边沟"南北岸利用沟岸峭壁为险，在岸壁边设立敌台，以岸壁为墙。山险墙仅有一小段，如水洞沟长城墙体与横城村长城墙体相接处，利用山体的自然走势，经人为加工修整形成陡壁，如水洞沟10号敌台–横城村1号敌台墙体，清晰可见。

河东长城"深沟高垒"（头道边）墙体大多用黄土夯筑而成的，有些墙体用黄土和红胶土分层夯筑，红土夯层较薄，夯层厚6～9厘米，黄土夯层大多15～23厘米，部分墙体的夯土内掺杂有少量的碎砂石、小石块。墙体剖面呈梯形，壁面倾角75°，以自然为基础，不挖墙基，直接夯筑墙体。墙体高约8、底宽9～11、顶宽5.1米。墙体顶部外侧夯筑垛墙，均无垛口，垛墙高约1.4、底宽1.1、顶宽约0.7米；内侧夯筑女墙，高约1.1、底宽0.9、顶宽约0.5米。墙体分段版筑，版长1.6～3.2米，多用平夯，同时也见有圆头环底状的圆形夯窝，夯窝直径9～10厘米，部分墙体夯窝直径14～16厘米。宁东镇马跑泉村长城墙体内部发现有用芨芨草编织的径粗1厘米的草绳作筋，呈长方形网格状平铺，分层夯筑在墙体内，草绳网格长0.6、宽0.5米和长1.1、宽0.9米。

二　敌台的形制和作用

敌台是修筑在长城墙体上凸出于墙体外的高台，又称敌楼或墩台。敌台迎敌面凸出于长城墙体外，高出墙体，左右与墙体相连，整体平面与墙体连接呈凸字形。敌台为守卫长城的士卒巡逻放哨所用，其制始创于明代。戚继光在《练兵实纪杂集》中详细介绍了创建敌台的经过、用途。他说早年的长城比较低薄，很容易倾圮。"间有砖石小台与墙各峙，势不相救。军士暴立暑雨霜雪之下，无所藉庇。军火器具如临时起发，则远送不前。如收贮墙上，则无可藏处。敌势众大，乘高四射，守卒难立。一堵攻溃，相望奔走。大势突入，莫之能御。今建空心敌台，尽将通人马冲处堵塞。其制，高三四丈不等，周围阔十二丈，有十七八丈不等者。凡冲处（险要处）数十步或一百步一台。缓处或百四五十步，或二百余步不等者为一台。两台相应，左右相救，骑墙而立。"宁夏"深沟高垒"（头道边）墙体沿线的敌台用黄土夯筑而成，大多隔 0.2 千米设置一座，少数间距相对较大，为 0.3～0.4 千米，也有个别距离 0.106～0.16 千米。通常说"半里一墩，十里一台"，实测与之相差无几。所有敌台的形制呈覆斗形，实心，骑墙而建，凸出于墙体外侧，四壁立面呈梯形，向上收分。顶部大多基本平整，未发现其他建筑遗迹，仅有少数敌台顶部存矮墙遗迹，结构简单。敌台均以自然地势为基础，因地制宜，黄土夯筑而成，部分用黄土和红土分层夯筑而成。敌台高 9～11 米，底部边长约 15 米，凸出于墙体外宽大多约 13 米，顶部边长约 6 米。保存较好者顶部边长约 10 米，高出长城墙体约 3 米。少数与长城墙体接合部位存有登台夯土踏步台阶遗迹。少数敌台形体较高大，呈覆斗形，底部东西 18 米，南北凸出于墙体外宽大多 11～13 米，顶部东西 8、南北约 7 米。夯层大多厚 14～22 厘米。经实地调查，河东长城"深沟高垒"（头道边）墙体沿线，自花马池镇东郭庄村—横城黄河岸边存敌台 508 座，东郭庄村—五堡村长城墙体消失敌台约 9 座，清水营村长城墙体消失敌台约 4 座，由此，敌台总数为 521 座。实地调查河东"沿河边墙"墙体沿线存敌台 3 座（D509～D511），所有敌台均有不同程度的损毁，风雨侵蚀坍塌较严重。每座敌台周围均散布有明代瓷碗、罐、缸的遗物残片等。

三 铺舍的形制和作用

铺舍是建在长城墙体内侧，或依长城墙体或距长城墙体较近处供守边士卒巡逻避风雨的建筑，与敌台、烽火台配套使用。盐池县花马池镇东郭庄村—银川市掌政镇横城村黄河东岸"深沟高垒"（头道边）墙体内侧，共发现铺舍 17 座，有三种建筑形式。第一种建在紧靠长城墙体内侧或敌台内侧，用黄土夯筑而成的夯土台基，台基四周无夯土围墙，呈覆斗形。台体上原有房屋建筑。据调查，夯土台基上未发现有房屋建筑，仅个别铺舍夯土台基周围发现有少量残砖。第二种建在紧靠长城墙体内侧，夯筑而成，凸出于长城墙体，东、西、南面有夯土围墙，围墙东、西墙依长城墙体内侧而建，门在南墙中部，部分夯土台基南侧修筑有 5 座形体较小的烽燧土丘，呈南北向一字排列，间距 7～12 米。台体平面呈正方形，用黄土夯筑而成，形体较小，边长约 4.5、高 1.5 米，坍塌风化成土丘形，可能是当时举烟放火时所用的固定基台，这类烽燧土丘遗存称为"附燧"。这种附燧，在宁夏西长城麦如井有发现，与甘肃省嘉峪关明长城西墩台的五墩山墩烽燧相同[1]。第三种铺舍形制较为特别，在花马池镇安定堡段长城的毛家庄村和苃苃沟村间长城墙体内侧筑有 4 座形制相同的铺舍。这 4 座铺舍北距长城墙体约 0.015 千米，为呈覆斗形的夯土台，台基内用砖砌筑窑洞，平面呈半椭圆形，为拱顶。铺舍四周修筑有夯土围墙，有壕沟，壕沟被黄沙淤平。从建筑结构和布局来看，具有驻防和守备的功能。当地人称之为四铺、六铺、七铺、八铺战台。这 4 座铺舍（战台）是万历三十六年（1608 年），巡抚黄嘉善于安定堡一带沙湃处"效云中台式"砖石券甃修建的跨墙铺舍[2]。

四 墙体内外的壕堑、垒墙及品字窖

壕沟垒墙在明长城防御体系中占据有举足轻重的地位，在"深沟高垒"（头道边）部分地段墙体

---

〔1〕 高凤山、张军武编著：《嘉峪关及明长城》，文物出版社，1989 年，第 78 页。

〔2〕 （明）杨寿编撰、吴忠礼主编：《万历朔方新志》（第 3 函），《宁夏历代方志萃编》卷 2，天津古籍出版社，1988 年，第 88 页。

的内外两侧，还可以看到有壕堑、垒墙遗迹。有关壕堑的记载很多，"嘉靖十六年（1537年），总制尚书刘天和沿边内外挑壕堑各一道，袤长五十三里二分，深一丈五尺，阔一丈八尺，人斯有恃"[1]。在花马池镇东郭村"深沟高垒"（头道边）墙体外侧存一道垒墙和壕堑。这条壕堑修挖在墙体外侧0.03千米外，深1.5~2、宽6~10米。其余大部分地段壕堑历经500多年的风蚀沙填，被淤为平地，地表无迹象可辨。调查中还发现，灵武市红山堡长城墙体内侧有一道与墙体走向一致的壕沟，被沙土填埋成凹槽，时有时无，不连续，长约1000、深0.5~2.5、宽6米。

弘治九年（1496年）至十五年（1502年），张祯叔、王珣巡抚任内，先后沿"河东墙"（二道边）外侧挖设"品坑"44000有余[2]。这种品字形坑也称"品字窖"，主要是阻滞敌骑靠近边墙。红山堡长城墙体外侧有一道与其走向一致的品字形坑，虽被沙土填平，但地表的遗迹却十分清晰。这些品字窖均分布在长城墙体外侧0.05千米处[3]，并与长城墙体呈平行走向。品字形坑均挖置在地势较开阔平坦、便于敌骑驰骋的地段，但在长城墙体外侧的大部分地段，由于当初修筑长城墙体就有意挖堑为障，这样即使敌方兵临城下也无法靠近长城墙体。品字形坑南北共有三排，前后排相互对应，中间一排与前后排相互错位形成品字形。这些长方形坑大小基本一致，坑壁较直，坑（南北）长1.2~1.3、宽0.9、深1.2米，坑口东西间距0.9~1、南北间距1.3米（彩图五二〇）。

第四节　烽火台的形制和作用

烽火台是一种利用烽火、烟气报警、传递军情及信息的建筑物，具有传递军情、守卫和瞭望的功能，是长城防御体系中的重要组成部分。烽火台的使用始于汉代以前，汉代称作亭、燧，有时亭燧并称。《史记·索隐》引韦昭云："烽，束草置之长木之端，如挈皋，见敌则烧举之。燧者，积薪，有难则焚之。烽主昼，燧主夜。"[4]《史记·正义》亦云："昼日燃烽，以望火烟。夜则举燧，以望火光。"[5]唐宋称作烽台，明代称烟墩、墩台等，史书上称作烽燧、烽堠，民间还称作狼烟台、烟墩等。到明代这种烽燧制度更趋完善。在修筑长城时，沿长城内外、城堡之间，基本是"五里一墩，十里一台"，利用这种分布密集的烽火台来传递军警情报。烽火台的形制是一个独立的高台建筑，多修建于长城内外高岗、丘阜的制高点，"明烽燧于高山四望险绝处置，无山亦于平地高迥处置"[6]，以便互相瞭望、传递信号。高台上有守望的房屋和燃烟放火的设备，台下有守卫者的房屋、羊马圈和仓房等建筑。

明代宁夏镇长城沿线烽火台的建筑材料和结构与长城墙体一样，有用土夯筑而成，有用石块砌筑，也有用石块和砂石及红土分层夯筑而成。宁夏河东长城沿线的烽火台大多用黄土夯筑而成，部分烽火台用黄土和红土分层夯筑，仅个别烽火台用石块和砂土分层夯筑。

烽火台位置选择大约有四种。一是紧靠长城墙体两侧，二是向长城墙体以外伸展，三是向内地堡城相联系，四是与邻近关口、路、军事辖区（镇）相联系。每隔约2千米，选择在易于互相瞭望的高岗、丘阜上建立。烽火台的主要作用一是专司烽烟、传递军情，二是传达命令，三是保护屯耕，四是

〔1〕　（明）胡汝砺编、（明）管律重修、陈明猷校勘：《嘉靖宁夏新志》卷1，宁夏人民出版社，1982年，第20页。

〔2〕　吴忠礼主编：《弘治宁夏新志》（第2函），《宁夏历代方志萃编》卷1，天津古籍出版社，1988年，第38页。

〔3〕　宁夏文物考古研究所、鄂托克旗文化局、灵武市文物管理所：《宁夏灵武市古长城调查与试掘》，《考古与文物》2006年第2期。

〔4〕　（汉）司马迁：《史记》卷117，中华书局，1959年，第3046页。

〔5〕　（汉）司马迁：《史记》卷4，中华书局，1959年，第149页。

〔6〕　（唐）李筌：《太白阴经》卷5"烽燧台"篇，《丛书集成初编》，商务印书馆，1936年，第107页。

保证行路、通商、邮政、通讯的安全。由于传递军情的重要性，历代对烟墩燃烟放火制度规定的十分严格。明代的烟墩燃烟放火制度大体相同，又有改进，除了燃放烽燧之外，还加上放炮，点火放烟时还加上硫磺、硝石等助燃。成化二年（1466年）法令规定："令边堠举放烽炮，若见敌一二人至百余人，举放一烽一炮。五百人，二烽二炮。千人以上，三烽三炮。五千人以上，四烽四炮。万人以上，五烽五炮。"[1] 这样，增加了炮声和助燃之后，传送军情更加快速和准确了。由于传递军情的重要性，历代对烽燧的管理十分严格。明法令中对烽燧管理有明确规定："合设烟墩，并看守堠夫，务必时加提调整点，广积秆草，昼夜轮流看望，遇有警急，昼则举烟，夜则举火，接递通报，毋致损坏，有误军情声息……传报得宜克敌者，准奇功。违者处以军法。"[2]

宁夏河东明长城沿线的烽火台，据《嘉靖宁夏新志》载："宁夏后卫……领烽堠三十：永安墩、安朔墩、伏羌梁墩、石臼儿墩、柳杨墩、镇边墩、架炮梁墩、德胜墩，以上八墩，在旧边之见守瞭者。"[3] 花马池镇河东长城"深沟高垒"（头道边）墙体沿线烽火台由于古今地名变化以及很多烽火台破坏无存等原因，名称大多很难与文献一一对应，仅有花马池营德胜墩、安定堡瞭马墩等烽火台古今名称一致。

保存在"深沟高垒"（头道边）墙体内侧的烽火台每隔2~3千米设置一座，在人的视线范围内。有些烽火台在20世纪七八十年代平田整地中被取土挖毁；个别烽火台顶部四边夯筑有矮墙，四周修筑有夯土围墙；个别烽火台用芨芨草编制草绳，呈网格状平铺分层夯筑在台体内作筋。草绳平铺网格长约0.6、宽0.5米，草绳径粗约1厘米，夯层厚17~21、夯窝直径8~10厘米。所有烽火台都没有上下的台阶，上下靠木梯或用绳子制成的软梯等。绳梯是用布条编制成布绳，用径粗5、长45厘米的木棍制作而成。烽火台形制有四种，第一种是单体烽火台，没有夯土围墙，如F02、F04、F11、F14~F19、F21~F24、F28、F30~F32、F34、F36等；第二种是四周有正方形和长方形的夯土围墙，花马池镇德胜墩（F01）、大墩梁（F03）、左家庄村烽火台（F05）、下李毛庄村烽火台（F06）、深井村烽火台（F07）、四墩子村烽火台（F08）、叶记豁子村1号烽火台（F09）、安定堡村2号烽火台（F12）、安定堡村3号烽火台（F13）、宁东镇清水营村2号烽火台（F20）、横城村1号烽火台（F26）、横城村2号烽火台（F27）、兴庆区月牙湖四道墩（F29）、月牙湖头道墩（F33）等；第三种是在烽火台侧边修建夯土院墙，如横城村1号烽火台（F26），西侧修筑有夯土小院，门开在西墙中部；陶乐镇石桥梁村烽火台（F35）东壁边侧修筑有用黄土和石块夯筑的小院，门开在北墙中部；第四种是以烽火台为中心，平面形制为回字形，有双重夯土围墙（如F10、F37）。

第五节 营堡的形制和建筑设施

营堡为屯兵之用，为了加强长城沿线的防备力量，多建有土筑小城。营堡可称边堡，在长城防御体系中是守防和屯兵的中心。营堡即屯兵城，是明代都司卫所制度的载体，按等级分为镇城、路城、卫城和堡城，按距离长城墙体的远近又可分为前线军堡和后方屯军堡等，按防御体系和兵制要求配置在长城沿线内侧。

河东长城沿线各营堡墙体用黄土夯筑而成，外壁大多用青砖护砌，墙体外凸设马面、角台，营堡门

〔1〕《大明会典》（第三册）卷132，《续修四库全书》，上海古籍出版社，2002年，第336页。
〔2〕《大明会典》（第三册）卷132，《续修四库全书》，上海古籍出版社，2002年，第336页。
〔3〕（明）胡汝砺编、（明）管律重修、陈明猷校勘：《嘉靖宁夏新志》卷3，宁夏人民出版社，1982年，第246页。

外建瓮城，以加强门的控守，营堡内有衙署、营房、民居和寺庙等。卫、所与长城墙体的距离或近或远，在长城墙体内侧位置适中、地势平缓、便于屯垦的地方修建。河东长城沿线的边堡同长城墙体的距离较近，最远处距长城墙体约0.7千米，遇警时可迅速登城。建在长城墙体沿线内侧的营堡实际上是守卫长城的军队驻扎储备军需的大小兵营，这些营堡根据所守长城的位置重要与否又有大小之分，用以管辖附近一段长城和若干墩台，担负着长城沿线的防务任务。明长城"深沟高垒"（头道边）墙体沿线修筑了较多的营堡。自盐池县花马池营由东南向西北至黄河岸边的横城村，共有10座营堡，即花马池营、高平堡、安定堡、英雄堡（永清堡）、兴武营、毛卜刺堡、清水营东城堡、清水营、红山堡、横城堡。这些营堡均在"深沟高垒"（头道边）墙体主线上。宁夏明长城"河东墙"沿线内侧的旧营堡有柳杨堡和旧安定堡等，毛卜刺堡在修筑"深沟高垒"（头道边）墙体后仍在继续延用。

一　营堡的形制

营堡一般开三座门，堡城大多开一座门，城墙外侧设有马面、角楼、护城河，主城门外均有翁城，城内按级别有衙署、营房、民居和寺庙、街道（有十字街）等。营城的形制规模较大，每面墙体筑有5座马面，马面依墙体外侧而建，凸出于墙外侧，与城墙顶部同平。台体上建有房屋，称为铺舍，可供守城士卒巡逻时避风躲雨，使"兵夫得以安身，火器得以蔽风雨"。马面外侧和左右两侧外沿砌有垛口，对射击攻城之敌起到了很大的作用。因"城墙正面不便俯视，恐其矢弹正面对攻，不敢眺望"，如果敌人进逼城下，城上将士若探身伸头射杀敌人，也容易遭受对方的射击，有了凸出城墙的马面，登城者就会遭到左右城上的射击，马面距离一般在两座马面能够控制的射程内。河东长城沿线形制相对较小的营堡均开一门，建有一座瓮城，个别营堡仅在一面墙体或三面墙体设置一座马面，这些营堡均属长城墙体沿线的防务机构，有的营堡只在本堡执行任务，有的营堡还分管附近一段长城和一定数量的烽火台。明代宁夏河东长城沿线各营堡的平面形制，主要为正方形和长方形两大类。各营堡的平面形制与所处的自然环境有关，在地理环境允许的情况下，在丘陵山间平地、荒漠滩地等，无一例外营堡均为规整的正方形或长方形，说明在开阔之处，传统的营堡平面形制仍是当时人们的主要选择。而那些平面呈不规则形的营堡，主要是受小区域地形地貌的制约，因地势而建筑城垣，河东长城沿线仅有个别营堡的平面有所差别，除英雄堡（永清堡）平面为凸字形、清水营东城堡平面为皿字形外，其余营堡均呈正方形或长方形。除清水营东城堡、柳杨堡和旧安定堡无瓮城外，其余营堡均建有瓮城。营堡个体之间稍有差别（附表六）。

二　营堡的建筑设施

我们将营堡城垣、城门及瓮城、角台、马面等相关设施统称为军事建筑，分述如下。

（一）城垣

1. 城垣的规格

墙体宽度

宁夏明代河东长城墙体沿线诸营堡墙体剖面呈梯形，自下而上有收分。花马池营、兴武营墙体底部宽11米，花马池营部分墙体基础用长条石和条砖砌筑，其上用黄土夯筑，墙体外壁用条砖包砌。其他城堡墙体基础保存较好，底宽多7~10米，如红山堡、清水营、毛卜刺堡、安定堡等，顶宽一般

4.5～5.5 米，如花马池营墙体顶宽 5 米。

墙体高度

墙体之所以起到阻挡敌人进攻的作用，除了墙体的厚实外，还要使其高大。墙体分为内高与外高，修筑城墙时，墙体的外高尤为重要，除了墙体本身必须达到一定的高度外，还要选择利用地形的优势，尽可能增加墙体的相对高度。保存较好的如兴武营东墙外高11～12 米，西墙由于沙土侵袭较严重高也有 8 米，大多数营堡内地势高于城外地势。

墙体收分

即随着墙体的增高宽度减小。从各营堡保存较好的墙体测量，收分大体一致。

2. 城垣的建筑结构

城垣在结构上分基础、墙体、顶部建筑三个主要部分。

基础部分

河东长城沿线营堡墙体基础大多为夯筑，仅有花马池营形制规模较大，墙体基础用条石砌筑，其上夯土墙体外壁用条砖包筑。兴武营墙体基础仅东墙北段用残砖砌筑，大部分是夯筑，外壁包砖。其余墙体基础由于没进行发掘，结构不明，绝大部分墙体是在自然基础上用黄土夯筑而成。安定堡、横城堡墙体外壁包砖被拆毁不存，墙体是在自然基础上夯筑。

墙体部分

河东长城沿线所属各营堡墙体均为夯土墙，多用较纯净的黄土夯筑而成。墙体多平层夯筑，夯层厚基本一致，大多10～15 厘米，较薄者 7～9 厘米，较厚者 17～21 厘米。有些营堡夯层中有夯窝，如红山堡东墙夯窝直径 7～9、深 1.2～1.5、间距 3～5 厘米。文献记载明代中期的营堡墙体为夯土墙，明代晚期才在夯土墙内外壁包砖，大多只在内侧包砖。墙体包砖的营堡有花马池营、安定堡、兴武营和横城堡等，其余营堡墙体外侧无包砖。

墙体顶部建筑

兴武营墙体顶部存铺地砖遗迹，顶部女墙和垛墙条砖和墙顶方砖被拆毁。清水营和红山堡墙体顶部存女墙和垛墙遗迹，垛墙宽 0.5、高 0.3～0.6 米。

（二）马面

马面是凸出于营堡墙体外侧的一种台状附属设施，能够自上往下从三面打击城下的敌人，马面既可以加固墙体又利于观察和防御。

宁夏明代河东长城墙体沿线营堡马面大多数位于堡墙外侧，有位于堡墙内侧和内外两侧的马面，如清水营东城堡墙内侧的马面形体较小，只能起加固墙体的作用；安定堡北墙中部有凸出于墙体内外两侧的马面。推测这种墙体内侧马面的功能与传统的外侧马面有所不同，主要是用于观察墙体内侧的情况。

河东长城墙体沿线各营堡墙垣大多设置马面。马面的多少，根据营堡的规模大小有所区别，分布不一致。马面平面呈正方形或长方形，剖面呈梯形，总体上是附加于营堡墙体外侧的一个台体结构。以马面的平面为标准，分长方形马面和近正方形马面两种类型。

1. 长方形马面

台体底部凸出长度小于马面与墙体平行部分长度，平面为一个长方形台体紧贴墙体。兴武营四面墙体均有 5 座马面，中间马面形体较大，东墙马面有 5 座，保存较好，由北向南依次编号，分述如下。

东 1 马面，北距东北角台 0.104 千米，南距东 2 马面 0.101 千米。底部东西外凸 5.5、南北 9 米，顶部东西 3、南北 5 米,高 9 米。外包砖厚 1 米,包砖被拆毁。

东 2 马面,底部东西外凸 6、南北 9 米,顶部东西 3、南北 5 米,高 9 米。

东 3 马面,位于东墙中部,形体较宽大。北距东 2 马面 0.104 千米,南距东 4 马面 0.11 千米。底部东西外凸 6、南北 15 米,顶部东西 4、南北 11 米,高 9 米。顶部平整,有板瓦、筒瓦及残砖等。

东 4 马面,保存较好。底部东西外凸 6、南北 9 米,顶部平整,有较多碎石,东西 3.5、南北 5 米,高 9 米。

东 5 马面,北距东 4 马面 0.101 千米,南距东南角台 0.095 千米。底部东西外凸 6、南北 10 米,顶部边长 5 米,高 9 米。顶部平整,铺地砖遗迹尚存。

2. 近正方形马面

此类马面发现较少,仅发现于安定堡和红山堡。

安定堡北墙中部马面凸出于墙体内外两侧,与墙体同高,呈覆斗形。凸出于墙体外侧的部分底部东西 12、南北 11 米,凸出于墙体内侧的部分底部东西 8、南北 6 米,高 9 米,顶部存铺地砖遗迹。

红山堡墙体外侧有 3 座马面,分布在北、西、南墙中部。北墙马面呈覆斗形,凸出于墙体外部分底部东西 12、南北 10 米,顶部东西 6、南北 7 米,高 9 米,顶部有铺地砖遗迹。西墙马面凸出于墙体外侧,底部东西 12、南北 13 米,顶部基本平整,东西 8、南北 9.5 米,高 10 米。顶部有房屋建筑的砖墙基槽,长 7、底宽 0.4 米。南墙马面底部东西 12、南北 9 米,顶部东西 8、南北 8.5 米,高 9 米,顶部平整,有碎砖、瓦块等。这些台体顶部均与墙体顶部平齐,一些马面的顶部有建筑遗物,说明原有建筑。

(三) 角台

河东明长城墙体沿线诸营堡,除旧安定堡和柳杨堡没有角台外,其余均有角台。角台建于城墙四隅的转角处,平面呈凸字形,上建角楼,功能与城楼相仿。角台内部与墙体相连,一般平面上只表现 3 个拐角,营堡四隅大多建有与城墙呈垂直凸出的正方形角台,也有平面上只表现 2 个拐角的角台,如红山堡四隅建有 45° 斜出之正方形角台。这些台体目前多与墙体平齐,少数高于墙体,仅有少数角台上存有建筑遗迹,推测这些转角台应高于墙体,有楼铺建筑。

河东明长城墙体沿线营堡角台平面呈正方形和长方形两类。大多数角台呈长方形,如保存较好的清水营东北角台整体呈覆斗形,底部东、北侧向外凸出 5 米,底部平面呈正方形,边长 15 米,顶部平面呈正方形,边长 11 米。角台外围地势较低,台体相对高 17 米。西南角台底部东西 12、南北 13 米,顶部东西 11、南北 12 米,底部西、南侧外凸 5.5 米,高 11 米。兴武营四隅角台高于城垣 1.6 米,西北角台保存较好,底部东西 18、南北 16 米,顶部东西 11、南北 9 米,角台底部西、北侧外凸 5.5 米,内高 8、外高 14 米,凸出于堡墙 6 米。台体顶部存砖瓦残块等。

(四) 瓮城与城门

宁夏明代河东长城墙体沿线的营堡,除旧安定堡、柳杨堡和清水营东城堡没有瓮城外,其余均设有瓮城。营堡门为瓮城结构,就是在主城门外另筑一个小城,将城门包围起来,称为瓮城。《武经总要》载:"城外瓮城,或圆或方,视地形为之,高厚与城等,唯偏开一门,左右各随其便。"

河东长城墙体沿线营堡瓮城平面均呈长方形或正方形,墙体较主城稍薄。营堡正门与瓮城门不在一条直线上,对外交通门道均置于侧面,与主城门曲折相通,以利防守。

瓮城保存较好的有清水营、红山堡等。清水营瓮城位于主城东墙中部偏北，瓮城北、南墙依主城东墙而建，平面呈长方形，南墙长 15、北墙长 15、东墙长 28 米，墙体高 7、底宽 9、顶宽 4 米。瓮城在侧墙开门，位于南墙中部，半圆形拱券门洞，长条砖砌筑而成，门洞进深 7、内宽 3.2、顶高 3.3 米。

红山堡平面呈正方形，坐西朝东，门开在东墙中部偏北。瓮城依堡东墙而建，南墙长 32、北墙长 32、东墙长 44 米，墙体高 7、底宽 9、顶宽 4.5 米。瓮城在侧墙开门，为半圆形拱券门洞，长条砖砌筑而成，门洞进深 7、内宽 3.2、顶高 3.3 米。

兴武营形制较大，有两座瓮城，位于主城西墙和南墙中部。瓮城在侧墙开门，门在背向长城墙体的位置。南瓮城门向西开，城内东西 39、南北 34 米，墙体高 7、底宽 9、顶宽 5 米。西瓮城门朝南开，城内东西 34、南北 39 米，瓮城门洞条砖被拆除，门址现为宽 5~8.5 米的豁口。

（五）马道

马道有两种类型，一种是修建于城墙内侧的斜坡道或阶梯状马道，用于人员、马匹上下墙体及运送军械武器物品等；另一种是在墙体顶部女墙和垛墙间的走道。以下所述马道指第一种类型。

河东明长城墙体沿线营堡保存马道遗迹较少，仅红山堡东墙和西墙内侧发现有马道，其他营堡未见。具体情况如下：

红山堡东墙马道位于堡门附近墙体内侧，斜坡道通向堡门上部的建筑附近。马道依堡墙而建，黄土夯筑而成，自入口处由北向南逐渐呈斜坡状，斜长 23、宽 2 米；西墙马道紧靠堡墙内侧而建，黄土夯筑而成，马道入口自南向北呈斜坡状，斜长 23、宽 2 米。

（六）护城壕

古时称为"城池"，就是城墙与护城河的合称，后者又谓之城河、城壕或护城河，一般环绕于城墙外侧。河东明长城墙体沿线诸营堡的护城壕大多被沙土填埋淤平，地表看不到护城壕的迹象，仅红山堡外围护城壕尚存遗迹。红山堡城壕一部分是人工挖掘，另一部分是利用了周围自然形成的沟壑，人工挖掘的护城壕大致分布在堡西、南、北墙外侧，西墙外侧护城壕宽 23、深 5~6 米，南墙外侧护城壕宽 5、深 3 米，东墙外侧为自然沟壑。

（七）中心楼的形制结构

中心楼位于城堡的中央。从形制上看，中心楼平面呈正方形，在四边居中部位各开一门，实心台体四壁开券门，门洞呈十字形分布，内部对应呈十字券顶，台基上居中位置有一层或多层砖木结构建筑。如兴武营内中心的钟鼓楼，其基址判断为此类建筑结构。

第六节　明代边防线上的宁夏地区

一　元末明初宁夏的政治军事形势

元朝在宁夏地区设置了宁夏路，属甘肃行省管辖。元末，农民起义军的活动已达宁夏，后来随着形势的发展，这一地区又为元将扩廓帖木尔占据，经历了数十年的战争之后，明朝终于确立了在宁夏地区的的统治。终明一世，宁夏镇作为西北重镇，始终处于明王朝与北方蒙古势力对抗的最前沿。

元朝末年，农民起义军的活动已达到宁夏，刘福通所领导的农民起义军分兵北伐，以红巾为号起兵反抗元朝的统治。龙凤三年（至正十七年，1357 年），刘福通兵分三路，中路进攻晋、冀，东路攻山东，西路进攻陕西、甘肃等地。起义军一路攻下元朝诸多地区，"势锐甚"[1]，元朝统治者震惊、惶恐，于是派察罕帖木尔与李思齐领兵救援。进攻陕甘的白不信、大刀敖、李喜喜等，一路攻下兴中（今陕西文中）、秦州（今甘肃天水）、陇州（今甘肃陇西）等地，后在攻打陕西凤翔时为察罕帖木尔与李思齐所败，于是转战四川。然而驻守陕甘的红巾军在李武、崔德的率领下，于龙凤五年（至正十九年，1359 年）北上攻取宁夏路和灵州等地，"李喜喜余党复陷宁夏，略灵武诸边地"。由于"是时承平久，州郡皆无守备"，因此，"长吏闻贼来，辄弃城遁，以故所至无不摧破"[2]。然而，红巾军对宁夏的占据是短暂的，不久，元军便大败起义军而"尽复关陇"，再次占领了宁夏地区。洪武元年（1368 年）八月，大将军徐达攻克大都（今北京），元顺帝北走，元朝灭亡。朱元璋于洪武元年正月建立明朝，但此时元朝在北方的残余兵力仍很强大，忽答驻云州（今山西大同），扩廓帖木尔（王保保）驻沈儿峪（今甘肃定西），纳哈出率部驻金山（今内蒙古哲里木盟东），失剌罕驻西凉（今甘肃武威）。这些元朝的遗将，即史书所载"引弓之士，不下百万众也，归附之部落，不下数千里也，资装铠仗，尚赖而用也，驼马牛羊，尚全而有也"[3]。这对明王朝是一个严重的威胁，明初在宁夏地区同蒙古贵族多次发生战争。

至正二十四年（1364 年），扩廓帖木尔继承其养父察罕帖木尔的兵权，镇压红巾军，元亡后，以宁夏、蒙古为根据地侵扰明朝边境。

洪武二年（1369 年）二月，徐达奉命由晋南蒲州率明军渡过黄河攻克奉元路，四月，明军经秦川攻打临洮，李思齐降。徐达率军东返，攻克隆德（今宁夏隆德）、开城（今宁夏固原县开城），而当时驻守宁夏的元豫王从西安州（今属宁夏海原县）北逃。五月，右丞薛显率军追至鸣沙（今属宁夏中宁县），俘获毛祥、尹锋、李遵正等元朝文武官员数人，又击败王保保于宁夏（今宁夏银川）。徐达进军至红城（今宁夏同心县东南），七月，徐达遣将李茂等千余骑兵，到隆德、秦安等地捉拿拒降的元朝官员杜伯不花、罗左丞等人。

洪武二年（1369 年）七月，扩廓帖木尔从宁夏派部将韩札儿率军攻陷原州（今宁夏固原），明军指挥陈寿等战死，徐达令冯胜进驻军事要冲马关，同时令薛显、傅友德率军进驻灵州（今宁夏灵武），成功地阻隔了庆阳残元势力与扩廓帖木尔援军的联系。

洪武三年（1370 年）正月，为彻底解除扩廓帖木尔对西北边境的威胁，朱元璋命右丞相徐达为征北大将军，任浙江平章李文忠、都督冯胜和御史邓愈、汤和为左右副将军，北征大漠。北征军分兵两路，西路由徐达率冯胜、邓愈、汤和等领兵自潼关出西安，趋定西，直取扩廓帖木尔；东路李文忠领兵出居庸关，入沙漠，追击元顺帝，"使彼此自救，不暇应援"[4]。

四月，徐达率师至安定，扩廓帖木尔退守沈儿峪。明军进逼与扩廓帖木尔之军隔沟对峙，徐达亲临前线督战，将士奋力拼杀，给扩廓帖木尔军以歼灭性打击。此战役，明军俘获元郯王、闻齐王及国

〔1〕（清）张廷玉等：《明史》卷 122 "韩林儿传"，中华书局标点本，1974 年。
〔2〕（清）张廷玉等：《明史》卷 122 "韩林儿传"，中华书局标点本，1974 年。
〔3〕（清）谷应泰：《明史纪事本末》卷 10《故元遗兵》，中华书局，1997 年，第 129 页。
〔4〕《万历朔方新志》卷 1 "风俗"。

公阁思孝、平章哈札尔、虎林赤等王公官吏 1865 人、将校士卒 84500 人、马 15280 匹，以及骆驼、驴、牛、羊杂畜数以万计。而"保保仅与妻子数人从古城北遁去，至黄河得流木以渡，遂由宁夏奔和林（今蒙古哈拉和林）。达遣都督郭英追击至宁夏，不及而还"[1]。

尽管洪武三年（1370 年）明军即将把扩廓帖木尔逐出宁夏，但由于此时残元势力在宁夏周边活动频繁，因此明军暂时无力据守宁夏，只是沿袭旧制，于宁夏设府。而明军对西北真正的控制是在洪武五年（1372 年），明将冯胜出西道，经兰州，趋西凉，下永昌，进入甘肃。元将上都鲁投降。冯胜继而进至额济纳路（今内蒙古额济纳旗），副将傅友德则分兵攻下瓜州、沙州，彻底平定了甘肃、宁夏地区，宁夏地区才真正得以安宁。随后，朱元璋于洪武五年废府，并且将宁夏地区的百姓"徙其民于陕西"[2]。在宁夏北部造成无人区，以为防御地带。这次迁徙使宁夏地区一度变为荒芜之地，这种人为的强制迁徙虽着眼于明朝的边防稳定，但却给宁夏地区的经济、文化以及社会发展造成了很大破坏。

洪武九年（1376 年），设宁夏卫，归陕西都司管辖，又从中原及江南调发军民移居宁夏，其中以吴越之人居多，这些移民带来了先进的技术和文化，宁夏地区的经济得以恢复，生活习俗也具有"江左之风"[3]。

洪武十三年（1380 年），"西平侯沐英师至灵州，遣候骑侦知脱火赤等兵次亦集乃路。英遂率师渡黄河，经宁夏，历贺兰山，涉流沙，凡七日夜至其境，去穹庐五十里，分军为四道，至夜衔枚而进，合围之，擒脱火赤、爱足等，尽获其部曲以归。"[4] 这次军事行动进一步肃清了对宁夏地区构成威胁的蒙古势力，有利于维护明朝西北边境的安定。

建文四年（1402 年），蒙古鞑靼、瓦剌各部日渐强大，成为明朝北方边境的大患。明廷在东起鸭绿江，西抵嘉峪关的万里边防线上，先后建立辽东、宣府、大同、延绥、宁夏、甘肃、蓟州、偏关及固原九个军事重镇。明成祖向宁夏派驻何福任宁夏总兵官，标志着作为"九边"之一的军事重镇——宁夏镇的建立。

二 明代宁夏镇的军事地理位置

明代宁夏镇的地域"东至省嵬墩外境二百里；西至贺兰山外境一百里；南至庆阳府界三百六十里；北至西瓜山外境二百九十里；东南至延绥界三百五十里；西南至固原卫界四百里。至京师三千六百四十里；至南京三千八百四十里。"[5] 这是明人所作的勘定，省嵬城位于宁夏惠农区庙台乡，西瓜山位于黄河东岸极临边境，当为今陶乐北部石嘴山对岸，其地有红崖子山，土呈红色，状似西瓜故名西瓜山，相当于宁夏北部、中部的各市县以及同心、盐池以及偏西的中卫地区。

宁夏镇位于明王朝的西北边陲，属"朔方河西之地，即古夏州也"[6]，有着得天独厚的地理条件。宁夏"背山面河，四塞险固"[7]，自古皆为"西陲巨屏"，是一个有着优越地理条件的军事区域，是历朝历代兵家必争之地。

---

〔1〕 参见《明实录宁夏资料辑录》所辑《太祖高皇帝实录》卷 51 "洪武三年四月丙寅"，宁夏人民出版社，1988 年，第 7 页。
〔2〕 （明）陈子龙等：《明经世文编》卷 248，中华书局，1962 年。
〔3〕 （明）谈迁：《国榷》卷 4，古籍出版社，1958 年。
〔4〕 参见《明实录宁夏资料辑录》所辑《太祖高皇帝实录》卷 130 "洪武十三年壬子"，宁夏人民出版社，1988 年，第 14 页。
〔5〕 （明）胡汝砺编、（明）管律重修、陈明猷校勘：《嘉靖宁夏新志》卷 1《宁夏总镇》，宁夏人民出版社，1982 年，第 7 页。
〔6〕 （民国）程道生：《九边图考·宁夏》，1919 年石印本，第 46 页。
〔7〕 （明）胡汝砺编、（明）管律重修、陈明猷校勘：《嘉靖宁夏新志》卷 1《宁夏总镇》，宁夏人民出版社，1982 年，第 10 页。

宁夏镇拥有"黄河绕其东，贺兰耸其西。西北以山为固，东南以河为险"的天然屏障，这种地理优势使其在抵御来自漠北蒙古各部的侵扰发挥着"捍御北虏，屏蔽中原"的重要作用。因此，被明人认为是西北边陲各军事重镇中唯一凭天堑而易于防守的边镇。在明朝前中期，"套寇"尚未形成之时，河山的优势得到了充分的发挥，然而，随着"套寇"的频繁侵扰，往往趁"冬寒冰结"之时入侵，因此每逢此时黄河天险丧失了原有的防御功能，而地势较低的宁夏镇城时常担忧来犯的蒙古部落毁坏大堤，以黄河水灌城。此外，贺兰山天堑也因为关口较多而使防守时常顾及不暇，"则所谓山河之助者，直得其一二焉耳"[1]。黄河流经宁夏平原，"内有汉唐二渠，引水灌田，足称富庶，亦陕之乐土也"[2]。加之贺兰山阻隔了来自西北的寒冷气候和沙土，这些都为宁夏的农业生产创造了良好的条件，因此，宁夏被誉为"塞上江南"。发达的农业是明王朝在宁夏地区实行屯田戍边政策的有力保障。明初，宁夏总兵官何福就因"天下屯田积谷宁夏居多"[3]，为当时驻守宁夏的士兵提供了充足的保障，受到明成祖的赞赏。宁夏境内大小盐池所产之盐，量多质优，为明朝在此大兴盐政、丰实边储创造了条件。另外，宁夏地区有许多草场，便于从事畜牧业。因此，发达的农业以及丰富的自然资源，使宁夏镇成为蒙古各部朝夕窥伺之地。

明代宁夏镇作为西北的军事重镇，始终成为对抗来自北方蒙古势力的第一线，为明代绵亘万里的边防线上深入漠北的一个独角而"屹然为西北重地"[4]。洪武三年（1370年），明军占领宁夏地区后，其官僚机构仍然采用元朝旧制度，"国初，立宁夏府"[5]，"国朝初，立宁夏府"[6]等。洪武五年（1372年）废府，洪武九年（1376年）立宁夏卫，"而徙五方之民以实之，江南移民尤多"[7]，因此生活习俗颇具"江左之风"。

明太祖在明初对宁夏地区的管辖策略为何会发生如此巨大的变化呢？究其原因，是因为尽管明朝逐元将扩廓帖木尔占据宁夏，但宁夏地处偏远，孤悬河外，尤其是交通不便所带来的粮饷转输困难等因素，都为明王朝对宁夏实施有效的管理带来了诸多不便。不仅如此，由于宁夏"其地密弥戎狄"，即两面都与蒙古部落的驻牧地相邻，因而不停地受其侵扰，于是明太祖将宁夏镇百姓迁往陕西，使宁夏镇成为一片空城，彻底放弃了对宁夏镇的统治，是欲以空城制造与蒙古势力对峙的防御缓冲带。不久，明太祖就意识到了宁夏镇在防御漠北蒙古势力的过程中有极其重要的作用，因此他很快纠正了这一错误，洪武九年（1376年）复设宁夏卫，并"迁五方之人实之"[8]。利用其适宜农业发展的自然条件屯垦戍边，发挥河山的天然优势，将宁夏真正变成防御蒙古势力的第一线。

河套地区水草丰美，土地肥沃，是经营农牧业的理想场所。明初，拥有河套全境，并且实行着有效的管理。据载，"国初，尝守之，兵民耕牧套中。自东胜而外，地平衍，虏来，一骑不能隐，以故避不入"[9]。可见，明初对河套地区的防守是相当牢固的。但自永乐以后，东胜卫内迁，于是洪武年间连成一线的防御体系出现了缺口。自正统年间开始，便不断有蒙古部落进驻河套，后来逐渐定居，并

〔1〕（明）胡汝砺：《弘治宁夏新志·序》，《中国方志丛书》影印明抄本，台湾成文出版社，1968年，第8页。

〔2〕（民国）程道生：《九边图考·宁夏》，1919年石印本，第46页。

〔3〕参见《明实录宁夏资料辑录》所辑《太宗文皇帝实录》卷38"永乐三年正月"，宁夏人民出版社，1988年，第31页。

〔4〕（明）胡汝砺：《弘治宁夏新志·序》，《中国方志丛书》影印明抄本，台湾成文出版社，1968年版，第8页。

〔5〕（明）胡汝砺编、（明）管律重修、陈明猷校勘：《嘉靖宁夏新志》卷1《宁夏总镇》，宁夏人民出版社，1982年，第8页。

〔6〕（明）朱旃撰修、吴忠礼笺证：《宁夏志笺证》之"宁夏志·沿革"，宁夏人民出版社，1996年，第2页。

〔7〕（清）梁份：《秦边纪略·宁夏卫》，《西北史地资料丛书》，青海人民出版社，1987年，第305页。

〔8〕（明）胡汝砺编、（明）管律重修、陈明猷校勘：《嘉靖宁夏新志》卷1《宁夏总镇》，宁夏人民出版社，1982年，第8页。

〔9〕（明）茅元仪：《武备志》卷225"四夷（三）"，《四库禁毁书丛刊》，北京出版社影印北京大学图书馆藏明天启年间刻本，2000年。

以此为根据地不断南侵，"套寇"遂成为威胁临近河套的宁夏、延绥等镇的主要力量，而河套地区也逐渐变成了明代边防的一大痼疾。由于明朝失去了作为防御缓冲带的河套平原，宁夏镇就自然成为敌冲，防守任务骤然加重。其中，宁夏镇黄河以东的盐池、灵武一带地势平漫，是河套蒙古各部南侵的突破口。"成化以前，虏患多在河西，自虏居套以来，而河东三百里间更为敌冲，是故窥平固，则犯花马池。掠环庆则由花马池之东。入灵州等处则清水营一带是其径矣。"[1]"套寇"对边防的威胁导致了防御重点的转移，因此，明廷有人提出"若择花马池便利之地，大建城堡添设参游，移总制居之，分屯重兵于清水、兴武等营，令三百里之间，旌旗相望，刁斗相闻"[2]。从而达到"东援榆林，西援宁夏"的战略效果。因此，成化十年（1474 年），巡抚宁夏都御史徐廷章开始在宁夏河东修筑自黄沙嘴起至花马池长 387 里的"河东墙"。除此之外，明朝还在宁夏境内修筑了北长城以及西长城和"固原内边"长城等。宁夏明长城是明代绵亘万里长城防线的一个重要的部分，形似凸字，凸显了宁夏镇中后期三面御敌的军事形势以及日益重要的战略地位。顾祖禹在《读史方舆纪要》中论述宁夏镇长城时，称其为"关中之屏蔽，河陇之襟喉"[3]。

宁夏镇作为"九边"之一，是明代以边镇为点，以长城为线所建立的军事体系中的一个重要的组成部分。从所处的地理位置来看，"且宁夏当天下西北要冲，孤悬大河之外，实关陕之藩篱，京师至扼塞也"[4]。由此可见，与蒙古各部相邻的宁夏镇不仅是西北的军事重镇，更是保障明朝腹里的门户。"宁夏实关中之项背，一日无备，则胸腹四肢举不可保也。"[5]从"其北侧左控河套，右引沙漠；其南则左连延庆，右接固、靖"的形势来看[6]，宁夏镇在西三边中居中联络，使西三边有机地统一起来，并与固原总制府形成犄角之势，在明朝西北边防体系中具有不可替代的作用。

自洪武三年（1370 年）明军占据宁夏以后，一些驻牧在宁夏周边的残元势力便纷纷投降。据明实录记载，洪武一朝就有许多蒙古贵族率部众归附，其中很大一部分被安置在宁夏居住。如洪武四年（1371 年）七月，故元甘肃行省平章阿寒柏等率部来降，明太祖即令"其兵民留居宁夏"[7]。在宁夏镇安置附近蒙古降人的做法，在当时的明廷存在争议，认为西北地区归附的蒙古人不应安置在边防，因为"盖夷狄之情无常，恐一旦反侧，边镇不能制也"。因此，"宜迁之内地，庶无后患"，而明太祖则认为"凡治胡虏，当顺其性。胡人所居习于苦寒，今迁之内地，必驱而南，去寒冷而即炎热，失其本性，反易为乱。不若顺而抚之，使其归就边地，择水草孳牧，彼得遂其生，自然安矣"[8]。正是以这一思想为主导，明初许多宁夏以及周边地区归降的蒙古部落都被安置在宁夏。而宁夏镇无论是气候条件、地理位置以及畜牧业等条件都非常符合明太祖"顺其性"而治的要求。因此，宁夏镇逐渐成为一个蒙古族与汉族等多民族聚居区，成为一个多民族交流、融合的区域，为有效巩固明朝边防的安定做出了贡献。

三　宁夏镇及其卫所

宁夏镇隶属陕西都指挥使司管辖，在防区内常驻军队，总镇下设卫，其官称指挥使、千户所、百

〔1〕（明）许论撰：《九边图论》"宁夏"，《四库禁毁书丛刊·史部》，北京大学出版社，1998 年，第 101 页。
〔2〕（明）程道生：《九边图考·宁夏》，1919 年石印本，第 47 页。
〔3〕（清）顾祖禹：《读史方舆纪要》卷 62，中华书局，2005 年，第 2941 页。
〔4〕（明）胡汝砺编、（明）管律重修、陈明猷校勘：《嘉靖宁夏新志》卷 1，宁夏人民出版社，1982 年，第 48 页。
〔5〕（清）顾祖禹：《读史方舆纪要》卷 62，上海书店出版社，1998 年，第 429 页。
〔6〕（清）梁份：《秦边纪略·宁夏卫》，《西北史地资料丛书》，青海人民出版社，1987 年，第 288 页。
〔7〕参见《明实录宁夏资料辑录》所辑《太祖高皇帝实录》卷 67"洪武四年七月壬申"，宁夏人民出版社，1988 年，第 9 页。
〔8〕参见《明实录宁夏资料辑录》所辑《太祖高皇帝实录》卷 59"洪武三年十二月戊午"，宁夏人民出版社，1988 年，第 7 页。

户所等。据载："宁夏镇城合五路，共七卫三十八所，既广且庶，周回千里，北邻大漠，东接榆延，西连甘肃，形胜犄角，腹里所必赖之大障也。"[1] 以一卫五所来看，宁夏镇统七卫，为三十五所，加上灵州、兴武营守御千户所和宁夏群牧千户所（韦州群牧所），共三十八所。根据"分地守御"的原则，负责境内边墙、城堡和墩台的修筑，在划定的范围内形成一套防御体系。

宁夏镇治所在银川市，其下所辖卫所不断增减、改置，后稳定为七个卫，分别是宁夏卫、宁夏前卫、左屯卫、右屯卫、中屯卫、宁夏后卫及宁夏中卫。其辖地又分为五路，即南路邵岗堡（今属永宁县）、北路平虏城（今平罗县）、中路灵州（今灵武市）、西路中卫（今中卫市）及东路后卫，即花马池（今盐池县）。每卫各有五个千户所，下辖百户所、总旗、小旗，宁夏镇下辖灵州、兴武营（今盐池县高沙窝镇）、平虏三个千户所及宁夏群牧千户所（今同心县韦州）。总兵官及所属将官皆有明确分工，"总兵官总镇军为正兵，副总兵分统三千为骑兵，游击分领三千往来防御为游兵，参将分守各路东西应为援兵，营堡墩台分极冲、次冲，为设军多寡"[2]。按明代军事编制，5600 人为卫，1120 人为千户所，112 人为百户所，50 人为总旗，10 人为小旗。宁夏共有 38 个千户所，应有额定军士 42560 人。

四　三边总制和固原镇

宁夏南部的固原，地处延绥、宁夏、甘肃三镇的中间，军事地理位置十分重要，被称为"关中之门户"。成化十年（1474 年），朝廷派左都御史王越驻防固原，统一指挥三镇军务，联合防守，称三边总制，于是升固原卫为固原镇，成为明朝"九边"之一，"设总制、参游等官，屹然一巨镇矣"[3]。又改开城县为固原州，将隆德县改隶固原州。固原镇下辖三个守御千户所和一个群牧千户所。

五　明代宁夏镇军事防御体系的建立及其特点

明代宁夏镇地处西北，是明代的军事重镇，其地势最大的特点是有山河之险可恃，即"背名山而面洪流，左河津而右重塞……黄河绕其东，贺兰耸其西，西北以山为固，东南以河为险……黄河襟带东南，贺兰蹲踞西北，背山面河，四塞险固……西据贺兰之雄，东据黄河之险"[4]。宁夏镇在明人眼里是一个凭天堑而易守的边镇，在防守上，天险是守御的根本和优势，"宁夏前有黄河限阻，后有贺兰山隔绝，况见兵三万余，自足守御。"[5] 这种河山的优势与邻近边镇相比，更加明显地凸显了出来，陕西右副都御史马文升就认为："陕西三边，榆林最为要害。盖甘凉可以坚壁清野而坐困虏寇，宁夏可以恃山沮河而守御叛羌，惟榆林河套山泽之利足以资虏人马之用。"[6] 由明人"乘障拒虏，最为得利"[7] 的观点可见，天险作为宁夏镇防御的优势，不仅降低了宁夏的防御难度，同时也是宁夏镇防御

〔1〕（明）胡汝砺编、（明）管律重修、陈明猷校勘：《嘉靖宁夏新志》卷 1《宁夏总镇》，宁夏人民出版社，1982 年，第 49 页。

〔2〕（清）张廷玉等：《明史》卷 40《地理志》，中华书局标点本，1974 年。

〔3〕（明）许论：《九边图论》"固原"，《四库禁毁书丛刊》，北京出版社，1995 年。

〔4〕（明）胡汝砺编、（明）管律重修、陈明猷校勘：《嘉靖弘治宁夏新志》卷 2"形胜"，宁夏人民出版社，1982 年，第 10 页。

〔5〕参见《明实录宁夏资料辑录》所辑《宪宗纯皇帝实录》卷 74"成化五年十二月甲戌"，宁夏人民出版社，1988 年，第 263 页。

〔6〕参见《明实录宁夏资料辑录》所辑《宪宗纯皇帝实录》卷 74"成化五年十二月甲戌"，宁夏人民出版社，1988 年，第 263 页。

〔7〕（明）陈子龙等：《明经世文编》卷 287《汪王二公奏疏·防秋事宜疏》，中华书局，1962 年。

体系建立的基础。明朝自永乐年间放弃河套平原以后，就是"自撤东胜之后，河曲内地弃为虏穴，灵夏外险，反南备河"[1]。这种战略部署带给了宁夏镇以直接、巨大的影响，尤其体现在成化年间已经稳定居住在河套的蒙古各部渐成气候，带给宁夏镇以巨大的威胁。其地势较为开阔的河套平原相邻的花马池（今盐池县）、灵州（今灵武市）一带首当其冲。从成化年间开始，宁夏镇边事骤增，尤其是"套寇"势力的逐渐强大，形成了一股威胁明朝中后期西北边境的主要力量，宁夏东路与延绥镇以及河套相接的地区成为"套寇"屡次南下侵扰的突破口，河山有限的防御功能无法抵抗蒙古部落的侵袭，况且，宁夏河东地带本来就是"地势平衍，城堡稀疏……我军无险可守"[2]。为了加强这一重要地区的防御和弥补仅仅依靠河山防御的不足，明朝政府中有人开始提议于宁夏河东一带修筑边墙。自此，大规模地修筑"河东墙""沿河边墙""西长城""北长城"和"固原内边"的工程相继开始了。从边事逐渐频繁的成化年间直至明朝结束，这一浩大的工程始终持续不断地进行着。由此可以总结出故终明一世宁夏镇军事防御体系最大的特点就是，依靠和发挥河山的优势，建立以边墙为主的防御工事，并辅以增筑营堡墩台、挑挖壕堑、烧荒、添设驿递、防秋（每逢秋季派重兵防守要害）、占据水源、借助先进武器等传统方式来进行防守。

明初，河套地区尚属明朝统辖，并无蒙古部落在此驻牧，并且只有北、西两面临敌，宁夏镇的敌人主要来自贺兰山后驻牧的蒙古部落。这部分蒙古人往往自贺兰山的重要关口——赤木口进入，沿中卫、中宁一线过黄河，顺清水河南下，直入固原。尽管明朝初年的宁夏镇不时有蒙古部落来袭，但无论是在规模上还是数量上，与边事频繁的中后期相比，尚且安宁。这种形势的变化正如明人所说，"成化以前，虏患多在河西，自虏居套以来，而河东三百里间更为敌冲"[3]。因而，在此战略防御重点尚未转移之前，宁夏镇防御体系尚处于探索、初建时期，"七卫五路三十八所"稳定的行政建制体系还没有完全形成，而这一阶段的防御最大的特点就是，主要依靠天险来进行防御，利用和发挥河山的防御优势，对天险的依赖性很强。因此，他们认为"宁夏地方孤悬河西、密迩虏巢，所赖贺兰山、黄河为之险阻"[4]。所以，这种对天险的依赖以及对其防御功能夸大的负作用没有非常明显地暴露出来，直到明朝中后期才认识到"天险与虏共之"的形势。

黄河是中国第二大河，发源于青海高原巴颜喀拉山北麓约古宗列盆地，蜿蜒东流，穿越黄土高原和黄淮平原，最终注入渤海。宁夏是其9个流经省区之一，九曲黄河自中部由西至东进入宁夏，然后由南而北穿过银川平原，流程397千米，给宁夏带来了丰富的水资源，黄河宁夏段水面宽阔，水势平缓，银川平原成为宁夏最富庶的地区，为风光秀美的鱼米之乡，有"天下黄河富宁夏"之说。明人认为九边之中"惟宁夏一区赖以黄河水利，颇有收获"。对于明王朝而言，它除了有助于宁夏镇农业经济的发展，最主要的是可以在很大程度上起到阻隔蒙古势力的作用。然而这种作用毕竟是有限的，明人在长期的实践中开始逐渐认识到这一点，"说者以为前有黄河可恃，然春夏之时河可恃也，如冬月冻合，实为可忧"[5]。蒙古部落经常在秋季抢掠完后，暂且不回驻牧地，而是"仍驻营河岸，候冰冻过

〔1〕 参见《明实录宁夏资料辑录》所辑《孝宗敬皇帝实录》卷75"弘治六年五月戊寅"，宁夏人民出版社，1988年，第359页。

〔2〕 （明）陈子龙等：《明经世文编》卷289《陆贞山集（一）》之《处置边防疏》，中华书局，1962年。

〔3〕 （明）许论：《九边图论》"宁夏"，《四库禁毁书丛刊》，北京出版社，1995年。

〔4〕 参见《明实录宁夏资料辑录》所辑《孝宗敬皇帝实录》卷159"弘治十三年二月乙未"，宁夏人民出版社，1988年，第378页。

〔5〕 参见《明实录宁夏资料辑录》所辑《宪宗纯皇帝实录》卷197"成化十五年十一月丁未"，宁夏人民出版社，1988年，第322页。

河，入宁夏、甘凉杀掠"[1]。黄河在冬季完全无法发挥它的作用，反而为蒙古各部的南下大开方便之门，使其一路如履平地，加重了宁夏镇的防守负担。因此，宁夏镇往往是既要防秋，紧接着又要防冬。于是，为了弥补这一不足，成化年间便有人建议"沿河修筑边墙"，保障地方安定。黄河于冬季的失险，也就成为明朝成化年间开始在宁夏境内修筑长城，以加强防御的原因之一。

贺兰山脉是宁夏、内蒙古两省区的界山，北界乌兰布和沙漠，南连卫宁北山，西邻腾格里沙漠，东侧以断层临银川平原。贺兰山北起巴彦敖包，南至毛土坑敖包及青铜峡，南北绵延 220 千米，东西宽约 30 千米，海拔 2000～3000 米，主峰敖包圪垯位于银川西北，海拔 3556 米。贺兰山是温带荒漠与温带荒漠草原的分界线，又是西北内流区与外流区的分水岭。高耸的地形及良好植被对保护富庶的银川平原的生态环境具有重要作用。贺兰山如同黄河一样为宁夏的农业发展提供了许多便利的条件，它对于明王朝的意义不止于此，更重要的是，它对于宁夏防御来自山后的蒙古部落侵扰有着非常重要的作用。但是，贺兰山的防御功能有其局限性，绵延百里的贺兰山关口众多，而且"贺兰山后乃虏贼巢穴，累次寇边，皆自彼而入"[2]。贺兰山众多的关口是朝夕窥伺的蒙古部落侵扰的突破口。由于后来贺兰山的这些关口和堡寨年久失修，降低了贺兰山的防御功能，形成了明朝后期"宁镇贺兰山之险我与虏共之，我同卧榻之寇"[3] 的局面，贺兰山之险，形同虚设了。在贺兰山主要的 36 个关口中，赤木关（三关口）是最大的关口。它修建于明初，嘉靖十九年（1540 年）重修，内设三关，头道关与西长城相连，是蒙古各部南下的主要入口，在银川市西南约 45 千米通往内蒙古自治区阿拉善盟银（川）巴（彦浩特）公路穿越贺兰山的三关口处。

明代宁夏镇边墙完全是军事的产物，是作为永久性的防御工事而修筑的。明代宁夏镇的这四段长城连接起来形成一个凸字形，宁夏镇也当凸字形中间。所以，明代宁夏镇的军事地理位置和它在当时的防御作用就是通过长城防线来体现的。宁夏镇三面环长城，与天险相结合，在一定程度上有效地捍卫着宁夏地区的安定。这正体现了明人修筑长城的目的，使"始设之意，盖不专于扼塞布局。谓虏逐水草以为生者，故凡草茂之地，筑之于内，使虏绝牧；沙碛之地，筑之于外，使虏不庐"[4]。这部分边墙成为中原汉族与周边驻牧的蒙古部落的分界线。但是，它所发挥的作用是有其历史局限性的。

自成化年间，"套寇"已成规模，并且不时由宁夏东路入犯腹里，明政府在宁夏镇的防御重点发生了转移，一系列相应防御措施由此产生。除了开始修筑边墙以外，还设置了三边总制统一调度三镇兵马，以此更好地协调兵力，使三镇有警互援，达到最佳的防御效果。三边总制设置于成化十年（1474 年），嘉靖十八年（1539 年）开始，每逢秋季，三边总制要调集重兵前往花马池驻防，这就是所谓的"防秋"。由于河套蒙古各部常趁"秋高马肥"的丰收季节前来掠夺，"防秋"后来便成为定制。为了防止蒙古势力入侵，明朝常在初冬遣将士出塞烧草，使其无法在明朝边境游牧，名曰"烧荒"。宣德四年（1429 年），明太祖指示"烧荒故常例，师行不可不谨"[5]。正统十年（1445 年），皇帝敕宁夏右参将都指挥同知王荣"所守河东花马池等三营（花马池营、兴武营、清水营）系重地，尔

〔1〕 参见《明实录宁夏资料辑录》所辑《孝宗敬皇帝实录》卷 177 "弘治十四年闰七月己卯"，宁夏人民出版社，1988 年，第 384 页。

〔2〕 参见《明实录宁夏资料辑录》所辑《孝宗敬皇帝实录》卷 139 "弘治十一年七月己酉"，宁夏人民出版社，1988 年，第 384 页。

〔3〕 参见《明实录宁夏资料辑录》所辑《孝宗敬皇帝实录》卷 72 "天启六年六月丙子"，宁夏人民出版社，1988 年，第 384 页。

〔4〕 （明）胡汝砺编、（明）管律重修、陈明猷校勘：《嘉靖宁夏新志》卷 1，宁夏人民出版社，1982 年，第 19 页。

〔5〕 参见《明实录宁夏资料辑录》所辑《宣宗章皇帝实录》卷 58 "宣德四年九月辛亥"，宁夏人民出版社，1988 年，第 74 页。

欲照上年例，率马队官军于十月间出境烧荒，悉从尔所言"[1]。万历二十三年（1595 年），宁夏兴武营守备马梦麟、杜世威"烧荒获级，赏赉有差"[2]。其次还有，占据水源是为了断绝来犯的蒙古部落的饮马之水，令其"不能深入"。嘉靖十五年（1536 年），陕西侍郎刘天和就曾奏请"兴武营之南有铁柱泉者，方可百步，套虏每来必至此饮马，居数日而后入。及其驱掠而归，亦至此饮牧数日而后出边，诚一大要害也……使数百里无饮马之地，其势自不能深入矣。兵部复奏，上皆从之。"[3] 明代宁夏镇的防御体系就在这种日益紧张的军事形势中逐步建立，并趋于稳定，对维护明代宁夏镇的边境安定起到了非常重要的作用。

六 明代宁夏镇的军备生产

宁夏地区位于我国西北内陆，历史上是许多王朝的边境，由于历史和地理的原因，宁夏地区的经济发展一直比较落后，尤其是商品经济极其微弱。而明代的宁夏镇具有十分重要的军事地理位置，所以，明王朝使用了超经济的强制手段，将其建成一个军事要塞区。因此，明代宁夏镇的军备制造业使其成为主要的手工业经济。

在明代的宁夏镇手工业作坊大多为官府所拥有，并且主要以从事军事器械的生产和庆王府的日常生活用品为主。其中，宁夏镇所设"杂造局"是当时宁夏镇重要的手工业军工场，专门从事军事器械生产，诸如弓、盔、刀、枪等，工役由各卫派遣。关于总镇"杂造局"的一些状况，载于《嘉靖宁夏新志》："在光华门内，大街东。每岁陕西布政司关军器铁一万七千六十斤、钢铁一百四十斤、水牛角六百七十片、心红一十二斤、水胶一百八斤、甲面青白布九百四十丈、黄腊八斤、漆一百七十二斤、生丝并线三十斤、桐油一百三十斤、翎毛一万八千八百批、官粉一十斤、牛勋一百二十六斤、熟铜一斤、麻布一百一十五丈、鱼鳔九十斤。每卫匠役六十名。宁、左、前、右，共二百四十名，会萃于局。岁造盔六百四十顶、披膺六百四十付、甲六百四十付、腰刀六百四十把、弓六百四十张、箭一万九千二百枝、撒带六百四十付、长枪六百四十条、圆牌三百二十面、弦一千二百八十条、铳箭头六千四百个。"[4] 由此可见，规模和生产数量较小。

总镇另有"兵车厂"，制造和贮存兵车，兵车厂之外又有"神机库"。神机库除贮藏朝廷下发的新式洋枪"伏郎机"外，也用陕西发下的铜铁自己铸造"紧药伏郎机，这种枪"止使铅子，甚便于用，入药三两可踰千步"[5]。

尽管明代宁夏镇的军备生产数量是比较可观的，并且掌握了一定的先进生产技术，然而，由本镇生产的军事器械还是不能够满足频繁战争的需求。因此，许多器械仍然依靠明朝中央政府的供应。

---

〔1〕 参见《明实录宁夏资料辑录》所辑，《英宗睿皇帝实录》卷132 "正统十年八月戊辰"，宁夏人民出版社，1988 年，第 156 页。

〔2〕 参见《明实录宁夏资料辑录》所辑《明神宗显皇帝实录》卷289 "万历二十三年九月甲戌"，宁夏人民出版社，1988 年，第 803 页。

〔3〕 参见《明实录宁夏资料辑录》所辑《世宗肃皇帝实录》卷190 "嘉靖十五年八月辛丑"，宁夏人民出版社，1988 年，第 565 页。

〔4〕 （明）胡汝砺编、（明）管律重修、陈明猷校勘：《嘉靖宁夏新志》卷1《公署》，宁夏人民出版社，1982 年，第 54～55 页。

〔5〕 （明）胡汝砺编、（明）管律重修、陈明猷校勘：《嘉靖宁夏新志》卷1《公署》，宁夏人民出版社，1982 年，第 54～55 页。

附表

附表一 "河东墙"（二道边）长城墙体沿线烽火台登记表

工作编号	名称	属地	保存状况	方向	台体（米）				围墙（米）				相对位置
					底（长×宽）	顶（长×宽）	高	夯层厚度（厘米）	（长×宽）	底宽	高	门道位置	
F38	双井子村烽火台	盐池县	较差	北偏东20°	12×11	5×2	5	19~21					东北距长城墙体0.615千米
F39	夏记墩村1号烽火台	盐池县	一般	北偏东20°	13×10	7×6	7	14~16					东北距长城墙体0.11千米
F40	夏记墩村2号烽火台	盐池县	一般	正南北	16×14	2.5×1.5	9	14、15、19					东北距长城墙体0.121千米
F41	宛记沟村1号烽火台	盐池县	较差	正南北	16×15	6×4.5	9	13~15					东距长城墙体0.032千米
F42	宛记沟村2号烽火台	盐池县	一般	北偏东35°	20×18	8.5×8	11	15、16、19、21					东北距长城墙体0.005千米
F43	北王家圈村烽火台	盐池县	较差	北偏西45°	18×16	3×2	11	17、19、20					北距长城墙体0.018千米
F44	东冒寨子村1号烽火台	盐池县	较差	北偏西25°	14×14	2.5×1.5	7	13、16、18					北距长城墙体0.156千米
F45	东冒寨子村2号烽火台	盐池县	一般	北偏西30°	14×12	2.5×1.5	10	13~15					西北距长城墙体0.014千米
F46	上滩村1号烽火台	盐池县	一般	北偏西40°	16×15	3.5×2.5	11	15、18	63×63	2	0.5~1.6	南墙中部	南距长城墙体0.218千米
F47	上滩村2号烽火台	盐池县	较差	北偏西30°	14×12	5×2.2	12	13~15、17					西南距长城墙体1.58千米
F48	杨记圈村1号烽火台	盐池县	一般	北偏西40°	13×12	4×3.5	10	12、14、17					紧靠长城墙体内侧
F49	杨记圈村2号烽火台	盐池县	一般	北偏西30°	15×14	6×6	6	17、19、21					东北距长城墙体0.057千米
F50	杨记圈村3号烽火台	盐池县	一般	北偏西35°	14×12	6×6	9	17、20、21	36×36	3	0.7~1.1		东北距长城墙体0.06千米
F51	杨记圈村4号烽火台	盐池县	一般	北偏东30°	16×16	6×6	7	16、24、27					东北距长城墙体0.048千米
F52	杨记圈村5号烽火台	盐池县	较差	北偏东30°	14×14	3×2	6	15、17、19					东北距长城墙体0.046千米
F53	黄记沙窝村1号烽火台	盐池县	一般	北偏东20°	15×15	6×4	8	15、18、20					东北距长城墙体0.045千米
F54	黄记沙窝村2号烽火台	盐池县	较差	北偏东50°	18×15	4×3.5	8	15、17					G084点西北0.086千米，紧靠长城墙体内侧
F55	黄记沙窝村3号烽火台	盐池县	一般	北偏西40°	16×16	7×6	7	14~16、18					紧靠长城墙体内侧
F56	黄记沙窝村4号烽火台	盐池县	较差	正南北	14×14	4×4	3						东北距长城墙体0.154千米
F57	黄记沙窝村5号烽火台	盐池县	一般	北偏西20°	14×14	1.5×1.5	13	15、16					东北距长城墙体0.1千米

工作编号	名称	属地	保存状况	方向	台体（米）				围墙（米）				相对位置
					底（长×宽）	顶（长×宽）	高	夯层厚度（厘米）	（长×宽）	底宽	高	门道位置	
F58	黄记沙窝村6号烽火台	盐池县	一般	正南北	17×16	6×5	11	17、18、19、23					北距长城墙体0.06千米
F59	张记台村1号烽火台	盐池县	较差	北偏西40°	15×15	5×4	3	18					北距长城墙体0.01千米
F60	张记台村2号烽火台	盐池县	一般	正南北	15×14	6×6	8	16、18					东北距长城墙体0.2千米
F61	张记台村3号烽火台	盐池县	较差	北偏西40°	14×14	3×2	5	17、18					紧靠长城墙体内侧
F62	南圈村1号烽火台	盐池县	一般	北偏西40°	15×14	4×3	11	15、16、18、20					北距长城墙体0.005千米
F63	南圈村2号烽火台	盐池县	较差	北偏东40°	14×7	5×3	5	15、16					北距长城墙体0.016千米
F64	南圈村3号烽火台	盐池县	一般	北偏西55°	16×14	5×5	8	14、15、19、20	48×48	1.5	0.5～1.1	南墙中部	东北距长城墙体0.26千米
F65	叶记场村1号烽火台	盐池县	较差	北偏东40°	14×12	4×3	5						紧靠长城墙体内侧
F66	叶记场村2号烽火台	盐池县	一般	北偏东5°	12×11	4×3	8	14、15					东北距长城墙体0.08千米
F67	叶记场村3号烽火台	盐池县	较差	北偏东40°	16×12	3×2	6	16、19					紧靠长城墙体内侧
F68	红圪瘩村1号烽火台	盐池县	较差	北偏东40°	11×11	5×4	5						东北距长城墙体0.078千米
F69	红圪瘩村2号烽火台	盐池县	较差	北偏东45°	12×11	3×2	5	21、22					紧靠长城墙体内侧
F70	红圪瘩村3号烽火台	盐池县	一般	北偏东30°	14×12	4～6×4	8	16、19					东北距长城墙体0.015千米
F71	潘记梁村1号烽火台	盐池县	一般	北偏东25°	10×8	4×2～4	6	16、17					紧靠长城墙体内侧
F72	潘记梁村2号烽火台	盐池县	较好	北偏东30°	13×13	4.5×4	9.5	18、20					北距长城墙体0.005千米
F73	兴武营村1号烽火台	盐池县	较差	北偏东40°	17×17	10×9	6	16、17					G146点南，北距长城墙体0.104千米
F74	兴武营村2号烽火台	盐池县	较差	北偏东20°	18×17	0.4×0.3	6	不详					G155点处，紧靠长城墙体内侧
F75	闵庄子村1号烽火台	盐池县	较差	北偏东20°	11×10	2×1～2	7	18					G158点处，紧靠长城墙体内侧
F76	闵庄子村2号烽火台	盐池县	较差	北偏东20°	14×14	0.3×0.2	7	16					G161点处，紧靠长城墙体内侧
F77	郭家坑村1号烽火台	盐池县	较差	北偏东20°	15×13	3.5×3	7	15、17					紧靠长城墙体内侧
F78	郭家坑村2号烽火台	盐池县	较差	北偏东20°	15×11	3×1.5	7	不详					紧靠长城墙体内侧

续表

工作编号	名称	属地	保存状况	方向	烽火台（米）				围墙（米）				相对位置
					底（长×宽）	顶（长×宽）	高	夯层厚度（厘米）	（长×宽）	底宽	高	门道位置	
F79	东庄子村1号烽火台	盐池县	一般	北偏东25°	14×11	6×5	7	21					G170点西北0.055千米，紧靠长城墙体
F80	东庄子村2号烽火台	盐池县	较差	北偏东10°	13×11	4×1	5	21					G173点紧靠长城墙体内侧
F81	东庄子村3号烽火台	盐池县	较差	北偏东20°	18×15	14×13	3	17、19					G175点南0.055千米
F82	徐庄子村烽火台	盐池县	较差	北偏东20°	10×10	4×1～4	6	15	60×29	2	0.5～1.4		G178点紧靠长城墙体南侧
F83	张记边壕村1号烽火台	盐池县	一般	北偏东10°	10×10	3.5～5×4	7	14、15	45×45	2.5	0.5～1.4		G182点紧靠长城墙体内侧
F84	张记边壕村2号烽火台	盐池县	一般	北偏东10°	14×13	4×2	5	17					G185点紧靠长城墙体内侧
F85	清水营村3号烽火台	灵武市	一般	正南北	18×13	6×6	7	14、15、17、19					G188点南0.045千米
F86	清水营村4号烽火台	灵武市	较差	北偏东15°	8×8	2×2	5.5	不详					G192点紧靠长城墙体
F87	清水营村5号烽火台	灵武市	较差	北偏东30°	9×7	4×4	5.5	19					G196点南0.045千米
F88	清水营村6号烽火台	灵武市	较差	北偏东50°	13×11	4×3	5	不详					G204点紧靠长城墙体内侧
F89	清水营村7号烽火台	灵武市	一般	北偏东40°	13×13	4×4	10	15～19					北距长城墙体0.005千米

注：烽火台的保存评价标准：主体保存3/4以上者为较好，保存2/3以上者为一般，保存1/4～1/2者为较差，仅存遗迹濒临消失者为差。表中G代表"河东墙"（二道边）墙体分段（GPS点由东向西）的顺序编号。

附表二　"深沟高垒"（头道边）长城墙体沿线敌台（亦包括墙体缺口、断点、铺舍、拐点）登记表

工作编号	名称	敌台（米）			高程（米）	地点	相对位置	备注
		底（长×宽）	顶（长×宽）	高				
001	长城墙体起点				1340	盐池县（东郭庄村）与定边县交界点	D001东南0.095千米	
D001	东郭庄村1号敌台	9×9	5×4	10	1345	花马池镇东郭庄村	001点西北0.095千米，D002东南0.292千米	
D002	东郭庄村2号敌台	9×9	4.5×2.8	9	1344	花马池镇东郭庄村	D001西北0.292千米，D003东南0.297千米	
D003	东郭庄村3号敌台	13×12	5×3	7	1339	花马池镇东郭庄村	D002西北0.297千米，D004东南0.295千米	
D004	东郭庄村4号敌台	11×9	1×0.5	6	1333	花马池镇东郭庄村	D003西北0.295千米，D005东南0.154千米	
D005	东郭庄村5号敌台	14×14	4×1	7	1328	花马池镇东郭庄村	D004西北0.154千米，D006东南0.302千米	

工作编号	名称	敌台（米）			高程（米）	地点	相对位置	备注
		底（长×宽）	顶（长×宽）	高				
D006	东郭庄村6号敌台	12×11	4×0.4	8	1324	花马池镇东郭庄村	D005 西北0.302千米，D007 东南0.155千米	
D007	东郭庄村7号敌台	10×9	2×1	3	1320	花马池镇东郭庄村	D006 西北0.155千米，D008 东南0.289千米	
D008	东郭庄村8号敌台	14×11	3×1	6	1320	花马池镇东郭庄村	D007 西北0.289千米，002 东南0.245千米	
002	长城墙体缺口				1313	花马池镇东郭庄村	D008 西北0.245千米，D009 东南0.334千米	村路、冲沟豁口宽52米
D009	东郭庄村9号敌台	13×11	3×1	7	1320	花马池镇东郭庄村	002 西北0.334千米，D010 东南0.278千米	
D010	东郭庄村10号敌台	13×9	2×2	6	1319	花马池镇东郭庄村	D009 西北0.278千米，D011 东南0.301千米	
D011	东郭庄村11号敌台	11×11	6×4	6	1321	花马池镇东郭庄村	D010 西北0.301千米，D012 东南0.3千米	
D012	东郭庄村12号敌台	12×8.5	3×2	6	1332	花马池镇东郭庄村	D011 西北0.3千米，D013 东南0.287千米	
D013	东郭庄村13号敌台	14×10	2.5×2	7	1322	花马池镇东郭庄村	D012 西北0.287千米，D014 东南0.281千米	
D014	东郭庄村14号敌台	16×13	4×2.5	7	1323	花马池镇东郭庄村	D013 西北0.281千米，D015 东南0.292千米	
D015	东郭庄村15号敌台	13×12	3×2.5	7	1324	花马池镇东郭庄村	D014 西北0.292千米，D016 东南0.292千米	
D016	东门村1号敌台	15×12	6×5	7	1336	花马池镇东门村	D015 西北0.292千米，D017 东南0.289千米	
D017	东门村2号敌台	10×10	4×3	5	1334	花马池镇东门村	D016 西北0.289千米，D018 东南0.283千米	
D018	东门村3号敌台	11×9	7×5	6	1333	花马池镇东门村	D017 西北0.283千米，D019 东南0.28千米	
D019	东门村4号敌台	11×9	5×2	7	1334	花马池镇东门村	D018 西北0.28千米，D020 东南0.29千米	
D020	东门村5号敌台	14×10	6×5	7	?	花马池镇东门村	D019 西北0.29千米，D021 东南0.303千米	
D021	东门村6号敌台	12×9	2.4×2	8	1336	花马池镇东门村	D020 西北0.303千米，D022 东南0.303千米	
D022	东门村7号敌台	12×10	5×1.5	8	1335	花马池镇东门村	D021 西北0.303千米，D023 东南0.284千米	
D023	东门村8号敌台	13×11	2×1.5	8	1337	花马池镇东门村	D022 西北0.284千米，D024 东南0.286千米	

工作编号	名称	敌台（米）			高程（米）	地点	相对位置	备注
		底（长×宽)	顶（长×宽)	高				
D024	东门村9号敌台	13×9	5×3	8	1339	花马池镇东门村	D023 西北 0.286 千米，D025 东南 0.331 千米	
D025	东门村10号敌台	13×11	3×1	8	1341	花马池镇东门村	D024 西北 0.331 千米，D026 东南 0.333 千米	
D026	东门村11号敌台	15×10	7×5	8	1342	花马池镇东门村	D025 西北 0.333 千米，D027 东南 0.285 千米	
D027	东门村12号敌台	13×9	6×1	8	1341	花马池镇东门村	D026 西北 0.285 千米，D028 东南 0.258 千米	
D028	东门村13号敌台	14×12	5×4	7	1345	花马池镇东门村	D027 西北 0.258 千米，D029 东南 0.281 千米	
D029	北关社区1号敌台	11×9	5×4	9	1345	花马池镇北关社区	D028 西北 0.281 千米，003 东南 0.273 千米	
003	长城墙体拐点				1334	花马池镇北关社区	D029 西北 0.273 千米，004 东南 0.06 千米	村路豁口宽 94 米
004	长城墙体缺口				1334	花马池镇北关社区	003 北 0.06 千米，005 南 0.064 千米	
005	长城墙体缺口				1330	花马池镇北关社区	004 北 0.64 千米，D030 南 0.212 千米	307 国道穿墙缺口
D030	北关社区2号敌台	12×10	5×4	9	1342	花马池镇北关社区	005 北 0.212 千米，006 东南 0.22 千米	
006	长城墙体缺口				1337	花马池镇北关社区	D030 西北 0.22 千米，D031 东南 0.69 千米	豁口宽 69 米
D031	北关社区3号敌台	16×7		1.5~2.5	1336	花马池镇北关社区	006 西北 0.069 千米，007 东南 0.254 千米	存台体底部
007	长城墙体拐点				1335	花马池镇北关社区	D031 西北 0.254 千米，D032 东南 0.208 千米	墙体消失 141 米
008	长城墙体断点				1343	花马池镇北关社区	009 东南 0.141 千米	
009	长城墙体断点				1342	花马池镇北关社区	008 西北 0.141 千米，D032 东南 0.067 千米	
D032	北关社区4号敌台	14×13	11×10	9	1347	花马池镇北关社区	009 西北 0.067 千米，010 东南 0.299 千米	
010	长城墙体断点				1343	花马池镇北关社区	D032 西北 0.299 千米，011 东南 0.167 千米	缺口 4 米宽
011	长城墙体断点				1345	花马池镇北关社区	010 西北 0.167 千米，D033 东南 0.1 千米	宽 167 米
D033	北关社区5号敌台	13×11	6×5	7	1353	花马池镇北关社区	011 西北 0.1 千米，012 东南 0.041 千米	

工作编号	名称	敌台（米）			高程（米）	地点	相对位置	备注
		底（长×宽）	顶（长×宽）	高				
012	长城墙体缺口				1345	花马池镇北关社区	D033 西北 0.041 千米，013 东南 0.103 千米	
013	长城墙体断点				1346	花马池镇北关社区	014 西北 0.103 千米	
014	长城墙体缺口断点				1349	花马池镇北关社区	015 东南 0.067 千米	
015	长城墙体缺口				1347	花马池镇北关社区	014 西北 0.115 千米，016 东南 0.081 千米	
016	长城墙体缺口				1345	花马池镇北关社区	015 西北 0.081 千米，D034 东南 0.228 千米	
D034	五堡村 1 号敌台	14×11	2.5×2	7	1355	花马池镇五堡村	016 西北 0.228 千米，017 东南 0.157 千米	
017	长城墙体缺口				1349	花马池镇五堡村	D034 西北 0.157 千米，018 东南 0.126 千米	
018	长城墙体缺口				1350	花马池镇五堡村	017 西北 0.126 千米，D035 东南 0.194 千米	
D035	五堡村 2 号敌台	13×9	3.5×2	7	1358	花马池镇五堡村	018 西北 0.194 千米，D036 东南 0.23 千米	
D036	五堡村 3 号敌台	15×10	5×4	8	1360	花马池镇五堡村	D035 西北 0.23 千米，D037 东南 0.23 千米	
D037	五堡村 4 号敌台	13×9	5×4.5	8	1361	花马池镇五堡村	D036 西北 0.23 千米，019 东南 0.074 千米	
019	长城墙体缺口				1355	花马池镇五堡村	D037 西北 0.074 千米，D038 东南 0.216 千米	村路豁口宽 33 米
D038	五堡村 5 号敌台	12×9	2.5×2	8	1366	花马池镇五堡村	019 西北 0.216 千米，D039 东南 0.174 千米	
D039	五堡村 6 号敌台	12×11	5×2.5	7	1364	花马池镇五堡村	D038 西北 0.174 千米，D040 东南 0.232 千米	
P01	五堡村铺舍	13×11	8×8	6	1363	花马池镇五堡村	D040 东南 0.03 千米	
D040	五堡村 7 号敌台	8×7	5×0.5	8	1365	花马池镇五堡村	D039 西北 0.232 千米，D041 东南 0.229 千米	
D041	五堡村 8 号敌台	13×9	1.5×1	7	1366	花马池镇五堡村	D040 西北 0.229 千米，D042 东南 0.23 千米	
D042	五堡村 9 号敌台	13×10	3×2.5	7	1368	花马池镇五堡村	D041 西北 0.23 千米，D043 东南 0.285 千米	
D043	五堡村 10 号敌台	12×11	3×1	8	1366	花马池镇五堡村	D042 西北 0.285 千米，020 东南 0.24 千米	
020	长城墙体缺口断点				1366	花马池镇八堡村	D043 西北 0.24 千米，021 东南 0.14 千米	高速公路、村路豁口 100 米

工作编号	名称	敌台（米）			高程（米）	地点	相对位置	备注
		底（长×宽）	顶（长×宽）	高				
021	长城墙体缺口断点				1357	花马池镇八堡村	020 西北 0.14 千米，D044 东南 0.218 千米	
D044	八堡村 1 号敌台	14×11	5×3	7	1366	花马池镇八堡村	021 西北 0.218 千米，022 东南 0.087 千米	
022	长城墙体缺口				1362	花马池镇八堡村	D044 西北 0.087 千米，D045 东南 0.210 千米	村路豁口宽 4.5 米
D045	八堡村 2 号敌台	11.6×10	7×4	7	1366	花马池镇八堡村	022 西北 0.21 千米，D046 东南 0.241 千米	
D046	八堡村 3 号敌台	14×10	5×2.5	8	1366	花马池镇八堡村	D045 西北 0.241 千米，D047 东南 0.283 千米	
D047	八堡村 4 号敌台	13×12	2×1.5	9	1366	花马池镇八堡村	D046 西北 0.283 千米，D048 东南 0.283 千米	
D048	八堡村 5 号敌台	13.5×12	5×4	8	1366	花马池镇八堡村	D047 西北 0.283 千米，D049 东南 0.276 千米	
D049	八堡村 6 号敌台	12×7.4	4×1	9	1366	花马池镇八堡村	D048 西北 0.276 千米，D050 东南 0.274 千米	
D050	八堡村 7 号敌台	14×11	5×2	8	1366	花马池镇八堡村	D049 西北 0.274 千米，D051 东南 0.285 千米	
D051	八堡村 8 号敌台	13×10.5	2×1	8.5	1366	花马池镇八堡村	D050 西北 0.285 千米，D052 东南 0.304 千米	
D052	八堡村 9 号敌台	15×10	2.5×1	9	1366	花马池镇八堡村	D051 西北 0.304 千米，D053 东南 0.275 千米	
D053	八堡村 10 号敌台	11×9.6	5×4	8	1366	花马池镇八堡村	D052 西北 0.275 千米，D054 东南 0.292 千米	
D054	刘八庄村 1 号敌台	13.5×11	5×4	8	1366	花马池镇刘八庄村	D053 西北 0.292 千米，D055 东南 0.156 千米	
D055	刘八庄村 2 号敌台	11×9.6	6.5×4	8	1366	花马池镇刘八庄村	D054 西北 0.156 千米，D056 东南 0.24 千米	
D056	刘八庄村 3 号敌台	13.5×12	1×1	8	1366	花马池镇刘八庄村	D055 西北 0.24 千米，D057 东南 0.239 千米	
D057	刘八庄村 4 号敌台	15×11	3×2	8	1410	花马池镇刘八庄村	D056 西北 0.239 千米，D058 东南 0.154 千米	
023	长城墙体缺口				1403	花马池镇刘八庄村	D057 西北 0.104 千米，D058 东南 0.05 千米	村路豁口宽 5 米
D058	刘八庄村 5 号敌台	12×11	4×2	8	1411	花马池镇刘八庄村	D057 西北 0.154 千米，D059 东南 0.226 千米	
D059	刘八庄村 6 号敌台	13×10	1×0.5	7	1407	花马池镇刘八庄村	D058 西北 0.226 千米，D060 东南 0.222 千米	

工作编号	名称	敌台（米）			高程（米）	地点	相对位置	备注
		底（长×宽）	顶（长×宽）	高				
D060	刘八庄村7号敌台	18×10.5	4×3	7	1410	花马池镇刘八庄村	D059 西北0.222千米，D061 东南0.164千米	
D061	刘八庄村8号敌台	13×12	2×1.5	7	1410	花马池镇刘八庄村	D060 西北0.164千米，D062 东南0.302千米	
D062	刘八庄村9号敌台	15×14	3×1	8	1414	花马池镇刘八庄村	D061 西北0.302千米，D063 东南0.137千米	
D063	刘八庄村10号敌台	17×11	5×3	8	1417	花马池镇刘八庄村	D062 西北0.137千米，D064 东南0.221千米	
D064	刘八庄村11号敌台	13.8×11	1×1	6	1420	花马池镇刘八庄村	D063 西北0.221千米，D065 东南0.238千米	
D065	刘八庄村12号敌台	13×13	4×2	7	1422	花马池镇刘八庄村	D064 西北0.238千米，D066 东南0.158千米	
D066	刘八庄村13号敌台	15×11	4×3	6	1422	花马池镇刘八庄村	D065 西北0.158千米，D067 东南0.316千米	
D067	十六堡村1号敌台	12×11	2×0.3	7	1426	花马池镇十六堡村	D066 西北0.316千米，D068 东南0.25千米	
D068	十六堡村2号敌台	15×11	3×3	6	1428	花马池镇十六堡村	D067 西北0.25千米，D069 东南0.183千米	
D069	十六堡村3号敌台	16×9	5×4	6	1426	花马池镇十六堡村	D068 西北0.183千米，D070 东南0.255千米	
024	长城墙体缺口				1418	花马池镇十六堡村	D069 西北0.075千米，D070 东南0.180千米	村路豁口宽9米
D070	十六堡村4号敌台	14×12	4×1.7	7	1428	花马池镇十六堡村	D069 西北0.255千米，D071 东南0.244千米	
D071	十六堡村5号敌台	17×13	6×1	8	1430	花马池镇十六堡村	D070 西北0.244千米，D072 东南0.16千米	
D072	十六堡村6号敌台	14×12	5×4	6	1436	花马池镇十六堡村	D071 西北0.16千米，D073 东南0.267千米	
D073	十六堡村7号敌台	16×15	7×3	8	1440	花马池镇十六堡村	D072 西北0.267千米，D074 东南0.284千米	
D074	十六堡村8号敌台	14×10	5×2.5	9	1451	花马池镇十六堡村	D073 西北0.284千米，D075 东南0.32千米	
D075	张记圈村1号敌台	16×10	4×2.5	13	1467	花马池镇张记圈村	D074 西北0.32千米，D076 东南0.263千米	
025	长城墙体缺口				1458	花马池镇张记圈村	D075 西北0.257千米，D076 东南0.06千米	村路豁口宽6米
D076	张记圈村2号敌台	17×14	3×2	11	1470	花马池镇张记圈村	D075 西北0.263千米，D077 东南0.3千米	

续表

工作编号	名称	敌台（米）			高程（米）	地点	相对位置	备注
		底（长×宽）	顶（长×宽）	高				
D077	张记圈村 3 号敌台	13×10	7×5	8	1477	花马池镇张记圈村	D076 西北 0.3 千米，D078 东南 0.287 千米	
D078	张记圈村 4 号敌台	16×12	3×3	9	1491	花马池镇张记圈村	D077 西北 0.287 千米，D079 东南 0.282 千米	
D079	张记圈村 5 号敌台	10×10	3×2	8	1498	花马池镇张记圈村	D078 西北 0.282 千米，D080 东南 0.295 千米	
D080	红沟梁村 1 号敌台	16×14	5×3	8	1509	花马池镇红沟梁村	D079 西北 0.295 千米，D081 东南 0.301 千米	
D081	红沟梁村 2 号敌台	14×10	4×2	10	1523	花马池镇红沟梁村	D080 西北 0.301 千米，D082 东南 0.285 千米	
D082	红沟梁村 3 号敌台	15×14	6×5.5	9	1537	花马池镇红沟梁村	D081 西北 0.285 千米，D083 东南 0.156 千米	
D083	红沟梁村 4 号敌台	11×11	7×4	9	1549	花马池镇红沟梁村	D082 西北 0.156 千米，D084 东南 0.237 千米	
D084	红沟梁村 5 号敌台	15×13	1×0.3	9	1562	花马池镇红沟梁村	D083 西北 0.237 千米，D085 东南 0.234 千米	
D085	红沟梁村 6 号敌台	14×13	5×4	7	1572	花马池镇红沟梁村	D084 西北 0.234 千米，D086 东南 0.243 千米	
D086	红沟梁村 7 号敌台	13×11	5×2.5	10	1574	花马池镇红沟梁村	D085 西北 0.243 千米，D087 东南 0.248 千米	
D087	红沟梁村 8 号敌台	16×11	6×3	8	1577	花马池镇红沟梁村	D086 西北 0.248 千米，D088 东南 0.226 千米	
D088	东牛毛井村 1 号敌台	18×16	7×5	8	1594	王乐井乡东牛毛井村	D087 西北 0.226 千米，D089 东南 0.276 千米	
026	长城墙体拐点				1579	王乐井乡东牛毛井村	D088 西北 0.11 千米，D089 东南 0.166 千米	
D089	东牛毛井村 2 号敌台	15×11	5×2	9	1571	王乐井乡东牛毛井村	D088 西北 0.276 千米，D090 东南 0.298 千米	
D090	东牛毛井村 3 号敌台	16×14	5×3	10	1566	王乐井乡东牛毛井村	D089 西北 0.298 千米，D091 东南 0.295 千米	
D091	东牛毛井村 4 号敌台	16×12	7×7	9	1579	王乐井乡东牛毛井村	D090 西北 0.295 千米，D092 东南 0.308 千米	
D092	东牛毛井村 5 号敌台	13×8	2.5×1.5	9	1582	王乐井乡东牛毛井村	D091 西北 0.308 千米，D093 南 0.285 千米	
D093	东牛毛井村 6 号敌台	16×14	5×1	8	1580	王乐井乡东牛毛井村	D092 北 0.285 千米，D094 南 0.025 千米	
D094	东牛毛井村 7 号敌台	13×11	7×3	8	1581	王乐井乡东牛毛井村	D093 北 0.25 千米，D095 南 0.253 千米	

工作编号	名称	敌台（米）			高程（米）	地点	相对位置	备注
		底（长×宽）	顶（长×宽）	高				
027	长城墙体缺口				1572	王乐井乡东牛毛井村	D094 北 0.12 千米，D095 南 0.133 千米	村路豁口宽 9 米
D095	东牛毛井村 8 号敌台	13×11	7×3	10	1593	王乐井乡东牛毛井村	D094 北 0.253 千米，D096 南 0.177 千米	
D096	东牛毛井村 9 号敌台	14×14	8×8	7	1593	王乐井乡东牛毛井村	D095 北 0.177 千米，D097 南 0.165 千米	
D097	东牛毛井村 10 号敌台	13×10	6×5	7	1593	王乐井乡东牛毛井村	D096 北 0.165 千米，D098 南 0.325 千米	
D098	叶记豁子村 1 号敌台	15×11	3×1	8	1593	花马池镇叶记豁子村	D097 北 0.325 千米，D099 南 0.163 千米	
D099	叶记豁子村 2 号敌台	13×12	2×1	8	1592	花马池镇叶记豁子村	D098 北 0.163 千米，D100 南 0.151 千米	
D100	叶记豁子村 3 号敌台	16×11	6×4	9	1589	花马池镇叶记豁子村	D099 北 0.151 千米，028 南 0.321 千米	
028	长城墙体缺口				1572	花马池镇叶记豁子村	D100 北 0.321 千米，D101 南 0.342 千米	村路豁口宽 4 米
D101	叶记豁子村 4 号敌台	16×13	5×4	11	1581	花马池镇叶记豁子村	028 北 0.342 千米，D102 南 0.204 千米	
D102	叶记豁子村 5 号敌台	16×13	6×1	8	1573	花马池镇叶记豁子村	D101 北 0.204 千米，D103 南 0.351 千米	
D103	叶记豁子村 6 号敌台	15×13	8×8	9	1562	花马池镇叶记豁子村	D102 北 0.351 千米，D104 南 0.265 千米	
D104	叶记豁子村 7 号敌台	10×8	3×1	4	1557	花马池镇叶记豁子村	D103 北 0.265 千米，D105 南 0.257 千米	
D105	南台村 1 号敌台	15×13	1×0.3	7	1549	花马池镇南台村	D104 北 0.257 千米，D106 南 0.21 千米	
D106	南台村 2 号敌台	13×9	1×0.7	5	1540	花马池镇南台村	D105 北 0.21 千米，D107 南 0.196 千米	
D107	南台村 3 号敌台	14×11	3×2	6	1541	花马池镇南台村	D106 北 0.196 千米，D108 南 0.296 千米	
029	长城墙体缺口				1530	花马池镇南台村	D107 北 0.16 千米，D108 南 0.136 千米	村路豁口宽 4 米
D108	南台村 4 号敌台	15×13	1×1	8	1534	花马池镇南台村	D107 北 0.296 千米，D109 南 0.226 千米	
D109	南台村 5 号敌台	13×11	1.5×1	4	1538	花马池镇南台村	D108 北 0.226 千米，D110 南 0.226 千米	
D110	南台村 6 号敌台	12×12	1×0.4	4	1539	花马池镇南台村	D109 北 0.226 千米，D111 南 0.256 千米	

工作编号	名称	敌台（米）			高程（米）	地点	相对位置	备注
		底（长×宽)	顶（长×宽)	高				
D111	南台村 7 号敌台	12×9	3×2	7	1531	花马池镇南台村	D110 北 0.256 千米，D112 南 0.256 千米	
D112	南台村 8 号敌台	12×10	5×4	6	1537	花马池镇南台村	D111 北 0.256 千米，D113 南 0.262 千米	
D113	南台村 9 号敌台	10×10	4×3	5	1534	花马池镇南台村	D112 北 0.262 千米，D114 南 0.271 千米	
D114	南台村 10 号敌台	12×9	5×3	4	1531	花马池镇南台村	D113 北 0.271 千米，D115 南 0.264 千米	
D115	南台村 11 号敌台	12×10	7×6	7	1533	花马池镇南台村	D114 北 0.264 千米，D116 南 0.268 千米	
D116	安定堡 1 号敌台	14×11	4×3	6	1529	王乐井乡安定堡	D115 北 0.268 千米，D117 南 0.27 千米	
D117	安定堡 2 号敌台	14×13	5×3	7	1524	王乐井乡安定堡	D116 北 0.27 千米，030 南 0.293 千米	
030	长城墙体拐点				1509	王乐井乡安定堡	D117 北 0.293 千米，D118 西 0.043 千米	
D118	安定堡 3 号敌台	13×12	4×0.5	5	1512	王乐井乡安定堡	030 东 0.043 千米，031 南 0.239 千米	
031	长城墙体缺口				1507	王乐井乡安定堡	D118 北 0.239 千米，D119 南 0.225 千米	村路豁口宽 7 米
D119	安定堡 4 号敌台	10×9	1×0.2	4	1512	王乐井乡安定堡	031 北 0.225 千米，D120 东 0.238 千米	
D120	安定堡 5 号敌台	10×10	2×2	5	1512	王乐井乡安定堡	D119 西 0.238 千米，D121 东南 0.223 千米	
D121	安定堡 6 号敌台	13×8	4×2	7	1516	王乐井乡安定堡	D120 西北 0.223 千米，D122 东北 0.205 千米	
D122	安定堡 7 号敌台	13×11	2×1	5	1515	王乐井乡安定堡	D121 西南 0.205 千米，D123 东北 0.204 千米	
D123	安定堡 8 号敌台	12×10	5×4	6	1510	王乐井乡安定堡	D122 西南 0.204 千米，D124 东 0.207 千米	
D124	安定堡 9 号敌台	13×11	4×3	5	1509	王乐井乡安定堡	D123 西 0.207 千米，D125 东南 0.215 千米	
D125	安定堡 10 号敌台	15×11	1×0.2	6	1502	王乐井乡安定堡	D124 西北 0.215 千米，D126 东南 0.211 千米	
D126	安定堡 11 号敌台	12×10		2	1497	王乐井乡安定堡	D125 西北 0.211 千米，D127 东南 0.21 千米	
D127	安定堡 12 号敌台	15×10	3×2	6	1498	王乐井乡安定堡	D126 西北 0.21 千米，D128 东南 0.267 千米	

工作编号	名称	敌台（米）			高程（米）	地点	相对位置	备注
		底（长×宽)	顶（长×宽)	高				
032	长城墙体缺口				1491	王乐井乡毛家庄村	D127 西北 0.057 千米，D128 东南 0.210 千米	豁口宽 4 米
D128	毛家庄村 1 号敌台	13×11	2×0.5	8	1504	王乐井乡毛家庄村	D127 西北 0.267 千米，D129 东南 0.243 千米	
D129	毛家庄村 2 号敌台			4	1504	王乐井乡毛家庄村	D128 西北 0.243 千米，D130 东南 0.246 千米	被沙丘掩埋
D130	毛家庄村 3 号敌台			6	1508	王乐井乡毛家庄村	D129 西北 0.246 千米，D131 东南 0.252 千米	扩沙丘掩埋
033	长城墙体缺口				1495	王乐井乡毛家庄村	D130 西北 0.21 千米，D131 东南 0.042 千米	村路豁口宽 4 米
D131	毛家庄村 4 号敌台	13×8	6×4	7	1501	王乐井乡毛家庄村	D130 西北 0.252 千米，D132 东南 0.24 千米	
D132	毛家庄村 5 号敌台	12×12	4×2	6	1501	王乐井乡毛家庄村	D131 西北 0.24 千米，D133 东南 0.239 千米	
034	长城墙体缺口				1489	王乐井乡毛家庄村	D132 西北 0.116 千米，D133 东南 0.123 千米	村路豁口宽 4 米
D133	毛家庄村 6 号敌台	11×11	4×2	6	1497	王乐井乡毛家庄村	D132 西北 0.239 千米，D134 东南 0.464 千米	
P02	毛家庄村 1 号铺舍	13×11	8×8	6	1499	王乐井乡毛家庄村	D133 西北 0.232 千米，D134 东南 0.27 千米	
035	长城墙体缺口				1494	王乐井乡毛家庄村	D133 西北 0.332 千米，D134 东南 0.132 千米	村路豁口宽 4 米
D134	毛家庄村 7 号敌台	12×10	5.5×5	9	1500	王乐井乡毛家庄村	D133 西北 0.464 千米，D135 东南 0.245 千米	
D135	毛家庄村 8 号敌台	13×10	9×7	9	1496	王乐井乡毛家庄村	D134 西北 0.245 千米，D136 东南 0.248 千米	
D136	毛家庄村 9 号敌台		2×2	6	1494	王乐井乡毛家庄村	D135 西北 0.248 千米，D137 东南 0.211 千米	大多被沙丘掩埋
D137	毛家庄村 10 号敌台	13×9	8×5	9	1492	王乐井乡毛家庄村	D136 西北 0.211 千米，D138 东南 0.2 千米	
P03	毛家庄村 2 号铺舍	9×9	7×7	4	1494	王乐井乡毛家庄村	D136 西北 0.177 千米，D137 东南 0.034 千米	
D138	青羊井村 1 号敌台				1501	花马池镇青羊井村	D137 西北 0.2 千米，D139 东南 0.234 千米	被沙丘掩埋
D139	青羊井村 2 号敌台	5×5		2.6	1498	花马池镇青羊井村	D138 西北 0.234 千米，D140 东南 0.246 千米	略呈低矮的土丘状
D140	青羊井村 3 号敌台				1489	花马池镇青羊井村	D139 西北 0.246 千米，D141 东南 0.188 千米	大部分被沙丘掩埋

工作编号	名称	敌台（米）			高程（米）	地点	相对位置	备注
		底（长×宽）	顶（长×宽）	高				
D141	青羊井村 4 号敌台				1488	花马池镇青羊井村	D140 西北 0.188 千米，D142 东南 0.165 千米	被沙丘掩埋
P04	青羊井村 1 号铺舍	10×10	7×7	4	1489	花马池镇青羊井村	D140 西北 0.072 千米，D141 东南 0.116 千米	
D142	青羊井村 5 号敌台		4×3	4	1485	花马池镇青羊井村	D141 西北 0.298 千米，D143 东南 0.165 千米	被沙丘掩埋
D143	青羊井村 6 号敌台		5×4	1.6	1482	花马池镇青羊井村	D142 西北 0.165 千米，D144 东南 0.142 千米	被沙丘掩埋
D144	青羊井村 7 号敌台		4×2	2	1480	花马池镇青羊井村	D143 西北 0.142 千米，036 东南 0.282 千米	被沙丘掩埋
P05	青羊井村 2 号铺舍	13×13	10×10	8	1474	花马池镇青羊井村	D144 西北 0.217 千米，036 东南 0.065 千米	
036	长城墙体缺口				1465	花马池镇青羊井村	D144 西北 0.282 千米，D145 东南 0.3 千米	村路豁口宽 4 米
D145	青羊井村 8 号敌台	18×11	10×4	8	1473	花马池镇青羊井村	036 西北 0.3 千米，D146 东南 0.203 千米	
D146	青羊井村 9 号敌台	15×11	10×9	9	1474	花马池镇青羊井村	D145 西北 0.203 千米，D147 东南 0.234 千米	
D147	青羊井村 10 号敌台	20×15	9×8	9	1475	花马池镇青羊井村	D146 西北 0.234 千米，D148 东南 0.219 千米	
D148	青羊井村 11 号敌台	16×10	7×5	7	1478	花马池镇青羊井村	D147 西北 0.219 千米，D149 东南 0.215 千米	
D149	青羊井村 12 号敌台	15×13	5×5	7	1477	花马池镇青羊井村	D148 西北 0.215 千米，D150 东南 0.209 千米	
D150	青羊井村 13 号敌台	16×13	6×4	9	1477	花马池镇青羊井村	D149 西北 0.209 千米，D151 东南 0.2 千米	
D151	芨芨沟村 1 号敌台	17×12	10×4	9	1479	花马池镇芨芨沟村	D150 西北 0.2 千米，D152 东南 0.208 千米	
037	长城墙体缺口				1470	花马池镇芨芨沟村	D151 西北 0.027 千米，D152 东南 0.181 千米	村路豁口宽 5 米
D152	芨芨沟村 2 号敌台	14×8	10×5	9	1479	花马池镇芨芨沟村	D151 西北 0.208 千米，D153 东南 0.206 千米	
D153	芨芨沟村 3 号敌台	14×11	7×5	6	1481	花马池镇芨芨沟村	D152 西北 0.206 千米，D154 东南 0.205 千米	
038	长城墙体缺口				1475	花马池镇芨芨沟村	D153 西北 0.035 千米，D154 东南 0.17 千米	村路豁口宽 5 米
D154	芨芨沟村 4 号敌台	15×11	5×5	8	1485	花马池镇芨芨沟村	D153 西北 0.205 千米，D155 东南 0.21 千米	

工作编号	名称	敌台（米）			高程（米）	地点	相对位置	备注
		底（长×宽）	顶（长×宽）	高				
D155	芨芨沟村 5 号敌台	11×11	5×3	8	1486	花马池镇芨芨沟村	D154 西北 0.21 千米，D156 东南 0.206 千米	
D156	芨芨沟村 6 号敌台	12×9	6×4	8	1491	花马池镇芨芨沟村	D155 西北 0.206 千米，D157 东南 0.209 千米	
D157	芨芨沟村 7 号敌台	15×12	7×2	9	1494	花马池镇芨芨沟村	D156 西北 0.209 千米，D158 东南 0.203 千米	
D158	芨芨沟村 8 号敌台	15×13	9×8	11	1496	花马池镇芨芨沟村	D157 西北 0.203 千米，D159 东南 0.205 千米	
D159	芨芨沟村 9 号敌台	18×14	9×7	11	1496	花马池镇芨芨沟村	D158 西北 0.205 千米，D160 东南 0.205 千米	
039	长城墙体缺口				1484	花马池镇芨芨沟村	D159 西北 0.055 千米	村路豁口宽 6 米
D160	芨芨沟村 10 号敌台	20×12	11×7	9	1493	花马池镇芨芨沟村	D159 西北 0.205 千米，D161 东南 0.203 千米	
040	长城墙体缺口				1484	花马池镇芨芨沟村	D160 西北 0.018 千米	村路豁口宽 6 米
D161	芨芨沟村 11 号敌台	18×14	11×10	8	1496	花马池镇芨芨沟村	D160 西北 0.203 千米，D162 东南 0.211 千米	
D162	芨芨沟村 12 号敌台	13×11	7×5	8	1490	花马池镇芨芨沟村	D161 西北 0.211 千米，D163 东南 0.198 千米	
D163	芨芨沟村 13 号敌台	15×12	3×2	6	1481	花马池镇芨芨沟村	D162 西北 0.198 千米，D164 东南 0.208 千米	
D164	芨芨沟村 14 号敌台	14×10	3×2	5	1480	花马池镇芨芨沟村	D163 西北 0.208 千米，D165 东南 0.202 千米	
041	长城墙体缺口				1474	花马池镇芨芨沟村	D164 西北 0.035 千米	村路豁口宽 10 米
042	长城墙体缺口				1478	花马池镇芨芨沟村	D165 东南 0.068 千米	村路豁口宽 6 米
D165	芨芨沟村 15 号敌台	11×10	9×5	8	1488	花马池镇芨芨沟村	D164 西北 0.202 千米，D166 东南 0.208 千米	
D166	芨芨沟村 16 号敌台	15×13	7×6	8	1492	花马池镇芨芨沟村	D165 西北 0.208 千米，D167 东南 0.204 千米	
043	长城墙体缺口				1488	花马池镇芨芨沟村	D166 西北 0.074 千米	村路豁口宽 45 米
D167	芨芨沟村 17 号敌台	12×12	8×7	8	1500	花马池镇芨芨沟村	D166 西北 0.204 千米，D168 东南 0.207 千米	
D168	芨芨沟村 18 号敌台	12×9	6×4	7	1502	花马池镇芨芨沟村	D167 西北 0.207 千米，D169 东南 0.21 千米	
D169	英雄堡村 1 号敌台	10×9	5×1	5	1505	花马池镇英雄堡	D168 西北 0.21 千米，D170 东南 0.192 千米	
D170	英雄堡村 2 号敌台		7×5	3	1500	花马池镇英雄堡	D169 西北 0.192 千米，D171 东南 0.195 千米	大部分被沙丘掩埋

工作编号	名称	敌台（米）			高程（米）	地点	相对位置	备注
		底（长×宽）	顶（长×宽）	高				
D171	英雄堡村3号敌台	10×9	6×7	5	1500	花马池镇英雄堡	D170西北0.195千米，D172东南0.215千米	
D172	英雄堡村4号敌台	14×14	6×3	7	1500	花马池镇英雄堡	D171西北0.215千米，D173东南0.163千米	
044	长城墙体缺口				1493	花马池镇英雄堡	D172西北0.93千米	村路豁口宽3米
D173	英雄堡村5号敌台		2.7×2	8	1494	花马池镇英雄堡	D172西北0.163千米，D174东南0.167千米	
D174	英雄堡村6号敌台	13×7	3.5×3	7	1487	花马池镇英雄堡	D173西北0.167千米，D175东南0.18千米	
045	长城墙体缺口				1482	花马池镇英雄堡	D174西北0.083千米	村路豁口宽4米
D175	英雄堡村7号敌台		4×3	7	1484	花马池镇英雄堡	D174西北0.18千米，D176东南0.151千米	大部分被沙丘掩埋
D176	英雄堡村8号敌台	13×12	5×4	6	1487	花马池镇英雄堡	D175西北0.151千米，D177东南0.153千米	
D177	英雄堡村9号敌台	14×11	10×9	8	1481	花马池镇英雄堡	D176西北0.153千米，D178东南0.15千米	
046	长城墙体缺口				1476	花马池镇英雄堡	D177东南0.035千米	村路豁口宽5米
047	长城墙体缺口				1478	花马池镇英雄堡	D177西北0.074千米	村路豁口宽6米
D178	英雄堡村10号敌台	11×11	8×7	6	1480	花马池镇英雄堡	D177西北0.15千米，D179东南0.176千米	
048	长城墙体缺口				1477	花马池镇英雄堡	D178东南0.055千米	
D179	英雄堡村11号敌台	14×10	6×5	9	1482	花马池镇英雄堡	D178西北0.176千米，D180东南0.174千米	
D180	英雄堡村12号敌台	15×11	5×2	8	1478	花马池镇英雄堡	D179西北0.174千米，D181东南0.166千米	
D181	英雄堡村13号敌台	14×11	3×2	6	1470	花马池镇英雄堡	D180西北0.166千米，D182东南0.246千米	
049	长城墙体缺口				1475	花马池镇英雄堡	D179西北0.081千米	村路豁口宽6米
050	长城墙体缺口				1469	花马池镇英雄堡	D180西北0.065千米	
D182	英雄堡村14号敌台	11×8	3×2	5	1467	花马池镇英雄堡	D181西北0.246千米，D183东南0.236千米	
051	长城墙体缺口				1450	花马池镇英雄堡	D184东南0.035千米	村路豁口宽37米
D183	英雄堡村15号敌台	14×9	5×4	6	1466	花马池镇英雄堡	D182西北0.236千米，D184东南0.31千米	
D184	英雄堡村16号敌台	16×13	3×2	8	1461	花马池镇英雄堡	D183西北0.31千米，D185东南0.162千米	

工作编号	名称	敌台（米）			高程（米）	地点	相对位置	备注
		底（长×宽）	顶（长×宽）	高				
D185	英雄堡村 17 号敌台	13×9	9×7	8	1461	花马池镇英雄堡	D184 西北 0.162 千米，D186 东南 0.168 千米	
D186	英雄堡村 18 号敌台	15×9	2×1.4	9	1460	高沙窝镇英雄堡	D185 西北 0.168 千米，D187 东南 0.18 千米	
D187	英雄堡村 19 号敌台	12×9	2×1	8	1463	高沙窝镇英雄堡	D186 西北 0.18 千米，D188 东南 0.167 千米	
D188	英雄堡村 20 号敌台	17×10	9×4	8	1464	高沙窝镇英雄堡	D187 西北 0.167 千米，D189 东南 0.16 千米	
052	长城墙体缺口				1469	高沙窝镇英雄堡	D188 东南 0.044 千米	村路豁口宽 4 米
D189	英雄堡村 21 号敌台	16×10	8×5	8	1460	高沙窝镇英雄堡	D188 西北 0.16 千米，D190 东南 0.145 千米	
D190	英雄堡村 22 号敌台	16×11	12×7	8	1475	高沙窝镇英雄堡	D189 西北 0.145 千米，D191 东南 0.301 千米	
053	长城墙体缺口				1479	高沙窝镇英雄堡	D190 西北 0.179 千米	村路豁口宽 7 米
D191	英雄堡村 23 号敌台	11×3		1.8	1470	高沙窝镇英雄堡	D190 西北 0.301 千米，D192 东南 0.285 千米	修路取土挖毁，保存基础部分
D192	英雄堡村 24 号敌台	13×10	5×4	8	1476	高沙窝镇英雄堡	D191 西北 0.285 千米，D193 东南 0.277 千米	
D193	英雄堡村 25 号敌台	10×9	2×1.7	7	1474	高沙窝镇英雄堡	D192 西北 0.277 千米，D194 东南 0.302 千米	
054	长城墙体缺口				1460	高沙窝镇大疙瘩村	D194 西北 0.035 千米	村路豁口宽 3 米
D194	大疙瘩村 1 号敌台	20×15	12×9	9	1469	高沙窝镇大疙瘩村	D193 西北 0.302 千米，D195 东南 0.292 千米	
D195	大疙瘩村 2 号敌台	15×13	6×5	8	1463	高沙窝镇大疙瘩村	D194 西北 0.292 千米，D196 东南 0.294 千米	
055	长城墙体缺口				1449	高沙窝镇大疙瘩村	D196 西北 0.167 千米	村路豁口宽 5 米
D196	大疙瘩村 3 号敌台	16×14	8×5	9	1459	高沙窝镇大疙瘩村	D195 西北 0.294 千米，D197 东南 0.292 千米	
D197	大疙瘩村 4 号敌台	16×10	4×3	8	1470	高沙窝镇大疙瘩村	D196 西北 0.292 千米，D198 东南 0.294 千米	
D198	大疙瘩村 5 号敌台	12×12	5×3	7	1456	高沙窝镇大疙瘩村	D197 西北 0.294 千米，D199 东南 0.312 千米	
056	长城墙体缺口				1461	高沙窝镇大疙瘩村	D197 西北 0.065 千米	村路豁口宽 6 米
D199	大疙瘩村 6 号敌台	14×13	4×2	8	1451	高沙窝镇大疙瘩村	D198 西北 0.312 千米，D200 东南 0.281 千米	
D200	大疙瘩村 7 号敌台	11×10	2×1.4	8	1454	高沙窝镇大疙瘩村	D199 西北 0.281 千米，D201 东南 0.295 千米	

续表

工作编号	名称	敌台（米）			高程（米）	地点	相对位置	备注
		底（长×宽）	顶（长×宽）	高				
057	墙体缺口				1444	高沙窝镇大疙瘩村	D200 东南 0.03 千米	村路豁口宽 10 米
D201	大疙瘩村 8 号敌台	13×13	2.5×2	8	1456	高沙窝镇大疙瘩村	D200 西北 0.295 千米，D202 东南 0.293 千米	
D202	大疙瘩村 9 号敌台	15×13	5×3	8	1455	高沙窝镇大疙瘩村	D201 西北 0.293 千米，D203 东南 0.292 千米	
D203	大疙瘩村 10 号敌台	16×10	4×3	8	1458	高沙窝镇大疙瘩村	D202 西北 0.292 千米，D204 东南 0.29 千米	
058	长城墙体缺口				1454	高沙窝镇大疙瘩村	D203 西北 0.254 千米	公路豁口宽 3 米
D204	大疙瘩村 11 号敌台	16×14	4×3	8	1461	高沙窝镇大疙瘩村	D203 西北 0.29 千米，D205 东南 0.289 千米	
D205	二步坑村 1 号敌台	16×15	5×3	8	1478	高沙窝镇二步坑村	D204 西北 0.289 千米，D206 东南 0.29 千米	
059	长城墙体缺口				1468	高沙窝镇二步坑村	D205 东南 0.149 千米	村路豁口宽 14 米
D206	二步坑村 2 号敌台	17×14	7×5	8	1472	高沙窝镇二步坑村	D206 西北 0.29 千米，D207 东南 0.292 千米	
D207	二步坑村 3 号敌台	16×14	6×4	9			D206 西北 0.292 千米，D208 东南 0.293 千米	
D208	二步坑村 4 号敌台	17×14	5×4	9	1470	高沙窝镇二步坑村	D207 西北 0.293 千米，D209 东南 0.294 千米	
060	长城墙体缺口				1461	高沙窝镇二步坑村	D208 西北 0.076 千米	村路豁口宽 3 米
D209	二步坑村 5 号敌台	12×10	5×3	8	1462	高沙窝镇二步坑村	D208 西北 0.294 千米，D210 东南 0.291 千米	
D210	二步坑村 6 号敌台	13×13	4×1	9	1458	高沙窝镇二步坑村	D209 西北 0.291 千米，D211 东南 0.303 千米	
061	长城墙体缺口				1450	高沙窝镇二步坑村	D211 西北 0.03 千米	村路豁口宽 3 米
D211	二步坑村 7 号敌台	15×10	5×2	6	1456	高沙窝镇二步坑村	D210 西北 0.303 千米，D212 东南 0.296 千米	
D212	二步坑村 8 号敌台	12×12	3×1	7	1456	高沙窝镇二步坑村	D211 西北 0.296 千米，D213 东南 0.212 千米	
D213	二步坑村 9 号敌台	14×14	4×3	9	1457	高沙窝镇二步坑村	D212 西北 0.212 千米，D214 东南 0.214 千米	
062	长城墙体缺口				1448	高沙窝镇二步坑村	D212 西北 0.1 千米	村路豁口宽 3 米
D214	二步坑村 10 号敌台	18×14	10×8	10	1463	高沙窝镇二步坑村	D213 西北 0.214 千米，D215 东南 0.214 千米	
D215	潘记梁村 1 号敌台	16×14	2×2	7	1463	高沙窝镇潘记梁村	D214 西北 0.214 千米，D216 东南 0.222 千米	

续表

工作编号	名称	敌台（米）			高程（米）	地点	相对位置	备注
		底（长×宽)	顶（长×宽)	高				
063	长城墙体缺口				1456	高沙窝镇潘记梁村	D214 西北 0.149 千米	公路豁口 14 米
D216	潘记梁村 2 号敌台	16×14	7×6	9	1472	高沙窝镇潘记梁村	D215 西北 0.222 千米，D217 东南 0.223 千米	
D217	潘记梁村 3 号敌台	15×13	8×6	8	1476	高沙窝镇潘记梁村	D216 西北 0.223 千米，D218 东南 0.22 千米	
D218	潘记梁村 4 号敌台	14×11	5×2	7	1471	高沙窝镇潘记梁村	D217 西北 0.22 千米，D219 东南 0.215 千米	
D219	潘记梁村 5 号敌台	15×14	9×8	9	1474	高沙窝镇潘记梁村	D218 西北 0.215 千米，D220 东南 0.212 千米	
D220	潘记梁村 6 号敌台	17×15	4×4	8	1477	高沙窝镇潘记梁村	D219 西北 0.212 千米，D221 东南 0.209 千米	
D221	潘记梁村 7 号敌台	16×11	3×1	7	1478	高沙窝镇潘记梁村	D220 西北 0.209 千米，D222 东南 0.159 千米	
D222	潘记梁村 8 号敌台	15×13	5×1	7	1479	高沙窝镇潘记梁村	D221 西北 0.159 千米，D223 东南 0.162 千米	
D223	潘记梁村 9 号敌台			3	1479	高沙窝镇潘记梁村	D222 西北 0.162 千米，D224 东南 0.159 千米	略呈土丘状
D224	潘记梁村 10 号敌台	11×9	2×0.5	3	1479	高沙窝镇潘记梁村	D223 西北 0.159 千米，D225 东南 0.162 千米	
D225	潘记梁村 11 号敌台			6	1481	高沙窝镇潘记梁村	D224 西北 0.162 千米，D226 东南 0.215 千米	风化呈土丘状
D226	潘记梁村 12 号敌台	16×14	6×4	9	1485	高沙窝镇潘记梁村	D225 西北 0.215 千米，D227 东南 0.214 千米	
D227	兴武营村 1 号敌台	14×12	5×4	7	1478	高沙窝镇兴武营村	D226 西北 0.214 千米，D228 东南 0.215 千米	
D228	兴武营村 2 号敌台	16×13	5×3	8	1471	高沙窝镇兴武营村	D227 西北 0.215 千米，D229 东南 0.194 千米	
D229	兴武营村 3 号敌台	14×12	4×3	7	1463	高沙窝镇兴武营村	D228 西北 0.194 千米，D230 东南 0.22 千米	
D230	兴武营村 4 号敌台	15×12	2×2	7	1458	高沙窝镇兴武营村	D229 西北 0.22 千米，D231 东南 0.21 千米	
D231	兴武营村 5 号敌台	12×10	2×2	7	1455	高沙窝镇兴武营村	D230 西北 0.21 千米，D232 东南 0.266 千米	
D232	兴武营村 6 号敌台	14×11	3×2	7	1452	高沙窝镇兴武营村	D231 西北 0.266 千米，D233 东南 0.266 千米	
D233	兴武营村 7 号敌台	11×9	3×1.5	6	1449	高沙窝镇兴武营村	D232 西北 0.266 千米，D234 东南 0.276 千米	
064	长城墙体缺口				1441	高沙窝镇兴武营村	D234 南壁边侧	村路豁口宽 7 米

工作编号	名称	敌台（米）			高程（米）	地点	相对位置	备注
		底（长×宽）	顶（长×宽）	高				
D234	兴武营村8号敌台	10×9	1×0.7	5	1441	高沙窝镇兴武营村	D233 西北 0.276 千米，D235 东南 0.276 千米	
065	长城墙体缺口				1434	高沙窝镇兴武营村	D235 东南 0.069 千米	村路豁口宽3米
D235	兴武营村9号敌台	14×13	3×2	6	1438	高沙窝镇兴武营村	D234 西北 0.276 千米，D236 东南 0.135 千米	
D236	兴武营村10号敌台	7×7	4×2	2	1432	高沙窝镇兴武营村	D235 西北 0.135 千米，D237 东南 0.142 千米	
D237	兴武营村11号敌台	12×9	4×2	5	1436	高沙窝镇兴武营村	D236 西北 0.142 千米，D238 东南 0.267 千米	
D238	兴武营村12号敌台	12×12	1×1	7	1436	高沙窝镇兴武营村	D237 西北 0.267 千米，D239 东南 0.295 千米	
D239	兴武营村13号敌台	14×14	4×3	7	1435	高沙窝镇兴武营村	D238 西北 0.295 千米，D240 东南 0.28 千米	
D240	兴武营村14号敌台	11×10	2×2	8	1433	高沙窝镇兴武营村	D239 西北 0.28 千米，D241 东南 0.274 千米	
D241	兴武营村15号敌台	17×12	4×2	9	1437	高沙窝镇兴武营村	D240 西北 0.274 千米，D242 东南 0.282 千米	
D242	兴武营村16号敌台	18×9	4×3	8	1432	高沙窝镇兴武营村	D241 西北 0.282 千米，D243 东南 0.287 千米	
066	长城墙体拐点				1430	高沙窝镇兴武营村	D242 西北 0.117 千米	
D243	兴武营村17号敌台	16×11	4×3	8	1434	高沙窝镇兴武营村	D242 西北 0.287 千米，D244 东南 0.293 千米	
D244	闵庄子村1号敌台	14×13	9×2	3	1426	高沙窝镇闵庄子村	D243 西北 0.293 千米，D245 东南 0.281 千米	
067	长城墙体缺口				1424	高沙窝镇闵庄子村	D245 东南 0.111 千米	村路豁口宽4米
D245	闵庄子村2号敌台	12×9	2×1	5	1427	高沙窝镇闵庄子村	D244 西北 0.281 千米，D246 东南 0.27 千米	
P06	闵庄子村铺舍	11×10	6×5	7	1435	高沙窝镇闵庄子村	D245 西北 0.135 千米	紧靠"深沟高垒"（头道边）墙体内侧
D246	闵庄子村3号敌台	14×11	8×5	8	1442	高沙窝镇闵庄子村	D245 西北 0.27 千米，D247 东南 0.27 千米	
D247	闵庄子村4号敌台	15×11	5×2	9	1442	高沙窝镇闵庄子村	D246 西北 0.27 千米，D248 东南 0.27 千米	
068	长城墙体缺口				1425	高沙窝镇闵庄子村	D245 西北 0.062 千米	村路豁口宽3.5米
D248	闵庄子村5号敌台	18×14	5×4	8	1445	高沙窝镇闵庄子村	D247 西北 0.27 千米，D249 东南 0.235 千米	

工作编号	名称	敌台（米）			高程（米）	地点	相对位置	备注
		底（长×宽）	顶（长×宽）	高				
D249	闵庄子村6号敌台	16×11	3×3	9	1449	高沙窝镇闵庄子村	D248 西北 0.235 千米，D250 东南 0.23 千米	
069	长城墙体缺口				1442	高沙窝镇闵庄子村	D249 东南 0.064 千米	村路豁口宽3米
070	长城墙体拐点				1444	高沙窝镇闵庄子村	D250 东南 0.07 千米	
D250	闵庄子村7号敌台	16×14	5×4	9	1447	高沙窝镇闵庄子村	D249 西北 0.23 千米，D251 东南 0.23 千米	
D251	闵庄子村8号敌台	16×14	5×3	7	1446	高沙窝镇闵庄子村	D250 西北 0.23 千米，D252 东南 0.219 千米	
071	长城墙体缺口				1442	高沙窝镇闵庄子村	D251 东南 0.067 千米	村路豁口宽3.5米
D252	闵庄子村9号敌台	17×14	5×4	9	1446	高沙窝镇闵庄子村	D251 西北 0.219 千米，D253 东南 0.183 千米	
D253	闵庄子村10号敌台	14.7×12	5×3	9	1444	高沙窝镇闵庄子村	D252 西北 0.183 千米，D254 东南 0.195 千米	
072	长城墙体缺口				1440	高沙窝镇闵庄子村	D254 西北 0.04 千米	村路豁口宽2.7米
D254	闵庄子村11号敌台	18×13	6×4	10	1445	高沙窝镇闵庄子村	D253 西北 0.195 千米，D255 东南 0.197 千米	
D255	闵庄子村12号敌台	15×13	4×2	10	1445	高沙窝镇闵庄子村	D254 西北 0.197 千米，D256 东南 0.23 千米	
D256	郭家坑村1号敌台	16×14	6×4	10	1451	高沙窝镇闵庄子村	D255 西北 0.23 千米，D257 东南 0.195 千米	
073	长城墙体缺口				1451	高沙窝镇郭家坑村	D255 西北 0.23 千米，D257 东南 0.195 千米	村路豁口宽5米
D257	郭家坑村2号敌台	16×14	4×4	9	1441	高沙窝镇郭家坑村	D256 西北 0.195 千米，D258 东南 0.207 千米	
D258	郭家坑村3号敌台	16×14	4×1	9	1444	高沙窝镇郭家坑村	D257 西北 0.207 千米，D259 东南 0.205 千米	
074	长城墙体缺口				1443	高沙窝镇郭家坑村	D258 东南 0.205 千米	村路豁口宽3米
075	长城墙体缺口				1436	高沙窝镇郭家坑村	D258 西北 0.063 千米	村路豁口宽205米
D259	郭家坑村4号敌台	16×15	5×4	9	1438	高沙窝镇郭家坑村	D258 西北 0.205 千米，D260 东南 0.212 千米	
D260	郭家坑村5号敌台	15×14	4×6	9	1441	高沙窝镇郭家坑村	D259 西北 0.212 千米，D261 东南 0.209 千米	
076	长城墙体缺口				1436	高沙窝镇郭家坑村	D261 西北 0.055 千米	村路豁口宽2米
D261	郭家坑村6号敌台	15×13	5×2	9	1431	高沙窝镇郭家坑村	D260 西北 0.209 千米，D262 东南 0.2 千米	

工作编号	名称	敌台（米）			高程（米）	地点	相对位置	备注
		底（长×宽）	顶（长×宽）	高				
D262	郭家坑村7号敌台	14×12	5×4	8	1428	高沙窝镇郭家坑村	D261 西北0.2 千米，D263 东南0.222 千米	
D263	郭家坑村8号敌台	18×14	5×1	7	1420	高沙窝镇郭家坑村	D262 西北0.222 千米，D264 东南0.203 千米	
D264	郭家坑村9号敌台	16×14	6×5	9	1418	高沙窝镇郭家坑村	D263 西北0.203 千米，D265 东南0.207 千米	
077	长城墙体缺口				1416	高沙窝镇郭家坑村	D263 西北0.025 千米	村路豁口宽2 米
D265	郭家坑村10号敌台	15×11	4×2	9	1411	高沙窝镇郭家坑村	D264 西北0.207 千米，D266 东南0.227 千米	
D266	郭家坑村11号敌台	17×12	2×2	9	1406	高沙窝镇郭家坑村	D265 西北0.227 千米，D267 东南0.222 千米	
D267	郭家坑村12号敌台	14×12	3×2	8	1405	高沙窝镇郭家坑村	D265 西北0.222 千米，D268 东南0.215 千米	
D268	郭家坑村13号敌台	13×10	5×3	6	1406	高沙窝镇郭家坑村	D267 西北0.215 千米，D269 东南0.209 千米	
D269	郭家坑村14号敌台	13×13	4×3	4	1401	高沙窝镇郭家坑村	D268 西北0.209 千米，D270 东南0.203 千米	
D270	郭家坑村15号敌台	14×9	3×1	6	1404	高沙窝镇郭家坑村	D269 西北0.203 千米，D271 东南0.164 千米	
D271	郭家坑村16号敌台	17×13	5×3	9	1406	高沙窝镇郭家坑村	D270 西北0.164 千米，D272 东南0.202 千米	
D272	郭家坑村17号敌台	16×14	1×0.5	9	1407	高沙窝镇郭家坑村	D271 西北0.202 千米，D273 东南0.202 千米	
078	长城墙体缺口				1396	高沙窝镇郭家坑村	D273 东南0.035 千米	村路豁口宽5 米
D273	郭家坑村18号敌台	16×11	3×1	9	1406	高沙窝镇郭家坑村	D272 西北0.202 千米，D274 东南0.192 千米	
D274	郭家坑村19号敌台	14×14	4×3	12	1411	高沙窝镇郭家坑村	D273 西北0.192 千米，D275 东南0.21 千米	
D275	郭家坑村20号敌台	16×14	6×5	11	1409	高沙窝镇郭家坑村	D274 西北0.21 千米，D276 东南0.213 千米	
079	长城墙体缺口				1396	高沙窝镇郭家坑村	D276 东南0.033 千米	村路豁口宽3.5 米
D276	郭家坑村21号敌台	14×12	4×2	9	1411	高沙窝镇郭家坑村	D275 西北0.213 千米，D277 东南0.21 千米	

工作编号	名称	敌台（米）			高程（米）	地点	相对位置	备注
		底（长×宽）	顶（长×宽）	高				
D277	郭家坑村22号敌台	14×13	3×2	11	1403	高沙窝镇郭家坑村	D276西北0.21千米，D278东南0.283千米	
D278	郭家坑村23号敌台		1×0.2	6	1394	高沙窝镇郭家坑村	D277西北0.283千米，D279东南0.278千米	被沙土掩埋
D279	东庄子村1号敌台	14×13	2×0.5	11	1407	高沙窝镇东庄子村	D278西北0.278千米，D280东南0.302千米	
080	长城墙体缺口				1398	高沙窝镇东庄子村	D280东南0.095千米	村路豁口宽5米
D280	东庄子村2号敌台	15×15	5×3	8	1410	高沙窝镇东庄子村	D279西北0.302千米，D281东南0.316千米	
D281	东庄子村3号敌台	15×14	2×2	10	1397	高沙窝镇东庄子村	D280西北0.316千米，D282东南0.166千米	
081	长城墙体缺口				1387	高沙窝镇东庄子村	D282东南0.057千米	村路豁口宽4米
D282	东庄子村4号敌台	14×11	5×3	9	1394	高沙窝镇东庄子村	D281西北0.166千米，D283东南0.166千米	
D283	东庄子村5号敌台	15×11	5×3	11	1402	高沙窝镇东庄子村	D282西北0.166千米，D284东南0.168千米	
D284	东庄子村6号敌台	14×11	4×3	9	1405	高沙窝镇东庄子村	D283西北0.168千米，D285东南0.159千米	
082	长城墙体拐点				1405	高沙窝镇东庄子村	D285东南0.087千米	
D285	东庄子村7号敌台	14×12	2×1	7	1405	高沙窝镇东庄子村	D284西北0.159千米，D286东南0.203千米	
083	长城墙体缺口				1395	高沙窝镇东庄子村	D286东南0.11千米	村路豁口宽4米
D286	东庄子村8号敌台	13×12	4×3	7	1405	高沙窝镇东庄子村	D285西北0.203千米，D287东南0.205千米	
D287	东庄子村9号敌台	13×12	3×2	7	1402	高沙窝镇东庄子村	D286西北0.205千米，D288东南0.205千米	
D288	东庄子村10号敌台	14×12	3×1	6	1398	高沙窝镇东庄子村	D287西北0.205千米，D289东南0.315千米	
D289	东庄子村11号敌台	11×11	1×0.6	7	1390	高沙窝镇东庄子村	D288西北0.315千米，D290东南0.302千米	
084	长城墙体缺口				1385	高沙窝镇东庄子村	D289东南0.063千米	村路豁口宽3米
D290	东庄子村12号敌台	17×16	1×0.7	8	1385	高沙窝镇东庄子村	D289西北0.302千米，D291东南0.21千米	
085	长城墙体拐点				1393	高沙窝镇东庄子村	D292东南0.122千米	

工作编号	名称	敌台（米）			高程（米）	地点	相对位置	备注
		底（长×宽）	顶（长×宽）	高				
D291	东庄子村13号敌台	12×12	5×4	12	1394	高沙窝镇东庄子村	D290西北0.21千米，D292东南0.216千米	
D292	东庄子村14号敌台	14×14	5×5	13	1396	高沙窝镇东庄子村	D291西北0.216千米，D293东南0.215千米	
086	长城墙体缺口				1382	高沙窝镇东庄子村	D293东南0.086千米	村路豁口宽3米
D293	东庄子村15号敌台	15×12	6×3	10	1386	高沙窝镇东庄子村	D292西北0.215千米，D294东南0.166千米	
D294	东庄子村16号敌台	13×13	5×4	10	1388	高沙窝镇东庄子村	D293西北0.166千米，087东南0.075千米	
087	长城墙体拐点1				1383	高沙窝镇徐庄子村	D294北0.075千米，088南0.075千米	
088	长城墙体拐点2				1381	高沙窝镇徐庄子村	087北0.075千米	
089	长城墙体缺口				1372	高沙窝镇徐庄子村	088西北0.118千米	村路豁口宽4米
090	长城墙体拐点3				1370	高沙窝镇徐庄子村	089西北0.203千米	
091	长城墙体缺口				1369	高沙窝镇徐庄子村	090南0.098千米	
D295	徐庄子村1号敌台	12×11	5×3	11	1379	高沙窝镇徐庄子村	091西北0.199千米，D296东南0.266千米	
D296	徐庄子村2号敌台	8×8	1.5×1	8	1373	高沙窝镇徐庄子村	D295西北0.266千米，D297东南0.272千米	
092	长城墙体缺口				1368	高沙窝镇徐庄子村	D296东南0.033千米	村路豁口宽4米
093	长城墙体拐点				1371	高沙窝镇徐庄子村	D296西北0.123千米	
D297	徐庄子村3号敌台	15×13	4×3	8	1376	高沙窝镇徐庄子村	D296西北0.272千米，D298东南0.247千米	
D298	徐庄子村4号敌台	13×13	4×3	9	1377	高沙窝镇徐庄子村	D297西北0.247千米，D299东南0.246千米	
094	长城墙体缺口				1371	高沙窝镇徐庄子村	D299东南0.166千米	村路豁口宽3米
D299	徐庄子村5号敌台	13×13	4×3	9	1377	高沙窝镇徐庄子村	D298西北0.246千米，D300东南0.252千米	
D300	徐庄子村6号敌台	16×12	6×3	9	1382	高沙窝镇徐庄子村	D299西北0.252千米，D301东南0.367千米	
095	长城墙体拐点				1372	高沙窝镇徐庄子村	D300西北0.209千米	
096	长城墙体缺口				1368	高沙窝镇徐庄子村	D301西北0.203千米	村路豁口宽4米
D301	徐庄子村7号敌台	14×13		9	1371	高沙窝镇徐庄子村	D300西北0.367千米，D302东南0.356千米	坍塌成尖顶状
D302	徐庄子村8号敌台	15×13	4×1	10	1375	高沙窝镇徐庄子村	D301西北0.356千米，D303东南0.242千米	

工作编号	名称	敌台（米）			高程（米）	地点	相对位置	备注
		底（长×宽）	顶（长×宽）	高				
097	长城墙体缺口				1372	高沙窝镇徐庄子村	D303 西北 0.052 千米	村路豁口宽 3 米
D303	徐庄子村 9 号敌台	13×10	7×3～5	9	1377	高沙窝镇徐庄子村	D302 西北 0.242 千米，D304 东南 0.246 千米	
D304	徐庄子村 10 号敌台	17×9	8×4	11	1382	高沙窝镇徐庄子村	D303 西北 0.246 千米，D305 东南 0.275 千米	
D305	张记边壕村 1 号敌台	16×15	5×0.6	8	1370	高沙窝镇张记边壕村	D304 西北 0.275 千米，D306 东南 0.272 千米	
098	长城墙体拐点				1370	高沙窝镇张记边壕村	D306 西北 0.131 千米	
D306	张记边壕村 2 号敌台	17×15	5×4	9	1372	高沙窝镇张记边壕村	D305 西北 0.272 千米，D307 东南 0.211 千米	
D307	张记边壕村 3 号敌台	16×14	7×6	11	1371	高沙窝镇张记边壕村	D306 西北 0.211 千米，D308 东南 0.22 千米	
099	长城墙体缺口				1360	高沙窝镇张记边壕村	D307 西北 0.15 千米	村路豁口宽 4.5 米
D308	张记边壕村 4 号敌台	12×12	3×2	10	1370	高沙窝镇张记边壕村	D307 西北 0.22 千米，D309 东南 0.204 千米	
D309	张记边壕村 5 号敌台	15×10	4×3	11	1367	高沙窝镇张记边壕村	D308 西北 0.204 千米，D310 东南 0.243 千米	
D310	张记边壕村 6 号敌台	14×13	4×2	10	1361	高沙窝镇张记边壕村	D309 西北 0.243 千米，D311 东南 0.286 千米	
100	长城墙体缺口				1352	高沙窝镇张记边壕村	D311 东南 0.145 千米	村路豁口宽 4 米
D311	张记边壕村 7 号敌台	15×14	6×4	11	1363	高沙窝镇张记边壕村	D310 西北 0.286 千米，D312 东南 0.249 千米	
D312	张记边壕村 8 号敌台	15×12	5×2	6	1357	高沙窝镇张记边壕村	D311 西北 0.249 千米，D313 东南 0.29 千米	
101	长城墙体缺口				1351	高沙窝镇张记边壕村	D312 东南 0.031 千米	村路豁口宽 6 米
D313	张记边壕村 9 号敌台	14×11	4×3	11	1371	高沙窝镇张记边壕村	D312 西北 0.29 千米，D314 东南 0.372 千米	
P07	张记边壕村铺舍	13×7	4×1	4	1363	高沙窝镇张记边壕村	D313 西北 0.097 千米	
D314	张记边壕村 10 号敌台	17×6	1×1	10	1354	高沙窝镇张记边壕村	D313 西北 0.372 千米，D315 东南 0.211 千米	
D315	张记边壕村 11 号敌台	14×10	6×4	12	1363	高沙窝镇张记边壕村	D314 西北 0.211 千米，D316 东南 0.222 千米	

工作编号	名称	敌台（米）			高程（米）	地点	相对位置	备注
		底（长×宽)	顶（长×宽)	高				
D316	清水营村二队1号敌台	11×10	4×2	10	1367	宁东镇清水营村二队	D315 西北 0.222 千米，D317 东南 0.22 千米	
D317	清水营村二队2号敌台	11×11	4×4	12	1368	宁东镇清水营村二队	D316 西北 0.22 千米，D318 东南 0.178 千米	
D318	清水营村二队3号敌台	11×11	5×3	12	1366	宁东镇清水营村二队	D317 西北 0.178 千米，D319 东南 0.21 千米	
D319	清水营村二队4号敌台	13×11	6×5	12	1364	宁东镇清水营村二队	D318 西北 0.21 千米，D320 东南 0.262 千米	
D320	清水营村二队5号敌台	13×10	3×2	11	1351	宁东镇清水营村二队	D319 西北 0.262 千米，D321 东南 0.258 千米	
D321	清水营村二队6号敌台	13×10	4×2	11	1356	宁东镇清水营村二队	D320 西北 0.258 千米，D322 东南 0.207 千米	
D322	清水营村二队7号敌台	10×8	1×0.2	10	1350	宁东镇清水营村二队	D321 西北 0.207 千米，D323 东南 0.192 千米	
D323	清水营村二队8号敌台	15×12	6×4	10	1351	宁东镇清水营村二队	D322 西北 0.192 千米，D324 东南 0.192 千米	
D324	清水营村二队9号敌台	15×13	7×7	10	1348	宁东镇清水营村二队	D323 西北 0.192 千米，D325 东南 0.183 千米	
102	长城墙体缺口				1337	宁东镇清水营村二队	D324 西北 0.036 千米	村路豁口宽 4.5 米
D325	清水营村二队10号敌台	15×13	6×4	7	1340	宁东镇清水营村二队	D324 西北 0.183 千米，D326 东南 0.288 千米	
D326	清水营村二队11号敌台	12×10	2×1	5	1339	宁东镇清水营村二队	D325 西北 0.288 千米，D327 东南 0.299 千米	
103	长城墙体缺口				1333	宁东镇清水营村二队	D326 西北 0.072 千米	村路豁口宽 3 米
D327	清水营村二队12号敌台	14×12	1×1	9	1338	宁东镇清水营村二队	D326 西北 0.299 千米，D328 东南 0.28 千米	
D328	清水营村二队13号敌台	8×8	5×1~3	9	1335	宁东镇清水营村二队	D327 西北 0.28 千米，D329 东南 0.261 千米	
D329	清水营村二队14号敌台	14×14	4×2	6	1331	宁东镇清水营村二队	D328 西北 0.261 千米，D330 东南 0.251 千米	
D330	清水营村二队15号敌台	13×12	6×4	7	1333	宁东镇清水营村二队	D329 西北 0.251 千米，D331 东南 0.237 千米	
D331	清水营村二队16号敌台	15×14	5×3	6	1332	宁东镇清水营村二队	D330 西北 0.237 千米，D332 东南 0.203 千米	
D332	清水营村二队17号敌台	13×11	3×1	7	1332	宁东镇清水营村二队	D331 西北 0.203 千米，D333 东南 0.2 千米	
D333	清水营村二队18号敌台	13×11	3×1	9	1335	宁东镇清水营村二队	D332 西北 0.2 千米，D334 东南 0.202 千米	

工作编号	名称	敌台（米）			高程（米）	地点	相对位置	备注
		底（长×宽)	顶（长×宽)	高				
D334	清水营村二队19号敌台	13×11	3×1	9	1341	宁东镇清水营村二队	D333 西北 0.202 千米，D335 东南 0.194 千米	
D335	清水营村二队20号敌台	13×11	6×5	8	1347	宁东镇清水营村二队	D334 西北 0.194 千米，D336 东南 0.199 千米	
104	长城墙体缺口				1340	宁东镇清水营村二队	D335 西北 0.02 千米	村路豁口宽 4.5 米
D336	清水营村二队21号敌台	13×13	5×3	9	1347	宁东镇清水营村二队	D335 西北 0.199 千米，D337 东南 0.19 千米	
105	长城墙体缺口				1347	宁东镇清水营村二队	D336 西北 0.044 千米	村路豁口宽 4 米
D337	清水营村二队22号敌台	13×13	6×5	9	1344	宁东镇清水营村二队	D336 西北 0.19 千米，D338 东南 0.199 千米	
D338	清水营村二队23号敌台	12×12	4×4	9	1345	宁东镇清水营村二队	D337 西北 0.199 千米，D339 东南 0.199 千米	
D339	清水营村二队24号敌台	13×12	5×5	8	1341	宁东镇清水营村二队	D338 西北 0.199 千米，D340 东南 0.2 千米	
D340	清水营村二队25号敌台	13×12	5×4	8	1335	宁东镇清水营村二队	D339 西北 0.2 千米，D341 东南 0.2 千米	
D341	清水营村二队26号敌台	13×11	3×1.5	8	1330	宁东镇清水营村二队	D340 西北 0.2 千米，D342 东南 0.2 千米	
D342	清水营村二队27号敌台	8×8	4×1	5	1326	宁东镇清水营村二队	D341 西北 0.2 千米，D343 东南 0.203 千米	
D343	清水营村二队28号敌台	9×9	3×1	5	1318	宁东镇清水营村二队	D342 西北 0.203 千米，D344 东南 0.251 千米	
D344	清水营村一队1号敌台	11×8		2	1316	宁东镇清水营村一队	D343 西北 0.251 千米，D345 东南 0.295 千米	
D345	清水营村一队2号敌台	8×3		2	1314	宁东镇清水营村一队	D344 西北 0.295 千米，D346 东南 0.209 千米	
D346	清水营村一队3号敌台	6×5		2	1317	宁东镇清水营村一队	D345 西北 0.209 千米，D347 东南 0.207 千米	
D347	清水营村一队4号敌台	10×8	1×1	5	1315	宁东镇清水营村一队	D346 西北 0.207 千米，D348 东南 0.291 千米	
D348	清水营村一队5号敌台	10×7	1×1	5	1315	宁东镇清水营村一队	D347 西北 0.291 千米，D349 东南 0.178 千米	
D349	清水营村一队6号敌台	11×11	4×2	7.5	1319	宁东镇清水营村一队	D348 西北 0.178 千米，D350 东南 0.18 千米	
D350	清水营村一队7号敌台	16×11	3×1	11	1319	宁东镇清水营村一队	D349 西北 0.18 千米，D351 东南 0.243 千米	

工作编号	名称	敌台（米）			高程（米）	地点	相对位置	备注
		底（长×宽)	顶（长×宽)	高				
D351	清水营村一队8号敌台	14×10	4.5×4	11	1319	宁东镇清水营村一队	D350 西北 0.243 千米，D352 东南 0.241 千米	
D352	清水营村一队9号敌台	18×17	5×2	10	1318	宁东镇清水营村一队	D351 西北 0.241 千米，D353 东南 0.243 千米	
D353	清水营村一队10号敌台	17×13	3×1	11	1317	宁东镇清水营村一队	D352 西北 0.243 千米，106 东南 0.154 千米	
106	长城墙体缺口				1302	宁东镇清水营村一队	D353 西北 0.154 千米，107 东南 0.32 千米	村路豁口宽 320 米
107	长城墙体缺口				1301	宁东镇清水营村一队	106 西北 0.32 千米，108 东南 0.156 千米	
108	长城墙体缺口				1305	宁东镇清水营村一队	107 西北 0.156 千米，109 东南 0.202 千米	
109	长城墙体缺口				1308	宁东镇清水营村一队	108 西北 0.202 千米，110 东南 0.035 千米	村路豁口宽 202 米
110	长城墙体缺口				1303	宁东镇清水营村一队	109 西北 0.035 千米，111 东南 0.23 千米	
111	长城墙体缺口				1310	宁东镇清水营村一队	110 西北 0.23 千米，D354 东南 0.011 千米	村路豁口宽 230 米
D354	清水营村一队11号敌台	9×8	3×3	8.5	1312	宁东镇清水营村一队	111 西北 0.011 千米，112 东南 0.096 千米	
112	长城墙体缺口				1297	宁东镇清水营村一队	D354 西北 0.096 千米，113 东南 0.052 千米	
113	长城墙体缺口				1298	宁东镇清水营村一队	112 西北 0.052 千米，114 东南 0.017 千米	
114	东清水营堡址东南墙角				1309	东清水营堡址东南角	113 西北 0.03 千米	长城墙体与城堡东南角相连接
115	角台				1312	东清水营城堡	D355 东南 0.192 千米	长城墙体与城堡西北角连接
D355	清水营村一队12号敌台	15×12	3×1	7	1305	宁东镇清水营村一队	115 西北 0.192 千米，116 北 0.035 千米	
116	长城墙体缺口				1296	宁东镇清水营村一队	D355 西北 0.035 千米	村路豁口宽 8 米
117	长城墙体缺口				1296	宁东镇清水营村一队	D356 南 0.083 千米	村路豁口宽 26 米
D356	清水营村一队13号敌台	15×12	7×4	10	1312	宁东镇清水营村一队	117 北 0.083 千米，D357 南 0.193 千米	
D357	清水营村一队14号敌台	17×15	9×3~5	8	1307	宁东镇清水营村一队	D356 北 0.193 千米，D358 东南 0.165 千米	头道边与二道边墙体分叉点

工作编号	名称	敌台（米）			高程（米）	地点	相对位置	备注
		底（长×宽）	顶（长×宽）	高				
D358	清水营村一队15 号敌台	14×16	1×1	11	1310	宁东镇清水营村一队	D357 西北 0.165 千米，D359 东南 0.21 千米	
D359	清水营村一队16 号敌台	18×16	4×3	10	1311	宁东镇清水营村一队	D358 西北 0.21 千米，D360 东南 0.2 千米	
D360	清水营村一队17 号敌台	21×17	11×6	10	1314	宁东镇清水营村一队	D359 西北 0.2 千米，D361 东南 0.198 千米	
D361	清水营村一队18 号敌台	19×15	4×2	8	1306	宁东镇清水营村一队	D360 西北 0.198 千米，D362 东南 0.216 千米	
D362	清水营村一队19 号敌台	17×14	8×4	9	1308	宁东镇清水营村一队	D361 西北 0.216 千米，D363 东南 0.23 千米	
D363	清水营村一队20 号敌台	18×17	7×5	11	1296	宁东镇清水营村一队	D362 西北 0.23 千米，D364 东南 0.264 千米	
D364	清水营村一队21 号敌台	14×12	6×3	10	1305	宁东镇清水营村一队	D363 西北 0.264 千米，D365 东南 0.266 千米	
D365	清水营村一队22 号敌台	16×11	4×4	7	1306	宁东镇清水营村一队	D364 西北 0.266 千米，D366 东南 0.28 千米	
P08	清水营村铺舍	16×9	2×1	5	1301	宁东镇清水营村一队		紧靠 D365 南壁
D366	清水营村一队23 号敌台	13×11	2.5×2	7	1301	宁东镇清水营村一队	D365 西北 0.28 千米，D367 东南 0.28 千米	
D367	清水营村一队24 号敌台	15×10	3×2	7	1298	宁东镇清水营村一队	D366 西北 0.28 千米，D368 东南 0.288 千米	
D368	清水营村一队25 号敌台	15×15	5×3	2	1296	宁东镇清水营村一队	D367 西北 0.288 千米，D369 东南 0.292 千米	
D369	清水营村一队26 号敌台	16×15	6×4	4	1291	宁东镇清水营村一队	D368 西北 0.292 千米，D370 东南 0.21 千米	
D370	清水营村一队27 号敌台	13×13	3×2	6	1292	宁东镇清水营村一队	D369 西北 0.21 千米，D371 东南 0.243 千米	
D371	马跑泉村 1 号敌台	18×15	5×3	9	1286	宁东镇马跑泉村	D370 西北 0.243 千米，D372 东南 0.24 千米	
D372	马跑泉村 2 号敌台	9×8.5	4×1	9	1285	宁东镇马跑泉村	D371 西北 0.24 千米，D373 东南 0.236 千米	
D373	马跑泉村 3 号敌台	16×13	2×1	7	1284	宁东镇马跑泉村	D372 西北 0.236 千米，D374 东南 0.226 千米	
D374	马跑泉村 4 号敌台	16×13	3×1	7	1281	宁东镇马跑泉村	D373 西北 0.226 千米，D375 东南 0.251 千米	
D375	马跑泉村 5 号敌台	16×13	4.5×1	8	1280	宁东镇马跑泉村	D374 西北 0.251 千米，D376 东南 0.223 千米	

工作编号	名称	敌台（米）			高程（米）	地点	相对位置	备注
		底（长×宽）	顶（长×宽）	高				
D376	马跑泉村6号敌台	14.5×12	1.5×1	9	1278	宁东镇马跑泉村	D375 西北 0.223 千米，D377 东南 0.225 千米	
D377	马跑泉村7号敌台	15×11	2×1	9	1277	宁东镇马跑泉村	D376 西北 0.225 千米，D378 东南 0.253 千米	
D378	马跑泉村8号敌台	16×10	5×5	9	1277	宁东镇马跑泉村	D377 西北 0.253 千米，D379 东南 0.255 千米	
D379	马跑泉村9号敌台	16×13	7×3.5	8	1285	宁东镇马跑泉村	D378 西北 0.255 千米，D380 东南 0.254 千米	
D380	马跑泉村10号敌台	12×9	6×5	9	1283	宁东镇马跑泉村	D379 西北 0.254 千米，D381 东南 0.257 千米	
D381	马跑泉村11号敌台	14×9	3.5×2	7	1277	宁东镇马跑泉村	D380 西北 0.257 千米，D382 东南 0.228 千米	
D382	马跑泉村12号敌台	14×10	6×4	9	1276	宁东镇马跑泉村	D381 西北 0.228 千米，D383 东南 0.23 千米	
D383	马跑泉村13号敌台	13×9	5×3.5	8	1277	宁东镇马跑泉村	D382 西北 0.23 千米，D384 东南 0.235 千米	
D384	马跑泉村14号敌台	13×10	3×0.3	7	1275	宁东镇马跑泉村	D383 西北 0.235 千米，D385 东南 0.2 千米	
D385	马跑泉村15号敌台	12×10	4×0.5	9	1274	宁东镇马跑泉村	D384 西北 0.2 千米，D386 东南 0.2 千米	
D386	马跑泉村16号敌台	15×10	7×3	8	1274	宁东镇马跑泉村	D385 西北 0.2 千米，D387 东南 0.225 千米	
D387	马跑泉村17号敌台	16×13	7×5	9	1273	宁东镇马跑泉村	D386 西北 0.225 千米，D388 东南 0.227 千米	
D388	马跑泉村18号敌台	13×12	5×3	8	1272	宁东镇马跑泉村	D387 西北 0.227 千米，D389 东南 0.227 千米	
D389	马跑泉村19号敌台	13.5×10	6×0.3	8	1269	宁东镇马跑泉村	D388 西北 0.227 千米，D390 东南 0.229 千米	
118	长城墙体缺口				1257	宁东镇马跑泉村	D390 东南 0.045 千米	公路、村路豁口宽 12 米
D390	马跑泉村20号敌台	16×14	1×0.4	8	1268	临河镇张家窑村	D389 西北 0.229 千米，D391 东南 0.218 千米	
D391	张家窑村1号敌台	15×12	5×4	10	1269	临河镇张家窑村	D390 西北 0.218 千米，D392 东南 0.243 千米	
D392	张家窑村2号敌台	13×11	2.5×0.3	9	1263	临河镇张家窑村	D391 西北 0.243 千米，D393 东南 0.246 千米	

工作编号	名称	敌台（米）			高程（米）	地点	相对位置	备注
		底（长×宽）	顶（长×宽）	高				
D393	张家窑村3号敌台	14×14	7×5	7	1259	临河镇张家窑村	D392 西北 0.246 千米，D394 东南 0.155 千米	
D394	张家窑村4号敌台	13.5×13	3.5×2	10	1257	临河镇张家窑村	D393 西北 0.155 千米，D395 东南 0.15 千米	
D395	张家窑村5号敌台	15×15	4.5×3	9	1257	临河镇张家窑村	D394 西北 0.15 千米，D396 东南 0.162 千米	
D396	张家窑村6号敌台	16×13	8×6	10	1258	临河镇张家窑村	D395 西北 0.162 千米，D397 东南 0.166 千米	
D397	张家窑村7号敌台	15×12	6×2	6	1258	临河镇张家窑村	D396 西北 0.166 千米，D398 东南 0.19 千米	
D398	张家窑村8号敌台	14×13	6×5	7	1260	临河镇张家窑村	D397 西北 0.19 千米，D399 东南 0.188 千米	
D399	张家窑村9号敌台	14.5×12	6×5	7	1258	临河镇张家窑村	D398 西北 0.188 千米，D400 东南 0.19 千米	
D400	张家窑村10号敌台	14.7×14	2×2	7	1256	临河镇张家窑村	D399 西北 0.19 千米，D401 东南 0.215 千米	
D401	张家窑村11号敌台	14.8×10	5×4	9	1256	临河镇张家窑村	D400 西北 0.215 千米，D402 东南 0.189 千米	
D402	张家窑村12号敌台	16.4×12	1×0.5	8	1256	临河镇张家窑村	D401 西北 0.189 千米，D403 东南 0.168 千米	
D403	张家窑村13号敌台	15×13	5×1	8	1256	临河镇张家窑村	D402 西北 0.168 千米，D404 东南 0.192 千米	
D404	张家窑村14号敌台	10×7		7	1255	临河镇张家窑村	D403 西北 0.192 千米，D405 东南 0.188 千米	上部损毁严重，保存较少
D405	张家窑村15号敌台	13.3×9	2×0.5	6	1250	临河镇张家窑村	D404 西北 0.188 千米，D406 东南 0.185 千米	
D406	张家窑村16号敌台	11×9	5×4	8	1250	临河镇张家窑村	D405 西北 0.185 千米，D407 东南 0.192 千米	
P09	张家窑村铺舍	16×11	8×7	4	1247	临河镇张家窑村	D406 西北 0.148 千米，D407 东南 0.44 千米	紧靠长城墙体内侧
D407	张家窑村17号敌台	11×7.5	1×0.5	7	1250	临河镇张家窑村	D406 西北 0.192 千米，D408 东南 0.196 千米	
D408	张家窑村18号敌台	12.4×11	10×9	7	1246	临河镇张家窑村	D407 西北 0.196 千米，D409 东南 0.185 千米	
D409	张家窑村19号敌台	14×10.7	4×3.8	8	1250	临河镇张家窑村	D408 西北 0.185 千米，D410 东南 0.186 千米	
D410	张家窑村20号敌台	13×9.6	1×0.5	7	1248	临河镇张家窑村	D409 西北 0.186 千米，D411 东南 0.195 千米	

工作编号	名称	敌台（米）			高程（米）	地点	相对位置	备注
		底（长×宽）	顶（长×宽）	高				
D411	张家窑村21号敌台	13.6×11	3×2	6	1247	临河镇张家窑村	D410 西北 0.195 千米，D412 东南 0.175 千米	
D412	张家窑村22号敌台	15.8×15	6.5×5	8	1246	临河镇张家窑村	D411 西北 0.175 千米，D413 东南 0.205 千米	
D413	张家窑村23号敌台	11×11	4×2	5	1243	临河镇张家窑村	D412 西北 0.205 千米，D414 东南 0.2 千米	
D414	张家窑村24号敌台	15.5×13	7×4.3	6	1241	临河镇张家窑村	D413 西北 0.2 千米，D415 东南 0.219 千米	
D415	张家窑村25号敌台	14.5×13	4.5×3	8	1245	临河镇张家窑村	D058 西北 0.219 千米，D416 东南 0.202 千米	
D416	张家窑村26号敌台	10×7	4×3	7	1240	临河镇张家窑村	D415 西北 0.202 千米，D417 东南 0.181 千米	
D417	张家窑村27号敌台	11×11	4×2	7	1239	临河镇张家窑村	D416 西北 0.181 千米，D418 东南 0.17 千米	
D418	张家窑村28号敌台	11.3×10	5×3	7	1234	临河镇张家窑村	D417 西北 0.17 千米，D419 东南 0.205 千米	
D419	张家窑村29号敌台	10×9.4		6	1233	临河镇张家窑村	D418 西北 0.205 千米，D420 东南 0.206 千米	顶部坍塌成圆锥状
D420	张家窑村30号敌台	13.5×11	9×4.5	9	1238	临河镇张家窑村	D419 西北 0.206 千米，D421 东南 0.208 千米	
D421	张家窑村31号敌台	8.8×8	7×6	8	1239	临河镇张家窑村	D420 西北 0.208 千米，D422 东南 0.182 千米	
D422	张家窑村32号敌台	9.5×9	1×0.5	8	1238	临河镇张家窑村	D421 西北 0.182 千米，D423 东南 0.187 千米	
D423	张家窑村33号敌台	15×10	7×5	7	1237	临河镇张家窑村	D422 西北 0.187 千米，D424 东南 0.2 千米	
D424	张家窑村34号敌台	14×13	6×6	7	1238	临河镇张家窑村	D423 西北 0.2 千米，D425 东南 0.196 千米	
D425	张家窑村35号敌台	8.8×8		6	1234	临河镇张家窑村	D424 西北 0.196 千米，D426 东南 0.198 千米	顶部坍塌成圆锥状
D426	张家窑村36号敌台	12×9	4×1.5	7	1237	临河镇张家窑村	D425 西北 0.198 千米，D427 东南 0.205 千米	
D427	张家窑村37号敌台	14×11	5×5	7	1234	临河镇张家窑村	D426 西北 0.205 千米，D428 东南 0.195 千米	
D428	张家窑村38号敌台	8×7		8	1231	临河镇张家窑村	D427 西北 0.195 千米，D429 东南 0.202 千米	顶部坍塌成圆锥状
D429	张家窑村39号敌台	9×7	3×2.7	5	1227	临河镇张家窑村	D428 西北 0.202 千米，D430 东南 0.212 千米	

续表

工作编号	名称	敌台（米）			高程（米）	地点	相对位置	备注
		底（长×宽）	顶（长×宽）	高				
D430	张家窑村40号敌台	14×14	6×3.5	8	1229	临河镇张家窑村	D429西北0.212千米，D431东南0.22千米	
D431	张家窑村41号敌台	7×4	2×1	5	1221	临河镇张家窑村	D430西北0.22千米，D432东南0.202千米	
D432	上桥村横山四队1号敌台	16×13	2×1	8	1234	临河镇上桥村横山四队	D431西北0.202千米，D433东南0.206千米	
D433	上桥村横山四队2号敌台	14.2×13	6×1	7	1230	临河镇上桥村横山四队	D432西北0.206千米，D434东南0.201千米	
P10	上桥村横山四队1号铺舍	17×13	8×7	8	1226	临河镇上桥村横山四队	D433西北0.118千米	
D434	上桥村横山四队3号敌台	12.2×7	7×2	8	1227	临河镇上桥村横山四队	D433西北0.201千米，D435东南0.204千米	
D435	上桥村横山四队4号敌台	14×11	6×2.8	8	1227	临河镇上桥村横山四队	D434西北0.204千米，D436东南0.201千米	
D436	上桥村横山四队5号敌台	8.8×8	4×3	7	1222	临河镇上桥村横山四队	D435西北0.201千米，D437东南0.2千米	
D437	上桥村横山四队6号敌台	16×12	4×2	9	1222	临河镇上桥村横山四队	D436西北0.2千米，D438东南0.202千米	
D438	上桥村横山四队7号敌台	15.8×7	5×1	8	1225	临河镇上桥村横山四队	D437西北0.202千米，D439东南0.2千米	
D439	上桥村横山四队8号敌台	15×12	4×1	10	1227	临河镇上桥村横山四队	D438西北0.2千米，D440东南0.201千米	
D440	上桥村横山四队9号敌台	15×14	7.5×7	10	1227	临河镇上桥村横山四队	D439西北0.201千米，D441东南0.202千米	
119	长城墙体缺口				1216	临河镇上桥村横山四队	D440西北0.107千米，D441东南0.095千米	公路、村路豁口宽14米
D441	上桥村横山四队10号敌台	17×16	6×2	9	1216	临河镇上桥村横山四队	D440西北0.202千米，D442东南0.207千米	
D442	上桥村横山四队11号敌台	15×11	4×1.7	9	1217	临河镇上桥村横山四队	D441西北0.207千米，D443东南0.106千米	
D443	上桥村横山四队12号敌台	15.5×14	9×5	9	1219	临河镇上桥村横山四队	D442西北0.106千米，D444东南0.15千米	
D444	上桥村横山四队13号敌台	13×8.2	9×2	8	1217	临河镇上桥村横山四队	D443西北0.15千米，D445东南0.145千米	
D445	上桥村横山四队14号敌台	15×14	5×2	8	1216	临河镇上桥村横山四队	D444西北0.145千米，D446东南0.205千米	
D446	上桥村横山四队15号敌台	14.7×12	5.5×3	8	1218	临河镇上桥村横山四队	D445西北0.205千米，D447东南0.196千米	

工作编号	名称	敌台（米）			高程（米）	地点	相对位置	备注
		底（长×宽）	顶（长×宽）	高				
D447	上桥村横山四队16号敌台	14×14	5×3	9	1216	临河镇上桥村横山四队	D446 西北 0.196 千米，D448 东南 0.204 千米	
D448	上桥村横山四队17号敌台	16×14	5×2	11	1219	临河镇上桥村横山四	D447 西北 0.204 千米，D449 东南 0.205 千米	
D449	上桥村横山四队18号敌台	14×14		7	1215	临河镇上桥村横山四队	D448 西北 0.205 千米，D450 东南 0.201 千米	顶部坍塌成圆锥状
D450	上桥村横山四队19号敌台	15×14.4	4.5×4	11	1219	临河镇上桥村横山四队	D449 西北 0.201 千米，D451 东南 0.207 千米	
D451	上桥村横山四队20号敌台	16×14	3×1.5	9	1219	临河镇上桥村横山四队	D450 西北 0.207 千米，D452 东南 0.412 千米	
P11	上桥村横山四队2号铺舍	15×13	3×1.2	9	1217	临河镇上桥村横山四队	D451 西北 0.25 千米	
D452	上桥村横山四队21号敌台	11×9	3×2.6	9	1215	临河镇上桥村横山四队	D451 西北 0.412 千米，D453 东南 0.193 千米	
D453	上桥村横山四队22号敌台	16×15	8×1.5	9	1217	临河镇上桥村横山四队	D452 西北 0.193 千米，D454 东南 0.2 千米	
D454	上桥村横山四队23号敌台	13×12	2×1.5	7	1213	临河镇水洞沟遗址区	D453 西北 0.2 千米，D455 东南 0.198 千米	
D455	水洞沟遗址区1号敌台	16×12	7×6	10	1219	临河镇水洞沟遗址区	D454 西北 0.198 千米，D456 东南 0.194 千米	
120	长城墙体缺口				1201	临河镇水洞沟遗址区	D455 西北 0.153 千米，D456 东南 0.086 千米	村路豁口宽 28 米
D456	水洞沟遗址区2号敌台	22×6.6	10×1	9	1210	临河镇水洞沟遗址区	D455 西北 0.194 千米，D457 东南 0.198 千米	
D457	水洞沟遗址区3号敌台	19×18	4×1.5	8	1209	临河镇水洞沟遗址区	D456 西北 0.198 千米，D458 东南 0.195 千米	
D458	水洞沟遗址区4号敌台	16×15	4.5×3	9	1208	临河镇水洞沟遗址区	D457 西北 0.195 千米，D459 东南 0.201 千米	
D459	水洞沟遗址区5号敌台	19×10	3×2.5	8	1205	临河镇水洞沟遗址区	D458 西北 0.201 千米，D460 东南 0.197 千米	
D460	水洞沟遗址区6号敌台	17×14	6×4.5	8	1208	临河镇水洞沟遗址区	D459 西北 0.197 千米，D461 东南 0.203 千米	
P12	水洞沟遗址区铺舍	12×12	3×1	9	1200	临河镇水洞沟遗址区	D460 西北 0.13 千米	
D461	水洞沟遗址区7号敌台	9×8	5×0.6	7	1198	临河镇水洞沟遗址区	D460 西北 0.203 千米，121 东南 0.135 千米	
121	长城墙体断点				1191	临河镇水洞沟遗址区	D461 西北 0.135 千米，122 东南 0.394 千米	

工作编号	名称	敌台（米）			高程（米）	地点	相对位置	备注
		底（长×宽）	顶（长×宽）	高				
122	长城墙体断点				1180	临河镇水洞沟遗址区	121 西北 0.394 千米，D462 东南 0.136 千米	
D462	水洞沟遗址区8 号敌台	16×16	4×1.8	7	1196	临河镇水洞沟遗址区	122 西北 0.128 千米，D463 东南 0.226 千米	
D463	水洞沟遗址区9 号敌台	20×10	5×1	7	1186	临河镇水洞沟遗址区	D462 西北 0.226 千米，123 东南 0.179 千米	
123	长城断点				1184	临河镇水洞沟遗址区	D463 西北 0.179 千米，D464 东南 0.152 千米	
D464	水洞沟遗址区10 号敌台	11×9	2.7×2	4	1206	临河镇水洞沟遗址区	123 西北 0.152 千米，124 东南 0.288 千米	
124	长城墙体拐点				1221	临河镇水洞沟遗址区	D464 西北 0.288 千米，125 东南 0.055 千米	
125	长城墙体拐点				1221	临河镇水洞沟遗址区	124 西北 0.055 千米，D465 东南 0.048 千米	
D465	水洞沟遗址区11 号敌台	17×12	3×2.5	9	1223	临河镇水洞沟遗址区	125 西北 0.048 千米，126 东南 0.083 千米	
126	长城墙体拐点				1220	掌政镇横城村	D465 西北 0.083 千米，D466 东南 0.114 千米	
D466	横城村 1 号敌台	10×9.5	3.5×3	10	1226	掌政镇横城村	126 西北 0.114 千米，D467 东南 0.399 千米	
P13	横城村 1 号铺舍	10×8	8×5	6	1226	掌政镇横城村	D466 西北 0.156 千米	
D467	横城村 2 号敌台	15×10.5	5×4	10	1126	掌政镇横城村	D466 西北 0.399 千米，D468 东南 0.202 千米	
D468	横城村 3 号敌台	17×11	6×3	10	1232	掌政镇横城村	D467 西北 0.202 千米，D469 东南 0.205 千米	
D469	横城村 4 号敌台	15×11	3×1	11	1236	掌政镇横城村	D468 西北 0.205 千米，D470 东南 0.193 千米	
D470	横城村 5 号敌台	9×9	1.5×1	7	1232	掌政镇横城村	D469 西北 0.193 千米，127 东南 0.125 千米	
127	长城墙体拐点				1227	掌政镇横城村	D470 西北 0.125 千米，D471 东南 0.068 千米	
D471	横城村 6 号敌台	9×8	3×0.2	7	1231	掌政镇横城村	127 西北 0.068 千米，128 东南 0.091 千米	
128	长城墙体拐点				1224	掌政镇横城村	D471 西北 0.091 千米，D472 东南 0.1 千米	
D472	横城村 7 号敌台	9×8	3×0.2	9	1233	掌政镇横城村	011 西北 0.1 千米，D473 东南 0.197 千米	

工作编号	名称	敌台（米）			高程（米）	地点	相对位置	备注
		底（长×宽）	顶（长×宽）	高				
D473	横城村 8 号敌台	11×9	5×4	7	1224	掌政镇横城村	D472 西北 0.197 千米，D474 东南 0.199 千米	
P14	横城村 2 号铺舍	15×10	5×1	9	1236	掌政镇横城村	D473 西北 0.097 千米	
D474	横城村 9 号敌台	15×14		6	1232	掌政镇横城村	D473 西北 0.199 千米，128 东南 0.135 千米	顶部坍塌成圆锥状
D475	横城村 10 号敌台	15×10	5×2	9	1224	掌政镇横城村	129 西北 0.135 千米，130 东南 0.063 千米	
129	长城墙体拐点				1219	掌政镇横城村	D474 西北 0.135 千米，D475 东南 0.063 千米	
D476	横城村 11 号敌台	11×9.4	5.5×4	10	1220	掌政镇横城村	130 西北 0.051 千米，131 东南 0.053 千米	
130	长城墙体拐点				1212	掌政镇横城村	D475 西北 0.137 千米，D476 东南 0.051 千米	
131	长城墙体拐点				1215	掌政镇横城村	D476 西北 0.053 千米，D477 东南 0.14 千米	
D477	横城村 12 号敌台	11×10	1×0.5	8	1224	掌政镇横城村	131 西北 0.14 千米，132 东南 0.093 千米	
132	长城墙体拐点				1216	掌政镇横城村	D477 西北 0.093 千米，D478 东南 0.116 千米	
D478	横城村 13 号敌台	15×14	3.5×3	9	1217	掌政镇横城村	132 西北 0.116 千米，D479 东南 0.192 千米	
D479	横城村 14 号敌台	11×9	3×0.6	8	1208	掌政镇横城村	D478 西北 0.192 千米，133 东南 0.048 千米	
133	长城墙体拐点				1210	掌政镇横城村	D479 西北 0.048 千米，D480 东南 0.155 千米	
P15	横城村 3 号铺舍	11×11		5.6	1206	掌政镇横城村	D479 西北 0.144 千米	顶部坍塌成圆锥状
D480	横城村 15 号敌台	13×12	7×5	9	1209	掌政镇横城村	133 西北 0.155 千米，134 东南 0.154 千米	
134	长城墙体拐点				1197	掌政镇横城村	D480 西北 0.154 千米，D481 东南 0.025 千米	
D481	横城村 16 号敌台	16×16	3.5×2	11	1201	掌政镇横城村	134 西北 0.25 千米，135 东南 0.122 千米	
135	长城墙体拐点				1198	掌政镇横城村	D481 西北 0.122 千米，D482 东南 0.078 千米	
D482	横城村 17 号敌台	10.5×10	3×0.7	9	1201	掌政镇横城村	135 西北 0.078 千米，D483 东南 0.195 千米	
D483	横城村 18 号敌台	16×11	5.5×2	10	1198	掌政镇横城村	D482 西北 0.195 千米，D484 东南 0.209 千米	
D484	横城村 19 号敌台	17×15	4×3	8	1187	掌政镇横城村	D483 西北 0.209 千米，D485 东南 0.207 千米	

续表

工作编号	名称	敌台（米）			高程（米）	地点	相对位置	备注
		底（长×宽）	顶（长×宽）	高				
D485	横城村20号敌台	16×14	5×4.5	11	1183	掌政镇横城村	D484 西北0.207 千米，D486 东南0.399 千米	
P16	横城村4号铺舍	16×14	7×6	6	1186	掌政镇横城村	D485 西北0.21 千米	
D486	横城村21号敌台	10×8	2×1.5	10	1179	掌政镇横城村	D485 西北0.399 千米，D487 东南0.203 千米	
D487	横城村22号敌台	13×11	4×2	10	1172	掌政镇横城村	D486 西北0.203 千米，D488 东南0.195 千米	
D488	横城村23号敌台	15×10.5	3×2	8	1167	掌政镇横城村	D487 西北0.195 千米，D489 东南0.275 千米	
D489	横城村24号敌台	15×12	1×1	9	1171	掌政镇横城村	D488 西北0.275 千米，D490 东南0.112 千米	
D490	横城村25号敌台	10×7.5	2×1.5	7	1170	掌政镇横城村	D489 西北0.112 千米，D491 东南0.126 千米	
D491	横城村26号敌台	14×13	5×2.7	7	1171	掌政镇横城村	D490 西北0.126 千米，136 东南0.193 千米	
136	长城墙体拐点				1164	掌政镇横城村	D491 西北0.193 千米，D492 东南0.066 千米	
D492	横城村27号敌台	14×10	2.4×2	10	1175	掌政镇横城村	136 西北0.066 千米，D493 东南0.214 千米	
D493	横城村28号敌台	13×9	1×0.6	6	1168	掌政镇横城村	D492 西北0.214 千米，D494 东南0.201 千米	
D494	横城村29号敌台	16×10	2.3×2	9	1163	掌政镇横城村	D493 西北0.201 千米，D495 东南0.193 千米	
D495	横城村30号敌台	16×15	7×5	9	1166	掌政镇横城村	D494 西北0.193 千米，D496 东南0.204 千米	
D496	横城村31号敌台	14×14	3×2	10	1162	掌政镇横城村	D495 西北0.204 千米，D497 东南0.189 千米	
D497	横城村32号敌台	14×14	10×8	11	1154	掌政镇横城村	D496 西北0.189 千米，D498 东南0.2 千米	
D498	横城村33号敌台	12×11.3	4.5×4	7	1148	掌政镇横城村	D497 西北0.2 千米，D499 东南0.193 千米	
D499	横城村34号敌台	11.9×11.3	2×2	7	1145	掌政镇横城村	D498 西北0.193 千米，D500 东南0.197 千米	
D500	横城村35号敌台	11×9	2×2	7	1142	掌政镇横城村	D499 西北0.197 千米，D501 东南0.191 千米	
D501	横城村36号敌台	14.5×14	9×7	7	1140	掌政镇横城村	D500 西北0.191 千米，D502 东南0.194 千米	

工作编号	名称	敌台（米）			高程（米）	地点	相对位置	备注
		底（长×宽）	顶（长×宽）	高				
D502	横城村37号敌台	15×12		9	1134	掌政镇横城村	D501西北0.194千米，D503东南0.169千米	顶部坍塌成圆锥状
D503	横城村38号敌台	12×10	6×3	7	1131	掌政镇横城村	D502西北0.169千米，D504东南0.157千米	
D504	横城村39号敌台	14.1×12	7×5	7	1130	掌政镇横城村	D503西北0.157千米，D505东南0.16千米	
D505	横城村40号敌台	9×8	5×1	6	1126	掌政镇横城村	D504西北0.16千米，020东南0.04千米	
137	长城墙体缺口				1120	掌政镇横城村	D505西北0.04千米，138东南0.058千米	陶横公路豁口宽58米
138	长城墙体缺口				1120	掌政镇横城村	137西北0.058千米，D506西北0.12千米	陶横公路豁口宽58米
D506	横城村41号敌台	10.2×6	7×4	7	1122	掌政镇横城村	138西北0.08千米，D507东南0.169千米	
D507	横城村42号敌台	10.2×6	7×4	7	1116	掌政镇横城村	D506西北0.169千米，D508东南0.16千米	
D508	横城村43号敌台	10×8	3×2	9	1117	掌政镇横城村	D507西北0.16千米，139东南0.018千米	黄河东岸
139	长城墙体止点				1108	掌政镇横城村	D507西北0.018千米	黄河东岸

注：表格中的D001～D508为"深沟高垒"（头道边）墙体沿线敌台的顺序编号；阿拉伯数字001～139点为长城墙体缺口、断点、村路豁口、长城墙体拐点及止点（GPS）顺序编号。P01～P16为"深沟高垒"（头道边）墙体沿线内侧的铺舍夯土台遗迹（东南—西北）的工作顺序编号。

附表三   "深沟高垒"（头道边）长城墙体沿线烽火台登记表

工作编号	名称	属地	保存状况	方向	烽火台（米）				围墙（米）			门道位置	相对位置
					底（长×宽）	顶（长×宽）	高	夯层厚度（厘米）	（长×宽）	底宽	高		
F01	德胜墩村烽火台	盐池县	一般	正南北	14×10	4×2	8	13、15、17	35×32	2	0.3～0.5	南墙中部	德胜村东南1.5千米
F02	小墩村烽火台	盐池县	较差	北偏东10°	10×10	2×0.2～0.8	8	12～16					西北距大墩梁烽火台1.5千米
F03	五堡村大墩梁烽火台	盐池县	较好	北偏东25°	25×23	11×11	12	12～16、22	81×80	1.5	0.2～1.6	东墙中部	花马池镇五堡村北3.5千米
F04	刘八庄村烽火台	盐池县	较好	北偏东35°	8×8	3×3	8	13、15					头道边墙体北0.15千米
F05	左家庄村烽火台	盐池县	较好	北偏东10°	10×10	6×3	6	11～14	32×27	2.5	0.2～0.5	不明	西距下李毛庄烽火台2.5千米
F06	下李毛庄村烽火台	盐池县	较好	北偏西5°	9×9	5×5	7	12～15	22×22	2	0.2～1.2	南墙中部	下李毛庄村北1千米
F07	深井村烽火台	盐池县	一般	北偏东5°	8×8	3.5×2.5	5	10、11、13、15	24×22	2	0.2～1.5	南墙中部	深井村西南约1.5千米

工作编号	名称	属地	保存状况	方向	烽火台（米）				围墙（米）				相对位置
					底（长×宽）	顶（长×宽）	高	夯层厚度（厘米）	（长×宽）	底宽	高	门道位置	
F08	四墩子村烽火台	盐池县	差	北偏西20°			2		22×22	不详	0.2～0.5	不明	东北距深井村烽火台2.6千米
F09	叶记豁子村1号烽火台	盐池县	一般	正南北	10×10	7×7	9	11～14	30×30	不详	0.2～0.5	不明	西距长城墙体1.2千米
F10	叶记豁子村2号烽火台	盐池县	一般	正南北	16×15	7×5	9	18、19	外44×40内29×26	不详	0.2～0.3	不明	西距长城墙体1.6千米
F11	安定堡村1号烽火台	盐池县	一般	正南北	13×12	5×4	9	18、20					西距长城墙体0.66千米
F12	安定堡村2号烽火台	盐池县	较好	正南北	17×16	10×9	8	18、20	37×34	1.5	0.2～1.2	南墙中部	西距墙体0.3千米
F13	安定堡村3号烽火台	盐池县	较好	北偏东25°	15×15	6×6	9	18、20	30×26	2	0.6～2	南墙中部	D121西北0.64千米
F14	芨芨沟村烽火台	盐池县	较差	正南北	8×8.5	6×3	8	15、17					北距长城墙体0.102千米
F15	杨家梁村烽火台	盐池县	较差	北偏东30°	14×12	6×5	8	14、15					兴武营南2.6千米
F16	郭家坑村烽火台	盐池县	较差	正南北	12×11	5×3	5	15、18					D259西南0.19千米
F17	毛卜剌堡烽火台	盐池县	较好	北偏西35°	14×11	6×6	8	16、18、20	54×48			南墙中部	北距长城墙体0.016千米
F18	张记边壕村烽火台	盐池县	差	正南北	10×9		3	不详					D314南0.3千米
F19	清水营村1号烽火台	灵武市	一般	北偏东30°	13×13	5×4	8	9～11					D347西南0.5千米
F20	清水营村2号烽火台	灵武市	较好	北偏东10°	14×11	6×5	9	17～21	27×24	2	0.3	南墙中部	清水营城堡西约0.65千米
F21	张家窑村1号烽火台	灵武市	一般	正南北	18×15	6×6	13	12、14、16					北距长城墙体0.35千米
F22	张家窑村2号烽火台	灵武市	较好	正南北	24×19	8×6	13	20、25～27					D417南0.255千米
F23	张家窑村3号烽火台	灵武市	一般	北偏东30°	17×15	8×6	10	18、20、22					D426南，距长城墙体约0.21千米
F24	上桥村（横山四队）1号烽火台	灵武市	一般	正南北	16×15	3×1	9	20、22					东北距长城墙体0.495千米
F25	上桥村2号烽火台	灵武市	较好	正南北	17×17	6×5	11	20、25	55×49	3	0.5～1.2	南墙中部	D464西0.5千米
F26	横城村1号烽火台	灵武市	一般	北偏东10°	19×18	7.5×7	12	18、20	15×11	1.5	0.5	西墙中部偏北	西距长城墙体0.21千米
F27	横城村2号烽火台	兴庆区	一般	北偏东10°	15×15	6×5.6	10	30	56×56	2.5	0.3～0.5	不明	东距长城墙体0.044千米

注：烽火台的保存评价标准：主体保存比列3/4以上者为较好，2/3以上者为一般，1/2～1/4者为较差，仅存遗迹濒临消失者为差。

附表四 "深沟高垒"（头道边）长城墙体沿线铺舍登记表

工作编号	名称	属地	保存状况	方向	铺舍（米）				围墙（米）				相对位置
					底（长×宽）	顶（长×宽）	高	夯层厚度（厘米）	（长×宽）	底宽	高	门道位置	
P01	五堡村1号铺舍	盐池县	一般	北偏东40°	13×11	8×8	6	11、12					D040 东南0.03 千米
P02	毛家庄村1号铺舍	盐池县	较差	北偏东30°	13×11	8×8	6	11、12	20×20	2	0.3~0.5	不明	D133 西北0.232 千米
P03	毛家庄村2号铺舍	盐池县	较差	北偏东30°	9×9	7×7	4	11、12、17	20×20	2	0.2~0.3	不明	D136 西北0.177 千米
P04	青羊井村1号铺舍	盐池县	较差	北偏东45°	10×10	7×7	4	15	仅存东墙基础遗迹	2.5	0.7	不明	D140 西北0.72 千米
P05	青羊井村2号铺舍	盐池县	一般	北偏东60°	13×13	10×10	8	13、14	30×30	2.5	0.5~2.8	南墙中部	D144 西北0.217 千米
P06	闵庄子村铺舍	盐池县	一般	北偏东20°	11×10	6×5	7	不详	39×33	2.5	0.2~1.2	南墙中部	D246 内侧
P07	张记边壕村铺舍	盐池县	较差	北偏东20°	13×7	4×1	4	16、23					D313 西北0.97 千米
P08	清水营村铺舍	灵武市	较差	北偏东30°	16×9	2×1	5	不详	60×46	2.5	0.5~1.2	不明	D365 内侧
P09	张家窑村铺舍	灵武市	较差	北偏东35°	16×11	8×7	4	25~28	48×34	2.5	0.7	不明	D406 西北0.148 千米
P10	上桥村横山四队1号铺舍	灵武市	一般	北偏东40°	17×13	8×7	8	16、17	40×32	2.5	0.7	不明	D433 敌台西0.118 千米
P11	上桥村横山四队2号铺舍	灵武市	一般	北偏东55°	15×13	3×1.2	9	25~28	内东27、西21、南28；外73×56	3.5	0.3~0.8	不明	D451 西北0.25 千米
P12	水洞沟遗址区铺舍	灵武市	一般	北偏东50°	12×12	3×1	9	不详					D460 西北0.13 千米
P13	横城村1号铺舍	兴庆区	较差	北偏西15°	10×8	8×5	6	不详					D466 西北0.156 千米
P14	横城村2号铺舍	兴庆区	较差	北偏西15°	15×10	5×1	9	不详					D473 西北0.097 千米
P15	横城村3号铺舍	兴庆区	较差	北偏东40°	11×11	0.3×0.3	5.6	15	46×30	3	0.5~0.7	西墙中部	D479 西北0.144 千米
P16	横城村4号铺舍	兴庆区	较差	北偏西30°	16×14	7×6	6	不详	内44×22；外62×34	2~3	0.3~1.1	不明	D485 西北0.21 千米
P17	陶灵园艺场铺舍	兴庆区	较差		9.6×8.5	3×1.5	7	15、20、30					D503 东北0.184 千米

注：表格中 P 代表"深沟高垒"（头道边）墙体沿线铺舍夯土台遗迹的编号。保存状况评价标准：主体保存 3/4 以上者为较好，2/3 以上者为一般，1/4~1/2 者为较差，仅存遗迹濒临消失者为差。

附表五 河东"沿河边墙"长城墙体沿线烽火台登记表

工作编号	名称	属地	保存状况	方向	烽火台（米）				围墙（米）				与周边相邻位置
					底（长×宽）	顶（长×宽）	高	夯层厚度（厘米）	（长×宽）	底宽	高	门道位置	
F28	红墩墩子烽火台	兴庆区	一般	正南北	13×12	7×3.5	9	不详					203国道119千米里程碑西1千米
F29	四道墩烽火台	兴庆区	较好	北偏东20°	16×14	5×4.6	10	14、15	47×46	3	0.1~0.9	东墙偏南	动物疫情检疫站东1.7千米
F30	磨盘山烽火台	兴庆区	较好	正南北	15×15	9×4	13	不详					月牙湖变电站东北0.5千米
F31	三道墩烽火台	兴庆区	较差	北偏东35°	6×5	3×2	2.5	不详					203国道94千米里程碑东0.035千米
F32	二道墩烽火台	兴庆区	一般	正南北	15×14	2×1.5	4	20、22					月牙湖林场家属区
F33	头道墩烽火台	兴庆区	较差	正南北	14×12	5×4	4.5	12、14	50×50	不详	不详	不详	月牙湖林场果园内
F34	单墩子烽火台	平罗县	一般	北偏东20°	10×8	4×1.7	9	12~21					红崖子乡石桥梁村东6.5千米
F35	石桥梁烽火台	平罗县	一般	北偏西30°	15×13	4×4	6	18~23	13、11	1.5	1.1~1.2	北墙中部	红崖子乡石桥梁村东南0.1千米
F36	石墩子烽火台	平罗县	一般	正南北	18×13	4×4	6	17、18					红崖子乡全家沟村东8千米
F37	红墩子烽火台	平罗县	一般	北偏东10°	19×18	5×4	8	18、19	内58×54外106×83	2.5	0.2~0.5	南墙中部	红崖子乡东南0.7千米

注：烽火台的保存评价标准：主体保存3/4以上者为较好，2/3以上者为一般，1/2~1/4者为较差，仅存遗迹濒临消失者为差。

附表六 河东长城墙体沿线营堡登记表

营堡名称	平面形制	周长（米）	面积（平方米）	底宽（米）	顶宽（米）	墙高（米）	角台	马面（座）				瓮城位置			保存状况	修建年代
								东墙	南墙	西墙	北墙					
花马池营	近正方形	4193	1179930	7~13	4~10	5~12	4	2				东门	南门	北门	一般	始建于正统二年（1437年），天顺年间（1457~1464年）筑新城
高平堡	正方形	532	17689	9	0.5~5	6	4					东门			一般	明代
安定堡	长方形	1417	122071	7	1.5~5	5~7	4				1		南门		一般	明代
永清堡	凸字形	937	39238	7	6	5~7	4							北门	较差	弘治七年（1494年）
兴武营	长方形	2143	282978	12	0.5~5.1	9~11	4	5	4	4	5		南门	西门	较好	正统九年（1444年）
毛卜剌堡	正方形	1024	66306	11~7	0.2~5.5	5~10	4	1			1		南门		较好	明嘉靖年以前（1522~1566年）

营堡名称	平面形制	周长（米）	面积（平方米）	底宽（米）	顶宽（米）	墙高（米）	角台	马面（座） 东墙	南墙	西墙	北墙	瓮城位置		保存状况	修建年代
清水营东城堡	长方形	748	32500	10	2.5~4	6~9	4	2			2			一般	明代
清水营	长方形	1387	105600	10	0.5~6	10~12	4			1		东门		较好	正统七年（1442 年）
红山堡	长方形	1198	90860	9	1.4~4.5	7~10	4		1	1	1	东门		较好	正德十六年（1521 年）
横城堡	长方形	1101	75710	9	1~5	7~8.4	4	1					南门	较差	正德二年（1507 年）
柳杨堡	长方形	708	28320	7	0.6~3.5	1~4.5	1							差	弘治七年（1494 年）
旧安定堡	长方形	924	53360	4~7		1.5~3								差	明代

注：保存状况评价标准：主体保存比例 3/4 以上者为较好，2/3 以上者为一般，1/4~1/2 者为较差，仅存遗迹濒临消失者为差。英雄堡为现代堡名，明代称永清堡，清水营东城堡明代史书无记载。

地图·彩图

图　例

石　　　　墙

消　失　石　墙

壕　　　　堑

战　国　秦　长　城

铺　　　　舍

烽　火　台

关　　　　堡

古　地　名

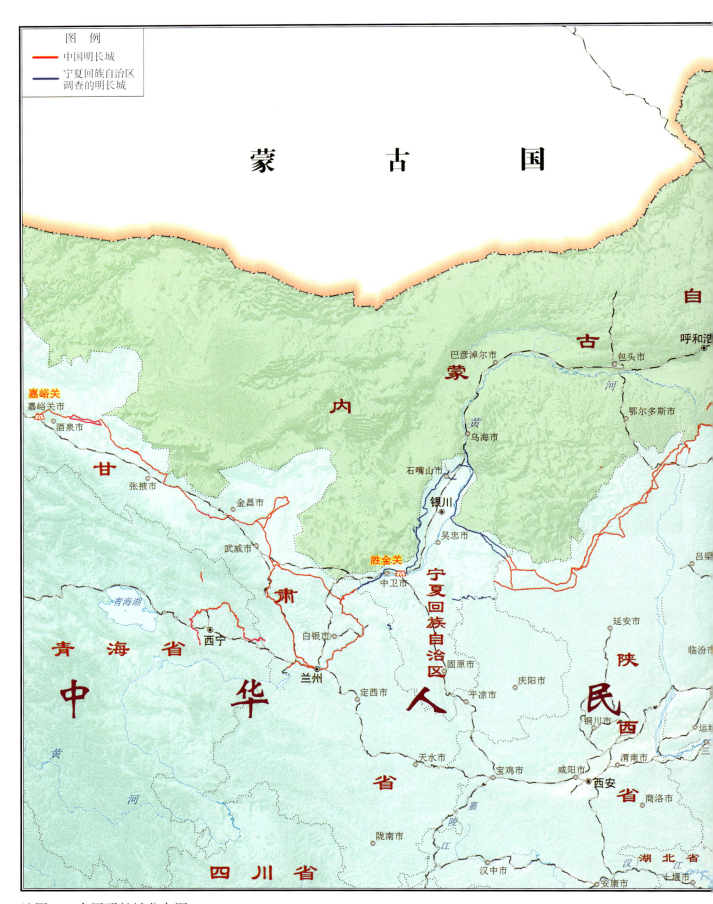

图例
中国明长城
宁夏回族自治区
调查的明长城

蒙　古　国

内　蒙　古　自
　　　　　　　　　　　呼和浩
巴彦淖尔市　　　　包头市
　　　　　　　　　　黄　河
嘉峪关　　　　　　　　　　　　　乌海市　　　　鄂尔多斯市
嘉峪关市
酒泉市　　　　　　　　　黄　河
甘　　　　　　　石嘴山市
张掖市
　　　金昌市　　　　　　银川
　　　　　　　　　　吴忠市
武威市　　　　　胜金关　　宁
肃　　　　　　　中卫市　　夏
青海湖　　　　　　　　　回　　　　　　延安市
青　海　省　　白银市　　族　　　　临汾市
西宁　　　　　　　　自　固原市　　陕
中　华　兰州　　　治　　庆阳市　民　西
　　　　　定西市　　区　平凉市　　　铜川市　省
黄　　　　　　　　　　人　　天水市　　宝鸡市　咸阳市　渭南市
　　　　　　　　　　省　　　　　　　　　　西安　商洛市
河　　　　　　　　　　嘉　　　　　　　湖北
　　　　　　　　陇南市　陵　　　　　　汉　江
四　川　省　　　　　　江　　汉中市　　安康市　十堰市

地图一　全国明长城分布图

432

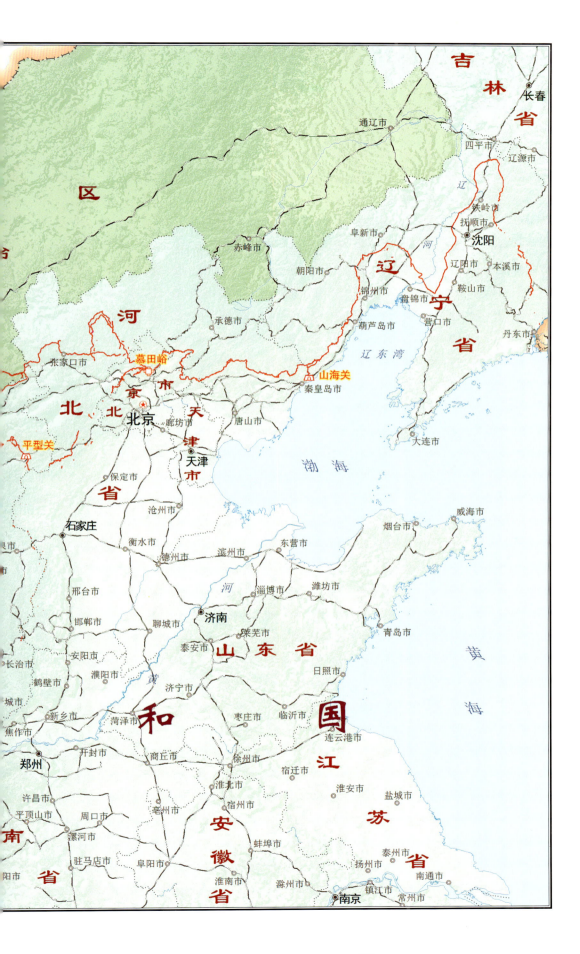

吉林省
长春

内蒙古自治区

区

河北省

辽宁省
沈阳
通辽市
四平市
辽源市
铁岭市
抚顺市
阜新市
辽阳市
本溪市
赤峰市
朝阳市
锦州市
盘锦市
鞍山市
承德市
营口市
丹东市
葫芦岛市

慕田峪
张家口市
山海关
秦皇岛市
辽东湾

北京市
北京
廊坊市
天津市
天津市
唐山市

平型关

渤海

大连市

保定市

威海市

石家庄
沧州市
衡水市
德州市
滨州市
东营市
烟台市

邢台市
淄博市
潍坊市
河

邯郸市
聊城市
济南

长治市
安阳市
莱芜市
青岛市

鹤壁市
濮阳市
泰安市
山东省
日照市

黄

晋城市
新乡市
济宁市

焦作市
菏泽市
和
枣庄市
临沂市
连云港市

郑州
开封市
商丘市
徐州市
海

许昌市
宿迁市
淮安市
盐城市

平顶山市
周口市
亳州市
淮北市
宿州市

河
漯河市
安徽省
蚌埠市
泰州市

南
驻马店市
阜阳市
扬州市
南通市

省
淮南市
滁州市
镇江市
常州市

南京

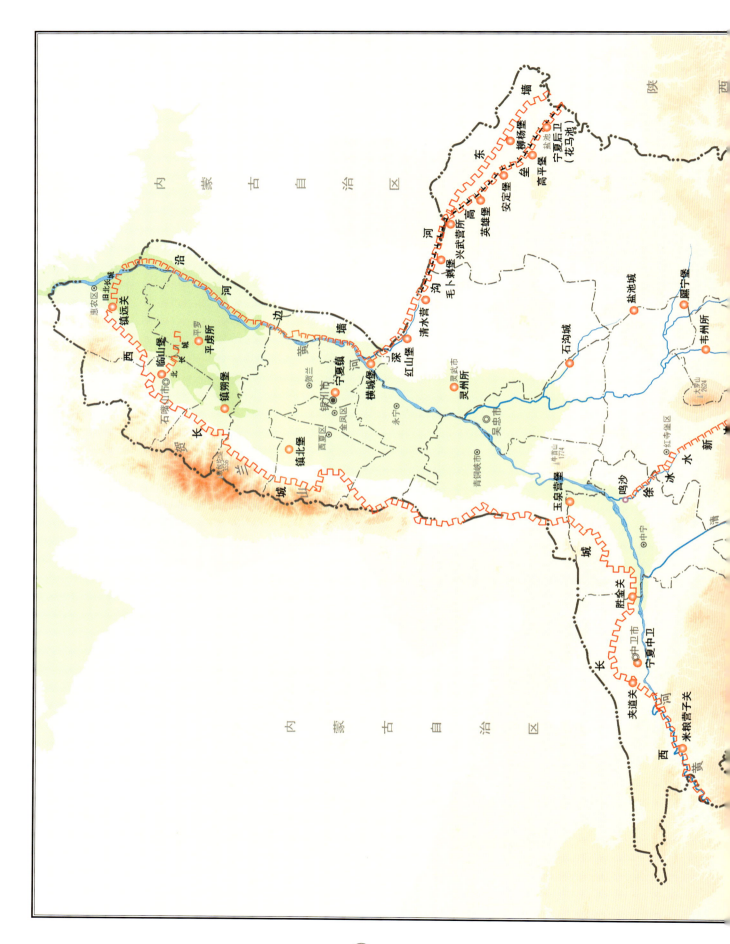

内 蒙 古 自 治 区

陕　西

内 蒙 古 自 治 区

墙
东

旧北长城
惠农区
镇远关
西
临山堡
石嘴山市
镇北堡
长
城
兰
贺
山
城

平罗
平城
平房所
镇朔堡
北长城
镇北堡
西夏区
贺兰
银川市
金凤区
西夏王陵
永宁
青铜峡市

黄河
沿
河
边
墙
黄河
宁夏镇
横城堡
红山堡
深

清水营
毛卜剌堡
沟
兴武营所
英雄堡
安定堡
高平堡
高平

柳杨堡
宁夏后卫
（花马池）
盐池

灵武市
灵州所
吴忠市

石沟城
盐池城

大罗山
2624
韦州所
嵯宁堡

徐冰水
清
红寺堡区
八岔山
1774

玉泉营堡
城

鸣沙
徐
中宁

胜金关
长
城
中卫市
宁夏中卫

夹道关
西
黄
米粮营子关
宁河关

434

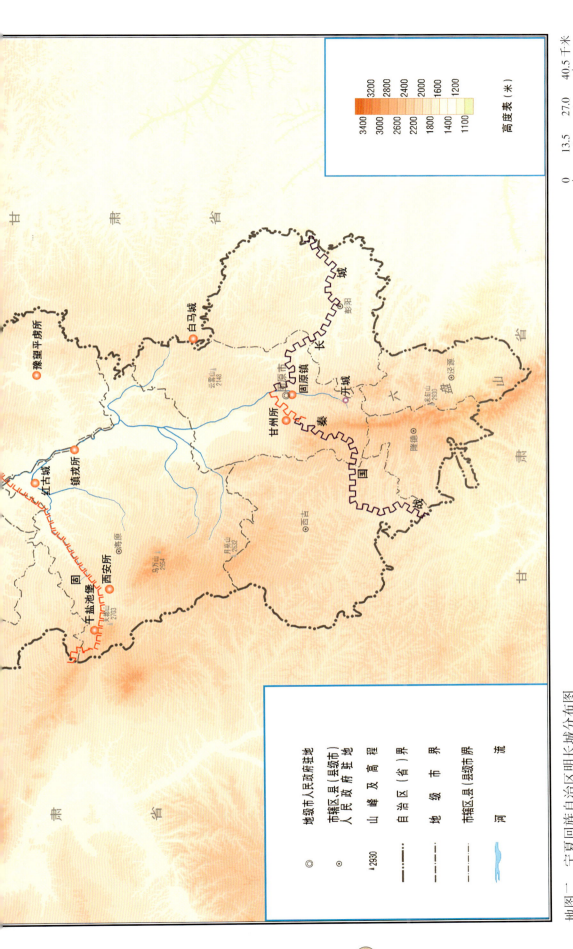

甘　肃　省

高度表（米）

3400
3200
3000
2800
2600
2400
2200
2000
1800
1600
1400
1200
1100

0　　13.5　　27.0　　40.5 千米

豫望平房所

白马城

云雾山
2148

彭阳

固原市
固原镇

开城

长　城

甘州所

秦

六　盘　山

米缸山
2930

泾源

隆德

红古城

镇戎所

月亮山
2632

◎西吉

国

城

甘

肃

省

西安所

海原

午盐池堡

固

马万山
2954

天都山
2703

肃

省

地级市人民政府驻地

市辖区,县（县级市）
人民政府驻地

▲2930　山峰及高程

自治区（省）界

地级市界

市辖区,县（县级市）界

河　　流

地图二　宁夏回族自治区明长城分布图

435

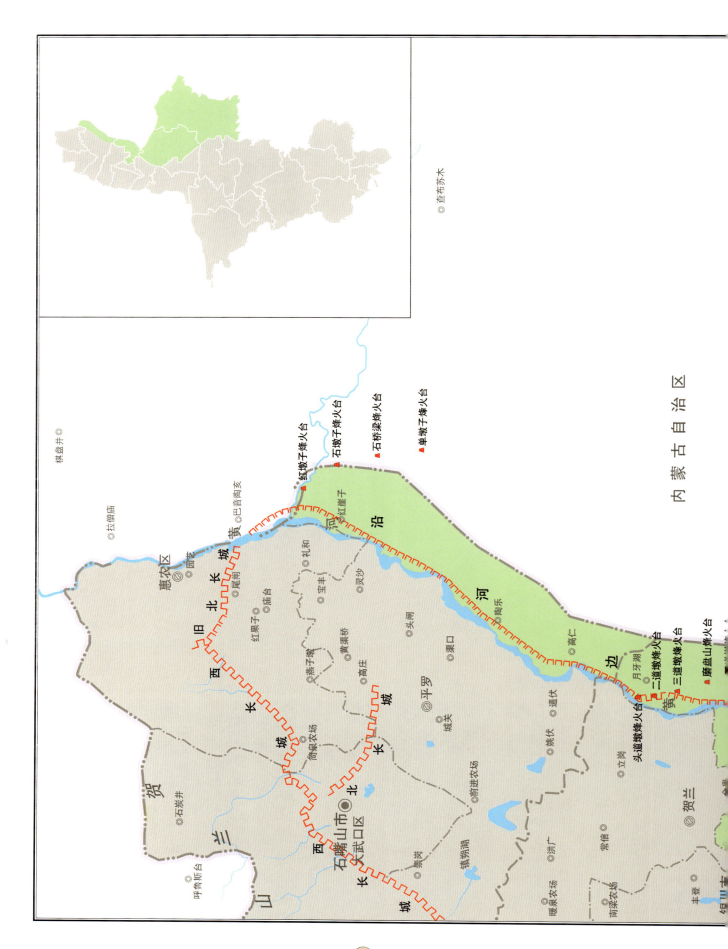

内蒙古自治区

◎查布苏木

棋盘井◎

◎拉僧庙

红墩子烽火台
▲石墩子烽火台
▲石桥梁烽火台
▲单墩子烽火台

黄河沿

边

头道墩烽火台
二道墩烽火台
三道墩烽火台
磨盘山烽火台

惠农区
园艺◎
北长城
旧
西长城
简泉农场
贺
兰
山
石炭井◎
呼鲁斯台◎
西长城
石嘴山市◎
大武口区
北长城

◎巴音陶亥

尾闸◎
红果子
庙台◎
燕子墩
黄渠桥
高庄
◎礼和
宝丰
灵沙
头闸

渠口
平罗◎
城关

◎红崖子
陶乐

高仁

月牙湖

黄沙古渡

通伏

姚伏

立岗

前进农场

崇岗
南梁农场
暖泉农场
镇朔湖

洪广

常信

◎贺兰

丰登

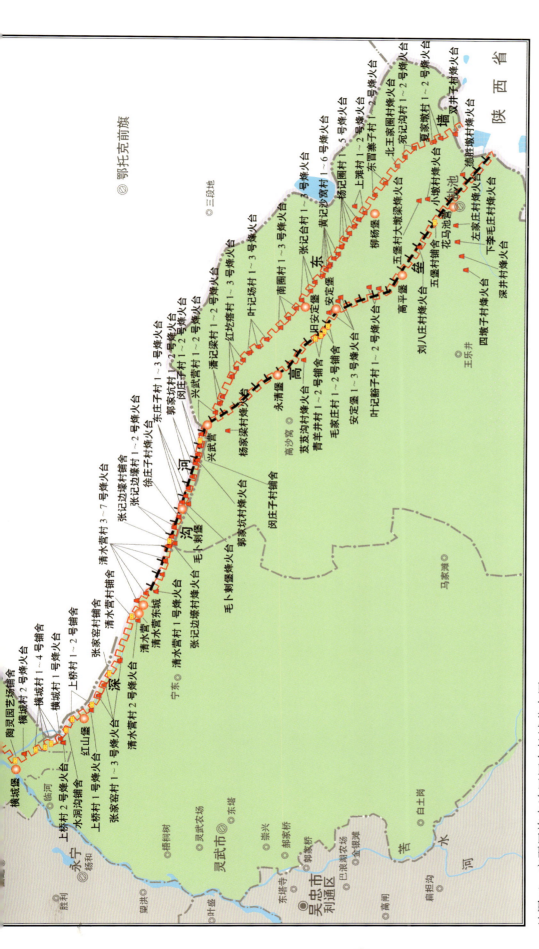

地图三　宁夏回族自治区河东长城分布图

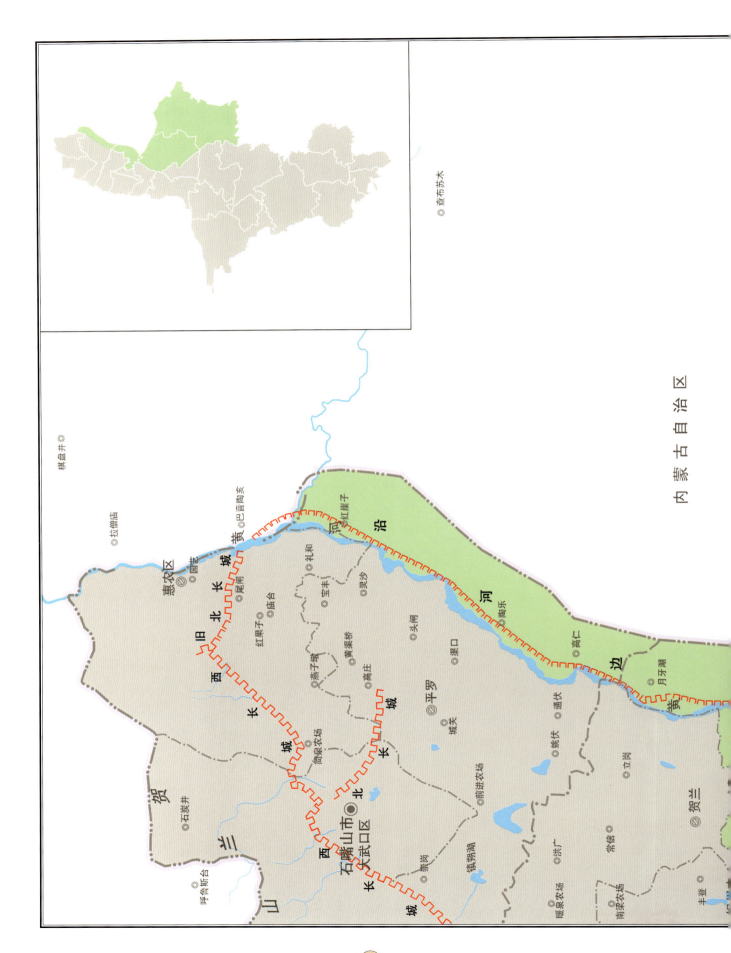

内 蒙 古 自 治 区

◎查布苏木

◎棋盘井

◎拉僧庙

惠农区
◎园艺
北长城
旧
黄 ◎巴音陶亥
◎尾闸
红果子
◎庙台
河 红崖子
沿
◎礼和
◎宝丰
◎灵沙
西长城
◎燕子墩
◎黄渠桥
◎高庄
河
头闸
◎渠口
陶乐
平罗
城关
◎高仁
长城
边
简泉农场
姚伏◎
通伏
◎月牙湖
石炭井◎
石嘴山市
大武口区
西长城
北
长城
姚伏
前进农场
黄
◎呼鲁斯台
贺
◎崇岗
◎立岗
兰
镇朔湖
洪广◎
常信◎
贺兰
山
暖泉农场
南梁农场
丰登◎

438

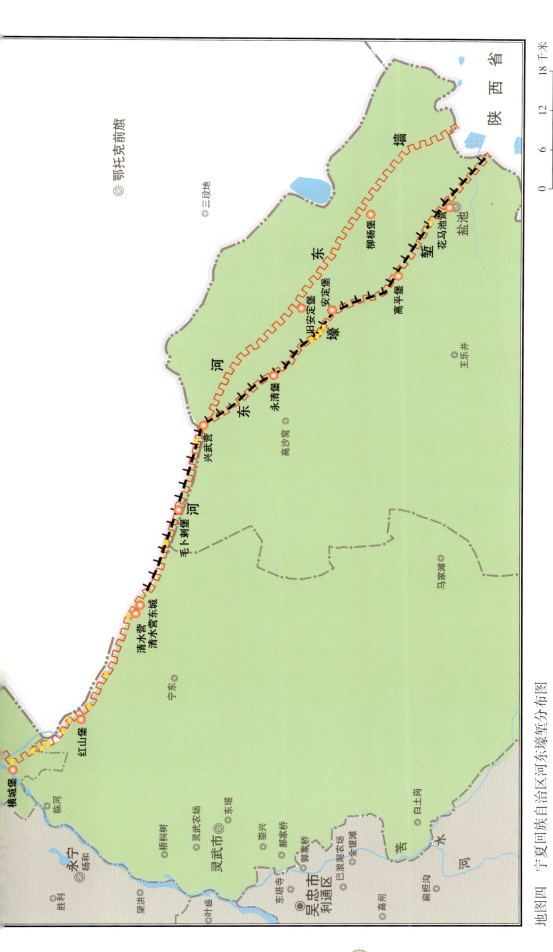

地图四　宁夏回族自治区河东墙堑堡分布图

彩图一　全国长城资源调查座谈会（银川会场）

彩图二　河东墙（二道边）双井子村起点01长城墙体现状（西北—东南）

彩图三　河东墙（二道边）双井子村G003点长城墙体现状（西—东）

彩图四　河东墙（二道边）双井子村 G005 点长城墙体现状（东南—西北）

彩图五　河东墙（二道边）双井子村 G007 点长城墙体现状（南—北）

彩图六　河东墙（二道边）双井子村 G011 点长城墙体现状（东南—西北）

彩图七　河东墙（二道边）夏记墩村 G015 点长城墙体现状（东南—西北）

彩图八　河东墙（二道边）夏记墩村G022点长城墙体现状（东—西）

宛记沟村1号烽火台（F41）

彩图九　河东墙（二道边）宛记沟村G025点长城墙体现状（东南—西北）

宛记沟村 1 号烽火台（F41）

彩图一〇　河东墙（二道边）宛记沟村 G026 点长城墙体现状（西北—东南）

彩图一一　河东墙（二道边）宛记沟村 G030 点长城墙体现状（东南—西北）

彩图一二　河东墙（二道边）北王家圈村 G035 点长城墙体现状（东南—西北）

彩图一三　河东墙（二道边）北王家圈村 G039 点长城墙体现状（东南—西北）

彩图一四　河东墙（二道边）北王家圈村 G042 点长城墙体现状（东南—西北）

彩图一五　河东墙（二道边）东冒寨子村 G048 点长城墙体现状（东南—西北）

彩图一六　河东墙（二道边）东冒寨子村 G049 点长城墙体现状（东南—西北）

彩图一七　河东墙（二道边）东冒寨子村 G051 点长城墙体现状（东南—西北）

彩图一八　河东墙（二道边）东冒寨子村 G053 点长城墙体现状（东南—西北）

彩图一九　河东墙（二道边）上滩村 G060 点长城墙体现状（东南—西北）

彩图二○　河东墙（二道边）上滩村 G061 点长城墙体现状（东南—西北）

彩图二一　河东墙（二道边）杨记圈村 G65 点长城墙体现状（东南—西北）

彩图二二　河东墙（二道边）杨记圈村 G066 点长城墙体现状（东南—西北）

F49

彩图二三　河东墙（二道边）杨记圈村 G067 点长城墙体现状（东南—西北）

彩图二四　河东墙（二道边）杨记圈村 G070 点长城墙体现状（东南—西北）

彩图二五　河东墙（二道边）杨记圈村 G072 点长城墙体现状（东南—西北）

杨记圈村 4 号烽火台（F51）

河东墙（二道边）

彩图二六　河东墙（二道边）杨记圈村 G074 点长城墙体现状（东南—西北）

彩图二七　河东墙（二道边）黄记沙窝村 G080 点长城墙体现状（北—南）

F53

河东墙（二道边）

彩图二八　河东墙（二道边）黄记沙窝村 G082 点长城墙体现状（东南—西北）

河东墙（二道边）

彩图二九　河东墙（二道边）黄记沙窝村 G085 点长城墙体现状（东南—西北）

河东墙（二道边）

彩图三〇　河东墙（二道边）黄记沙窝村 G086 点长城墙体现状（东南—西北）

彩图三一　河东墙（二道边）黄记沙窝村 G088 点长城墙体现状（东南—西北）

彩图三二　河东墙（二道边）黄记沙窝村 G091 点长城墙体现状（东南—西北）

彩图三三　河东墙（二道边）张记台村 G093 点长城墙体现状（东南—西北）

彩图三四　河东墙（二道边）张记台村 G096 点长城墙体现状（东南—西北）

南圈村 1 号烽火台（F62）

河东墙（二道边）

彩图三五　河东墙（二道边）南圈村 G101 点长城墙体现状（东南—西北）

南圈村 3 号烽火台（F64）

河东墙（二道边）

彩图三六　河东墙（二道边）南圈村 G107 点长城墙体现状（东南—西北）

河东墙（二道边）

彩图三七　河东墙（二道边）叶记场村 G112 点长城墙体现状（东南—西北）

彩图三八　河东墙（二道边）叶记场村 G117 点长城墙体夯层情况（东南—西北）

彩图三九　河东墙（二道边）叶记场村 G119 点长城墙体现状（西南—东北）

叶记场村 3 号烽火台（F67）

彩图四〇　河东墙（二道边）叶记场村 G122 点长城墙体现状（东南—西北）

彩图四一　河东墙（二道边）叶记场村 G123 点长城墙体现状（东南—西北）

红圪瘩村 3 号烽火台（F68）

彩图四二　河东墙（二道边）叶记场村 G124 点长城墙体现状（东南—西北）

彩图四三　河东墙（二道边）红圪瘩村 G126 点长城墙体现状（南—北）

彩图四四　河东墙（二道边）叶记场村 G131 点长城墙体现状（东南—西北）

彩图四五　河东墙（二道边）红圪瘩村 G134 点长城墙体现状（东南—西北）

彩图四六　河东墙（二道边）红圪瘩村 G135 点长城墙体现状（东南—西北）

彩图四七　河东墙（二道边）红圪瘩村 G136 点长城墙体现状（东南—西北）

彩图四八　河东墙（二道边）红圪瘩村 G137 点长城墙体现状（东南—西北）

彩图四九　河东墙（二道边）红圪瘩村 G138 点长城墙体现状（东南—西北）

彩图五〇 河东墙（二道边）潘记梁村 G141 点长城墙体现状（东南—西北）

彩图五一 河东墙（二道边）潘记梁村 G142 点长城墙体断面（东南—西北）

彩图五二　河东墙（二道边）潘记梁村 G145 点长城墙体现状（东南—西北）

深沟高垒（头道边）　　　　　　　　兴武营城址

彩图五三　河东墙（二道边）潘记梁村 G146 点长城墙体现状（东南—西北）

彩图五四　河东墙（二道边）兴武营村 G148 点长城墙体现状（东南—西北）

彩图五五　河东墙（二道边）兴武营村 G151 点长城墙体现状（东南—西北）

彩图五六　河东墙（二道边）兴武营村 G154 点长城墙体现状（东南—西北）

深沟高垒（头道边）

河东墙（二道边）

彩图五七　河东墙（二道边）兴武营村 G155 点长城墙体现状（东—西）

深沟高垒（头道边）

河东墙（二道边）

彩图五八　河东墙（二道边）闵庄子村 G156 点长城墙体及头道边墙体（东—西）

彩图五九　河东墙（二道边）闵庄子村 G157 点长城墙体及头道边墙体（东—西）

彩图六〇　河东墙（二道边）闵庄子村 G159 点长城墙体现状（东—西）

彩图六一　河东墙（二道边）闵庄子村 G160 点长城墙体现状（东—西）

彩图六二　河东墙（二道边）郭家坑村 G162 点长城墙体现状（东—西）

彩图六三　河东墙（二道边）郭家坑村 G163 点长城墙体版筑情况（南—北）

头道边

彩图六四　河东墙（二道边）郭家坑村 G168 点长城墙体现状（东—西）

彩图六五　河东墙（二道边）郭家坑村 G168 点长城墙体断面（东—西）

彩图六六　河东墙（二道边）东庄子村 G173 点长城墙体现状及头道边墙体（东南—西北）

深沟高垒（头道边）

彩图六七　河东墙（二道边）东庄子村 G175 点长城墙体现状及头道边墙体（东南—西北）

彩图六八　河东墙（二道边）徐庄子村 G180 点长城墙体现状（西北—东南）

徐庄子村 10 号敌台（D304）　　　　　张记边壕村 1 号烽火台（F83）

深沟高垒（头道边）墙体

彩图六九　河东墙（二道边）徐庄子村 G181 点长城墙体现状及头道边墙体（东南—西北）

彩图七〇　河东墙（二道边）徐庄子村 G181 点长城墙体豁口断面（西—东）

彩图七一　河东墙（二道边）张记边壕村 G184 点长城墙体现状及头道边墙体（东南—西北）

彩图七二　河东墙（二道边）张记边壕村 G186 点长城墙体现状及头道边墙体（东—西）

深沟高垒（头道边）

彩图七三　河东墙（二道边）清水营村二队 G188 点长城墙体现状及头道边墙体（东南—西北）

彩图七四　河东墙（二道边）清水营村二队 G197 点长城墙体现状及头道边墙体（东南—西北）

深沟高垒
（头道边）

彩图七五　河东墙（二道边）清水营村一队 G206 点长城墙体现状及头道边墙体（东南—西北）

彩图七六　"深沟高垒"（头道边）和河东墙（二道边）交汇点 D357 敌台（西—东）

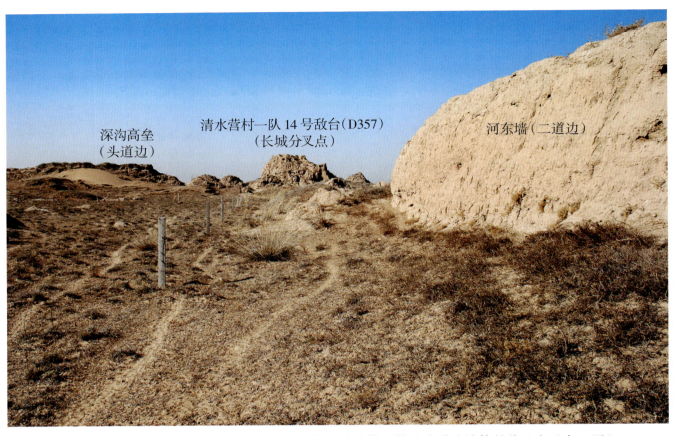

深沟高垒 清水营村一队 14 号敌台（D357） 河东墙（二道边）
（头道边） （长城分叉点）

彩图七七　河东墙（二道边）清水营村一队 G207 点长城墙体现状及头道边墙体的分叉点（东—西）

彩图七八　双井子村烽火台（F38）（南—北）

彩图七九　夏记墩村 1 号烽火台
（F39）（南—北）

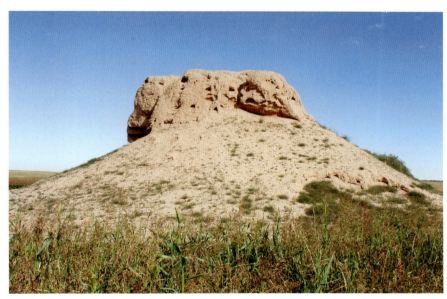

彩图八〇　夏记墩村 2 号烽火台
（F40）（南—北）

彩图八一　宛记沟村 1 号烽火台
（F41）（西—东）

彩图八二　宛记沟村 2 号烽火台（F42）（北—南）

彩图八三　北王家圈村烽火台（F43）（西—东）

彩图八四　东冒寨子村1号烽火台（F44）（东—西）

彩图八五　东冒寨子村2号烽火台（F45）（西—东）

彩图八六　上滩村 1 号烽火台（F46）（西南—东北）

彩图八七　上滩村 2 号烽火台（F47）（南—北）

彩图八八　杨记圈村1号烽火台（F48）（北—南）

彩图八九　杨记圈村2号烽火台（F49）（南—北）

彩图九〇　杨记圈村 3 号烽火台
（F50）（东南—西北）

彩图九一　杨记圈村 4 号烽火台
（F51）（南—北）

彩图九二　黄记沙窝村 1 号烽火台
（F53）（西—东）

彩图九三　黄记沙窝村 2 号烽火台
（F54）（东—西）

彩图九四　黄记沙窝村 3 号烽火台
（F55）（南—北）

彩图九五　黄记沙窝村 5 号烽火台
（F57）（南—北）

彩图九六　黄记沙窝村 6 号烽火台
　　　　　（F58）（北—南）

彩图九七　张记台村 1 号烽火台
　　　　　（F59）（南—北）

彩图九八　张记台村 2 号烽火台
　　　　　（F60）（西—东）

彩图九九　张记台村 3 号烽火台
　　　　　（F61）（东—西）

彩图一〇〇　南圈村 1 号烽火台
　　　　　　（F62）（西—东）

彩图一〇一　南圈村 2 号烽火台
　　　　　　（F63）（东—西）

彩图一〇二　南圈村 3 号烽火台（F64）（北—南）

彩图一〇三　叶记场村 2 号烽火台（F66）（东—西）

彩图一〇四　红圪瘩村 2 号烽火台（F69）（东南—西北）

彩图一〇五　红圪瘩村 3 号烽火台（F70）（东南—西北）

彩图一〇六　潘记梁村 1 号烽火台（F71）（南—北）

彩图一〇七　潘记梁村 2 号烽火台（F72）（东—西）

彩图一〇八　潘记梁村2号烽火台（F72）（北—南）

彩图一〇九　兴武营村1号烽火台（F73）（西—东）

彩图一一〇　闵庄子村1号烽火台（F75）（西—东），该烽火台南侧为头道边墙体

深沟高垒
（头道边）

闵庄子村2号烽火台（F76）

河东墙
（二道边）

彩图———— 闵庄子村2号烽火台（F76）（东—西）

彩图——二 郭家坑村1号烽火台（F77）及头道边D260—D261段墙体（东南—西北）

敌台

深沟高垒
（头道边）

郭家坑村 2 号烽火台（F78）

河东墙（二道边）

彩图一一三　郭家坑村 2 号烽火台（F78）远景（东—西）

彩图一一四　东庄子村 1 号烽火台（F79）（东—西）

彩图一一五　东庄子村 3 号烽火台（F81）（南—北）

彩图一一六　徐庄子村烽火台（F82）（东—西）

彩图一一七　张记边壕村 1 号烽火台（F83）（西南—东北）

彩图一一八　清水营村 3 号烽火台（F85）（东—西）

彩图一一九　清水营村 4 号烽火台（F86）（北—南）

彩图一二〇　清水营村 5 号烽火台（F87）（西—东）

彩图一二一　清水营村 7 号烽火台（F89）（东—西）

彩图一二二　五堡村公路缺口—八堡村 1 号敌台（D044）长城墙体现状（东南—西北）

彩图一二三　八堡村 1 号敌台—八堡村 2 号敌台（D044—D045）长城墙体现状（东南—西北）

彩图一二四　八堡村5号敌台—八堡村6号敌台（D048—D049）长城墙体现状（东南—西北）

彩图一二五　八堡村8号敌台—八堡村9号敌台（D051—D052）长城墙体现状（西北—东南）

彩图一二六　八堡村 9 号敌台—八堡村 10 号敌台（D052—D053）长城墙体现状（东南—西北）

彩图一二七　刘八庄村 1 号敌台—刘八庄村 2 号敌台（D054—D055）长城墙体现状（东南—西北）

彩图一二八　东郭庄村1号敌台（D001）侧面（东南—西北）

彩图一二九　东郭庄村2号敌台（D002）侧面（东南—西北）

彩图一三〇　东郭庄村 3 号敌台（D003）侧面（西北—东南）

彩图一三一　东郭庄村 9 号敌台（D009）文物标本
碗底残片（标本 D009 : 1）

彩图一三二　八堡村 1 号敌台（D044）（东北—西南）

彩图一三三　八堡村 2 号敌台（D045）（东北—西南）

彩图一三四　八堡村 3 号敌台（D046）侧面（西北—东南）

彩图一三五　八堡村 5 号敌台（D048）（东北—西南）

彩图一三六　东门村 11 号敌台（D026）文物标本
　　　　黑釉瓷罐口沿残片（标本 D026：1）

彩图一三七　八堡村 6 号敌台（D049）文物标本
　　　　黄褐釉瓷盆口沿残片（本 D049：1）

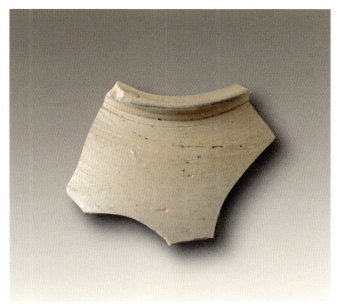

彩图一三八　刘八庄村 1 号敌台（D054）文物标本
　　　　黑釉瓷碗底残片（标本 D054：1）

彩图一三九　刘八庄村 1 号敌台（D054）文物标本
　　　　白釉瓷碗底残片（标本 D054：2）

彩图一四〇　刘八庄村1号敌台（D054）
　　　　　文物标本
　　　　　黑釉瓷罐口沿残片
　　　　　（D054：3）

彩图一四一　刘八庄村7号敌台（D060）
　　　　　文物标本
　　　　　泥质灰陶罐口沿残片
　　　　　（标本D060：1）

彩图一四二　刘八庄村7号敌台（D060）
　　　　　文物标本
　　　　　棕褐釉双耳罐口沿残片
　　　　　（标本D060：2）

彩图一四三　刘八庄村 3 号敌台（D056）（东北—西南）

彩图一四四　五堡村 1 号铺舍（P01）（西南—东北）

彩图一四五　德胜墩村烽火台（F01）（北—南）

彩图一四六　小墩村烽火台（F02）（南—北）

彩图一四七　德胜墩村烽火台（F01）
文物标本
正方形旗杆石座
（标本 F01：3）

彩图一四八　五堡村大墩梁烽火台（F03）文物标本
夹砂灰陶罐口沿残片（标本 F03：1）

彩图一四九　深井村烽火台（F07）文物标本
青花瓷碗口沿残片（（标本 F07：1）

彩图一五〇　四墩子村烽火台（F08）文物标本
棕褐釉瓷碗残片（标本 F08：1）

彩图一五一　五堡村大墩梁烽火台（F03）（北—南）

彩图一五二　刘八庄村烽火台（F04）及D55敌台墙体（东南—西北）

彩图一五三　左家庄村烽火台（F05）（南—北）

彩图一五四　下李毛庄村烽火台（F06）（南—北）

彩图一五五　深井村烽火台（F07）（东—西）

彩图一五六　深井村烽火台（F07）（南—北）

彩图一五七　花马池营东墙南段墙体顶部（南—北）

彩图一五八　花马池营东墙（北—南）

彩图一五九　花马池营西墙（北—南）

彩图一六〇　花马池营北墙东段墙体远景（东—西）

彩图一六一 花马池营北墙（西一东）

彩图一六二　张记圈村 2 号敌台—张记圈村 5 号敌台（D076—D079）长城墙体呈 "S" 形走势（东南—西北）

张记圈村 5 号敌台（D079）

台（D078）

张记圈村 3 号敌台（D077）

彩图一六三　张记圈村 5 号敌台—红沟梁村 1 号敌台（D079—D080）长城墙体呈 S 形走势（东南—西北）

彩图一六四　红沟梁村 2 号敌台—红沟梁村 3 号敌台（D081—D082）长城墙体现状及走向（东南—西北）

彩图一六五　红沟梁村2号敌台—红沟梁村3号敌台（D081—D082）长城墙体版筑痕迹（西南—东北）

红沟梁村4号敌台（D083）

红沟梁村3号敌台（D082）

彩图一六六　红沟梁村3号敌台—红沟梁村4号敌台（D082—D083）长城墙体走向及现状（东南—西北）

彩图一六七　红沟梁村4号敌台—红沟梁村5号敌台（D083—D084）长城墙体走向及现状（东南—西北）

彩图一六八　红沟梁村6号敌台—红沟梁村7号敌台（D085—D086）长城墙体走向及现状（东南—西北）

彩图一六九　东牛毛井村1号敌台—东牛毛井村2号敌台（D088—D089）长城墙体呈"S"形走势（东南—西北）

彩图一七〇　东牛毛井村1号敌台—东牛毛井村2号敌台（D088—D089）长城墙体现状（西北—东南）

彩图一七一　东牛毛井村 3 号敌台—东牛毛井村 4 号敌台（D090—D091）长城墙体现状及走向（西北—东南）

彩图一七二　叶记豁子村 2 号敌台—叶记豁子村 3 号敌台（D099—D100）长城墙体现状（南—北）

安定堡 2 号烽火台（F12）

安定堡 3 号烽火台（F13）
安定堡城址

彩图一七三　南台村 10 号敌台—南台村 11 号敌台（D114—D115）长城墙体现状（南—北）

彩图一七四　十六堡村 4 号敌台（D070）文物标本
泥质夹砂浅灰陶罐腹部残片（标本 D070:1）

彩图一七五　十六堡村 7 号敌台（D073）文物标本
茶色釉罐口沿残片（标本 D073：1）

彩图一七六　十六堡村 7 号敌台（D073）文物标本
酱釉瓷盆口沿残片（标本 D073：2）

彩图一七七　十六堡村 8 号敌台（D074）文物标本
青花瓷碗口沿残片（标本 D074：1）

彩图一七八　东牛毛井村 2 号敌台（D089）文物标本
青花瓷碗底残片（外底）（标本 D089：1）

彩图一七九　东牛毛井村 2 号敌台（D089）文物标本
青花瓷碗底残片（内底）（标本 D089：1）

彩图一八〇　红沟梁村 5 号敌台
（D084）（东北—西南）

彩图一八一　红沟梁村 6 号敌台
（D085）（北—南）

彩图一八二　东牛毛井村 4 号敌台
（D091）正面（东北—
西南）

彩图一八三　东牛毛井村 6 号敌台
　　　　　　（D093）（东—西）

彩图一八四　东牛毛井村 8 号敌台
　　　　　　（D095）侧面（南—北）

彩图一八五　叶记豁子村 3 号敌台
　　　　　　（D100）侧面（南—北）

彩图一八六　叶记豁子村 3 号敌台（D100）文物标本
茶色釉瓷罐口沿残片（标本 D100：1）

彩图一八七　叶记豁子村 3 号敌台（D100）文物标本
青白釉瓷碗底残片（标本 D100：2）

彩图一八八　南台村 1 号敌台（D105）文物标本
酱釉瓷蒺藜残块（标本 D105：1）

彩图一八九　叶记豁子村1号烽火台（F09）（南—北）

彩图一九〇　叶记豁子村2号烽火台（F10）（南—北）

彩图一九一　叶记豁子1号村烽火台（F09）
文物标本
牙黄釉瓷碗底部残片（外底）
（标本F09：1）

彩图一九二　叶记豁子2号村烽火台（F10）
文物标本
青花瓷碗底残片（外底）
（标本F10：1）

彩图一九三　叶记豁子2号村烽火台（F10）
文物标本
青花瓷碗底残片（内底）
（标本F10：1）

河
东
壕
堑

深沟高垒
（头道边）

高平堡

彩图一九四　高平堡及头道边墙体（东南—西北）

彩图一九五　高平堡（西南—东北）

彩图一九六　高平堡西南角台（南—北）

彩图一九七　高平堡文物标本
石球（标本：1）

F13

彩图一九八　安定堡村 2 号敌台—安定堡村 3 号敌台（D117—D118）长城墙体及安定堡（南—北）

彩图一九九　安定堡村 12 号敌台—毛家庄村 1 号敌台（D127—D128）长城墙体现状（西北—东南）

彩图二〇〇　毛家庄村 4 号敌台（D131）边侧长城墙体缺口断面（西北—东南）

彩图二〇一　毛家庄村 6 号敌台—毛家庄村 7 号敌台（D133—D134）长城墙体内侧的古水井（南—北）

彩图二○二　芨芨沟村 2 号敌台—芨芨沟村 3 号敌台（D152—D153）长城墙体现状（东南—西北）

彩图二〇三　芨芨沟村 4 号敌台—芨芨沟村 5 号敌台（D154—D155）长城墙体现状（西北—东南）

彩图二〇四　芨芨沟村 8 号敌台—芨芨沟村 7 号敌台（D158—D157）长城墙体现状（西北—东南）

彩图二〇五　茇茇沟村 8 号敌台—茇茇沟村 9 号敌台（D158—D159）长城墙体现状（西北—东南）

彩图二〇六　D160 敌台处长城墙体（西北—东南）

D161 敌台

彩图二○七　茇茇沟村 10 号敌台—茇茇沟村 11 号敌台（D160—D161）长城墙体豁口（东南—西北）

彩图二〇八　茇茇沟村 10 号敌台—茇茇沟村 11 号敌台（D160—D161）长城墙体豁口（东南—西北）

彩图二〇九　茇茇沟村 11 号敌台—茇茇沟村 17 号敌台（D161—D167）长城墙体远景（东南—西北）

彩图二一〇　安定堡村 10 号敌台（D125）文物标本
青花瓷底残片（内底）（标本 D125：1）

彩图二一一　安定堡村 10 号敌台（D125）文物标本
青花瓷底残片（外底）（标本 D125：1）

彩图二一二　毛家庄村 3 号敌台（D130）文物标本
酱黑釉瓷蒺藜残块（标本 D130：1）

彩图二一三　茇茇沟村 1 号敌台（D151）文物标本
灰白釉瓷碗底残片（标本 D151：1）

彩图二一四　茇茇沟村 1 号敌台（D151）文物标本
酱黑釉瓷蒺藜残块（标本 D151：2）

彩图二一五　茇茇沟村 1 号敌台（D151）文物标本
黄绿釉罐口沿残片（标本 D153：3）

彩图二一六　茇茇沟村 12 号敌台（D162）文物标本
浅黄褐釉瓷罐口沿残片（标本 D162：1）

彩图二一七　茇茇沟村 15 号敌台（D165）文物标本
白釉青酱釉瓷碗底残片（标本 D165：1）

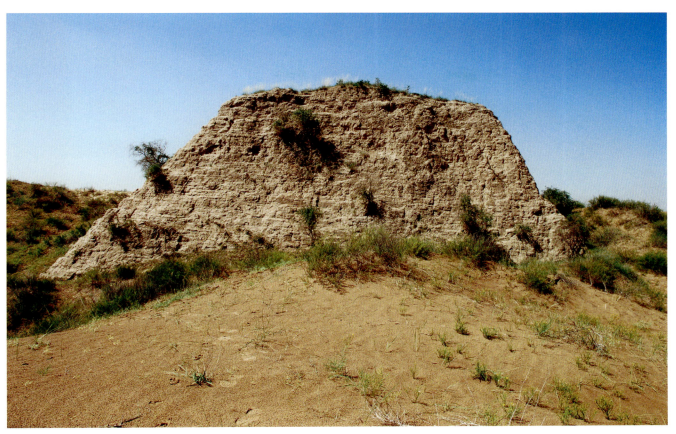

彩图二一八　毛家庄村 8 号敌台（D135）正面（东北—西南）

彩图二一九　毛家庄村 8 号敌台（D135）侧面（西北—东南）

彩图二二〇 青羊井村8号敌台
（D145）（东北—
西南

彩图二二一 芨芨沟村3号敌台
（D153）（东北—
西南）

彩图二二二 芨芨沟村8号敌台
（D158）（西北—
东南）

彩图二二三　茇茇沟村8号敌台（D158）及墙体（东南—西北）

彩图二二四　茇茇沟村10号敌台（D160）（东北—西南）

彩图二二五　茇茇沟村10号敌台（D160）（西北—东南）

彩图二二六　茇茇沟村 15 号敌台（D165）及墙体（东南—西北）

彩图二二七　毛家庄村 1 号铺舍（P02）（北—南）

彩图二二八　毛家庄村 2 号铺舍（P03）（北—南）

彩图二二九　青羊井村铺舍（P04）（北—南）

彩图二三〇　青羊井 2 号铺舍（P05）（东南—西北）

彩图二三一　青羊井村 2 号铺舍（P05）（南—北）

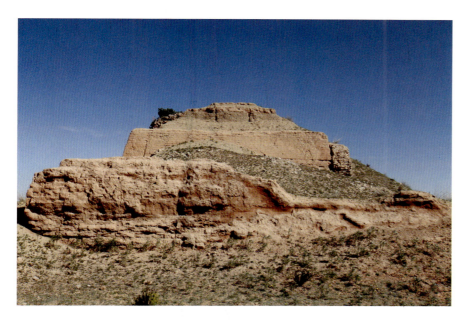

彩图二三二　青羊井村2号铺舍
（P05）东壁（东—西）

彩图二三三　青羊井村2号铺舍
（P05）围墙东北角
断面（南—北）

彩图二三四　青羊井村2号铺舍
（P05）台体顶部窑
洞（北—南）

彩图二三五　青羊井村 2 号铺舍
（P05）台体东壁

彩图二三六　青羊井村 2 号铺舍
（P05）围墙

彩图二三七　安定堡村 1 号烽火台
（F11）（西—东）

彩图二三八　安定堡村 2 号烽火台
　　　（F12）（东—西）

彩图二三九　安定堡村 3 号烽火台
　　　（F13）（北—南）

彩图二四〇　安定堡村 3 号烽火台
　　　（F13）（南—北）

彩图二四一　安定堡村 3 号烽火台（F13）
文物标本
青花瓷碗底残片（标本 F13：1）

彩图二四二　芨芨沟村烽火台（F14）
文物标本
白釉瓷碗底残片（标本 F14：1）

彩图二四三　芨芨沟村烽火台（F14）文物标本
陶纺轮（标本 F14：2）

彩图二四四　茇茇沟村烽火台（F14）（东—西）

彩图二四五　茇茇沟村烽火台（F14）（西—东）

彩图二四六　安定堡及头道边墙体走向（西南—东北）

彩图二四七　安定堡瓮城南墙（南—北）

安定堡村 1 号烽火台（F11）

安定堡村 2 号烽火台（F12）

长城墙体

长城墙体

安定堡村 3 号烽火台（F13）

彩图二四八　安定堡及"深沟高垒"墙体外侧烽火台遗迹（西北—东南）

彩图二四九　安定堡东南角台（南—北）

彩图二五〇　安定堡西南角台（南—北）

彩图二五一　安定堡西北角台（北—南）

彩图二五二　安定堡北墙内侧马面（南—北）

彩图二五三　安定堡北墙外侧马面
（北—南）

彩图二五四　安定堡北墙外侧马面
（东—西）

彩图二五五　安定堡水井

彩图二五六　安定堡文物标本
青花瓷盘底残片（标本：1）

彩图二五七　安定堡文物标本
白釉瓷大海碗残片（标本：2）

彩图二五八　安定堡文物标本
白釉瓷碗底残片（标本：3）

彩图二五九　安定堡文物标本
青花碗底残片（标本：5）

彩图二六〇　安定堡文物标本
青花瓷盘底残片（标本：6）

彩图二六一　安定堡文物标本
黑釉瓷罐口沿残片（标本：7）

彩图二六二　安定堡文物标本
兽面纹滴水（标本：9）

彩图二六三　安定堡文物标本
兽面纹滴水（标本：10）

彩图二六四　安定堡文物标本
兽面纹滴水（标本：11）

彩图二六五　安定堡文物标本
套兽残块（标本：14）

彩图二六六　安定堡文物标本
套兽残块（标本：15）

彩图二六七　安定堡文物标本
套兽残块（标本：16）

彩图二六八　芨芨沟村 18 号敌台—英雄堡村 1 号敌台（D168—D169）长城墙体现状（西北—东南）

彩图二六九　英雄堡村 4 号敌台—英雄堡村 5 号敌台（D172—D173）长城墙体现状（西北—东南）

彩图二七〇　英雄堡村 6 号敌台—英雄堡村 7 号敌台（D174—D175）长城墙体夯层及缺口（东北—西南）

彩图二七一　英雄堡村 8 号敌台—英雄堡村 9 号敌台（D176—D177）长城墙体现状（东南—西北）

彩图二七二　英雄堡村 10 号敌台—英雄堡村 11 号敌台（D178—D179）长城墙体现状（东南—西北）

彩图二七三　英雄堡村 11 号敌台—英雄堡村 12 号敌台（D179—D180）长城墙体现状（东南—西北）

彩图二七四　英雄堡村 12 号敌台—英雄堡村 13 号敌台（D180—D181）长城墙体现状（西北—东南）

彩图二七五　英雄堡村 15 号敌台—英雄堡村 16 号敌台（D183—D184）长城墙体缺口（北—南）

彩图二七六　英雄堡村 21 号敌台—英雄堡村 22 号敌台（D189—D190）长城墙体现状及豁口断面（西北—东南）

彩图二七七　英雄堡村 22 号敌台—英雄堡村 21 号敌台（D190—D189）长城墙体（西北—东南）

彩图二七八　英雄堡村 22 号敌台—英雄堡村 23 号敌台（D190—D191）长城墙体豁口断面（西北—东南）

彩图二七九　大疙瘩村 1 号敌台—大疙瘩村 2 号敌台（D194—D195）长城墙体顶部垛墙残迹（东南—西北）

彩图二八〇　二步坑村1号敌台—二步坑村2号敌台（D205—D206）长城墙体现状（东南—西北）

彩图二八一　二步坑村2号敌台—二步坑村3号敌台（D206—D207）长城墙体现状（东南—西北）

彩图二八二　二步坑村3号敌台—二步坑村4号敌台（D207—D208）长城墙体现状（东南—西北）

彩图二八三　英雄堡村3号敌台（D171）（东北—西南）

彩图二八四　英雄堡村 21 号敌台
　　　（D189）（东北—
　　　西南）

彩图二八五　英雄堡村 22 号敌台
　　　（D190）（东北—
　　　西南）

彩图二八六　英雄堡村 22 号敌台
　　　（D190）侧面（西北—
　　　东南）

彩图二八七　英雄堡村 22 号敌台（D190）文物标本
黄绿釉四系罐口沿残片（标本 D190：1）

彩图二八八　大疙瘩村 1 号敌台（D194）文物标本
青花瓷碗残片（内底）（D194：1）

彩图二八九　大疙瘩村 3 号敌台（D196）文物标本
白釉瓷罐口沿残片（标本 D196：1）

彩图二九〇　大疙瘩村 8 号敌台（D201）文物标本
茶褐釉瓷盆口沿残片（标本 D201：1）

彩图二九一　二步坑村 1 号敌台（D205）文物标本
橘红浅灰釉瓷罐口沿残片（标本 D205：1）

彩图二九二　二步坑村 7 号敌台（D211）文物标本
酱釉双耳瓷罐口沿残片（标本 D211：1）

彩图二九三　大疙瘩村 1 号敌台（D194）（东北—西南）

彩图二九四　大疙瘩村 1 号敌台（D194）侧面（西北—东南）

彩图二九五　二步坑村 3 号敌台（D207）（东北—西南）

彩图二九六　二步坑村 10 号敌台（D214）（东北—西南）

彩图二九七　英雄堡南墙遗迹（东—西）

彩图二九八　英雄堡西北角台（南—北）

彩图二九九　英雄堡文物标本
套兽残块（标本：1）

彩图三〇〇　潘记梁村 2 号敌台—潘记梁村 3 号敌台（D216—D217）长城墙体现状（西北—东南）

彩图三〇一　兴武营村5号敌台—兴武营村6号敌台（D231—D232）长城墙体现状及兴武营城址（东南—西北）

彩图三〇二　兴武营村12号敌台—兴武营村13号敌台（D238—D239）长城墙体现状（西北—东南）

彩图三〇三　兴武营村 14 号敌台—兴武营村 15 号敌台（D240—D241）长城墙体现状（东南—西北）

彩图三〇四　兴武营村 17 号敌台—闵庄子村 1 号敌台（D243—D244）长城墙体现状（西—东）

彩图三〇五　闵庄子村2号敌台—闵庄子村3号敌台（D245—D246）长城墙体现状（西北—东南）

彩图三〇六　闵庄子村2号敌台—闵庄子村3号敌台（D245—D246）长城墙体现状（西—东）

河东墙（二道边）　深沟高垒（头道边）

彩图三〇七　闵庄子村 3 号敌台—闵庄子村 4 号敌台（D246—D247）长城墙体现状（西—东）

彩图三〇八　闵庄子村4号敌台—闵庄子村5号敌台（D247—D248）长城墙体现状（西—东）

彩图三〇九　闵庄子村4号敌台—闵庄子村6号敌台（D247—D249）长城墙体、二道边及F75烽火台远景（东南—西北）

彩图三一〇　闵庄子村8号敌台—闵庄子村9号敌台（D251—D252）长城墙体现状（西—东）

彩图三一一　闵庄子村10号敌台—闵庄子村11号敌台（D253—D254）长城墙体现状（东—西）

彩图三一二　潘记梁村 1 号敌台（D215）文物标本
黄褐釉瓷罐口沿残片（标本 D215：1）

彩图三一三　潘记梁村 10 号敌台（D224）文物标本
白釉瓷碗残片（标本 D224：1）

彩图三一四　兴武营村 16 号敌台（D242）文物标本
黑釉瓷罐口沿残片（标本 D242：1）

彩图三一五　闵庄子村铺舍（P06）文物标本
褐釉瓷罐口沿残片（标本 P06：1）

彩图三一六　郭家坑村 1 号敌台（D256）文物标本
白釉瓷碗残片（标本 D256：1）

彩图三一七　徐庄子村 7 号敌台文物标本
黄绿釉瓷罐口沿残片（标本 D301：1）

彩图三一八　潘记梁村 5 号敌台（D219）侧面（东南—西北）

彩图三一九　潘记梁村 5 号敌台（D219）侧面（东北—西南）

彩图三二〇　闵庄子村 4 号敌台（D247）侧面（东南—西北）

彩图三二一　闵庄子村 4 号敌台（D247）侧面（东北—西南）

彩图三二二　闵庄子村铺舍（P06）（南—北）

彩图三二三　闵庄子村铺舍（P06）内侧的烽燧遗迹

彩图三二四　杨家梁村烽火台（F15）（南—北）

彩图三二五　郭家坑村烽火台（F16）（西—东）

彩图三二六　兴武营航拍（东—西）

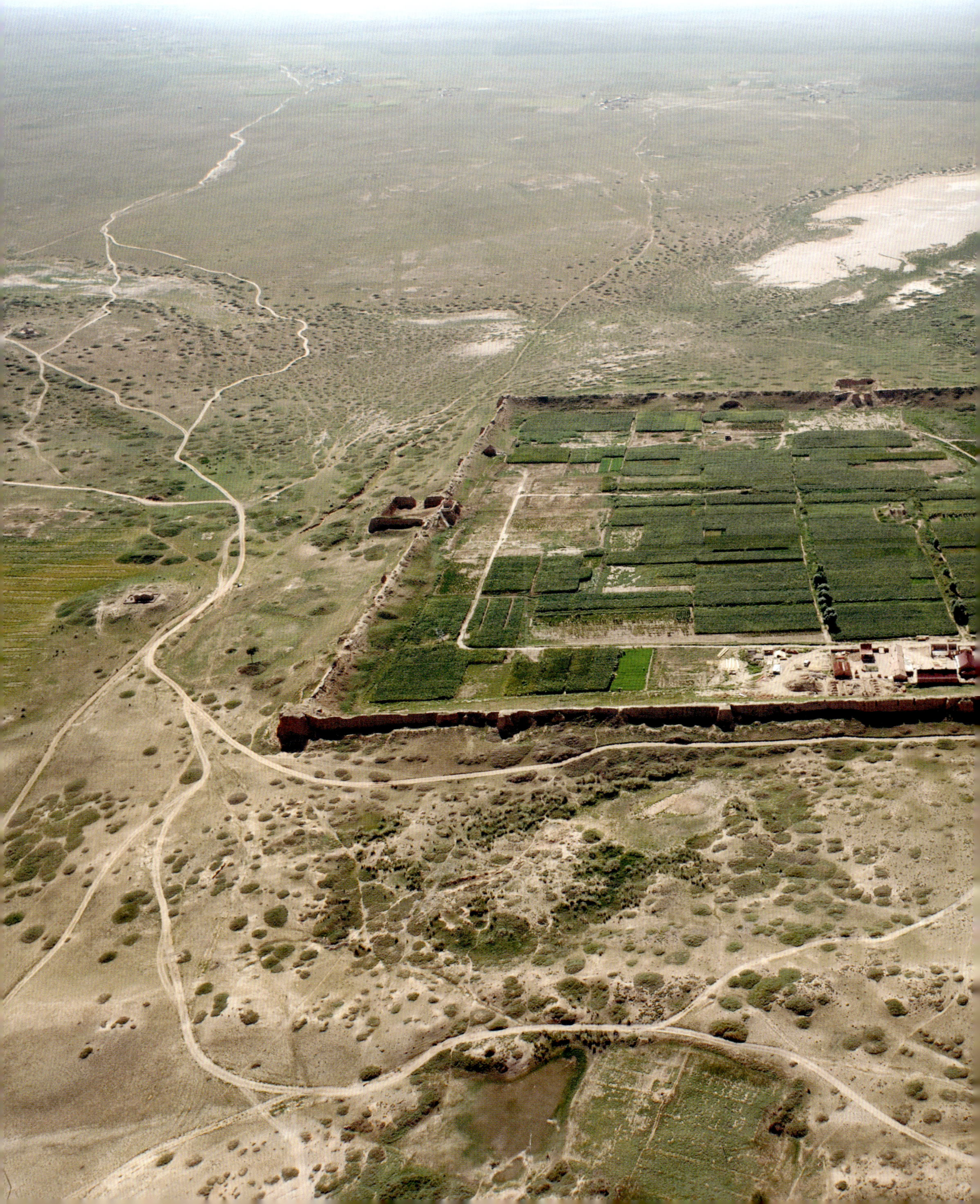

彩图三二七　兴武营城址

彩图三二八　兴武营西墙（西南—东北）

彩图三二九　兴武营东北角台（北—南）

彩图三三〇　兴武营西南角台
（西南—东北）

彩图三三一　兴武营西北角台
（东—西）

彩图三三二　兴武营西北角台
（西—东）

彩图三三三　兴武营东 1 马面（东南—西北）

彩图三三四　兴武营东 4 马面（东—西）

彩图三三五　兴武营北 3 马面（北—南）

彩图三三六　兴武营北 5 马面（东北—西南）

彩图三三七　兴武营鼓楼遗迹（西—东）

彩图三三八　兴武营南瓮城门址（西—东）

彩图三三九　兴武营西瓮城门址（南—北）

彩图三四〇　兴武营水井（南—北）

彩图三四一　郭家坑村 1 号敌台—郭家坑村 3 号敌台（D256—D258）长城墙体远景（东南—西北）

彩图三四二　郭家坑村 3 号敌台—郭家坑村 4 号敌台（D258—D259）长城墙体及南侧的烽火台（F16）（东南—西北）

彩图三四三　D275 敌台处长城墙体现状（西北—东南）

彩图三四四　D284 敌台处长城墙体及二道边内侧 F79 烽火台远景（西南—东北）

彩图三四五 东庄子村 14 号敌台—东庄子村 12 号敌台（D292—D290）长城墙体及东庄子村 3 号烽火台（F81）
（西北—东南）

彩图三四六 东庄子村 16 号敌台—徐庄子村 1 号敌台（D294—D295）长城墙体走向及毛卜剌堡城址（东—西）

彩图三四七　徐庄子村 5 号敌台（D299）处长城墙体二道边（东南—西北）

彩图三四八　东庄子村 5 号敌台—东庄子村 4 号敌台（D299—D298）长城墙体及二道边 F82 烽火台（西北—
　　　　　东南）

彩图三四九　东庄子村 5 号敌台—东庄子村 6 号敌台（D299—D300）长城墙体及二道边（东北—西南）

彩图三五〇　东庄子村 7 号敌台—东庄子村 9 号敌台（D301—D303）长城墙体及二道边（西—东）

彩图三五一　徐庄子村 10 号敌台—张记边壕村 2 号敌台（D304—D306）长城墙体和二道边张记边壕村 1 号烽火台（F83）（西—东）

彩图三五二　张记边壕村2号敌台—张记边壕村3号敌台（D306—D307）长城墙体（西北—东南）

彩图三五三　张记边壕村8号敌台—张记边壕村9号敌台（D312—D313）长城墙体现状（西北—东南）

彩图三五四　张记边壕村 9 号敌台—张记边壕村 10 号敌台（D313—D314）长城墙体豁口断面（西—东）

彩图三五五　郭家坑村 19 号敌台（D274）（东北—西南）

彩图三五六　东庄子村 13 号敌台（D291）远景（西北—东南）

彩图三五七　东庄子村 6 号敌台（D300）（西北—东南）

彩图三五八　徐庄子村 14 号敌台（D302）（东北—西南）

彩图三五九　张记边壕村 3 号敌台（D307）（西北—东南）

彩图三六〇　张记边壕村9号敌台
（D313）和左侧二道
边墙体（西北—东南）

彩图三六一　张记边壕村铺舍（P07）
遗迹（南—北）

彩图三六二　毛卜剌堡烽火台
（F17）（东—西）

彩图三六三　毛卜剌堡烽火台（F17）及东庄子村 14 号敌台（D292）（西—东）

彩图三六四　毛卜剌堡烽火台（F17）和二道边侧 F81 烽火台（西北—东南）

彩图三六五 张记边壕村烽火台（F18）（西—东）

深沟高垒（头道边）叠压河

河东墙（二道边）

深沟高垒（头道边）

彩图三六六　毛卜剌堡航拍（南—北）

力）

河东墙（二道边）

深沟高垒（头道边）

东北角

角台

彩图三六七　毛卜剌堡

彩图三六八　毛卜剌堡东北角（东北—西南）

深沟高垒（头道边） 东南角台 瓮城 西南角台

彩图三六九　毛卜剌堡城门门址现状（北—南）

彩图三七〇　毛卜剌堡东南角台（东—西）

彩图三七一　毛卜剌堡西南角台（西—东）

彩图三七二　毛卜剌堡北墙腰墩（西北—东南）

彩图三七三　毛卜剌堡东墙马面（东南—西北）

彩图三七四　毛卜剌堡瓮城门址（东—西）

彩图三七五　毛卜剌堡文物标本
　　　　　湖蓝釉板瓦残块（标本：1）

彩图三七六　清水营村二队1号敌台—清水营村二队2号敌台（D316—D317）长城墙体现状（东—西）

彩图三七七　清水营村二队17号敌台—清水营村二队18号敌台（D332—D333）长城墙体现状（西北—东南）

彩图三七八　清水营村二队 19 号敌台—清水营村二队 20 号敌台（D334—D335）长城墙体现状（东—西）

彩图三七九　清水营村二队 20 号敌台—清水营村二队 21 号敌台（D335—D336）长城墙体现状（西北—东南）

彩图三八〇　清水营村二队 21 号敌台—清水营村二队 22 号敌台（D336—D337）长城墙体现状及外侧的烽火台（西北—东南）

彩图三八一　清水营村二队 25 号敌台—清水营村二队 26 号敌台（D340—D341）长城墙体现状（西北—东南）

彩图三八二　清水营村二队 9 号敌
台（D324）（东北—
西南）

彩图三八三　清水营村二队 9 号敌
台（D324）侧面（西
北—东南）

彩图三八四　清水营村二队 18 号敌
台（D333）（东北—
西南）

彩图三八五　清水营村二队 22 号敌
台（D337）（东北—
西南）

彩图三八六　清水营村二队 26 号敌
台（D341）（东北—
西南）

彩图三八七　清水营村二队 26 号敌
台（D341）侧面（东
南—西北）

彩图三八八　清水营村1号烽火台（F19）（北—南）

彩图三八九　清水营东城堡（东—西）

中心墩台

彩图三九〇　清水营东城堡城内中心墩台（南—北）

彩图三九一　清水营东城堡文物标本
　　　　　　缠枝草叶纹花边砖（标本：3）

彩图三九二　清水营村二队 28 号敌台—清水营村一队 1 号敌台（D343—D344）长城墙体现状（东南—西北）

彩图三九三　清水营村一队 7 号敌台—清水营村一队 8 号敌台（D350—D351）长城墙体现状（西北—东南）

彩图三九四　清水营村一队 10 号敌台—清水营村一队 11 号敌台（D353—D354）长城墙体（106—107 断点）
　　　　　缺口（西北—东南）

彩图三九五　清水营村一队 10 号敌台—清水营村一队 11 号敌台（D353—D354）长城墙体（108—109 断点）缺口（西—东）

彩图三九六　清水营村一队 15 号敌台—清水营村一队 16 号敌台（D358—D359）长城墙体现状（北—南）

彩图三九七　清水营村一队 15 号敌台—清水营村一队 16 号敌台（D358—D359）长城墙体现状（西—东）

彩图三九八　马跑泉村 6 号敌台—马跑泉村 7 号敌台（D376—D377）长城墙体现状（东南—西北）

彩图三九九　马跑泉村 6 号敌台—马跑泉村 7 号敌台（D376—D377）长城墙体现状（北—南）

外侧垛墙　　　　　　　　　　　　　　　　　　　　　　内侧女墙

彩图四〇〇　马跑泉村 9 号敌台—马跑泉村 10 号敌台（D379—D380）长城墙体顶部的女墙和垛墙（西北—
　　　　　东南）

彩图四〇一　马跑泉村9号敌台—马跑泉村10号敌台（D379—D380）长城墙体现状（西北—东南）

彩图四〇二　马跑泉村10号敌台（D380）边侧墙体通道（北—南）

彩图四〇三　马跑泉村 12 号敌台—马跑泉村 13 号敌台（D382—D383）长城墙体现状（西北—东南）

彩图四〇四　马跑泉村 13 号敌台—马跑泉村 14 号敌台（D383—D384）长城墙体现状（西北—东南）

彩图四〇五　张家窑村 11 号敌台—张家窑村 14 号敌台（D401—D404）长城墙体远景（西北—东南）

彩图四〇六　张家窑村 17 号敌台—张家窑村 18 号敌台（D407—D408）长城墙体断面（东—西）

彩图四〇七　张家窑村 23 号敌台—张家窑村 24 号敌台（D414—D413）长城墙体（西北—东南）

彩图四〇八　清水营村一队 11 号敌台（D354）（东北—西南）

彩图四〇九　清水营村一队 25 号敌台（D368）文物标本
棕黑釉瓷缸口沿残片（标本 D368：1）

彩图四一〇　马跑泉村 18 号敌台（D388）文物标本
酱绿釉瓷碗残片（内底）（标本 D388：1）

彩图四一一　马跑泉村 18 号敌台（D388）文物标本
酱绿釉瓷碗残片（外底）（标本 D388：1）

彩图四一二　张家窑村 21 号敌台（D411）文物标本
酱黄釉瓷罐口沿残片（标本 D411：1）

彩图四一三　张家窑村 28 号敌台（D418）文物标本
石夯（标本 D418：1）

彩图四一四　张家窑村 29 号敌台（D419）文物标本
咖啡釉双耳罐口沿残片（标本 D419：1）

彩图四一五　张家窑村 29 号敌台（D419）文物标本
青釉碗口沿残片（标本 D419：2）

彩图四一六　张家窑村 29 号敌台（D419）文物标本
土黄釉四系罐口沿残片（标本 D419：3）

登台台阶

彩图四一七　马跑泉村 9 号敌台
　　　　　　（D379）及长城墙
　　　　　　体内侧的登台台阶
　　　　　　遗迹（南—北）

彩图四一八　马跑泉村 10 号敌台
　　　　　　（D380）侧面（东—西）

彩图四一九　马跑泉村 13 号敌台
　　　　　　（D383）（西北—东南）

彩图四二〇　马跑泉村 17 号敌台
（D387）（西北—东南）

彩图四二一　张家窑村 5 号敌台
（D395）（东北—西南）

彩图四二二　张家窑村 6 号敌台
（D396）（东北—西南）

彩图四二三　张家窑村 13 号敌台（D403）及长城墙体内侧（南—北）

彩图四二四　张家窑村 13 号敌台（D403）（东北—西南）

彩图四二五　张家窑村 25 号敌台（D415）（西北—东南）

彩图四二六　清水营村铺舍（P08）台体及内侧的围墙遗迹（北—南）

彩图四二七　张家窑村铺舍（P09）（南—北）

彩图四二八　张家窑村铺舍（P09）西壁（西—东）

彩图四二九　清水营村2号烽火台（F20）远景（北—南）

彩图四三〇　清水营村2号烽火台（F20）
（东—西）

彩图四三一　清水营村2号烽火台（F20）夯层内用草绳
作筋

彩图四三二　张家窑村 1 号烽火台
　　　　（F21）（南—北）

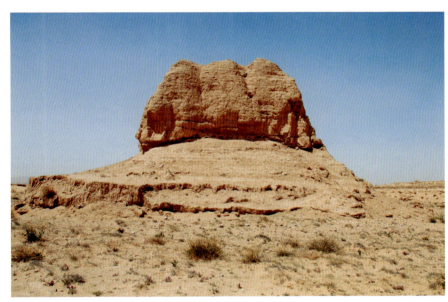

彩图四三三　张家窑村 2 号烽火台
　　　　（F22）（东—西）

彩图四三四　张家窑村 2 号烽火台
　　　　（F22）（东南—西
　　　　北，边沟北侧为"深
　　　　沟高垒"长城墙体）

彩图四三五　张家窑村 3 号烽火台（F23）（南—北）

彩图四三六　张家窑村 3 号烽火台（F23）（北—南）

彩图四三七　清水营航拍（东—西）

北墙　　　　　　東墙及城门　　　　　　　　　　　　　　南墙　　　　　　　　西南角台　　　西墙

彩图四三八　清水营城全景

彩图四三九　清水营南墙及外侧壕沟（西—东）

彩图四四〇　清水营城门洞内侧（西—东）

彩图四四一　清水营东北角台（东—西）

砖柱槽

彩图四四二　清水营南墙东段及东
　　　　　南角台（南—北）

彩图四四三　清水营西南角台
　　　　　（西—东）

彩图四四四　清水营城门门洞和瓮
　　　　　城门洞（东北—西南）

彩图四四五 清水营文物标本
黑釉瓷碗口沿残片（标本：1）

彩图四四六 清水营文物标本
白釉瓷碗口沿残片（标本：2）

彩图四四七 清水营文物标本
酱黄釉瓷罐口沿残片（标本：9）

彩图四四八 清水营文物标本
绛红釉瓷罐口沿残片（标本：10）

彩图四四九 清水营文物标本
绿釉瓷缸口沿残片（标本：11）

彩图四五〇　清水营文物标本
荷花纹滴水（标本：14）

彩图四五一　清水营文物标本
缠枝草叶纹条砖（标本：15）

彩图四五二　清水营文物标本
花纹条砖（标本：16）

彩图四五三　清水营文物标本
缠枝草叶纹条砖（标本：17）

彩图四五四　清水营文物标本
斜面砖（标本：20）

彩图四五五　清水营文物标本
筒瓦（标本：22）

彩图四五六　清水营文物标本
　　　　　　筒瓦（标本：23）

彩图四五七　清水营文物标本
　　　　　　莲花纹条砖（标本：27）

彩图四五八　清水营文物标本
　　　　　　长方形双面莲花纹砖（标本：30）

彩图四五九　清水营文物标本
　　　　　　莲花饰残件（标本：33）

彩图四六〇　清水营文物标本
　　　　　　套兽吻部残块（标本：38）

彩图四六一　清水营文物标本
　　　　　　石弹球（标本：39）

彩图四六二　上桥村横山四队 1 段长城墙体（西—东）

彩图四六三　上桥村横山四队 5 号敌台（D436）及长城墙体现状（东北—西南）

彩图四六四　水洞沟 2 号敌台（D456）及残断长城墙体（东北—西南）

彩图四六五　水洞沟遗址区6号敌台（D460）及长城墙体（北—南）

彩图四六六　水洞沟遗址区10号敌台—水洞沟遗址区11号敌台（D464—D465）长城墙体现状（东—西）

台阶遗迹

彩图四六七　上桥村横山四队1号敌台（D432）及长城墙体顶部的登台台阶遗迹（东南—西北）

彩图四六八　上桥村横山四队 5 号敌台（D436）
文物标本
黄绿釉粗瓷盆口沿残片（标本 D436：1）

彩图四六九　上桥村横山四队 5 号敌台（D436）
文物标本
酱黄釉瓷盆口沿残片（标本 D436：2）

彩图四七〇　上桥村横山四队 5 号敌台（D436）
文物标本
浅灰釉瓷盆口沿残片（标本 D436：3）

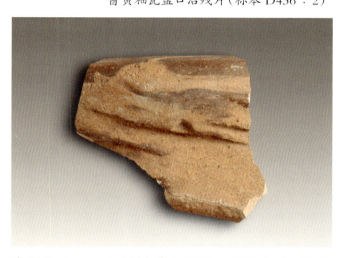

彩图四七一　上桥村横山四队 5 号敌台（D436）
文物标本
瓷缸口沿残片（标本 D436：4）

彩图四七二　上桥村横山四队 5 号敌台（D436）
文物标本
赭红釉瓷缸口沿残片（标本 D436：5）

彩图四七三　上桥村横山四队 5 号敌台（D436）
文物标本
酱釉瓷碗残片（标本 D436：6）

彩图四七四　上桥村横山四队 5 号敌台（D436）
　　　　　　文物标本
　　　　　　白黑釉瓷碗残片（标本 D436：7）

彩图四七五　上桥村横山四队 5 号敌台（D436）
　　　　　　文物标本
　　　　　　酱黑釉瓷蒺藜残块（标本 D436：9）

彩图四七六　水洞沟 1 号敌台（D455）文物标本
　　　　　　牙黄釉瓷碗残片（标本 D455：1）

彩图四七七　上桥村横山四队 17 号敌台（D448）侧面（东南—西北）

彩图四七八　上桥村横山四队 1 号铺舍（P10）（南—北）

彩图四七九　上桥村横山四队 2 号铺舍（P11）（南—北）

彩图四八〇　上桥村横山四队 2 号铺舍（P11）围墙及烽燧遗迹（北—南）

彩图四八一　水洞沟遗址区铺舍（P12）（南—北）

彩图四八二　上桥村（横山四队）1号烽火台（F24）（西—东）

彩图四八三　上桥村（横山四队）1 号烽火台（F24）
文物标本
酱黑釉瓷盆口沿残片（标本 F24：1）

彩图四八四　上桥村横山四队 1 号烽火台（F24）
文物标本
黄绿釉瓷缸口沿残片（标本 F24：2）

彩图四八五　上桥村横山四队 1 号烽火台（F24）
文物标本
青黄釉瓷缸口沿残片（标本 F24：3）

彩图四八六　上桥村横山四队 1 号烽火台（F24）
文物标本
茶叶末釉瓷缸口沿残片（标本 F24：4）

彩图四八七　上桥村横山四队 1 号烽火台（F24）
文物标本
青褐釉瓷缸口沿残片（标本 F24：5）

彩图四八八　上桥村横山四队 1 号烽火台（F24）
文物标本
浅青褐釉瓷缸口沿残片（标本 F24：6）

彩图四八九　上桥村横山四队 1 号烽火台（F24）
文物标本
酱釉瓷蒺藜残块（标本 F24：8）

彩图四九〇　上桥村2号烽火台（F25）（南—北）

彩图四九一　上桥村2号烽火台（F25）（西—东）（西壁边侧有院墙）

彩图四九二　红山堡航拍（东南—西北）

彩图四九三　红山堡城门洞（西—东）

彩图四九四　红山堡东北角台（东北—西南）

彩图四九五　红山堡东南角台
（东南—西北）

彩图四九六　红山堡西南角台
（西南—东北）

彩图四九七　红山堡西北角台
（西北—东南）

彩图四九八　红山堡北、西、南墙马面（西—东）

彩图四九九　红山堡南墙马面（南—北）

彩图五〇〇　红山堡瓮城门（东南—西北）

彩图五〇一　红山堡南墙外的影壁及壕沟（西—东）

彩图五〇二　红山堡东墙外侧的庙宇遗址（南—北）

彩图五〇三　红山堡文物标本
　　　黑釉瓷碗残片（标本：1）

彩图五〇四　红山堡文物标本
　　　太极图案砖雕残块（标本：7）

彩图五〇五　红山堡文物标本
　　　双面莲花纹砖（标本：10）

彩图五〇七　红山堡文物标本
　　　莲花饰残件（标本：15）

彩图五〇六　红山堡文物标本
　　　双面仰莲纹砖（标本：11）

彩图五〇八　红山堡文物标本
　　套兽残块（标本：16）

彩图五〇九　红山堡文物标本
　　脊兽残块（标本：17）

彩图五一〇　红山堡文物标本
　　圆头夯（标本：18）

彩图五一一　红山堡文物标本
　　圆头夯（标本：19）

彩图五一二　红山堡文物标本
　　石柱础（标本：22）

彩图五一三　横城村 17 号敌台—横城村 18 号敌台（D482—D483）长城墙体走向及现状（东北—西南）

彩图五一四　横城村 18 号敌台—横城村 19 号敌台（D483—D484）长城墙体走向及现状（西—东）

彩图五一五　横城村 19 号敌台—横城村 20 号敌台（D484—D485）长城墙体走向及现状（北—南）

彩图五一六 横城村 21 号敌台—横城村 22 号敌台（D486—D487）长城墙体走向及现状（东—西）

彩图五一七 横城村 25 号敌台—横城村 26 号敌台（D490—D491）长城墙体走向及现状（西—东）

彩图五一八　横城村 33 号敌台—横城村 34 号敌台（D498—D499）长城墙体走向及现状（西南—东北）

彩图五一九　横城村 32 号敌台—横城村 36 号敌台（D497—D501）长城墙体走向及现状（东南—西北）

彩图五二〇　横城村 32 号敌台—横城村 38 号敌台（D497—D503）长城墙体走向及现状（东南—西北）

彩图五二一　横城村 40 号敌台—横城村 41 号敌台（D505—D506）长城墙体及公路豁口（东南—西北）

彩图五二二　横城村 7 号敌台（D472）文物标本
青花瓷碗残片（标本 D472：1）

彩图五二三　横城村21号敌台（D486）（西—东）

彩图五二四　横城村32号敌台（D497）侧面（东南—西北）

彩图五二五　横城村 32 号敌台（D497）（东北—西南）

彩图五二六　横城村 32 号敌台（D497）侧面（西北—东南）

彩图五二七　横城村 33 号敌台（D498）（东北—西南）

彩图五二八　横城村 1 号铺舍（P13）（西—东）

彩图五二九　横城村2号铺舍（P14）（西—东）

彩图五三〇　横城村3号铺舍（P15）（南—北）

彩图五三一　横城村 3 号铺舍（P16）（西—东）

彩图五三二　横城村 3 号铺舍（P16）烽燧遗迹（北—南）

彩图五三三　横城村 1 号烽火台（F26）（南—北）

彩图五三四　横城村 2 号烽火台（F27）（东南—西北）

彩图五三五　横城村 2 号烽火台（F27）5 座附燧（东—西）

彩图五三六　横城堡西墙（南—北）

彩图五三七　横城堡北墙（东—西）

彩图五三八　横城堡城门（南—北）

彩图五三九　横城堡瓮城门洞（东—西）

彩图五四〇　陶灵园艺场"沿河边墙"（北—南）

彩图五四二　"陶乐长堤"长城墙体（西—东）

彩图五四一 "沿河边墙"上的长城渠（北—南）

彩图五四三　四道墩烽火台（F29）（东—西）

彩图五四四　三道墩烽火台（F31）（东—西）

彩图五四五　二道墩烽火台（F32）（南—北）

彩图五四六　单道墩烽火台（F34）（西—东）

彩图五四七　石墩子烽火台（F36）
（南—北）

彩图五四八　东郭庄壕堑第二段东
端断面

彩图五四九　沟沿林场壕堑第三段
豁口断面

彩图五五〇　东门村壕堑第三段发
　　　　　掘剖面

彩图五五一　沟沿林场壕堑1号敌
　　　　　台（西南—东北）

彩图五五二　沟沿林场壕堑2号敌
　　　　　台（西南—东北）

彩图五五三　刘八庄壕堑1段全景（东南—西北）

彩图五五四　刘八庄壕堑1段第三段

彩图五五五　刘八庄壕堑2段第二段（西北—东南）

彩图五五六　刘八庄壕堑2段第四段（西北—东南）

彩图五五七　刘八庄壕堑 2 段第五段（东南—西北）

彩图五五八　十六堡壕堑第五段（东南—西北）

彩图五五九　张记圈壕堑第二段

彩图五六〇　红沟梁壕堑第二段

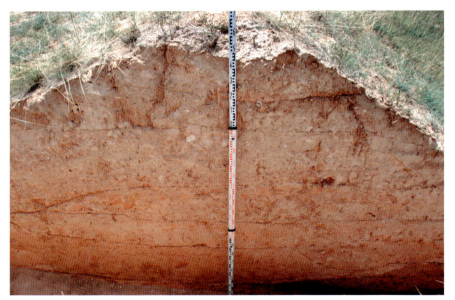

彩图五六一　红沟梁壕堑第二段壕
　　　　　　墙剖面

彩图五六二　红沟梁壕堑第四段

头道边

壕堑

彩图五六三　红沟梁壕堑与明长城"头道边"交汇处（西—东）

彩图五六四　长城村壕堑

彩图五六五　长城村壕堑第二段

彩图五六六　刘八庄壕堑1段敌台
　　　　　（东南—西北）

彩图五六七　刘八庄壕堑2段1号
　　　　　敌台（东北—西南）

彩图五六八　刘八庄壕堑2段2号
　　　　　敌台（西北—东南）

彩图五六九　十六堡壕堑 1 号敌台（东南—西北）

彩图五七〇　十六堡壕堑 2 号敌台（东北—西南）

彩图五七一　红沟梁壕堑敌台（东—西）

彩图五七二　兴武营西壕堑地表遗迹

彩图五七三　郭记坑壕堑壕墙断面

彩图五七四　郭记坑壕堑壕墙断面散落的夯土块

彩图五七五　东庄子壕堑1段

彩图五七六　东庄子壕堑 2 段（东—西）

彩图五七七　东庄子长城 2 段中部墙体外侧壕沟痕迹（西—东）

彩图五七八　东庄子壕堑 2 段剖面

彩图五七九　毛卜剌西壕堑（东—西）

彩图五八〇　张家边壕壕堑

彩图五八一　清水营壕堑1段东段墙体地表痕迹（东—西）

彩图五八二　清水营壕堑2段中部地表痕迹（西—东）

彩图五八三　清水营壕堑 3 段地表痕迹（西—东）

彩图五八四　清水营壕堑 5 段（东南—西北）

后 记

明长城资源调查是由国家文物局主持的长城保护工程（2005~2014 年）的一项基础性工作。根据国家文物局、国家测绘局的统一部署，2007~2008 年，宁夏文物局、宁夏测绘局组织区内文博机构的专业人员开展了为期两年多的明长城调查工作，取得了大量珍贵、翔实的调查资料和数据。

此后，在宁夏文化厅、宁夏文物局和宁夏文物考古研究所组织下，启动了宁夏明长城资源调查报告的编写工作。本调查报告，是宁夏明长城的重要组成部分，由陈晓桦负责整理主持编写。报告前言由罗丰撰写；第一章至第四章、第六章由陈晓桦编写；第五章由王仁芳编写；第二章、第三章和第四章附表由郭晓红统计编制；文物标本描述由王晓阳完成；本报告线图由翟建峰绘制；长城墙体走向图及长城沿线单体建筑遗迹图，由宁夏国土测绘院曹爱民、朱树叶、王桂霞、任宏丽、范玉平负责绘制；采集的文物标本照片由董宏征拍摄；长城遗迹照片由李鹏和陈晓桦拍摄；文物标本描述由王晓阳完成；天津大学建筑学院李哲博士承担了营堡的航拍；李永泉协助审图。最后由陈晓桦负责全书统稿。

在报告编写期间，曾得到国家文物局、长城资源调查项目组、宁夏文物局的大力支持和指导。宁夏文物考古研究所所长罗丰、研究员钟侃，曾为报告的编写体例，从整体到细节进行全面指导；在报告编写过程中，他们多次过问和指点，帮助我们进一步提高学术规范和学术意识。宁夏文化厅副厅长卫忠，宁夏文物局副局长沈自龙、姚蔚玲，宁夏国土测绘院副院长张海中等，在报告编写过程中给予悉心的指导和大力支持。最后由罗丰、钟侃两位先生终审，修正定稿。文物出版社为报告的出版，付出了大量心血。宁夏文物考古研究所王琨在文字校对方面提供了帮助。在此一并表示诚挚谢忱。

编者

2014 年 10 月